11 Years' (2011-2021) Solved Papers

सामान्य अध्ययन

प्रश्न पत्र II

सिविल सेवा प्रारंभिक परीक्षा 2022 हेतु

CSAT

G K Publications (P) Ltd

Title : UPSC 2022 : Samanya Adhyayan Paper II CSAT - 11 Years' Solved Papers 2011-2021

Language : Hindi

Editor's Name : Vagish Tiwari

Typeset & Published by :

Career Launcher Infrastructure (P) Ltd.

A-45, Mohan Cooperative Industrial Area, Near Mohan Estate Metro Station, New Delhi - 110044

Marketed by :

G.K. Publications (P) Ltd.

Plot No. 9A, Sector-27A, Mathura Road, Faridabad, Haryana-121003

ISBN : **978-93-94168-82-4**

Printer's Details: Printed in India, New Delhi.

For product information :

Visit ***www.gkpublications.com*** or email to ***gkp@gkpublications.com***

विषय-सूची

प्रारम्भिक परीक्षा का पाठ्य विवरण

➤ **प्रारम्भिक परीक्षा में 200-200 अंकों के दो अनिवार्य प्रश्नपत्र होंगे**

प्रश्नपत्र-I (200 अंक) अवधि : दो घंटे

- राष्ट्रीय और अंतर्राष्ट्रीय महत्व की सामयिक घटनाएं।
- भारत का इतिहास और भारतीय राष्ट्रीय आन्दोलन।
- भारत एवं विश्व भूगोल-भारत एवं विश्व का प्राकृतिक, सामाजिक, आर्थिक भूगोल
- भारतीय राज्यतन्त्र और शासन-संविधान, राजनैतिक प्रणाली, पंचायती राज, लोक नीति, अधिकारों संबंधी मुद्दे, आदि।
- आर्थिक और सामाजिक विकास-सतत् विकास, गरीबी, समावेशन, जनसांख्यिकी, सामाजिक क्षेत्र में की गई पहल आदि।
- पर्यावरणीय पारिस्थितिकी जैव-विविधता और मौसम परिवर्तन संबंधी सामान्य मुद्दे, जिनके लिए विषयगत विशेषज्ञता आवश्यक नहीं है।
- सामान्य विज्ञान

प्रश्नपत्र-II (200 अंक) अवधि : दो घंटे

- बोधगम्यता
- संचार कौशल सहित अंतर - वैयक्तिक कौशल
- तार्किक कौशल एवं विश्लेषणात्मक क्षमता
- निर्णय लेना और समस्या समाधान
- सामान्य मानसिक योग्यता
- आधारभूत संख्यनन (संख्याएं और उनके संबंध, विस्तार क्रम आदि-दसवीं कक्षा का स्तर), आंकड़ों का निर्वचन (चार्ट, ग्राफ, तालिका, आंकड़ों की पर्याप्तता आदि-दसवीं कक्षा का स्तर)
- अंग्रेजी भाषा में बोधगम्यता कौशल (दसवीं कक्षा का स्तर)

टिप्पणी 1 : दसवीं कक्षा स्तर के अंग्रेजी भाषा में बोधगम्यता कौशल (प्रश्नपत्र-II के पाठ्यक्रम में अंतिम मद) से संबद्ध प्रश्नों का परीक्षण, प्रश्नपत्र में केवल अंग्रेजी भाषा के उद्धरणों के माध्यम से, हिंदी अनुवाद उपलब्ध कराए बिना किया जाएगा।

टिप्पणी 2 : प्रश्न बहुविकल्पीय, वस्तुनिष्ठ प्रकार के होंगे।

टिप्पणी 3 : मूल्यांकन के प्रयोजन से उम्मीदवार के लिए यह अनिवार्य है कि वह सिविल सेवा (प्रारंभिक) परीक्षा के दोनों प्रश्नपत्रों में सम्मिलित हो, यदि कोई उम्मीदवार सिविल सेवा (प्रारंभिक) परीक्षा के दोनों प्रश्नपत्रों में सम्मिलित नहीं होता है तब उसे अयोग्य ठहराया जाएगा।

हल प्रश्न-पत्र-2021

CSAT पेपर-II

समय : 2 घंटे **पूर्णांक : 200**

निम्नलिखित 4 (चार) प्रश्नांशों के लिए निर्देश:

नीचे दिए गए **चार परिच्छेदों** को पढ़िए और परिच्छेदों के नीचे आने वाले प्रश्नांशों के उत्तर दीजिए। इन प्रश्नांशों के लिए आपके उत्तर केवल इन परिच्छेदों पर ही आधारित होने चाहिए।

परिच्छेद – 1

तथाकथित धार्मिक संप्रदायों के संबंध में, यदि प्रत्येक व्यक्ति को अपने धर्म का आकलन करने के लिए कहा जाए, तो धर्म के रूप में ऐसी कोई बात नहीं होगी जो गलत हो; किंतु यदि वे एक-दूसरे के धर्म का आकलन करते हैं, तो धर्म के रूप में ऐसी कोई बात नहीं होगी जो सही हो, और इसलिए धर्म के संदर्भ में, संपूर्ण विश्व सही है या संपूर्ण विश्व गलत है।

1. उपर्युक्त परिच्छेद के आधार पर, **सर्वाधिक तर्कसंगत पूर्वधारणा** कौन-सी हो सकती है?

(a) कोई भी व्यक्ति किसी धार्मिक संप्रदाय का अनुयायी बने बिना जीवन व्यतीत नहीं कर सकता।

(b) प्रत्येक व्यक्ति का कर्तव्य है कि वह अपने धार्मिक संप्रदाय का प्रसार करे।

(c) धार्मिक संप्रदायों में मनुष्य की एकता की उपेक्षा करने की प्रवृत्ति होती है।

(d) लोग अपने धार्मिक संप्रदाय को नहीं समझते हैं।

परिच्छेद – 2

यह निश्चित है कि राजद्रोह, युद्ध, और विधि (लॉ) की अवहेलना अथवा उल्लंघन को प्रजा की अनैतिकता पर उतना नहीं मढ़ा जा सकता, जितना कि उस अधिराज्य (डोमिनियन) की बुरी स्थिति पर। क्योंकि, मनुष्य जन्मजात रूप से नागरिकता के लिए उपयुक्त नहीं होते हैं, अपितु उन्हें नागरिकता के लिए उपयुक्त बनाया जाना चाहिए। इसके अतिरिक्त, मनुष्य में नैसर्गिक मनोभाव सर्वत्र समान होते हैं; और यदि अनैतिकता अधिक प्रबल होती है, और किसी राष्ट्रमंडल (कॉमनवेल्थ) में, दूसरे राष्ट्रमंडल की तुलना में अधिक अपराध होते हैं, तो यह निश्चित है कि पूर्ववर्ती राष्ट्रमंडल ने एकता के लक्ष्य के लिए पर्याप्त रूप से न तो प्रयास किया है, और न ही पूर्व-विचार करके अपनी विधि बनाई है; और इसीलिए, वह राष्ट्रमंडल के रूप में अपने अधिकार को बेहतर बनाने में विफल रहा है।

2. उपर्युक्त परिच्छेद के आधार पर, निम्नलिखित में से कौन-सा **सर्वाधिक तर्कसंगत और विवेकपूर्ण निष्कर्ष** निकाला जा सकता है?

(a) प्रत्येक अधिराज्य में राजद्रोह, युद्ध और विधि के उल्लंघन अपरिहार्य हैं।

(b) किसी अधिराज्य में सभी समस्याओं के लिए संप्रभु (सॉवरिन) उत्तरदायी होता है, न कि जनता।

(c) वह अधिराज्य सर्वोत्तम है जो एकता के लक्ष्य के लिए प्रयास करता है और जिसके पास सु-नागरिकता (गुड सिटिज़नशिप) के लिए विधि (लॉ) है।

(d) लोगों द्वारा अच्छा अधिराज्य स्थापित कर पाना असंभव है।

परिच्छेद – 3

असमानता इस मूल लोकतांत्रित प्रतिमानक का उल्लंघन करती है कि सभी नागरिक समान हैं। समानता वह संबंध है, जो कुछेक मूलभूत विशेषताओं के संबंध में व्यक्तियों के बीच होती है, जिसे वे सामान्य रूप से साझा करते हैं। नैतिकता की दृष्टि से कहें तो समानता एक स्वतः निर्धारित सिद्धांत है। इसलिए प्रजाति, जाति, लिंग, संजातीयता, निःशक्तता, या वर्ग जैसे आधारों पर व्यक्तियों के बीच भेदभाव नहीं किया जाना चाहिए। मानवीय स्थिति की ये विशेषताएँ नैतिक दृष्टि से संगत नहीं हैं। यह विचार कि व्यक्तियों के साथ सम्मानपूर्वक व्यवहार किया जाना चाहिए, न केवल इस कारण से कि इनमें से कुछेक व्यक्तियों के पास कुछ असाधारण विशेषताएँ अथवा प्रतिभा होती है, जैसे, इनमें से कुछेक व्यक्ति कुशल क्रिकेट खिलाड़ी, प्रतिभाशाली संगीतकार, अथवा विख्यात साहित्यकार होते हैं, बल्कि इसलिए भी कि वे सभी मनुष्य हैं, अब सामान्यबुद्धि-नीति का अंग बन गया है।

3. उपर्युक्त परिच्छेद के संदर्भ में, निम्नलिखित पूर्वधारणाएँ बनाई गई हैं:

1. समानता, लोगों के लिए समाज के बहुविध व्यवहारों में आत्मविश्वास के साथ भाग लेने की एक पूर्वापेक्षा है।
2. असमानता का होना लोकतंत्र के अस्तित्व के लिए हानिकारक है।
3. सभी नागरिकों के समान होने का विचार ऐसा है, जिसे किसी लोकतंत्र में भी वास्तव में कार्यान्वित नहीं किया जा सकता है।
4. समानता के अधिकार को हमारे मूल्यों और दिन-प्रतिदिन की राजनीतिक शब्दावली में समाविष्ट किया जाना चाहिए।

उपर्युक्त में से कौन-सी पूर्वधारणाएँ मान्य हैं?

(a) केवल 1 और 2

(b) केवल 2 और 3

(c) केवल 1 और 4

(d) केवल 3 और 4

परिच्छेद – 4

अभिजातीय शासन स्वयं को उस दायरे में अत्यधिक रूप से सीमाबद्ध करके विनष्ट कर लेता है, जिस दायरे में सत्ता सीमित होती है, अल्पतंत्रीय शासन तात्कालिक धन प्राप्ति के लिए असावधानीपूर्वक संघर्ष कर स्वयं को विनष्ट करता है। यहाँ तक कि, लोकतंत्र के अतिरेक से लोकतंत्र भी स्वयं को विनष्ट करता है। इसका मूलभूत सिद्धांत यह है कि पद धारण करने और लोक नीति निर्धारण करने का सबको समान अधिकार है। प्रथम दृष्टि में, यह एक सुखद व्यवस्था है; किंतु यह विनाशकारी बन जाता है, क्योंकि लोग समुचित रूप से शिक्षित नहीं होते हैं कि वे उत्तम शासकों और सर्वाधिक विवेकपूर्ण मार्ग का चयन कर सकें। लोगों में समझ नहीं होती है और वे केवल वही दोहराते हैं जो उनके शासक उन्हें कहना पसंद करते हैं। ऐसा लोकतंत्र, निरंकुश शासन का स्वेच्छाचारी शासन होता है। – प्लेटो

4. निम्नलिखित में से कौन-सा कथन उपर्युक्त परिच्छेद के मर्म को सर्वोत्तम रूप से दर्शाता है?

(a) मानव समाज शासन के भिन्न-भिन्न रूपों के साथ प्रयोग करते हैं।

(b) अपने मूलभूत सिद्धांत के अतिरेक के कारण शासन के किसी भी रूप का अपकर्ष हो जाता है।

(c) सभी नागरिकों की शिक्षा ही पूर्ण, कार्यात्मक और धारणीय लोकतंत्र को सुनिश्चित करती है।

(d) शासन का अस्तित्व एक अपरिहार्य बुराई है, क्योंकि शासन के सभी रूपों में निरंकुशता अंतर्निहित होती है।

5. 120 व्यक्तियों के समूह में, 80 भारतीय हैं और शेष विदेशी हैं। इसके अतिरिक्त, इस समूह में 70 व्यक्ति अंग्रेजी बोल सकते हैं। ऐसे भारतीयों की संख्या कितनी है जो अंग्रेज़ी बोल सकते हैं?

(a) 20 (b) 30

(c) 30 या उससे कम (d) 30 या उससे अधिक

6. तीन शून्येतर (नॉन-ज़ीरो) अंकों के प्रयोग (अंकों की पुनरावृत्ति के बिना) से प्राप्त 3 अंकों वाली सभी संख्याओं पर विचार कीजिए जो 3 के गुणज हैं। मान लीजिए इन संख्याओं का योगफल S है।

निम्नलिखित में से कौन-सा/कौन-से सही है/हैं?

1. S सदैव 74 से भाज्य है।
2. S सदैव 9 से भाज्य है।

नीचे दिए गए कूट का प्रयोग कर सही उत्तर चुनिए:

(a) केवल 1

(b) केवल 2

(c) 1 और 2 दोनों

(d) न तो 1, न ही 2

7. दो कक्षाओं A और B में क्रमशः 25 और 30 विद्यार्थी हैं। कक्षा-A में अधिकतम प्राप्तांक 21 है तथा न्यूनतम प्राप्तांक 17 है। कक्षा-B में अधिकतम प्राप्तांक 30 हैं तथा न्यूनतम प्राप्तांक 22 है। कक्षा-A से 4 विद्यार्थी कक्षा-B में स्थानांतरित किए जाते हैं।

निम्नलिखित कथनों पर विचार कीजिए:

1. कक्षा-B का औसत प्राप्तांक निश्चित रूप से घटेगा।
2. कक्षा-A का औसत प्राप्तांक निश्चित रूप से बढ़ेगा।

उपर्युक्त कथनों में से कौन-सा/कौन-से सही है/हैं?

(a) केवल 1 (b) केवल 2

(c) 1 और 2 दोनों (d) न तो 1, न ही 2

8. दो कथनों और एक प्रश्न पर विचार कीजिए:

कथन-1: प्रिया, सीमा से 4 स्थान नीचे है और सबसे निचले स्थान से 31वें स्थान पर है।

कथन-2: ईना, सीमा से 2 स्थान ऊपर है और सबसे निचले स्थान से 37वें स्थान पर है।

प्रश्न: 40 विद्यार्थियों की कक्षा में, शीर्ष स्थान से सीमा का कौन-सा स्थान है?

कथनों और प्रश्न के संदर्भ में, निम्नलिखित में से कौन-सा सही है?

(a) प्रश्न का उत्तर देने के लिए केवल कथन-1 पर्याप्त नहीं है

(b) प्रश्न का उत्तर देने के लिए केवल कथन-2 पर्याप्त नहीं है

(c) प्रश्न का उत्तर देने के लिए या तो केवल कथन-1 या केवल कथन-2 पर्याप्त है

(d) प्रश्न का उत्तर देने के लिए कथन-1 और कथन-2 दोनों की आवश्यकता है

9. दो कथनों और एक प्रश्न पर विचार कीजिए:

कथन-1: A और D में से प्रत्येक, B, E और F में प्रत्येक से अधिक भारी है, किंतु उनमें से कोई भी सबसे अधिक भारी नहीं है।

कथन-2: A, D से अधिक भारी है, किंतु C से हल्का है।

प्रश्न: A, B, C, D और E में सबसे अधिक भारी कौन है?

कथनों और प्रश्न के संदर्भ में, निम्नलिखित में से कौन-सा सही है?

(a) प्रश्न का उत्तर देने के लिए केवल कथन-1 पर्याप्त है

(b) प्रश्न का उत्तर देने के लिए केवल कथन-2 पर्याप्त है

(c) प्रश्न का उत्तर देने के लिए कथन-1 और कथन-2 दोनों की आवश्यकता है

(d) प्रश्न का उत्तर देने के लिए न तो केवल कथन-1, न ही केवल कथन-2 पर्याप्त है

10. अंग्रेज़ी वर्णमाला में, प्रारंभिक 4 अक्षर विपरीत क्रम में लिखे जाते हैं; और अगले 4 अक्षर विपरीत क्रम में लिखे जाते हैं और आगे भी इसी तरह लिखा जाता है; और अंत में Y और Z को परस्पर बदल दिया जाता है। 13वें अक्षर के दायीं ओर से चौथा अक्षर कौन-सा होगा?

(a) N (b) T

(c) H (d) I

निम्नलिखित 4 (चार) प्रश्नांशों के लिए निर्देशः

नीचे दिए गए **चार परिच्छेदों** को पढ़िए और परिच्छेदों के नीचे आने वाले प्रश्नांशों के उत्तर दीजिए। इन प्रश्नांशों के लिए आपके उत्तर केवल इन परिच्छेदों पर ही आधारित होने चाहिए।

परिच्छेद – 1

ऊर्जा और जलवायु संबंधी नीति-निर्माण के क्षेत्र में भारत चुनौतीपूर्ण आसन्न भविष्य का सामना कर रहा है। समस्याएँ कई हैं: जीवाश्मी ईंधन की उत्पादन क्षमताओं में अस्थिरता; सबसे गरीब लोगों के लिए बिजली और खाना पकाने के आधुनिक ईंधन की सीमित पहुँच; अस्थिर वैश्विक ऊर्जा के संदर्भ में ईंधन के आयात में वृद्धि; बिजली के निरंतर मूल्य निर्धारण और शासन की चुनौतियों के फलस्वरूप बिजली की अत्यधिक कमी अथवा अतिरिक्त आपूर्ति; केवल यही नहीं, भूमि, जल तथा वायु पर बढ़ता हुआ पर्यावरणीय विवाद। किंतु यह सब इतना निराशाजनक भी नहीं हैः बढ़ते हुए ऊर्जा दक्षता कार्यक्रम; एकीकृत शहरीकरण और परिवहन नीति पर चर्चा; ऊर्जा तक पहुँच और ऊर्जा सुरक्षा बढ़ाने के लिए ठोस प्रयास; और नवीकरणीय ऊर्जा हेतु साहसिक पहल, भले ही इनकी पूरी संकल्पना तैयार नहीं है, तथापि ये परिवर्तन की आशा की ओर संकेत करते हैं।

11. निम्नलिखित में से कौन-सा कथन उपर्युक्त परिच्छेद का **सर्वाधिक निर्णायक संदेश** प्रस्तुत करता है?

(a) भारत के ऊर्जा निर्णयन की प्रक्रिया सदैव जटिल और अंतःसंबंधित है।

(b) भारत की ऊर्जा और जलवायु नीति संधारणीय विकास के लक्ष्यों के लिए अत्यधिक सुसंगत है।

(c) भारत की ऊर्जा और जलवायु संबंधी कार्रवाई, इसके व्यापक सामाजिक, आर्थिक और पर्यावरणीय लक्ष्यों के लिए अनुकूल नहीं हैं।

(d) भारत के ऊर्जा निर्णयन की प्रक्रिया सीधे तौर पर आपूर्ति-उन्मुख है और माँग पक्ष की उपेक्षा करती है।

परिच्छेद – 2

ऐसी रिपोर्ट आई हैं कि बाज़ार में बेची जाने वाली कुछ प्रतिजैविक औषधियाँ (ऐन्टिबायोटिक्स) वृद्धिकारक (ग्रोथ प्रोमोटर) के रूप में कुक्कुट (पोल्ट्री) और अन्य पशुधन को खिलाई जाती हैं। इन औषधियों के अति-प्रयोग से ऐसे सुपरबग और रोगाणु उत्पन्न हो सकते हैं, जो बहु-औषधियों के लिए प्रतिरोधी हों और जो मनुष्यों में भी प्रवेश कर सकते हैं। इससे सचेत होकर, कुछ कुक्कुट-पालन कंपनियों ने कुक्कुटों का तेज़ी से वज़न बढ़ाने के लिए औषधियों का प्रयोग बंद कर दिया है। 1990 के दशक से जब डेनमार्क ने प्रतिजैविक वृद्धिकारक (ग्रोथ प्रोमोटर ऐन्टिबायोटिक) के प्रयोग पर रोक लगाई है, प्रमुख शूकर-मांस निर्यातक का कहना है कि अधिक संख्या में शूकर पैदा हो रहे हैं – और पशुओं में भी रोग कम हो रहे हैं।

12. निम्नलिखित में से कौन-सा कथन उपर्युक्त परिच्छेद का **सर्वाधिक निर्णायक संदेश** प्रस्तुत करता है?

(a) लोगों को पशु-पालन उत्पादों के सेवन से बचना चाहिए।

(b) पशुओं से उत्पन्न खाद्य पदार्थों के स्थान पर पौधों से उत्पन्न खाद्य पदार्थों का उपयोग करना चाहिए।

(c) पशुओं पर प्रतिजैविक औषधियों (ऐन्टिबायोटिक्स) के प्रयोग पर प्रतिबंध होना चाहिए।

(d) प्रतिजैविक औषधियों का प्रयोग केवल रोगों के उपचार के लिए ही किया जाना चाहिए।

परिच्छेद – 3

नीति-निर्माताओं और जन-संचार माध्यमों (मीडिया) ने खाद्य पदार्थों की आसमान छूती कीमतों के लिए कई कारकों को दोषी ठहराया है, जिसमें ईंधन की उच्च कीमतें, प्रमुख खाद्य-उत्पादक देशों में खराब मौसम और खाद्येतर पदार्थों के उत्पादन के लिए भूमि का उपयोग शामिल है। फिर भी, सर्वाधिक आबादी वाली उभरती हुई अर्थव्यवस्थाओं से खाद्य पदार्थों की माँग में वृद्धि पर अधिक बल दिया गया है। इससे इस बात की बहुत अधिक संभावना बनती है कि इन देशों में अत्यधिक खपत से खाद्य संकट उत्पन्न हो सकता है।

13. उपर्युक्त परिच्छेद के संदर्भ में, निम्नलिखित पूर्वधारणाएँ बनाई गई हैं:

1. खाद्य पदार्थों के उच्च मूल्यों का एक कारण तेल उत्पादक देश हैं।
2. यदि निकट भविष्य में, विश्व में खाद्य संकट उत्पन्न होता है, तो वह उभरती हुई अर्थव्यवस्थाओं में होगा।

उपर्युक्त में से कौन-सी पूर्वधारणा/पूर्वधारणाएँ मान्य है/हैं?

(a) केवल 1 (b) केवल 2

(c) 1 और 2 दोनों (d) न तो 1, न ही 2

परिच्छेद – 4

आधुनिक विकास अर्थशास्त्र का मुख्य संदेश आय में वृद्धि को महत्त्व देना है, जिसका आशय सकल घरेलू उत्पाद (जी.डी.पी.) में वृद्धि से है। सिद्धांततः, बढ़ती हुई जी.डी.पी., रोज़गार और निवेश के अवसर सृजित करती है। जब किसी ऐसे देश की आय में वृद्धि होती है, जिसकी जी.डी.पी. का स्तर कभी निम्न था, तब परिवार, समुदाय और सरकार अच्छे जीवन के लिए आवश्यक

वस्तुओं के उत्पादन हेतु कुछ निधि को अलग रखने में उत्तरोत्तर समर्थ होते हैं। आज विकास शब्दावली (डेवलपमेंट लेक्सिकॉन) में, जी.डी.पी. ऐसे महत्त्वपूर्ण स्थान पर आ गया है कि यदि कोई "आर्थिक वृद्धि" का उल्लेख करता है, तो हम जान जाते हैं कि उनका आशय जी.डी.पी. में वृद्धि से है।

14. उपर्युक्त परिच्छेद के संदर्भ में, निम्नलिखित पूर्वधारणाएँ बनाई गई हैं:

1. बढ़ती हुई जी.डी.पी. किसी देश को विकसित देश बनने के लिए अनिवार्य है।
2. बढ़ती हुई जी.डी.पी. सभी परिवारों में आय का समुचित वितरण सुनिश्चित करती है।

उपर्युक्त में से कौन-सी पूर्वधारणा/पूर्वधारणाएँ मान्य है/हैं?

(a) केवल 1 (b) केवल 2
(c) 1 और 2 दोनों (d) न तो 1, न ही 2

15. सात पुस्तकें P, Q, R, S, T, U और V साथ-साथ रखी हैं। R, Q और T के आवरण नीले हैं और अन्य पुस्तकों के आवरण लाल रंग के हैं। केवल S और U नई पुस्तकें हैं और शेष पुस्तकें पुरानी हैं। P, R और S विधि रिपोर्ट हैं; शेष गज़ेटियर हैं। नीले आवरण वाले पुराने गज़ेटियर कौन-से हैं?

(a) Q और R (b) Q और U
(c) Q और T (d) T और U

16. एक दिए गए अनुक्रम

3, 2, 7, 4, 13, 10, 21, 18, 31, 28, 43, 40 में,

ग़लत पद को सही पद से बदलें, जहाँ विषम पद और सम पद समान पैटर्न का अनुसरण करते हैं।

(a) 0 (b) 1
(c) 3 (d) 6

17. कुछ प्रविष्टियों का आव्यूह नीचे दिया गया है। प्रविष्टियाँ पंक्तिवार एक निश्चित प्रवृत्ति का अनुसरण करती हैं। तदनुसार अप्राप्त प्रविष्टि (?) का चयन कीजिए।

7B	10A	3C
3C	9B	6A
10A	13C	?

(a) 9B (b) 3A
(c) 3B (d) 3C

18. नीचे दो पंक्तियों में दो सर्वसम अनुक्रम दिए गए हैं:

अनुक्रम-I:	8	4	6	15	52.5	236.25
अनुक्रम-II:	5	A	B	C	D	E

अनुक्रम-II के लिए C के स्थान पर क्या प्रविष्टि है?

(a) 2.5 (b) 5
(c) 9.375 (d) 32.8125

19. एक व्यक्ति X, स्थान A से तथा एक अन्य व्यक्ति Y, स्थान B से एक ही समय पर एक-दूसरे की ओर चलना आरंभ करते हैं। दोनों स्थानों के बीच की दूरी 15 किमी है। X, 1.5 किमी/घंटा की एकसमान चाल से चलता है और Y पहले घंटे में 1 किमी/घंटा की एकसमान चाल से, दूसरे घंटे में 1.25 किमी/घंटा की एकसमान चाल से तथा तीसरे घंटे में 1.5 किमी/घंटा की एकसमान चाल से चलता है और इसी प्रकार आगे भी चलना जारी रखता है।

निम्नलिखित में से कौन-सा/कौन-से सही है/हैं?

1. उन दोनों को मिलने में 5 घंटे का समय लगेगा।
2. वे दोनों A तथा B स्थानों के बीचों-बीच मिलेंगे।

नीचे दिए गए कूट का प्रयोग कर सही उत्तर चुनिए:

(a) केवल 1 (b) केवल 2
(c) 1 और 2 दोनों (d) न तो 1, न ही 2

20. एक विद्यार्थी परीक्षा के 6 प्रश्न-पत्रों में बैठता है। प्रत्येक प्रश्न-पत्र के लिए अधिकतम अंक एकसमान हैं। इन प्रश्न-पत्रों में उसके प्राप्तांक 5 : 6 : 7 : 8 : 9 : 10 के अनुपात में हैं। कुल मिलाकर उसने 60% अंक प्राप्त किए। उसने कितने प्रश्न-पत्रों में अधिकतम अंकों के 60% से कम अंक प्राप्त किए?

(a) 2 (b) 3
(c) 4 (d) 5

निम्नलिखित 4 (चार) प्रश्नांशों के लिए निर्देश:

नीचे दिए गए **चार परिच्छेदों** को पढ़िए और परिच्छेदों के नीचे आने वाले प्रश्नांशों के उत्तर दीजिए। इन प्रश्नांशों के लिए आपके उत्तर केवल इन परिच्छेदों पर ही आधारित होने चाहिए।

परिच्छेद – 1

अंज़ीर (जीनस फाइकस) के वृक्षों को भारत, पूर्वी एशिया और अफ्रीका में पवित्र माना जाता है और ये कृषि और शहरी क्षेत्रों में सामान्य रूप से पाए जाते हैं, जहाँ अन्य बड़े वृक्ष नहीं होते हैं। प्राकृतिक वनों में, जब अन्य संसाधनों की कमी होती है, अंजीर के वृक्ष वन्य प्राणियों के लिए भोजन उपलब्ध कराते हैं, और विविध प्रकार के फलभक्षियों (फल खाने वाले प्राणियों) की घनी आबादी को सहारा देते हैं। यदि फलभक्षी पक्षी और चमगादड़ अत्यधिक मानवीय हस्तक्षेप वाले स्थानों पर लगे अंजीर के वृक्षों पर निरंतर रूप से जाते रहें, तो पवित्र अंजीर वृक्ष प्रचुर संख्या में फलभक्षियों को बढ़ावा दे सकते हैं। अनुकूल सूक्ष्म-जलवायु में, अंजीर वृक्षों के आस-पास अन्य जातियों के वृक्षों के असंख्य पौध उग सकते हैं।

21. उपर्युक्त परिच्छेद के आधार पर, निम्नलिखित पूर्वधारणाएँ बनाई गई हैं:

1. प्राकृतिक वनों में, अंजीर के वृक्ष प्रायः आधारिक जातियाँ (की-स्टोन स्पीशीज़) हो सकती हैं।

2. अंजीर के वृक्ष वहाँ भी उग सकते हैं, जहाँ अन्य बड़े काष्ठीय वृक्ष की जातियाँ नहीं उग सकती हैं।
3. जैव-विविधता के संरक्षण में पवित्र वृक्षों की भूमिका हो सकती है।
4. अन्य वृक्ष जातियों के बीजों के प्रकीर्णन में अंजीर वृक्षों की भूमिका है।

उपर्युक्त में से कौन-सी पूर्वधारणा/पूर्वधारणाएँ मान्य है/हैं?

(a) केवल 1 और 2

(b) केवल 3

(c) केवल 2 और 4

(d) केवल 1, 3 और 4

परिच्छेद – 2

कृषि पारिस्थितिकी के मूल में यह अवधारणा है कि कृषि पारिस्थितिक तंत्रों को प्राकृतिक पारिस्थितिक तंत्रों के जैव-विविधता स्तरों और कार्य-प्रणाली का अनुकरण करना चाहिए। ऐसी कृषि अनुकृतियाँ (मिमिक्स), अपने प्राकृतिक मॉडलों की तरह उत्पादक, पीड़क-प्रतिरोधी, पोषक-संरक्षक, तथा प्रघात और तनाव के प्रति समुत्थानशील (रिज़िलिअंट) हो सकती हैं। पारिस्थितिक तंत्रों में कुछ भी 'व्यर्थ' नहीं जाता है, और पोषक तत्त्वों का अनंत काल तक पुनः चक्रण होता है। कृषि पारिस्थितिकी का उद्देश्य पोषक लूपों को बंद करना है, अर्थात्, मिट्टी से निकल चुके सभी पोषक तत्त्वों को फार्मयार्ड खाद के अनुप्रयोग जैसे तरीकों के द्वारा मिट्टी में पुनः वापस पहुँचाना है। इसके अंतर्गत, प्राकृतिक प्रक्रियाओं का उपयोग पीड़क नियंत्रण के लिए तथा अंतर-सस्य कृषि (इंटर-क्रॉपिंग) के द्वारा मृदा को उर्वर बनाने के लिए भी किया जाता है। कृषि पारिस्थितिकी पद्धतियों में पशुधन और फसलों के साथ वृक्षों का एकीकरण शामिल है।

22. निम्नलिखित पर विचार कीजिएः

1. भूमि-संरक्षण-सस्य (कवर क्रॉप्स)
2. उर्वरक-सिंचाई (फर्टिगेशन)
3. जल संवर्धन
4. मिश्रित कृषि
5. बहु-सस्यन (पॉलीकल्चर)
6. ऊर्ध्वाधर कृषि (वर्टिकल फार्मिंग)

परिच्छेद के अनुसार, उपर्युक्त में से कौन-सी कृषि पद्धतियाँ कृषि पारिस्थितिकी के अनुकूल हो सकती हैं?

(a) केवल 1, 4 और 5

(b) केवल 2, 3, 4 और 5

(c) केवल 1, 2, 3 और 6

(d) केवल 4 और 6

परिच्छेद – 3

न केवल क्रेडिट कार्ड के विवरण और डाटाबेस जैसे अमूर्त डाटा के साथ कंप्यूटरों का संबंध उत्तरोत्तर बढ़ता जा रहा है, बल्कि भौतिक वस्तुओं की वास्तविक दुनिया और संवेदनशील मानव शरीर के साथ भी यह संबंध बढ़ रहा है। एक आधुनिक कार, पहियों पर एक कंप्यूटर है; एक विमान, पंखों पर एक कंप्यूटर है। "इंटरनेट ऑफ थिंग्स" के आगमन से सड़क चिन्हों और एम.आर.आई. स्कैनरों से लेकर कृत्रिम अंगों (प्रॉस्थैटिक्स) और इंसुलिन पंपों तक प्रत्येक वस्तु में कंप्यूटर शामिल हो जाएगा। इस बात का प्रमाण नगण्य है कि ये उपकरण (गैजेट), इनके डेस्कटॉप समकक्षों की तुलना में अधिक विश्वासयोग्य होंगे। हैकर पहले ही यह प्रमाणित कर चुके हैं कि वे इंटरनेट से जुड़ी कारों और पेसमेकरों का दूरस्थ नियंत्रण (रिमोट कंट्रोल) कर सकते हैं।

23. उपर्युक्त परिच्छेद के आधार पर प्रतिपादित, निम्नलिखित में से कौन-सा कथन **सर्वाधिक निर्णायक निष्कर्ष को सर्वोत्तम रूप से दर्शाता** है?

(a) कंप्यूटर पूरी तरह सुरक्षित नहीं हैं।

(b) सॉफ्टवेयर बनाने वाली कंपनियाँ साइबर सुरक्षा को गंभीरता से नहीं लेती हैं।

(c) डाटा सुरक्षा संबंधी कठोर नियमों की आवश्यकता है।

(d) संचार प्रौद्योगिकी की वर्तमान प्रवृत्ति, भविष्य में हमारे जीवन को प्रभावित करेगी।

परिच्छेद – 4

ग़रीबी, असमानता, अस्वास्थ्यकर और अस्वच्छता की दशाओं से जूझता सामाजिक और भौतिक वातावरण संक्रामक रोगों का ख़तरा उत्पन्न करता है। स्वास्थ्य-विधि (हाइजीन) के भिन्न-भिन्न स्तर हैं : व्यक्तिगत, घरेलू और सामुदायिक स्वास्थ्य-विधि। इसमें कोई संदेह नहीं है कि व्यक्तिगत सफाई रखने से संक्रामक रोगों की दर में कमी आती है। किंतु इस क्षेत्र में बाज़ार के प्रवेश ने सुरक्षा की झूठी भावना को जन्म दिया है, जो विज्ञापनों के आक्रामक प्रभाव द्वारा अनुकूलित होती है और प्रबल होती है। पश्चिम यूरोप का अनुभव यह दर्शाता है कि व्यक्तिगत स्वास्थ्य-विधि के साथ-साथ वातावरणीय दशाओं में सामान्य सुधार तथा स्वच्छ जल, स्वच्छता और खाद्य सुरक्षा जैसे घटकों से शिशु/बाल मृत्यु/संक्रमण की दरों में पर्याप्त कमी आई है। हाथों को स्वच्छ रखने के प्रति जुनून व्यक्तिगत स्वास्थ्य पर बाज़ार के निरंतर प्रभाव को भी लाता है, जिससे पारिस्थितिकी पर इसके नकारात्मक प्रभाव की अवहेलना होती है अथवा उसे हाशिए पर डाल दिया जाता है और इससे प्रतिरोधी रोगाणुओं का प्रादुर्भाव होता है।

24. उपर्युक्त परिच्छेद के आधार पर, निम्नलिखित पूर्वधारणाएँ बनाई गई हैं:

1. ऐसे लोग जिनमें व्यक्तिगत स्वास्थ्य-विधि का जुनून होता है, वे सामुदायिक स्वास्थ्य-विधि पर ध्यान नहीं देते हैं।
2. व्यक्तिगत स्वच्छता से बहु-औषधि प्रतिरोधी रोगाणुओं के प्रादुर्भाव का निवारण किया जा सकता है।

3. स्वास्थ्य-विधि के क्षेत्र में बाज़ार के प्रवेश से संक्रामक रोगों का ख़तरा बढ़ा है।
4. संक्रामक रोगों के बोझ को कम करने के लिए वैज्ञानिक और सूक्ष्म-स्तरीय हस्तक्षेप पर्याप्त नहीं हैं।
5. यह जन स्वास्थ्य उपायों के माध्यम से कार्यान्वित सामुदायिक स्वास्थ्य-विधि है, जो संक्रामक रोगों के विरुद्ध लड़ाई में वास्तव में कारगर है।

उपर्युक्त में से कौन-सी पूर्वधारणाएँ मान्य हैं?

(a) केवल 1 और 2
(b) केवल 3 और 4
(c) केवल 4 और 5
(d) केवल 1, 2 और 4

25. एक कथन नीचे दिया गया है, जिसके उपरांत निष्कर्ष-I और निष्कर्ष-II दिए गए हैं। आपको इस कथन को सही मानते हुए प्रश्नों का उत्तर देना है, भले ही यह सामान्य रूप से ज्ञात तथ्यों की दृष्टि से संगत प्रतीत न हो। सभी निष्कर्षों को पढ़ें और तत्पश्चात निर्णय करें कि कौन-सा/कौन-से निष्कर्ष दिए गए कथन के अनुसार तर्कसंगत है/हैं, भले ही वे सामान्य रूप से ज्ञात तथ्यों की दृष्टि से संगत न हों।

कथन : कुछ बिल्लियाँ अलमारी हैं। कुछ अलमारियाँ कुर्सी हैं। सभी कुर्सियाँ मेज़ हैं।

निष्कर्ष-I : कुछ अलमारियाँ निश्चित रूप से मेज़ हैं।

निष्कर्ष-II: कुछ बिल्लियाँ कुर्सी नहीं भी हो सकती हैं।

निम्नलिखित में से कौन-सा सही है?

(a) केवल निष्कर्ष-I
(b) केवल निष्कर्ष-II
(c) निष्कर्ष-I और निष्कर्ष-II दोनों
(d) न तो निष्कर्ष-I, न ही निष्कर्ष-II

26. एक बालक गेंद से खेल रहा है और वह गेंद को 1.5 मीटर की ऊँचाई से गिराता है। प्रत्येक बार जब भी गेंद ज़मीन से टकराती है, तो वह पूर्ववर्ती ऊँचाई की 4/5 ऊँचाई तक उछाल लेती है। यदि पूर्ववर्ती ऊँचाई 50 सेमी से कम है, तो गेंद नहीं उछलती है। गेंद की उछाल रुकने से पूर्व, गेंद कितनी बार जमीन से टकराती है?

(a) 4 (b) 5
(c) 6 (d) 7

27. एक दर्पण में अंग्रेज़ी वर्णमाला (बड़े अक्षरों में) के व्यंजनों के प्रतिबिंबों का अवलोकन किया जाता है। इनमें से उन प्रतिबिंबों की संख्या कितनी है जो अपनी मूल आकृति के समान दिखाई **नहीं** देते हैं?

(a) 13 (b) 14
(c) 15 (d) 16

28. एक बैंक कर्मचारी अपने घर से दक्षिण की ओर 10 किमी गाड़ी चलाती है, फिर वह अपने बायीं ओर मुड़ती है और 20 किमी गाड़ी चलाती है। वह पुनः अपने बायीं ओर मुड़ती है और 40 किमी गाड़ी चलाती है, फिर वह अपने दायीं ओर मुड़ती है और 5 किमी गाड़ी चलाती है। वह पुनः अपने दायीं ओर मुड़ती है और 30 किमी गाड़ी चलाकर अपने बैंक पहुँचती है, जहाँ वह कार्यरत है। उसके बैंक और उसके घर के बीच न्यूनतम दूरी कितनी है?

(a) 20 किमी (b) 25 किमी
(c) 30 किमी (d) 35 किमी

29. 700 से 1000 तक के पूर्णांकों को सूचीबद्ध किया गया है। इनमें से कितने पूर्णांकों में, अंकों का योगफल 10 है?

(a) 6 (b) 7
(c) 8 (d) 9

30. एक महिला उत्तर की ओर 12 किमी दौड़ती है, फिर वह दक्षिण की ओर 6 किमी तथा उसके पश्चात पूर्व की ओर 8 किमी दौड़ती है। अपने प्रस्थान बिंदु से वह किस दिशा में है?

(a) दक्षिण-पूर्व में 45° से कम कोण पर
(b) उत्तर-पूर्व में 45° से कम कोण पर
(c) दक्षिण-पूर्व में 45° से अधिक कोण पर
(d) उत्तर-पूर्व में 45° से अधिक कोण पर

निम्नलिखित 4 (चार) प्रश्नांशों के लिए निर्देश:

नीचे दिए गए **चार परिच्छेदों** को पढ़िए और परिच्छेदों के नीचे आने वाले प्रश्नांशों के उत्तर दीजिए। इन प्रश्नांशों के लिए आपके उत्तर केवल इन परिच्छेदों पर ही आधारित होने चाहिए।

परिच्छेद – 1

शोधकर्ताओं ने मटर के कीड़ों (पी-ऐफ़िड) और रस चूसने वाले कीड़ों से युक्त कृत्रिम तृण-भूखंडों को रात में स्ट्रीट लाइट के अनुरूप आलोकित किया। इन्हें दो अलग-अलग प्रकार के प्रकाश में रखा गया – नवीनतर वाणिज्यिक LED प्रकाश के सदृश श्वेत प्रकाश और सोडियम स्ट्रीट लैंपों के सदृश एंबर प्रकाश। मटर कुल के जंगली पौधे – जो कि तृणभूमि में मटर के कीड़ों के लिए खाद्य के स्रोत हैं – इन पौधों पर निम्न तीव्रतायुक्त एंबर प्रकाश डालने पर यह देखा गया कि इससे पुष्पण प्रेरित होने की बजाय, बाधित होता है। प्रकाश के प्रभाव के अंतर्गत, सीमित मात्रा में खाद्य उपलब्ध होने के कारण कीड़ों (ऐफ़िड) की संख्या में भी उल्लेखनीय कमी आई।

31. उपर्युक्त परिच्छेद के आधार पर प्रतिपादित, निम्नलिखित में से कौन-सा कथन **सर्वाधिक निर्णायक निष्कर्ष को सर्वोत्तम रूप से दर्शाता** है?

(a) उच्च तीव्रतायुक्त प्रकाश की तुलना में निम्न तीव्रतायुक्त प्रकाश का पौधों पर अधिक प्रतिकूल प्रभाव पड़ता है।

(b) प्रकाश प्रदूषण का किसी पारिस्थितिक तंत्र पर स्थायी रूप से प्रतिकूल प्रभाव पड़ सकता है।

(c) पौधों के पुष्पण के लिए अन्य रंगों के प्रकाश की तुलना में श्वेत रंग का प्रकाश बेहतर है।

(d) किसी पारिस्थितिक तंत्र में उपयुक्त तीव्रता का प्रकाश न केवल पौधों के लिए बल्कि प्राणियों के लिए भी महत्वपूर्ण है।

परिच्छेद – 2

सभी पुष्पधारी पौधों की जातियों में से लगभग 80 प्रतिशत में परागण प्राणियों द्वारा होता है, जिसमें पक्षी और स्तनधारी प्राणी शामिल हैं, किंतु कीट मुख्य परागणकारी हैं। परागण हमें पौधों से उत्पन्न कई औषधियों के साथ-साथ विविध प्रकार के खाद्य उपलब्ध कराने के लिए उत्तरदायी है। विश्व की कम-से-कम एक-तिहाई कृषि फ़सलें परागण पर निर्भर हैं। परागण के लिए मक्षिका सर्वाधिक प्रभावी वर्ग हैं और ये चार सौ से भी अधिक फ़सलों के लिए अत्यंत महत्त्वपूर्ण हैं। परागण एक ऐसी अनिवार्य व्यवस्था है जो पौधों और प्राणियों के बीच जटिल संबंधों का परिणाम है, और इनमें से किसी की भी कमी या ह्रास होने से दोनों का अस्तित्व प्रभावित होता है। प्रभावी परागण के लिए मूल प्राकृतिक वनस्पति के आश्रय जैसे संसाधनों की आवश्यकता है।

32. उपर्युक्त परिच्छेद के आधार पर, निम्नलिखित पूर्वधारणाएँ बनाई गई हैं:

1. परागणकारी प्राणियों की विविधता के बिना भारत के अनाज खाद्यान्न का संधारणीय उत्पादन संभव नहीं है।
2. उद्यान फ़सलों की एकधान्य कृषि, कीटों के अस्तित्व के लिए बाधक है।
3. प्राकृतिक वनस्पति से विहीन कृषि क्षेत्रों में परागणकारियों की अत्यधिक कमी हो जाती है।
4. कीटों में विविधता, पौधों में विविधता लाती है।

उपर्युक्त में से कौन-सी पूर्वधारणा/पूर्वधारणाएँ मान्य है/हैं?

(a) केवल 1

(b) केवल 2, 3 और 4

(c) केवल 1 और 2

(d) केवल 3 और 4

परिच्छेद – 3

तमिलनाडु की कावेरी नदी-घाटी पर क्षेत्रीय जलवायु मॉडलों का उपयोग करते हुए जलवायु परिवर्तन के प्रभावों पर किए गए अध्ययन में अधिकतम और न्यूनतम तापमानों में वृद्धि की प्रवृत्ति और वर्षा के दिनों की संख्या में कमी देखी गई। इन जलवायवी परिवर्तनों का इस क्षेत्र के जलीय चक्रों पर प्रभाव पड़ेगा, परिणामस्वरूप अधिक मात्रा में जल बह जाएगा और जल के पुनर्भरण (रीचार्ज) में कमी आएगी, तथा भौमजल-स्तर प्रभावित होंगे। इसके अतिरिक्त, राज्य में सूखा पड़ने की बारंबारता में वृद्धि हुई है। इसके कारण, फ़सलें बचाने के लिए भौमजल संसाधनों पर किसानों की निर्भरता बढ़ी है।

33. निम्नलिखित में से कौन-सा कथन उपर्युक्त परिच्छेद के **मूल भाव को सर्वोत्तम रूप से दर्शाता** है?

(a) क्षेत्रीय जलवायु मॉडलों का विकास जलवायु-अनुकूल (क्लाइमेट-स्मार्ट) कृषि पद्धतियों का चयन करने में सहायक है।

(b) शुष्क-भूमि कृषि पद्धतियाँ अपनाकर भौमजल संसाधनों पर अत्यधिक निर्भरता को कम किया जा सकता है।

(c) जलवायु परिवर्तन से जल संसाधनों का महत्त्व बढ़ा है, जबकि साथ ही साथ इन पर संकट भी बढ़ा है।

(d) जलवायु परिवर्तन के कारण, किसानों को अधारणीय आजीविका और जोखिमपूर्ण साधक-रणनीतियाँ अपनानी पड़ती हैं।

परिच्छेद – 4

शोधकर्ता पर्यावरणीय प्रदूषक बिस्फीनॉल A (BPA) के तंत्रिआविषी (न्यूरोटॉक्सिक) प्रभावों का पता लगाने के लिए स्टेम कोशिकाओं का उपयोग करने में सफल रहे। उन्होंने मानव में हृदय रोग, मधुमेह और परिवर्धन अपसामान्यताओं के लिए ज़िम्मेदार माने जाने वाले यौगिक BPA के अनुप्रयोग के द्वारा मूषक की भ्रूणीय स्टेम कोशिकाओं के विभेदन के दौरान जीन अभिव्यक्ति प्रोफाइल की जाँच के लिए जैव-रासायनिक और कोशिका-आधारित आमापन के संयोजन का उपयोग किया। वे अंतःत्वचा और बाह्यत्वचा जैसे प्राथमिक जनन स्तरों (जर्म लेयर) के सही विनिर्देशन के लिए BPA आविषालुता (टॉक्सिसिटी) का पता लगाने और आमापन करने, तथा तंत्रिका प्रजनक कोशिकाएँ सृजित करने में सफल रहे।

34. उपर्युक्त परिच्छेद के आधार पर, निम्नलिखित पूर्वधारणाएँ बनाई गई हैं:

1. BPA, जीवों में (इन वीवो) भ्रूणीय विकास को परिवर्तित कर सकता है।
2. प्रदूषण से होने वाले रोगों के उपचारों की खोज करने में जैव-रासायनिक और कोशिका-आधारित आमापन उपयोगी हैं।
3. पर्यावरणीय प्रदूषकों के शरीर-क्रियात्मक प्रभावों का मूल्यांकन करने के लिए भ्रूणीय स्टेम कोशिकाएँ मॉडल के रूप में कार्य कर सकती हैं।

उपर्युक्त में से कौन-सी पूर्वधारणाएँ मान्य हैं?

(a) केवल 1 और 2

(b) केवल 2 और 3

(c) केवल 1 और 3

(d) 1, 2 और 3

35. यदि 3^{2019} को 10 से विभाजित किया जाए, तो क्या शेष रहेगा?

(a) 1 (b) 3

(c) 7 (d) 9

36. संख्या 3798125P369 अंक 7 से भाज्य है। अंक P का मान क्या है?

(a) 1 (b) 6

(c) 7 (d) 9

37. 1 जनवरी, 2021 से वर्ष के mवें दिन पेट्रोल का मूल्य (रुपए प्रति लीटर में) $80 + 0.1m$ है, जहाँ $m = 1, 2, 3, \ldots, 100$ है और तत्पश्चात अचर रहता है। वहीं दूसरी ओर, वर्ष 2021 के nवें दिन डीज़ल का मूल्य (रुपए प्रति लीटर में), n के किसी भी मान के लिए $69 + 0.15n$ है। वर्ष 2021 की किस तिथि को इन दोनों ईंधनों का मूल्य एकसमान होगा?

(a) 21 मई (b) 20 मई

(c) 19 मई (d) 18 मई

38. एक हाई स्कूल की जीवविज्ञान की कक्षा ने पूर्वानुमान लगाया कि पशुओं की स्थानीय आबादी प्रत्येक 12 वर्ष में दुगुनी हो जाएगी। किए गए आकलन के अनुसार वर्ष 2021 के आरंभ में पशुओं की आबादी 50 होगी। यदि n वर्षों के पश्चात की आबादी को P से निरूपित किया जाता है, तो निम्नलिखित में से कौन-सा समीकरण, कक्षा द्वारा बनाए गए आबादी के मॉडल को निरूपित करता है?

(a) $P = 12 + 50n$ (b) $P = 50 + 12n$

(c) $P = 50\,(2)^{12n}$ (d) $P = 50\,(2)^{n/12}$

39. एक कक्षा में, 60% विद्यार्थी भारत से हैं और विद्यार्थियों का 50% लड़कियाँ हैं। यदि भारतीय विद्यार्थियों में 30% लड़कियाँ हैं, तो विदेशी विद्यार्थियों में कितने प्रतिशत लड़के हैं?

(a) 45% (b) 40%

(c) 30% (d) 20%

40. एक कथन नीचे दिया गया है, जिसके उपरांत निष्कर्ष-I और निष्कर्ष-II दिए गए हैं। आपको इस कथन को सही मानते हुए प्रश्नों का उत्तर देना है, भले ही यह सामान्य रूप से ज्ञात तथ्यों की दृष्टि से संगत प्रतीत न हो। सभी निष्कर्षों को पढ़ें और तत्पश्चात निर्णय करें कि कौन-सा/कौन-से निष्कर्ष दिए गए कथन के अनुसार तर्कसंगत है/हैं, भले ही वे सामान्य रूप से ज्ञात तथ्यों की दृष्टि से संगत न हों।

कथनः कुछ रेडियो, मोबाइल हैं। सभी मोबाइल, कंप्यूटर हैं। कुछ कंप्यूटर, घड़ी हैं।

निष्कर्ष-I: कुछ रेडियो निश्चित रूप से घड़ी हैं।

निष्कर्ष-II: कुछ मोबाइल निश्चित रूप से घड़ी हैं।

निम्नलिखित में से कौन-सा सही है?

(a) केवल निष्कर्ष-I

(b) केवल निष्कर्ष-II

(c) निष्कर्ष-I और निष्कर्ष-II दोनों

(d) न तो निष्कर्ष-I, न ही निष्कर्ष-II

निम्नलिखित 3 (तीन) प्रश्नांशों के लिए निर्देश:

नीचे दिए गए **दो परिच्छेदों** को पढ़िए और परिच्छेदों के नीचे आने वाले प्रश्नांशों के उत्तर दीजिए। इन प्रश्नांशों के लिए आपके उत्तर केवल इन परिच्छेदों पर ही आधारित होने चाहिए।

परिच्छेद – 1

मध्ययुगीन व्यापारी चीन के बाज़ारों तक पहुँचने के लिए रेशम मार्ग (सिल्क रोड) के ख़तरों का जोखिम उठाते थे; 15वीं शताब्दी में, हल्के पाल वाले पुर्तगाली जहाज़ों ने ज्ञान की अपेक्षा स्वर्ण और मसालों की खोज में परिचित विश्व की सीमाओं से परे यात्रा की। ऐतिहासिक दृष्टि से देखें तो हमेशा संसाधनों की खोज ही सरहदों की खोज करने के लिए प्रेरक रहा है। विज्ञान और जिज्ञासा कमज़ोर प्रेरक हैं। चाहे सौर मंडल हो अथवा अंतरातारकीय अंतरिक्ष, आर्थिक इंजन का निर्माण ही अंतरिक्ष को उन्मुक्त करने का एकमात्र साधन है – और संसाधनों का निष्कर्षण ही वह इंजन है।

41. निम्नलिखित में से कौन-सा कथन उपर्युक्त परिच्छेद का **सर्वोत्तम सार** है?

(a) किसी भी मानवीय प्रयास का प्राथमिक उद्देश्य धन का सृजन करना होता है।

(b) अंतरिक्ष हमारी भावी अर्थव्यवस्था को नियंत्रित करेगा, चाहे वह सौर मंडल में विद्यमान अंतरिक्ष हो अथवा अंतरातारकीय अंतरिक्ष।

(c) मनुष्य मुख्यतः आर्थिक प्रतिफल के लिए नई सरहदों की खोज करने के लिए प्रेरित होते हैं।

(d) कुछ लोगों के जोखिम लेने का व्यवहार ही धन सृजन का आधार होता है।

परिच्छेद – 2

"... अधिकांश लोग सहमत होंगे कि शायद ऐसी कुछ विशेष परिस्थितियों को छोड़कर, जहाँ सत्य बोलने से अधिक हानि होगी, जान-बूझकर असत्य बोलना ग़लत है। यहाँ तक कि सर्वाधिक सत्यवादी लोग संभवतः बहुत सारे असत्य बोलते हैं, जिन्हें अर्थ-विषयक (सिमेंटिक) असत्य माना जा सकता है; उनके शब्द-प्रयोग में कुछ मात्रा में असत्य होता है, जो कमोबेश सोचा-समझा होता है।"

42. इस परिच्छेद के प्रथम अंश में, किस विचार का उल्लेख किया गया है?

(a) असत्य बोलने के संबंध में सहमति

(b) असत्य बोलने के संबंध में असहमति

(c) सत्य बोलने के संबंध में असहमति

(d) सत्य बोलने से होने वाली हानि के संबंध में असहमति

43. निम्नलिखित में से कौन-सी आदत अच्छे लोगों में बहुधा पाई जाती है?

(a) सत्य और असत्य को मिश्रित करना

(b) सत्य को असत्य के साथ साभिप्राय मिश्रित करना

(c) तथ्यों का मिथ्याकरण

(d) सत्य का संपूर्ण छिपाव

44. एक वृत्तारेख (पाई आरेख), मानव शरीर में प्रोटीन, जल तथा अन्य शुष्क तत्त्वों के प्रतिशतता वितरण को दर्शाता है। यह दिया गया है कि प्रोटीन 16% है तथा जल 70% है। यदि प्रोटीन तथा अन्य शुष्क तत्त्व - दोनों को मिलाकर p% है, तो वृत्तारेख में p को निरूपित करने वाले त्रिज्यखंड (सेक्टर) का केंद्रीय कोण कितना है?

(a) 54° (b) 96°

(c) 108° (d) 120°

45. जोसेफ क्लब में प्रत्येक 5वें दिन जाता है, हर्ष प्रत्येक 24वें दिन जाता है, जबकि सुमित प्रत्येक 9वें दिन जाता है। यदि सभी तीनों किसी रविवार को क्लब में मिलें, तो वे तीनों, पुनः क्लब में किस दिन मिलेंगे?

(a) सोमवार

(b) बुधवार

(c) बृहस्पतिवार

(d) रविवार

46. एक 2-अंकों वाली संख्या तथा इन अंकों के स्थानों को परस्पर बदल कर प्राप्त होने वाली संख्या का अंतर 54 है।

निम्नलिखित कथनों पर विचार कीजिए:

1. इस संख्या के दोनों अंकों का योगफल केवल तभी निकाला जा सकता है जब दोनों अंकों का गुणनफल ज्ञात हो।
2. इस संख्या के दोनों अंकों के बीच के अंतर को निकाला जा सकता है।

उपर्युक्त कथनों में से कौन-सा/कौन-से सही है/हैं?

(a) केवल 1

(b) केवल 2

(c) 1 और 2 दोनों

(d) न तो 1, न ही 2

47. X ने Y से कहा, "आपके जन्म के समय मेरी आयु आपकी वर्तमान आयु की दुगुनी थी।" यदि X की वर्तमान आयु 42 वर्ष है, तो निम्नलिखित कथनों पर विचार कीजिए:

1. 8 वर्ष पहले, X की आयु, Y की आयु की पाँच गुणा थी।
2. 14 वर्ष बाद, X की आयु, Y की आयु की दुगुनी होगी।

उपर्युक्त कथनों में से कौन-सा/कौन-से सही है/हैं?

(a) केवल 1 (b) केवल 2

(c) 1 और 2 दोनों (d) न तो 1, न ही 2

48. यदि किसी वस्तु के मूल्य में 20% का ह्रास होता है और फिर नए मूल्य में 25% वृद्धि होती है, तो मूल्य में नेट परिवर्तन कितना हुआ है?

(a) 0%

(b) 5% वृद्धि

(c) 5% ह्रास

(d) अपर्याप्त आँकड़ों के कारण निर्धारित नहीं किया जा सकता

49. जब किसी निश्चित संख्या को 7 से गुणा किया जाए, तो गुणनफल में पूर्ण रूप से केवल एक का अंक (1111...) ही समाविष्ट होता है। ऐसी लघुतम संख्या कौन-सी है?

(a) 15713 (b) 15723

(c) 15783 (d) 15873

50. एक व्यक्ति किसी कार्य के 7/8 अंश को 21 दिन में पूरा करता है। यदि कार्य की मात्रा में 50% की और वृद्धि हो जाए, तो उसे उस कार्य को समाप्त करने में कितने दिन और लगेंगे?

(a) 24 (b) 21

(c) 18 (d) 15

निम्नलिखित 2 (दो) प्रश्नांशों के लिए निर्देश:

नीचे दिए गए दो परिच्छेदों को पढ़िए और परिच्छेदों के नीचे आने वाले प्रश्नांशों के उत्तर दीजिए। इन प्रश्नांशों के लिए आपके उत्तर केवल इन परिच्छेदों पर ही आधारित होने चाहिए।

परिच्छेद – 1

क्या कोई लोकतंत्र दीर्घ समय तक कल्याणकारी राज्य होने से बच सकता है? जन कल्याण को पूर्ण रूप से बाज़ार पर क्यों नहीं छोड़ा जा सकता है? बाज़ार और लोकतंत्र के बीच अंतर्निहित तनाव विद्यमान है। बाज़ार एक-व्यक्ति-एक-मत (वोट) के सिद्धांत पर कार्य नहीं करते हैं, जैसा कि लोकतंत्र में होता है। कोई व्यक्ति बाजार से क्या ले पाता है, यह उसकी प्रतिभा, कौशल, क्रय-शक्ति तथा माँग और आपूर्ति की क्षमता पर निर्भर करता है। बाज़ार व्यक्ति के प्रयासों और कौशल का प्रतिफल देते हैं, और बहुत से लोगों को समाज के निचले पायदान से ऊपर भी उठा सकते हैं, किंतु कुछ लोगों को ऐसे कौशलों के विकास के लिए कभी अवसर ही नहीं मिल पाता है, बाज़ार में जिनकी माँग है; ऐसे लोग सामान्यतः बहुत ग़रीब होते हैं और बहुत अक्षम होते हैं; अथवा इनमें कौशल विकसित करने में काफी समय लगता है। बाज़ार नौकरियाँ सृजित करके अकुशल लोगों की भी सहायता कर सकते हैं, किंतु पूँजीवाद हमेशा से बेरोज़गारी-विस्फोट का साक्षी रहा है।

51. उपर्युक्त परिच्छेद के संदर्भ में, निम्नलिखित पूर्वधारणाएँ बनाई गई हैं:

1. आधुनिक लोकतंत्र बाज़ार की शक्तियों पर निर्भर करते हैं ताकि वे कल्याणकारी राज्य बन सकें।
2. लोकतंत्रों को प्रभावी बनाने के लिए आवश्यक पर्याप्त आर्थिक वृद्धि को बाज़ार सुनिश्चित करते हैं।

3. आर्थिक विकास में पीछे छूट गए लोगों के लिए सरकारी कार्यक्रमों की आवश्यकता है।

उपर्युक्त में से कौन-सी पूर्वधारणा/पूर्वधारणाएँ मान्य है/हैं?

(a) केवल 1 और 3 (b) केवल 3

(c) केवल 2 और 3 (d) 1, 2 और 3

परिच्छेद – 2

हमारे विद्यालयों में, हम अपने बच्चों को भौतिकी, गणित और इतिहास तथा हमारे पास जो कुछ ज्ञान है, उनके बारे में सब कुछ पढ़ाते हैं जिन्हें जानने की आवश्यकता है। किंतु क्या हम उन्हें देश में महामारी की तरह फैले जातिभेद की कड़वाहट के बारे में, हमारी भूमि के बहुत बड़े हिस्से को ग्रसित करने वाले सूखे के दुष्परिणामों के बारे में, महिलाओं के प्रति संवेदनशीलता (जेंडर संसिटिविटी) के बारे में, विकल्प के रूप में निरीश्वरवाद की संभावना, आदि के बारे में शिक्षा देते हैं? यह भी उतना ही महत्त्वपूर्ण है कि क्या हम उन्हें प्रश्न पूछने की शिक्षा देते हैं, अथवा उन्हें केवल निष्क्रिय रहकर हमारे प्रज्ञान ग्रहण करने की शिक्षा देते हैं? विद्यालय की संवृत (कोकून्ड) दुनिया से निकलकर, अचानक ही, किशोर/किशोरी स्वयं को विश्वविद्यालय की उन्मुक्त दुनिया में पाता/पाती है। यहाँ वह विचारों, प्रभावों और विचारधाराओं के द्वंद्व में बह जाता/जाती है। यह संक्रमण उसके लिए कष्टदायी हो सकता है, जिसे प्रश्न पूछने और राय कायम करने के लिए हतोत्साहित किया गया है।

52. निम्नलिखित में से कौन-सा कथन उपर्युक्त परिच्छेद के केंद्रीय विचार को सर्वोत्तम रूप से दर्शाता है?

(a) विद्यालयी पाठयक्रम बच्चों और अभिभावकों की अपेक्षाओं के अनुकूल नहीं है।

(b) शैक्षिक उपलब्धियों पर बल देने से व्यक्तित्व और कौशल के विकास के लिए समय मिलता है।

(c) बच्चों को बेहतर नागरिक बनने के लिए तैयार करना, शिक्षा व्यवस्था की ज़िम्मेदारी होनी चाहिए।

(d) बेहतर नागरिक बनने के लिए, वर्तमान विश्व व्यवस्था शैक्षिक विषय-वस्तु के अतिरिक्त, सामाजिक और जीवन-साधक कौशल की माँग भी करती है।

53. तीन बिंदु P, Q तथा R एक सरल रेखा पर इस प्रकार स्थित हैं कि PQ : QR = 3 : 5 है। यदि PQ : PR के संभाव्य मानों की संख्या n है, तो n किसके बराबर है?

(a) 1 (b) 2

(c) 3 (d) 4

54. एक बिसात (शतरंज बोर्ड) पर एक सीधे पथ की लंबाई में विकर्णों पर 6 क्रमागत वर्गों को कितने विभिन्न प्रकार से चयनित किया जा सकता है?

(a) 4 (b) 6

(c) 8 (d) 12

55. नीचे दिए गए चार विकल्पों में से एक विकल्प का उपयोग करते हुए श्रेणी _b_a_ba_b_abab_aab में विद्यमान छह रिक्त स्थानों (_) को इस तरह भरें ताकि यह श्रेणी, एक विशिष्ट क्रम का अनुसरण करें।

(a) b a b a b a

(b) b a a b b a

(c) b b a a b b

(d) a b a b a b

56. अंकों के रूप में 2, 2, 3, 3, 3 का प्रयोग करते हुए, 30000 से बड़ी कितनी भिन्न संख्याएँ बन सकती हैं?

(a) 3 (b) 6

(b) 9 (d) 12

57. निम्नलिखित कथनों पर विचार कीजिएः

1. 5 क्रमागत पूर्णांकों का योगफल 100 हो सकता है।
2. तीन क्रमागत धन-पूर्णांकों का गुणनफल उनके योगफल के बराबर हो सकता है।

उपर्युक्त कथनों में से कौन-सा/कौन-से सही है/हैं?

(a) केवल 1 (b) केवल 2

(c) 1 और 2 दोनों (d) न तो 1, न ही 2

58. 1 m भुजा वाला एक घनीय पात्र जल से पूरा भरा हुआ है। उसमें कितने मिलिलीटर जल है (पात्र की मोटाई को नगण्य मानें)?

(a) 1000 (b) 10000

(c) 100000 (d) 1000000

59. एक पंक्ति में 6 व्यक्ति हैं। एक अन्य व्यक्ति को उनमें से 3 व्यक्तियों से इस प्रकार हाथ मिलाना है कि वह दो क्रमागत व्यक्तियों से हाथ नहीं मिलाएगा। ऐसे कितने भिन्न संभाव्य संयोजनों में हाथ मिलाए जा सकते हैं?

(a) 3 (b) 4

(c) 5 (d) 6

60. कुछ धनराशि A, B और C के बीच में p : q : r के अनुपात में वितरित की गई।

निम्नलिखित कथनों पर विचार कीजिएः

1. यदि p, (q + r) से अधिक हो, तो A को अधिकतम अंश मिलेगा।
2. यदि r, (p + q) से कम हो, तो C को न्यूनतम अंश मिलेगा।

उपर्युक्त कथनों में से कौन-सा/कौन-से सही है/हैं?

(a) केवल 1

(b) केवल 2

(c) 1 और 2 दोनों

(d) न तो 1, न ही 2

निम्नलिखित 2 (दो) प्रश्नांशों के लिए निर्देश:

नीचे दिए गए **दो परिच्छेदों** को पढ़िए और परिच्छेदों के नीचे आने वाले प्रश्नांशों के उत्तर दीजिए। इन प्रश्नांशों के लिए आपके उत्तर केवल इन परिच्छेदों पर ही आधारित होने चाहिए।

परिच्छेद – 1

हार्वर्ड और एम.आई.टी. जैसे सर्वोत्तम विश्वविद्यालय, उनके वेतन-पत्रक (पे-रोल) पर वास्तव में कुछ उत्कृष्ट अध्यापकों की सुविधा होने के बावजूद, "फ्लिप कक्षा" (Flipped classroom) प्रारूप को तेज़ी से अपना रहे हैं, जहाँ विद्यार्थी घर बैठे वीडियो व्याख्यान सुनते हैं, और कक्षा के समय में अपने ज्ञान का अनुप्रयोग, समस्याओं का समाधान, उदाहरणों पर चर्चा, इत्यादि करते हैं। प्रोफेसर उस चर्चा को संचालित करते हैं और आवश्यकतानुसार अपने विचार देते हैं, उन अंशों को स्पष्ट करते हैं, जो विद्यार्थियों को अस्पष्ट प्रतीत होते हैं और उन्हें ऐसे उन्नत विचारों से अवगत कराते हैं जो प्रासंगिक हों। इन विश्वविद्यालयों ने अपने वीडियो व्याख्यानों को पूरे विश्व में सबके लिए निःशुल्क उपलब्ध किया है। वे संपूर्ण विश्व के महाविद्यालयों और विश्वविद्यालयों को इन ऑनलाइन पाठ्यक्रमों को एकीकृत करके अपने अध्यापन में शामिल करने, अपनी आवश्यकताओं के अनुरूप उपयुक्त खंडों को लेकर उसके आधार पर पैकेज तैयार करने के लिए भी प्रोत्साहित कर रहे हैं।

61. निम्नलिखित में से कौन-सा कथन उपर्युक्त परिच्छेद के **केंद्रीय विचार को सर्वोत्तम रूप से दर्शाता** है?

(a) पारंपरिक पद्धति की तुलना में कक्षा शिक्षण संचालित करने की ऑनलाइन पद्धति से विश्वविद्यालयों की क्षमता बेहतर होगी।

(b) विषय-वस्तु में कोई कमी किए बिना उच्चतर शिक्षा सहजता से और कम व्यय में उपलब्ध कराई जा सकेगी।

(c) हमें उच्चतर शिक्षा से संबंधित आधारिक संरचना में अधिक निवेश करने की आवश्यकता नहीं है और तब भी, हम बेहतर मानवीय और सामाजिक पूँजी विकसित कर सकते हैं।

(d) उच्चतर शिक्षा में निजी क्षेत्र के संस्थानों के साथ-साथ कोचिंग संस्थान इस अवसर का लाभ ले सकते हैं और फल-फूल सकते हैं।

परिच्छेद – 2

हमारे नगर, जनसंख्या के अधिक संकेन्द्रण और अपर्याप्त आधारिक संरचनाओं के कारण जलवायु परिवर्तन के प्रति अत्यधिक सुभेद्य हैं। इसके अतिरिक्त, उनमें जनसंख्या घनत्व बढ़ रहा है, किंतु हमने जलवायु परिवर्तन के प्रभावों के निराकरण के लिए अभी तक कोई प्रणाली विकसित नहीं की है। जी.डी.पी. में, हमारे नगरों का योगदान 65% है, किंतु उनमें जनता की आवश्यकताओं को पूरा करने के लिए पर्याप्त सुविधाएँ नहीं हैं। वायु की गुणता, परिवहन, आदि, से संबंधित समस्याओं पर ध्यान देना महत्वपूर्ण है, जो कि संधारणीय समाधान ढूँढ़ने के लिए अत्यावश्यक हैं। हमें नगर योजना बनाने के कार्य में नागरिकों को सम्मिलित करने की आवश्यकता है और ऐसे पारिस्थितिक तंत्र का सृजन करना होगा जो लोगों की आवश्यकताओं को पूरा कर सके।

62. उपर्युक्त परिच्छेद के आधार पर प्रतिपादित, निम्नलिखित में से कौन-सा **सर्वाधिक तर्कसंगत और विवेकपूर्ण निष्कर्ष** हो सकता है?

(a) हमारे नगरों में पर्याप्त स्वायत्तता के साथ सुस्पष्ट प्रशासनिक व्यवस्था का होना आवश्यक है।

(b) निरंतर बढ़ता हुआ जनसंख्या घनत्व, संधारणीय विकास करने के हमारे प्रयासों में बाधक है।

(c) हमारे नगरों के रख-रखाव और विकास के लिए हमें संधारणीयता संबंधी हस्तक्षेप करने की आवश्यकता है।

(d) भारत की आधारिक संरचना और संधारणीयता संबंधी समस्याओं के लिए विकास की सार्वजनिक-निजी भागीदारी पद्धति व्यवहार्य दीर्घावधि समाधान है।

63. जय तथा विजय ने एक ही दुकान से एक ही प्रकार के कुछ पेन और विशेष पेंसिलें खरीदने के लिए समान धनराशि खर्च की। यदि जय ने 3 पेन और 5 पेंसिलें खरीदीं, और विजय ने 2 पेन और 7 पेंसिलें खरीदीं, तो निम्नलिखित में से कौन-सा सही है?

(a) पेंसिल का मूल्य, पेन के मूल्य से अधिक है

(b) पेंसिल और पेन के मूल्य बराबर हैं

(c) पेन का मूल्य, पेंसिल के मूल्य से दुगुना है

(d) पेन का मूल्य, पेंसिल के मूल्य से तिगुना है

64. एक परीक्षा में P ने Q से 40 अंक अधिक प्राप्त किए। यदि Q ने P से 10% कम अंक प्राप्त किए, तो Q ने कितने अंक प्राप्त किए?

(a) 360 (b) 380
(c) 400 (d) 420

65. एक व्यक्ति P ने अपने तीन मित्रों में से एक मित्र X से पूछा कि उसके पास कितना धन है। X ने उत्तर दिया, "यदि Y मुझे ₹ 40 देता है, तो Y के पास Z से आधा धन होगा, किंतु यदि Z मुझे ₹ 40 देता है, तो हम तीनों के पास बराबर धन होगा।" X, Y और Z के पास कुल कितना धन है?

(a) ₹ 420 (b) ₹ 360
(c) ₹ 300 (d) ₹ 270

66. एक कूट-भाषा में 'MATHEMATICS' को 'LBSIDNZUHDR' के रूप में लिखा जाता है। उस कूट-भाषा में 'CHEMISTRY' को कैसे लिखा जाएगा?

(a) DIDLHRSSX (b) BIDNHTSSX
(c) BIDLHTSSX (d) DGFLIRUQZ

67. निम्नलिखित में से किस समय, किसी घड़ी के घंटे की सुई तथा मिनट की सुई आपस में 180° का कोण बनाएँगी?

(a) 7:00 बजे

(b) 7:00 और 7:05 बजे के बीच

(c) 7:05 बजे

(d) 7:05 और 7:10 बजे के बीच

68. 90 प्रश्न वाली एक वस्तुनिष्ठ परीक्षा में, प्रत्येक सही उत्तर के लिए 5 अंक निर्धारित किए गए हैं और प्रत्येक गलत उत्तर के लिए 2 अंक घटाए जाते हैं। सभी 90 प्रश्नों का उत्तर देने पर, एक विद्यार्थी को कुल 387 अंक प्राप्त हुए। ग़लत उत्तरों की संख्या कितनी है?

(a) 9 (b) 13

(c) 27 (d) 43

69. निम्नलिखित जोड़ (एडिशन) के प्रश्न पर विचार कीजिएः

3P + 4P + PP + PP = RQ2; जहाँ P, Q तथा R भिन्न अंक हैं।

इन सभी संभाव्य योगफलों का समांतर माध्य क्या है?

(a) 102 (b) 120

(c) 202 (d) 220

70. निम्नलिखित गुणन (मल्टिप्लिकेशन) के प्रश्न पर विचार कीजिएः

(PQ) × 3 = RQQ जहाँ P, Q और R भिन्न अंक हैं और $R \neq 0$ है।

(P + R) ÷ Q का मान क्या है?

(a) 1

(b) 2

(c) 5

(d) अपर्याप्त आँकड़ों के कारण निर्धारित नहीं किया जा सकता

निम्नलिखित 4 (चार) प्रश्नांशों के लिए निर्देशः

नीचे दिए गए **चार परिच्छेदों** को पढ़िए और परिच्छेदों के नीचे आने वाले प्रश्नांशों के उत्तर दीजिए। इन प्रश्नांशों के लिए आपके उत्तर केवल इन परिच्छेदों पर ही आधारित होने चाहिए।

परिच्छेद – 1

नैसर्गिक राज्य में ऐसा कुछ भी विद्यमान नहीं हो सकता, जिसे सामान्य सहमति से अच्छा या बुरा कहा जा सके, क्योंकि प्रत्येक व्यक्ति जो नैसर्गिक राज्य में रहता है, वह केवल अपने ही लाभ का ध्यान रखता है, और अपनी पसंद के अनुसार तथा जहाँ तक कि उसके अपने लाभ का संबंध है, अच्छे या बुरे का निर्णय करता है, और स्वयं को किसी भी विधि (लॉ) के अंतर्गत अपने सिवा अन्य किसी के प्रति उत्तरदायी नहीं मानता है; और इसलिए, नैसर्गिक राज्य में अपराध की कल्पना नहीं की जा सकती, केवल सिविल राज्य में ही ऐसा संभव है, जहाँ सामान्य सहमति से अच्छे या बुरे का निर्णय किया जाता है, और प्रत्येक व्यक्ति स्वयं को राज्य के प्रति उत्तरदायी मानता है।

71. निम्नलिखित में से कौन-सा कथन उपर्युक्त परिच्छेद के मूल विचार को सर्वोत्तम रूप से दर्शाता है?

(a) क्या सही या ग़लत है – ये अवधारणाएँ राज्य के निर्माण के कारण अस्तित्व में हैं।

(b) क्या सही या ग़लत है – इस बारे में जब तक कोई शासक प्राधिकारी निर्णय नहीं लेता, कोई भी व्यक्ति नैतिक रूप से सही नहीं हो सकता।

(c) नैसर्गिक राज्य में व्यक्ति स्वाभाविक रूप से अनैतिक और स्वार्थी होता है।

(d) क्या सही या ग़लत है – यह विचार मानव जाति की उत्तरजीविता के लिए आवश्यक है।

परिच्छेद – 2

आसन्न भविष्य में, हम कई नई प्रौद्योगिकियाँ – कृत्रिम बुद्धि (आर्टिफिशियल इंटेलिजेंस) एवं रोबोटविज्ञान (रोबोटिक्स), 3D विनिर्माण, ग्राहकों की माँग के अनुसार निर्मित जैविक एवं औषधीय उत्पादों, घातक स्वचालित शस्त्रों एवं चालकरहित कारों का बढ़ता पण्यकरण (कमोडिफिकेशन) देखेंगे। इससे विकट समस्याएँ उत्पन्न होंगी। इस नैतिक प्रश्न पर प्रायः विचार किया गया है कि चालकरहित कार नियम न मानने वाले पदातिक (जेवॉकर) को टक्कर मारने एवं अचानक एक ओर मुड़कर कार को क्षतिग्रस्त करने के बीच में निर्णय कैसे लेगी। इसका उत्तर दोनों है, सरल – मानव-जीवन को बचाना, और जटिल भी। कितने कोण पर कार को मुड़ना चाहिए – क्या केवल उस नियम को न मानने वाले पदातिक को बचाने भर या उससे अधिक? यदि चालकरहित कार डबलिन में होगी, तो निर्णय कौन करेगा? उसका निर्णय आइरिश सरकार करेगी, या कैलिफोर्निया में मौजूद कार का मूल कूटलेखक करेगा, या फिर हैदराबाद में मौजूद वह सॉफ्टवेयर प्रोग्रामर करेगा, जिसे कार का अनुरक्षण कार्य सौंपा गया है? यदि भिन्न-भिन्न राष्ट्रीय क्षेत्राधिकारों में मानव-जीवन को प्राथमिकता देने के बारे में भिन्न-भिन्न सूक्ष्म नियम (फाइन प्रिंट) होंगे, तो यह पारराष्ट्रीय (ट्रांसनेशनल) निर्णयों सहित बीमा एवं निवेश संबंधी निर्णयों को किस तरह प्रभावित करेगा?

72. उपर्युक्त परिच्छेद के आधार पर, निम्नलिखित में से कौन-से कथन **विवेकपूर्ण, युक्तियुक्त एवं व्यावहारिक निहितार्थों** को बेहतर दर्शाते हैं?

1. अत्यधिक वैश्वीकरण किसी भी देश के सर्वोत्तम हित में नहीं है।
2. आधुनिक प्रौद्योगिकियाँ आर्थिक सीमाओं को तेज़ी से मिटा रही हैं।
3. नवाचार और पूँजी ने राज्य के अधिकार-क्षेत्र पर अतिक्रमण कर लिया है।

4. प्रत्येक देश की सार्वजनिक नीति अपनी निजी आपूर्ति श्रृंखलाओं (सप्लाई चेन) के विकास पर केंद्रित होनी चाहिए।
5. भू-राजनीति को कई अस्पष्टताओं और अनिश्चितताओं का निराकरण करना होगा।

नीचे दिए गए कूट का प्रयोग कर सही उत्तर चुनिएः

(a) केवल 1, 4 और 5
(b) केवल 1, 2, 3 और 4
(c) केवल 2, 3 और 5
(d) 1, 2, 3, 4 और 5

परिच्छेद – 3

दिवाला और शोधन अक्षमता संहिता (कोड) के अनुसार भारतीय बैंकों के दिवालिया मामलों का समाधान किया जाए, तो वह अनर्जक परिसंपत्ति (एन.पी.ए.) स्थिति को कुछ सीमा तक नियंत्रित करने में सहायक हो सकता है। राष्ट्रीय कंपनी विधि अधिकरण द्वारा किए जाने वाले समाधानों की गति धीमी होने के बावजूद, यह संहिता भावी ऋण-चक्रों में बैंक बहियों को शोधित (क्लीन अप) करने में सहायक हो सकती है। सार्वजनिक क्षेत्र के बैंकों का पुनः पूँजीकरण भी बैंकों के गुंजाइश पूँजी (कैपिटल कुशन) को बढ़ाने और उन्हें अधिक ऋण देने और आर्थिक गतिविधि को बढ़ावा देने के लिए प्रेरित करने में सहायक हो सकता है। किंतु, अशोध्य कर्ज़ का समाधान और पुनः पूँजीकरण, इस समाधान का एक अंगमात्र ही हैं, क्योंकि वे उस अनियंत्रित ऋण को रोकने में बहुत कम ही सहायक हो सकते हैं, जिसने भारतीय बैंकिंग प्रणाली को उसकी वर्तमान दयनीय अवस्था में ला खड़ा किया है। जब तक अधारणीय ऋण की समस्या के समाधान के लिए प्रणालीगत सुधार नहीं किए जाते हैं, तब तक भावी ऋण-चक्र बैंकिंग प्रणाली पर दबाव डालते रहेंगे।

73. उपर्युक्त परिच्छेद के अनुसार, निम्नलिखित कथनों में से कौन-सा **सर्वाधिक तर्कसंगत, विवेकपूर्ण और व्यावहारिक सुझाव** को **बेहतर दर्शाता** है?

(a) बैंकों द्वारा दिए जाने वाले ऋण का सघन अनुवीक्षण (मॉनीटर) और सघन विनियमन केंद्र सरकार को करना चाहिए।
(b) ब्याज की दरें निम्न रखी जानी चाहिए, जिससे कि अधिक ऋण देने, ऋण वृद्धि को प्रोत्साहित करने और इसके जरिए आर्थिक गतिविधि को बढ़ावा देने के लिए बैंकों को प्रेरित किया जा सके।
(c) कई बैंकों का कुछ बड़े बैंकों में विलय करना ही बैंकों को लाभकारी बनाने और उनके खराब निष्पादन को रोकने का दीर्घकालिक समाधान है।
(d) अशोध्य ऋण की समस्या के दीर्घकालिक समाधान के रूप में, भारतीय बैंकिंग प्रणाली में संरचनात्मक सुधार आवश्यक है।

परिच्छेद – 4

भारत में, समष्टि आर्थिक नीति का उद्देश्य लोगों के आर्थिक कल्याण को बढ़ाना है, और ऐसी समष्टि आर्थिक नीति की किसी भी शाखा (विंग), मौद्रिक हो या राजकोषीय, दूसरी शाखा के सक्रिय समर्थन के बिना, स्वतंत्र रूप से कार्य नहीं कर सकती।

74. निम्नलिखित में से कौन-सा कथन, उपर्युक्त परिच्छेद के **उप-सिद्धांत** को **बेहतर दर्शाता** है?

(a) केंद्रीय बैंक सरकार से स्वतंत्र होकर कार्य नहीं कर सकता।
(b) सरकार को वित्तीय बाज़ारों और संस्थाओं का सघन विनियमन करना चाहिए।
(c) बाज़ार अर्थव्यवस्था सरकार की समाजवादी नीतियों के संगत नहीं है।
(d) लोगों के आर्थिक कल्याण को बढ़ाने के लिए वित्तीय क्षेत्र में सुधार आवश्यक हैं।

75. निम्नलिखित सारणी पर विचार कीजिएः

खिलाड़ी	पहली पारी में बनाए गए रन	पहली पारी में खेली गई गेंदें	दूसरी पारी में बनाए गए रन	दूसरी पारी में खेली गई गेंदें
A	61	99	14	76
B	05	12	50	85
C	15	75	20	50
D	13	55	12	50

इस टेस्ट मैच में, सबसे तेज़ रन बनाने वाला कौन है?

(a) A (b) B
(c) C (d) D

76. एक ग्राम में आधे ग्रामवासियों के अपने घर हैं। 1/5 ग्रामवासी धान की खेती करते हैं। 1/3 ग्रामवासी साक्षर हैं। 4/5 ग्रामवासियों की आयु 25 वर्ष से कम है। निम्नलिखित कथनों में से कौन-सा निश्चित रूप से सही है?

(a) ऐसे सभी ग्रामवासी साक्षर हैं, जिनके पास अपने घर हैं।
(b) 25 वर्ष से कम आयु वाले कुछ ग्रामवासी साक्षर हैं।
(c) केवल आधे ग्रामवासी साक्षर हैं जो धान की खेती करते हैं।
(d) 25 वर्ष से कम आयु वाले किसी भी ग्रामवासी के पास अपना घर नहीं है।

77. दो कथनों और एक प्रश्न पर विचार कीजिएः

कथन-1: किसी माह का अंतिम दिन बुधवार है।
कथन-2: इस माह का तृतीय शनिवार उसका 17वाँ दिन है।
प्रश्नः इस माह के 14वें दिन कौन-सा वार है?

कथनों और प्रश्न के संदर्भ में, निम्नलिखित में से कौन-सा सही है?

(a) प्रश्न का उत्तर देने के लिए केवल कथन-1 पर्याप्त है
(b) प्रश्न का उत्तर देने के लिए केवल कथन-2 पर्याप्त है

(c) प्रश्न का उत्तर देने के लिए कथन-1 और कथन-2 दोनों की आवश्यकता है

(d) प्रश्न का उत्तर देने के लिए न तो केवल कथन-1, न ही केवल कथन-2 पर्याप्त है

78. 10 अक्टूबर, 2027 कौन-सा वार होगा?

(a) रविवार (b) सोमवार

(c) मंगलवार (d) शनिवार

79. नीचे दिए गए दो कथनों और चार निष्कर्षों पर विचार कीजिए। आपको इन कथनों को सही मानते हुए प्रश्नों का उत्तर देना है, भले ही वे सामान्य रूप से ज्ञात तथ्यों की दृष्टि से संगत प्रतीत न हों। सभी निष्कर्षों को पढ़ें और तत्पश्चात निर्णय करें कि कौन-सा/कौन-से निष्कर्ष दिए गए कथनों के अनुसार तर्कसंगत है/हैं, भले ही वे सामान्य रूप से ज्ञात तथ्यों की दृष्टि से संगत न हों।

कथन-**1:** कुछ हरे नीले हैं।

कथन-**2:** कुछ नीले काले हैं।

निष्कर्ष-**1:** कुछ हरे काले हैं।

निष्कर्ष-**2:** कोई भी हरा काला नहीं है।

निष्कर्ष-**3:** सभी हरे काले हैं।

निष्कर्ष-**4:** सभी काले हरे हैं।

निम्नलिखित में से कौन-सा सही है?

(a) केवल निष्कर्ष-1 और निष्कर्ष-2

(b) केवल निष्कर्ष-2 और निष्कर्ष-3

(c) केवल निष्कर्ष-3 और निष्कर्ष-4

(d) न तो निष्कर्ष 1, न ही 2, न ही 3, न ही 4

80. अनुक्रम 2, 7, 22, 67, 202, X, 1822 में 'X' का मान क्या है?

(a) 603 (b) 605

(c) 607 (d) 608

उत्तरमाला

1. (c)	**2.** (c)	**3.** (c)	**4.** (b)	**5.** (d)	**6.** (c)	**7.** (a)	**8.** (c)	**9.** (a)	**10.** (b)
11. (a)	**12.** (c)	**13.** (d)	**14.** (a)	**15.** (c)	**16.** (a)	**17.** (c)	**18.** (c)	**19.** (c)	**20.** (b)
21. (d)	**22.** (a)	**23.** (c)	**24.** (c)	**25.** (c)	**26.** (c)	**27.** (b)	**28.** (b)	**29.** (d)	**30.** (b)
31. (d)	**32.** (d)	**33.** (c)	**34.** (d)	**35.** (c)	**36.** (b)	**37.** (b)	**38.** (d)	**39.** (d)	**40.** (d)
41. (c)	**42.** (a)	**43.** (b)	**44.** (c)	**45.** (b)	**46.** (b)	**47.** (b)	**48.** (a)	**49.** (d)	**50.** (d)
51. (b)	**52.** (d)	**53.** (b)	**54.** (b)	**55.** (d)	**56.** (b)	**57.** (c)	**58.** (d)	**59.** (b)	**60.** (a)
61. (b)	**62.** (c)	**63.** (c)	**64.** (a)	**65.** (b)	**66.** (b)	**67.** (d)	**68.** (a)	**69.** (c)	**70.** (b)
71. (a)	**72.** (c)	**73.** (d)	**74.** (d)	**75.** (b)	**76.** (b)	**77.** (b)	**78.** (a)	**79.** (d)	**80.** (c)

व्याख्या

1. (c) धार्मिक संप्रदाय मनुष्य की एकता की उपेक्षा करते रहे हैं। कथन कहता है कि लोग मात्र अलग रहने के लिए एवं सबसे बड़े धर्म के संघर्ष के लिए ही विविध धर्मों का अनुसरण करते हैं। वे एकता के विरुद्ध विविध धर्मों के अपने संकीर्ण वैश्विक दृष्टिकोण के द्वारा दुनिया का मूल्यांकन करते हैं।

2. (c) वह अधिराज्य (डोमिनियन) सर्वश्रेष्ठ है जहां एकीकरण के दृष्टिकोण का अनुसरण किया जाता है एवं जहां कुशल नागरिकता के नियम होते हैं। यहां एकमात्र इसी तार्किक निष्कर्ष पर पहुंचा जा सकता है। जैसा कि वाक्य की शुरुआत में ही स्पष्ट है कि राष्ट्रमंडल अच्छा हो या बुराईयों से भरा पड़ा हो, अधिराज्य उसका उत्तरदायी है।

"यह निश्चित है कि राजद्रोह, युद्ध और विधि की अवहेलना अथवा उल्लंघन को प्रजा की अनैतिकता पर उतना नहीं मढ़ा जा सकता, जितना कि उस अधिराज्य की बुरी स्थिति पर। क्योंकि मनुष्य जन्मजात रूप से नागरिकता के लिए उपयुक्त नहीं होते हैं, अपितु उन्हें नागरिकता के लिए उपयुक्त बनाना चाहिए। इसके अतिरिक्त मनुष्य में नैसर्गिक मनोभाव सर्वत्र समान होते हैं।"

3. (c) इस संदर्भ में "यह विचार की व्यक्तियों के साथ सम्मानपूर्वक व्यवहार किया जाना चाहिए, न केवल इस कारण से कि इनमें से कुछ व्यक्तियों के पास कुछ असाधारण विशेषताएं अथवा प्रतिभा होती है जैसे, इनमें से कुछ व्यक्ति कुशल क्रिकेट खिलाड़ी, प्रतिभाशाली संगीतकार अथवा विख्यात साहित्यकार होते हैं, बल्कि इसलिए भी कि वे सभी मनुष्य हैं, अब सामान्य बुद्धि -नीति का अंग बन गया है।"

यहां स्पष्ट आशय है कि समानता एक स्वाभाविक नैतिक सिद्धांत है। या कहें कि हम 'आदर्श' शब्द का प्रयोग कर सकते हैं।

4. (b) दूसरे विकल्प कथन के मूल विचार से विचलित हो रहे हैं। इस संदर्भ में "अल्पतंत्रीय शासन तात्कालिक धन प्राप्ति के लिए असावधानीपूर्वक संघर्ष कर स्वयं को विनष्ट कर देता है। यहां तक कि लोकतंत्र के अतिरेक से लोकतंत्र भी स्वयं को विनष्ट करता है।" विकल्प (b) को सत्य सिद्ध कर रहा है।

5. (d) 120 लोगों के समूह में, भारतीय = 80, विदेशी = 40,

रागूह गें अंग्रेजी बोल राकने बाले लोगों की रांख्या = 70,

इस तरह से, अंग्रेजी बोलने वाले भारतीयों की संख्या = (70 – 40) या अधिक जैसे 30 या अधिक।

6. (c) तीन शून्येतर अंकों के प्रयोग से प्राप्त तीन अंकों की संख्याएं (अंकों की पुनरावृत्ति के बिना) 369, 396, 639, 693, 936 एवं 963 हैं, जो कि 3 की गुणज हैं।

इन संख्याओं का योग = 3996 है। 3996, 74 एवं 9 दोनों से भाज्य है।

अतः कथन 1 एवं 2 सत्य हैं।

7. (a) कक्षा A: 25 छात्र- 17-21 अंक

कक्षा B: 30 छात्र- 22-30 अंक

चार विद्यार्थियों को कक्षा A से B स्थानांतरित किया गया है।

स्पष्टीकरण

(1) कक्षा B के औसत अंक में निश्चित ही कमी आएगी। यह कथन सत्य है।

(2) कक्षा A के औसत अंक में निश्चित ही वृद्धि होगी। यह कथन हमेशा सत्य नहीं है। इसलिए उत्तर विकल्प (a) है।

8. (c) कथन 1: प्रिया की सीमा से नीचे चौथी रैंक है तथा नीचे से 31वीं रैंक है। इस तरह सीमा की नीचे से 35वीं रैंक एवं ऊपर से 6वीं रैंक है।

कथन 2: एना की सीमा से ऊपर दूसरी रैंक है एवं नीचे से 37वीं रैंक है। इस तरह सीमा नीचे से 35वें एवं ऊपर से 6वें स्थान पर है।

इस तरह, या तो कथन 1 अकेले ही या कथन 2 अकेले प्रश्न का उत्तर देने के लिए पर्याप्त है।

9. (a) कथन 1 सेः A, D > B, E, F लेकिन इनमें से कोई भी सबसे भारी नहीं है। अतएव, (c) सबसे भारी है।

कथन 2 से, C > A > D. अतयेव, कथन 2 से हम प्रश्न का उत्तर नहीं दे सकते हैं।

अतः कथन-1 अकेला ही इस प्रश्न का उत्तर देने के लिए पर्याप्त है।

10. (b) DCBAHGFELKJI**P**ONM**T**SRQXWVUZY

13वाँ अक्षर P है और P के दायीं ओर का चौथा अक्षर T है।

11. (a) इस उद्धहरण के आरंभिक एवं अंत के वाक्यों का संदर्भ लें। यह विकल्प (a) को सत्य बनाता है।

12. (c) परिच्छेद एंटिबायोटिक के हानिकारक प्रभावों के बारे में बात करता है, जब अधिक लाभ अर्जित करने के लिए पशुधन पर उनका प्रयोग होता है। अतयैव विकल्प (c) सत्य है।

13. (d) दोनों धारणाएं असत्य है। यदि हम बताए गए कथनों को न मानें, ये किसी भी स्थिति में उद्धरण को प्रभावित नहीं करेगा।

14. (a) यह अवतरण जीडीपी के महत्व पर चर्चा करता है।

धारणा 1 सत्य है, जिसके बिना तर्क असफल हो जाएगा। 'गारंटी' वाक्यांश के कारण कथन 2 असत्य है।

15. (c) सात पुस्तकें हैं: P, Q, R, S, T, U एवं V

नीलें आवरण की पुस्तकें: R, Q, T

लाल आवरण की पुस्तकें: P, S, U, V

नई पुस्तकें: S, U

पुरानी पुस्तकें: P, Q, R, T, V

विधि रिपोर्टः P, R, S

गजेटियरः Q, T, U, V

अतः नीले आवरणों के साथ पुराने गजेटियरों की पुस्तकें Q एवं T हैं।

16. (a) 3, **2**, 7, 4, 13, 10, 21, 18, 31, 28, 43, 40. दिया गया अनुक्रम है।

विषम पदों एवं सम पदों का पैटर्न +4, +6, +8, +10, +12 है।

अतः 2 के स्थान पर सही पद 0 है।

17. (c) अक्षरों का पैटर्न B, A, C; C, B, A एवं A, C, **B** है। अंकों का पैटर्न 7 + 3 = 10; 3 + 6 = 9 एवं 13 – 10 = 3 है। इस तरह लुप्त पद 3B है।

18. (c) अनुक्रम–I का पैटर्न × 0.5, × 1.5, × 2.5, × 3.5, × 4.5 है, इस तरह अनुक्रम–II में, A = 5 × 0.5 = 2.5, B = 1.5 × 2.5 = 3.75, C = 3.75 × 2.5 = 9.375 होगा।

19. (c) X द्वारा 5 घंटे में तय की गई दूरी = 1.5 × 5 = 7.5 किलोमीटर।

Y द्वारा 5 घंटे में तय की गई दूरी = 1 + 1.25 + 1.5 + 1.75 + 2 = 7.5 किलोमीटर।

अतः दोनों कथन 1 एवं 2 सत्य हैं।

20. (b) माना कि प्रत्येक प्रश्न-पत्र अधिकतम 100 अंकों का है। इस तरह विद्यार्थी ने कुल 6 × 100 × 0.6 = 360 अंक अर्जित किये हैं।

माना कि प्राप्त किये गए अंक 5x, 6x, 7x, 8x, 9x एवं 10x हैं।

तब, 5x + 6x + 7x + 8x + 9x +10x = 45x

इस तरह, 45x = 360

⇒ x = 8

अतः प्रत्येक प्रश्न-पत्र में विद्यार्थी को मिले अंक 40, 48, 56, 64, 72, 80 है।

इस तरह उसने 6 प्रश्न-पत्रों में 3 में 60% से कम अंक मिले।

21. (d) सिर्फ इसलिए कि विशेष किस्म के वृक्ष अनुपलब्ध हैं, इसका अर्थ ये नहीं कि अंजीर वहां के लिए विशेष रूप से वृद्धि योग्य है। अवतरण के आधार पर 3 एक उचित धारणा नही है। अन्य धारणाएं उचित हैं।

22. (a) अवतरण कहता है 'कृषि पारिस्थितिकी पद्धतियों में पशुधन एवं फसलों के साथ वृक्षों का एकीकरण सम्मिलित है।' इससे कथन 4 एवं 5 सत्य हैं। कथन 1 'मिट्टी से निकल चुके सभी पोषक तत्वों को फार्मयार्ड खाद के अनुप्रयोग द्वारा वापस खाद में पहुंचाया जाता है' के कारण सत्य है।

23. (c) अवतरण के अनुसार, 'इस बात का प्रमाण नगण्य है कि ये उपकरण (गैजेट), इनके डेस्कटॉप समकक्षों की तुलना में अधिक विश्वासयोग्य होंगे। हैकर पहले ही यह प्रमाणित कर चुके हैं कि वे इंटरनेट से जुड़ी कारों और

पेसमेकरों का दूरस्थ नियंत्रण कर सकते हैं।' यह बताता है कि सुरक्षा की चिंता सर्वोच्च प्रसंग है।

24. (c) 'इसमें कोई संदेह नहीं है कि व्यक्तिगत सफाई रखने से संक्रामक रोगों की दर में कमी आती है।' इससे कथन 5 सत्य सिद्ध होता है। 'इस क्षेत्र में बाजार के प्रवेश ने सुरक्षा की झूठी भावना को जन्म दिया है, जो विज्ञापनों के आक्रामक प्रभाव द्वारा अनुकूलित और प्रबल होती है।' के कारण कथन 4 वैध है।

25. (b) केस **I:**

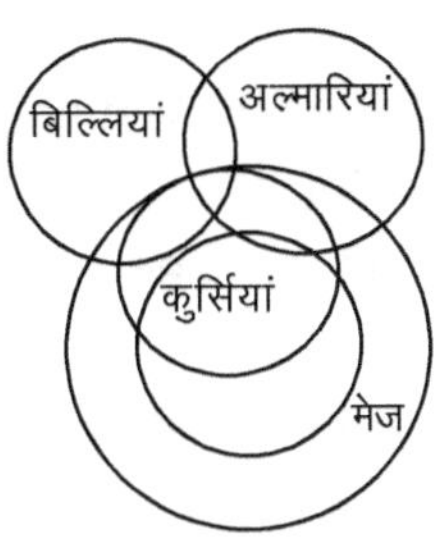

केस **II:**

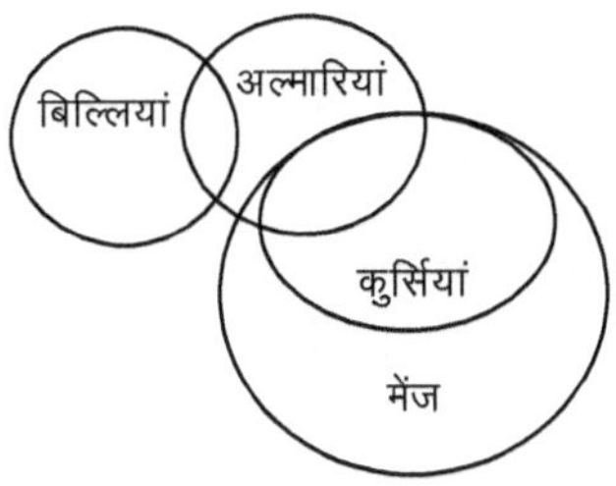

निष्कर्ष-**I** : दोनों आरेखों से, हम निष्कर्ष निकाल सकते हैं कि 'कुछ आलमारियां टेबल हैं निश्चित ही सत्य है'।

अतः निष्कर्ष-I अनुसरण करता है।

निष्कर्ष-**II** : दोनों आरेखों से हम कह सकते हैं कि 'कुछ बिल्लियां, कुर्सियां नहीं हो सकती हैं।'

अतः निष्कर्ष-II अनुसरण करता है।

इसलिए, विकल्प (c) सत्य है।

26. (c) प्रारंभिक ऊंचाई = 1.5 मीटर = 1.5 × 100 सेंटीमीटर = 150 सेंटीमीटर

अब प्रत्येक बार जमीन से टकराने के बाद गेंद की ऊंचाई:

पहली बार = $\left(\frac{4}{5}\right) \times 150 = 120$ सेमी.

दूसरी बार = $\left(\frac{4}{5}\right) \times 120 = 96$ सेमी.

तीसरी बार = $\left(\frac{4}{5}\right) \times 96 = 76.8$ सेमी.

चौथी बार = $\left(\frac{4}{5}\right) \times 76.8 = 61.44$ सेमी.

पांचवी बार = $\left(\frac{4}{5}\right) \times 61.44 = 49.15$ सेमी.

ये दिया गया है कि यदि गेंद 50 सेमी से कम ऊंचाई से गिरे तो ये आगे नहीं उछलेगी।

इसलिए जब गेंद जमीन को ६वीं बार स्पर्श करेगी तो ये नहीं उछलेगी।

27. (b) अंग्रेजी वर्णमाला में 5 स्वर और 21 व्यंजन हैं।

व्यंजन हैं : B, C, D, F, G, H, J, K, L, M, N, P, Q, R, S, T, V, W, X, Y, Z

व्यंजन जिनके प्रतिबिंब उनके समान दिखाई देते हैं : H, M, T, V, W, X एवं Y हैं जो कि संख्या में 7 हैं।

अतः उन व्यंजनों की संख्या जिनके प्रतिबिंब उनके समान नहीं दिखाई देते हैं = 21 – 7 = 14

28. (b)

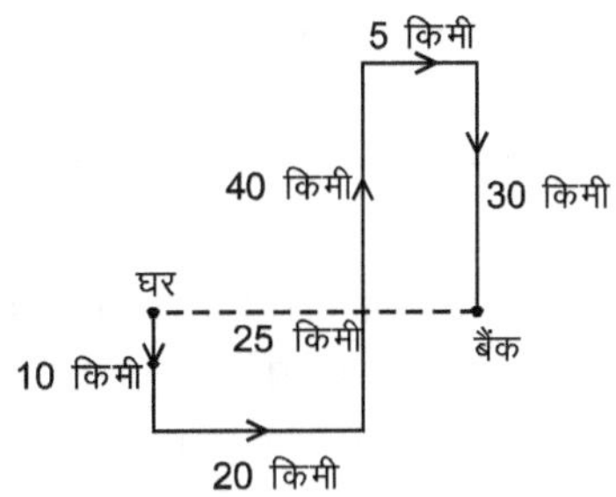

इस तरह उसके घर से बैंक तक की न्यूनतम दूरी 25 किलोमीटर है।

29. (d) हमें 700 से 1000 के बीच सभी पूर्णांक ज्ञात करने हैं जिनके अंकों का योग 10 हो।

इन संख्याओं को नीचे सूचीबद्ध किया गया है:

703, 712, 721, 730, 802, 811, 820, 901 एवं 910

इस तरह के 9 पूर्णांक हैं जिनके अंको का योग 10 है।

30. (b)

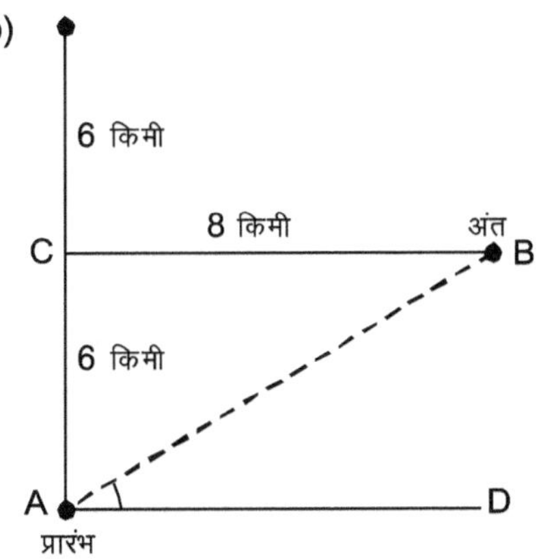

हम देख सकते हैं कि $\tan(\angle CAB) = \frac{8}{6}$, जो कि 1 से बड़ा है। इसका अर्थ है कि $\angle BAD$, 45° से कम होगा।

अतयैव महिला उत्तर पूर्व में 45° से कम कोण पर होगी।

31. (d) 'मटर कुल के जंगली पौधे- जो कि तृणभूमि में मटर के कीड़ों के लिए खाद्य के स्त्रोत हैं- इन पौधों पर निम्न तीव्रतायुक्त एबंर प्रकाश डालने पर ये देखा गया कि इससे पुष्पण प्रेरित होने के बजाय बाधित होता है। प्रकाश के प्रभाव के अंतर्गत सीमित मात्रा में खाद्य उपलब्ध होने के कारण कीड़ों की संख्या में भी उल्लेखनीय कमी आई।' यह पौधों के साथ-साथ प्राणियों के विकास को भी प्रकाश से जोड़ता है।

32. (d) अवतरण कहता है 'परागण के लिए मधुमक्खियां सर्वाधिक प्रभावी वर्ग हैं और ये 400 से भी अधिक फसलों के लिए अत्यंत महत्वपूर्ण हैं। परागण एक ऐसी अनिवार्य व्यवस्था है जो पौधों और प्राणियों के बीच जटिल संबंधों का परिणाम है और इनमें से किसी की भी कमी या ह्रास होने से दोनों का अस्तित्व प्रभावित होता है। प्रभावी परागण के लिए मूल प्राकृतिक वनस्पति के आश्रय जैसे संसाधनों की आवश्यकता है।' इससे कथन 3 एवं 4 वैध निष्कर्ष बन जाते हैं।

33. (c) अवतरण कहता है 'इन जलवायवी परिवर्तनों का इस क्षेत्र के जलीय चक्रों पर प्रभाव पड़ेगा, परिणामस्वरूप अधिक मात्रा में जल बह जाएगा और जल के पुनर्भरण में कमी आएगी, तथा भौमजल-स्तर प्रभावित होंगे....। फसलें बचाने के लिए भौमजल संसाधनों पर किसानों की निर्भरता बढ़ी है।' इस तरह (c) अवतरण का सारांश है।

34. (d) कथन ये स्पष्ट करता है कि सभी धारणाएं मान्य धारणाएं हैं।

35. (c) यह दिया गया है कि 3^{2019}, 10 से विभाजित है।

अब, $3^1 = 3$; $3^2 = 9$; $3^3 = 27$; $3^4 = 81$; $3^5 = 243$; $3^6 = 729$

3 की घात में रखी गई संख्याएं प्रत्येक लगातार 4 घातों के बाद पुनरावृत्ति कर रही हैं।

अब, 2019 को 4 से भाग देने पर हमें शेषफल 3 प्राप्त होता है।

इसलिए, 3^{2019}, 33 की तरह ही अंतिम अंक होगा जो कि 7 है।

हम जानते हैं कि जब 33 को 10 से भाग दिया जाता है तो हमें शेष 7 प्राप्त होता है।

इसलिए, जब शेषफल 3^{2019} को 10 से विभाजित किया जाएगा तो 7 ही आएगा।

36. (b) दी गई संख्या 3798125P369, 7 से भाज्य है।

आइए विकल्पों पर चलते हैं:

P = 1, P = 7 एवं P = 9 के लिए संख्या 37981251369, 37981257369 एवं 37981259369 पूरी तरह 7 से विभाजित नहीं हो सकती हैं।

जब P = 6 हो, तो संख्या 37981256369 को 7 से विभाजित करने पर 5425893767 आता है। कुछ शेष नहीं बचता है।

इस तरह विकल्प (b) सत्य है।

37. (b) वर्ष के nवें दिन डीजल की कीमत $= 69 + 0.15n$

वर्ष के mवें दिन पेट्रोल की कीमत $= 80 + 0.1m$; (m = 1 to 100, जिसके बाद ये स्थिर रहता है)

$\Rightarrow$ 100वें दिन एवं इसके बाद पेट्रोल की कीमत $= 80 + 0.1 \times 100 = 80 + 10 = 90$ रुपये

हम देख सकते हैं कि सभी चारों विकल्पों में तारीखें 100 दिनों से अधिक हैं। इसलिए हम nवें दिन पेट्रोल की कीमतों को 90 रुपये के साथ समकृत करेंगे।

$\Rightarrow 69 + 0.15n = 90 \Rightarrow n = 140$ दिन। तारीख 20 मई 2021 होगी।

इस तरह हम कह सकते हैं कि 20 मई 2021 को दोनों ईंधनों की कीमतें बराबर होंगी।

38. (d) प्रत्येक 12 वर्ष बाद जनसंख्या दोगुनी हो जाती है। 2021 की शुरुआत में 50 जानवर हैं। इसलिए 12 वर्ष बाद ये दोगुने होकर 100 पशु हो जाएंगे।

अब विकल्पों की जांच करते हैं जहां n से आशय वर्षों की संख्या से है

(a) $P = 12 + 50n \Rightarrow P = 612$

(b) $P = 50 + 12n \Rightarrow P = 194$

(c) $P = 50 \times (2)^{12n} \neq 100$, $(2)^{12n}$ के रूप में 100 बहुत वृहत है

(d) $P = 50\,(2)^{n/12} = 50 \times 2^{12/12} = 50 \times 2 = 100$

इस तरह विकल्प (d) सत्य है।

39. (d) माना कि कक्षा में कुल विद्यार्थियों की संख्या 100 है।

$\Rightarrow$ कुल छात्राओं की संख्या = 100 का 50% = 50

भारतीय विद्यार्थी = 60

विदेशी विद्यार्थी = 100 – 60 = 40

लड़कियां = 60 का 30% = 18

लड़के = 60 – 18 = 42

लड़कियां = 50 – 18 = 32

लड़के = 40 – 32 = 8

भारतीय छात्र		विदेशी छात्र	
लड़कियां = 60 का 30% = 18	लड़के = 60 – 18 = 42	लड़कियां = 50 – 18 = 32	लड़के = 40 – 32 = 8

तो, विदेशी छात्रों में लड़कों का प्रतिशत = $\left(\frac{8}{40}\right) \times 100$ = 20%

40. (d)

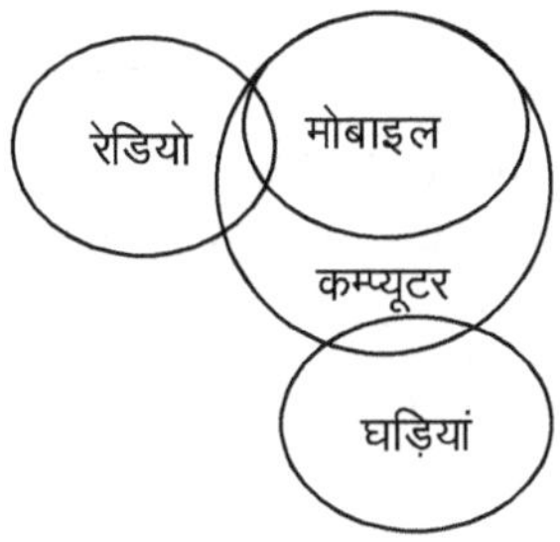

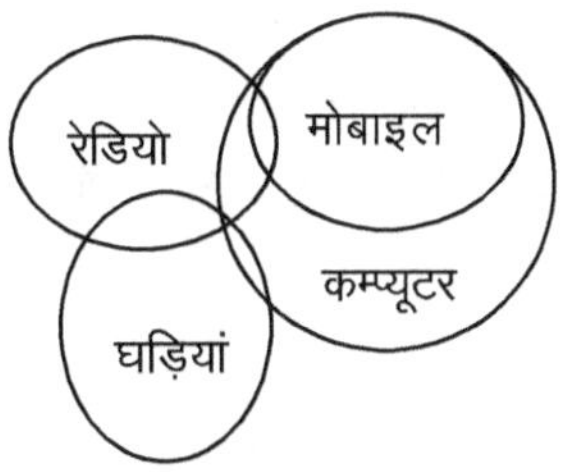

उपरोक्त आरेखों को देखकर हम निष्कर्ष निकाल सकते हैं कि न तो निष्कर्ष-I और न ही निष्कर्ष-II अनुसरण करता है।

41. (c) सही विकल्प है।

42. (a) संपूर्ण अवतरण असत्य बोलने के संबंध में असहमति पर आधारित है।

43. (b) अवतरण का 'जानबूझकर' हिस्सा विकल्प (b) को सत्य बनाता है।

44. (c) मानव शरीर में अन्य शुष्क तत्वों का प्रतिशत = 100 – (प्रोटीन का प्रतिशत + जल का प्रतिशत) = 100 – (16 + 70) = 100 – 86 = 14%।

अतयैव, प्रोटीन एवं अन्य सूखे तत्वों का प्रतिशत p = 16 + 40 = 30%

एक पाई आरेख में, 100%, 360° से तर्कसंगत है।

तो, 30% तर्कसंगत होगा, $\left(\frac{360}{100}\right) \times 30 = 108°$

अतः त्रिज्यखंड का केंद्रीय कोण = 108° होगा।

45. (b) दिया गया है कि जोसेफ हर 5वें दिन क्लब का दौरा करता है, हर्ष हर 24वें दिन क्लब का दौरा करता है और सुमित वहां हर 9वें दिन जाता है।

अगली बार जब वो मिलेंगे तो इस समय अवधि का LCM होगा, जो कि LCM (5, 24, 9) = 360

इस तरह, तीनों ही रविवार के 360 दिनों के बाद मिलेंगे।

अब हमें, 360 दिनों को गिनने की जरूरत नहीं है। अपितु हम विषम दिनों की अवधारणा का उपयोग करेंगे।

360 में विषम दिनों की संख्या = 360 को 7 से भाग देने पर बचा शेष = 3

इसलिए वो पुनः रविवार +3 = बुधवार को मिलेंगे।

46. (b) माना कि संख्या xy है 10x + y एवं अंकों की स्थितियां आपस में बदलने से प्राप्त संख्या yx होगी। जैसे- 10y + x

इन दो संख्याओं के बीच का अंतर = (10x + y) – (10y + x) = 9x – 9y = 9 (x – y) = 54

इसलिए, 9(x – y) = 54,

x – y = 6

इसलिए कथन 2 सत्य है।

इस तरह की दो अंकों की संख्या का संभावित युग्म है:

(17, 71), (28, 82), (39, 93)

उनके अंकों का संबंधित निष्कर्ष:

1 × 7 = 7; 2 × 8 = 16; 3 × 9 = 27

इस तरह, हम ठीक अंक युग्म का निर्धारण कर सकते हैं एवं यदि उन अंकों का निष्कर्ष जानते हों तो इससे उन अंकों का योगफल प्राप्त कर सकते हैं।

इस तरह, कथन 1 भी सत्य है।

47. (b) X की वर्तमान आयु 42 वर्ष है। माना कि Y की वर्तमान आयु y वर्ष होगी।

प्रश्न के अनुसार, 42 – y = 2y

3y = 42

y = 14 वर्ष

अतः, वर्तमान में X और Y की आयु क्रमशः 42 और 14 वर्ष है।

8 वर्ष पहले X एवं Y की आयु अवश्य ही 34 एवं 6 वर्ष होनी चाहिए।

हम देख सकते हैं कि X की आयु Y से 5 गुना अधिक नहीं है। इसलिए, ये कथन असत्य है।

कथन 2 से:

40 वर्षों के बाद, X एवं Y की उम्र क्रमशः 56 एवं 28 होगी।

हम देख सकते हैं कि X की आयु निश्चित रूप से Y से दोगुनी अधिक होगी।

इस तरह ये कथन सत्य है।

48. (a) माना कि शुरुआती कीमत 100 रुपये होगी।

वास्तविक मूल्य में 20% की कमी करने पर नया मूल्य = 100 - 100 का 20% = 100 - 20 = 80 रुपये

अब पिछले मूल्य में 25% वृद्धि के बाद अंतिम मूल्य = 80 + 80 का 25% = 80 + 20 = 100 रुपये।

इसलिए, कीमत में कोई शुद्ध परिवर्तन नहीं हुआ है।

49. (d) विकल्पों में दी गई संख्या को सीधे 7 से गुणा करें और देखें कि कौन सा गुणन सभी 1... से जुड़ा हुआ परिणाम देता है।

विकल्प (d) के जांचते हुए: $15873 \times 7 = 111111$

50. (d) माना कार्य की कुल इकाइयाँ = 8, जिनमें से 7 इकाइयाँ 21 दिनों में पूरी हो गई हैं।

अतः व्यक्ति को कार्य की एक इकाई को पूरा करने में लगा

समय $= \frac{21}{7} = 3$ दिन

अब, नए कार्य की मात्रा = 8 + 8 का 50% = 8 + 4 = 12 इकाइयां

शेष कार्य = 12 − 7 = 5 इकाईयां

अतः शेष को पूरा करने में आदमी द्वारा लिया गया समय = 5×3 = 15 दिन।

51. (b) अवतरण इस तर्क के साथ शुरु होता है कि लोकतंत्र को देर-सबेर कल्याणकारी राज्य बनना ही होगा। जो कि ये भी दर्शाता है कि 'बाजार व्यक्ति के प्रयासों एवं कौशल का प्रतिफल देते हैं और बहुत से लोगों को समाज के निचले पायदान से ऊपर भी उठा सकते हैं, किंतु कुछ लोगों को ऐसे कौशलों के विकास का अवसर ही नहीं मिल पाता है। बाजार में जिनकी मांग है ऐसे लोग सामान्यतया बहुत गरीब होते हैं और बहुत अक्षम होते हैं, अथवा इनमें कौशल विकसित करने में काफी समय लगता है। बाजार नौकरियां सृजित करके अकुशल लोगों की भी सहायता कर सकते हैं, किंतु पूंजीवाद हमेशा से बेरोजगारी विस्फोट का साक्षी रहा है।' इस तरह 3 वास्तविक धारणा है।

52. (d) अवतरण तर्क देता है कि पारंपरिक पाठ्यक्रम आधारित विद्यालय के कोकूननुमा वातावरण में रहने से आधुनिक विश्व में एक छात्र का वयस्क नागरिक बनने तक का बदलाव बहुत कठिन हो जाता है। यह विकल्प (d) में परिलक्षित होता है।

53. (b) हमें तीन बिंदुओं P, Q एवं R को एक सीधी रेखा में व्यवस्थित करना है जैसे कि PQ : QR = 3 : 5.

तीन बिंदुओं को 3! अर्थात 6 तरह से व्यवस्थित किया जा सकता है।

हालांकि, PQ : PR के संभावित मानों की संख्या केवल 2 होगी अर्थात् n = 2.

54. (b) दो विकर्ण हैं, प्रत्येक में 8 वर्ग हैं।

एक विकर्ण पर, 6 क्रमागत वर्गों को 3 प्रकार से चुना जा सकता है।

इस तरह से सीधे पथ के अनुदिश विकर्ण पर 6 क्रमागत वर्गों को चुने जाने वाले प्रकारों की कुल संख्या = 3 + 3 = 6

55. (d) दी गई श्रृंखला है: _b_a_ba_b_abab_aab

उपरोक्त श्रृंखला में अनुसरित किया जाने वाला पैटर्न है: abb इसके बाद aab, फिर abb, फिर aab और इसी तरह।

रिक्त स्थानों को नीचे रेखांकित लिखा गया है:

a b b / a a b / a b b / a ab / ab b / aab

56. (b) 30000 से बड़ी संख्या प्राप्त करने के लिए, ये निश्चित ही अंक 3 से शुरु होना चाहिए। साथ ही जैसा कि हमारे पास केवल 5 अंक ही दिए गए हैं, इन सभी का इस्तेमाल होना चाहिए।

3 _ _ _ _

चार रिक्त स्थानों को दो 2 एवं दो 3 से भरा जाना चाहिए।

ऐसा करने के तरीकों की संख्या $= \frac{4!}{(2!2!)} = 6$

ये संख्याएं हैं: 33322, 33232, 33223, 32332, 32323, एवं 32233।

57. (c) कथन 1 से:

माना 5 क्रमागत संख्याएं x − 2, x − 1, x, x + 1, x + 2 हैं

उनका योग = 5x = 100x = 20

इस प्रकार, संख्याएं हैं 18, 19, 20, 21 एवं 22.

इस तरह, कथन 1 सत्य है।

कथन 2 से:

हम जानते हैं कि, 1 + 2 + 3 = 6

एवं $1 \times 2 \times 3 = 6$

इसलिए कथन 2 भी सत्य है।

58. (d) घन का आयतन = $1 \times 1 \times 1$ = 1 घन मीटर

अब, 1 क्यूबिक मीटर = 1000000 मिलीलीटर

59. (b) माना कि छह व्यक्तियों की संख्या 1, 2, 3, 4, 5 एवं 6 है।

चूंकि कोई भी व्यक्ति दो क्रमागत व्यक्तियों से हाथ नहीं मिला रहा है, इस तरह, यदि एक व्यक्ति 1 से हाथ मिला रहा है तो वह 2 से हाथ नहीं मिला

पाएगा, यदि वो 2 से हाथ मिला रहा है तब वो 1 एवं 3 से हाथ नहीं मिला पाएगा।

इस प्रकार, एक दूसरा व्यक्ति हाथ मिला सकता है–

1, 3, 5
1, 4, 6
1, 3, 6
2, 4, 6

इस तरह, वह 4 तरीकों से हाथ मिला सकता है।

60. (a) A, B और C के बीच धन के वितरण का अनुपात p : q : r है।

कथन 1: यदि p > (q + r), तब p निश्चित ही सबसे बड़ी संख्या है।

इसलिए, A को अधिकतम हिस्सा मिलना चाहिए। इस तरह, कथन 1 सत्य है।

कथन 2: यदि r < (p + q), तब r सबसे छोटी संख्या हो भी सकता है और नहीं भी।

उदाहरण के लिए, 5 < (2 + 4)

इसलिए, C को न्यूनतम हिस्सा मिल भी सकता है और नहीं भी। इस तरह, कथन 2 असत्य है।

61. (b) अवतरण कहता है कि, 'इन विश्वविद्यालयों ने अपने वीडियो व्याख्यानों को पूरे विश्व में सबके लिए निःशुल्क उपलब्ध किया है। वे संपूर्ण विश्व के शैक्षणिक संस्थानों को इन ऑनलाइन पाठ्यक्रमों को एकीकृत करके अपने अध्यापन में शामिल करने के लिए भी प्रोत्साहित कर रहे हैं।' यहां बताए गए विश्वविद्यालय दुनिया के बेहतरीन शिक्षण संस्थान हैं। इस प्रकार (b) अवतरण के केंद्रीय विचार का सर्वश्रेष्ठ निष्कर्ष है।

62. (c) अवतरण कहता है कि 'हमें नगर योजना बनाने के कार्य में नागरिकों को सम्मिलित करने की आवश्यकता है और ऐसे पारिस्थितिकी तंत्र का सृजन करना होगा जो लोगों की आवश्यकताओं को पूरा कर सके।' इससे विकल्प (c) सत्य सिद्ध होता है।

63. (c) माना कि एक पेन एवं पेंसिल की कीमत a रुपये एवं b रुपये होगी। प्रश्न के अनुसार, 3a + 5b = 2a + 7b या, a = 2b। इस तरह एक पेंसिल की तुलना में एक पेन की कीमत दोगुनी है।

64. (a) P ने Q से 40 अंक ज्यादा प्राप्त किये हैं। इसलिए Q के अंक q हैं तब P के अंक q + 40 होंगे।

Q ने p से 10% कम अंक प्राप्त किये हैं। अर्थात् q के अंक P के अंकों का 90% हैं।

इस तरह, q = (q + 40) का 90%

$10q = 9q + 360$

$q = 360$

इस तरह, Q ने 360 अंक प्राप्त किए।

65. (b) माना कि X, Y एवं Z के पास धन की मात्रा x, y एवं z होगी।

पहलाः यदि Y मुझे 40 रुपये देता है तब Y के पास आधा धन होगा जितना Z के पास है।

$\Rightarrow y - 40 = \frac{z}{2}$

$z = 2y - 80 \quad \ldots(i)$

दूसराः यदि Z मुझे 40 रुपये देता है, तब हम तीनों के पास बराबर धन होगा।

$x + 40 = y = z - 40$

$x = y - 40$

$z = y + 40 \quad \ldots(ii)$

कथन (i) एवं (ii) का प्रयोग करते हुए,

$2y - 80 = y + 40$

$y = 120$

इसलिए, $x = y - 40 = 120 - 40 = 80$

और $z = y + 40 = 120 + 40 = 160$

इसलिए, X, Y एवं Z के पास क्रमशः 80, 120 एवं 160 रुपये होंगे।

X, Y एवं Z के पास कुल धन की मात्रा = x + y + z = 80 + 120 + 160 = 360 रूपये।

66. (b)

M A T H E M A T I C S
−1 +1 −1 +1 −1 +1 −1 +1 −1 +1 −1
L B S I D N Z U H D R

इसी तरह,

C H E M I S T R Y
−1 +1 −1 +1 −1 +1 −1 +1 −1
B I D N H T S S X

67. (d) 180° डिग्री के कोण का अर्थ है कि उन्हें प्रत्यक्षतः एक दूसरे से विपरीत स्थिति में होने चाहिए। ऐसा 7:05 बजे के बाद कुछ समय के लिए होगा।

68. (a) माना कि सही उत्तरों की संख्या स्र एवं गलत उत्तरों की संख्या ल है, तब

$x + y = 90$ एवं,

$5x - 2y = 387$

समीकरणों को हल करने पर x = 81 एवं y = 9।

इस तरह गलत उत्तरों की संख्या = 9

69. (c) दिया गया है किः 3P + 4P + PP + PP = RQ2 जहां R, P एवं Q भिन्न अंक हैं।

$\Rightarrow 30 + P + 40 + P + 10P + P + 10P + P = 100R + 10Q + 2$

$\Rightarrow$ 24P + 70 = 100R + 10 Q + 2

$\Rightarrow$ 20P + 70 + 4P = 100R + 10 Q + 2

परिणाम का इकाई अंक 2 है। इसे 4 में P का गुणन करने से प्राप्त किया जाएगा।

इसलिए P निश्चित ही 3 या 8 होगा।

यदि P = 3 है, तब

24P + 70 = 24 × 3 + 70 = 72 + 70 = 142

यदि P = 8, तबः

24P + 70 = 24 × 8 + 70 = 192 + 70 = 262

142 एवं 262 का समांतर माध्य $= \frac{(142+262)}{2} = 202$

70. (b) (PQ) × 3 = RQQ, R ≠ 0 जहां P, Q एवं R भिन्न अंक हैं।

$\Rightarrow$ (10P + Q) × 3 = 100R + 10Q + Q

$\Rightarrow$ 30P + 3Q = 100R + 11Q

$\Rightarrow$ 30P = 100R + 11Q

30P एवं 100R दोनों का अंतिम अंक 0 है, इस तरह, 8Q का भी अंतिम अंक 0 ही होगा। Q का मान 5 होगा।

इस प्रकार,

$\Rightarrow$ 30P = 100R + 40

$\Rightarrow$ 3P = 10R + 4, P, R ≠ 5.

यदि R = 1, 3P = 14 (N.P)

यदि R = 2, 3P = 24 $\Rightarrow$ P = 8 (संभावना)

इसी तरह, R के दूसरे मूल्य के लिए ये संभव नही है।

$\therefore$ R = 2, P = 8 एवं Q = 5.

इसलिए, $\frac{P+R}{Q} = \frac{8+2}{5} = 2$।

71. (a) अवतरण की सही व्याख्या है।

72. (c) विकल्प 2, 3 एवं 5 सही उत्तर है।

73. (d) सही उत्तर है क्योंकि अवतरण में कहा गया है कि 'जब तक अधारणीय ऋण की समस्या के समाधान के लिए प्रणालीगत सुधार नहीं किये जाते, तब तक भावी ऋण चक्र बैंकिंग प्रणाली पर दबाव डालते रहेंगे।'

74. (d) सही परिणाम है।

75. (b)

76. (b)

77. (b) कथन-2 अकेले इसका उत्तर देने के लिए पर्याप्त है।

78. (a) 10 अक्टूबर 2021 को रविवार था। एवं 2021 से 2027 तक केवल एक वर्ष 2024 ही लीप वर्ष होगा। इस तरह, 10 अक्टूबर 2027 एक रविवार होगा।

79. (d) सही उत्तर है।

80. (c) 2

(2 × 3) + 1 = 7

(7 × 3) + 1 = 22

(22 × 3) + 1 = 67

(67 × 3) + 1 = 202

(202 × 3) + 1 = **607**

(607 × 3) + 1 = 1822

हल प्रश्न-पत्र–2020

CSAT पेपर-II

समय : 2 घंटे **पूर्णांक : 200**

निम्नलिखित **7 (सात)** प्रश्नांशों के लिए निर्देश:

नीचे दिए गए पाँच परिच्छेदों को पढ़िए और परिच्छेदों के नीचे आने वाले प्रश्नांशों के उत्तर दीजिए। इन प्रश्नांशों के आपके उत्तर केवल इन परिच्छेदों पर ही आधारित होने चाहिए।

परिच्छेद – 1

निजी निवेश सामान्यतः चपल है। विदेशी निजी निवेश और भी अधिक चपल है क्योंकि उनके लिए उपलब्ध निवेश विकल्प काफी अधिक है (अर्थात्, समूचा संसार)। इसलिए रोजगार देने का दायित्व विदेशी प्रत्यक्ष निवेश (FDI) पर नहीं छोड़ा जा सकता। सांप्रतिक FDI अंतर्वाह सभी समय और सभी सेक्टरों तथा क्षेत्रों के संदर्भ में चपल होता है, जो उनके अधिकतम प्रतिफल की तलाश का आवश्यक परिणाम है। अस्थिर रोज़गार और आय एवं क्षेत्रीय असमानताओं का प्रबलन उसके दुष्परिणाम हैं। विदेशी निवेश का एक संभावित सकारात्मक परिणाम है नई प्रौद्योगिकी का अंतर्वहन और उसका अनुवर्ती विसरण। तथापि, प्रौद्योगिकी विसरण एकदम सुनिश्चित नहीं है, क्योंकि विसरण के लिए भारत में भौतिक एवं मानवीय पूँजी की वर्तमान स्थिति अपर्याप्त साबित हो सकती है।

1. उपर्युक्त परिच्छेद के संदर्भ में, निम्नलिखित पूर्वधारणाएँ बनाई गई हैं:

1. दीर्घकाल में विदेशी निवेश पर भरोसा करना आर्थिक रूप से एक सही नीति नहीं है।
2. ऐसी नीतियों को अपनाया जाना चाहिए जो विदेशी निजी निवेश में चपलता को कम कर सकें।
3. घरेलू निजी निवेश को सशक्त बनाने वाली नीतियाँ अपनायी जानी चाहिए।
4. निजी निवेश की अपेक्षा सार्वजनिक निवेश को अधिक प्राथमिकता देनी चाहिए।
5. शिक्षा एवं स्वास्थ्य क्षेत्र में पर्याप्त सार्वजनिक निवेश किया जाना चाहिए।

उपर्युक्त में से कौन-सी पूर्वधारणा/पूर्वधारणाएँ वैध है/हैं?

(a) 1, 2 और 4 (b) 1, 3 और 5
(c) 2, 4 और 5 (d) केवल 3

परिच्छेद – 2

प्रतिवर्ष जून से सितम्बर के चार महीनों के दौरान होने वाले मानसूनी प्रवाहों के अत्यधिक विषम, ऋतुनिष्ठ एवं स्थानिक वितरण के उपयोग के कई अवसरों को खोया जा चुका है। चूँकि इन कुछ महीनों में ही अधिकांश वृष्टि होती है एवं परिणामतः स्वच्छ जल उपलब्ध होता है, जलाशयों में वर्षा के जल के संचयन की आवश्यकता और बाद में वर्ष-भर उपयोग हेतु छोड़ना, एक ऐसी अनिवार्यता है जिसकी कोई उपेक्षा नहीं कर सकता। जलवायु परिवर्तन मौसम की स्थितियों को सदा प्रभावित करता रहेगा और जल की अल्पता तथा इसके अधिक्य को उत्पन्न करेगा। जहाँ लाखों लोग सूखे एवं बाढ़ से पीड़ित होते हैं वहीं देश की कई नदियों में पानी अप्रयुक्त बहता रहता है और प्रत्येक वर्ष समुद्र में बह जाता है।

2. उपर्युक्त परिच्छेद में संदर्भ में, निम्नलिखित में से कौन-सा भारत की दृष्टि से सार्वाधिक तर्कसंगत एवं व्यावहारिक निहितार्थ हो सकता है?

1. नदियों के अंतःसंबंधन को प्रारंभ किया जाना चाहिए।
2. जल के यथोचित वितरण के लिए पूरे देश में बाँधों एवं नहरों के नेटवर्क का निर्माण किया जाना चाहिए।
3. कृषकों को बोरवेल की खुदाई के लिए सुलभ ऋण दिया जाना चाहिए।
4. कृषि में जल के प्रयोग को कानूनी रूप से नियंत्रित किया जाना चाहिए।
5. केन्द्र सरकार द्वारा विभिन्न क्षेत्रों में नदियों के जल के वितरण को नियंत्रित किया जाना चाहिए।

नीचे लिए एग कूट का प्रयोग कर सही उत्तर चुनिए।

(a) 1 और 2 (b) 2, 4 और 5
(c) 1, 3 और 4 (d) 2, 3 और 5

परिच्छेद – 3

जब शिक्षा से मिलने वाले लाभ का उपयोग करने की आर्थिक स्वतंत्रता प्राप्त होगी, तभी लोग शिक्षा में निवेश करेंगे। इस प्रत्यक्ष कारण की वजह से आर्थिक स्वतंत्रता के स्तर में वृद्धि के साथ ही शिक्षा से प्राप्त होने वाला लाभ भी बढ़ जाता है। निम्न कर दरों के कारण जब लोगों को शिक्षा के प्रत्येक बढ़ते स्तर से प्राप्त बढ़ी हुई आय के अधिकांश भाग को अपने पास रखने की अनुमति होती है तब शिक्षा में निवेश एक अच्छी सूझ-बूझ की बात होती है। दूसरी ओर जब सरकार शिक्षित व्यक्तियों की बढ़ी हुई आय पर और ऊँची दरों पर कर लगाने का निर्णय लेती है, तब स्वयं को अधिक शिक्षित करने में निवेश करना समझदारी की बात नहीं लगती। यही प्रोत्साहन उन अभिभावकों पर भी लागू

होता है जिन्हें यह निर्णय लेना है कि वे अपने बच्चों की शिक्षा पर निवेश करें या नहीं।

3. उपर्युक्त परिच्छेद के संदर्भ में, निम्नलिखित पूर्वधारणाएँ बनाई गई हैं:

1. किसी देश में निम्न कर दर निरपवाद रूप से उच्च शिक्षा में अधिक निवेश के लिए परिणत हो जाती हैं।
2. बच्चों की शिक्षा में निवेश उनकी आर्थिक स्वतंत्रता को सुनिश्चित करता है।
3. आर्थिक स्वतंत्रता का मानव पूँजी निर्माण पर सकारात्मक प्रभाव होता है।

उपर्युक्त में से कौन-सी पूर्वधारणा/पूर्वधारणाएँ वैध है/हैं?

(a) केवल 1 (b) केवल 2

(c) केवल 3 (d) 1, 2 और 3

परिच्छेद – 4

जब तक वित्तीयन तंत्र स्थापित न हो जाए तब तक हमारे शहरी निकाय संभवतः हमारे शहरों में जलापूर्ति की धारणीय व्यवस्था सुनिश्चित नहीं कर सकते। जलापूर्ति के लिए प्राकृतिक स्त्रोतों से जल संचित करने, उसे पीने-योग्य बनाने की अभिक्रिया, तथा उपभोक्ताओं तक उसकी आपूर्ति बनाने के लिए पाइपों के जल-वितरण नेटवर्क बिछाने में भारी निवेश की आवश्यकता होती है। उसमें मल-प्रबंधन अधःसंरचना एवं मल-जल अभिक्रिया संयंत्रों में भी निवेश की आवश्यकता होती है, जिससे मल-प्रणाल अपशिष्ट जल को इन संयंत्रों तक ले जा सकें और यह सुनिश्चित किया जा सके कि असंसाधित मल-जल प्राकृतिक जल निकायों में बिलकुल ही नहीं छोड़ा जाए। यदि हमारे शहर इतने समृद्ध होते कि वो पूरी लागत को वहन कर सकते तो जल की निःशुल्क पूर्ति की जा सकती है। वे ऐसे नहीं हैं।

4. परिच्छेद द्वारा संप्रेषित सर्वाधिक तार्किक और निर्णायक संदेश क्या है?

(a) शहरी स्थानीय निकायों को उपभोक्ता शुल्कों के माध्यम से लागत वसूलनी चाहिए।

(b) शहरी स्थानीय निकाय हमारे शहरों की जल आवश्यकताओं को पूर्ण करने के लिए पर्याप्त रूप से दक्ष नहीं हैं।

(c) हमारे शहरों में जल का अभाव एक चिरस्थायी समस्या है जिसका समाधान सम्भव नहीं है।

(d) हमारे शहरों में जल-संकट की दृष्टि से यह बहुत आवश्यक है कि शहरों में जनसंख्या का एक अधिकतम आकार निर्धारित कर शहरों की जनसंख्या को सीमित किया जाए।

5. उपर्युक्त परिच्छेद के संदर्भ में, निम्नलिखित पूर्वधारणाएँ बनाई गई हैं:

1. केवल धनी शहर ही जल की धारणीय आपूर्ति को सुनिश्चित कर सकते हैं।
2. शहरों में जल की धारणीय आपूर्ति का अर्थ कुटुम्बों को जल की आपूर्ति करने से कहीं अधिक है।

उपर्युक्त में से कौन-सी पूर्वधारणा/पूर्वधारणाएँ वैध है/हैं?

(a) केवल 1 (b) केवल 2

(c) 1 और 2 दोनों (d) न तो 1, न ही 2

परिच्छेद – 5

भारत में, अभी भी लगभग पचास प्रतिशत कामगार कृषि में विनियोजित हैं, तथा लगभग 85 प्रतिशत खेत छोटे और सीमांत हैं। चीन और वियतनाम की तुलना में, जहाँ तेज़ गति से संरचनात्मक और ग्रामीण परिवर्तन हुए, भारत की कहानी धीमे परिवर्तन की है। परिणामस्वरूप भारत में गरीबी-ह्रास, चीन और वियतनाम की तुलना में 1988—2014 के बीच बहुत धीमी गति का था। भारत का गरीबी ह्रास 1988-2005 के बीच धीमा था, परंतु 2005-2012 के दौरान यह नाटकीय गति से बढ़ा – पूर्व के काल की तुलना में तीन गुना तेज़ गति से। इस काल में भारत ने क्या किया? शोध से पता चलता है कि सापेक्ष कीमतों का दृश्यलेख, बढ़ती वैश्विक कीमतों के परिणामस्वरूप, कृषि के पक्ष में महत्तपूर्ण ढंग से परिवर्तन हुआ है (50% से भी अधिक)। इससे कृषि में निजी निवेश 50% से भी अधिक बढ़ा। परिणामस्वरूप कृषि जी. डी. पी. की वृद्धि ने 2002-2007 के 2.4% के मुकाबले 2007—2012 में 4.1% के स्तर को छुआ। कृषि-व्यापार के निवल अधिशेष ने 2013-14 में $25 बिलियन के स्तर को छुआ; वास्तविक कृषि मज़दूरी 7% प्रति वर्ष की दर से बढ़ी। इन सबके कारण गरीबी में अभूतपूर्व गिरावट आई।

6. उपर्युक्त परिच्छेद के संदर्भ में, निम्नलिखित पूर्वधारणाएँ बनाई गई हैं:

1. जब कृषि जोत मूलतः छोटे और सीमांत हों तब संरचनात्मक और ग्रामीण परिवर्तन असंभव है।
2. अच्छी कीमत प्रोत्साहन कृषि में निवेश को प्रेरित कर सकती है।
3. भारत के लिए उच्च मूल्य के कृषि-उत्पादों, जैसे कि पशुधन और बागवानी, के लिए मूल्य-श्रृंखलाओं (value chanis) को बनाने की आवश्यकता है।
4. कृषि-माल की उच्च वैश्विक कीमतें भारत के गरीबी-ह्रास के लिए आवश्यक हैं।

उपर्युक्त में से कौन-सी पूर्वधारणाएँ वैध हैं?

(a) 1 और 3 (b) 2 और 4

(c) 2 और 3 (d) 3 और 4

7. निम्नलिखित में से कौन-सा कथन परिच्छेद के क्रांतिक संदेश का सर्वोत्तम प्रेषण करता है?

(a) निकट भविष्य में भारत की गरीबी कम करने के लिए बड़े पैमाने पर कृषितर ग्रामीण रोज़गार सृजित करना चाहिए।

(b) भारत को बड़े पैमाने पर कृषक उत्पाद कंपनियाँ सृजित करनी चाहिए।

(c) कृषि में लोक निवेश की तुलना में निजी निवेश को प्राथमिकता देनी चाहिए।

(d) निकट भविष्य में गरीबी कम करने के लिए समावेशी कृषि विकास मुख्य समाधान है।

8. चार संख्याओं P, Q, R और S के संबंध में दो कथन S1 और S2 तथा उनके उपरांत एक प्रश्न दिया गया है:

S1:R, P और Q से बड़ा है।

S2:S सबसे बड़ा नहीं है।

प्रश्नः

चार संख्याओं P, Q, R और S में कौन-सा सबसे बड़ा है?

निम्नलिखित में से कौन-सा उपर्युक्त कथनों और प्रशन के लिए सही है?

(a) S1 अकेले ही प्रश्न का उत्तर देने के लिए पर्याप्त है।

(b) S2 अकेले ही प्रश्न का उत्तर देने के लिए पर्याप्त है।

(c) दोनों कथन S1 और S2 एकसाथ प्रश्न का उत्तर देने के लिए पर्याप्त हैं किन्तु न तो अकेला S1 और न ही अकेला S2 प्रश्न का उत्तर देने के लिए पर्याप्त है।

(d) S1 और S2 एकसाथ प्रश्न का उत्तर देने के लिए पर्याप्त नहीं है।

9. दो कथन S1 और S2 नीचे दिए गए हैं और उनके उपरांत एक प्रश्न दिया गया है:

S1:n एक अभाज्य संख्या है।

S2:n को 4 से विभाजित करने पर 1 शेष आता है।

प्रश्नः

यदि n, 10 और 20 के बीच एकमात्र प्राकृतिक संख्या है, तो n क्या है?

निम्नलिखित में से कौन-सा उपर्युक्त कथनों और प्रश्न के लिए सही है?

(a) S1 अकेले ही प्रश्न का उत्तर देने के लिए पर्याप्त है।

(b) S2 अकेले ही प्रश्न का उत्तर देने के लिए पर्याप्त है।

(c) दोनों कथन S1 और S2 एकसाथ प्रश्न का उत्तर देने के लिए पर्याप्त हैं किन्तु न तो अकेला S1 और न ही अकेला S2 प्रश्न का उत्तर देने के लिए पर्याप्त है।

(d) S1 और S2 एकसाथ प्रश्न का उत्तर देने के लिए पर्याप्त नहीं हैं।

10. दो संख्याओं के संबंध में दो कथन S1 और S2 नीचे दिए गए हैं और उनके उपरांत एक प्रश्न दिया गया है:

S1:उनका गुणनफल 21 है।

S2:उनका योग 10 है।

प्रश्नः

वे दो संख्याएँ क्या हैं?

निम्नलिखित में से कौन-सा उपर्युक्त कथनों और प्रश्न के लिए सही है?

(a) S1 अकेले ही प्रश्न का उत्तर देने के लिए पर्याप्त है।

(b) S2 अकेले ही प्रश्न का उत्तर देने के लिए पर्याप्त है।

(c) दोनों कथन S1 और S2 एकसाथ प्रश्न का उत्तर देने के लिए पर्याप्त हैं किन्तु न तो अकेला S1 और न ही अकेला S2 प्रश्न का उत्तर देने के लिए पर्याप्त है।

(d) S1 और S2 एकसाथ प्रश्न का उत्तर देने के लिए पर्याप्त नहीं हैं।

निम्नलिखित **6 (छः)** प्रश्नांशों के लिए निर्देश:

नीचे दिए गए **पाँच परिच्छेदों** को पढ़िए और परिच्छेदों के नीचे आने वाले प्रश्नांशों के उत्तर दीजिए। इन प्रश्नांशों के आपके उत्तर केवल इन परिच्छेदों पर ही आधारित होने चाहिए।

परिच्छेद – 1

भारत में, पिछले दशक अथवा उसके आसपास, श्रमिक कृषि से हट रहे हैं, परंतु वे केवल निर्माण तथा गैर-पंजीकृत विनिर्माण में, जो कि स्पष्टतः बेहतर रोज़गार अवसर नहीं है, जा रहे हैं। सेवाएँ, जहाँ श्रम की प्रवृत्ति अधिक उत्पादनकारी होती है, अतिरिक्त रोज़गार अवसर उत्पन्न नहीं कर रही हैं जिनकी देश को आवश्यकता है। भारत को अगले दशक में लगभग 24 मिलियन नौकरियों की आवश्यकता होगी। नया सेक्टर, ई-व्यापार, रोज़गार के अंतर को अधिक-से-अधिक आधा ही भर पाएगा। केवल वे सेक्टर, जो घरेलू माँग को बढ़ावा देते हैं, जैसे स्वास्थ्य तथा शिक्षा, शेष आधे भाग को सुगमतापूर्वक भर कसते हैं।

11. परिच्छेद में निम्नलिखित में से कौन-सा एक सर्वाधिक **महत्तवपूर्ण निहितार्थ** है?

(a) ग्रामीण से शहरी क्षेत्र में श्रमिकों का प्रवसन कम करने के लिए कड़े कदम उठाने की आवश्यकता है।

(b) निर्माण तथा गैर-पंजीकृत विनिर्माण में कार्य करने की स्थितियों में सुधार लाना चाहिए।

(c) सेवा सेक्टर बेरोज़गारी की समस्या को कम करता रहा है।

(d) बड़े पैमाने पर रोज़गार उपलब्ध करवाने के लिए सामाजिक क्षेत्र में खर्च का बढ़ना आवश्यक है।

परिच्छेद – 2

भारत में निजता के अधिकार पर वर्तमान फोकस डिजिटल युग की कुछ नवीन वास्तविकताओं पर आधारित है। कोई भी अधिकार वास्तविक अधिकार तभी होता है यदि वह सभी स्थितियों में प्रभावी हो और सभी के लिए हो। उदाहरण के लिए, किसी व्यक्ति का अपने शोषण के विरूद्ध सुरक्षा की वास्तविक

उपलब्धता के बिना स्वतंत्र अभिव्यक्ति का अधिकार अर्थहीन है, जो कि यह सुनिश्चित करे कि उसके इस अधिकार को गैर-सरकारी शक्ति के प्रयोग से निष्फल न किया जा सके। इसलिए राज्य की भूमिका आधिकारिक स्वतंत्र अभिव्यक्ति में रूकावट पैदा करने से बचना मात्र ही नहीं है अपितु यह भी सक्रिय रूप से सुनिश्चित करना है कि गैर-सरकारी पक्षकार इसको अवरूद्ध करने में सक्षम न हों।

12. उपर्युक्त परिच्छेद के आधार पर निम्नलिखित पूर्वधारणाएँ बनाई गई हैं:

1. डिजिटल समाज में राज्य के पास ऐसी संस्थाएँ होनी चाहिए जो इसकी समुचित भूमिका को सुनिश्चित कर सकें।
2. राज्य को सुनिश्चित करना चाहिए कि गैर-सरकारी पक्षकार नागरिकों की निजता के अधिकार का हनन न करें।
3. डिजिटल अर्थव्यवस्था नागरिकों की निजता का हनन न करने के विचार से सुसंगत नहीं है।

उपर्युक्त में से कौन-सी पूर्वधारणा/पूर्वधारणाएँ वैध है/हैं?

(a) 1 और 2 (b) केवल 3

(c) 1 और 3 (d) केवल 2

परिच्छेद – 3

जल के साथ एक सबसे बड़ी विड़म्बना यह है कि यह नदियों एवं अन्य आर्द्रभूमियों से आता है। इसके बावजूद उसे, उनसे पृथक् माना जाता है। यद्यपि जल का प्रयोग एक संसाधन या वस्तु के रूप में किया जाता है, लोक नीति सदैव यह नहीं समझ पाती कि यह प्राकृतिक पारिस्थितिक तंत्र का एक हिस्सा है। अतएव जल प्रणाली निर्माण के प्रयास, जल की आपूर्ति में अभिवृद्धि के प्रयास है न कि पारिस्थितिक प्रणाली की क्षमताओं को मजबूत बनाने के।

13. उपर्युक्त परिच्छेद से निम्नलिखित में से कौन-सा सर्वाधिक तर्कसंगत और विवेकपूर्ण निष्कर्ष निकाला जा सकता है?

(a) रामसर समझौते के अंतगर्त नदियों एवं अन्य आर्द्रभूमियों को संरक्षित किया जाना चाहिए।

(b) जल प्रणालियों के निर्माण का आधुनिकीकरण किया जाना चाहिए और आगे अभिवृद्धित किया जाना चाहिए।

(c) आर्द्रभूमियों को जल के मुक्त स्रोत के रूप से कहीं अधिक प्रबलित करना चाहिए।

(d) जल की आपूर्ति निःशुल्क नहीं होनी चाहिए ताकि इसके दुरूपयोग और अति-उपयोग को रोका जा सके।

परिच्छेद – 4

हमारे निवेश निर्णयों में से सबसे महत्तपूर्ण होता है संपत्ति का विनिधान, और दुःख की बात है कि हम में से अधिकांश इस निर्णय को उतना महत्तव नहीं देते जितना वांछित है। हम अपने भविष्य की पूर्वानुमेयता तलाशने के लिए अडिग हैं। हमारी सोच जोखिम-भरी संपत्तियों में निवेश के लिए अत्यधिक चपल एवं मूल्य क्षयण के प्रति अभिमुखित है। हम निवेश के अस्थिर प्रतिफल एवं नियंत्रण-लोप को भी पंसद नहीं करते। हम सोचते हैं कि हमारे धन का निष्क्रिय, अनुत्पादक रहना बेहतर है, पर वह सुरक्षित रहे। परंतु ऐसी कोई संपत्ति नहीं है जो जोखिम-मुक्त हो। हम अपने रोज़गार खो सकते हैं, हमारे घर अपना मूल्य खो सकते हैं, हमारे बैंक दिवालिये हो सकते हैं, हमारे बॉन्ड भुगतान से चूक सकते हैं, सरकार गिर सकती है और हमारे मन मुताबिक चुनी हुई कम्पनियों का अस्तित्व समाप्त हो सकता है। पर हम यह मानकर जीवन नहीं जी सकते कि ये सभी चरम घटनाएँ और वे भी सभी एक साथ घटित होने के लिए तैयार बैठीं हैं। हम जानते हैं कि जोखिम के ये सभी चरम स्वरूप एक साथ प्रकट नहीं होंगे।

14. निम्न कथनों में से कौन-सा एक परिच्छेद के लेखक द्वारा दी गई सलाह को श्रेष्ठ रूप से निहित करता है?

(a) अपने धन को विभिन्न प्रकार की संपत्तियों में इस प्रकार बाँटें कि आपका जोखिम न्यूनीकृत हो सके।

(b) यदि आप धन कमाना चाहते हैं, तो जोखिम उठाने वाला व्यवहार आपके व्यक्तिव का एक आवश्यक घटक होना चाहिए।

(c) निवेश करते समयए एक ऐसे भरोसेमंद संपत्ति-प्रबंधन संगठन/संस्था को खोजिए जो आपके लिए आपके धन का ठीक प्रबंधन कर सके।

(d) आपको जानना चाहिए कि आपके धन का निवेश एक जोखिम-भरा व्यवसाय है।

परिच्छेद – 5

यद्यपि आजकल उगायी जाने वाली अधिकतर आनुवंशिकतः रूपांतरित (जी.एम.) फसलें एकल लक्षण के लिए आनुवंशिकतः अभिरचित हैं, भविष्य में फसलों का एक से अधिक लक्षणों के लिए आनुवंशिकतः अभिरचित होना सामान्य मानक होगा। अतः कृषि में जैव प्रौद्योगिक की भूमिका और उसके नियमन को, अकेले जी. एम. फसलों की वर्तमान पीढ़ी के प्रसंग में नहीं समझा जा सकता। बल्कि विभिन्न पहलुओं को जिनमें सामाजिक-आर्थिक प्रभाव सम्मिलित हैं, ध्यान में रखते हुए एक व्यापक अवलोकन की आवश्यकता है, ताकि नकारात्मक प्रभावों को न्यूनीकृत करते हुए प्रौद्योगिकी की क्षमता का उपयोग किया जा सके। उन किस्मों के विकास में, जो जलवायु परिवर्तन के प्रशमन और अनुकूलन में मददगार हैं, जैव प्रौद्योगिकी के महत्त्व के आलोक में, जलवायु परिवर्तन की कार्य-योजना के एक अंश के रूप में जैव प्रौद्योगिकी का उपयोग न करना, एक विकल्प नहीं हो सकता। जैव प्रौद्योगिकी के घरेलू नियमन को व्यापार नीति और विभिन्न अंतर्राष्ट्रीय संधियों तथा सम्मेलनों के अंतर्गत दायित्वों से अलग करके नहीं देखा जा सकता।

15. उपर्युक्त परिच्छेद के संदर्भ में, निम्नलिखित पूर्वधारणाएँ बनाई गई हैं:

1. जैव प्रौद्योगिकी नियमन एक विकासशील प्रक्रिया है।
2. जैव प्रौद्योगिकी नियमन के विषय में नीति निर्णय के लिए लोगों की भागीदारी की आवश्यकता है।
3. जैव प्रौद्योगिकी नियमन के निर्णयन में सामाजिक-आर्थिक पहलुओं को भी ध्यान में रखना चाहिए।
4. जैव प्रौद्योगिकी नियमन में राजनैतिक कार्यपालिका का व्यापक रूप में शामिल होना देश की व्यापार नीतियों और अंतर्राष्ट्रीय दायित्वों को निपटाने की प्रभाविता में सुधार लाता है।

उपर्युक्त में से कौन-सी पूर्वधारणाएँ वैध हैं?

(a) केवल 1, 2 और 4 (b) केवल 1 और 3
(c) केवल 2, 3 और 4 (d) 1, 2, 3 और 4

16. निम्नलिखित में से कौन-सा कथन परिच्छेद के मर्म को श्रेष्ठ रूप से अंतर्निहित करता है?

(a) जी.एम. फसलों के विकास पर वर्तमान विमर्श में सतर्कता सिद्धांत को महत्त्व नहीं दिया गया है।
(b) वर्तमान में जलवायु परिवर्तन प्रशमन और अनुकूलन क्रियाविधियों में जैव प्रौद्योगिकी का उपयोग नहीं किया जाता है।
(c) जैव प्रौद्योगिकी की भूमिका जी. एम. फसलों के विकास के लिए आज की प्राथमिकता तक सीमित नहीं है।
(d) जैव प्रौद्योगिकी के नकारात्मक परिणाम ठीक ढंग से नहीं समझे गए हैं।

17. गुणनफल

$$1 \times 5 \times 10 \times 15 \times 20 \times 25 \times 30 \times 35 \times 40 \times 45 \times 50 \times 55 \times 60$$

के अंत में कितने शून्य होंगे?

(a) 10 (b) 12
(c) 14 (d) 15

18. माना कि XYZ तीन अंकों की एक संख्या है, जहाँ (X + Y + Z), 3 का गुणांक नहीं है। तब (XYZ + YZX + ZXY) विभाज्य नहीं है

(a) 3 से (b) 9 से
(c) 37 से (d) (X + Y + Z) से

19. माना कि p, q, r और s इस प्रकार की प्राकृतिक संख्याएँ हैं कि p – 2016 = q + 2017 = r – 2018 = s + 2019 है। निम्न में से कौन-सी सबसे बड़ी प्राकृतिक संख्या है?

(a) p (b) q
(c) r (d) s

20. पाँच अंकों की कितनी अभाज्य संख्याएँ अंकों 1, 2, 3, 4 और 5 के द्वारा, बिना अंकों की पुनरावृत्ति किए हुए, बनाई जा सकती हैं?

(a) शून्य (b) एक
(c) नौ (d) दस

21. एक व्यक्ति अपने घर के पीछे से सीधे 25 मीटर चलता है, फिर वह दाहिने मुड़कर 50 मीटर और चलता है; फिर वह बाएँ मुड़कर पुनः 25 मीटर चलता है। यदि उसके घर का मुख पूर्व की ओर है, तो वह अपने प्रारंभिक बिंदु से किस दिशा में है?

(a) दक्षिण-पूर्व (b) दक्षिण-पश्चिम
(c) उत्तर-पूर्व (d) उत्तर-पश्चिम

22. नीचे दो कथन दिए गए हैं जिनके बाद दो निष्कर्ष दिए गए हैं:

कथन:

सभी संख्याएँ 2 से विभाज्य हैं।

सभी संख्याएँ 3 से विभाज्य हैं।

निष्कर्ष-I:

सभी संख्याएँ 6 से विभाज्य हैं।

निष्कष-II:

सभी संख्याएँ 4 से विभाज्य हैं।

ऊपर लिखे हुए निष्कर्षों में से कौन-सा/से दिए गए दो कथनों से तार्किक रूप से निकाला/निकाले जा सकता/सकते है/हैं?

(a) केवल निष्कर्ष-I
(b) केवल निष्कर्ष-II
(c) न तो निष्कर्ष-I न ही निष्कर्ष-II
(d) दोनों निष्कर्ष-I और निष्कर्ष-II

23. नीचे दो कथन दिए गए हैं जिनके बाद दो निष्कर्ष दिए गए हैं:

कथन:

सभी बिल्लियाँ कुत्ते हैं।

सभी बिल्लियाँ काली हैं।

निष्कर्ष -I:

सभी कुत्ते काले हैं।

निष्कर्ष -II:

कुछ कुत्ते काले नहीं हैं।

सामान्य ज्ञात तथ्यों की उपेक्षा करते हुए, ऊपर लिखे हुए निष्कर्षों में से कौन-सा/से दिए गए दो कथनों से तार्किक रूप से निकाला/निकाले जा सकता/सकते है/हैं?

(a) केवल निष्कर्ष-I
(b) केवल निष्कर्ष-II
(c) न तो निष्कर्ष-I, न ही निष्कर्ष-II
(d) दोनों निष्कर्ष-I और निष्कर्ष-II

24. निम्नलिखित संख्याओं के अनुक्रम पर विचार कीजिए:

5 1 4 7 3 9 8 5 7 2 6 3 1 5

8 6 3 8 5 2 2 4 3 4 9 6

ऊपर लिखे हुए अनुक्रम में कितनी विषम संख्याओं के बाद विषम संख्या आती है?

(a) 5 (b) 6

(c) 7 (d) 8

25. लड़कों की एक पंक्ति में A बाएँ छोर से 16वें स्थान पर और V दाएँ छोर से 18वें स्थान पर है। G, A की दाईं ओर 11वें और V से तीसरे स्थान पर दाहिने छोर की ओर है। पंक्ति में कितने लड़के हैं?

(a) 40

(b) 41

(c) 42

(d) अपर्याप्त आँकड़ों के कारण निर्धारित नहीं किया जा सकता है

26. तीन कथन S1, S2 और S3 नीचे दिए गए हैं जिसके उपरांत एक प्रश्न है:

S1: C, D से छोटा पर A और B से बड़ा है।

S2: D सबसे बड़ा है।

S3: A, B से बड़ा हैं

प्रश्न:

A, B, C और D में से सबसे छोटा कौन है?

निम्नलिखित में से कौन-सा ऊपर लिखे हुए कथनों और प्रश्न के संदर्भ में सही है?

(a) S1 अकेले ही प्रश्न का उत्तर देने के लिए पर्याप्त है।

(b) S1 और S2 एकसाथ प्रश्न का उत्तर देने के लिए पर्याप्त हैं।

(c) S2 और S3 एकसाथ प्रश्न का उत्तर देने के लिए पर्याप्त हैं।

(d) S1 और S3 एकसाथ प्रश्न का उत्तर देने के लिए पर्याप्त हैं।

27. 1 और 100 के मध्य कितनी ऐसी पूर्ण संख्याएँ हैं जिनमें एक अंक 4 है लेकिन वे 4 से विभाज्य नहीं हैं?

(a) 5 (b) 11

(c) 12 (d) 13

28. माना कि दो धातु के घनों P और Q के क्रमशः x, y आयतन हैं; m, n द्रव्यमान हैं। Q की प्रत्येक भुजा P की दोगुनी है और Q का द्रव्यमान P का दोगुना है। माना कि $u = m / x$ और $v = n / y$ है। निम्नलिखित में से कौन-सा सही है?

(a) $u = 4v$ (b) $u = 2v$

(c) $v = u$ (d) $v = 4u$

29. एक शिक्षक और तीन छात्रों की औसत आयु 20 वर्ष है। यदि तीनों छात्र समान आयु के हों और शिक्षक तथा प्रत्येक छात्र की आयु का अंतर 20 वर्ष हो, तो शिक्षक की आयु कितनी है?

(a) 25 वर्ष (b) 30 वर्ष

(c) 35 वर्ष (d) 45 वर्ष

30. एक व्यक्ति ने एक कार खरीदी और रु. 3,00,000 में बेच दी। यदि उसे 20% की हानि उठानी पड़ी, तो उसने कार खरीदने में कितने रुपये खर्च किए?

(a) रु. 3,60,000 (b) रु. 3,65,000

(c) रु. 3,70,000 (d) रु. 3,75,000

31. योग ⊗ + 1⊗ + 5⊗ + ⊗⊗ + ⊗1 = 1⊗⊗

में प्रतीक ⊗ किस अंक को दर्शाता है?

(a) 2 (b) 3

(c) 4 (d) 5

32. यदि आपके पास दो सीधी 7.5 फीट और 3.25 फुट की छड़ें हैं, तो आप कम-से-कम कितनी लम्बाई नाप सकते हैं?

(a) 0.05 फुट (b) 0.25 फुट

(c) 1 फुट (d) 3.25 फुट

33. अनुक्रम 14, 18, 20, 24, 30, 32, ... की प्रत्येक संख्या में एक सरल गणितीय संक्रिया द्वारा अभाज्य संख्याओं का एक अनुक्रम प्राप्त किया जाता है। निम्न में से कौन-सी अनुक्रम की अगली संख्या है?

(a) 34 (b) 36

(c) 38 (d) 40

34. एक पुस्तिका, जिसके पन्ने सामान्य रूप से हैं, पहले पन्ने की संख्या 1 से प्रारम्भ करते हुए अंकित हैं। इस पुस्तिका से एक पन्ना फाड़ लिया जाता है। बचे हुए पन्नों पर अंकित पृष्ठ संख्याओं का योग 195 है। फटे हुए पन्ने पर निम्न में से कौन-सी संख्याएँ हैं?

(a) 5, 6 (b) 7, 8

(c) 9, 10 (d) 11, 12

35. निम्न विन्यास पर ध्यान दीजिए, जिसमें कुछ लुप्त वर्ण हैं:

abab_b_bcb_dcdcded_d

लुप्त वर्ण, जो कि विन्यास को पूर्ण करते हैं, हैं

(a) a, b, c, d (b) a, b, d, e

(c) a, c, c, e (d) b, c, d, e

36. माना A3BC और DE2F चार अंकों की संख्याएँ हैं, जहाँ प्रत्येक वर्ण 3 से बड़े भिन्न अंक को दर्शाता है। यदि संख्याओं का योग 15902 है, तो A और D के मानों के बीच अंतर क्या है?

(a) 1 (b) 2

(c) 3 (d) 4

37. दो कथन S1 और S2 नीचे दिए गए हैं, जिनके उपरान्त एक प्रश्न है:

S1:51पृष्ठों की एक पुस्तक में किसी भी पृष्ठ पर दो से अधिक रेखाचित्र नहीं हैं।

S2:प्रत्येक पृष्ठ पर कम-से-कम एक रेखाचित्र है।

प्रश्नरू

क्या इस पुस्तक में 100 से अधिक रेखाचित्र हैं?

निम्नलिखित में से कौन-सा उपर्युक्त कथनों और प्रश्न के लिए सही है?

(a) दोनों कथन S1 और S2 प्रश्न का उत्तर देने के लिए पर्याप्त हैं किन्तु न तो अकेला S1 और न ही अकेला S2 प्रश्न का उत्तर देने के लिए पर्याप्त है।

(b) अकेला S1 प्रश्न का उत्तर देने के लिए पर्याप्त है।

(c) S1 और S2 एकसाथ प्रश्न का उत्तर देने के लिए पर्याप्त नहीं हैं।

(d) अकेला S2 प्रश्न का उत्तर देने के लिए पर्याप्त है।

38. निम्नलिखित आँकड़ों पर विचार कीजिए:

	अंग्रेज़ी में माध्य प्राप्तांक	हिन्दी में माध्य प्राप्तांक
लड़कियाँ	9	8
लड़के	8	7
कुल माध्य प्राप्तांक	8.8	×

उपर्युक्त सारणी में x का मान क्या है?

(a) 7.8 (b) 7.6

(c) 7.4 (d) 7.2

39. एक परिवार की दो पीढ़ियों के छः सदस्यों P, Q, R, S, T और U में तीन पुरूष और तीन महिलाएँ हैं। उनमें दो विवाहित जोड़े और दो अविवाहित सहोदर हैं। U, P की पुत्री है और Q, R की सास है। T अविवाहित पुरूष है और S एक पुरूष है। निम्नलिखित में से कौन-सा सही है?

(a) R, U का पति है। (b) R, S की पत्नी है।

(c) S अविवाहित है। (d) उपर्युक्त में से कोई नहीं

40. यदि किसी विशेष वर्ष में 12 जनवरी को रविवार है, तो निम्नलिखित में से कौन-सा सही है?

(a) 15 जुलाई को रविवार है यदि वर्ष एक अधिवर्ष है।

(b) 15 जुलाई को रविवार है यदि वर्ष एक अधिवर्ष नहीं है।

(c) 12 जुलाई को रविवार है यदि वर्ष एक अधिवर्ष है।

(d) 12 जुलाई को रविवार नहीं है यदि वर्ष एक अधिवर्ष है।

निम्नलिखित **6 (छः)** प्रश्नांशों के लिए निर्देश:

नीचे दिए गए **पाँच परिच्छेदों** को पढ़िए और परिच्छेदों के नीचे आने वाले प्रश्नांशों के उत्तर दीजिए। इन प्रश्नांशों के आपके उत्तर केवल इन परिच्छेदों पर ही आधारित होने चाहिए।

परिच्छेद – 1

औद्योगिक सेक्टर को मिलने वाले बैंक ऋण में संकुचन प्रारंभ हो गया है। इसमें कमी गंभीर चिंता का विषय है क्योंकि ऋण का प्रसार निवेश को पुनर्जीवित करने के लिए आवश्यक है। समस्या के उद्गम पिछले 25 वर्षों के अपूर्ण सुधारों में निहित है। 1991 के सुधारों के उपरांत बैंकों के लिए समाधान निगम की स्थापना का एक संस्थागत परिवर्तन होना चाहिए था। तेजी और मंदी वाली एक बाजार अर्थव्यवस्था में बैंकों को स्थापित करने एवं उन्हें असफल होने की अुनमति होनी चाहिए। आज हम बैंकों को बंद नहीं कर सकते क्योंकि उन्हें बंद करने की कोई उचित व्यवस्था नहीं है। कमजोर, हानि में रहने वाले बैंकों को निरंतर अधिक पूँजी की आवश्यकता होती है।

41. उपर्युक्त परिच्छेद से निम्नलिखित में से कौन-सा सर्वाधिक तार्किक और तर्कसंगत निष्कर्ष निकाला जा सकता है?

(a) भारतीय बैंकिंग व्यवस्था देश की आर्थिक विकास में मदद नहीं कर पा रही है।

(b) 1991 में प्रारंभ किए गए आर्थिक सुधारों ने अर्थव्यवस्था के अपेक्षित स्तर तक सुधार में सहायता नहीं की है।

(c) भारत में बैंकों की असफलता से निपटने के लिए संस्थागत प्रक्रिया नहीं है।

(d) औद्योगिक सेक्टर में विदेशी निवेश को प्रोत्साहन देना उस सेक्टर के बैंक ऋण के ऊपर निर्भरता का एक अच्छा विकल्प है।

परिच्छेद – 2

भारत में सौर ऊर्जा की विशाल संभावना है। हम सभी यह अनुभव करते हैं कि हमें अपनी ऊर्जा प्राप्त करने के लिए फॉसिल इंधनों को जलाना रोकना होगा। परंतु कुछ नवीकरणीय संसाधन वांछित उत्पादन-स्तर को प्राप्त करने के लिए अभी भी अपने लागत वक्रों एवं प्रवीणता वक्रों से गुजर रहे हैं। भारत सरकार 2030 तक उत्सर्जन को 33 प्रतिशत कम करने के अपने लक्ष्य में दृढ़ रूप से प्रतिबद्ध है तथा उस दिशा में उसने गैस पर आधारित अर्थव्यवस्था को एक सशक्त प्रोत्साहन दिया है और नवीकरणीय ऊर्जा में भारी निवेश भी किया है। परंतु व्यापारी घराने, ऐसे समय में जब तकनीक अभी तक तैयार नहीं है, नवीकरणीय ऊर्जा में भारी निवेश करने में हिचकिचा रहे हैं।

42. उपर्युक्त परिच्छेद से निम्नलिखित में से कौन-सा सर्वाधिक तार्किक और तर्कसंगत निष्कर्ष निकाला जा सकता है?

(a) उत्सर्जन को 33% घटाने की भारत की प्रतिबद्धता को प्राप्त करना असम्भाव्य है।

(b) भारत को नवीकरणीय संसाधनों में निवेश करने के बजाय गैस का आयात करना चाहिए।

(c) नवीकरणीय संसाधनों को बहुत जल्दी बाजार में लाना महँगा हो सकता है।

(d) भारत को प्राकृतिक गैस की खोज में अधिक प्रयत्न करना चाहिए।

43. उपर्युक्त परिच्छेद में संदर्भ में, निम्नलिखित पूर्वधारणाएँ बनाई गई हैं:

1. सरकार प्रायः ऐसी तकनीक पर अक्षम एवं महँगी आर्थिक सहायता देती है जो निकट भविष्य के लिा तैयार नहीं हो सकती।
2. 2030 तक उत्सर्जन में 33% कटौती की भारत की प्रतिबद्धता गैस-आधारित अर्थव्यवस्था पर निर्भर होगी।

उपर्युक्त में से कौन-सी पूर्वधारणा/पूर्वधारणाएँ वैध है/हैं?

(a) केवल 1 (b) केवल 2

(c) 1 और 2 दोनों (d) न तो 1, न ही 2

परिच्छेद – 3

जीनोम संपादन, जीनोम रूपांतरण से भिन्न है। जीनोम संपादन विशेष रूप से पादप जीनोम के उस भाग का पता लगाने से संबंधित है जिसको परिवर्तित किया जा सके जिससे रोग की भेद्यता कम की जा सके या कुछ शाकनाशियों के विरूद्ध प्रतिरोधी बनाया जा सके या उत्पादकता बढ़ाई जा सके। शोधकर्ता जीनोम का विच्छेदन करने के लिए 'आण्विक कैंची' का उपयोग करते हैं और इसकी मरम्मत करते हैं जो कि पादपों में होने वाली वह प्राकृतिक प्रक्रिया है, जो पादप रोगों के आक्रमण के अधीन होने पर नए उत्परिवर्तनों को उत्पन्न कर सकती है, जो कि उस पादप को भविष्य में होनो वाले आक्रमणों से बचे रहने में सक्षम बनाता है। अब जबकि प्रयोगशालाओं में पादप जीनोम का विस्तार से परीक्षण करना संभव है और संगत जीनों को सुस्पष्ट रूप में परिवर्तित करने की क्रियाविधि का सृजन किया जा सकता है, इस विकास प्रक्रिया में प्रभावी रूप से तेजी लाई जा सकती है।

44. उपर्युक्त परिच्छेद के संदर्भ में, निम्नलिखित पूर्वधारणाएँ बनाई गई हैं:

1. जीनोम संपादन में एक पादप से दूसरे पर जीनों के स्थानांतरण की आवश्यकता नहीं है।
2. जीनोम संपादन के द्वारा चुनी हुई जीनों को सही रूप में एक प्राकृतिक प्रक्रिया के रूप में परिवर्तित किया जा सकता है जिससे पौधों को पर्यावरण तत्वों के साथ अनुकूलित होने में सहायता मिलती है।

उपर्युक्त में से कौन-सी पूर्वधारणा/पूर्वधारणाएँ वैध है/हैं?

(a) केवल 1 (b) केवल 2

(c) 1 और 2 दोनों (d) न तो 1, न ही 2

परिच्छेद – 4

बहुत-से लोग ठोस अपशिष्ट प्रबंधन एवं स्वास्थय का संबंध ठोस कचरे के उपेक्षित ढेर के परिणाम के रूप में समझते हैं जो मक्खियों और कीड़े-मकोड़ों का घर बनते हैं। किन्तु एक दूसरा पक्ष भी है जिसे सही रूप में समझा नहीं जाता, कि क्या परिणाम होता है जब अवैज्ञानिक ठोस अपशिष्ट प्रबंधन के साथ ही जल-निकास व्यवस्था खराब होती है और असंसाधित मल-जल को बारिश के पानी को ले जाने वाले नालों में छोड़ दिया जाता है। उसका परिणाम होता है नालों का अवरूद्ध हो जाना जिनमें रूका हुआ पानी भरा रहता है, मच्छर पैदा होते हैं तथा जल-जनित रोग फैलते हैं।

45. भारत के संदर्भ में, निम्नलिखित में से कौन-सा कथन परिच्छेद के क्रांतिक संदेश का सर्वोत्तम प्रेषण करता है?

(a) भारत में जल-निकासी तंत्र बारिश के पानी एवं मल-जल के लिए अलग-अलग नहीं हैं।

(b) शहरी स्थानीय निकायों के पास अपशिष्ट प्रबंधन की समस्याओं से निपटने के लिए पर्याप्त संसाधन एवं विधायी शक्तियाँ नहीं हैं।

(c) ठोस अपशिष्ट प्रबंधन को जल-निकासी और मल-जल निकासी तंत्र के अनुसरण के साथ एकीकृत किया जाना चाहिए।

(d) हमारी नगरपालिकाओं द्वारा ठोस अपशिष्ट एवं मल-जल प्रणालियों का खराब प्रबंधन हमारे शहरों में पेय जल की कमी के लिए जिम्मेदार है।

परिच्छेद – 5

संविधान के भाग III में, जो जनसाधारण को कुछ मौलिक अधिकारों के प्रति आश्वत करता है, अनुच्छेद 25 उद्घोषणा करता है कि "सभी व्यक्तिों को अंतःकरण की स्वतंत्रता का और धर्म के अबाध रूप से मानने, आचरण करने और प्रचार करने का समान हक होगा", लेकिन जिस बात पर लोग प्रायः ध्यान नहीं देते हैं वह है इस उद्घोषणा का इन शब्दों वाला उपसर्ग, "लोक व्यवस्था, सदाचार, स्वास्थय तथा इस भाग के अन्य उपबंधों के अधीन रहते हुए'। यह उपसर्ग किसी समुदाय के धार्मिक आचरण के वैधानिक संरक्षण की पूर्व शर्तें निर्धारित करता है। अनुच्छेद 25 की प्रारंभिक शर्त के अंतिम शब्द वस्तुतः एक अधीनस्थ खण्ड की संरचना करते हैं जिसके अनुसार भाग III में वर्णित अन्य मौलिक अधिकारों को धार्मिक स्वतंत्रता के अधिकार के ऊपर प्रधानता मिलती है। उन अन्य मौलिक अधिकारों में विधि के समक्ष समता का अधिकार और स्वयं विधियों के भी समान संरक्षण का अधिकार है – जिनका प्रारंभ में ही आश्वासन है तथा बाद के अनुच्छेदों में इस अर्थ के साथ विस्तार है कि, अन्य बातों के साथ, राजय किसी भी व्यक्ति या व्यक्तियों के समूह को केवल धर्म के आधार पर विधियों के समान संरक्षण से वंचित नहीं करेगा।

46. उपर्युक्त परिच्छेद का सर्वाधिक तार्किक निष्कर्ष क्या है?

(a) राजय नागरिकों के धार्मिक मामलों में हस्तक्षेप नहीं करेगा।

(b) संविधान में दी गई धार्मिक स्वतंत्रता में राज्य हस्तक्षेप कर सकता है।

(c) नागरिकों की धार्मिक स्वतंत्रता मौलिक अधिकारों के दायरे में नहीं आती।

(d) किसी भी समुदाय के धार्मिक आचरण राज्य के कानूनों से प्रतिरक्षित हैं।

47. शब्द 'DELHI' के सभी अक्षरों का प्रयोग करते हुए कितने विभिन्न 5-अक्षरी शब्द (जिनका कोई अर्थ हो या न हो) बनाए जा सकते हैं, जबकि प्रत्येक शब्द D के साथ शुरू होता है और I के साथ समाप्त होता है?

(a) 24 (b) 18

(c) 12 (d) 6

48. एक बोतल में द्रव A की 20 लीटर मात्रा है। इसमें से द्रव्य A की 4 लीटर मात्रा बाहर निकाल दी जाती है और द्रव B की उतनी ही मात्रा वापस डाल दी जाती है। फिर से मिश्रण की 4 लीटर मात्रा बाहर निकाल दी जाती है और द्रव B की उतनी ही मात्रा वापस डाल दी जाती है। अंतिम मिश्रण में द्रव A की मात्रा का द्रव B की मात्रा से अनुपात क्या है?

(a) 4 : 1 (b) 5 : 1

(c) 16 : 9 (d) 17 : 8

49. एक बल्लेबाज का उसकी 50वीं पारी के बाद औसत स्कोर 46.4 था। 60वीं पारी के बाद, उसका औसत स्कोर 2.6 बढ़ जाता है। पिछली दस पारियों में उसका औसत स्कोर क्या था?

(a) 122 (b) 91

(c) 62 (d) 49

50. चावल के प्रति किलो मूल्य में 25% की वृद्धि के परिणामस्वरूप, एक व्यक्ति रु. 1,200 में 6 किलो कम चावल खरीद पाता है। चावल का प्रति किलो प्रारंभिक मूल्य क्या था?

(a) रु. 30 (b) रु. 40

(c) रु. 50 (d) रु. 60

निम्नलिखित **6 (छः)** प्रश्नांशों के लिए निर्देश:

नीचे दिए गए पाँच **परिच्छेदों** को पढ़िए और परिच्छेदों के नीचे आने वाले प्रश्नांशों के उत्तर दीजिए। इन प्रश्नांशों के आपके उत्तर केवल इन परिच्छेदों पर ही आधारित होने चाहिए।

परिच्छेद – 1

स्पैनिश जहाज 16वीं शताब्दी के उत्तरार्ध में पहली बार दक्षिण अमेरिका से आलू कंद यूरोप लाए, जिससे कि प्रारंभिक 19वीं शताब्दी में यह विशेषकर ठंडे आयरलैंड की वर्षा से तर भूमि में धान्य फसलों का विश्वसनीय पूर्तिकर हो गया। आयरलैंड-वासी शीर्घ ही लगभग पूर्णतः प्रधान खाद्य के रूप में आलू पर निर्भर हो गए। और वे मुख्य रूप से उसकी एक बृहदाकार किस्म, 'लम्पर आलू को उगाने लगे, जिसकी आनुवंशिक भंगुरता को एक कवक 'फाइटोफ्थोरा इन्फेस्टेन्स' ('Phytophthora infestans) ने आने वाले समय में निर्ममता से अनावृत कर दिया। 1845 में इस घातक कवक के बीजाणुओं ने समूचे देश में फैलना आरम्भ कर दिया और अपने पथ में आने वाले लगभग सभी लम्परों को नष्ट कर दिया। इसके परिणामस्वरूप हुए अकाल ने कई मिलियन लोगों को मार दिया या विस्थापित किया।

51. निम्नलिखित में से कौन-सा कथन परिच्छेद के क्रांतिक संदेश का सर्वोत्तम प्रेषण करता है?

(a) किसी विदेशी पादप को किसी देश में समविष्ट करने के लिए उस देश की भूमि और जलवायु दशाएँ उपयुक्त होनी चाहिए।

(b) किसी देश के प्रधान खाद्य के रूप में आलू जैसी कंद वाली फसलें, धान्य फसलों का स्थान नहीं ले सकतीं।

(c) पादपों के कुछ कवक संक्रमणों को बड़े क्षेत्रों में फैलने से बाधित किया या रोका नहीं जा सकता।

(d) किसी समांगी खाद्य स्रो पर निर्भर होना वांछनीय नहीं है।

परिच्छेद – 2

भारत सबसे तीव्र विकसित होने वाली वैश्विक अर्थव्यवस्थाओं में से है, फिर भी यह विश्व में सबसे अधिक कुपोषित बच्चों का घर है। ऐसे भी क्षेत्र हैं जहाँ कुपोषण अपवाद नहीं अपितु सामान्य है। और सारे देश में, हर वर्ष अपना पाँचवाँ जन्मदिन मनाने से पूर्व मरने वाले 1.3 मिलियन बच्चों में से लगभग आधे बच्चों की मृत्यु का कारण कुपोषण है। वे बच्चे जो जीवित रह जाते हैं, स्थायी रूप से क्षति से ग्रसित रहते हैं जो उनके शरीर और मन में उपयुक्त खाद्यों एवं पोषकों के पर्याप्त मात्रा में न मिलने से हो चुकी होती है। 5 वर्ष से कम आयु के लगभग 44 मिलियन बच्चे अविकसित हैं। इससे उनको विद्यालय में सीखने और वयस्क होने पर जीविका कमाने में कठिनाई होती है। उनकी जीवनकालीन उपार्जन क्षमता उनके स्वस्थ समकक्षों से लगभग एक-चौथाई कम होती है।

52. उपर्युक्त परिच्छेद के सन्दर्भ में, निम्नलिखित में से कौन-सा/से सर्वाधिक तर्कसंगत एवं व्यावहारिक निहितार्थ है/हैं?

1. भारत की सार्वजनिक वितरण प्रणाली को केन्द्र सरकार द्वारा मॉनीटर किया जाना चाहिए।
2. बलिकाओं को विवाह एवं प्रथम गर्भ विलम्बित करने के लिए प्रोत्साहित करना चाहिए।
3. जन्म के तुरंत बाद नवजात को स्तनपान कराने हेतु माताओं को प्रोत्साहित करना चाहिए।

4. सभी के लिए सुरक्षित पेय जल एवं उपयुक्त स्वच्छता सुविधाओं की आपूर्ति सुनिश्चित करनी चाहिए।
5. प्राधिकारियों को यथानिर्धारित टीकाकरण सुनिश्चित करना चाहिए।

नीचे दिए गए कूट का प्रयोग कर सही उत्तर चुनिए।

(a) 1, 2, 3 और 4 (b) 2, 3, 4 और 5
(c) केवल 1 (d) केवल 3 और 5

परिच्छेद – 3

दलहन की प्रजाति 'पूसा अरहर 16' को पंजाब, हरियाणा और उत्तर प्रदेश के धान उगाने वाले क्षेत्रों और अंततः सम्पूर्ण भारत में उगाए जा सकने की संभावना है। उसकी उत्पादकता (लगभग 2000 कि.ग्रा./हेक्टेयर) उपलब्ध प्रजातियों की तुलना में महत्त्वपूर्ण रूप से अधिक होगी और चूँकि उसके आकार में एकरूपता होगी, उसकी कटाई मशीनों से भी संभव होगी एवं उत्तरी भारत के उन कृषकों, जो आजकल इस तकनीक का प्रयोग धान के लिए करते हैं, के लिए एक आकर्षक विशेषता होगी। सबसे महत्त्वपूर्ण यह है कि अरहर का पुआल, धान के पुआल के विपरीत, हरा होता है और उसे मृदा में वापस जोता जा सकता है। धान के पुआल में परेशानी यह है कि सेलखड़ी (silica) की मात्रा अधिक होती है जो आसानी से उसका अपघटन नहीं होने देती। अरहर में कंबाइन कटाई के बाद भी कृषक को बचे हुए पुआल को छोटे टुकड़ों में काटने के लिए केवल रोटोवेटर चलाने की आवश्यकता होती है जिन्हें वापस जोता जा सकता है और जो बहुत तेजी से अपघटित हो जाते हैं। यह कार्य धान के बचे हुए डंठलों के साथ कठिन है जिन्हें आसानी से निकाला या वापस नहीं जोता जा सकता। इसलिए, कृषक साधारणतः इसे जलाने का आसान रास्ता चुनते हैं।

53. निम्नलिखित में से कौन-से ऐसे सर्वाधिक तर्कसंगत निष्कर्ष हैं जो उपर्युक्त परिच्छे से निकाले जा सकते हैं?

1. धान की तुलना में दलहन उगाने से कृषकों की आय अधिक होगी।
2. दलहन उगाना, धान उगाने की तुलना में कम प्रदूषण उत्पन्न करता है।
3. दलहन के पुआल का प्रयोग मृदा की गुणवत्ता में सुधार लाने के लिए किया जा सकता है।
4. उत्तरी भारत की कृषि के संदर्भ में, धान के पुआल की कोई उपयोगिता नहीं है।
5. मशीनीकृत खेती ठूँठ जलाने का प्रमुख कारका है।

नीचे दिए गए कूट का प्रयोग कर सही उत्तर चुनिए।

(a) 2, 3 और 5
(b) 1, 4 और 5
(c) केवल 2 और 3
(d) केवल 1 और 4

परिच्छेद – 4

भारत में, प्राधिकारी मानसून ऋतु में जलाशयों में अधिकतम जल संचय करने की कोशिश करते हैं, जिसे गर्मी के महीनों में सिंचाई एवं विद्युत् उत्पादन के लिए प्रयोग में लाया जाता है। मानसून ऋतु आने के समय जलाशय में जल को एक निश्चित स्तर से नीचे बनाए रखना एक अंतर्राष्ट्रीय रूप में स्वीकार्य प्रथा है। ऐस इसलिए है क्योंकि जब मानसून की वर्षा होती है तो अतिरेक वर्षा जल के संचयन के लिए जगह हो तथा जल को नियंत्रित रूप में छोड़ा भी जा सके। परंतु प्राधिकारी मानसून के समाप्त होने से पहले ही जलाशयों में अधिक-से-अधिक जल संचय कर लेते हैं, जिससे अधिक विद्युत् उत्पादन एवं सिंचाई सुनिश्चि की जा सके।

54. उपर्युक्त परिच्छेद के संदर्भ में, निम्नलिखित पूर्वधारणाएँ बनाई गई हैं:

1. जलाशयों में अधिकतम जल संचलन में होने वाले भारी जोखिम, जलशक्ति परियोजनाओं पर हमारी अत्यधिक निर्भरता के कारण है।
2. बाँधों की संग्रहण क्षमता का मानसून ऋतु के पूर्व अथवा दौरान पूर्ण उपयोग नहीं किया जाना चाहिए।
3. भारत में बाढ़ नियंत्रण के लिए बाँधों की भूमिका को कम करके आँका गया है।

उपर्युक्त में से कौन-सी पूर्वधारणा/पूर्वधारणाएँ वैध है/हैं?

(a) केवल 1 और 2 (b) केवल 2
(c) केवल 3 (d) 1, 2 और 3

परिच्छेद – 5

भारत में आर्थिक उदारीकरण का स्वरूप अधिकतर सरकार की आर्थिक समस्याओं से तय हुआ था न कि जनता की आर्थिक प्राथमिकताओं से अथवा दीर्घकालीन विकास के उद्देश्यों से। अतः, संकल्पना एवं रूपरेखा की सीमाएँ थीं जो बाद में अनुभव से पुष्ट हुई। आर्थिक उदारीकरण के प्रारंभ से रोजगार-विहीन वृद्धि, सतत गरीबी और बढ़ती असमानता समस्याओं के रूप में उभरी हैं। और इन सभी वर्षों के बाद में, चार मौन संकट अर्थव्यवस्था के सम्मुख खड़े हुए हैं; कृषि, अधोसंरचना, उद्योगीकरण एवं शिक्षा; जो देश के भावी परिदृश्य में बंधनकारक हैं। यदि आर्थिक वृद्धि को बनाए रखना है और उसे सार्थक विकास में रूपांतरित करना है, तो इन समस्याओं का निराकरण होना ही चाहिए।

55. इस परिच्छेद से निम्नलिखित में से कौन-सा/से सर्वाधिक तर्कसंगत और तार्किक निष्कर्ष निकाला/निकाले जा सकता/सकते है/हैं?

1. विकास की तलाश में यह अनिवार्य है कि राज्य की आर्थिक भूमिका पर पुनर्विचार किया जाए एवं उसे पुनर्परिभाषित किया जाए।

2. भारत ने अपने सामाजिक क्षेत्रों में न तो नीतियों का प्रभावी निष्पादन किया और न ही उनमें पर्याप्त निवेश किया।

नीचे दिए गए कूट का प्रयोग कर सही उत्तर चुनिए।

(a) केवल 1 (b) केवल 2

(c) 1 और 2 दोनों (d) न तो 1, न ही 2

56. उपर्युक्त परिच्छेद के संदर्भ में, निम्नलिखित पूर्वधारणाएँ बनाई गई हैं:

1. भारत की अर्थव्यवस्था को वैश्विक अर्थव्यवस्था से अत्यधिक समेकित करने की आवश्यकता है ताकि रोज़गार का बड़ी संख्या में सृजन किया जा सके तथा इसके वृद्धि संवेग को बनाए रखा जा सके।
2. आर्थिक उदारीकरण से बृहत् आर्थिक वृद्धि होगी जिससे दीर्घकाल में गरीबी घटेगी और रोज़गार का पर्याप्त सृजन होगा।

उपर्युक्त में से कौन-सी पूर्वधारणा/पूर्वधारणाएँ वैध है/ हैं?

(a) केवल 1 (b) केवल 2

(c) 1 और 2 दोनों (d) न तो 1, न ही 2

57. एक वस्तु पर, एक दुकानदार, एक ग्राहक को निम्न छूट के विकल्प देता है:

1. 10% और 20% की क्रमिक छूट और तदुपरांत 10% सेवा कर का भुगतान
2. 20% और 10% की क्रमिक छूट और तदुपरांत 10% सेवा कर का भुगतान
3. पहले 10% सेवा कर का भुगतान तदुपरांत 20% और 10% की क्रमिक छूट

निम्नलिखित में से कौन-सा सही है?

(a) ग्राहक के लिए केवल 1 सबसे अच्छा विकल्प है।

(b) ग्राहक के लिए केवल 2 सबसे अच्छा विकल्प है।

(c) ग्राहक के लिए केवल 3 सबसे अच्छा विकल्प है।

(d) ग्राहक के लिए सभी विकल्प समान रूप से अच्छे हैं।

58. A से Z तक के वर्ण 1 से 26 क्रमशः क्रमांकित किए गए हैं। यदि GHI = 1578 और DEF = 912 हों, तो ABC किसके बराबर है?

(a) 492 (b) 468

(c) 262 (d) 246

59. निम्न में लुप्त पद @ क्या है?

ACPQ : BESU:: MNGI: @

(a) NPJL (b) NOJM

(c) NPIL (d) NPJM

60. निम्न में कौन-सी सबसे बड़ी संख्या है?

(a) $\left(\frac{1}{2}\right)^{-6}$ (b) $\left(\frac{1}{4}\right)^{-3}$

(c) $\left(\frac{1}{3}\right)^{-4}$ (d) $\left(\frac{1}{6}\right)^{-2}$

61. एक व्यक्ति X किसी कार्य का 20%, 8 दिनों में पूरा कर सकता है और दूसरा व्यक्ति Y उसी कार्य का 25%, 6 दिनों में पूरा कर सकता है। यदि वे दोनों साथ-साथ काम करते हैं, तो उस कार्य का 40% कितने दिनों में पूरा हो जाएगा?

(a) 6 (b) 8

(c) 10 (d) 12

62. एक कार v km/hr की औसत चाल से स्थान X से स्थान Y तक यात्रा करती है, Y से X तक 2v km/hr की औसत चाल से, फिर X से Y तक 3v km/hr की औसत चाल से और फिर Y से X तक 4v km/hr की औसत चाल से यात्रा करती है। तो संपूर्ण यात्रा के लिए कार की औसत चाल

(a) v km/hr से कम है

(b) v और 2v km/hr के बीच रहती है

(c) 2v और 3v km/hr के बीच रहती है

(d) 3v और 4v km/hr के बीच रहती है

63. निम्नलिखित कथनों पर विचार कीजिए:

1. एक वर्ग और एक वृत्त के प्रतिच्छेदन के बिन्दुओं की न्यूनतम संख्या 2 है।
2. एक वर्ग और एक वृत्त के प्रतिच्छेदन के बिन्दुओं की अधिकतम संख्या 8 है।

उपर्युक्त में से कौन-सा/से कथन सही है/हैं?

(a) केवल 1 (b) केवल 2

(c) 1 और 2 दोनों (d) न तो 1, न ही 2

64. एक व्यक्ति को धारा की उल्टी दिशा में जाने की अपेक्षा धारा प्रवाह की दिशा में किसी निश्चित दूरी को नाव द्वारा खेने में आधा समय लगता है। अचल पानी में चाल का, धारा की चाल से अनुपात क्या है?

(a) 1 : 2 (b) 2 : 1

(c) 1 : 3 (d) 3 : 1

65. प्राकृतिक संख्याओं के ऐसे कितने युग्म हैं, जिनके वर्गों का अंतर 63 है?

(a) 3 (b) 4

(c) 5 (d) 2

66. यदि भिन्नों 2/3, 3/4, 4/5 और 5/6 के अंश और हर दोनों में 5 जोड़ दिया जाता है, तो निम्नलिखित में से किस एक के मान में न्यूनतम परिवर्तन होगा?

(a) 2/3 (b) 3/4

(c) 4/5 (d) 5/6

67. एक अंक n > 3 भाज्य है 3 से लेकिन 6 से भाज्य नहीं है। निम्नलिखित में से कौन-सा एक 4 से भाज्य है?

(a) 2n (b) 3n
(c) 2n + 4 (d) 3n + 1

68. यदि 1 लीटर पानी का भार 1 kg है, तो कितने घन मिलीमीटर पानी का भार 0.1 gm होगा?

(a) 1 (b) 10
(c) 100 (d) 1000

69. पानी से भरे हुए एक बर्तन का भार 40 kg है। यदि यह एक-तिहाई भरा हुआ है, तो इसका भार 20 kg हो जाता है। खाली बर्तन का भार क्या है?

(a) 10 kg (b) 15 kg
(c) 20 kg (d) 25 kg

70. एक मेंढक फिसलन वाली दीवारों वाले 4.5 m गहरे एक सूखे कुएँ से बाहर आने की कोशिश करता है। प्रत्येक बार मेंढक 30 cm फुदकता है और 15 cm नीचे सरक जाता है। कुएँ से बाहर आने के लिए मेंढक के लिए जरूरी फुदकन की संख्या क्या है?

(a) 28 (b) 29
(c) 30 (d) 31

71. अधिकतम लम्बाई x क्या होगी, जिससे कि $3\frac{1}{2}$ m और $8\frac{3}{4}$ m, x के पूर्णांक गुणज हों?

(a) $1\frac{1}{2}$ m (b) $1\frac{1}{3}$ m
(c) $1\frac{1}{4}$ m (d) $1\frac{3}{4}$ m

72. निम्न आँकड़ों पर विचार कीजिए:

वर्ष	जन्म दर	मृत्यु दर
1911-1921	48.1	35.5
1921-1931	46.4	36.3
1931-1941	45.2	31.2
1941-1951	39.9	27.4
1951-1961	41.7	22.8
1961-1971	41.1	18.9
1971-1981	37.1	14.8

किस समयावधि में प्राकृतिक विकास दर अधिकतम थी?

(a) 1911 - 1921 (b) 1941 - 1951
(c) 1961 - 1971 (d) 1971 - 1981

73. आवर्त दशमलव निरूपण 1.272727... किसके समान है?

(a) 13/11 (b) 14/11
(c) 127/99 (d) 137/99

74. चार अंकों की सबसे छोटी संख्या कौन-सी है जिसे 3, 4, 5 और 6 से विभाजित करने पर प्रत्येक बार 2 शेष बचता है?

(a) 1012 (b) 1022
(c) 1122 (d) 1222

75. एक शहर की वयस्क समष्टि में 40% पुरूष और 30% महिलाएँ विवाहित हैं। विवाहित वयस्क समष्टि का प्रतिशत क्या है, यदि कोई भी पुरूष एक से अधिक महिला से विवाह नहीं करता है और कोई भी महिला एक से अधिक पुरूष से विवाह नहीं करती है; और इनमें कोई विधवा और विधुर नहीं है?

(a) $33\frac{1}{7}$ % (b) 34%
(c) $34\frac{2}{7}$ % (d) 35%

76. जब 51 × 27 × 35 × 62 × 75 को 100 से विभाजित किया जाता है, तो शेषफल क्या है?

(a) 50 (b) 25
(c) 5 (d) 1

77. रु. 2,500 की एक धनराशि को X, Y और Z में $\frac{1}{2}:\frac{3}{4}:\frac{5}{6}$ के अनुपात में वितरित किया जाता है। अधिकतम अंश और न्यूनतम अंश के बीच अंतर क्या है?

(a) रु. 300 (b) रु. 350
(c) रु. 400 (d) रु. 450

78. n के किस मान के लिए संख्या $(10^n + 1)$ में अंकों का योग 2 है?

(a) केवल n = 0 के लिए
(b) किसी पूर्ण संख्या n के लिए
(c) केवल किसी धनात्मक पूर्णांक n के लिए
(d) किसी वास्तविक संख्या n के लिए

79. एक कक्षा में तीन समूह A, B और C हैं। यदि समूह A से एक विद्यार्थी और समूह B से दो विद्यार्थियों को समूह C में स्थानांतरित किया जाता है, तो कक्षा के विद्यार्थियों के औसत भार का क्या होगा?

(a) यह बढ़ जाएगा।
(b) यह घट जाएगा।
(c) यह वही रहेगा।
(d) अपर्याप्त आँकड़ों के कारण कोई निष्कर्ष नहीं निकाला जा सकता है।

80. मूल्यवर्गों रु. 50, रु. 100, रु. 200, रु. 500 और रु. 2,000 के साथ, एक समय में कम-से-कम तीन मूल्यवर्गों को लेते हुए, कितनी विभिन्न धनराशियाँ बनाई जा सकती हैं?

(a) 16 (b) 15
(c) 14 (d) 10

उत्तरमाला

1. (b)	**2.** (a)	**3.** (c)	**4.** (b)	**5.** (b)	**6.** (b)	**7.** (d)	**8.** (c)	**9.** (d)	**10.** (c)
11. (d)	**12.** (a)	**13.** (c)	**14.** (a)	**15.** (b)	**16.** (c)	**17.** (a)	**18.** (b)	**19.** (c)	**20.** (a)
21. (d)	**22.** (a)	**23.** (c)	**24.** (b)	**25.** (b)	**26.** (d)	**27.** (c)	**28.** (a)	**29.** (c)	**30.** (d)
31. (b)	**32.** (b)	**33.** (c)	**34.** (b)	**35.** (c)	**36.** (c)	**37.** (c)	**38.** (a)	**39.** (b)	**40.** (c)
41. (c)	**42.** (c)	**43.** (a)	**44.** (c)	**45.** (a)	**46.** (b)	**47.** (d)	**48.** (c)	**49.** (c)	**50.** (b)
51. (d)	**52.** (d)	**53.** (d)	**54.** (b)	**55.** (c)	**56.** (d)	**57.** (d)	**58.** (d)	**59.** (d)	**60.** (c)
61. (a)	**62.** (b)	**63.** (c)	**64.** (d)	**65.** (a)	**66.** (d)	**67.** (d)	**68.** (c)	**69.** (a)	**70.** (b)
71. (d)	**72.** (d)	**73.** (b)	**74.** (b)	**75.** (c)	**76.** (a)	**77.** (c)	**78.** (b)	**79.** (c)	**80.** (a)

व्याख्या

1. (b) गद्य के दूसरे कथन के आलोक में कथन 1 सही है। पहले ही कथन में लेखक ने जिक्र किया है कि सामान्य रूप में (निजी एवं विदेशी दोनों) निजी निवेश प्रकृति में चपल होता है। इसलिए ये सहज अनुमान है कि नीतियां घरेलु निजी निवेश को मजबूत बनाने की वचनबद्ध होती हैं। लेखक ने जिक्र किया है कि एफडीआई प्रवाह सभी क्षेत्रों में चपल होता है। इसलिए, ये अनुमान लगाया जा सकता है कि शिक्षा एवं स्वास्थ्य क्षेत्र में पर्याप्त सार्वजनिक निवेश का कार्य शुरु किया जाना चाहिए। इसलिए, विकल्प (b) गलत है।

2. (a) लेखक ने बताया है कि भारत में वर्षा जल अब भी उपयोग रहित होता है। इसलिए, नदियों को परस्पर जोड़ना एक हल हो सकता है। आगे, बांध एवं नहरों का निर्माण भी जल के उचित वितरण के लिए किया जा सकता है। इसलिए विकल्प (a) सबसे सही उत्तर होगा। ऋण उपलब्ध करवाना संदर्भ से बाहर है। इसलिए विकल्प (b), (c) और (d) संदर्भ से बाहर हैं।

3. (c) आर्थिक स्वतंत्रता का अर्थ ये भी होता है कि उच्च शिक्षा, इसकी प्रक्रियाओं में निवेश किया जाए एवं मानव संसाधन को समृद्ध बनाया जाए। इसलिए कथन 3 सही है। आवश्यक नहीं कि कथन 2 घटित ही हो। सरकार तब भी लोगों पर टैक्स लगा सकती है।

कथन 1 में शब्द 'निरपवाद' असत्य है। कथन के आलोक में इस तरह की कोई निश्चितता नहीं है। इसलिए विकल्प (c) सही है।

4. (b) अवतरण के पहले एवं अंतिम वाक्यों के संदर्भ में, वर्तमान हालात में ये स्वाभाविक है कि नगरीय निकाय जल का स्थायी वितरण सुनिश्चित नहीं कर सकता। इसलिए कथन (b) सत्य है। विकल्प (a) संदर्भ से बाहर है क्योंकि लेखक ने लागत वसूली के बारे में कुछ भी उल्लिखित नहीं किया है। विकल्प (c) भी गलत है क्योंकि अवतरण हमें ये नहीं बताता कि समस्या का समाधान नहीं निकाला जा सकता। इसका समाधान हो सकता है। विकल्प (d) पूरी तरह से संदर्भ से बाहर है।

5. (b) कथन 2 सही है क्योंकि लेखक ने बड़ी संख्या में कारणों को सूचीबद्ध किया है जो जल के सतत वितरण के पीछे उत्तरदायी हैं।

इसलिए विकल्प (b) सही है। हालांकि वित्त शामिल है, लेखक ने इस तथ्य का संकेत नहीं दिया है कि केवल समृद्ध शहर सतत जल वितरण सुनिश्चित कर सकते हैं।

6. (b) लेखक ने अवतरण में बताया है कि संबंधित कीमतों का परिदृश्य महत्वपूर्ण रूप से बदला है और इसने निजी निवेश को बढ़ावा दिया है। आगे लेखक ने बढ़ती वैश्विक कीमतों पर चर्चा की है। इसलिए कथन (2) एवं (4) सत्य है। विकल्प (b) सबसे उचित उत्तर है।

7. (d) वर्ष 2005 से 2012 के दौरान, भारतीय कृषि में समावेशी विकास देखने को मिला। जो गरीबी को कम करने का महत्वपूर्ण कारण बना। इसलिए एक समावेशी विकास का होना जरूरी है। अतयैव विकल्प (d) सही है। खेतों से बाहर ग्रामीण रोजगार का कोई उल्लेख नहीं है। इसलिए विकल्प (a) गलत है। विकल्प (b) संदर्भ से बाहर है। लेखक ने किसान उत्पादकों की कंपनी निर्माण का बिल्कुल संकेत नहीं किया। लेखक ने सार्वजनिक निवेश पर निजी निवेश को प्राथमिकता देने का भी उल्लेख नहीं किया। इसलिए विकल्प (c) अस्वीकार्य है।

8. (c) S1: R > P और Q से लेकिन कुछ भी ऐसा उल्लिखित नहीं है जिससे इनका S से संबंध पता चल सके। इसलिए S1 अकेला प्रश्न का उत्तर देने के लिए पर्याप्त नहीं है।

S2: S सबसे बड़ा नहीं है।

इसलिए S1 एवं S2 को मिलाकर हम कह सकते हैं कि R सबसे बड़ा है।

9. (d) S1: n एक अभाज्य संख्या है।

S2: n को 4 से विभाजित करने पर शेष 1 आता है।

दोनों कथनों को परस्पर मिलाकर हम द के दो परिमाण पाते हैं जैसे 13 एवं 17। लेकिन हम n का कोई एकमात्र परिमाण नहीं पाते हैं।

इसलिए सही विकल्प (d) होगा। S1 एवं S2 दोनों ही प्रश्न का उत्तर देने के लिए पर्याप्त नही हैं।

10. (c) S1: उनका गुणनफल 21 है।

इसलिए दो केस 7 × 3 या 21 × 1 होंगे।

S2: उनका योग 10 है।

दोनों कथनों को परस्पर मिलाने पर हम जरूरी संख्या के रूप में 7 एवं 3 को पाते हैं।

इसलिए सही विकल्प (c) होगा।

11. (d) लेखक ने स्वास्थ्य एवं शिक्षा को ऐसा सेक्टर माना है जो नौकरियों के अंतर को पूरा कर सकते हैं। इसलिए विकल्प (d) सबसे उचित उत्तर है। विकल्प (a) अभिप्राय से बाहर है। विकल्प (b) गलत है क्योंकि निर्माण सेक्टर में कार्य करने की स्थितियों का कोई उल्लेख नहीं है। विकल्प (c) गलत है क्योंकि ये अभिप्राय से बाहर है।

12. (a) अवतरण में ये कहा गया है कि किसी व्यक्ति के लिए शोषण से संबंधित मुक्त अभिव्यक्ति का अधिकार अर्थहीन है जब तक कि ऐसी सुरक्षा की वास्तविक उपलब्धता न हो जो कि इसकी गांरटी दे कि निजी शक्तियां इस अधिकार को इस्तेमाल न कर सकें और ये डिजिटल समाज के संबंध में कहा गया हो। इसलिए अनुमान 1 एवं 2 दिए गए अवतरण के आधार पर हैं।

13. (c) इस अवतरण में रामसर कन्वेंशन का जिक्र नहीं है, इसलिए विकल्प (a) गलत है। दिए गए अवतरण से जल आपूर्ति के आधुनिकीकरण का अनुमान नहीं लगाया जा सकता है, इसलिए विकल्प (b) भी गलत है। ये अवतरण में कहा गया है कि जल का उपयोग आर्द्रभूमियों एवं नदियों में संसाधन के रूप में होता है और लोकनीति को हमेशा इसका बोध नहीं रहता कि जल प्राकृतिक पारिस्थितिकी तंत्र का एक हिस्सा है जो आगे कहती है कि यांत्रिक जल व्यवस्थाओं पर किये जाने वाले कार्यों से जल वितरण प्रणाली को बढ़ावा देने पर ध्यान दिया जाए तब पारिस्थितिक तंत्र की क्षमताओं को मजबूत किया जाए। इसलिए विकल्प (c) सही है लेकिन विकल्प (d) सही नहीं हो सकता।

14. (a) अवतरण के अंतिम के दो वाक्य कहते हैं कि हमें अपने धन का विभिन्न परिसंपतियों के मध्य वितरण करना चाहिए ताकि हमारे जोखिम को कम से कम किया जा सके। इसलिए विकल्प (a) सही उत्तर है।

15. (b) अवतरण में लोगों की सहभागिता एवं वृहद् राजनैतिक कार्याधिकारियों का उल्लेख नहीं है। इसलिए 2 एवं 4 हटाए जा सकते हैं। अवतरण में ये कहा गया है कि कृषि में जैव प्रौद्योगिकी की भूमिका का नियमन जीएम फसलों की वर्तमान पीढ़ियों के संदर्भ में समझा नहीं जा सकता है, इसलिए, इस अवतरण के आधार पर अनुमान 1 हो सकता है। अवतरण में ये भी कहा जा सकता है कि आर्थिक, सामाजिक प्रभाव सहित विभिन्न पहलुओं को देखते हुए एक वृहद दृष्टिकोण की जरूरत है। तो, अवतरण के आधार पर धारणा 3 भी हो सकती है। इसलिए विकल्प (b) सही है।

16. (c) अवतरण में कहा गया है कि जैव प्रौद्योगिकी का इस्तेमाल कृषि में हो सकता है। ये भी कहा जा सकता है कि ये जलवायु परिवर्तन शमन एवं अनुकूलन में मददगार है। इसलिए विकल्प (c) उत्तर है। सभी दूसरे विकल्प केवल एक क्षेत्र पर केंद्रित हैं।

17. (a) उत्पाद के अंत में शून्य की संख्या का पता लगाने के लिए हमें 5s एवं 2s के जोड़े पता करने की जरूरत है। यहां उपरोक्त जोड़ों में 2s एवं 5s जोड़ों की संख्या 10 है। इसलिए, शून्य की जरूरी संख्या 10 है।

18. (b) इस तरह के सवालों के लिए, सबसे तेज तरीका है कि दी गई शर्तों को पूरा करते हुए एक संख्या मान लें।

इस प्रकार, संख्या 100 है

$$(XYZ + YZX + ZXY) = 100 + 001 + 010 = 111$$

ऐसे किसी भी उत्तर के लिए, इसे 9 से विभाजित नहीं किया जाएगा। हालांकि, इसे विकल्पों (a) या (c) या (d) से विभाजित किया जा सकता है।

इसलिए सही उत्तर विकल्प (b) है।

19. (c) स्पष्ट रूप से सबसे बड़ी संख्या त होगी, यद्यपि एक संख्या प्रतिस्थापित की जा रही है और ये भी कि ये दिए गए दोनों नंबरों से बड़ी है।

20. (a) संख्या 1, 2, 3, 4 एवं 5 का प्रयोग करते हुए कोई भी पांच अंकों की संख्या इन अंकों का जोड़ होगी जैसे- 15 और इसलिए हमेशा 3 से विभाज्य होगी।

इसलिए, ऐसी कोई भी अभाज्य संख्या नहीं होगी।

21. (d)

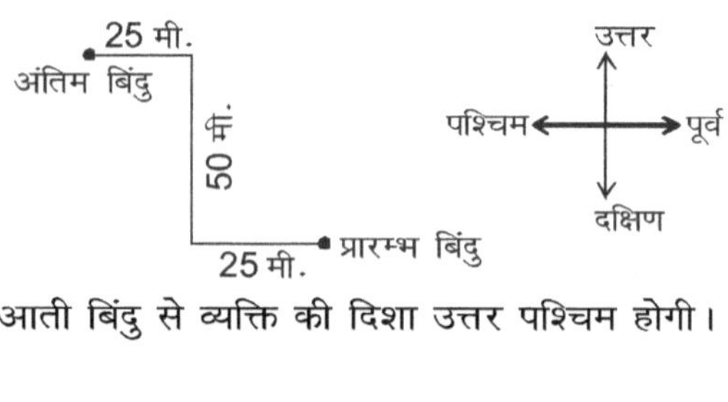

शुरुआती बिंदु से व्यक्ति की दिशा उत्तर पश्चिम होगी।

22. (a) यदि कोई संख्या 2 एवं 3 से विभाज्य है तब ये हमेशा 6 से विभाज्य रहेगी। यद्यपि कोई संख्या यदि 2 से विभाज्य है तब ये 4 से विभाजित हो भी सकती है और नहीं भी। इसलिए, केवल निष्कर्ष I अनुकरणीय है।

23. (c)

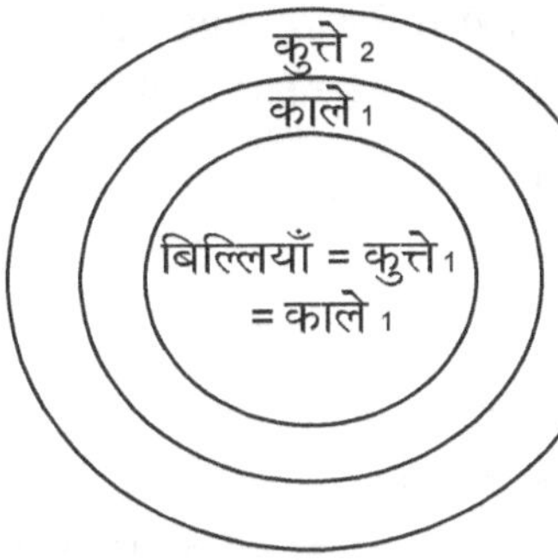

दिया गया कथन है:

सभी बिल्लियां कुत्ते हैं

सभी बिल्लियां काली हैं

इसलिए, सभी बिल्लियां काली हैं सत्य है।

हालांकि कथन I के लिए हम कह सकते हैं कि या "सभी कुत्ते बिल्लियां है" यदि उनकी संख्या बराबर है या हम कह सकते हैं "कुछ कुत्ते बिल्लियां नही हैं" यदि कुत्तों की संख्या, बिल्लियों से ज्यादा है।

इसलिए परिणाम होगा, या तो सभी कुत्ते काले हैं या कुछ कुत्ते काले नहीं है।

इसलिए न तो परिणाम I और न ही परिणाम II अनुकरणीय है।

24. (b) संख्याओं का दिया हुआ क्रम है:

5 1 4 7 3 9 8 5 7 2 6 3 1 5

8 6 3 8 5 2 2 4 3 4 9 6

स्पष्ट रूप से बोल्ड में छह विषम संख्याए हैं जो उपरोक्त क्रम में विषम संख्या के बाद आती हैं।

25. (b) पंक्ति में लड़कों की संख्या

= 16(A) + [11(Q) – 1] + [18(V) – 3] = 41.

26. (d) दिया गया कथन है

S1: C, D से छोटा है लेकिन A और B से बड़ा है।

S2: D सबसे बड़ा है।

S3: A, B से बड़ा है।

इसलिए सिर्फ S1 एवं S3 कथनों का संयोजन कर हम एक नया समीकरण D > C > A > B प्राप्त करते हैं।

अतयैव, B सबसे छोटा है।

इसलिए, S1 एवं S3 दोनों ही प्रश्न का उत्तर देने के लिए पर्याप्त हैं।

27. (c) 1 से 100 के बीच 12 पूर्णांक हैं जिनमें अंक के रूप में 4 है लेकिन वो 4 से विभाज्य नहीं हैं।

जैसे- 14, 34, 54, 74, 94, 41, 42, 43, 45, 46, 47, 49

28. (a) दिया गया है कि $u = \frac{m}{x}$ एवं $v = \frac{n}{y}$

यदि P की भुजा की लंबाई s है तो q की 2s है

इसके अलावा n = 2m

$\Rightarrow x = s^3$ एवं $y = 8s^3$

अब, $u = \frac{m}{s^3}$ एवं $v = \frac{2m}{8s^3}$ ... (1)

1 के हल के बाद हम u = 4v प्राप्त करते हैं।

29. (c) x का मान 15 एवं y का मान 35 है।

30. (d) दिया हुआ है:

0.8 × CP = 300000

इसलिए, CP = Rs. 3, 75, 000.

31. (b) ⊗ +1⊗ + 5⊗ + ⊗ ⊗+⊗1 = 1⊗ ⊗

उपरोक्त समीकरण में हम LHS = RHS = 133 पाते हैं।

32. (b) न्यूनतम लंबाई खोजने के लिए हमें 2 चरणों का प्रयोग करने की आवश्यकता है:

चरण I : एक्सप्रेशन के द्वारा 1 फुट की लंबाई तक पहुंचना: 7.5 – 3.25 × 2 = 1 फुट।

चरण II : एक्सप्रेशन के द्वारा 0.25 फुट की लंबाई तक पहुंचना: 3.25 – 1 × 3 = 0.25 फुट।

इसलिए न्यूनतम लंबाई जिसे मापा जा सकता है = 0.25 फुट।

33. (c) दिया गया क्रम है 14, 18, 20, 24, 30, 32, ...

या (13 + 1), (17 + 1), (19 + 1), (23 + 1), (29 + 1), (31 + 1), (**37 + 1**).....

इसलिए आवश्यक संख्या 38 है।

34. (b) शुरुआत में पुस्तक में 20 पेज होंगे और फटे हुए पेजों की संख्या 7 और 8 होनी थी।

35. (c) दी गई श्रृंखला में 20 शब्द हैं:

abab_b_bcb_dcdcded_d

इस तरह पैटर्न या तो 5 अक्षर या 4 अक्षर का होगा।

अब विकल्प (c) इस तरह पैटर्न देता है:

abab<u>a</u>

b<u>c</u>bcb

<u>c</u>dcdc

ded<u>e</u>d

नोट: प्रत्येक कॉलम के वर्टिकल पैटर्न की जांच करें।

36. (c) यह देखते हुए कि:

A3BC + DE2F = 15902

$\Rightarrow$ (C, F) = (4, 8) or (8, 4)   [चूंकि B = 7]
इस प्रकार, E = 5

इसलिए, (A, D) = (6, 9) or (9, 6).

इसलिए, आवश्यक अंतर = 3.

37. (c) हम निश्चितता के साथ नहीं बता सकते हैं कि इस पुस्तक में रेखाचित्रों की संख्या 100 से अधिक है, बराबर है या कम है।

इसलिए, S1 और S2 दोनों ही प्रश्न का उत्तर देने के लिए पर्याप्त नहीं हैं।

38. (a) अंग्रेजी में औसत अंकों के लिए एलिगेशन रुल को लागू करने के बाद हम लड़कियों और लड़कों का अनुपात इस प्रकार पाते हैं:

$(8.8 - 8) : (9 - 8.8) = 4 : 1$

इसलिए, $x = \frac{(8 \times 4 + 7 \times 1)}{4 + 1} = 7.8.$

39. (b)

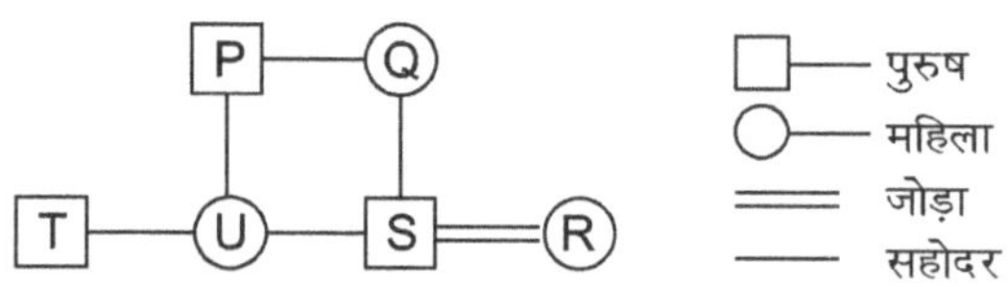

40. (c) यदि किसी विशेष वर्ष में 12 जनवरी रविवार है तब लीप वर्ष होने की स्थिति में 12 जुलाई रविवार होगा।

नोटः ये प्रश्न केवल विकल्प समाप्त होने पर हल किया जा सकता है।

41. (c) विकल्प (a), (b) एवं (d) दिए गए अवतरण से अनुमानित नहीं है। वाक्य से केवल विकल्प (c) ही अनुमानित है।

42. (c) दिए गए अवतरण से विकल्प (a) एवं (b) का अनुमान नहीं लगाया जा सकता है। केवल विकल्प (c) का अनुमान ही दिए

गए अवतरण के अंतिम वाक्य से लगाया जा सकता है।

43. (a) 2 का अनुमान दिए गए अवतरण से नहीं लगाया जा सकता है क्योंकि ये अवतरण में कहा गया है कि भारत ने पहले से ही अक्षय ऊर्जा में काफी निवेश कर रखा है। अनुमान 1 अवतरण के अंतिम के दो वाक्यों से मिलकर बना है। इसलिए विकल्प (a) सही उत्तर है।

44. (c) यहां दोनों धारणाएं वैध हैं।

45. (a) केवल निष्कर्ष जो निकाला जा सकता है कि भारत में जल निकासी तंत्र सीवरेज एवं झंझावात के जल से विभक्त नही है।

46. (b) हम अनुमान लगा सकते हैं कि संविधान के अंतर्गत धार्मिक सुरक्षा राज्यों के हस्तक्षेप के लिए भी है।

47. (d) यदि प्रत्येक शब्द को D से शुरु करना है और I से समाप्त होना है तब हम बीच में केवल तीन स्थानों में रह जाते हैं जो शेष तीन अक्षरों E, L, H से भरा हुआ है। इसलिये ये 3 में $3 \times 2 \times 1 = 6$ तरीके से हो सकता है।

48. (c) 20 लीटर में से A के चार लीटर हटाने का अर्थ है पूर्व में मौजूद पदार्थ A को हर बार 20 प्रतिशत निकालना।

$$\Rightarrow 20 \times \frac{4}{5} \times \frac{4}{5} = 12.8$$

इस तरह, A की अंतिम मात्रा 12.8 लीटर एवं B की अंतिम मात्रा= 20 − 12.8 = 7.2

इसलिए A : B = 12.8 : 7.2 = 16 : 9

49. (c) बल्लेबाज के द्वारा उसकी अंतिम 10 पारियों में बनाए गए रन = $46.4 \times 10 + 2.6 \times 60 = 620$

इसलिए जरूरी एवरेज = $\frac{620}{10} = 62$ रन

50. (b) यहां P × Q = खर्च

$$\Rightarrow \frac{5}{4}P \times \frac{4}{5}Q = \text{खर्च}$$

अब यदि 25 प्रतिशत कीमत में वृद्धि होती है तब उपरोक्त के अनुसार, मात्रा में 20 प्रतिशत की गिरावट दर्ज की जाएगी।

अब 0.2Q = 6 या Q = 30 किलोग्राम

इसलिए, चावल का प्रति किलोग्राम वास्तविक मूल्य $= \frac{1200}{30}$

= 40 रुपये

51. (d) यहां हम अनुमान लगा सकते हैं कि सजातीय खाद्य स्त्रोत पर भरोसा करना वांछनीय नहीं है।

52. (d) इस अवतरण में जिस मुख्य विचार की चर्चा की गई है वो है बच्चों में कुपोषण का दीर्घकालिक प्रभाव। इसलिए कोई भी कार्रवाई जो इस समस्या का सामना करने में मदद करेगी, तार्किक निहितार्थ से युक्त होगी। इसलिए कथन 3 एवं 5 सही हैं।

53. (d) दालों की खेती उच्च पैदावार वाली होती है और इसके भूसे को आसानी से विघटित किया जा सकता है। इस प्रकार कथन 1 एवं 4 से सही अनुमान लगाया जा सकता है।

54. (b) यहां सीधा अनुमान निर्मित हो रहा है कि मानसून के दौरान एवं मानसून के पहले बांधों की भंडारण क्षमता का पूर्ण उपयोग नहीं होना चाहिए।

55. (c) दोनों ही तर्कसंगत निष्कर्ष हैं।

56. (d) वैश्विक अर्थव्यवस्था के साथ एकीकरण का कोई संदर्भ नहीं है न तो उदारीकरण के लाभ ही विस्तारित किये गए हैं। इसलिए कोई भी धारणा वैध नही है।

57. (d) क्रमिक प्रतिशत परिवर्तन के लिए, शुद्ध परिणाम को गुणा करने वाले कारकों का क्रम प्रभावित नहीं करता है। इसलिए ग्राहक के लिए सभी विकल्प समान तौर पर अच्छे हैं। क्योंकि तीनों विकल्पों में से प्रत्येक का गुणनफल कारक 0.9, 0.8 एवं 1.1 है।

58. (d) GHI =1578

यहां तर्क है... GHI = 789 और 1578 = 789 × 2.

समान तौर पर, DEF = 456 और 912 = 456 × 2

इसलिए, ABC = 123 × 2= 246.

59. (d) ACPQ : BESU:: MNGI: @

A + 1 = B

C + 2 = E

P + 3 = S

Q + 4 = U

इसी तरह, MNGI : NPJM.

60. (c) हम चार संख्याओं को फिर से लिख सकते हैं:

26, 43, 34 और 62।

इसलिए चार संख्याओं में सबसे बड़ी के साथ (c) सही उत्तर होगा।

61. (a) हम कह सकते हैं कि X पूरा कार्य 8 × 5 = 40 दिनों में कर सकता है और ल समान कार्य 6 × 4 = 24 दिनों में कर सकता है।

अब पूरा कार्य 120 यूनिट यानि 40 के LCM का है और इस तरह के 24 कार्य 1 दिन में X करता है जिसकी 3 यूनिट और Y की 1 दिन में 5 यूनिट हैं।

इसलिए जरूरी समय = $\frac{(120 \times 0.4)}{8}$ = 6 दिन है।

62. (b) इस तरह के सवालों को हल करने का सबसे अच्छा तरीका है एक संख्यात्मक मूल्य का अनुमान करना जैसे v = 10

अब 4 ट्रिप में औसत गति (km/hr) 10, 20, 30 एवं 40 होगी।

अब हम X एवं Y के बीच की दूरी को 120 km मानते हैं जो कि 10, 20, 30 एवं 40 का एलसीएम है।

इस तरह ट्रिप को कवर करने के लिए कार द्वारा लिया गया समय अंतराल (घंटों में) 12, 6, 4 एवं 3 है।

इस तरह संपूर्ण यात्रा के लिए कार की औसत गति $\frac{120 \times 4}{12+6+4+3}$ = 19.2 km/hr है जो कि v और 2v के बीच की है।

63. (c) एक वर्ग एवं वृत्त के पारस्परिक प्रतिच्छेदन के न्यूनतम बिंदु 2 और अधिकतम बिंदु 8 हैं। इसलिए 1 और 2 दोनों सही हैं।

64. (d) दिया गया है कि $D_T : U_T = 1 : 2$

इस प्रकार $D_S : U_S = 2 : 1$

इसलिए, स्थिर जल में गति या अनुपात से करंट की गति 3 : 1 होगी।

65. (a) माना कि दो संख्याएं x और y हैं

$\Rightarrow x^2 - y^2 = 63$

केस **I**: (x + y)(x – y) = 63 × 1

$\Rightarrow$ x = 32 और y = 31

केस **II**: (x + y)(x – y) = 21 × 3

$\Rightarrow$ x = 12 और y = 9

केस **III**: (x + y)(x – y) = 9 × 7

$\Rightarrow$ x = 8 और y = 1

इसलिए, ऐसे प्राकृतिक संख्याओं के 3 जोड़े हैं जिसका वर्ग का अंतर 63 है।

66. (d) प्रत्येक भिन्न जैसे $\frac{2}{3}, \frac{3}{4}, \frac{4}{5}$ एवं $\frac{5}{6}$ के किसी भी अंश या हर में संख्या जोड़ने पर सबसे बड़े भिन्न में बदलाव न्यूनतम एवं सबसे छोटे भिन्न में अधिकतम होगा।

67. (d) यहां n = 9

इसलिए, 3n + 1 = 3 × 9 + 1 = 28, 4 से विभाज्य होगा।

68. (c) 1 लीटर = 10^6 mm^3

दिया गया है: 1 litre = kg

इसी तरह, 1 kg = 10^6 mm^3

इसलिए 0.1 g = 10^2 mm^3

69. (a) पानी के वजन का $\frac{2}{3}$ = 40 - 20 = 20 किलो

पानी का वजन = 30 किलो और इसलिए खाली बर्तन का वजन = 10 कि.ग्रा।

70. (b) अंतिम छलांग में मेंढक बिना पीछे खिसके कुएं से बाहर आ जाएगा।

इस प्रकार, प्रत्येक कूद में फिसलने पर भी मेंढक 450 - 30 = 420 सेमी को कवर करेगा।

इसलिए, आवश्यक संख्या में कूद = $\frac{420}{15}$ + 1 = 29

71. (d) दी गई संख्याएं 3.5 m एवं 8.75 m हैं।

दिए गये विकल्पों में विकल्प (d) सही है।

x का मूल्य 1.75 है जिसके लिए 3.5 और 8.75 पूर्णांक गुणज हैं।

72. (d) 1971-1981 के दौरान प्राकृतिक विकास दर अधिकतम थी और $\frac{37.1-14.8}{14.8}\times 100 = 150\%$

73. (b) हम 1.272727... को 1. 0.272727... लिख सकते हैं।

अब, 0.272727... = x

$\Rightarrow$ 27.272727... = 100x

$\Rightarrow$ 27 + x... = 100x

$\Rightarrow x = \frac{27}{99} = \frac{3}{11}$

इसलिए आवश्यक अंश = $1 + \frac{3}{11} = \frac{14}{11}$

74. (b) इस समस्या को हल करने का सबसे तेज तरीका है विकल्पों को रद्द करना।

अब सभी चार विकल्पों की संख्या के इकाई स्थानों से 2 को हटा दें और फिर संख्या की जांच करें जो 3 से विभाज्य है।

केवल विकल्प (b) 3 से विभाजित होगा जहां शेष रूप में 2 बचेगा। इसलिए अन्य संख्याओं 4, 5 एवं 6 के द्वारा विभाज्यता जांचने की कोई जरूरत नहीं है।

75. (c) 0.4m = 0.3w

$\Rightarrow$ m : w = 3 : 4

इस प्रकार गणना को आसान बनाने के लिए हम पुरुषों की संख्या 30 मान सकते हैं और महिलाओं की संख्या 40।

इसलिए, आवश्यक प्रतिशत

$$= \frac{12+12}{40+30}\times 100 = 34\frac{2}{7}\%.$$

76. (a) दी गई संख्या है 51 × 27 × 35 × 62 × 75

हम इसे 51 × 27 × 35 × 31 × **2 × 5** × 15 या 51 × 27 × 35 × 31 × 15 × 10 के रूप में पुनः लिख सकते हैं।

इस प्रकार, उत्तर समाप्ति में केवल एक शून्य होगा।

अब यदि कोई संख्या 100 से विभाजित होती है तब शेष संख्या के अंतिम दो अंक होंगे।

इसलिए, उपरोक्त विकल्पों में, केवल 50 उत्तर हो सकता है।

77. (c) दिया गया अनुपात है: $\frac{1}{2}:\frac{3}{4}:\frac{5}{6}$

हम इसे पुनः लिख सकते हैं

6 : 9 : 10 (प्रत्येक अनुपात को 12 से गुणा करने पर)

$\Rightarrow$ अधिकतम एवं न्यूनतम अंश के मध्य अंतर-

$$= (10-6)\times\frac{2500}{(6+9+10)}$$

= 4 × 100

= 400 रुपए

78. (b) दिया गया समीकरण है $(10^n + 1)$

यदि हम n = 0 रखते हैं, तब उत्तर 2 होगा।

यदि n = 1 रखते हैं, हमें 11 मिलेगा और अंकों का योग 2 प्राप्त होगा।

यदि n = 2 रखते हैं, हमें 101 मिलता है और अंकों का योग 2 प्राप्त होगा।

इसलिए उपरोक्त स्थिति को पूरा करने के लिए n को एक पूरी संख्या होना चाहिए।

79. (c) तीनों ग्रुपों A, B एवं C में विद्यार्थियों की संख्या फेरबदल के बाद भी वही रहती है। इसलिए क्लास के सभी विद्यार्थियों का औसत वजन समान रहेगा।

80. (a) 5 भिन्न तरह के मूल्यवर्ग हैं।

इसलिए कहा गया उत्तर होगा:

$${}^5C_3 + {}^5C_4 + {}^5C_5 = 10 + 5 + 1 = 16.$$

हल प्रश्न-पत्र-2019

CSAT पेपर-II

समय : 2 घंटे | पूर्णांक : 200

1. यदि 1 से 1000 तक के पूर्णांकों को लिखा जाए, तो अंक 5 कितनी बार आएगा?

(a) 269 (b) 271

(c) 300 (d) 302

2. एक ठोस घन को पीला, नीला और काला इस प्रकार रंगा गया है कि इसके विपरीत फलक एक ही रंग के हैं। तब इस घन को दो भिन्न आमापों के 36 घनों में इस प्रकार काटा गया है कि 32 घन छोटे हैं और अन्य 4 घन बड़े हैं। बड़े घनों का कोई फलक नीला नहीं रंगा गया है। कितने घनों में केवल एक फलक रंगा हुआ है?

(a) 4 (b) 6

(c) 8 (d) 10

3. A और B स्टील के दो भारी खंड हैं। यदि B को A के शीर्ष पर रखा जाता है, तो वजन 60% बढ़ जाता है। यदि B को A के शीर्ष से हटा दिया जाए, तो A और B के कुल वजन की तुलना में कितना वजन कम हो जाएगा?

(a) 60% (b) 45.5%

(c) 40% (d) 37.5%

4. श्रीमान 'X' के तीन बच्चे हैं। पहले बच्चे का जन्मदिन अप्रैल के पाँचवें सोमवार को पड़ता है, और दूसरे का नवम्बर के पाँचवें बृहस्पतिवार को पड़ता है। उसके तीसरे बच्चे का जन्मदिन किस दिन है, जो कि 20 दिसम्बर को पड़ता है?

(a) सोमवार (b) बृहस्पतिवार

(c) शनिवार (d) रविवार

5. निम्नलिखित कथनों और निष्कर्षों पर विचार कीजिएः

कथनः

1. कुछ चूहे बिल्लियाँ हैं।
2. कुछ बिल्लियाँ कुत्ते हैं।
3. कोई भी कुत्ता गाय नहीं है।

निष्कर्षः

I. कोई भी गाय बिल्ली नहीं है।

II. कोई भी कुत्ता चूहा नहीं है।

III. कुछ बिल्लियाँ चूहे हैं।

उपर्युक्त निष्कर्षों में से कौन सा/से, इन कथनों से निकाला गया/निकाले गए है/हैं?

(a) I, II और III (b) केवल I और II

(c) केवल III (d) केवल II और III

6. चार समांतर रेखाओं के एक समुच्चय से, जो कि चार समांतर रेखाओं के एक अन्य समुच्चय से प्रतिच्छेदी है, बनाए जा सकने वाले समांतर चतुर्भुजों की संख्या है

(a) 18 (b) 24

(c) 32 (d) 36

7. किसी विद्यालय में प्रत्येक विद्यार्थी को एक विशिष्ट पहचान संख्या नियत की गई है। एक विद्यार्थी फुटबाल का खिलाड़ी है यदि और केवल यदि पहचान संख्या 4 से विभाज्य है, जबकि एक विद्यार्थी क्रिकेट का खिलाड़ी है यदि और केवल यदि पहचान संख्या 6 से विभाज्य है। यदि 1 से 100 तक की प्रत्येक संख्या किसी न किसी विद्यार्थी के लिए नियत की गई है, तो उनमें से कितने विद्यार्थी क्रिकेट के साथ-साथ फुटबाल भी खेलते हैं?

(a) 4 (b) 8

(c) 10 (d) 12

8. जब एक धाविका किसी दौड़ में 12 किमी दूरी दर्शाने वाले चिन्ह को पार कर रही थी, तब उसे यह बताया गया कि उसने दौड़ का केवल 80% हिस्सा पूरा किया है। इस स्पर्धा में इस धाविका को कितने किलोमीटर दौड़ना था?

(a) 14 (b) 15

(c) 16 (d) 16.5

9. राजू के पास रु. 9000 हैं और वह एक मोबाइल हैंडसेट खरीदना चाहता है; लेकिन उसको पता चलता है कि उसके पास हैंडसेट खरीदने के लिए आवश्यक राशि का केवल 75% है। इसलिए वह एक मित्र से रु. 2000 उधार लेता है। तब

(a) राजू के पास अभी भी हैंडसेट खरीदने के लिए पर्याप्त राशि नहीं है।

(b) राजू के पास ठीक उतनी ही राशि है जितनी हैंडसेट खरीदने के लिए आवश्यक है।

(c) राजू के पास हैंडसेट खरीदने के लिए पर्याप्त राशि है और हैंडसेट खरीदने के बाद उसके पास रु. 500 होंगे।

(d) राजू के पास हैंडसेट खरीदने के लिए पर्याप्त राशि है और हैंडसेट खरीदने के बाद उसके पास रु. 1000 होंगे।

10. वर्ष 2002 में, मीनू की उम्र मीरा की उम्र की एक-तिहाई थीं, जबकि 2010 में, मीनू की उम्र मीरा की उम्र की आधी थी। मीनू के जन्म का वर्ष क्या है?

(a) 1992 (b) 1994

(c) 1996 (d) 1998

11. राकेश और राजेश ने एक साथ मिलकर 10 गेंदें और 10 रैकेट खरीदे। राकेश ने रु. 1300 खर्च किए और राजेश ने रु. 1500 खर्च किए। यदि प्रत्येक रैकेट की कीमत एक गेंद की कीमत की तीन गुनी है, तो एक रैकेट की कीमत क्या है?

(a) रु. 70 (b) रु. 90

(c) रु. 210 (d) रु. 240

12. किसी सम्मेलन में, कुल 100 प्रतिभागियों में से 70 भारतीय हैं। यदि कुल प्रतिभागियों में से 60 शाकाहारी हैं, तो निम्नलिखित में से कौन-सा/से कथन सही है/हैं?

1. कम-से-कम 30 भारतीय प्रतिभागी शाकाहारी हैं।
2. कम-से-कम 10 भारतीय प्रतिभागी मांसाहारी हैं।

नीचे दिए गए कूट का प्रयोग कर सही उत्तर चुनिएः

(a) केवल 1 (b) केवल 2

(c) 1 और 2 दोनों (d) न तो 1, और न ही 2

आगे आने वाले 7 (सात) प्रश्नांशों के लिए निर्देशः

निम्नलिखित छह परिच्छेदों को पढ़िए और प्रत्येक परिच्छेद के बाद आने वाले प्रश्नांशों के उत्तर दीजिए। इन प्रश्नांशों के लिए आपके उत्तर केवल संबंधित परिच्छेद पर आधारित होने चाहिए।

परिच्छेद-1

'आनुवांशिक रूपांतरण [जेनेटिक मॉडिफिकेशन (GMI]' प्रौद्योगिकी को व्यापक और सुविचारित रूप से अपनाने के मार्ग में जो गतिरोध है, 'बौद्धिक संपदा अधिकार' की व्यवस्था, जो ऐसी प्रौद्योगिकियों के लिए गैर-सरकारी एकाधिकार सृजित करना चाहती है। यदि GM प्रौद्योगिकी अधिकांशतः कंपनी चालित हो, तो यह लाभ को अधिकतम करना चाहती है और वह भी थोड़ी ही अवधि में। यही कारण है कि कंपनियाँ शाकनाशी-सहिष्णु और नाशक जीव-प्रतिरोधी फसलों के लिए बड़े निवेश करती हैं। ऐसे गुणधर्म थोड़े समय के लिए ही बने रह पाते हैं, क्योंकि काफी जल्दी ही नाशक जीव और खरपतवार विकसित होने लगेंगे और ऐसे प्रतिरोध पर काबू पा लेंगे। कंपनियों को यह अनुकूल ठहरता है। राष्ट्रीय किसान आयोग ने यह बात उठाई थी कि आनुवंशिक रूपांतरण में प्राथमिकता ऐसे जीन के समावेश को दी जानी चाहिए जो सूखा, लवणता और अन्य कष्टकर प्रभावों के लिए प्रतिरोध प्रदान करने में सहायक हों।

13. निम्नलिखित में से कौन-सा एक, उपर्युक्त परिच्छेद द्वारा दिया गया **सर्वाधिक तर्कसंगत, विवेकपूर्ण और निर्णायक संदेश** है?

(a) लोक अनुसंधान संस्थाओं को GM प्रौद्योगिकी में अग्रणी होना चाहिए और इस प्रौद्योगिकी की प्राथमिकताओं को तय करना चाहिए।

(b) विकासशील देशों को यह मुद्दा WTO में उठाना चाहिए और बौद्धिक संपदा अधिकारों का समापन सुनिश्चित करना चाहिए।

(c) गैर-सरकारी कंपनियों को भारत में कृषि व्यवसाय (ऐग्री-बिजनेस) करने, खास कर बीज का व्यापार करने, की अनुमति नहीं होनी चाहिए।

(d) वर्तमान भारतीय परिस्थितियाँ आनुवंशिकतः रूपांतरित फसलों की कृषि के पक्ष में नहीं हैं।

14. उपर्युक्त परिच्छेद के आधार पर निम्नलिखित पूर्वधारणाएँ बनाई गई हैं:

1. कृषि से संबंधित प्राकृतिक आपदाओं के प्रभाव के मुद्दे पर GM प्रौद्योगिकी कंपनियों द्वारा समुचित विचार नहीं किया जा रहा है।
2. अंततोगत्वा, GM प्रौद्योगिकी भूमंडलीय तापन के कारण उत्पन्न होने वाली कृषि समस्याओं का समाधान नहीं कर पाएगी।

उपर्युक्त में से कौन-सी पूर्वधारणा/पूर्वधारणाएँ वैध है/हैं?

(a) केवल 1 (b) केवल 2

(c) 1 और 2 दोनों (d) न तो 1, और नहीं 2

परिच्छेद-2

अधिकांश आक्रामक जातियाँ (इन्वेसिव स्पीशीज) न तो घोर रूप से सफल हैं, न ही अत्यंत नुकसानदेह हैं। ब्रिटेन के आक्रामक पादप न तो व्यापाक रूप से फैले हैं, न ही खास तेजी से फैलते हैं, और अक्सर ब्रैकेन की तरह के प्रबल प्राकृत पादपों की अपेक्षा कम परेशान करने वाले हैं। नई जातियों का आगमन लगभग हमेशा ही किसी क्षेत्र में जैव-विविधता को बढ़ा देता है; बहुत से मामलों में नवागंतुकों की बाढ़ किसी भी प्राकृत जाति को विलोपन की तरफ नहीं ले जाती। इसका एक कारण यह है कि आक्रामक पादप प्रदूषित झीलों और उद्योगोत्तर व्यर्थ भूमि की तरह के विक्षुब्ध पर्यावासों को, जहाँ और कुछ भी जीवित नहीं रहता, उननिवेशित करने की ओर प्रवृत्त होते हैं। वे प्रकृति के अवसरवादी हैं।

15. उपर्युक्त परिच्छेद से निम्नलिखित में से कौन-सा एक, ***सर्वाधिक तर्कसंगत और विवेकपूर्ण निष्कर्ष*** निकाला जा सकता है?

(a) आक्रामक जातियों का उपयोग किसी देश के मरु क्षेत्रों और व्यर्थ भूमियों के पुनर्वासन के लिए किया जाना चाहिए।

(b) विदेशी पादपों के सन्निवेशन के विरुद्ध कानून अनावश्यक हैं।

(c) कभी-कभी, विदेशी पादपों के विरुद्ध मुहिम चलाना निरर्थक होता है।

(d) विदेशी पादपों का उपयोग किसी देश की जैव-विविधता बढ़ाने के लिए किया जा चाहिए।

परिच्छेद-3

भारतीय बच्चों में प्रवाहिका (डायरिया) से होने वाली मौतें मुख्यतः खाद्य और जल के संदूषित हो जाने के कारण होती हैं। कृषि में संदूषित भौमजल और असुरक्षित रसायनों का उपयोग, खाद्य-पदार्थों का भंडारण और रख-रखाव अस्वाास्थयकर तरीकों से किए जाने से ले कर खाद्य-पदार्थों के अस्वास्थ्यकर परिवेश में पकाए और वितरित किए जाने तक; ऐसे असंख्य कारक हैं जिनके विनियमन और मॉनिटरन की आवश्यकता है। लोगों को मिलावट के बारे में संगत प्राधिकारियों को शिकायत करने के तरीकों के बारे में जागरूक होने की आवश्यकता है। खाद्य-संक्रामक रोगों की निगरानी करने में अनेक सरकारी अधिकरण शामिल हैं और निरीक्षण-कर्मियों के अच्छे प्रशिक्षण की आवश्यकता है। इसका विचार करते हुए कि शहरी जनसंख्या का कितना भाग अपने दैनिक भोजन के लिए गली-नुक्कड़ पर बिकने वाले भोजन पर निर्भर है, गली-नुक्कड़ पर भोजन बेचने वालों के प्रशिक्षण और शिक्षण में निवेश करना बड़े महत्व का है।

16. उपर्युक्त परिच्छेद के आधार पर निम्नलिखित पूर्वधारणाएँ बनाई गई हैं:

1. खाद्य सुरक्षा एक जटिल मुद्दा है जिसके अनेक-विध समाधानों की आवश्यकता है।
2. निगरानी और प्रक्षिशण के लिए जनशक्ति बढ़ाने में भारी निवेश करने की आवश्यकता है।
3. भारत खाद्य प्रसंस्करण उद्योग को नियंत्रित करने हेतु पर्याप्त विधि-निर्माण करने की आवश्यकता है।

उपर्युक्त में से कौन-सी पूर्वधारणा/पूर्वधारणाएँ वैध है/हैं?

(a) केवल 1 और 2 (b) केवल 3

(c) केवल 1 और 3 (d) 1, 2 और 3

परिच्छेद-4

हमारे नगरों की आयोजना में ऐतिहासिक रूप से कामगार और निर्धन लोगों के हितों की उपेक्षा की जाती रही है। हमारे नगर वर्धमान रूप से असहिष्णु, असुरक्षित और अधिसंख्य नागरिकों के लिए रहने योग्य स्थान बनते जा रहे हैं, तथापि हमने पुराने तरीकों - स्थिर विकास योजना - से ही योजना बनाना जारी रखा हुआ है, जो लोगों के जीवन अनुभवों और आवश्यकताओं से दूरी बनाए रखते हुए, और बहुत सारे लोगों, स्थानों, कार्यकलाप और प्रथाओं को, जो किसी नगर का अविच्छिन्न भाग होते हैं, सक्रिय रूप से शामिल न रखते हुए, अनन्यतः विशेषज्ञता के लिए जाते हैं।

17. यह प्रतीत होता है कि इस परिच्छेद में

(a) भवन निर्माताओं के एकाधिकार तथा संभ्रांत समूहों के हितों के विरूद्ध तर्क प्रस्तुत किया गया है।

(b) विश्वस्तरीय और सुव्यवस्थित (स्मार्ट) नगरों की आवश्यकता के विरूद्ध तर्क प्रस्तुत किया गया है।

(c) मुख्यतः कामगार वर्ग और निर्धन लोगों के लिए नगरों की योजना बनाने के पक्ष में तर्क प्रस्तुत किया गया है।

(d) नगर आयोजना में जनता के समूहों की भागीदारी के पक्ष में तर्क प्रस्तुत किया गया है।

परिच्छेद-5

भारत के लोग बहुत अधिक संख्या मं निर्धन हैं, और मुश्किल से सिर्फ 10 प्रतिशत व्यक्ति संगठित क्षेत्र में नियोजित हैं। हमें विश्वास दिलाया जा रहा है कि प्रबल आर्थिक संवृद्धि से पर्याप्त रोजगार उत्पन्न हो रहे हैं। लेकिन ऐसा है नहीं। जब हमारी अर्थव्यवस्था 3 प्रतिशत प्रतिवर्ष बढ़ रही थी, तब संगठित क्षेत्र में रोजगार 2 प्रतिशत प्रतिवर्ष बढ़ रहा था। ज्यों ही अर्थव्यवस्था 7-8 प्रतिशत प्रतिवर्ष बढ़नी शुरू हुई, संगठित क्षेत्र में रोजगार बढ़ने की दर वास्तव में घट कर 1 प्रतिशत प्रतिवर्ष रह गई।

18. उपर्युक्त परिच्छेद का निहितार्थ यह प्रतीत होता है कि

1. अधिकांश आधुनिक आर्थिक संवृद्धि प्रौद्योगिकीय प्रगति पर आधारित है।
2. काफी मायने में आधुनिक भारतीय अर्थव्यवस्था श्रम-प्रधान, प्राकृतिक संसाधन-आधारित आजीवका के साथ पर्याप्त सहजीवी संबंध को प्रोत्साहन नहीं देती।
3. भारत में सेवा क्षेत्र बहुत श्रम-प्रधान नहीं है।
4. साक्षर ग्रामीण जनसंख्या संगठित क्षेत्र में प्रवेश करने की इच्छुक नहीं है।

उपर्युक्त कथनों में से कौन-से सही हैं?

(a) केवल 1 और 2 (b) केवल 3 और 4

(c) केवल 1, 2 और 3 (d) 1, 2, 3 और 4

परिच्छेद-6

भारत में ऐसे बैंकिंग संपर्की हैं, जो दूर-दराज के पिछड़े क्षेत्रों के लोगों को बैंकिंग के दायरे में लाने में मदद करते हैं। वे ऐसा कर सकें, इसके लिए बैंक लागतों में कोई कमी नहीं कर सकते। वे वित्तीय शिक्षा और साक्षरता में निवेश करने की उपेक्षा भी नहीं

कर सकते। बैंकिंग संपर्की एक तरह से इतने कम हैं कि उन्हें व्यवस्थागत जोखिम के रूप में नहीं देखा जा सकता। तथापि, भारत के बैंकिंग नियामक ने प्रतिबंध लगा रखा है कि वे केवल एक बैंक के लिए कार्य करें, संभवतः अंतर-पणन (आर्बिट्रेज) से बचाव के लिए। बैंकिंग तक पूरी पहुँच लाने के प्रयासों में तभी सफलता मिल सकती है, जब दूर-दराज में काम करने वाले आखिरी छोर के ऐसे कार्यकर्ताओं के लिए और उन प्रबंधकों के लिए भी, जो न केवल आधारभूत बैंक लेखाओं को, बल्कि दुर्घटना एवमृ जीवन बीमा तथा लघु पेंशन योजनाओं जैसे उत्पादों को भी सुनिश्चित करते हैं, काम करने में बेहतर प्रोत्साहन उपलब्ध हों।

19. उपर्युक्त परिच्छेद से निम्नलिखित में से कौन-सा एक, *सर्वाधिक तर्कसंगत, विवेकपूर्ण और निर्णायक निष्कर्ष* निकाला जा सकता है?

(a) भारत के दूर-दराज के पिछड़े क्षेत्रों के लोगों को बैंकिंग दायरे में लाने के प्रयास सफल नहीं हुए हैं।

(b) सार्थक वित्तीय समावेशन के लिए, भारत की बैंकिंग प्रणाली में और अधिक संख्या में बैंकिंग संपर्कियों तथा आखिरी छोर के ऐसे अन्य कार्यकर्ताओं की आवश्यकता है।

(c) भारत के सार्थक वित्तीय समावेशन के लिए इस बात की आवश्यकता है कि बैंकिंग संपर्कियों के पास विविध कौशल हों।

(d) बैंकिंग तक बेहतर पहुँच तब तक असंभव होगी जब तक कि प्रत्येक बैंकिंग संपर्की को अनेक बैंकों के लिए काम करने की अनुमति न हो?

20. किसी पाँच-मंजिला इमारत को, जिसके I से V तल हैं, चार भिन्न रंगों का इस्तेमाल कर रंगा गया है और एक तल को रंगने में सिर्फ एक ही रंग का इस्तेमाल किया गया है।

निम्नलिखित कथनों पर विचार कीजिएः

1. बीच के तीन तलों को भिन्न रंगों में रंगा गया है।
2. दूसरे (II) और चौथे (IV) तलों को भिन्न रंगों में रंगा गया है।
3. पहले (I) और (V) तलों को लाल रंग में रंगा गया है।

यह सुनिश्चित करने के लिए, कि कोई भी दो क्रमागत तल भिन्न रंगों के हैं:

(a) केवल कथन 2 पर्याप्त है

(b) केवल कथन 3 पर्याप्त है

(c) कथन 1 पर्याप्त नहीं है, किंतु कथन 1 के साथ-साथ कथन 2 का होना पर्याप्त है

(d) कथन 3 पर्याप्त नहीं है, किंतु कथन 3 के साथ-साथ कथन 2 का होना पर्याप्त है

21. P, Q और R तीन नगर हैं। P और Q के बीच की दूरी 60 किमी है, जबकि P और R के बीच की दूरी 80 किमी है। Q, P के पश्चिम में है और R, P के दक्षिण में है। Q और R के बीच कितनी दूरी है?

(a) 140 किमी (b) 130 किमी

(c) 110 किमी (d) 100 किमी

22. किसी क्लब के सभी सदस्य मुंबई गए और एक होटल में रूके। पहले दिन 80% खरीदारी के लिए गए और 50% पर्यटन के लिए गए, जबकि 10% ने होटल में विश्राम किया। उपर्युक्त आँकड़ों से, निम्नलिखित में से कौन-सा/से निष्कर्ष निकाला/निकाले जा सकता/सकते है/हैं?

1. 40% सदस्य खरीदारी के साथ-साथ पर्यटन क लिए भी गए।
2. 20% सदस्य केवल खरीदारी के लिए गए।

नीचे दिए गए कूट का प्रयोग कर सही उत्तर चुनिएः

(a) केवल 1 (b) केवल 2

(c) 1 और 2 दोनों (d) न तो 1, और नहीं 2

23. किसी विद्यालय में, 60% विद्यार्थी क्रिकेट खेलते हैं। जो विद्यार्थी क्रिकेट नहीं खेलता है, वह फुटबाल खेलता है। हर फुटबाल खिलाड़ी के पास एक दोपहिया वाहन है। उपर्युक्त आँकड़ों से निम्नलिखित में से कौन से निष्कर्ष **नहीं** निकाले जा सकते हैं?

1. 60% विद्यार्थियों के पास दोपहिया वाहन नहीं है।
2. किसी भी क्रिकेट खिलाड़ी के पास दोपहिया वाहन नहीं है।
3. क्रिकेट खिलाड़ी फुटबाल नहीं खेलते हैं।

नीचे दिए गए कूट का प्रयोग कर सही उत्तर चुनिएः

(a) केवल 1 और 2 (b) केवल 2 और 3

(c) केवल 1 और 3 (d) 1, 2 और 3

24. दो अंकों की धनपूर्ण संख्या का, इसके अंकों को उत्क्रमित करने से बनी संख्या से अनुपात 4 : 7 है। ऐसे युग्मों की संख्या कितनी है?

(a) 5 (b) 4

(c) 3 (d) 2

25. किसी परीक्षा में, A ने B से 20 अंक अधिक प्राप्त किए हैं। यदि B ने A से 5% कम अंक प्राप्त किए हों, तो B ने कितने अंक प्राप्त किए हैं?

(a) 360 (b) 380

(c) 400 (d) 420

26. सीता और गीता क्रमशः प्रत्येक 2 दिनों और प्रत्येक 3 दिनों के अंतराल के बाद तैराकी के लिए जाती हैं। यदि 1 जनवरी को वे दोनों एक साथ तैराकी के लिए गई थीं, तो वे अगली बार कब एक साथ जाएँगी?

(a) 7 जनवरी (b) 8 जनवरी

(c) 12 जनवरी (d) 13 जनवरी

27. एक हजार (1000) मीटर की एक दौड़ में X, Y और Z तीनों प्रतियोगी हैं। मान लीजिए कि वे सभी विभिन्न एक समान गतियों से दौड़ते हैं। Y, X से 40 मी आगे से दौड़ना शुरू करता है और Z, X से 64 मी आगे से दौड़ना शुरू करता है। यदि Y और Z को 1000 मी की एक दौड़ में प्रतिस्पर्धा करनी है, तो Z, Y से कितने मीटर आगे से दौड़ना शुरू करेगा?

(a) 20 (b) 25

(c) 30 (d) 35

28. यदि x, 25 के बराबर या उससे बड़ा है, और y, 40 से कम या उसके बराबर है, तो निम्नलिखित में से कौन-सा एक सदैव सही है?

(a) x, y से बड़ा है

(b) (y – x), 15 से बड़ा है

(c) (y – x), 15 से छोटा या उसके बराबर है

(d) (x + y), 65 से बड़ा या उसके बराबर है

29. ईना अपने माता-पिता के विवाह के 4 वर्ष बाद पैदा हुई। उसकी माता उसके पिता से तीन वर्ष छोटी है और ईना से, जो 13 वर्ष की है, 24 वर्ष बड़ी है। ईना के पिता का किस उम्र में विवाह हुआ था?

(a) 22 वर्ष (b) 23 वर्ष

(c) 24 वर्ष (d) 25 वर्ष

30. राकेश के पास एक विशिष्ट कंपनी के 8 मोबाइल हैंडसेट खरीदने के लिए धनराशि थी। लेकिन खुदरा व्यापारी ने उस खास हैंडसेट पर बहुत अच्छी छूट का प्रस्ताव दिया। राकेश अपने पास की धनराशि से 10 मोबाइल हैंडसेट खरीद सका। खुदरा व्यापारी द्वारा प्रस्तावित छूट कितनी थी?

(a) 15% (b) 20%

(c) 25% (d) 30%

31. दिया गया है कि 100 विद्यार्थियों का औसत अंक 40 है। बाद में यह पाया गया कि एक विद्यार्थी का अंक 53 था जिसे भूल से 83 पढ़ा गया। संशोधित औसत अंक कितना है?

(a) 39 (b) 39.7

(c) 40 (d) 40.3

*आगे आने वाले **8** (आठ) प्रश्नांशों के लिए निर्देशः*

निम्नलिखित छह परिच्छेदों को पढ़िए और प्रत्येक परिच्छेद के बाद आने वाले प्रश्नांशों के उत्तर दीजिए। इन प्रश्नांशों के लिए आपके उत्तर केवल संबंधित परिच्छेद पर आधारित होने चाहिए।

परिच्छेद-1

अल्प साधन युक्त (लो-एंड) IoT (इंटरनेट ऑफ थिंग्स) उपकरण सस्ती वस्तुएँ हैं: इनमें सुरक्षा के साधन शामिल करने से इनकी लागत बढ़ जाती है। इस श्रेणी की वस्तुएँ नए अनुप्रयोगों (एप्लिकेशन्स) के साथ-साथ प्रचुर मात्रा में उपलब्ध हो रही हैं; अनके गृह-उपयोगी साधित्र (अप्लायैंसेस), तापस्थापी (थर्मोस्टैट्स), सुरक्षा और मॉनीटरन अनुप्रयुक्तियाँ (डिवाइसेस) और वैयत्तिक्तक सुविधा अनुप्रयुक्तियाँ IoT की श्रेणी में आती हैं। इसी प्रकार स्वस्थता पर दृष्टि रखने वाली अनुप्रयुक्तियाँ, कतिपय चिकित्सकीय अंतर्रोप (इम्प्लांट्स) और कारों (ऑटोमोबाइल्स) में प्रयुक्त होने वाली कम्प्यूटर जैसे अनुप्रयुक्तियाँ भी इसी श्रेणी में आती हैं। उम्मीद है कि IoT कई गुनी रफ्तार से बढ़ेंगे - किंतु सुरक्षा की नई चुनौतियाँ निरूत्साहित कर रही हैं।

32. उपर्युक्त परिच्छेद से निम्नलिखित कथनों में से कौन-सा एक, ***सर्वाधिक तर्कसंगत और विवेकपूर्ण निष्कर्ष*** निकाला जा सकता है?

(a) भारत में समर्थकारी (एनेब्लिंग) प्रौद्योगिकियों का विकास इसके निर्माण क्षेत्रक के लिए बड़ा बढ़ावा बन सकता है।

(b) आसन्न सुरक्षा चुनौतियों को देखते हुए, भारत IoT को अपनाने के लिए अभी पूरी तरह तैयार नहीं है।

(c) सस्ती लो-एंड IoT अनुप्रयुक्तियों के विकसित होने से जीवन और अधिक आरामदेह बन जाता है।

(d) जैसे-जैसे हम डिजिटल होते जा रहे हैं, कतिपय IoT अनुप्रयुक्तियों से इंटरनेट सुरक्षा होने वाले भारी खतरे को पहचानना आवश्यक है।

परिच्छेद-2

जैसे-जैसे डिजिटल परिघटना अधिकांश सामाजिक क्षेत्रकों को पुनर्संरचित कर रही है, इसमें कोई आश्चर्य नहीं कि विश्वस्तरीय व्यापार वार्ताएँ अब डिजिटल क्षेत्र पर दृष्टि डाल रही हैं; इस प्रयास के साथ कि इसका एकांतिक रूप से उपनिवेशन करें। विकासशील देशों से बड़े आँकड़े (बिग डेटा) मुक्त रूप से संग्रहित या खनित किए जाते हैं और उन्हें विकसित देशों में डिजिटल आसूचना में रूपातरित कर दिया जाता है। यह आसूचना विभिन्न क्षेत्रकों को नियंत्रित करना और एकाधिकारपरक किराया वसूल करना शुरू कर देती है। उदाहरण के लिए, टैक्सी (कैब) की सेवा प्रदान करने वाली एक बड़ी विदेशी कंपनी कारों और चालकों का नेटवर्क नहीं है; यह आने-जाने, लोक परिवहन, सड़कों, यातायात, नगर की घटनाओं, यात्रियों और चालकों की वैयक्तिक व्यवहारपरक विशिष्टताओं आदि से संबंधित डिजिटल आसूचना ही है।

33. निम्नलिखित में से कौन-सा एक, उपर्युक्त परिच्छेद का ***सर्वाधिक तर्कसंगत और विवेकपूर्ण उपनिगमन*** है?

(a) वैश्वीकरण भारत के हितों के अनुकूल नहीं है, क्योंकि यह इसकी सामाजिक-आर्थिक संरचनाओं को क्षति पहुँचाता है।

(b) विश्वस्तरीय व्यापार वार्ताओं में भारत को अपने डिजिटल प्रभुत्व को बचाए रखने के लिए सावधान रहना चाहिए।

(c) भारत को बहुराष्ट्रीय कंपनियों से बड़े आँकड़ों के बदले एकाधिकार किराया प्रभारित करना चाहिए।

(d) भारत से बड़े आँकड़ों की हानि इसके विदेशी व्यापार की मात्रा/मान के समानुपाती है।

34. निम्नलिखित में से कौन-सा एक, उपर्युक्त परिच्छेद से सर्वाधिक निश्चयात्मक रूप से उपलक्षित होता है?

(a) डिजिटल दिक्स्थान में बड़े आँकड़े (बिग डेटा) मुख्य संसाधन होते हैं।

(b) बड़ी अर्थव्यवस्थाओं से बड़े आँकड़े सृजित होते हैं।

(c) बड़े आँकड़े तक पहुँच विकसित देशों का विशेषधिकार है।

(d) बड़े आँकड़ों तक पहुँच और स्वामित्व विकसित देशों की विशिष्टता है।

परिच्छेद-3

भारत समेत पूरे विश्व के ग्रामीण निर्धनों का मानव-कृत जलवायु परिवर्तन में नगण्य योगदान रहा है, तथापि इसके प्रभावों का सामना करने में वे अग्रिम पंक्ति में हैं। कृषक अब वर्षा और तापमान के ऐतिहासिक औसतों पर भरोसा नहीं कर सकते, और अधिक बारंबार होने वाली आत्यंतिक मौसमी घटनाएँ, जैसे सूखा और बाढ़, महाविपदाओं के रूप में परिणामित हो सकती हैं। और नए खतरे सामने हैं, जैसे कि समुद्र स्तर में वृद्धि और जल-पूर्ति पर पिघलते हुए हिमनदों का प्रभाव। छोटे कृषि-फार्म कितने महत्वपूर्ण हैं? पूरे विश्व में लगभग दो अरब (बिलियन) लोग अपने भोजन और आजीविका के लिए उन पर निर्भर हैं। भारत में छोटी जोत वाले किसान देश का 41 प्रतिशत खाद्यान्न और अन्य खाद्य-पदार्थ उत्पादित करते हैं जिसका स्थानीय एवम् राष्ट्रीय खाद्य सुरक्षा में योगदान है।

35. उपर्युक्त परिच्छेद का ***सर्वाधिक तर्कसंगत और विवेकपूर्ण उपनिगमन*** कौन-सा है?

(a) छोटे किसानों को प्रोत्साहन देना पर्यावरणीय रूप से धारणीय विकास के बारे में किसी भी कार्यवली का महत्वपूर्ण भाग है।

(b) भूमंडलीय तापन के न्यूनीकरण में निर्धन देशों की कोई भूमिका नहीं होती।

(c) बड़ी संख्या में किसान परिवारों के होने के कारण भारत को, जहाँ तक भविष्य का अनुमान किया जा सकता है, खाद्य सुरक्षा की समस्या नहीं होगी।

(d) भारत में केवल छोटी जोत वाले किसान खाद्य सुरक्षा सुनिश्चित कर सकते हैं।

36. उपर्युक्त परिच्छेद उपलक्षित करता है कि

1. भारत में खाद्य असुरक्षा की संभावित समस्या है।
2. भारत को अपनी आपदा प्रबंधन की क्षमताएँ मजबूत करनी होंगी।

उपर्युक्त में से कौन-सी पूर्वधारणा/पूर्वधारणाएँ वैद्य है/हैं?

(a) केव 1 (b) केवल 2

(c) 1 और 2 दोनों (d) न तो 1, और नहीं 2

परिच्छेद-4

बदलती जलवायु, और इससे निपटने के लिए सरकारों के (चाहे वे कितनी भी अनिच्छुक हों) अंतिम प्रयासों का निवेशकों के प्रतिफल पर बड़ा प्रभाव पड़ सकता है। वे कंपनियाँ जो बड़ी मात्रा में जीवाश्म ईंधनों का उत्पादन या उपयोग करती हैं, उच्चतर करों और नियामक बोझ का सामना करेंगी। कुछ ऊर्जा उत्पादकों के लिए अपने ज्ञात भंडारों को उपयोग में लाना असंभव होगा, और उनके पास सिर्फ "अवरूद्ध संपदा" (स्ट्रेन्डेड असेट्स) - तेल और कोयले के वे निक्षेप जिन्हें जमीन में छोड़ देना पड़ता है - बचे रहेंगे। अन्य उद्योग, अपेक्षाकृत और अधिक आत्यंतिक मौसम - तूफान, बाढ़, ऊष्णता लहर और सूखा - से होने वाले आर्थिक नुकसान से प्रभावित हो सकते हैं।

37. उपर्युक्त परिच्छेद के आधार पर निम्नलिखित पूर्वधारणाएँ बनाई गई हैं:

1. जलवायु परिवर्तन का सामना करने के लिए सरकारों और कंपनियों को पर्याप्त रूप से तैयार होने की आवश्यकता है।
2. आत्यंतिक मौसम की घटनाओं से भविष्य में सरकारों और कंपनियों का आर्थिक विकास कम हो जाएगा।
3. जलवायु परिवर्तन की उपेक्षा करना निवेशकों के लिए भारी जोखिम है।

उपर्युक्त में से कौन-सी पूर्वधारणा/पूर्वधारणाएँ वैद्य है/हैं?

(a) केवल 1 और 2 (b) केवल 3

(c) केवल 1 और 3 (d) 1, 2 और 3

परिच्छेद-5

विद्यालयी उम्र में आने वाले बच्चों की विद्यालयी शिक्षा तक पहुँच होना लगभग विश्वव्यापी है, किंतु गुणतायुक्त शिक्षा तक पहुँच होने में सामाजिक-आर्थिक स्थिति के आधार पर एक तीव्र ढाल दिखाई देती है। गैर-सरकारी विद्यालयों में कमजोर वर्गों के लिए कोटा का उपबंध निःशुल्क और अनिवार्य बाल शिक्षा का अधिकार अधिनियम, 2009 द्वारा किया गया है। इन कोटाओं ने सामाजिक एकीकरण और शिक्षा में साम्य के उन मुद्दों पर एक बहस थोप दी है जिनसे गैर-सरकारी कर्ता काफी-कुछ बचे हुए थे। समतावादी

शिक्षा प्रणाली का विचार, जिसका मुख्य ध्येय अवसर की समानता हो, गैर-सरकारी विद्यालयों के प्रधानाचार्यों की सोच के दायरे से बाहर प्रतीत होता है। इसलिए, कोटा अधिरोपित किए जाने से प्रतिरोध का सामना करना पड़ा है, जो कभी-कभी न्यायोचित भी होता है।

38. उपर्युक्त परिच्छेद के संदर्भ में निम्नलिखित पूर्वधारणाएँ बनाई गई हैं:

1. अवसर की समानता को एक वास्तविकता बना देना भारतीय शिक्षा प्रणाली का आधारभूत लक्ष्य है।
2. वर्तमान भारतीय विद्यालय प्रणाली समतावादी शिक्षा प्रदान करने में असमर्थ है।
3. गैर-सरकारी विद्यालयों का उन्मूलन और अधिकाधिक सरकारी विद्यालयों की स्थापना ही समतावादी शिक्षा सुनिश्चित करने का एकमात्र मार्ग है।

उपर्युक्त में से कौन-सी पूर्वधारणा/पूर्वधारणाएँ वैध है/हैं?

(a) केवल 1 और 2 (b) केवल 2

(c) केवल 2 और 3 (d) केवल 3

परिच्छेद-6

भारत में तपेदिक (TB) संक्रमित बहुसंख्य लोग निर्धन हैं और उनको पर्याप्त पोषण, उपयुक्त आवास का अभाव है और बचाव के बारे में उनकी समझ न के बराबर है। ऐसे में, तपेदिक परिवारों का सर्वनाश कर देता है, निर्धनों को और निर्धन बनाता है, खास तौर पर महिलाओं और बच्चों को ग्रस्त करता है, और उन्हें निर्वासन और रोजगार की बर्बादी की ओर ले जाता है। सच्चाई यह है कि यदि तपेदिक उन्हें न भी मारे, तब भी भूख और गरीबी से वे मर जाएँगे। दूसरी सच्चाई यह है कि इसका गहरा बैठा हुआ लांछन, परामर्श का अभाव, महँगा उपचार और साधन-प्रदाताओं तथा परिवार से पर्याप्त संबल का अभाव, यंत्रणाकारी पार्श्व-प्रभावों के साथ मिल कर रोगी को उपचार जारी रखने में हतोत्साहित करते हैं - जिसके अनर्थकारी स्वास्थ्य-संबंधी परिणाम होते हैं।

39. निम्नलिखित में से कौन-सा एक, उपर्युक्त परिच्छेद द्वारा दिया गया ***सर्वाधिक तर्कसंगत, विवेकपूर्ण और निर्णायक संदेश*** है?

(a) भारतीय परिस्थितियों में तपेदिक साध्य रोग नहीं है।

(b) तपेदिक को ठीक करने के लिए निदान और चिकित्सकीय उपचार से कहीं और अधिक की आवश्यकता होती है।

(c) सरकार की निगरानी की क्रियाविधि त्रुटिपूर्ण है; और निर्धन लोगों की उपचार तक पहुँच नहीं है।

(d) भारत तपेदिक जैसे रोगों से केवल तभी मुक्त होगा जब इसके निर्धनता उन्मूलन कार्यक्रम प्रभावकारिता और सफलता से कार्यान्वित किए जाएँ।

40. यदि B से आगे (B समेत) अंग्रेजी वर्णमाला का प्रत्येक एकांतर अक्षर छोटे अक्षरों (लोवर केस) में लिखा जाए और शेष अक्षरों को बड़े अक्षरों में लिखा जाए, तो वर्ष के उत्तरार्ध के प्रथम मास को कैसे लिखा जाएगा?

(a) JuLY (b) jULy

(c) jUly (d) jUlY

41. सुनीता कागज के एक पत्रक को तीन टुकड़ों में काटती है। पहले टुकड़े की लंबाई एक अंक वाली तीन विषम अभाज्य संख्याओं के औसत के बराबर है। दूसरे टुकड़े की लंबाई पहले टुकड़े की लंबाई और तीसरे टुकड़े की एक-तिहाई लंबाई के योग के बराबर है। तीसरे टुकड़े की लंबाई अन्य दो टुकड़ों की लंबाइयों के योग के बराबर है। कागज के मूल पत्रक की लंबाई कितनी है?

(a) 13 इकाई (b) 15 इकाई

(c) 16 इकाई (d) 30 इकाई

42. अनुक्रम 1, 5, 7, 3, 5, 7, 4, 3, 5, 7 में, ऐसे कितने 5 हैं जिनके ठीक पहले 3 नहीं है किन्तु ठीक बाद 7 है?

(a) 1 (b) 2

(c) 3 (d) कोई नहीं

43. किसी संयुक्त परिवार में सात सदस्य A, B, C, D, E, F और G हैं, जिनमें तीन महिलाएँ हैं। G विधवा है और D के पिता F की साली/भाभी है। B और D एक ही माता-पिता की संतान है और A, B की पुत्री है। C, B का/की रिश्ते में चचेरा/ममेरा/फूफेरा/मौसेरा भाई अथवा चचेरी/ममेरी/फूफेरी/मौसरी बहन है। E कौन है?

1. F की पत्नी
2. A की दादी/नानी
3. C की चाची/मामी/मौसी/बुआ

नीचे दिए गए कूट का प्रयोग कर सही उत्तर चुनिए:

(a) केवल 1 और 2 (b) केवल 2 और 3

(c) केवल 1 और 3 (d) 1, 2 और 3

44. किसी घन के प्रत्येक फलक को काले या सफेद रंग से रंगा जा सकता है। उस घन को कितने विभिन्न तरीकों से रंगा जा सकता है?

(a) 9 (b) 10

(c) 11 (d) 12

45. समीकरण $x + y + z = 6$ को कितने त्रिक (x, y, z) संतुष्ट करते हैं, जहाँ x, y और z धनपूर्ण संख्याएँ हैं?

(a) 4 (b) 5

(c) 9 (d) 10

46. यदि $ का अर्थ है 'विभाजित'; @ का अर्थ है 'गुणित'; # का अर्थ है 'घटाया गया'; तो 10#5@1$5 का मान क्या है?

(a) 0 (b) 1

(c) 2 (d) 9

47. आठ अंकों की एक संख्या 4252746B को 3 से भाग देने पर शेषफल 0 रहता है। B के कितने मान संभव हैं?

(a) 2 (b) 3
(c) 4 (d) 6

आगे आने वाले 3 (तीन) प्रश्नांशों के लिए निर्देशः

निम्नलिखित सूचना को पढ़िए और उनके बाद आने वाले तीन प्रश्नांशों के उत्तर दीजिएः

छह विद्यार्थी A, B, C, D, E और F कई परीक्षाओं में बैठे। या तो C का या F का प्राप्तांक अधिकतम है। जब भी C का प्राप्तांक अधिकतम होता है, तब E का प्राप्तांक न्यूनतम होता है। जब भी F का प्राप्तांक अधिकतम होता है, B का प्राप्तांक न्यूनतम होता है।

सभी परीक्षाओं में, उन्हें अलग-अलग अंक प्राप्त होते हैं; D का प्राप्तांक A के प्राप्तांक से अधिक है, लेकिन वे निकट प्रतिस्पर्धी हैं, A का प्राप्तांक B के प्राप्तांक से अधिक है; C का प्राप्तांक A के प्राप्तांक से अधिक है।

48. यदि F योग्यता-क्रम में दूसरे स्थान पर आता है, तो B का स्थान क्या है?

(a) तीसरा (b) चौथा
(c) पाँचवाँ (d) छठा

49. यदि B का प्राप्तांक न्यूनतम हो, तो C का स्थान क्या होगा?

(a) दूसरा (b) तीसरा
(c) चौथा (d) दूसरा या तीसरा

50. यदि E का योग्यता-क्रम तीसरा हो, तो निम्नलिखित में से कौन-सा एक सही है?

(a) E का प्राप्तांक C के प्राप्तांक से अधिक होगा
(b) C का प्राप्तांक E के प्राप्तांक से अधिक होगा
(c) A का योग्यता-क्रम चौथा है
(d) D का योग्यता-क्रम पाँचवाँ है

आगे आने वाले 2 (दो) प्रश्नांशों के लिए निर्देशः

निम्नलिखित कथनों, S1 और S2, को पढ़िए और उनके बाद आने वाले दो प्रश्नांशों के उत्तर दीजिएः

S1: सोहन के वजन का दुगुना, मोहन के वजन या रोहन के वजन से कम है।

S2: रोहन के वजन का दुगुना, मोहन के वजन या सोहन के वजन से अधिक है।

51. निम्नलिखित कथनों में से कौन-सा एक सही है?

(a) मोहन का वजन अधिकतम है
(b) सोहन का वजन अधिकतम है
(c) रोहन का वजन अधिकतम है
(d) 'किसका वजन अधिकतम है' यह निर्धारित नहीं किया जाता सकता

52. निम्नलिखित कथनों में से कौन-सा एक सही है?

(a) मोहन का वजन न्यूनतम है
(b) सोहन का वजन न्यूनतम है
(c) रोहन का वजन न्यूनतम है
(d) 'किसका वजन न्यूनतम है' यह निर्धारित नहीं किया जाता सकता

आगे आने वाले 7 (सात) प्रश्नांशों के लिए निर्देशः

निम्नलिखित पाँच परिच्छेदों को पढ़िए और प्रत्येक परिच्छेद के बाद आने वाले प्रश्नांशों के उत्तर दीजिए। इन प्रश्नांशों के लिए आपके उत्तर केवल संबंधित परिच्छेद पर आधारित होने चाहिए।

परिच्छेद-1

भारत का आर्थिक पदछाप (फुटप्रिंट), इसकी जनसंख्या को देखते हुए, अभी भी US, यूरोपीय संघ या चीन की तुलना में कम है। अन्य अर्थव्यवस्थाओं से सीखने के लिए इसके पास काफी कुछ है, तथापि इसे उन समाधानों को ही कार्यान्वित करना चाहिए जो इसकी अनूठी परिस्थितियों के अनुरूप है। भारत को वर्तमान अधेगामी उपागम की बजाय एक सहयोग आधारित प्रभावी दीर्घकालिक नियामक व्यवस्था की खास तौर पर आवश्यकता है। विनियम वांछित परिणाम लाने का प्रयास करते हैं, तथापि ये किसी न किसी कार्यक्रम को आगे बढ़ाने के लिए राजनीतिक उपकरण के रूप में बार-बार इस्तेमाल किए जाते हैं। प्रायः विनिमय रोजगार और आर्थिक संवृद्धि पर पड़ने वाले असर - या कम प्रतिबंधी विकल्पों - का विचार करने में असफल रह जाते हैं। विनियमों का इस्तेमाल भविष्य में और अधिक व्यापक रूप से साझी होने वाली समृद्धि की कीमत पर स्थानीय बाजारों को बचाने में किया जा सकता है। इसके अतिरिक्त, विनियमों के अनिवार्य रूप से अनेक अनैच्छिक परिणाम होते हैं। आज की अति प्रतियोगी वैश्विक अर्थव्यवस्था में विनियमों को ऐसे ''हथियारों'' के रूप में देखा जाना चाहिए, जो अधिकांश नागरिकों के आर्थिक कल्याण को समुन्त करते हुए लागत के औचित्य के साथ सामाजिक और पर्यावरणीय लाभ लाने का प्रयास करें।

53. उपर्युक्त परिच्छेद से निम्नलिखित कौन-सा एक, ***सर्वाधिक तर्कसंगत, विवेकपूर्ण और निर्णायक निष्कर्ष*** निकाला जा सकता है?

(a) एक बेहतर नियामक व्यवस्था भारत को इसकी जनसंख्या के यथा-उपयुक्त आमाप की अर्थव्यवस्था प्राप्त करने में सहायक होगी।
(b) प्रतियोगी वैश्विक अर्थव्यवस्था में, भारत को विनियमों का युक्तिपूर्वक ही इस्तेमाल करना चाहिए।
(c) भारत में विनिमय आज की अति प्रतियोगी वैश्विक अर्थव्यवस्था के साथ अपने एकीकरण का समर्थन नहीं करते।
(d) भारत की नियामक व्यवस्था के विकास में रोजगार के सृजन और आर्थिक संवृद्धि के विचार को प्रबल रूप से रखा जाना चाहिए।

54. उपर्युक्त परिच्छेद के आधार पर निम्नलिखित पूर्वधारणाएँ बनाई गई हैं:

1. विनियमों का प्रभावी इस्तेमाल स्थानीय बाजारों को बचाने के लिए नहीं किया गया है।
2. विनियमों का कार्यान्वयन करते समय सामाजिक एवं पर्यावरणीय सरोकारों की पूरे विश्व में सरकारों द्वारा आमतौर पर उपेक्षा की जाती है।

उपर्युक्त में से कौन-सी पूर्वधारणा/पूर्वधारणाएँ वैध है/हैं?

(a) केवल 1 (b) केवल 2

(c) 1 और 2 दोनों (d) न तो 1, और न ही 2

परिच्छेद-2

किसी अध्ययन में, वैज्ञानिकों ने अल्प-पोषित तथा सुपोषित शिशुओं और छोटे बच्चों के सूक्ष्मजीवोमों (माइक्रोबायोम्स) की तुलना की। कुपोषित और स्वस्थ बच्चों के मल के नमूनों से आहार-नली के रोगाणुओं को अलग किया गया। एक ही उम्र के स्वस्थ बच्चों में पाए गए सुविकसित ''परिपक्व'' सूक्ष्मजीवोम की तुलना में कुपोषित बच्चों में सूक्ष्मजीवोम ''अपरिपक्व'' और कम विविध पाया गया। कुछ अध्ययनों के अनुसार, माँ के दूध के रासयनिक संघटन में एक आपरिवर्तित शर्करा (सायलीलेटेड ओलिगोसेक्काइड्स) पाई गई है। इसका शिशु द्वारा अपने खुद के पोषण के लिए उपयोग नहीं किया जाता। तथापि, शिशु का सूक्ष्मजीवोम संरचित करने वाले जीवाणु इस शर्करा पर, जो उनके खाद्य की तरह काम आता है, फलते-फूलते हैं। कुपोषित माताओं के दूध में इस शर्करा की मात्रा कम होती है। परिणामस्वरूप, उनके शिशुओं के सूक्ष्मजीवोम परिपक्व होने में विफल हो जाते हैं। इसके परिणामस्परूप शिशुओं में कुपोषण पाया जाता है।

55. उपर्युक्त परिच्छेद से निम्नलिखित में से कौन-सा एक, ***सर्वाधिक तर्कसंगत, विवेकपूर्ण और निर्णायक निष्कर्ष*** निकाला जा सकता है?

(a) यदि बच्चों में कुपोषण की दशा आहार-नली के जीवाणुओं के कारण होती है, तो इसका उपचार नहीं किया जा सकता।

(b) कुपोषित शिशुओं की आहार-नलियों में परिपक्व सूक्ष्मजीवोम संरोपित किए जाने चाहिए।

(c) कुपोषित माताओं के शिशुओं को माँ के दूध की जगह डेरी का सायलीलेटेड ओलिगोसेक्करइड्स से प्रबलित दूध पिलाया जाना चाहिए।

(d) पोषण पर आहान-नली के जीवाणुओं के अहानिकर प्रभावों पर अनुसंधान के नीतिगत निहितार्थ हैं।

56. उपर्युक्त परिच्छेद के आधार पर निम्नलिखित पूर्वधारणाएँ बनाई गई हैं:

1. अपरिपक्व आहार-नली जीवणु संघटन के कारण कुपोषण से ग्रस्त बच्चों के उपचार के लिए एक समाधान प्रसंस्कृत जीवाणुयुक्त (प्रोबायोटिक) खाद्य पदार्थ हैं।
2. कुपोषित माताओं के शिशुओं में आमतौर पर कुपोषित होने की प्रवृत्ति होती है।

उपर्युक्त में से कौन-सी पूर्वधारणा/पूर्वधारणाएँ वैद्य है/हैं?

(a) केवल 1 (b) केवल 2

(c) 1 और 2 दोनों (d) न तो 1, और नहीं 2

परिच्छेद-3

पश्चिमी अंटार्कटिक प्रायद्वीप पर तापमान पिछले पाँच दशकों में भूमंडलीय औसत से लगभग पाँच गुना तेजी से बढ़े हैं। अनुसंधानकर्ताओं को अब पता लगा है कि पिघलते हुए हिमनदों के कारण अंटार्कटिक प्रायद्वीप के तटीय जलों में नितल जीवजात (बेंथोस) के बीच कुछ जाति विविधता नष्ट हो रही है, जिसका प्रभाव समग्र समुद्र अधस्तल पारितंत्र पर पड़ रहा है। उनका विश्वास है कि जल में निलंबित अवसाद के बढ़े हुए स्तर ही तटीय क्षेत्र में क्षीयमाण जैव-विविधता का कारण है।

57. उपर्युक्त परिच्छेद के आधार पर निम्नलिखित पूर्वधारणाएँ बनाई गई हैं:

1. भूमंडलीय तापन के कारण अन्य क्षेत्रों की अपेक्षा हिमनदों के क्षेत्र तेजी से गर्म होते हैं।
2. भूमंडलीय तापन के परिणामस्वरूप कुछ क्षेत्रों में समुद्र अधस्तलीय अवसादन हो सकता है।
3. पिघलते हुए हिमनद कुछ क्षेत्रों में समुद्री जैव-विविधता को कम कर सकते हैं।

उपर्युक्त में से कौन-सी पूर्वधारणा/पूर्वधारणाएँ वैध है/हैं?

(a) केवल 1 और 2 (b) केवल 3

(c) केवल 2 और 3 (d) 1, 2 और 3

परिच्छेद-4

किसी अनुसंधान दल ने उल्लू के एक दीर्घकालीन बसेरे की परीक्षा की। उल्लू छोटे स्तनपायी जंतुओं का शिकार करते हैं, और दीघकाल में एकत्रित होने वाले उन आहारों के उत्सर्जित अवशिष्टों से हमें पूरी पिछली सहस्राब्दि में छोटे स्तनपायी जंतुओं की बनावट और संरचना की समझ मिलती है। इस अनुसंधान से यह संकेत मिला है कि जब पृथ्वी लगभग 13,000 वर्ष पूर्व तीव्र तापन की अवधि से गुजरी, तब छोटे स्तनपायी जंतुओं का समुदाय स्थिर और प्रतिस्कन्दी बना रहा। किन्तु, उन्नसवीं शताब्दी के अंतिम चतुर्थांश से पर्यावरण में मानव-कृत कारणों से हुए परिवर्तनों के परिणामस्वरूप जैवमात्रा और ऊर्जा-प्रवाह में बहुत बड़ी गिरावट आती गई। ऊर्जा-प्रवाह में इस नाटकीय

गिरावट का अर्थ यह है कि आधुनिक पारितंत्रों में उतनी सहजता से अनुकूलन नहीं हो रहा है जितनी सहजता से अतीत में हुआ करता था।

58. उपर्युक्त परिच्छेद के आधार पर निम्नलिखित पूर्वधारणाएँ बनाई गई हैं:

1. भूमंडलीय तापन बारंबार होने वाली एक प्राकृतिक घटना है।
2. आसन्न भूमंडलीय तापन का छोटे स्तनपायी जंतुओं पर प्रतिकूल प्रभाव नहीं पड़ेगा।
3. पृथ्वी के प्राकृतिक प्रतिस्कंदन में कमी के लिए मनुष्य उत्तरदायी है।

उपर्युक्त में से कौन-सी पूर्वधारणा/पूर्वधारणाएँ वैध है/हैं?

(a) केवल 1 और 2 (b) केवल 3
(c) केवल 2 और 3 (d) 1, 2 और 3

परिच्छेद-5

खाद्य कि किस्मों का पूरे विश्व में विलोपन हो रहा है - और यह तेजी से हो रहा है। उदाहरण के लिए, उन्नीसवीं शताब्दी में उगाई जाने वाली सेब की 7,000 किस्मों में से 100 से भी कम बची है। फिलिपींस में कभी धान की हजारों किस्में फल-फूल रही थीं; किन्तु अब मुश्किल से सौ किस्में तक ही उपजायी जा रही हैं। चीन में मात्र एक शताब्दी पूर्व खेती में प्रयुक्त होने वाली गेहूँ की किस्मों में से 90 प्रतिशत किस्में विलुप्त हो चुकी हैं। विगत समय में किसानों ने बहुत परिश्रम से अपने स्थानीय जलवायु और पर्यावरण की विलक्षणताओं की काफी अनुरूप फसलों को उपजाया और विकसित किया। हाल के पिछले वर्षों में, कुछ थोड़ी सी भारी उपज वाली किस्मों पर और खाद्य के प्रौद्योगिकी-चालित उत्पादन तथा वितरण पर हमारी भारी निर्भरता के कारण खाद्य फसलों की विविधता में कमी हो रही है। यदि कोई उत्परिवर्तकारी फसल रोग या भावी जलवायु परिवर्तन उन कुछ फसल पादपों को संहार कर दे, जिन पर हम अपनी बढ़ती जनसंख्या का पेट भरने के लिए निर्भर हो चुके हैं, तो हमारे लिए उन कुछ किस्मों की घोर आवश्यकता हो सकती है, जिन्हें हमने विलुप्त हो जाने दिया।

59. उपर्युक्त परिच्छेद के आधार पर निम्नलिखित पूर्वधारणाएँ बनाई गई हैं:

1. पादप जातियों के बड़े पैमाने पर विलोपन होने का प्रमुख कारण मनुष्य ही रहे हैं।
2. मुख्यतः स्थानीय रूप से उपजायी जा रही फसलों के उपभोग से फसल विविधता सुनिश्चित होती है।
3. खाद्य उत्पादन और वितरण की वर्तमान शैली अंततोगत्वा निकट भविष्य में खाद्य की कमी की समस्या की ओर ले जाएगी।
4. हमारी खाद्य सुरक्षा, स्थानीय रूप से उपजायी जा रही फसलों की किस्मों को बचाए रखने की हमारी योग्यता पर निर्भर हो सकती है।

उपर्युक्त में से कौन-सी पूर्वधारणाएँ वैध हैं?

(a) 1 और 3 (b) 2 और 4
(c) 2 और 3 (d) 1 और 4

60. अनुक्रम 132, 129, 124, 117, 106, 93, X में X क्या है?

(a) 74 (b) 75
(c) 76 (d) 77

61. कोई दीवार-घड़ी प्रत्येक 24 घंटे में 10 मिनट तेज चलती है। इस घड़ी को सोमवार को पूर्वाह्न 8:00 बजे सही समय दिखाने के लिए सही किया गया। जब यह घड़ी बुधवार को अपराह्न 6:00 बजे का समय दिखाती है, तो सही समय क्या है?

(a) अपराह्न 5:36 (b) अपराह्न 5:30
(c) अपराह्न 5:24 (d) अपराह्न 5:18

62. यदि किसी उचित भिन्न के अंश और हर को उतनी ही धनात्मक मात्रा, जो शून्य से अधिक हो, से बढ़ा दिया जाए, तो परिणामी भिन्न

(a) हमेशा मूल भिन्न से छोटा होगा
(b) हमेशा मूल भिन्न से बड़ा होगा
(c) हमेशा मूल भिन्न के बराबर होगा
(d) इस प्रकार होगा कि निश्चित रूप से कुछ भी नहीं कहा जा सकता

63. अनुक्रम 4, 196, 16, 144, 36, 100, 64, X में X क्या है?

(a) 48 (b) 64
(c) 125 (d) 256

64. किसी समूह में 15 व्यक्ति हैं; जिनमें से 7 फ्रेंच पढ़ सकते हैं, 8 अंग्रेजी पढ़ सकते हैं, जबकि 3 इन दोनों भाषाओं में से कोई भी भाषा नहीं पढ़ सकते। कितने व्यक्ति यथार्थतः एक भाषा पढ़ सकते हैं?

(a) 10 (b) 9
(c) 5 (d) 4

65. कोई मुद्रक किसी पुस्तक के पृष्ठों पर 1 से प्रारंभ कर पृष्ठ-संख्या डालता है और कुल मिला कर 3089 अंक प्रयोग में लाता है। इस पुस्तक में कितने पृष्ठ हैं?

(a) 1040 (b) 1048
(c) 1049 (d) 1050

66. किसी विन्यास का अनुसरण करने वाले निम्नलिखित अनुक्रम पर विचार कीजिए:

c_accaa_aa_bc_b

(a) abba (b) cbbb
(c) bbbb (d) cccc

67. किसी परिवार में दो बच्चे हैं और उनके माता-पिता हैं बच्चों और उनकी माता के वजनों का औसत 50 किग्रा है बच्चों और उनके पिता के वजनों का औसत 52 किग्रा है यदि पिता का वजन 60 किग्रा है, तो माता का वजन कितना है?

(a) 48 किग्रा (b) 50 किग्रा

(c) 52 किग्रा (d) 54 किग्रा

68. मान लीजिए, आपके पास तीन मूल्य वर्गों, रु. 1, रु. 10 और रु. 50, में रूपया मुद्रा पर्याप्त मात्रा में है। आप रु. 107 के एक बिल का भुगतान कितने विभिन्न तरीके से कर सकते हैं?

(a) 16 (b) 17

(c) 18 (d) 19

69. 'A' अपने घर से प्रारंभ कर पूर्व की ओर 20 मी चलकर जहाँ उसका मित्र 'B' उससे मिल गया। वे दोनों उस दिशा में 10 मी साथ-साथ चले। तब 'A' बाईं ओर मुड़ गया जबकि 'B' दाहिनी ओर मुड़ गया ओर वे क्रमशः 2 मी और 8 मी चले। फिर 'B' बाईं ओर मुड़ कर 4 मी चला जिसके बाद अपनी दाहिनी ओर 5 मी चलकर अपने कार्यालय पहुँच गया। 'A' दाहिनी ओर मुड़ गया और 12 मी चलकर अपने कार्यालय पहुँच गया। दोनों कार्यालयों के बीच दूरी कितनी है?

(a) 15 मी (b) 17 मी

(c) 19 मी (d) 20 मी

70. दो कथनों, S1 और S2, और उनके बाद आने वाले प्रश्न पर विचार कीजिएः

S1: p और q दोनों अभाज्य संख्याएँ हैं।

S2: p + q विषम पूर्णांक है।

प्रश्नः क्या pq विषम पूर्णांक है?

निम्नलिखित में से कौन-सा एक सही है?

(a) इस प्रश्न का उत्तर देने के लिए अकेले S1 पर्याप्त है

(b) इस प्रश्न का उत्तर देने के लिए अकेले S2 पर्याप्त है

(c) इस प्रश्न का उत्तर देने के लिए S1 और S2 दोनों एक साथ भी पर्याप्त नहीं हैं

(d) इस प्रश्न का उत्तर देने के लिए S1 और S2 दोनों आवश्यक हैं

71. किस वर्ष का कैलेंडर ठीक वैसा ही है जैसा 2009 का कैलेंडर है?

(a) 2018 (b) 2017

(c) 2016 (d) 2015

72. संख्या 136 को 5B7 में जोड़ने पर प्राप्त योगफल 7A3 है, जहाँ A और B पूर्णांक हैं। यह दिया गया है कि 7A3 यथार्थतः 3 से विभाज्य है। B का एकमात्र संभव मान क्या है?

(a) 2 (b) 5

(c) 7 (d) 8

आगे आने वाले 8 (आठ) प्रश्नांशों के लिए निर्देशः

निम्नलिखित सात परिच्छेदों को पढ़िए और प्रत्येक परिच्छेद के बाद आने वाले प्रश्नांशों के उत्तर दीजिए। इन प्रश्नांशों के लिए आपके उत्तर केवल संबंधित परिच्छेद पर आधारित होने चाहिए।

परिच्छेद-1

इसमें कोई संदेह नहीं कि राजनीतिक सिद्धांतकारों को अन्याय, जैसे कि अस्पृश्यता, के इतिहास को गंभीरता से लेना चाहिए। ऐतिहासिक अन्याय की अवधारणा में अनेक प्रकार के ऐतिहासिक अपकारों को विचार में लिया गया है, जो किसी न किसी रूप में वर्तमान में भी हो रहे हैं, और उनकी प्रवृत्ति ही ऐसी है कि उनमें सुधार न हो पाए। सुधार न होने देने के पीछे दो कारण कहे जा सकते हैं। एक तो यह, कि केवल इतना ही नहीं कि अन्याय की जड़ें इतिहास में गहरी जमी हुई हैं, बल्कि अन्याय स्वयं भी शोषण की आर्थिक संरचनाओं, भेदभाव की विचारधाराओं और प्रतिनिधित्व की रीतियों को संरचित करता है। दूसरा यह, कि ऐतिहासिक अन्याय की कोटि आम तौर पर बहुत से अपकारों, जैसे कि आर्थिक वंचन, सामाजिक भेदभाव और मान्यता के अभाव, के आर-पार फैली होती है। यह कोटि जटिल होती है, केवल इसलिए नहीं कि इसमें बहुत से अपकारों के बीच कोई स्पष्ट सीमा-रेखा नहीं होती बल्कि इसलिए कि किसी न किसी अपकार की, आम तौर पर भेदभाव की, प्रवृत्ति दूसरे अपकारों से आंशिक रूप में स्वायत्तता हासिल कर लेने की होती है। यह भारत में सुधार के इतिहास से सिद्ध हुआ है।

73. इस परिच्छेद, से कौन-सा *मुख्य विचार* अनुगत हो रहा है?

(a) भारत में अस्पृश्यता को राजनीतिक सिद्धांतकारों ने गंभीरता से नहीं लिया है।

(b) ऐतिहासिक अन्याय किसी भी समाज में अपरिहार्य है और सुधार से सदैव परे है।

(c) सामाजिक भेदभाव और वंचन की जड़ें दोषपूर्ण अर्थव्यवस्थाओं में हैं।

(d) ऐतिहासिक अन्याय की प्रत्येक अभिव्यक्ति का सुधार करना, यदि असंभव नहीं, तो कठिन अवश्य है।

74. उपर्युक्त परिच्छेद के आधार पर निम्नलिखित पूर्वधारणाएँ बनाई गई हैं:

1. आर्थिक भेदभाव मिटा देने से सामाजिक भेदभाव मिटता है।

2. लोकतांत्रिक राज्यव्यवस्था ऐतिहासिक अपकारों के सुधार का सबसे अच्छा मार्ग है।

उपर्युक्त में से कौन-सी पूर्वधारणा/पूर्वधारणाएँ वैद्य है/हैं?

(a) केवल 1 (b) केवल 2

(c) 1 और 2 दोनों (d) न तो 1, और नहीं 2

परिच्छेद-2

शिक्षा जीवन में महान बदलाव लाने की भूमिका निभाती है, खास कर इस तेजी से बदलते और वैश्वीकरण की तेज गति वाले विश्व में। विश्वविद्यालय बौद्धिक पूँजी के अभिरक्षक और संस्कृति तथा विशेषज्ञतापूर्ण ज्ञान के प्रवर्तक हैं। संस्कृति, चिंतन की क्रियाशीलता, और सौंदर्य तथा मानवीय भावनाओं की ग्रहणशीलता होती है। केवल बहुत सी जानकारियों से युक्त व्यक्ति ईश्वर की धरती पर सिर्फ एक उबाऊ इंसान भर है। हमारा लक्ष्य यह होना चाहिए कि ऐसे व्यक्ति तैयार किए जाएँ जिनके पास संस्कृति और विशेषज्ञतापूर्ण ज्ञान, दोनों हों। उनका विशेषज्ञतापूर्ण ज्ञान उन्हें आगे बढ़ने के लिए एक मजबूत आधार प्रदार करेगा और उनकी संस्कृति उन्हें दर्शन की गहराइयों और कला की ऊँचाइयों तक ले जाएगी। साथ मिल कर यह मानवीय अस्तित्व को अर्थ प्रदान करेगा।

75. उपर्युक्त परिच्छेद के आधार पर निम्नलिखित पूर्वधारणाएँ बनाई गई हैं:

1. सुशिक्षित व्यक्तियों से रहित समाज आधुनिक समाज में रूपांतरित नहीं हो सकता।
2. संस्कृति अर्जित किए बिना, किसी भी व्यक्ति की शिक्षा पूर्ण नहीं होती।

उपर्युक्त में से कौन-सी पूर्वधारणा/पूर्वधारणाएँ वैद्य है/हैं?

(a) केवल 1 (b) केवल 2
(c) 1 और 2 दोनों (d) न तो 1, और नहीं 2

परिच्छेद-3

मृदा, जिसमें हमारे लगभग सभी खाद्य-पदार्थ उगते हैं, एक जीवांत संसाधन है जिसके बनने में वर्षों लगते हैं। तथापि, यह मिनटों में नष्ट हो सकती है। प्रति वर्ष 75 अरब (बिलियन) टन उर्वर मृदा क्षरण के कारण नष्ट हो जाती है। यह चिंताजनक है – और केवल खाद्य उत्पादकों के लिए ही नहीं। मृदा विशाल मात्रा में कार्बन डाइ-ऑक्साइड को कार्बनिक (ऑर्गेनिक) कार्बन के रूप में रोके रख सकती है और वायुमंडल में उन्मुक्त हो जाने से बचाए रख सकती है।

76. उपर्युक्त परिच्छेद के आधार पर निम्नलिखित पूर्वधारणाएँ बनाई गई हैं:

1. बड़े पैमाने पर मृदा का क्षरण विश्व में व्यापक खाद्य असुरक्षा का प्रमुख कारण है।
2. मृदा का क्षरण मुख्यतः मानवोद्भविक (ऐंथ्रोपोजेनिक) है।
3. मृदा के धारणीय प्रबंधन से जलवायु परिवर्तन का सामना करने में मदद मिलती है।

उपर्युक्त में से कौन-सी पूर्वधारणा/पूर्वधारणाएँ वैध है/हैं?

(a) केवल 1 और 2 (b) केवल 3
(c) केवल 2 और 3 (d) 1, 2 और 3

परिच्छेद-4

असमानता न केवल दिखाई देती है, बल्कि अनेक उदाहरणों में सांख्यिकीय रूप से मापी जा सकती है, किंतु इसे संचालित करने वाली आर्थिक शक्ति न तो दिखाई देती है और न ही मापी जा सकती है। गुरूत्व बल की ही तरह, शक्ति असमानता का संघटक सिद्धांत है, चाहे वह आय, या संपत्ति, लिंग, वंश, धर्म और क्षेत्र, किसी की भी हो। इसके प्रभाव सभी क्षेत्रों में व्यापक रूप से दिखते हैं, किंतु जिन रीतियों से आर्थिक शक्ति दृश्यमान आर्थिक चरों को तोड़ती-मरोड़ती है वे अदृश्य रूप से अस्पष्ट बने रहते हैं।

77. उपर्युक्त परिच्छेद के आधार पर निम्नलिखित पूर्वधारणाएँ बनाई गई हैं:

1. किसी समाज में असमानता के होने के लिए आर्थिक शक्ति ही एकमात्र कारण है।
2. आय, संपत्ति, आदि विभिन्न प्रकार की असमानता शक्ति को सुदृढ़ करती है।
3. आर्थिक शक्ति को प्रत्यक्ष आनुभविक विधियों की अपेक्षा उसके प्रभावों के माध्यम से बेहतर विश्लेषित किया जा सकता है।

उपर्युक्त में से कौन-सी पूर्वधारणा/पूर्वधारणाएँ वैद्य है/हैं?

(a) केवल 1 और 2 (b) केवल 3
(c) केवल 1 और 3 (d) 1, 2 और 3

परिच्छेद-5

जलवायु परिवर्तन के कारण वास्तव में कुछ पादपों को वर्धन-काल अधिक लंबे हो जाने और अधिक कार्बन डाइ-ऑक्साइड मिलने का लाभ पहुँच सकता है। तथापि, अपेक्षाकृत अधिक उष्ण विश्व के अन्य प्रभावों, जैसे कि नाशक जीव, सूखा और बाढ़ के अधिक हो जाने का अहानिकर होना कम हो जाएगा। विश्व कैसे अनुकूलन करेगा? अनुसंधानकर्ता यह अनुमान करते है कि 2050 तक मक्का, आलू, चावल और गेहूँ, इन चार पण्य वस्तुओं की उपयुक्त शस्य-भूमियाँ बदल जाएँगी, जिनसे कुछ जगहों पर किसानों को बाध्य होकर नई फसलों का रोपण करना पड़ेगा। तापन से कुछ कृषि-भूमियों को लाभ पहुँच सकता है, कुछ को नहीं। एकमात्र जलवायु ही उपज को निर्धारित नहीं करती; राजनीतिक परिवर्तन, विश्वव्यापी माँग, और कृषि पद्धतियाँ इस बात को प्रभावित करेंगी कि भविष्य में कृषि-भूमियाँ कैसा निष्पादन करेंगी।

78. उपर्युक्त परिच्छेद से निम्नलिखित में से कौन-सा एक, ***सर्वाधिक तर्कसंगत और विवेकपूर्ण निष्कर्ष*** निकाल जा सकता है?

(a) भविष्य में वे किसान लाभ की स्थिति में होंगे जो अपनी पद्धतियों को आधुनिक बनाएँगे और अपने खेतों में विविध फसलें उगाएँगे।

(b) जलवायु परिवर्तन शस्य-विविधता पर प्रतिकूल प्रभाव डालेगा।

(c) प्रमुख फसलों को नई शस्य-भूमियों में स्थानांतरित करने से कृषि के अधीन सकल क्षेत्र में अत्यधिक वृद्धि होगी और इस प्रकार समग्र कृषि उत्पादन बढ़ेगा।

(d) जलवायु परिवर्तन सर्वाधिक महत्त्वपूर्ण कारक है जो भविष्य में कृषि अर्थव्यवस्था को प्रभावित करेगा।

परिच्छेद-6

चमगादड़ के पंख चमड़ी की परतों की तरह दिखाई दे सकते हैं। किंतु अंदर-अंदर चमगादड़ की ठीक वैसे ही पाँच उँगलियाँ होती है जैसे ऑरेन्ग-उटैन या मनुष्य की होती है, साथ ही वैसे ही कलाई जुड़ी होती है कलाई की हड्डियों के गुच्छ से जो कि बाँह की लम्बी हड्डियों से जुड़ी होती है। इस बात से अधिक विलक्षण और क्या हो सकता है कि मनुष्य के हाथ, जो कस कर पकड़ने के लिए बने हैं, खोदने के लिए बने छछूँदर के हाथ, घोड़े के पाँव, सूँस के पाद, और चमगादड़ के पंख, ये सब एक ही प्रतिरूप में बने हों?

79. उपर्युक्त परिच्छेद से निम्नलिखित में से कौन-सा एक, ***सर्वाधिक तर्कसंगत और वैज्ञानिक और विवेकपूर्ण निष्कर्ष*** निकाल जा सकता है?

(a) हाथ की समान संरचना वाली विभिन्न जातियों (स्पीशीज) का होना जैव-विविधता का उदाहरण है।

(b) विभिन्न जातियाँ (स्पीशीज) हाथ-पैरों का इस्तेमाल विभिन्न प्रकार के कार्यों के लिए करती हैं, यह जैव-विविधता का उदाहरण है।

(c) मनुष्य और उपर्युक्त जंतुओं के हाथ-पैरों में समान संरचना का होना क्रम-विकास में हुए संयोग का उदाहरण है।

(d) मनुष्य और उपर्युक्त जंतुओं के क्रम-विकास का साझा इतिहास है।

परिच्छेद-7

लगभग 56 मिलियन वर्ष पूर्व, अटलांटिक महासागर पूरी तरह फैला हुआ नहीं था और जंतु, जिनमें शायद हमारे प्राइमेट पूर्वज भी शामिल थे, एशिया से यूरोप होते हुए उत्तरी अमेरिका तक पूरे ग्रीनलैंड में चल कर जा सकते थे। पृथ्वी आज की अपेक्षा अधिक उष्ण थी, किंतु जैसे-जैसे पुरानूतन युग समाप्त हुआ और आदिनूतन युग प्रारंभ होने लगा, यह और अधिक, बल्कि तेजी से और आमूल रूप से, उष्ण होने वाली थी। कारण था कार्बन का अति विशाल रूप से भूवैज्ञानिकतः अकस्मात् निर्मुक्त होना। पुरानूतन - आदिनूतन ऊष्मीय महत्तम (पैलियोसिन - इओसीन थर्मल मैक्सीमम) या PETM कही जाने वाली इस अवधि के दौरान, वायुमंडल में उतना कार्बन अंतःक्षिप्त हुआ जितना आज मनुष्य द्वारा पृथ्वी के कोयले, तेल और प्राकृतिक गैस के सारे भंडारों को जला देने पर अंतःक्षिप्त होता। PETM लगभग 1,50,000 वर्षों तक बनी रही जब तक कि कार्बन की अतिशय मात्रा पुनःअवशोषित नहीं हो गई। इससे सूखा, बाढ़, कीट प्लेग और कतिपय विलोपन हुए। पृथ्वी पर जीवन का अस्तित्व बना रहा - वास्तव में, यह फला-फूला - लेकिन इसमें घोर भिन्नता आ गई।

80. उपर्युक्त परिच्छेद के आधार पर निम्नलिखित पूर्वधारणाएँ बनाई गई हैं:

1. भूमंडलीय तापन का इस ग्रह के जैव विकास पर प्रभाव पड़ता है।
2. भू-संहतियों के पृथक होने से वायुमंडल में कार्बन की विशाल मात्राएँ निर्मुक्त होती हैं।
3. पृथ्वी के वायुमंडल का तापन बढ़ने से इसके वनस्पतिजात और प्राणिजात की संरचना में परिवर्तन हो सकता है।
4. वर्तमान मानव-कृत भूमंडलीय तापन से अंततः ठीक वैसी ही स्थितियाँ जाएँगी जैसी 56 मिलियन वर्ष पहले हुई थीं।

उपर्युक्त में से कौन-सी पूर्वधारणाएँ वैध है?

(a) 1 और 2 (b) 3 और 4

(c) 1 और 3 (d) 2 और 4

उत्तरमाला

1. (c)	**2.** (c)	**3.** (d)	**4.** (b)	**5.** (c)	**6.** (d)	**7.** (b)	**8.** (b)	**9.** (a)	**10.** (b)
11. (c)	**12.** (c)	**13.** (a)	**14.** (d)	**15.** (d)	**16.** (c)	**17.** (d)	**18.** (a)	**19.** (b)	**20.** (b)
21. (d)	**22.** (a)	**23.** (d)	**24.** (b)	**25.** (b)	**26.** (d)	**27.** (b)	**28.** (c)	**29.** (b)	**30.** (b)
31. (b)	**32.** (d)	**33.** (b)	**34.** (a)	**35.** (a)	**36.** (c)	**37.** (c)	**38.** (b)	**39.** (b)	**40.** (d)
41. (d)	**42.** (a)	**43.** (d)	**44.** (b)	**45.** (d)	**46.** (d)	**47.** (c)	**48.** (c)	**49.** (d)	**50.** (b)
51. (a)	**52.** (d)	**53.** (b)	**54.** (d)	**55.** (c)	**56.** (b)	**57.** (b)	**58.** (b)	**59.** (b)	**60.** (c)
61. (a)	**62.** (b)	**63.** (b)	**64.** (b)	**65.** (c)	**66.** (b)	**67.** (d)	**68.** (c)	**69.** (b)	**70.** (b)
71. (d)	**72.** (d)	**73.** (d)	**74.** (d)	**75.** (b)	**76.** (b)	**77.** (b)	**78.** (a)	**79.** (d)	**80.** (c)

व्याख्या

1. इकाई स्थान पर 5 की संख्या आएगी
= (5, 15, ..., 85, 95) × 10 = 100 बार
दसवें स्थान पर 5 की संख्या आएगी
= (50, 51, ..., 58, 59) × 10 = 100 बार
सौवें स्थान पर 5 की संख्या आएगी
= (500, 501, 502....., 598, 599) = 100 बार
अतः अपेक्षित मान = 100 × 3 = 300

2.

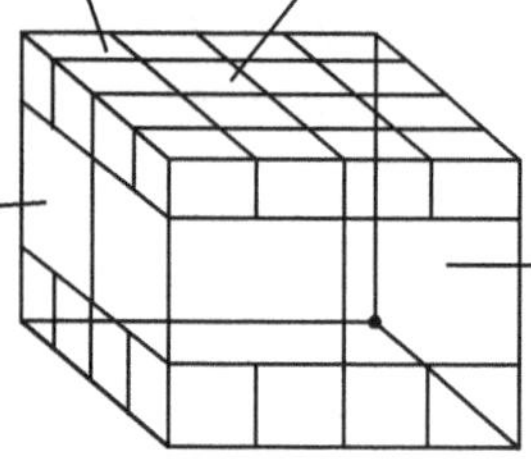

माना कि वास्तविक ठोस घन का आकार 4 सेमी × 4 सेमी × 4 सेमी है।

माना कि प्रत्येक छोटे घनों का आकार 1 सेमी × 1 सेमी × 1 सेमी और 4 बड़ें घनों का आकार 2 सेमी × 2 सेमी × 2 सेमी है या हम कह सकते है कि अगर हम वास्तविक घन को 64 बराबर घनों में काटते है तो हम 32 छोटे और 32 को बड़े आकार का घन मान सकते हैं।

दिया गया है कि बड़े घन के फलकों को नीले रंग से नहीं रंगा गया है इसलिए हम वास्तविक घन के ऊपर से और नीचे के फलकों को 16 × 2 = 32 घनों छोड़ कर तथा बचे हुए 2 × 2 × 2 आयामों के 4 घनों को हटा देंगे।

अतः केवल एक ओर से रंगें हुए घनों की संख्या 4 × 2 = 8 होगी।

3. माना कि A का वजन 100 किग्रा और इस प्रकार B का वजन 60 किग्रा है।

कुल वजन = 160 किग्रा

$\Rightarrow$ वजन में कमी = $\frac{60}{160} \times 100 = 37.5\%$

4. केस **I**: पहले बच्चे का का जन्मदिन 29 अप्रैल को पड़ता है जो कि सोमवार है।

अब हमें यह देखने की आवश्यकता है कि 29 या 30 नवंबर में से पांचवा गुरुवार कौन सा दिन है जो कि दूसरे बच्चे का जन्मदिन है।

अतः 30 अप्रैल से 28 नवम्बर तक विषम दिनों की संख्या
= 1 + 3 + 2 + 3 + 3 + 2 + 3 + 0 = 17 = 3

अतः 28 नवम्बर को गुरूवार होगा और हमें 29 या 30 नवम्बर गुरूवार नहीं प्राप्त हो सकता है।

केस **II**: पहले बच्चे का का जन्मदिन 30 अप्रैल जो कि सोमवार है को पड़ता है।

अतः 1 मई से 28 नवम्बर तक विषम दिनों की संख्या
= 3 + 2 + 3 + 3 + 2 + 3 + 0 = 16 = 2

अतः 28 नवम्बर बुधवार होगा और 29 नवम्बर को गुरूवार होगा।

अतः उसी वर्ष 20 दिसम्बर को गुरूवार होगा।

5. आरेख का सन्दर्भ लेकर

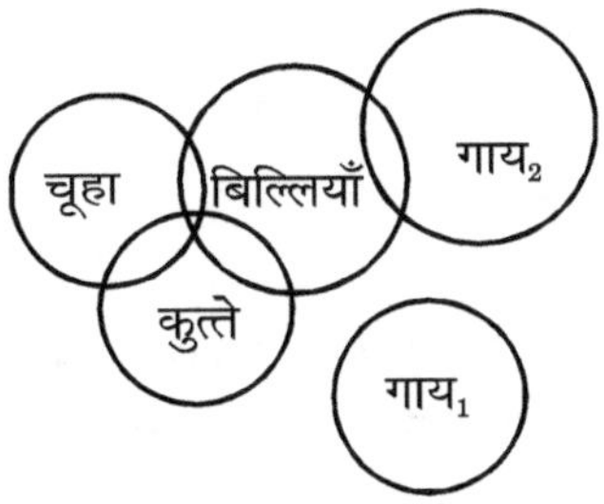

6.

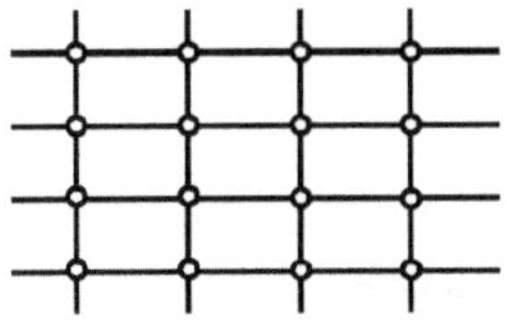

1×1 आकार के समांतर चतुर्भुजों की संख्या = 9

2×1 आकार के समांतर चतुर्भुजों की संख्या = 6 (यानि 6 क्षितिज के समानांतर)

1×2 आकार के समांतर चतुर्भुजों की संख्या = 6 (यानि 6 लंबवत)

3×1 आकार के समांतर चतुर्भुजों की संख्या = 3 (यानि 3 लंबवत)

1×3 आकार के समांतर चतुर्भुजों की संख्या = 3 (यानि 3 लंबवत)

2×2 आकार के समांतर चतुर्भुजों की संख्या = 4

2×3 आकार के समांतर चतुर्भुजों की संख्या = 2 (यानि 2 लंबवत)

3×2 आकार के समांतर चतुर्भुजों की संख्या = 2 (यानि 2 क्षितिज के समानांतर)

3×3 आकार के समांतर चतुर्भुजों की संख्या = 1

अत कुल समांतर चतुर्भुजों की संख्या $= 9 + 6 + 6 + 3 + 3 + 4 + 2 + 2 + 1 = 36$

वैकल्पिक विधिः समांतर चतुर्भुजों की अपेक्षित संख्या $= {}^4C_2 \times {}^4C_2 = 36$.

7. उन विद्यार्थियों को नियत की गई संख्या जो क्रिकेट के साथ-साथ फुटबाल भी खेलते हैं, 4 और 6 का गुणज होनी चाहिए जो कि 12 की भी गुणज होंगी।

अतः अपेक्षित उत्तर 8 होगा क्योंकि पहले 100 प्राकृतिक संख्याओं में 12 के 8 गुणज होते हैं।

8. दिया गया है कि, 12 किमी = दूरी का 80%

अतः अपेक्षित दूरी या दूरी का 100% = 15 किमी

9. दिया गया है, रु. 9000 = हैंडसेट के मूल्य का 75%

⇒ हैंडसेट का मूल्य = रु. 12000

राजू रु. 2000 उधार लेता है और इसलिए अब भी रु. 1000 कम है।

अतः विकल्प (a) सही होगा।

10. माना कि वर्ष 2002 में मीनू और मीरा की आयु क्रमशः x और y है।

$\Rightarrow x : y = 1 : 3$

और $(x + 8) : (y + 8) = 1 : 2$

इसलिए $x = 8$ और $y = 24$

अतः मीनू का जन्म 1994 में हुआ था।

11. माना कि प्रत्येक गेंद की कीमत रु. x है इसलिए प्रत्येक रैकेट की कीमत रु. 3x है।

$\Rightarrow 10x + 30x = 1300 + 1500$

$\Rightarrow x = 70$

अतः प्रत्येक रैकेट की कीमत = रु. 210.

12. **कथन 1:** यह सही है क्योंकि बचे हुए 30 शाकाहारी हैं तो भी कम से कम 30 भारतीय शाकाहारी होंगे।

कथन 2: यह भी सही है क्योंकि यदि सभी 60 शाकाहारी भारतीय हैं तब भी बचे हुए कम से कम 10 भारतीय होगें जो कि मांसाहारी हैं।

अतः दोनों कथन 1 और 2 सही हैं।

13. इस परिच्छेद की दूसरी पंक्ति में उल्लेख किया गया है कि यदि आनुवंशिक रूपांतरण (GM) प्रौद्योगिकी बड़े पैमाने पर कॉर्पोरेट द्वारा संचालित है, तो यह भी कम समय में अधिकतम लाभ प्राप्त करना चाहता है। इसलिए, सार्वजनिक अनुसंधान संस्थान को GM प्रौद्योगिकी का नेतृत्व करना चाहिए और प्रौद्योगिकी एजेंडे को प्राथमिकता देनी चाहिए। इसलिए विकल्प (a) सही उत्तर है। विकल्प (b) और (c) अतिरंजित हैं। विकल्प (d) से दिए गए परिच्छेद का निष्कर्ष नहीं किया जा सकता है।

14. परिच्छेद का अंतिम वाक्य सूखा, लवणता और अन्य तनावों के प्रतिरोध के बारे में कहता है, हालांकि, ये वे बातें हैं जो राष्ट्रीय किसान आयोग ने इंगित किए हैं और यह नहीं कहा जा सकता है कि GM अनुसंधानों द्वारा कृषि पर प्राकृतिक आपदाओं के मुद्दों पर ध्यान नहीं दिया जाता है। कंपनियों के पारित होने के रूप में परिच्छेद में कहीं भी हम इस दावे को देख सकते है और न ही यह उल्लेख किया गया है कि लंबे समय में, GM तकनीक ग्लोबल वार्मिंग के कारण उत्पन्न होने वाली कृषि समस्याओं को हल करने में सक्षम नहीं होगी।

15. विकल्प (a) आंशिक रूप से सही है, लेकिन यह एक व्यापक और अधिक व्यापक शब्द 'जैव विविधता' को छोड़कर देश के मरू क्षेत्रों और व्यर्थ भूमि के पुनर्वासन तक सीमित है। जबकि, विकल्प (d) समावेशी है। इसलिए यह सही उत्तर है। विकल्प (b) और (c) उस मुद्दे से संबंधित नहीं हैं जिसकी चर्चा परिच्छेद में की गई है।

16. धारणा 2 में 'भारी' शब्द अतिरंजित है। केवल धारणा 1 और 3 मान्य हैं क्योंकि परिच्छेद, खाद्य गुणवत्ता विनियमन के बारे में है।

17. विकल्प (c) में 'मुख्यतः' शब्द को अतिरंजित माना जा सकता है। परिच्छेद वैश्विक और स्मार्ट शहरों की आवश्यकता के खिलाफ नहीं है, इसलिए, विकल्प (b) गलत है। परिच्छेद पुरानी और स्थैतिक विकास योजना के बारे में बात करता है जो हमारे शहरों की योजना बनाते समय अभी भी पालन की जाती हैं।

18. 3 केवल भारत में सेवा क्षेत्र के बारे में बताता है। यह नहीं कहा जा सकता है कि साक्षर आबादी संगठित क्षेत्र में प्रवेश करने की इच्छुक है या नहीं है। चूंकि संगठित क्षेत्र आर्थिक विकास के लिए स्थापित आधुनिक व्यवसाय में ज्यादातर प्रौद्योगिकी पर निर्भर करते हैं, इसलिए यह कहा जा सकता है कि 1 और 2 परिच्छेद में निहित हैं। परिच्छेद की दूसरी और तीसरी पंक्ति स्पष्ट रूप से दर्शाती है कि अर्थव्यवस्था की समानुपातिक वृद्धि और रोजगार की दर में वृद्धि नहीं हुई। इसलिए, विकल्प (a) सही उत्तर है।

19. परिच्छेद में विकल्प (a) को उल्लिखित नहीं किया गया है। और न ही यह अंतर्निहित है। विकल्प (c) बैंकिंग अभिकर्ताओं के विविध कौशल की आवश्यकता के बारे में बात करता है, लेकिन यह भी परिच्छेद में अंतर्निहित नहीं हैं। बैंकिंग को सभी तक पहुचाने के लिए न केवल बैंकिंग अभिकर्ताओं को अधिक संख्या में बैंकों की सेवा करने की अनुमति देकर, बल्कि इनकी संख्या में वृद्धि करके ही संभव हो सकता है। इसलिए विकल्प (b) सही उत्तर है।

20. माना कि सफेद, पीला, गुलाबी और लाल चार रंग हैं। (दिया है)

कथन 3 का प्रयोग करने पर, हमें प्राप्त होता है लाल, सफेद, पीला, गुलाबी, लाल
(चूंकि हमें सभी चारों रंगों की जरूरत है)

अतः केवल कथन 3 पर्याप्त है और हम किसी भी क्रम में "सफेद, पीला, गुलाबी" प्रयोग कर सकते हैं।

21. त्रिभुज QPR एक समकोण त्रिभुज होगा, इस प्रकार PQ = 60 किमी और PR = 80 किमी

अतः QR = 100 किमी होगा।

22. माना कि क्लब में सदस्यों की कुल संख्या 100 है।

$\Rightarrow$ 10 विश्राम करते हैं और बचे हुए 90 सदस्यों में से 40 केवल खरीदारी करने गए, 40 सदस्य खरीदारी और पर्यटन दोनों के लिए गए और 10 सदस्य केवल पर्यटन के लिए गए।

अतः केवल निष्कर्ष 1 सही होगा।

23. सभी तीनों निष्कर्ष यानि 1, 2 और 3 गलत हैं क्योंकि क्रिकेटरों के पास भी दोपहिया वाहन हो सकते हैं और वे फुटबाल भी खेल सकते हैं।

24. दिया गया अनुपात 4 : 7 है इसलिए अंकों को उत्क्रमित करने पर प्राप्त संख्या 7 की गुणज होगी।

अतः अपेक्षित युग्मों की संख्या 4 होगी जो कि (12, 21), (24, 42), (36, 63), (48, 84) हैं।

25. अंकों का 5% = 20

इसलिए, अंकों का 100% या A द्वारा प्राप्त अंक = 400 और इसी प्रकार B द्वारा प्राप्त अंक = 380 है।

26. सीता तैराकी के लिए दो दिनों के अन्तराल के बाद यानि 1 जनवरी, 4 जनवरी, 7 जनवरी, 10 जनवरी, **13** जनवरी को जाती है।

गीता तैराकी के लिए तीन दिनों के अन्तराल के बाद यानि 1 जनवरी, 5 जनवरी, 9 जनवरी, 13 जनवरी को जाती है।

अतः दोनों एक साथ तैराकी के लिए **13** जनवरी को जाएंगे।

27. एक ही समय में X, Y और Z द्वारा तय की दूरी क्रमशः 1000 मी, 960 मी और 936 मी होगी।

$\Rightarrow$ Y द्वारा 1000 मी की दूरी तय करते समय Z द्वारा की गई दूरी $= \frac{936}{960} \times 1000 = 975$ मी होगी।

अतः 1000 मी की दौड़ में, Z, Y से 25 मी आगे से दौड़ना शुरू करेगा।

28. दिया गया है, $x \geq 25$ और $y \leq 40$.

अतः $(y - x) \leq 15$ हमेशा सत्य होगा।

29. दिया गया है कि: E = 13 वर्ष, M = 37 वर्ष और F = 40 वर्ष

अतः पिता की उम्र अपनी शादी के समय

= 40 – (13 + 4) = 23 वर्ष

30. माना कि प्रत्येक हैंडसेट की कीमत रु. 100 है और छूट के बाद उसकी कीमत रु. 80 है।

$\Rightarrow 100 \times 8 = x \times 10$

अतः x = रु. 80 और अपेक्षित छूट = 20%.

31. अंकों का सही औसत $= 40 - \frac{(83 - 53)}{100} = 39.7$.

32. यदि हम परिच्छेद के अंतिम वाक्य को पढ़ते हैं, तो हम यह कह सकते हैं कि इंटरनेट ऑफ थिंग्स (IoT) के लोकप्रिय होते ही नई सुरक्षा चुनौतियाँ आएंगी। परिच्छेद में भारत का कोई उल्लेख नहीं है। इसलिए, इस तर्क से, विकल्प (a) और (b) को नकारा जा सकता है। परिच्छेद से हमें यह नहीं पता चलता है कि IoT की शुरुआत के साथ जीवन अधिक आरामदायक हो जाता है। इसलिए, विकल्प (c) सभांवित उत्तर नही होगा।

33. विकल्प (a), (c) और (d), परिच्छेद के संदर्भ से बाहर हैं। विकल्प (b) को परिच्छेद से निहित किया जा सकता है। परिच्छेद कहता है कि भारत जैसे विकासशील देशों से डेटा एकत्र किया जाता है और फिर विकसित राष्ट्रों को दिया जाता है। इसलिए, विकल्प (b) दिए गए परिच्छेद का सबसे तार्किक उपनिगमन है।

34. परिच्छेद के अंतिम वाक्य में उल्लेख किया गया है कि बड़े ऑकड़ें डिजिटल द्विक्स्थान का सबसे महत्वपूर्ण पहलू है। किसी विशेष ट्रेड के विभिन्न पहलुओं के बारे में डिजिटल इंटेलिजेंस गेम चेंजर हैं। विकल्प (b) तथ्यात्मक रूप से गलत है। ऑकड़ों को विकासशील देशों से एकत्र किया जाता है। विकल्प (c) और (d) परिच्छेद के संदर्भ से बाहर हैं।

35. यदि हम परिच्छेद के अंतिम 2 वाक्य को पढ़ते हैं, तो हम देखते हैं कि लेखक ने छोटे खेतों पर बहुत जोर दिया है। उन्होंने यह भी जोर दिया है कि छोटे खेत अधिक लोगों के लिए महत्वपूर्ण हैं। इसलिए, विकल्प (a) परिच्छेद का सबसे तार्किक उपनिगमन बनता है। अन्य विकल्प विषय क्षेत्र से बाहर हैं।

36. परिच्छेद में, नए खतरों जैसे कि समुद्र के स्तर का बढ़ना और ग्लेशियरों के पिघलने के बारे में लिखा गया है। छोटे खेत इन प्राकृतिक आपदाओं से असुरक्षित हैं। इसके अलावा, यह लिखा है कि छोटे खेतों में देश का 41% खाद्यान्न पैदा होता है। इसलिए, यह अनुमान लगाया जा सकता है कि भारत को अपनी आपदा प्रबंधन क्षमताओं को मजबूत करना होगा अन्यथा खाद्य असुरक्षा की संभावित समस्या होगी।

37. परिच्छेद के पहले और अंतिम वाक्यों से (1) अंतर्निहित किया जा सकता है। (3) भी एक हद तक उसी चीज का उल्लेख करता है जो कि (1) में उल्लेखित है। हालांकि, (2) गलत है क्योंकि अंतिम वाक्य के अनुसार, उद्योग अत्यधिक खराब मौसम से प्रभावित हो सकते हैं। अत्यधिक खराब मौसम से सरकार की आर्थिक वृद्धि पर प्रभाव का कोई उल्लेख नहीं है। परिच्छेद के अंतिम वाक्य का संदर्भ लें।

38. कथन 1, परिच्छेद के संदर्भ में गलत है। निजी स्कूल अवसर की समानता की आकांक्षा नहीं रखते। परिच्छेद में इसका उल्लेख किया गया है। कथन 3 का परिच्छेद से अनुमान नहीं लगाया जा सकता है। हालाँकि, कथन 2 का परिच्छेद को प्रत्यक्ष रूप से निहित किया जा सकता है। यदि हम वाक्य 'समतावादी शिक्षा प्रणाली का विचार ...' के साथ शुरुआत करते हैं।

39. परिच्छेद कहता है कि हमारे देश में TB सामाजिक कलंक और परिवार से पर्याप्त संबल के अभाव को दर्शाता है। यह विकल्प (b) में सबसे अच्छी तरह से समझाया गया है। विकल्प (a) विषय-क्षेत्र से बाहर है, जबकि सरकार के निगरानी तंत्र का कोई उल्लेख नहीं किया गया है। इसलिए, विकल्प (c) को नकारा जा सकता है। विकल्प (d) गलत है क्योंकि परिच्छेद में गरीबी उन्मूलन कार्यक्रम का कोई उल्लेख नहीं है।

40. सही उत्तर **jUlY** होगा।

41. माना कि दूसरे पत्रक की लंबाई x यूनिट है।

पहले पत्रक की लंबाई = 3, 5 और 7 का औसत यानि 5 इकाई है।

⇒ तीसरे पत्रक की लंबाई = (5 + x) इकाई

$x = 5 + (5 + x)/3$

⇒ x = 10 इकाई

अतः वास्तविक पत्रक की लंबाई = 5 + 10 + 15 = 30 इकाई

42. दी गई श्रृंखला 1, **5**, 7, 3, 5, 7, 4, 3, 5, 7 है।

ऊपर दिए गए तीन 5s में केवल एक 5 है या पहले वाला जो तुरंत 3 से पहले नहीं है लेकिन 7 के तुरंत बाद है।

43.

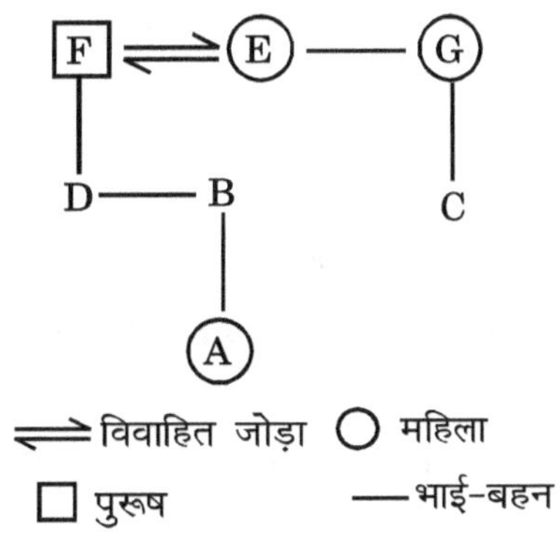

44.

काले फलक	सफेद फलक	तरीकों की संख्या
0	6	1
1	5	1
2	4	2
3	3	2
4	2	2
5	1	1
6	0	1

45. संभावित त्रिक हैः (1, 2, 3), (1, 3, 2), (2, 1, 3), (2, 3, 1), (3, 1, 2), (3, 2, 1), (1, 1, 4), (1, 4, 1), (4, 1, 1), (2, 2, 2).

अतः अपेक्षित संख्या = 10

46. दिया गया समीकरण 10#5@1$5 = 10 – 5 × 1/5 = 9 है।

47. दी गई संख्या 4252746B है और जब इसको 3 से विभाजित किया जाता है तो 0 शेष बचता है।

$\Rightarrow 4 + 2 + 5 + 2 + 7 + 4 + 6 + B = 30 + B$ को 3 का गुणज होना चाहिए।

अतः B के संभवतः चार मान यानि 0, 3, 6 और 9 होने चाहिए।

48. नीचे बाएं से दाएं ओर 1 से 6 तक, छः विद्यार्थियों की रैकिंग दी गई है:

$C > F > D > A > B > E$

अतः B की रैंक 5वीं होगी।

49. नीचे बाएं से दाएं ओर 1 से 6 तक, छः विद्यार्थियों की रैकिंग दी गई है:

$F > C > D > A > E > B$ या $F > C > E > D > A > B$ या $F > E > C > D > A > B$

अतः C की रैकिंग या तो दूसरी या तीसरी होगी।

50. नीचे बाएं से दाएं ओर 1 से 6 तक, छः विद्यार्थियों की रैकिंग दी गई है:

$F > C > E > D > A > B$

अतः C को E से अधिक अंक प्राप्त हुए।

प्रश्न संख्या **51** और **52** के लिए:

केस **I**:

कथन **1**: $2S < M$ or $S < M$

कथन **2**: $2R >$ या तो M या S (दोनों नहीं)

अतः कथन 1 की जानकारी का प्रयोग करके, हमें प्राप्त होता है: $S < 2R \leq M$

अतः दोनों कथनों का एक-साथ प्रयोग करने पर, हमें प्राप्त होता है, या तो $S < R < \mathbf{M}$ या $R < S < \mathbf{M}$.

केस **II**:

कथन **1**: $2S < R$ or $S < R$

कथन **2**: $2R >$ या तो M या S (दोनों नहीं)

इस प्रकार पहले कथन का प्रयोग करने पर, हमें प्राप्त होता है: $S < 2R \leq M$

अतः दोनों कथनों को एक-साथ प्रयोग करने पर, हमें प्राप्त होता है, या तो $S < R < \mathbf{M}$ या $R < S < \mathbf{M}$.

इसलिए किसी भी केस में M का वजन सबसे अधिक है लेकिन सबसे कम वजन वाले व्यक्ति का निर्धारण नहीं कर सकते।

53. परिच्छेद से विकल्प (c) का अनुमान नहीं निकाला जा सकता है क्योंकि इसमें आज की प्रतिस्पर्धी वैश्विक अर्थव्यवस्था के साथ भारत में नियमों के एकीकरण का कोई उल्लेख नहीं है। हालांकि, यह इस अनुमान से माना जा सकता है कि भारत को प्रतिस्पर्धी वैश्विक अर्थव्यवस्था में रणनीतिक रूप से नियमों का उपयोग करना चाहिए। इसलिए विकल्प (b) सही उत्तर है। परिच्छेद के छठे वाक्य के संदर्भ में, 'भविष्य में अधिक व्यापक रूप से साझा समृद्धि की कीमत पर स्थानीय बाजारों की रक्षा के लिए विनियमों का उपयोग किया जा सकता है।' विकल्प (d) ज्यादा है क्योंकि विशेषण 'प्रबल' का उपयोग किया जाता है।

54. विकल्प (d) सही उत्तर है क्योंकि दोनों पूर्वधारणाओं में से कोई भी मान्य नहीं है। चूँकि यह प्रश्न वैश्विक अर्थव्यवस्था के संदर्भ में पूछा गया है, इसलिए केवल परिच्छेद की अंतिम पंक्ति पर ध्यान दें। परिच्छेद में यह उल्लेख किया गया है कि नियमों का उपयोग स्थानीय बाजारों की रक्षा के लिए किया जा सकता है लेकिन यह वैश्विक अर्थव्यवस्था के संदर्भ में बात नहीं करता है। इसके अलावा, शब्द 'प्रभावी इस्तेमाल' को कथन 1 में उपयोग किया गया है, लेकिन परिच्छेद में कहीं भी हमें नियमों की दक्षता से संबंधित कुछ भी नहीं मिलता है। कथन 2 गलत है, क्योंकि यह नहीं कहा जा सकता है कि नियमों को लागू करते समय केवल सरकार द्वारा ही सामाजिक और पर्यावरण संबंधी चिंताओं को अनदेखा किया जाता है।

55. परिच्छेद से विकल्प (c) का निष्कर्ष निकाला जा सकता है। विकल्प (a) गलत है क्योंकि इससे यह निष्कर्ष नहीं लगाया जा सकता है कि आंत के बैक्टीरिया का इलाज किया जा सकता है। विकल्प (d) भी गलत है क्योंकि इसमें पोषण नीति का कोई उल्लेख नहीं किया गया है। विकल्प (b) गलत है क्योंकि यह निष्कर्ष नहीं लगाया जा सकता है कि कुपोषित शिशुओं के पेट को परिपक्व माइक्रोबायोम से कैसे संरोपित किया जाना चाहिए।

56. विकल्प (b) सही उत्तर है। परिच्छेद के अंत की ओर यह उल्लेख किया गया है कि कुपोषित माताओं द्वारा कुपोषित बच्चे पैदा होते हैं। यह नहीं माना जा सकता है कि प्रसंस्कृत प्रोबायोटिक खाद्य पदार्थ कुपोषित शिशुओं के इलाज के लिए एक समाधान है। इसलिए विकल्प (a) गलत है।

57. परिच्छेद स्पष्ट रूप से केवल पश्चिमी अंटार्कटिक प्रायद्वीप का उल्लेख कर रहा है, इसलिए पहला कथन गलत है। इसके अलावा, कहीं भी यह उल्लेख नहीं किया गया है कि ग्लोबल वार्मिंग का प्रभाव समग्र समुद्र अधस्तल पारितंत्र पर पड़ रहा है। इस प्रकार, केवल तीसरा कथन सत्य है। चूंकि विकल्प (a), (c) और (d) संभावित समाधान के रूप में काम नहीं कर सकते हैं, अतः विकल्प (b) सही है।

58. चूंकि ग्लोबल वार्मिंग प्राकृतिक घटना नहीं है, इसलिए पहला कथन गलत है। इसके अलावा, परिच्छेद स्पष्ट रूप से पृथ्वी को प्राकृतिक लचीलापन के और छोटे स्तनधारियों पर इसके प्रभाव को दर्शाता है, जो दूसरे कथन को गलत और तीसरे कथन को सही बनाता है। इस प्रकार, केवल (b) एक संभावित समाधान के रूप में कार्य करता है।

59. परिच्छेद में खाद्य किस्मों के विलुप्त होने के बारे में कहा गया है। इस प्रकार, पहला कथन सही नहीं है। इसके अलावा, उत्पादन की हमारी वर्तमान शैली से खाद्य विविधता को प्रभावित करने की संभावना है, न कि इसकी कमी। इस प्रकार, तीसरा कथन भी गलत है। केवल दूसरा और चौथा कथन सही हैं, इसलिए (b) संभावित समाधान है।

60. $132 - 129 = 3$
$129 - 124 = 5$
$124 - 117 = 7$
$117 - 106 = 11$
$106 - 93 = 13$
$\Rightarrow 93 - X = 17$
Hence, X = 76.

61. 24 घंटो में या 24×60 मिनट में यह घड़ी घुमती है $24 \times 60 + 10 = 1450$ मिनट

अतः सही घड़ी के अनुसार समय (जिसमें कि घड़ी $58 \times 60 = 3480$ मिनट चलती है यानि सोमवार 8 बजे सुबह से बुधवार 6 बजे सांय तक)

$$= \frac{24 \times 60}{1450} \times 3480 = 3456 \text{ मिनट}$$

अतः अपेक्षित समय = बुधवार 5:36 बजे।

62. यदि एक उचित भिन्न के अंश और हर को समान धनात्मक मात्रा से बढ़ाया जाता है, तो परिणामी भिन्न हमेशा मूल भिन्न से अधिक होगा।

उदाहरण के लिए: $\frac{4}{5} > \frac{3}{4}$

63. दी गई श्रृंखला है: 4, 196, 16, 144, 36, 100, 64, X
या, $2^2, 14^2, 4^2, 12^2, 6^2, 10^2, 8^2$, X
अब, $2 + 14 = 4 + 12 = 6 + 10 = 8 + 8$
अतः, $X = 8^2 = 64$.

64. 15 व्यक्तियों में से 3 व्यक्ति दोनों भाषाओं को नहीं पढ़ सकते हैं।

$\Rightarrow$ हमारे पास 12 व्यक्ति हैं जो कि कम से कम 1 भाषा को पढ़ सकते हैं।

अतः 4 केवल फ्रेंच पढ़ सकते हैं, 5 केवल अंग्रेजी पढ़ सकते हैं और 3 व्यक्ति फ्रेंच और अंग्रेजी दोनों पढ़ सकते हैं।

इसलिए, अपेक्षित उत्तर 9 होगा।

65. 999 पृष्ठों तक कुल अंको की संख्या
$= 9 + 90 \times 2 + 900 \times 3 = 2889$

3089 संख्याओं तक पहुंचने के लिए अवश्यकता है $= 3089 - 2889 = 200$ अधिक सख्याएं या 200/4 = 50 अधिक पृष्ठ।

अतः पुस्तक में कुल पृष्ठों की संख्या = 999 + 50 = 1049.

66. अपेक्षित श्रृंखला होगी: c<u>c</u>acc/aa<u>b</u>aa/<u>b</u>bcb<u>b</u>.

67. माना कि प्रत्येक बच्चे का वजन x किग्रा है और माता का वजन m किग्रा है।

$\Rightarrow 2x + m = 150$ और $2x + 60 = 156$

दोनों समीकरणों को हल करने पर, m = 54 किग्रा

68. हमें रु. 1, रु. 10 और रु. 50 का प्रयोग करके रु. 107 प्राप्त करने की जरूरत है।

अब, रु. 107 पाने में में रु. 7 को केवल एक तरीके से बनाया जा सकता है।

अतः रु. 100 पाने के लिए अलग-अलग तरीके होंगे।

इसलिए रु. 100 पाने के लिए रु. 1 का प्रयोग करने पर कुल तरीके = 1

रु. 100 पाने के लिए रु. 10 का प्रयोग करने पर कुल तरीके = 1

रु. 100 पाने के लिए रु. 50 का प्रयोग करने पर कुल तरीके = 1

रु. 100 पाने के लिए रु. 1 और रु. 10 का प्रयोग करने पर कुल तरीके = 9

रु. 100 पाने के लिए रु. 1 और रु. 50 का प्रयोग करने पर कुल तरीके = 1

रु. 100 पाने के लिए रु. 10 और रु. 50 का प्रयोग करने पर कुल तरीके = 1

रु. 100 पाने के लिए रु. 1 और रु. 10 और रु. 50 का प्रयोग करने पर कुल तरीके = 4

अतः कुल विभिन्न तरीके
= 1 + 1 + 1 + 9 + 1 + 1 + 4 = 18.

69.

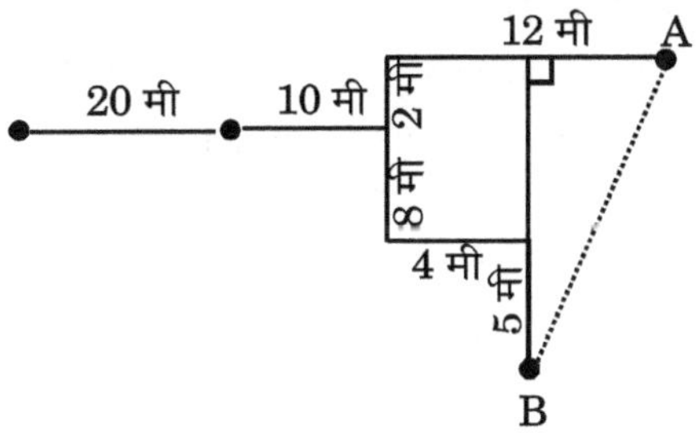

$AB^2 = (2 + 8 + 5)^2 + (12 - 4)^2$
$\Rightarrow AB = 17$ मी

70. S1 = माना कि (p, q) = (2, 3) या (3, 5)
S2 = माना कि (p, q) = (4, 3)

अतः pq एक विषम पूर्णांक नहीं होगा और हम केवल कथन 2 का प्रयोग करके यह निर्धारित नहीं कर सकते हैं।

71. यदि वर्ष एक गैर-अधिवर्ष है, तो प्रत्येक 6 वर्ष के बाद अपने आप को दोहराता है क्योंकि प्रत्येक गैर-अधिवर्ष में 1 विषम दिन होता है और इनके बीच में एक अधिवर्ष आने पर 2 विषम दिन होते हैं जिससे कुल विषम दिनों की संख्या 7 हो जाती है। अतः अपेक्षित वर्ष 2015 होगा।

72. $136 + 5B7 = 7A3$

दिया है कि 7A3 जो कि 3 से विभाजित है जिसका अर्थ है कि A या तो 2 या 5 या 8 को ले सकता है।

अतः B का केवल एक मान 8 हो सकता है।

73. परिच्छेद के अनुसार, विकल्प (a) और (b) विषय क्षेत्र से बाहर हैं। इसके अलावा, सामाजिक भेदभाव और वंचन की जड़ों का खराब अर्थव्यवस्थाओं में होने का कोई उल्लेख नहीं है, इसलिए विकल्प (c) सही नहीं है। यह निष्कर्ष लगाया जा सकता है कि (d) सही विकल्प है।

74. परिच्छेद के अनुसार, सामाजिक भेदभाव को मिटाने के लिए अग्रणी आर्थिक भेदभाव को हटाने का कोई उल्लेख नहीं है। इस प्रकार, पहला कथन सही नहीं है। चूंकि परिच्छेद में ऐतिहासिक गलतियाँ सुधारने के लिए लोकतांत्रिक राजनीति को सबसे अच्छा तरीका नहीं बताया गया है, इसलिए दूसरा कथन भी सही नहीं है। इस प्रकार विकल्प (d) वैध है।

75. परिच्छेद स्पष्ट रूप से संस्कृति की अनिवार्यता और शिक्षा में इसके योगदान के बारे में बात करता है। यह शिक्षित लोगों के साथ एक आधुनिक समाज में परिवर्तन पर विवेचन नहीं करता। इस प्रकार, केवल दूसरा कथन सत्य है। इसलिए विकल्प (b) सही है।

76. दिया गया परिच्छेद खाद्य असुरक्षा के बारे में बात नहीं करता है, इसलिए पहला कथन सही नहीं है। इसके अलावा, मिट्टी के कटाव का मानवजनित होने का कोई उल्लेख नहीं है। इस प्रकार, केवल तीसरी कथन ही परिच्छेद से अनुमानित किया जा सकता है, जिससे (b) सही विकल्प बनता है।

77. परिच्छेद से, यह अनुमान लगाया जा सकता है कि आर्थिक शक्ति असमानता का एकमात्र कारण नहीं है, इसलिए पहला कथन सत्य नहीं है। इसके अलावा, कहीं यह उल्लेख नहीं है कि विभिन्न प्रकार की असमानताएँ शक्ति की पुष्टी करती हैं। यह दूसरे कथन को भी गलत करती है। चूंकि परिच्छेद आर्थिक शक्ति के प्रभावों के माध्यम से इसका विश्लेषण करता है, इसलिए केवल तीसरा कथन सही है। इसलिए (b) सही विकल्प है।

78. चूंकि परिच्छेद की पहली पंक्ति कुछ पौधों पर जलवायु परिवर्तन के फायदे के बारे में बात करती है, इसलिए (b) सही नहीं है। चूंकि समग्र कृषि उत्पादन में वृद्धि का कोई स्पष्ट संदर्भ नहीं है, इसलिए (c) भी सत्य नहीं है। जलवायु परिवर्तन के अलावा, परिच्छेद में उल्लिखित विभिन्न अन्य कारक हैं जो कृषि अर्थव्यवस्था को प्रभावित करते हैं, जिससे कि विकल्प (d) असंभव है। परिच्छेद से यह स्पष्ट अनुमान हो जाता है कि खेती के तरीकों का आधुनिकीकरण हो रहा है, जो अंतिम पंक्ति में स्पष्ट है। इस प्रकार, विकल्प (a) सबसे उपयुक्त है।

79. परिच्छेद के अनुसार, जैव विविधता का कोई स्पष्ट उल्लेख नहीं है। यह विकल्प (a) और (b) को खारिज करती है। इसके अलावा, उत्क्रान्ति में संयोग भी एक ऐसा विषय है जिसे परिच्छेद से नहीं निकाला जा सकता है, इसलिए (c) भी सही विकल्प नहीं है। परिच्छेद की पहली कुछ पंक्तियाँ विभिन्न प्रजातियों के समान शरीर के अंगों के बारे में बात करती हैं और वे कैसे एक समान विकासवादी प्रक्रिया को साझा करती हैं। इस प्रकार (d) सभी में से सबसे उपयुक्त विकल्प है।

80. परिच्छेद के अंतिम 3 वाक्यों का संदर्भ लें तो हमें पता चलता है कि PETM के परिणामस्वरूप सूखा, बाढ़ और अन्य प्राकृतिक आपदाएँ आईं, जिससे पृथ्वी की सतह पर मौजूद जीवन के विभिन्न रूप प्रभावित हुए। परिच्छेद से अन्य विकल्पों का अनुमान नहीं लगाया जा सकता है।

हल प्रश्न-पत्र
2011-2018

निम्नलिखित 8 (आठ) प्रश्नांशों के लिए निर्देशः

निम्नलिखित दो लेखांशों में से प्रत्येक को पढ़िए और उनके उपरांत दिए गए प्रश्नांशों के उत्तर दीजीए। इन प्रश्नांशों के आपके उत्तर केवल लेखांशों पर ही आधारित होने चाहिए।

लेखांश-1

समादेशी संवृद्धिकी प्राप्ति के लिए राज्य की भूमिका पर पुनर्विचार की गंभीर आवश्यकता है। सरकार के आकार के विषय में अर्थशास्त्रियों के बीच हुई आरंभिक बहस भ्रामक हो सकती है। समय की आवश्यकता है कि एक सामर्थ्यकारी सरकार हो। राज्य सभी आवश्यकताओं की पूर्ति कर सके, यह भारत राष्ट्र के विशाल और जटिल स्वरूप को देखते हुए आसान नहीं है। सरकार सभी अनिवार्य वस्तुओं का उत्पादन करे, सभी आवश्यक नौकरियों का सृजन करें और सभी वस्तुओं की कीमतों पर नियंत्रण रखे, ऐसी अपेक्षा विशाल बोझिल नौकरशाही और व्यापक भ्रष्टाचार की ओर ले जाएगी।

लक्ष्य यह होना चाहिए कि राष्ट्र के संस्थापकों ने जिस समावेशी संवृद्धिका उद्देश्य रखा था, हम उसके साथ बने रहें और साथ ही इसके प्रति एक अपेक्षाकृत अधिक आधुनिक दृष्टिकोण अपनाएँ कि राज्य यथार्थतः क्या प्रदान कर सकता है।

यही एक सामर्थ्यकारी राज्य के विचार की ओर ले जाता है, अर्थात्, एक ऐसी सरकार जो नागरिको को उनकी आवश्यकता की हर चीज की प्रत्यक्षतः पूर्ति करने का प्रयास नहीं करती। बल्कि, (1) वह बाजार के लिए एक सामर्थ्यकारी लोकाचार का सृजन करती है ताकि व्यष्टिक उद्यम फल-फूल सके और नागरिक, अधिकांश भाग के लिए, एक-दूसरे की आवश्यकताओं के लिए प्रावधान कर सकें; और (2) वह ऐसे लोगों की मदद के लिए आगे आती हैं जो स्वयं अपनी बेहतरी नही कर पाते, क्योंकि कैसी भी व्यवस्था क्यों न हो, कुछ लोग हमेशा ऐसे होते हैं जिन्हें सहारे और मदद की आवश्यकता होती है। अतः हमें एक ऐसी सरकार की जरूरत है जो बाजार के मामले में प्रभावी, प्रोत्साहन-अनुकूल नियम स्थापित करे और न्यूनतम हस्तक्षेप करती हुई हाशिए पर बनी रहे और साथ ही साथ, निर्धनों को शिक्षा और स्वास्थ्य की बुनियादी सुविधाएँ तथा पर्याप्त पोषण और आहार की उपलब्धता सुनिश्चित करते हुए उनकी प्रत्यक्ष सहायता करने में महत्त्वपूर्ण भूमिका निभाए।

1. लेखांश के अनुसार :

1. समावेशी संवृद्धि का उद्देश्य राष्ट्र के संस्थापकों द्वारा रखा गया था।
2. समय की आवश्यकता है कि एक सामर्थ्यकारी सरकार हो।
3. सरकार को बाजार की प्रक्रियाओं में अधिकतम हस्तक्षेप रखना चाहिए।
4. आवश्यकता है कि सरकार के आकार में परिवर्तन हो।

उपर्युक्त में से कौन-कौन से कथन सही हैं?

(*a*) केवल 1 और 2 (*b*) केवल 2 और 3

(*c*) केवल 1 और 4 (*d*) केवल 1, 2, 3 और 4

2. लेखांश के अनुसार, निम्नलिखित में से किस एक पर संकेंद्रित कर के समावेशी संवृद्धि की कार्यनीति कार्यरूप में परिणत की जा सकती हैं?

(*a*) देश के प्रत्येक नागरिक की सभी आवश्यकताओं की पूर्ति कर

(*b*) विनिर्माण क्षेत्र पर विनियमनों को बढ़ा कर

(*c*) विनिर्मित वस्तुओं के वितरण को नियंत्रित कर

(*d*) समाज के वंचित वर्गो को बुनियादी सेवाएँ प्रदान कर

3. सामर्थ्यकारी सरकार के संघटक क्या हैं?

1. विशाल नौकरशाही।
2. प्रतिनिधियों के माध्यम से कल्याण कार्यक्रमों को लागू करना।
3. ऐसे लोकाचार का सृजन करना जिसमें व्यष्टिक उद्यम को मदद मिले।
4. उन्हें संसाधन उपलब्ध कराना जो अल्प सुविधा प्राप्त हैं।
5. निर्धनों को बुनियादी सेवाओं के सम्बन्ध में सीधे मदद देना।

नीचे दिए गए कूट की सहायता से सही उत्तर चुनिएः

(*a*) केवल 1, 2 और 3 (*b*) केवल 4 और 5

(*c*) केवल 3, 4 और 5 (*d*) 1, 2, 3, 4 और 5

4. राज्य क्यों "सभी आवश्यकताओं की पूर्ति" कर सकने में असमर्थ हैं?

1. उसके पास पर्याप्त नौकरशाही नहीं हैं।
2. वह समावेशी संवृद्धि को प्रोत्साहित नहीं करता।

नीचे दिए गए कूट की सहायता से सही उत्तर चुनिएः

(*a*) केवल 1 (*b*) केवल 2

(*c*) 1 और 2 दोनों (*d*) न तो 1 और नहीं 2

5. इस लेखांश के लेखक द्वारा व्यक्त सारभूत संदेश क्या हैं?

(*a*) राष्ट्र के संस्थापकों के द्वारा अधिकथित समावेशी संवृद्धि के उद्देश्यों को याद रखना चाहिए।

(*b*) सरकार के लिए यह आवश्यक है कि वह अधिक स्कूल और स्वास्थ्य सेवाएँ उपलब्ध कराए।

(*c*) सरकार के लिए यह आवश्यक है कि वह समाज के निर्धन स्तरों की आवश्यकताओं की पूर्ति के लिए बाजार और उद्योग स्थपित करे।

(*d*) समावेशी संवृद्धिकी प्राप्ति के लिए राज्य की भूमिका पर पुनर्विचार करने की आवश्यकता हैं।

लेखांश-2

'सृजनशील समाज' की अवधारणा किसी समाज के विकास के उस चरण को निर्दिष्ट करती हैं जिसमें बड़ी संख्या में संभाव्य विरोधाभास मुखर और सक्रिय हो उठतें हैं। यह उस समय सर्वाधिक सुस्पष्ट होता है जिस समय उत्पीड़ित सामाजिक समूह राजनीतिक स्तर पर संघटित हो जाते है और अपने अधिकारों की माँग करते है। विकासशील देशों में किसानों और जनजातियों का उमड़ कर उठना, क्षेत्रीय स्वायत्तता और आत्मनिर्णय के लिए आंदोलन, पर्यावरण आंदोलन और नारी आंदोलन समकालीन समय में सृजनशील समाज के आविर्भाव के लक्षण हैं। इन सामाजिक आंदोलनों के रूप और उनकी तीव्रता अलग-अलग देशों में और किसी एक देश के अलग-अलग हिस्सों में भिन्न-भिन्न हो सकती है। किन्तु सामाज के विभिन्न क्षेत्रों में सामाजिक रूपान्तरण लाने के लिए इन आंदोलनों की उपस्थिति मात्र, देश में सृजनशील समाज के आविर्भाव को इंगित करती हैं।

6. "सृजनशील समाज" से लेखक का क्या निहितार्थ हैं?

1. एक समाज जहाँ विविध कलारूप और साहित्यिक लेखन प्रोत्साहन पाने का प्रयत्न करते हैं।
2. एक समाज जहाँ सामाजिक असमानताएँ मानक की तरह स्वीकृत हैं।
3. एक सामाज जहाँ विशाल संख्या में अंतर्विरोध मान लिए जाते हैं।
4. एक समाज जहाँ शोषित और उत्पीड़ित समूहों में अपने मानवाधिकारों एवं उत्थान की चेतना विकसित होती हैं।

नीचे दिए गए कूट की सहायता से सही उत्तर चुनिएः

(*a*) 1, 2 और 3 (*b*) केवल 4

(*c*) 3 और 4 (*d*) 2 और 4

7. लेखांश के अनुसार सामाजिक आंदोलनों की अभिव्यक्तियाँ कौन-कौन सी हैं?

1. आक्रामकता और दाहक होना।
2. बाह्य बलों के द्वारा उकसाया जाना।
3. सामाजिक समानता और वैयक्तिक स्वतंत्रता की तलाश।
4. समाज के अवमानित वर्गों को विशेषाधिकार और आत्मसम्मान प्रदान करने का आग्रह।

नीचे दिए कूट का प्रयोग कर सही उत्तर चुनिएः

(*a*) केवल 1 और 3 (*b*) केवल 2 और 4

(*c*) केवल 3 और 4 (*d*) 1, 2, 3 और 4

8. लेखांश के संदर्भ में, निम्नलिखित कथनों पर विचार कीजिएः

1. सृजनशील समाज बनने के लिए, विविध प्रकार के सामाजिक आंदोलनों का होना अनिवार्य हैं।
2. सृजनशील समाज बनने के लिए, संभाव्य अंतर्विरोधों और संघर्षों का होना अत्यावश्यक हैं।

उपर्युक्त में से कौन-सा/कौन-से कथन सही है/हैं?

(*a*) केवल 1 (*b*) केवल 2

(*c*) 1 और 2 दोनो (*d*) न तो 1 और न ही 2

9. निम्नलिखित तीन कथनों पर विचार कीजिएः

1. दौड़ में केवल छात्र ही भाग ले सकते हैं।
2. दौड़ में भाग लेने वालों में कुछ बालिकाएँ हैं।
3. दौड़ में भाग लेने वाली सभी बालिका प्रतिभागियों को प्रशिक्षण हेतु बुलाया गया है।

उपर्युक्त कथनों से निम्नलिखित कौन-सा एक निष्कर्ष निकाला जा सकता हैं?

(*a*) दौड़ के सभी प्रतिभागियों को प्रशिक्षण हेतु बुलाया गया हैं।

(*b*) सभी छात्रों को प्रशिक्षण हेतु बुलाया गया हैं।

(*c*) दौड़ के सभी प्रतिभागी छात्र हैं।

(*d*) उपर्युक्त (*a*), (*b*) और (*c*) कथनों में से कोई सही नहीं हैं।

निम्नलिखित 2 (दो) प्रश्नांशों के लिए निर्देशः

निम्नलिखित दो प्रश्नांशो में प्रत्येक के भीतर चार कथन है। इन चार कथनों में से दो ऐसे है, जो एक साथ दोनों सही नहीं हो सकते; किन्तु दोनों ही गलत हो सकते है। कथनों का ध्यानपूर्वक अध्ययन करें और उन दो कथनों को पहचानिए जो उपर्युक्त नियमों को संतुष्ट करते है। प्रत्येक कथन-समुच्चय के उपरांत दिए गए कूटों की सहायता से सही उत्तर चुनिएः

10. निम्नलिखित कथनों की परीक्षा कीजिएः

1. सभी पशु मांसाहारी होते है।
2. कुछ पशु मांसाहारी नहीं होते।
3. पशु मांसाहारी नही होते।
4. कुछ पशु मांसाहारी होते है

कूटः

(*a*) 1 और 3 (*b*) 1 और 2

(*c*) 2 और 3 (*d*) 3 और 4

11. निम्नलिखित कथनों की परीक्ष कीजिएः

1. सभी रेलगाड़ियाँ डीज़ल इंजन से चलती है।
2. कुछ रेलगाड़ियाँ डीज़ल इंजन से चलती है।
3. कोई भी रेलगाड़ी डीज़ल इंजन से नहीं चलती।
4. कुछ रेलगाड़ियाँ डीज़ल इंजन से नहीं चलती।

कूटः

(*a*) 1 और 3

(*b*) 2 और 3

(*c*) 1 और 3

(*d*) 1 और 4

12. नीचे दिए गए, नामतः A, B, C एवं D, चार आयु पिरैमिड अलग-अलग चार देशों को निरूपित करते है। उन पर विचार कीजिए।

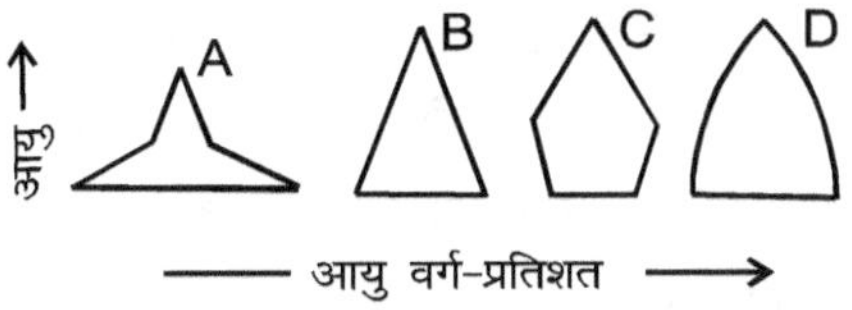

इनमें से कौन-सा एक, घटती जनसंख्या को इंगित करता है?

(*a*) A

(*b*) B

(*c*) C

(*d*) D

13. नीचे दिए गए चित्र नामतः A, B, C एंव D, चार वक्र प्रस्तुत है। चित्र का अध्ययन कर उसके नीचे दिए गए प्रश्नांश का उत्तर दीजिए।

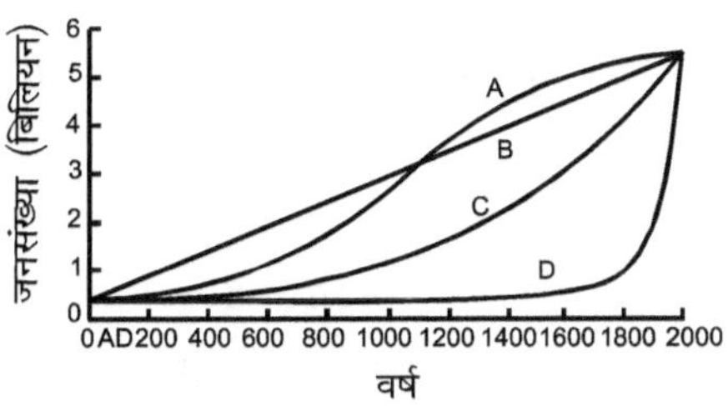

इनमें से कौन-सा वक्र चरघातांकी वृद्धि को इंगित करता है?

(*a*) A

(*b*) B

(*c*) C

(*d*) D

निम्नलिखित 2 (दो) प्रश्नांशों के लिए निर्देशः

नीचे दिए गए वृत्त संचित्र (पाई चार्ट) शहर A तथा शहर B, दो शहरों में रोगियों में मिले रोग वर्गो को अलग-अलग दर्शाता है। वृत्त संचित्र में रोग वर्गो को रोगियों की कुल संख्या के प्रतिशत के रुप में अंकित किया गया है। इन तथ्यों के आधार पर, वृत्त संचित्र के पश्चात् दिए गए प्रश्नांशों के उत्तर दीजिए।

शहर- A में रोगों का वितरण

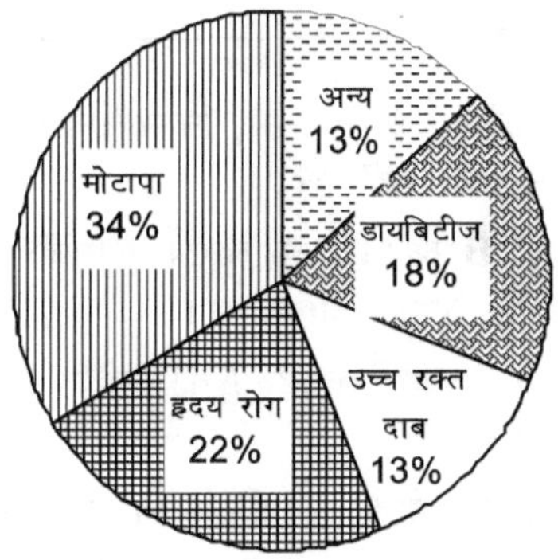

शहर- B में रोगों का वितरण

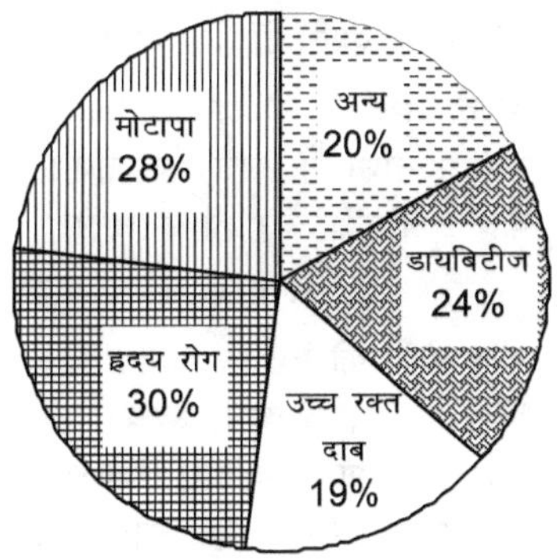

14. दोनों शहरों में से किस शहर में डायाबिटीज से ग्रस्त व्यक्तियों की संख्या अपेक्षाकृत अधिक है?

(*a*) शहर A

(*b*) शहर B

(*c*) शहर A और शहर B में संख्या समान है

(*d*) कोई अनुमान नहीं निकाला जा सकता

15. इन आलेखों के आधार पर हम उन व्यक्तियों के बारे में क्या कह सकते

(*a*) शहर A में एक से अधिक रोगों वाले व्यक्तियों के होने की संभावना है।

(*b*) शहर B में एक से अधिक रोगों वाले व्यक्तियों के होने की संभावना है।

(*c*) A और B दोनों शहरों में एक से अधिक रोगों वाले व्यक्तियों के होने की संभावना है।

(*d*) कोई अनुमान नहीं निकाला जा सकता।

16. निम्नलिखित वेग-समय आलेख पर विचार कीजिए। यह आलेख दो ऐसी रेलगाड़ियों को दर्शाता है जो समांतर पटरियों पर एक ही समय पर चलना शुरू करती है।

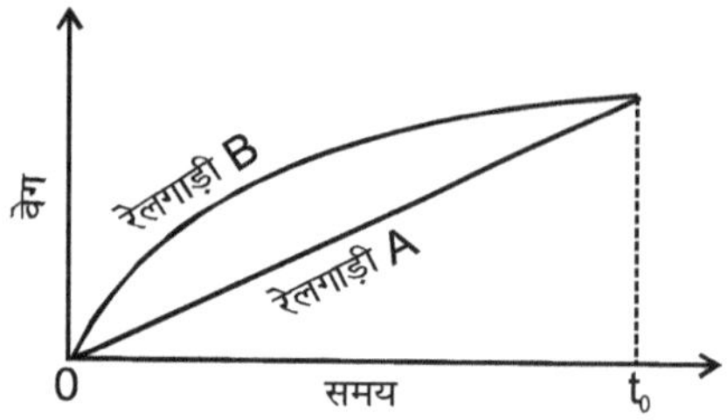

उपर्युक्त आलेख के संदर्भ में, निम्नलिखित में से कौर-सा एक कथन सही **नहीं** है?

(*a*) रेलगाड़ी B का प्रारंभिक त्वरण रेलगाड़ी A के प्रारंभिक त्वरण की अपेक्षा अधिक है।

(*b*) रेलगाड़ी B सदा रेलगाड़ी A की अपेक्षा अधिक तेज़ दौड़ रही है।

(*c*) समय t_0 पर दोनों रेलगाड़ियों का वेग समान है।

(*d*) t_0 समय-इकाई में दोनों रेलगाड़ियाँ एकसमान दूरी तय करती है।

निम्नलिखित 6 (छः) प्रश्नांशों के लिए निर्देशः

निम्नलिखित दो लेखांशों में से प्रत्येक को पढ़िए और उनके उपरांत दिए गए प्रश्नांशों के उत्तर दीजीए। इन प्रश्नांशों के आपके उत्तर केवल लेखांशों पर ही आधारित होने चाहिए।

लेखांश-1

पारिस्थितिकी-तंत्र लोगों को विविध प्रकार की वस्तुएँ एवं सेवाएँ प्रदान करते है; खाद्य, स्वच्छ जल, स्वच्छ वायु, बाढ़ नियंत्रण, मृदा स्थिरीकरण, परागण, जलवायु विनियमन, आध्यात्मिक परितोष तथा सौंदर्यपरक आनंद, कुछ नाम गिनाए जा सकते हैं। इनमें से अधिकांश लाभ या तो अप्रतिस्थापनीय हैं या उनको प्रतिस्थापित करने वाली प्रौद्योगिकी प्रतिषेधक रूप से महँगी है। उदाहरणार्थ, समुद्री जल का विलवणीकरण कर पेय अलवण जल उपलब्ध कराया जा सकता हैं, किन्तु यह अत्यधिक लागत पर ही संभव हैं।

तेजी से बढ़ती मानव जनसंख्या ने वस्तुओं और सेवाओं की, विशेषकर खाद्य, अलवण जल, इमारती लकड़ी, रेशों और ईंधन की, अपनी बढ़ी हुई अवश्यकताओं की पूर्ति के लिए पृथ्वी के पारिस्थितिकी-तंत्रों को अत्यधिक बदल डाला है। इन अपरिवर्तनों ने मानव के कल्याण और आर्थिक विकास में भरपूर योगदान दिया हैं। ये लाभ समान रूप से वितरित नहीं हुए हैं। इन परिवर्तनों से कुछ लोगों की वस्तुतः हानि हुई हैं। इसके अतिरिक्त, पारिस्थितिकी-तंत्र की कुछ वस्तुओं एवं सेवाओं की अल्पावधि वृद्धि, दूसरों के दीर्घावधि अवकर्षण की लागल पर हुई हैं। उदाहरणार्थ, खाद्य एवं रेशों के उत्पादन को बढ़ाने के प्रयासों से कुछ पारिस्थितिकी-तंत्रों की निर्मल जल प्रदान करने, बाढ़ नियंत्रित करने तथा जैव-विविधता को आधार प्रदान करने की क्षमता में ह्रास हुआ हैं।

17. लेखांश के संदर्भ में, निम्नलिखित कथनों पर विचार कीजिए। बढ़ती मानव जनसंख्या का प्रतिकूल प्रभाव पड़ता है:

1. आध्यात्मिक पारितोष पर
2. सौंदर्यपरक आनंद पर
3. पेय अलवण जल पर
4. खाद्य एवं रेशों के उत्पादन पर
5. जैव-विविधता पर

उपर्युक्त में से कौन-से कथन सही हैं?

(*a*) केवल 1, 2 और 3 (*b*) केवल 2, 4 और 5

(*c*) केवल 3 और 5 (*d*) 1, 2, 3, 4 और 5

18. लेखांश में उल्लेख है कि "इन परिवर्तनों से कुछ लोगों की वस्तुतः हानि हुई है।" इस कथन में क्या अंतर्निहित है?

1. जनसंख्या की तीव्र वृद्धि का कुछ लोगों पर प्रतिकूल प्रभाव पड़ा हैं।
2. खाद्य एवं रेशों के उत्पादन में वृद्धि लाने के लिए पर्याप्त प्रयास नहीं हुए हैं।
3. पृथ्वी के पारिस्थितिकी-तंत्रों में अपरिवर्तनों से अल्पावधि में कुछ लोगो को चाहे क्षति पहुँच सकती है, किन्तु दीर्घावधि में सभी लोगों को लाभ पहुँचेगा।

उपर्युक्त में से कौन-सा/कौन-से कथन सही है/हैं?

(*a*) केवल 1

(*b*) 2

(*c*) 1 और 3

(*d*) उपर्युक्त कथनों में से कोई भी नहीं

19. लेखांश के संदर्भ में, निम्नलिखित कथनों पर विचार कीजिए:

1. मानव जाति के कल्याण के लिए पृथ्वी के पारिस्थितिकी-तंत्रों को अपरिवर्तित करना अत्यावश्यक हैं।
2. प्रौद्योगिकी कभी भी पारिस्थितिकी-तंत्रों द्वारा प्रदत्त की जाने वाली सभी वस्तुओं एवं सेवाओं का स्थान नहीं ले सकती।

उपर्युक्त में से कौन-सा/कौन-से कथन सही है/हैं?

(*a*) केवल 1 (*b*) केवल 2

(*c*) 1 और 2 दोनों (*d*) न तो 1 और न ही 2

लेखांश-2

एक नैतिक कृत्य हमारा अपना कृत्य होना चाहिए; हमारे अपने संकल्प से प्रस्फुटित होना चाहिए। यदि हम यंत्रवत कार्य करते हैं, तो हमारे कृत्य में कोई नैतिक पुट नहीं होता। यह कृत्य तभी नैतिक होगा, यदि हम यंत्र की तरह कार्य करने को उचित समझें और उसी प्रकार कार्य करें। क्योंकि, ऐसा करते हुए हम अपने विवेक का प्रयोग करते हैं। हमें अपने मन में यांत्रिक ढंग से कार्य करने और साभिप्राय कार्य करने के बीच विभेद रखना

चाहिए। किसी राजा के लिए एक अपराधी का क्षमादान देना नैतिक हो सकता हैं। किन्तु इस क्षमादान के आदेश का पालन करने वाला दूत राजा के इस नैतिक कृत्य में केवल एक यांत्रिक भूमिका का ही निर्वाह करता हैं। किन्तु यह दूत राजा के आदेश का यदि अपना कर्तव्य समझकर निर्वाह करे, तो उसका कृत्य एक नैतिक कृत्य होगा। कोई ऐसा व्यक्ति जो अपनी बुद्धि और विचार शक्ति का प्रयोग नहीं करता, और स्वयं को धारा के प्रवाह के साथ लकड़ी के कुन्दे के समान बह जाने देता है, नैतिकता को भला कैसे समझ सकता है। व्यक्ति कभी-कभी परम कल्याण की दृष्टि से रूढ़ि की अवज्ञा कर स्वयं अपने निर्णय से कार्य करता है।

20. निम्नलिखित में से कौन-सा/कौन-से कथन लेखक के विचारों का सर्वोत्तम वर्णन करता है/करते हैं?

1. नैतिक कृत्य की पूर्ति के लिए अपने विवेक का प्रयोग आवश्यक है।
2. किसी स्थिति के प्रति मनुष्य को अविलंब प्रतिक्रिया करनी चाहिए।
3. मनुष्य को अपने कर्तव्य का पालन करना चाहिए।
4. नैतिक होने के लिए मनुष्य को रूढ़ि की अवज्ञा करने में समर्थ होना चाहिए।

नीचे दिए गए कूट की सहायता से उत्तर चुनिए:

(*a*) केवल 1 (*b*) 1 केवल 2
(*c*) 2 और 3 (*d*) 1 और 4

21. लेखक के अनुसार, निम्नलिखित में से कौन-सा कथन नैतिक कृत्य की निकटता परिभाषा है?

(*a*) यह वरिष्ठों के आधिकारिक आदेशों पर आधारित यांत्रिक कृत्य हैं।
(*b*) यह अपने विवेक-बोध पर आधारित चतुर कृत्य हैं।
(*c*) यह उद्देश्य की सुस्पष्टता पर आधारित चतुर कृत्य हैं।
(*d*) यह समझ पर आधारित धार्मिक कृत्य हैं।

22. लेखांश में एक कथन है कि "स्वयं को धारा के प्रवाह के साथ लकड़ी के कुन्दे के समान बह जाने देता है।" निम्नलिखित में से कौन-सा/कौन-से कथन, इसका/इसके निकटतम अर्थ है/हैं?

1. व्यक्ति अपनी तर्कबुद्धि का प्रयोग नहीं करता।
2. वह प्रभाव/दबाव के प्रति अति-प्रभाव्य हैं।
3. वह कठिनाइयों/चुनौतियों का सामना नहीं कर सकता।
4. वह लकड़ी के कुन्दे के सामान हैं।

नीचे दिए गए कूट की सहायता से सही उत्तर चुनिए:

(*a*) केवल 1 (*b*) 1 केवल 2
(*c*) 2 और 3 (*d*) 1 और 4

23. निम्नलिखित दूरी-समय आलेख पर विचार कीजिए। यह आलेख A, B एंव C तीन ऐसे धावकों को दर्शाता है जो साथ-साथ 30 km दौड़ लगा रहे है।

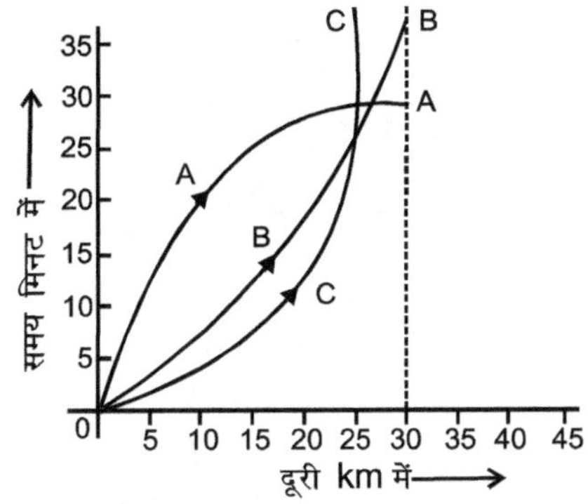

उपर्युक्त आलेख के संदर्भ में, निम्नलिखित कथनों पर विचार कीजिए:

1. दौड़ में धावक A की जीत हुई।
2. प्रथम 25 km तक धावक B धावक A से आगे था।
3. धावक C शुरु से ही बहुत धीरे दौड़ रहा था।

उपर्युक्त में से कौन-सा/कौन-से कथन सही है/हैं?

(*a*) केवल 1 (*b*) केवल 1 और 2
(*c*) केवल 2 और 3 (*d*) 1, 2 और 3

24. नीचे दी गई आकृतियों पर विचार कीजिए:

2	6
80	24

3	?
120	36

लुप्त संख्या क्या है?

(*a*) 7
(*b*) 8
(*c*) 9
(*d*) 10

25. नीचे दी गई आकृतियों पर विचार कीजिए:

एक व्यक्ति A से B तक हमेशा रेखाओं के साथ-साथ दाहिनी दिशा में अथवा नीचे की दिशा में बढ़ते हुए जाता है। वह कितने अलग-अलग मार्ग अपना सकता है?

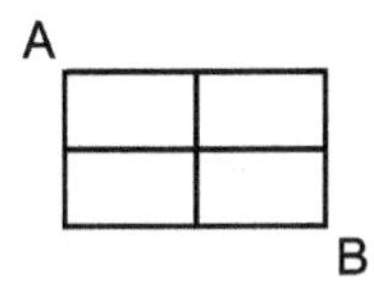

नीचे दिए गए कूट की सहायता से सही उत्तर चुनिए:

(*a*) 4
(*b*) 5
(*c*) 6
(*d*) 7

26. निम्नलिखित आकृति पर विचार कीजिए और उसके नीचे दिए गए प्रश्नांश का उत्तर दीजिए:

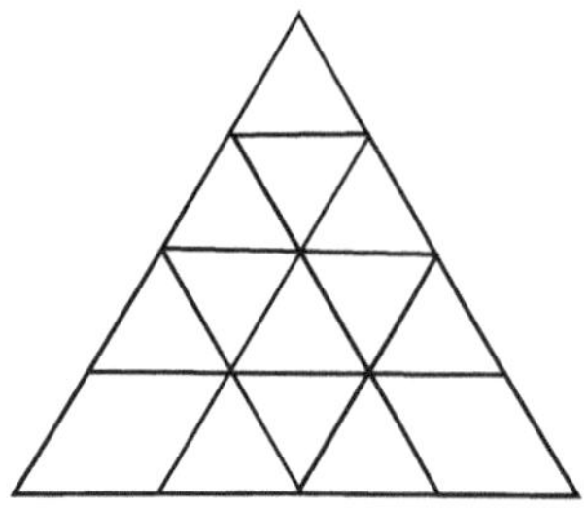

उपर्युक्त ग्रिड में त्रिभुजों की कुल संख्या कितनी है?

(*a*) 27 (*b*) 26

(*c*) 23 (*d*) 22

निम्नलिखित 4 (चार) प्रश्नांशों के लिए निर्देश:

निम्नलिखित लेखांश को पढ़िए और उसके उपरांत दिए गए प्रश्नांशों के उत्तर दीजिए। इन प्रश्नांशों के आपके उत्तर केवल लेखांश पर ही आधारित होने चाहिए।

लेखांश

जब कोई देश विदेशी प्रभुत्व के अधीन होता है, तब वह किसी विलुप्त युग के सपनों में वर्तमान से पलायन ढूँढ़ता है, और अपने बीते महान् कल की कल्पनाओं में सांत्वना पाता है। यह एक मूर्खतापूर्ण और खतरनाक विनोद है, जिसमें हम में से अनेक मग्न रहते हैं। हम भारतीयों का यह आचरण भी उतना ही प्रश्नास्पद है कि हम अब भी यह सोचते हैं कि हम आध यात्मिक दृष्टि से महान् हैं जबकि हम अन्य विषयों में विश्व में नीचे आ चुके हैं। आध्यात्मिक या अन्य कोई महानता, स्वतंत्रता और अवसर के आभाव में या भुखमरी और दुःख के रहते हुए संस्थापित नहीं की जा सकती। बहुत से पाश्चात्य लेखकों ने इस धारणा को बढ़ावा दिया है कि भारतीय परलोक- परायण है। मैं समझता हूँ कि हर देश में निर्धन और अभागे लोग, कुछ हद तक परलोक-परायण बन जाते हैं, जब तक कि वे क्रांतिकारी ही न बन जाएँ, क्योंकि यह लोक प्रत्यक्षतः उनके लिए नहीं है। पराधीन जनों की भी यही स्थिति होती है।

जैसे-जैसे विकसित होकर कोई व्यक्ति परिपक्व होता, वैसे-वैसे वह बाहरी वस्तुपरक दुनिया में न तो पूर्णतः तल्लीन रहता है न ही उससे संतुष्ट होता है। वह कुछ आंतरिक अर्थ भी ढूँढ़ना चाहता है, कुछ मनोवैज्ञानिक और भौतिक संतोष भी तलाशना चाहता है। यही स्थिति जनों और सभ्यताओं की भी होती है जैसे-जैसे वे परिपक्व और विकसित होकर वयस्क होते हैं। प्रत्येक सभ्यता और प्रत्येक जन बाह्य जीवन और आंतरिक जीवन की इन समानांतर धाराओं को प्रदर्शित करते हैं। जब ये धाराएँ आपस में मिल जाती है या एक-दूसरे के सन्निकट रहती है, तब संतुलन और स्थिरता बनी रहती है। जब ये भिन्न दिशाओं में चली जाती हैं, संघर्ष उत्पन्न हो जाता है तथा मन और आत्मा को यंत्रणा देने वाली संकटावस्था उत्पन्न हो जाती है।

27. लेखांश में उल्लेख है कि ''यह लोक प्रत्यक्षतः उनके लिए नहीं है।'' यह उन लोगों को निर्दिष्ट करता है, जो

1. विदेशी प्रभुत्व से स्वतंत्रता चाहते हैं।
2. भुखमरी और दुःख का जीवन जीते हैं।
3. क्रांतिकारी बन जाते हैं।

उपर्युक्त में से कौन-सा/कौन-से कथन सही है/हैं?

(*a*) 1 और 2 (*b*) केवल 2

(*c*) 2 और 3 (*d*) केवल 3

28. निम्नलिखित मान्यताओं पर विचार कीजिए:

1. विदेशी प्रभुत्व के अधीन एक देश आध्यात्मिक अनुसरण में मग्न नहीं हो सकता।
2. आध्यात्मिक अनुसरण में निर्धनता अवरोधक है।
3. पराधीन जन परलोक-परायाण बन सकते हैं।

प्रस्तुत लेखांश के संदर्भ में, कौन-सी उपर्युक्त मान्यता/मान्यताएँ वैध है/हैं?

(*a*) 1 और 2 (*b*) केवल 2

(*c*) 2 और 2 (*d*) केवल 3

29. उपर्युक्त लेखांश की विषय-वस्तु निम्नलिखित में से किस पर केंद्रित है?

(*a*) उत्पीड़ित लोगों की मनोदशा पर

(*b*) भुखमरी और दुःख पर

(*c*) सभ्यता के विकास पर

(*d*) सामान्य लोगों के तन, मन और आत्मा पर

30. लेखांश के अनुसार, मन और आत्मा की यंत्रणा का कारण क्या है?

(*a*) विदेशी प्रभुत्व का प्रभाव

(*b*) विदेशी प्रभुत्व से पलायन की इच्छा और बीते महान् कल की कल्पनाओं में सांत्वना ढूँढ़ना

(*c*) बाह्य जीवन और आंतरिक जीवन के बीच संतुलन का अभाव

(*d*) व्यक्ति की अक्षमता कि न तो वह क्रांतिकारी ही बन पाता है न ही परलोक-परायण

निम्नलिखित 3 (तीन) प्रश्नांशों के लिए निर्देश:

निम्नलिखित लेखांश को पढ़िए, उसके उपरांत दिए गए आलेख का अध्ययन कीजिए और आकृति के नीचे दिए गए तीन प्रश्नांशों के उत्तर दीजिए।

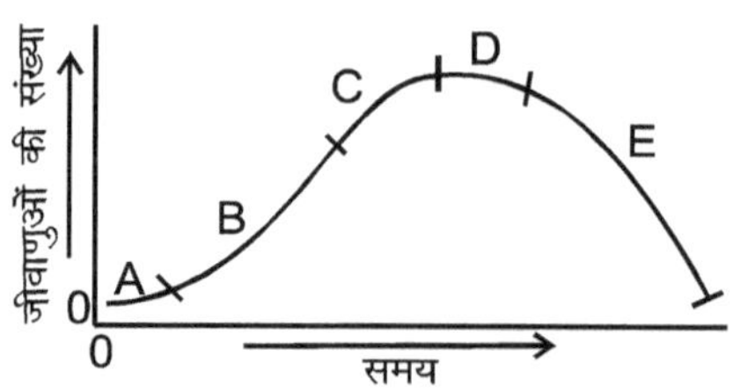

किसी दावत में शामिल होनें के दौरान एक व्यक्ति संदूषित जल के संपर्क में आया। उसे कुछ दिनों बाद बुखार आ गया और दस्त लग गए। शुरू के कुछ दिनों तक वह बुखार और दस्त को भुगतता रहा, फिर उसने डॉक्टर से दवा ली। उपचार शुरु करने के पश्चात् शीघ्र ही उसे आराम आना शुरु हो गया और वह कुछ ही दिनों में बिल्कुल ठीक हो गया। निम्नलिखित आलेख में उस व्यक्ति की रुग्ण अवस्था के विभिन्न चरण वक्र के A, B, C, D एंव E क्षेत्रों के रूप में दर्शाए गए है।

31. वक्र का/के कौन-सा/कौन-से क्षेत्र संक्रमण के उद्भवन चरण के संगत है/हैं?

(*a*) केवल A

(*b*) केवल B

(*c*) B और C

(*d*) वक्र का कोई भी भाग उद्भवन चरण को नहीं दर्शाता

32. वक्र के किस क्षेत्र से इंगित होता है कि उस व्यक्ति में संक्रमण के लक्षण प्रकट होने शुरु हुए?

(*a*) A (*b*) B

(*c*) C (*d*) D

33. वक्र के किस क्षेत्र से इंगित होता है कि उपचार से प्रभावी राहत प्राप्त हुई?

(*a*) C

(*b*) D

(*c*) E

(*d*) यह वक्र उपचार को नहीं दर्शाता

34. शहर A से शहर B तक जाने के लिए चार रास्ते हैं तथा शहर B से शहर C तक जाने के लिए छः रास्ते हैं। शहर A से शहर C तक जाने के लिए कितने रास्ते संभव है?

(*a*) 24 (*b*) 12

(*c*) 10 (*d*) 8

35. किसी निर्माण-कार्य की संविदा में, एक निर्धारित तिथि के परे कार्य समापन में देरी के लिए दंड का विनिर्देश किया गया है, जो इस प्रकार है: पहले दिन के लिए ₹ 200, दूसरे दिन के लिए ₹ 250, तीसरे दिन के लिए ₹ 300, इत्यादि। प्रत्येक परवर्ती दिन के लिए दंड पिछले दिन से ₹ 50, अधिक है। यदि कार्य समाप्त होने में 10 दिन अधिक लगते है तो ठेकेदार को कितना दंड अदा करना चाहिए?

(*a*) ₹ 4950 (*b*) ₹ 4250

(*c*) ₹ 3600 (*d*) ₹ 650

36. नीचे दी गई आकृति पर विचार कीजिए और उसके पश्चात् दिए गए प्रश्नांश का उत्तर दीजिए:

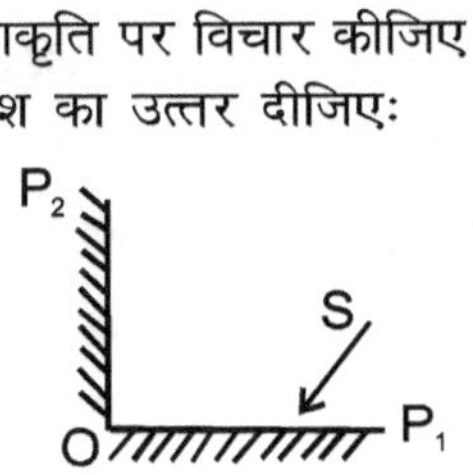

ऊपर दी गई आकृति मे, OP_1 और OP_2 दो समतल दर्पण हैं जो एक-दूसरे के अनुलंब स्थित है। OP_1 दर्पण पर पड़ने वाली प्रकाश पुंज की दिशा S है। ऐसे में OP_2 दर्पण के परावर्तित प्रकाश पुंज की दिशा क्या होगी?

(*a*) S दिशा के अनुलंब

(*b*) S दिशा से 45° पर

(*c*) S दिशा के विपरीत और समांतर

(*d*) S दिशा से 60° पर

37. नीचे दी गई आकृति पर विचार कीजिए और उसके पश्चात् दिए गए प्रश्नांश का उत्तर दीजिए:

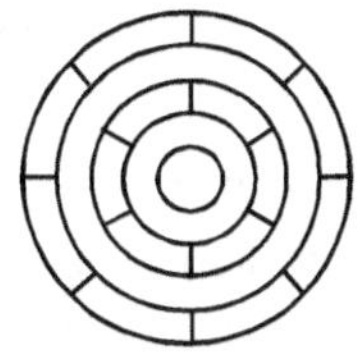

ऊपर दी गई आकृति में यदि किन्हीं भी दो निकटवर्ती क्षेत्रों में एक जैसा रंग नहीं भरना हो तो इस आकृति में रंग भरने के लिए कम-से-कम कितने अलग-अलग रंगों की जरुरत होगी?

(*a*) 3 (*b*) 4

(*c*) 5 (*d*) 6

38. नीचे दी गई आकृति पर विचार कीजिए और उसके पश्चात् दिए गए प्रश्नांश का उत्तर दीजिए:

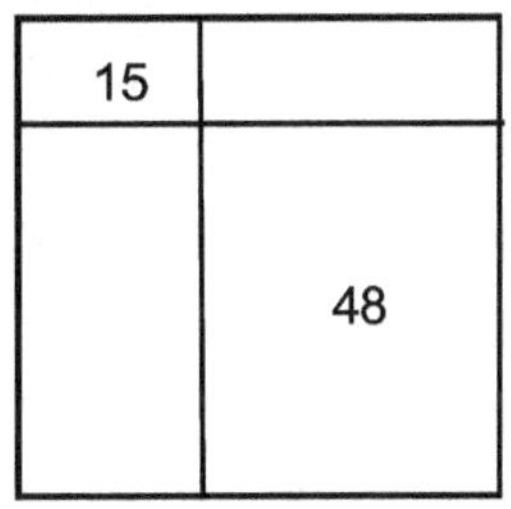

ऊपर दिखाए अनुसार एक वर्ग को चार आयतों में विभक्त किया गया है। आयतों की भुजाओं की लंबाइयाँ धनपूर्ण संख्याएँ है। आकृति में दो आयतों के क्षेत्रफल अंकित है। वर्ग की प्रत्येक भुजा की लंबाई क्या है?

(*a*) 10

(*b*) 11

(*c*) 15

(*d*) निर्धारित नहीं किया जा सकता क्योंकि दिए गए आँकड़े अपर्याप्त हैं

39. एक व्यक्ति के पास ₹ 1 तथा ₹ 2 के सिक्के है। यदि उसके पास कुल 50 सिक्के है और धन-राशि ₹ 75 है, तो उसके पास ₹ 1 तथा ₹ 2 के सिक्कों की संख्या क्रमशः

(*a*) 15 और 35 है (*b*) 35 और 15 है

(*c*) 30 और 20 है (*d*) 25 और 25 है

40. तीन व्यक्ति एक साथ टहलना आरंभ करते है तथा उनके कदमों के माप क्रमशः 40 cm, 42 cm तथा 45 cm है। प्रत्येक व्यक्ति कितनी न्यूनतम दूरी तक चले ताकि प्रत्येक व्यक्ति समान दूरी को पूर्ण चरणों में पूरा कर ले?

(*a*) 25 m 20 cm (*b*) 50 m 40 cm

(*c*) 75 m 60 cm (*d*) 100 m 80 cm

41. यदि एक-समान गति से चलने पर एक बस 4 घंटे में 160 किमी दूरी तय करती है तथा एक रेलगाड़ी 5 घंटे में 320 किमी दूरी तय करती है, तो इनके द्वारा एक घंटे में तय की गई दूरियों में क्या अनुपात है?

(*a*) 8 : 5 (*b*) 5 : 8

(*c*) 4 : 5 (*d*) 1 : 2

42. किसी कक्षा में विद्यार्थियों की संख्या 100 है। 60% विद्यार्थी क्रिकेट खेलते है, 30% विद्यार्थी फुटबाल खेलते है तथा 10% विद्यार्थी दोनों खेल खेलते हैं। ऐसे विद्यार्थियों की संख्या क्या है जो न तो क्रिकेट खेलते हैं और न ही फुटबाल खेलते हैं?

(*a*) 24 (*b*) 20

(*c*) 18 (*d*) 15

43. एक गाँव की जनसंख्या 4000 है जिसके लिए प्रति व्यक्ति प्रतिदिन 150 लीटर जल की आवश्यकता है। इसके पास एक पानी की टंकी है जिसकी माप $20\ m \times 15\ m \times 6\ m$ है। पानी की टंकी का जल कितने दिनों में समाप्त होगा?

(*a*) 2 दिनों में (*b*) 3 दिनों में

(*c*) 4 दिनों में (*d*) 5 दिनों में

निम्नलिखित 4 (चार) प्रश्नांशों के लिए निर्देशः

निम्नलिखित लेखांश को पढ़िए और उसके उपरांत दिए गए प्रश्नांशों के उत्तर दीजिए। इन प्रश्नांशों के आपके उत्तर केवल लेखांश पर ही आधारित होने चाहिए।

लेखांश

एक जाति जो किसी पारिस्थितिकी-तंत्र में अपनी प्रचुरता के अनुपात से बढ़ कर प्रभाव डालती है, उसे कुंजीशिला (कीस्टोन) जाति कहा जाता है। कुंजीशिला (कीस्टोन) जाति, जाति की समुदायों की समृद्धि तथा पारिस्थितिकी-तंत्रों में व्याप्त ऊर्जा और पदार्थो के प्रवाह को प्रभावित कर सकती है। समुद्री तारा *पाइसैस्टर ओकरेसियस* भी, जो उत्तरी अमेरिका के प्रशांत सागरीय तट पर चट्टानी अंतराज्वारीय परिस्थितिकी-तंत्रों में रहता है, कुंजीशिला (कीस्टोन) जाति का एक उदाहरण है। इसका पसंदीदा शिकार *मिटिलस केलिफोर्नियानस* शंबु है। समुद्री ताराओं की अनुपस्थिति में, ये शंबु अंतराज्वारीय प्रदेश की विस्तृत पेटी में अपने अन्य प्रतियोगियों से संख्या में इतनी अधिक बढ़ जाती है कि उनके लिए स्थान नहीं छोड़तीं। समुद्री तारे इन शंबुओं को ग्रास बना, इस पेटी में अनावृत स्थान उत्पन्न कर देते हैं जिसमें विविध प्रकार की अन्य जातियाँ अपने लिए स्थान बना लेती हैं।

वाशिंगटन विश्वविद्यालय द्वारा किए गए एक अध्ययन में पाँच वर्ष की अवधि में अंतराज्वारीय प्रदेश के चयनित भागों से समुद्री तारों को बारंबार हटाकर जाति की समृद्धि पर *पाइसैस्टर* के प्रभाव को दर्शाया गया है। जिन क्षेत्रों से समुद्री तारों को हटाया गया था, उन क्षेत्रों में दो प्रमुख परिवर्तन घटित हुए। प्रथम, शंबु संस्तर का निचला किनारा अंतराज्वारीय क्षेत्र में और नीचे विस्तृत हो गया जिससे यह प्रकट होता है कि उन क्षेत्रों में जहाँ शंबु अपने अधिकांश समय जल-आच्छादित रहती है वहाँ समुद्री तारे उन्हें समूल नष्ट करने की क्षमता रखते हैं। दूसरा, जिस प्रदेश से समुद्री तारों को हटाया गया, वहाँ अचानक नाटकीय ढंग से समुद्री जंतुओं और शैवालों की 28 जातियाँ विलुप्त हो गई। अंततः उस पूरे अधःस्तर को उस क्षेत्र के प्रबल प्रतियोगी *मिटिलस* ने अकेले ही घेर लिया। *पाइसैस्टर* के परभक्षण से, प्रतियोगी सम्बन्धों पर पड़ने वाला प्रभाव ही यह अधिकांशतः सुनिश्चित करता है कि चट्टानी अंतराज्वारीय पारिस्थितिकी-तंत्रों में कौन सी जातियों का जीवन रहता है।

44. लेखांश का मर्म क्या है?

(*a*) समुद्री तारे का अपना एक पसंदीदा शिकार होता है।

(*b*) कंजीशिला (कीस्टोन) जाति की उत्तरजीविता पसंदीदा शिकार से निर्धारित होती है।

(*c*) कंजीशिला (कीस्टोन) जाति, जाति की विविधता को सुनिश्चित करती है।

(*d*) उत्तरी अमेरिका के प्रशांत सागरीय तट पर समुद्री तारा एकमात्र कुंजीशिला (कीस्टोन) जाति है।

45. लेखांश के संदर्भ में, निम्नलिखित कथनों पर विचार कीजिएः

1. शंबु सामान्यतया अंतराज्वारीय पारिस्थितिकी-तंत्रों की प्रबल जाति है।
2. समुद्री तारों की उत्तरजीविता सामान्यतया शंबुओं की बाहुल्यता से निर्धारित होती है।

उपर्युक्त में से कौन सा/कौन से कथन सही है/हैं?

(*a*) केवल 1 (*b*) केवल 2

(*c*) 1 और 2 दोनों (*d*) न तो 1 और न ही 2

46. निम्नलिखित में से कौन-कौन सा/से आशय लेखांश द्वारा व्यक्त होता है/होते हैं?

1. शंबुएँ सदा समुद्री तारों की कठोर प्रतियोगी बनी रहती है।
2. प्रशांत सागरीय तट के समुद्री तारे विकास क्रम के चरम पर पहुँच चुके हैं।
3. समुद्री तारे अंतराज्वारीय पारिस्थितिकी-तंत्र में ऊर्जा प्रवाह के महत्वपूर्ण संघटक हैं।

उपर्युक्त में से कौन सा/कौन से कथन सही है/हैं?

(*a*) 1 और 2 (*b*) केवल 2

(*c*) 1 और 3 (*d*) केवल 3

47. निम्नलिखित मान्यताओं पर विचार कीजिए:

1. परिस्थितिकी-तंत्र में खाद्य-श्रृंखलाएँ/खाद्य जाल, कुंजीशिला (कीस्टोन) जाति से प्रभावित होते हैं।
2. कुंजीशिला (कीस्टोन) जाति की उपस्थिति जलीय पारिस्थितिकी-तंत्रों की एक विशिष्ट विशेषता है।
3. यदि किसी परिस्थितिकी-तंत्र से कुंजीशिला (कीस्टोन) जाति को पूर्णतः हटा दिया जाए, तो इससे वह पारिस्थितिकी-तंत्र बिल्कुल ध्वस्त हो जाएगा।

प्रस्तुत लेखांश के संदर्भ में, कौन-सी उपर्युक्त मान्यता/मान्यताएँ वैध है/हैं?

(*a*) केवल 1 (*b*) केवल 2 और 3
(*c*) केवल 1 और 3 (*d*) 1, 2 और 3

48. निम्नलिखित युक्ति पर विचार कीजिए:

"अध्यापक होने के लिए कॉलेज का स्नातक होना आवश्यक है। सभी कवि निर्धन होते है। कुछ गणितज्ञ कवि होते है। कोई कॉलेज का स्नातक निर्धन नहीं है।"

उपर्युक्त युक्ति के संदर्भ में निम्नलिखित में से कौन-सा एक, वैध निष्कर्ष नहीं है?

(*a*) कुछ गणितज्ञ अध्यापक नहीं हैं।
(*b*) कुछ अध्यापक गणितज्ञ नहीं हैं।
(*c*) अध्यापक निर्धन नहीं है।
(*d*) कवि अध्यापक नहीं है।

49. अपने प्रथम तीन परीक्षणों में किसी छात्रा का औसत प्राप्तांक N अंक है। यदि वह अपने चौथे परीक्षण में पिछले औसत प्राप्तांक से 20 अंक अधिक प्राप्त करती है, तो प्रथम चार परीक्षणों का औसत प्राप्तांक क्या है?

(*a*) N + 20 (*b*) N + 10
(*c*) N + 4 (*d*) N + 5

50. व्यक्तियों के एक समूह में, 70% व्यक्ति पुरुष हैं और 30% व्यक्ति विवाहित हैं। यदि पुरुषों का 2/7 भाग विवाहित है, तो महिलाओं का कितना भाग अविवाहित है?

(*a*) 2/7 (*b*) 1/3
(*c*) 3/7 (*d*) 2/3

51. उत्तर-दक्षिण जाती एक सड़क पर आमने-सामने A एंव B के घर है, जिसमें A का घर पश्चिमी ओर है। A अपने घर से बाहर आता है, बाएँ मुड़ता है, 5 km चलता है, दाएँ मुड़ता है, और 5 km चल कर D के घर के सामने पहुँच जाता है। B भी ठीक-ठीक ऐसे ही करता है और C के घर के सामने पहुँच जाता है। इस संदर्भ में, निम्नलिखित में से कौन-सा एक कथन सही है?

(*a*) C और D एक ही सड़क पर रहते है।
(*b*) C के घर का मुख्य दक्षिण की ओर है।
(*c*) C और D के घर एक-दूसरे से 20 km से कम दूरी पर है।
(*d*) उपर्युक्त में से कोई नहीं

निम्नलिखित 5 (पाँच) प्रश्नांशों के लिए निर्देशः

निम्नलिखित लेखांश को पढ़िए और उसके उपरांत दिए गए प्रश्नांशों के उत्तर दीजिए। इन प्रश्नांशों के आपके उत्तर केवल लेखांश पर ही आधारित होने चाहिए।

लेखांश

अब जबकि भारत में बच्चों को न्यूनतम आठ वर्षों की शिक्षा ग्रहण करने का अधिकार प्राप्त हो गया है, यह तकलीफ भरा प्रश्न है कि क्या यह अधिकार केवल कागज तक सीमित रहेगा अथवा वास्तविकता का रूप ले सकेगा। यह याद दिलाने की शायद ही जरूरत है कि यह अधिकार संविधान में प्रतिष्ठापित अन्य अधिकारों से अलग है, क्योंकि इसका लाभार्थी-कोई छः वर्षीय बच्चा/बच्ची न तो इसकी माँग कर सकता/ती है, न ही इस अधिकार से वंचित होने अथवा इसका उल्लंघन होने पर कानूनी लड़ाई लड़ सकता/ती है। सभी मामलों में, वह वयस्क समाज ही है जिसे बच्चे की ओर से कार्यवाही करनी होगी। दूसरी विलक्षण बात यह है कि जब किसी बच्चे को शिक्षा के अधिकार से वंचित किया जाता है, तब बाद में दिया गया कोई भी मुआवजा न तो पर्याप्त न ही प्रासंगिक हो सकता है। ऐसा इसलिए है कि बाल्यावस्था बनी नहीं रहती। यदि किसी बच्चे की ओर से लड़ी गई कानूनी लड़ाई अंततः जीत भी ली जाती है, तब भी यह उस बालक या बालिका के लिए किसी काम की नहीं होती क्योंकि बाल्यावस्था में विद्यालय का जो अवसर खो चुका होता है, वह जीवन में बाद के बर्षो में उसी प्रयोजन के लिए काम नहीं आ सकता। यह दुखद रूप से बालिकाओं के लिए संभवतया अधिक सत्य है क्योंकि हमारे समाज के द्वारा उन्हें, यदि मिलती भी है, तो अल्प बाल्यावस्था ही मिलती है। भारतीय इतिहास में शिक्षा के अधिकार ने उस क्षण में विधी का रूप धारण किया है, जिस समय मादा शिशु हत्या की दारूण प्रथा भ्रूण हत्या के रूप में पुनः उभर कर आई है। यह समाज में ''गहनतर विक्षोभ का सूचक'' है जो बालिकाओं की बौद्धिक क्षमता के विरुद्ध एक दुराग्रही पूर्वाग्रह हमारी पूरी सांस्कृतिक विविधता में व्याप्त है तथा शिक्षा प्रणाली इसे दूर कर पाने में असमर्थ रही है।

52. लेखांश के संदर्भ में, निम्नलिखित कथनों पर विचार कीजिए:

1. जब बच्चों को शिक्षा से वंचित रखा जाता है, वयस्क समाज उनकी ओर से कोई कार्यवाही नहीं करता।
2. देश में शिक्षा का अधिकार विधि के रूप में प्रवर्तित नहीं किया जा सकता।

उपर्युक्त में से कौन-सा/से कथन सही है/हैं?

(*a*) केवल 1
(*b*) केवल 2
(*c*) 1 और 2 दोनों
(*d*) न तो 1 और न ही 2

53. लेखांश के अनुसार, बालिकाओं के शिक्षा प्राप्त करने में परंपरागत बाधाएँ क्या-क्या हैं।

1. माता-पिता द्वारा, अपने बच्चों को शिक्षा के अधिकार से वंचित रखे जाने पर कानूनी लड़ाई लड़ने में असमर्थता।
2. समाज में बालिकाओं की भूमिका के विषय में रूढ़िवादी सोच।
3. बालिकाओं की बौद्धिक क्षमता के विरुद्ध पूर्वाग्रह।
4. शिक्षा की अनुपयुक्त प्रणाली।

(*a*) केवल 1 और 2 (*b*) केवल 2, 3 और 4
(*c*) केवल 1, 3 और 4 (*d*) 1, 2, 3 और 4

54. लेखांश के आधार पर, निम्नलिखित कथनों पर विचार कीजिए:

1. शिक्षा का अधिकार विधिक अधिकार है, मूल अधिकार नहीं।
2. सर्व शिक्षा के लक्ष्य को प्राप्त करने के लिए, देश की शिक्षा प्रणाली को विकसित देशों की शिक्षा प्रणाली के समान बनाना आवश्यक है।

उपर्युक्त में से कौन सा/से कथन सही है/हैं?

(*a*) केवल 1 (*b*) केवल 2
(*c*) 1 और 2 दोनों (*d*) न तो 1 और न ही 2

55. निम्नलिखित में से कौन-सा कथन इस लेखांश के मूल संदेश को व्यक्त करता है?

(*a*) भारत ने यह घोषणा कर दी है कि देश के बच्चों के लिए शिक्षा अनिवार्य है।
(*b*) वयस्क समाज शिक्षा के अधिकार को कार्यान्वित करने हेतु इच्छुक नहीं है।
(*c*) शिक्षा के अधिकार की, विशेषकर बालिकाओं हेतु, सुरक्षा करना आवश्यक है।
(*d*) शिक्षा प्रणाली को शिक्षा के अधिकार के मुद्दे के प्रति उन्मुख होना चाहिए।

56. निम्नलिखित में से कौन-सा कथन, इस लेखांश के निष्कर्ष को व्यक्त करता है?

(*a*) समाज बालिकाओं की बौद्धिक क्षमता के प्रति एक दुराग्रही पूर्वाग्रह से ग्रस्त है।
(*b*) बच्चों के शिक्षा के अधिकार के लिए संघर्ष हेतु वयस्कों पर भरोसा नहीं किया जा सकता।
(*c*) बच्चों को शिक्षा दिलाने हेतु कानूनी लड़ाई बहुधा लंबी और निषेधक होती है।
(*d*) बाल्यावस्था में प्राप्त होने वाली शिक्षा का कोई भी पर्याप्त प्रतिस्थापन नहीं है।

निम्नलिखित लेखांश को पढ़िए और उसके पश्चात् दिए गए 3 (तीन) प्रश्नांशों के उत्तर दीजिए:

A, B, C, D एंव E एक ही परिवार के सदस्य है। दो पिता है, दो पुत्र है, दो पत्नियाँ हैं, तीन पुरुष हैं और दो स्त्रियाँ है। अध्यापिका एक वकील की पत्नी है, यह वकील एक डॉक्टर का पुत्र है। E पुरुष नहीं है और न ही किसी व्यवसायी की पत्नी है। परिवार में C सबसे कम उम्र का है और D सबसे बड़ा है। B एक पुरुष है।

57. D का E से क्या सम्बन्ध है?

(*a*) पति (*b*) पुत्र
(*c*) पिता (*d*) पत्नी

58. इस समूह में स्त्रियाँ कौन-कौन हैं?

(*a*) C और E (*b*) C और D
(*c*) E और A (*d*) D और E

59. किसकी पत्नी अध्यापिका है?

(*a*) C (*b*) D
(*c*) A (*d*) B

निम्नलिखित लेखांश को पढ़िए और उसके पश्चात् दिए गए 3 (तीन) प्रश्नांशों के उत्तर दीजिए:

किसी एक प्रस्तावित अभ्युपाय को लागू करने से पूर्व उस पर किए गए सर्वेक्षण में 2878 व्यक्तियों ने हिस्सा लिया जिनमें 1652 पुरुष थे। 1226 व्यक्तियों ने प्रस्ताव के विरुद्ध मत दिया, जिनमें से 796 पुरुष थे। 1425 व्यक्तियों ने प्रस्ताव के पक्ष में मत दिया। 196 स्त्रियाँ अनिर्णीत थी।

60. कितनी स्त्रियों ने प्रस्ताव के पक्ष में मत दिया?

(*a*) 430 (*b*) 600
(*c*) 624 (*d*) 640

61. कितने पुरुष अनिर्णीत थे?

(*a*) 31 (*b*) 227
(*c*) 426 (*d*) 581

62. कितनी स्त्रियाँ प्रस्ताव के पक्ष में नहीं थी?

(*a*) 430 (*b*) 496
(*c*) 586 (*d*) 1226

63. किसी पंक्ति में, श्रीमान X सामने से 14वें स्थान पर हैं और श्रीमान Y अंत से 17 वें स्थान पर हैं, जबकि श्रीमान Z, श्रीमान X एवं श्रीमान Y के ठीक मध्य में है। श्रीमान X यदि श्रीमान Y के आगे है और पंक्ति में कुल 48 व्यक्ति है, तो श्रीमान X और श्रीमान Z के बीच कितने व्यक्ति हैं?

(*a*) 6 (*b*) 7
(*c*) 8 (*d*) 9

निम्नलिखित 9 (नौ) प्रश्नांशों के लिए निर्देश:

निम्नलिखित 9 (नौ) (प्रश्नांश 64 से 72) अंग्रेजी के तीन **लेखांशों** पर आधारित हैं और अंग्रेजी भाषा के बोधन के परीक्षण के लिए हैं। अतः **इन प्रश्नांशों का हिन्दी पाठ नहीं दिया जा रहा है।** प्रत्येक लेखांश पढ़िए तथा निम्नलिखित प्रश्नांशों के उत्तर दीजिए।

Passage-I

He walked several miles that day but could not get anything to eat or drink except some dry bread and some water, which he got from cottagers and farmers. As night fell, he slept under a haystack lying in a meadow. He felt frightened at first, for the wind blew awfully over the empty fields. He felt cold and hungry, and was feeling more lonely than he had ever felt before. He however, soon fell asleep, being much tired with his long walk. When he got up next day, he was feeling terribly hungry so he purchased a loaf of bread with a few coins that he had.

64. When the night fell, he slept

(*a*) in the open field

(*b*) under a pile of dry grass

(*c*) in a farmer's cottage

(*d*) under a tree

65. He soon fell asleep because

(*a*) he was exhausted

(*b*) he was all alone

(*c*) he had not slept for days

(*d*) he was very frightened

66. With reference to the passage, consider the following statements :

1. He was walking through the countryside.
2. The cottagers and farmers gave him enough food so that he could sleep at night without feeling hungry.

Which of the statements given above is/are correct?

(*a*) 1 only (*b*) 2 only

(*c*) Both 1 and 2 (*d*) Neither 1 nor 2

Passage - II

I opened the bag and packed the boots in ; and then , just as I was going to close it, a horrible idea occured to me Had I packed my toothbrush ? I don't know how it is, but I never do know whether I've packed my toothbrush.

My toothbrush is a thing that haunts me when I'm travelling, an makes my life a misery, I dream that haven't packed it, and wake up in a cold perspiration, and get out of bed and hur for it. And, in the morning, I pack it before I have used it, and it is always the last thing I turn out of the bag; and then repack and forget it, and have to rush upstairs for it at the last moment an carry it to the railway station, wrapped up in my pocket-handkerchief.

67. When he was going to close the bag, the idea that occurred to him was

(*a*) unpleasant (*b*) sad

(*c*) fantastic (*d*) amusing

68. What makes his life miserable whenever he undertakes travelling?

(*a*) Going to railway station

(*b*) Forgetting the toothbrush

(*c*) Packing his bag

(*d*) Bad dreams

69. His toothbrush is finally

(*a*) in his bag (*b*) in his bed

(*c*) in his handkerchief (*d*) lost

Passage-III

In spring, polar bear mothers emerge from dens with three month old cubs. The mother bear has fasted for as long as eight months but that does not stop the young from demanding full access to her remaining reserves. If there are triplets, the most persistent stands to gain an extra meal and it may have the meal at the expense of others. The smallest of the litter forfeits many meals to stronger siblings. Females are protective of their cubs but tend to ignore family rivalry over food. In 21 years of photographing polar bears, I've only once seen the smallest of triplets survive till autumn.

70. Female polar bears give birth during

(*a*) spring (*b*) summer

(*c*) autumn (*d*) winter

71. Mother bear

(*a*) takes sides over cubs

(*b*) lets the cubs fend for themselves

(*c*) feeds only their favourites

(*d*) see that all cubs get an equal share

72. With reference to the passage, the following assumptions have been made:

1. Polar bears fast as long as eight months due to non-availability prey.
2. Polar bears always give birth to triplets.

Which of the assumptions given above is/are valid?

(*a*) 1 only (*b*) 2 only

(*c*) Both 1 and 2 (*d*) Neither 1 nor 2

निम्नलिखित 8 (आठ) प्रश्नांशों के निर्देशः

नीचे आठ प्रश्नांश दिए गए है। प्रत्येक प्रश्नांश में एक स्थिति का वर्णन है, जिसके पश्चात् उसके चार सभंव उत्तर दिए गए है। जिस उत्तर को आप सर्वाधिक उपयुक्त मानते है, उसे आप अपने उत्तर के रुप में अंकित कीजिए। प्रत्येक प्रश्नांश के लिए केवल एक ही उत्तर चुनिए। उत्तरों का मूल्यांकन, दी गई स्थिति के लिए उपयुक्तता के स्तर के आधार पर किया जाएगा।

कृपया सभी प्रश्नांशों के उत्तर दीजिए। इन आठ प्रश्नांशों के लिए गलत उत्तरों के लिए कोई दंड नहीं है।

73. एक महत्वपूर्ण आधिकारिक बैठक में उपस्थित न होने के कारण आपसे इसका स्पष्टीकरण माँगा गया है। आपका/की आसन्न अधिकारी जिसने आपको इस बैठक की जानकारी नहीं दी थी अब आप पर यह दबाब डाल रहा/रही है कि आप इसका दोष उस पर नहीं डालें। ऐसे में आप क्या करेंगें?

(*a*) तथ्य की व्याख्या करते हुए अपना लिखित उत्तर भेजेंगे।

(*b*) अपने सर्वोच्च अधिकारी को स्थिति से अवगत कराने के लिए भेंट का समय लेगें।

(*c*) स्थिति को संभालने के लिए अपना दोष स्वीकार करेंगें।

(*d*) बैठक के समन्वयक पर इसका दायित्व डाल देंगें कि उसने बैठक की जानकारी नहीं दी।

74. एक स्थानीय गुंडे ने आपकी खाली पड़ी ज़मीन पर अवैध निर्माण आरंभ कर दिया है। उसने ज़मीन खाली करने का आपका अनुरोध ठुकरा दिया है और आपको यह धमकी दे डाली है कि यदि आपने यह ज़मीन सस्ते दामों पर उसे नहीं बेची तो आपको भीषण परिणामों का सामना करना पड़ेगा। ऐसे में आप क्या करेंगे?

(*a*) अपनी ज़मीन सस्ते दामों पर उसे बेच देंगे।

(*b*) आवश्यक कार्यवाही के लिए पुलिस के पास जाएँगे।

(*c*) अपने पड़ोसियों से मदद माँगेंगे।

(*d*) उस गुंडे से और अधिक कीमत पाने के लिए उससे बातचीत करेंगे।

75. अगले दो दिनों में अपने मुख्यालय के लिए आपको एक अति महत्वपूर्ण कार्य पूरा करना है। अचानक ही आप दुर्घटनाग्रस्त हो जाते है। आपका कार्यालय आप पर यह ज़ोर डाल रहा है कि आप कार्य को पूरा करें। ऐसे में आप क्या करेंगे?

(*a*) काम पूरा करने की अंतिम तिथि आगे बढ़ाने की अनुमति माँगेंगे।

(*b*) अपने मुख्यालय को सूचित करेंगे कि आप समय से कार्य पूरा कर पाने में असमर्थ है।

(*c*) अपने मुख्यालय को एक वैकल्पिक व्यक्ति का नाम सुझाएँगे जो कार्य पूरा कर सकता है।

(*d*) ठीक होने तक अलग बने रहेंगे।

76. किसी एक भूकंप प्रभावित क्षेत्र में भूकंप के बाद जीवित बचे लोगों को मूलभूत चिकित्सा सुविधाएँ प्रदान करने के लिए आपको प्रभारी अधिकारी नियुक्त किया गया है। आपकी हर संभव कोशिश के बावजूद, लोग आपके ऊपर यह आरोप लगा रहे हैं कि आप राहत के लिए दी गई राशि से पैसे बना रहे है। ऐसे में आप क्या करेगें।

(*a*) आप चाहेंगे कि इस सम्बन्ध में जाँच-पड़ताल प्रारंभ की जाए।

(*b*) अपने वरिष्ठ अधिकारी से निवेदन करेंगे कि वे आपके स्थान पर किसी दूसरे व्यक्ति को नियुक्त कर दे।

(*c*) इन आरोपों पर कोई ध्यान नहीं देंगे।

(*d*) जब तक मामला सुलट नहीं जाता कार्य में आगे कोई पहल नहीं करेंगे।

77. एक बाढ़-पीड़ित क्षेत्र में आपको अल्प सूचना पर नौकाएँ भाड़े पर लेने का दायित्व दिया गया है। नौका-मालिकों द्वारा बताई गई कीमतों को देखने पर आप पाते है कि न्यूनतम कीमत सरकार की अनुमोदित दर से लगभग तीन गुना अधिक है। ऐसे में आप क्या करेंगे।

(*a*) उनके प्रस्ताव को रदद् कर नई कीमतें मंगवाएँगे।

(*b*) न्यूनतक कीमत को स्वीकार कर लेंगे।

(*c*) मामले को सरकार के पास भेज देंगे और प्रतीक्षा करेंगे।

(*d*) नौका-मालिकों को धमकी देंगे कि उनका लाइसेंस रदद् हो सकता है।

78. एक अकेले महामारी-पीड़ित गाँव में आप रोग-निरोधक टीके का वितरण कराने वाले प्रभारी अधिकारी हैं और आपके पास केवल एक ही रोग-निरोधक टीका बचा हुआ है। इस टीके की ग्राम-प्रधान को और उसी गाँव के एक निर्धन को भी जरूरत है। आप पर यह दबाब बना हुआ है कि आप यह टीका ग्राम-प्रधान को दे दें। ऐसे में आप क्या करेंगे?

(*a*) दोनों को ही टीका न देकर आप टीके की अगली खेप की पूर्ति शीघ्र-अतिशीघ्र प्राप्त करने के लिए कार्यवाही शुरू कर देंगे।

(*b*) किसी दूसरे क्षेत्र के वितरक से गाँव के उस निर्धन के लिए टीके की व्यवस्था करेगें।

(*c*) दोनों को कहेंगे कि डॉक्टर से मिलें और टीके की अत्यावश्यकता के बारे में उसकी सलाह लेकर आएँ।

(*d*) किसी दूसरे क्षेत्र के वितरक से ग्राम-प्रधान के लिए टीके की व्यवस्था करेंगे।

79. आपने, शीत ऋतु में बेघर लोगों के लिए रैन-बसेरे बनाने की एक परियोजना अपने हाथों में ली है। इन रैन-बसेरों को स्थापित करने के एक सप्ताह के भीतर ही, आपको उस क्षेत्र के निवासियों से चोरियों के मामले बढ़ने की शिकायतों के साथ यह माँग प्राप्त हुई कि रैन-बसेरे हटा दिए जाएँ। ऐसे में आप क्या करेंगे?

(*a*) आप निवासियों से कहेंगे कि वे इस मामले में पुलिस स्टेशन पर अपनी लिखित शिकायत दर्ज करें।

(*b*) आप निवासियों को यह विश्वास दिलाएँगे कि मामले की जाँच-पड़ताल की जाएगी।

(*c*) आप निवासियों से कहेंगे कि वे किए गए मानवतावादी प्रयास को समझें।

(*d*) आप निवासियों की शिकायत को अनदेखा कर परियोजना को जारी रखेंगे।

80. एक प्रभावशाली व्यक्ति की पुत्रवधू आपके पास, आपके प्रशासनिक प्राधिकारी होने के नाते, यह शिकायत लेकर आती है कि उसके ससुराल वाले उसे अपर्याप्त दहेज के लिए तंग कर रहे हैं। उसके माता-पिता सामाजिक दबाबों के कारण आपके पास नहीं आ पा रहे हैं। ऐसे में आप क्या करेंगे?

(*a*) आप उसके ससुराल वालों को बुलाकर उनसे स्पष्टीकरण माँगेगे।

(*b*) आप उस स्त्री को यह सलाह देंगे कि परिस्थतियों को देखते हुए बेहतर होगा कि वह स्थिति से समझौता कर ले।

(*c*) आप उसके माता-पिता के आपके पास आने पर ही कार्यवाही करेंगे।

(*d*) आप उस स्त्री को यह सलाह देंगे कि यह पुलिस के पास अपनी शिकायत दर्ज करे।

उत्तरमाला

1. (*a*)	**2.** (*d*)	**3.** (*c*)	**4.** (*d*)*	**5.** (*d*)	**6.** (*c*)	**7.** (*c*)	**8.** (*d*)	**9.** (*c*)	**10.** (*d*)
11. (*c*)	**12.** (*c*)	**13.** (*d*)	**14.** (*d*)	**15.** (*b*)	**16.** (*d*)	**17.** (*c*)	**18.** (*a*)	**19.** (*b*)	**20.** (*d*)
21. (*b*)	**22.** (*b*)	**23.** (*b*)	**24.** (*c*)	**25.** (*c*)	**26.** (*c*)	**27.** (*b*)	**28.** (*c*)	**29.** (*a*)	**30.** (*c*)
31. (*a*)	**32.** (*b*)	**33.** (*c*)	**34.** (*a*)	**35.** (*b*)	**36.** (*c*)	**37.** (*a*)	**38.** (*b*)	**39.** (*d*)	**40.** (*a*)
41. (*b*)	**42.** (*b*)	**43.** (*b*)	**44.** (*c*)	**45.** (*d*)	**46.** (*d*)	**47.** (*a*)	**48.** (*b*)	**49.** (*d*)	**50.** (*d*)
51. (*c*)	**52.** (*d*)	**53.** (*b*)	**54.** (*d*)	**55.** (*c*)	**56.** (*d*)	**57.** (*a*)	**58.** (*c*)	**59.** (*d*)	**60.** (*b*)
61. (*a*)	**62.** (*a*)	**63.** (*c*)	**64.** (*b*)	**65.** (*a*)	**66.** (*a*)	**67.** (*a*)	**68.** (*b*)	**69.** (*c*)	**70.** (*d*)
71. (*b*)	**72.** (*d*)	**73.** (*a*)	**74.** (*b*)	**75.** (*c*)	**76.** (*a*)	**77.** (*d*)	**78.** (*c*)	**79.** (*b*)	**80.** (*d*)

व्याख्या

1. लेखांश से सीधे अनुसरित होता है ''लक्ष्य यह होना चाहिए कि राष्ट्र के संस्थापकों ने जिस समावेशी संवृद्धि का उद्देश्य रखा था, हम उसके साथ बने रहें'' 2 प्रथम परिच्छेद के तीसरे वाक्य ''समय की आवश्यकता है कि एक सामर्थ्यकारी सरकार हो'' में नियत है। अतः केवल 1 और 2 अनुसरित होते हैं। अतः विकल्प (*a*) सही है।

2. यह सीधे लेखांश के अंतिम वाक्य में उल्लेखित है ''अतः हमें एक ऐसी सरकार की जरूरत है जो बाजार के मामले में प्रभावी, प्रोत्साहन-अनुकूल नियम स्थापित करे और न्यूनतम हस्तक्षेप करती हुई हाशिए पर बनी रहे और साथ ही साथ, निर्धनों को शिक्षा और स्वास्थ्य की बुनियादी सुविधाएँ तथा पर्याप्त पोषण और आहार की उपलब्धता सुनिश्चित करते हुए उनकी प्रत्यक्ष सहायता करने में महत्त्वपूर्ण भूमिका निभाए।'' स्वास्थ सेवायें''।

3. योग्य सरकार की विशिष्टता सूचीबद्ध ढंग से तीसरे परिच्छेद में है। यह हमें विकल्प (*c*) की ओर अग्रसर करता है।

4. लेखांश के अनुसार, भारत के आकार और मिश्रता के कारण राज्य वह सब जो आवश्यक है प्रदान नहीं कर सकता क्योंकि यह बोझीले नौकरशाही की तरफ अग्रसर होती है (स्पष्टतः प्रथम परिच्छेद से नियत है) अतः 1 गलत है। 2 राज्य वो सब जो आवश्यक है को प्रदान करने में असमर्थ है का कारण नहीं है। इस कारण से (*d*) अनुसरित होता है।

5. लेखांश का मुख्य विचार प्रारम्भ में ठीक ढंग से इंगित है जहाँ यह उल्लेखित है कि "सम्मिलित बढ़ोत्तरी समादेशी संवृद्धि की प्राप्ति के लिए राज्य की भूमिका पर पुनर्विचार की गंभीर आवश्यकता है।''

6. प्रथम वाक्य से अनुसरित होता है और 4 विभिन्न उदाहरणों, दबे हुए वर्गों (किसान, आदिवासी) जो अपने अधिकार की मांग करते हैं को अनुसरित करता है। महिला गतिविधियों का भी उल्लेख किया गया है।

7. लेखांश उल्लेखित करता है कि एक विकसित समाज में "उत्पीड़ित सामाजिक समूह राजनीतिक स्तर पर संघटित हो जाते हैं और अपने अधिकारों की माँग करते हैं।'' अतः 3 और 4 स्पष्टतः अनुसरण करते हैं।

8. सामाजिक आंदोलनों और अंतर्निहित विरोधाभास विकसित समाज की तरह उल्लेखित है किन्तु यह इन्हें एक अनिवार्य पहले से ही आवश्यक एक सृजनशील समाज के लिए उद्भव नहीं बनाती है।

9. वेन आरेख को निष्कर्षित करे। यह स्पष्ट अनुसरित होता है कि (*c*) उत्तर है।

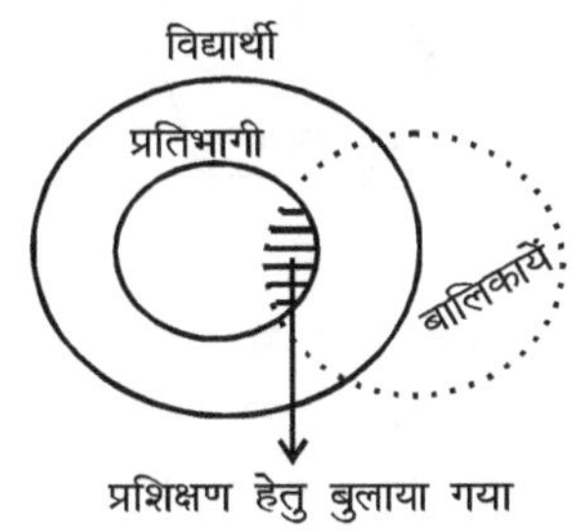

10. इस प्रश्न में उत्तर वह युग्म होगा जो दो परिस्थितियों की पूर्ति करेगा।

1. दोनों ही सत्य नहीं हो।
2. दोनों गलत हो। वाक्य 1 है "सभी पशु मांसाहारी हैं" जो जब गलत रूपांतरित हो बन जाता है "वहाँ कुछ पशु अस्तित्व में हैं जो मांसाहारी नहीं है" वाक्य 2 है "कुछ पशु मांसाहारी नहीं है" जो जब गलत रूपांतरित हो बन जाता है। ''सभी पशु मांसाहारी होते हैं।'' वाक्य 3 है "पशु मांसाहारी नहीं होते है" जो जब गलत रूपांतरित हो बन जाता है। 'कुछ पशु मांसाहारी होते हैं। वाक्य 4 है (कुछ पशु मांसाहारी होते हैं' जो जब गलत रूपांतरित हो बन जाता है। ''कोई भी पशु मांसाहारी नहीं है।''

विकल्प (*a*) यह युग्म पहली की पूर्ति करता है किन्तु दूसरी परिस्थिति की नहीं। विकल्प (*b*), यह युग्म पहली परिस्थिति की पूर्ति करता है किन्तु दूसरी परिस्थिति की नहीं। विकल्प (*c*) यह युग्म पहली परिस्थिति की पूर्ति नहीं करता है। विकल्प (*d*) दोनो परिस्थितियों की पूर्ति करता है।

11. वाक्य 1 है "सभी रेलगाड़ियाँ डीजल इंजन से चलती हैं जो जब गलत रूपांतरित होता है बनता है "सभी रेलगाड़ियाँ डीजल इंजन से नहीं चलती हैं। वाक्य 2 है कि "कुछ रेलगाड़ियाँ, डीजल इंजन से चलती हैं'' जो जब गलत रूपांतरित होता है बनता है ''कोई भी रेलगाड़ी डीजल इंजन से नहीं चलती है।'' वाक्य 3 है "कोई भी रेलगाड़ी डीजल इंजन से नहीं चलती है जो जब गलत रूपांतरित होता है बनता है "कुछ रेलगाड़ियाँ डीजल इंजन से नहीं चलती हैं'' जो जब गलत रूपांतरित होता है बनता है "कुछ रेलगाड़ियाँ डीजल इंजन से चलती हैं"। वाक्य 4 है "कुछ रेलगाड़ियाँ डीजल इंजन से नहीं चलती हैं जो जब गलत रूपांतरित होता है बनता है "सभी रेलगाड़ियाँ डीजल इंजन से चलती हैं। विकल्प (*a*) यह युग्म पहली परिस्तिथि की पूर्ति नहीं करता है। विकल्प (*b*) यह युग्म पहली परिस्थिति की पूर्ति करता है किन्तु दूसरी परिस्थिति की नहीं। विकल्प (*c*) यह युग्म दोनों परिस्थिति की पूर्ति करता है और उत्तर है।

12. यह दिये गये आयु पिरामिड से अनुमानित किया जा सकता है कि भाग (या प्रतिशत) छोटे आयु समूह (बच्चों) की जनसंख्या का भाग सभी देशों में युवाओं के भाग (या प्रतिशत) से अधिक होगा। केवल c को छोड़ कर।

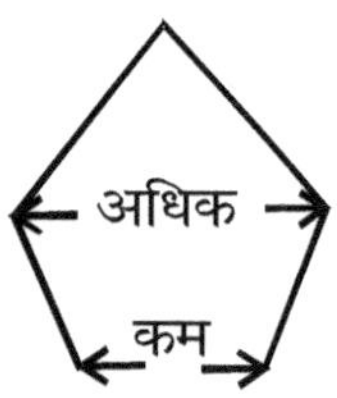

अतः देश c, का आयु पिरामिड घटती हुयी जनसंख्या का है।

13. घातांकी वक्र किसी मान में एक अचानक तेज दर से बढ़ोत्तरी को दिखाता है उस बिन्दु के बाद जिसके पहले बढ़ोत्तरी दर बहुत ही कम है (ग्राफ $y = e^x$ को निष्कर्षित करे) एकमात्र ग्राफ जो ऐसी प्रवृत्ति की जनसंख्या में बढ़ोतरी का साल के संबंध में संबंध प्रदर्शित कर सके वह d का है।

प्रश्न 14 और 15 के लिएः

14. चूंकि दोनों में से किसी भी शहर के कुल रोगियों की संख्या की कोई जानकारी नहीं दी गयी है। ना ही रोगियों की सटीक संख्या शहर A और शहर B में और ना ही अंतर (या अनुपात) को निकाला जा सकता है। अतः कोई निष्कर्ष नहीं निकाला जा सकता है।

15. शहर b में कम से कम चार रोगों-मधुमेह, उच्च रक्तचाप, हृदय रोग और मोटापा के कुल प्रतिशत रोगी हैं - $24 + 19 + 30 + 28 = 101\%$ चूंकि यह मान 100 से अधिक हो जाता है, यह संभव है कि शहर b में एक से अधिक रोग से ग्रसित अधिक लोग हों। वैसा ही, हालाँकि शहर a के बारे में नहीं कहा जा सकता है।

16. चूंकि रेलगाड़ी B का वेग, सभी समय अंतराल (0 से t_0) के दैरान सभी अवस्था में रेलगाड़ी A से अधिक है यह निष्कर्षित किया जा सकता है कि रेलगाड़ी B समय t_0 में अधिक इकाई दूरी तय करती है।

नोटः रेलगाड़ी B के वेग-समय आरेख के वक्र के अन्तर्गत ज्यादा क्षेत्र रेलगाड़ी A के सापेक्ष क्षेत्र वक्र रेखा के नीचे है (जो तय की गयी दूरी को निरूपित करता है)

17. लेखांश से अनुगमित किया जाता है कि "खाद्यान्न और तंतु के उत्पादन को बढ़ाने के लिए किये जाने वाले प्रयास'' (जनसंख्या के तेजी से बढ़ाने के कारण) ''ने कुछ परितंत्र की क्षमता का घटा दिया है स्वच्छ पानी जैव विविधता को सहयोग करता है।'' अतः 3 और 5 अनुसरित होते हैं।

18. केवल 1 निश्चित रूप से लेखांश से अनुसरित किया जा सकता है। कुछ लोगों को पृथ्वी परितंत्र में परिवर्तन से नुकसान हुआ है। तेजी से बढ़ते हुए मानव जनसंख्या के परिणामस्वरूप ऐसे रूपांतर हुए हैं।

19. लेखांश पृथ्वी के परितंत्र में हुए रूप परिवर्तन के विभिन्न प्रतिकूल प्रभावों के विषय में बात करता है। अतः ऐसे रूप परिवर्तन को "मानवता के कल्याण" से नहीं जोड़ा जा सकता। अतः 1 अस्वीकार किया जाता है। "इनमें से अधिकांश लाभ या तो अप्रतिस्थापनीय हैं या उनको प्रतिस्थापित करने वाली प्रौद्योगिकी प्रतिषेधक रूप से महँगी है।" 2 का अनुसरण करता है।

20. लेखक हमारी अपनी विचार शक्ति, 'जब यह एक नैतिक कृत्य पर आ जाता है' को बढ़ाने की आवश्यकता पर बल देता है पुनः अंतिम वाक्य में वह लिखता है "व्यक्ति कभी-कभी परम कल्याण की दृष्टि से रूढ़ि की अवज्ञा कर स्वयं अपने निर्णय से कार्य करता है।''

21. लेखक स्पष्ट करता है "एक नैतिक कृत्य हमारा अपना कृत्य होना चाहिए। हमारे अपने संकल्प से प्रस्फुटित होना चाहिए।" अतः (*b*) अनुसरण करता है।

22. "स्वयं को धारा के प्रवाह के साथ लकड़ी के कुन्दे के समान बह जाना का अर्थ केवल अपने कारणों का उपयोग करना ही नहीं है बल्कि प्रभाव के प्रति ग्रहणशील भी होना चाहिए।

23. 30 किमी. दौड़ दौड़ने के लिए A ने लगभग 28 मिनट समय लिया। 30 किमी. दौड़ दौड़ने के लिए B ने लगभग 35 मिनट समय लिया C कभी भी 30 किमी. दौड़ नहीं खत्म कर पाया क्योंकि उसका समय दूरी वक्र कभी भी 30 किमी. लक्ष्य तक नहीं पहुँच सका। अतः दौड़ A द्वारा जीती गयी।

इसके साथ ही, B, A से हर अवस्था में 25 किमी. लक्ष्य तक आगे था। (जैसे कि समय दूरी वक्र में स्पष्ट है, B द्वारा तय की गयी दूरी 25 किमी. लक्ष्य तक A के दायीं ओर थी) C कुछ गति से 15 मिनट लक्ष्य तक दौड़ा उसके पश्चात् वह बहुत धीमी गति से दौड़ा।

24. दोनों आकृतियों में तुलना करने परः

2 : 80 :: 3 : 120

अतः

6 : 24 :: ? : 36

अतः

$? = 36 \times \frac{6}{24} = 9$

25. व्यक्ति को आवश्यक है वह दो दाहिनी दिशा में और दो नीचे की दिशा में कदम बढ़ाये जो किसी भी क्रम के अनुसार बनाया जा सकता है। अतः पूर्ण रूप से हमें आवश्यकता है 2R और 3D को

व्यवस्थित करने की। यह $\frac{4!}{2! \times 2!} = 6$ तरीके से किया जा सकता है। 6 तरीके जो नीचे सूचीबद्ध नीचे किये जा सकते हैं : RRDD, RDRD, RDDR, DDRR, DRDR और DRRD

26. यहाँ 4 विभिन्न प्रकार के त्रिभुज, आकार के सम्बन्ध में होंगे, इन प्रकारों के त्रिभुजों की संख्या, आकार के बढ़ते क्रम में क्रमशः 12, 7, 3 और 1 है। अतः उत्तर 12 + 7 + 3 + 1 = 23

27. यह दिये गये लेखांश से सीधे अनुसरित होता है कि "मैं समझता हूँ कि हर देश में निर्धन और अभागे लोग, कुछ हद तक परलोक-परायण बन जाते हैं, जब तक कि वे क्रांतिकारी ही न बन जाएँ, क्योंकि यह लोक प्रत्यक्षतः उनके लिए नहीं है।''

28. "आध्यात्मिक या अन्य कोई महानता, स्वतंत्रता और अवसर के आभाव में या भुखमरी और दुःख के रहते हुए संस्थापित नहीं की जा सकती।" अनुसरित होता है। 3 "मैं समझता हूँ कि हर देश में निर्धन और अभागे लोग, कुछ हद तक परलोक-परायण बन जाते हैं, जब तक कि वे क्रांतिकारी ही न बन जाएँ, क्योंकि यह लोक प्रत्यक्षतः उनके लिए नहीं है।'' से अनुसरित होता है।

29. लेखांश की विषयवस्तु उत्पीड़ित लोगों की मनोदशा पर केन्द्रित होता है। लेखक बात करते हुए शुरूआत करता है कि "जब एक देश विदेशी प्रभुत्व के आधीन होता है और फिर आगे बढ़ते हुए बात करता है कि कैसे स्वतंत्रता की कमी और सुअवसर आध्यात्मिक महानता की अनुमति नहीं देता है।''

30. यह लेखांश से अनुसरित होता है कि "प्रत्येक सभ्यता और प्रत्येक जन बाह्य जीवन और आंतरिक जीवन की इन समानांतर धाराओं को प्रदर्शित करते हैं। जब ये धाराएँ आपस में मिल जाती हैं या एक-दूसरे के सन्निकट रहती है, तब संतुलन और स्थिरता बनी रहती है। जब ये भिन्न दिशाओं में चली जाती हैं, संघर्ष उत्पन्न हो जाता है तथा मन और आत्मा को यंत्रणा देने वाली संकटावस्था उत्पन्न हो जाती है।''

31. "संक्रमण चरण" एक जीवाणु का वह काल है जब वह बीमारी पैदा करने से पूर्व मनुष्य में निष्क्रिय बना रहता है। A तक जीवाणु की कोई भी वृद्धि नहीं होती है। ये केवल A है जिसके बाद जीवाणुओं की संख्या में बढ़ोत्तरी शुरू हो जाती है।

32. 'B' पर व्यक्ति में संक्रमण के लक्षण प्रकट होने शुरू हो जाते हैं। वहाँ जीवणुओं की संख्या में अत्यधिक वृद्धि हुयी है।

33. E पर चिकित्सा ने उपयोगी लाभ पुहँचाया है। D पर वक्र की प्रवणता शून्य है। E पर जीवाणुओं की संख्या में कमी होना शुरू हो गयी है।

34. A से C तक जाने के लिए हमें एक रास्ता चुनने की आवश्यकता है A से B तक (चार में से) और एक रास्ता B से C तक (छः में से) चुनने की आवश्यकता है। अतः कुल रास्तों की संख्या

$$= {}^4C_1 \times {}^6C_1 = 24.$$

35. 200 + 250 + 300 + ...(10 पद)

$$= \frac{10}{2}[400 + (10-1)\,50]$$

योग का प्रयोग करके (A.P)

$$= \frac{n}{2}\,[2a + (n-1)d]$$

$$= 5 \times 850 = 4{,}250 \text{ रुपये}$$

36. मान लेते हैं कि आपतन कोण (डिग्री में) जबकि प्रकाश पुंज OP_1 और OP_2 पर पड़ता है क्रमशः θ और α है।

आपतन कोण = परावर्तन कोण

यह नीचे दी गयी आकृति की ओर परिणत होती है

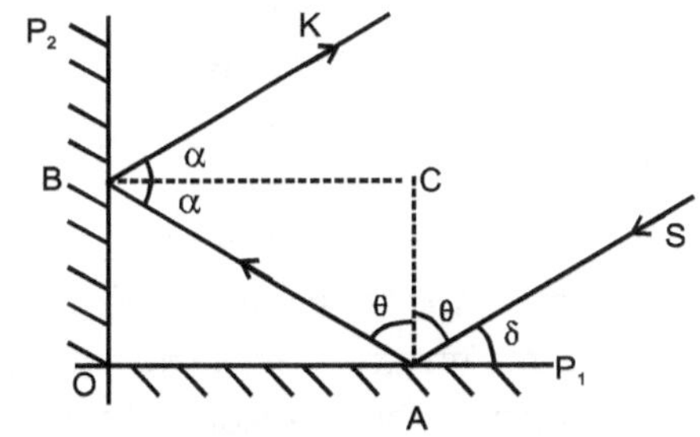

एक समकोणीय त्रिभुज

ACB में $\alpha + \theta = 90°$ ...(i)

इसी प्रकार, $\angle CAP_1 = \theta + \delta = 90°$ ...(ii)

(i) और (ii) से $\alpha = \delta$ इसी प्रकार, $BC \parallel AP_1$

अतः k और s समांतर और विपरीत दिशाओं में है।

37. मान लेते हैं R, Y और G, लाल, पीला और हरे रंग का प्रतिनिधित्व करता है। आकृति नीचे दी गयी तरह से भरी जा सकती है।

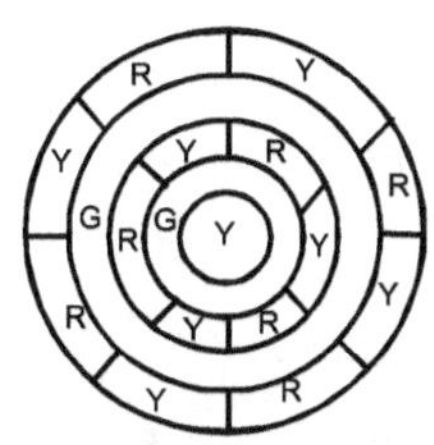

38. $15 = 3 \times 5$ या 5×3 या 1×15 या 15×1 ...(1)

$48 = 1 \times 48$ या 48×1 या 2×24 या 24×2 या 3×16 या 16×3 या 4×12 या 12×4 या 6×8 या 8×6 ...(ii)

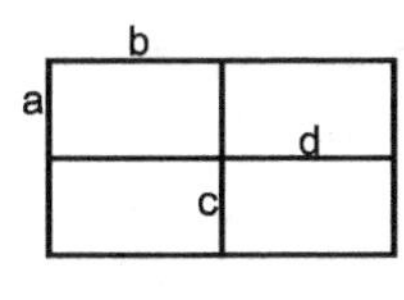

$a + c = b + d = a - d = d - c$

$(a - b) = 2$ या 14द्वारा ...(i)

अतः $(c - d) = 2$ या 14 जो की एक मात्र संभावना है जब c और d, 6 और 8 हैं, यही श्रेणी अनिवार्य नहीं है।

अतः उत्तर $= 3 + 8 = 6 + 5 = 11$

39. मान लेते हैं व्यक्ति के पास 1रुपये और 2 रुपये के सिक्कों की संख्या क्रमशः x और y है।

अतः $x + y = 50$ और $x + 2y = 75$

ऊपर दिए गये दो समीकरणों का हल करने पर हम पाते हैं

$x = 25$ और $y = 25$

40. न्यूनतम संभाव्य दूरी 40, 42 और 45 का लघुत्तम होगा।

लघुत्तम (40, 42, 45) = 2520

उत्तर = 25 मी. 20 सेमी.

41. एक घंटे में बस द्वारा तय की गयी दूरी

$= \frac{160}{4} = 40$ किमी.

एक घंटे में ट्रेन द्वारा तय की गयी दूरी

$= \frac{320}{5} = 64$ किमी.

उत्तर $= 40 : 64 = 5 : 8$.

42. यदि c और F विद्यार्थियों के समुच्चय को प्रदर्शित करते हैं, जो क्रिकेट और फुटबॉल खेलते है, तब नीचे दिया गया वेन आरेख निष्कर्षित किया जा सकता है। विद्यार्थियों की संख्या जो कम से कम क्रिकेट और फुटबॉल में एक खेल खेलते हैं

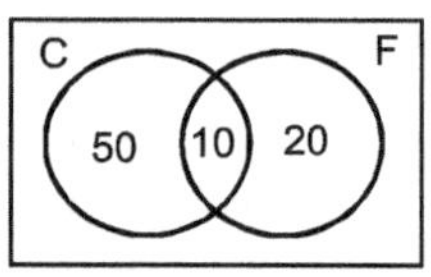

$= 50 + 10 + 20 = 80$

उत्तर $= 100 - 80 = 20$

43. एक लीटर = 1000 सेमी³

टैंक की कुल क्षमता (सेमी³ में)

$= 20 \times 15 \times 6 \times 10^6$

गाँव में एक दिन में कुल पानी की खपत (सेमी³ में)

$= 4000 \times 150 \times 1000$

उत्तर $= \frac{20 \times 15 \times 6 \times 10^6}{4000 \times 150 \times 1000} = 3$ दिन

44. वाक्य का मूल बिन्दु यह है कि कंजीशिला प्रजाति, जाति की विविधता को सुनिश्चित करती है। लेखांश समुद्री तारे के उत्तरी अमरीकी प्रशांत सागरीय तट पर समुद्री तारे के जाति प्राचुर्य को बनाये रखने के उदाहरण के गिर्द घूमती रहती है।

45. लेखांश से यह अनुगमित नहीं होता है कि शंबु सामान्यतः अंतराज्वरीय परिस्थतिकी तंत्रों में प्रबल होती है। समुद्री तारों की अत्तरजीविता शंबुओ की बहुल्यता से निर्धारित होती है इसका कहीं भी उल्लेख नही किया गया है।

46. केवल 3 अनुसरित होता है। समुद्री तारे पारिस्थितिकी तंत्र को बनाये रखने में आवश्यक भूमिका निभाते हैं। लेखांश से ये अनुसरित नहीं होता है कि शंबुऐं सदा समुद्री तारों की कठोर प्रतियोगी बनी रहती हैं या प्रशांत सागरीय तट के समुद्री तारे विकास क्रम के चरम पर पहुँच चुके हैं।

47. केवल 1 लेखांश से अनुसरित होता है। यह उल्लेखित नहीं है कि कुंजीशिला जाति की उपस्थिति जलीय पारिस्थितिकी तंत्रो की एक विशिष्ट विशेषता है। या कुंजीशिला जाति को पारिस्थितिकी तंत्र से हटाना पारिस्थितिकी तंत्र को ध्वस्त करने का कारण बनेगा।

48. वेन आरेख को संदर्भित करें।

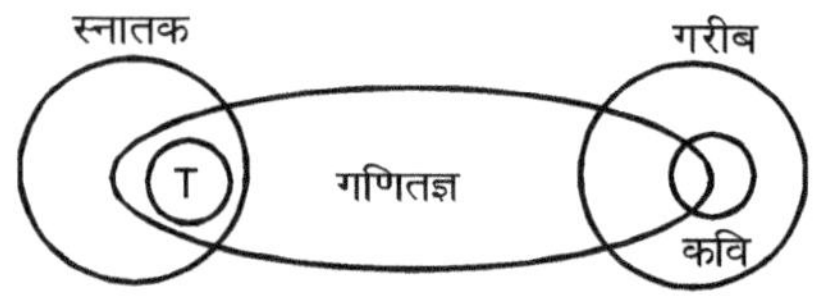

49. पहले तीन परीक्षण में कुल प्राप्तांक = 3 N

चौथे परीक्षण में प्राप्तांक = N + 20

अतः 4 परीक्षणों का औसत

$= \frac{3N + N + 20}{4} = N + 5$

50. मान लेते हैं कि समूह में कुल लोगों की संख्या N है

पुरुषों की संख्या = 0.7 N (दिया गया है)

अतः, स्त्रियों की संख्या = N – 0.7 = 0.3 N

विवाहित पुरुषों की संख्या $= \frac{2}{7}$ (0.7 N) = 0.2 N

विवाहित स्त्रियों की संख्या = 0.3 N – 0.2 N

= 0.1 N

उत्तर $= \frac{0.3N - 0.1N}{0.3N} = \frac{2}{3}$

51. नीचे दी गयी आकृति दी हुयी परिस्थिति का चित्रण करती है।

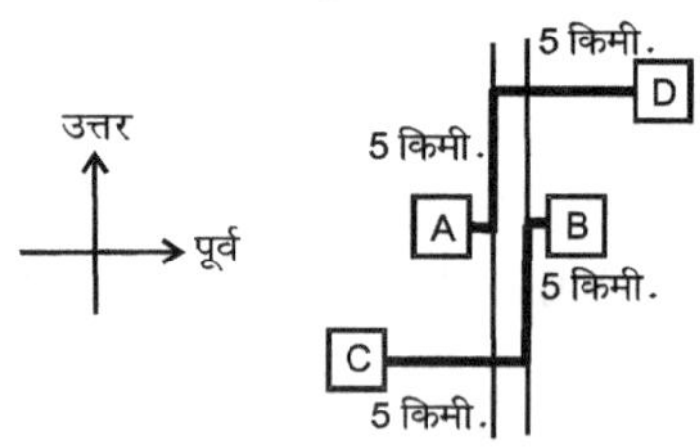

D का घर 10 किमी. उत्तर और C के घर से कम से कम 10 किमी. पूर्व है। अतः, C और D के घर लगभग $\sqrt{10^2 + 10^2} = \sqrt{10^2}$ किमी. दूर है जो 20 किमी. से कम है।

52. यह लेखांश से अनुसरित नहीं किया जा सकता कि वे बच्चे जो शिक्षा से वंचित होते हैं वयस्क समाज उनकी ओर से कोई कार्यवाही नहीं करता है। ना ही ये अनुसरित करता है कि RTE कानून के रूप में प्रवर्तनीय नहीं है। अतः ना ही 1 और ना 2 अनुसरित होते हैं।

53. लेखांश, बच्चे जो शिक्षा से वंचित किये गये, के लिए निरर्थक कानूनी लड़ाइयाँ जो लड़ी गयी हैं के विषय में बात करता है। अतः अभिभावकों की कानूनी लड़ाई लड़ने की अयोग्यता के बारे में कुछ भी नहीं कहा जा सकता है। परम्परागत रूप से लड़कियों की समाज में भूमिका के बारे में सोच दिये गये लेखांश से अनुसरित होता है "हमारा समाज अनुमति देता है केवल अल्प बाल्यावस्था, यदि थोड़ा भी" लेखांश परंपरागत व्यवधान को भी उल्लेखित करता है 'अतः 2 अनुगमित होता है'। गहनतर विक्षोभ का सूचक है जो बालिकाओं की बौद्धिक क्षमता के विरुद्ध उल्लेखित है। अतः 3 लेखांश से अनुसरित होता है। अतः सही विकल्प (*d*) है।

54. ना ही 1 और ना 2 लेखांश से अनुसरित होता है। लेखांश एक विधिक अधिकार और एक मूलभूत अधिकार के बीच अंतर नहीं कर पाता, ना ही ये सुझाव देता है कि शिक्षा तंत्र विकसित देशों की तरह ही एक जैसा बना दिया जाये।

55. लेखांश शिक्षा के अधिकार को संरक्षण की आवश्यकता पर जोर डालता है। मुख्यतः बालिकाओं के लिए। विकल्प (*a*) जबकि सत्य होगा, लेखांश के मूल संदेश को नहीं बतलाता है। विकल्प (*b*) लेखांश से अनुसरित नहीं होता है। लेखक यह नहीं उल्लेखित करता है कि वयस्क समाज RTE के क्रियान्वयन के लिए उत्सुक नहीं है। लेखांश में यह साधारणतः स्पष्ट है कि शिक्षा तंत्र बालिकाओं के बौद्धिक क्षमता के विरुद्ध हुयी क्षति का व्यख्यान देने में असमर्थ है। यह मूल संदेश नहीं है।

56. लेखांश का निष्कर्ष है कि बचपन में पायी गयी शिक्षा का कोई भी पर्याप्त स्थानापन्न नहीं है। लेखक शिक्षा के अधिकार को संरक्षण प्रदान करने के एक ही कारण की महत्ता पर जोर देता है। विकल्प (*a*) लेखांश में उल्लेखित है किन्तु ये लेखांश का निष्कर्ष नहीं है। यह घटना के एक ही पहलू को संबोधित करता है।

प्रश्न 57 से 59 के लिएः

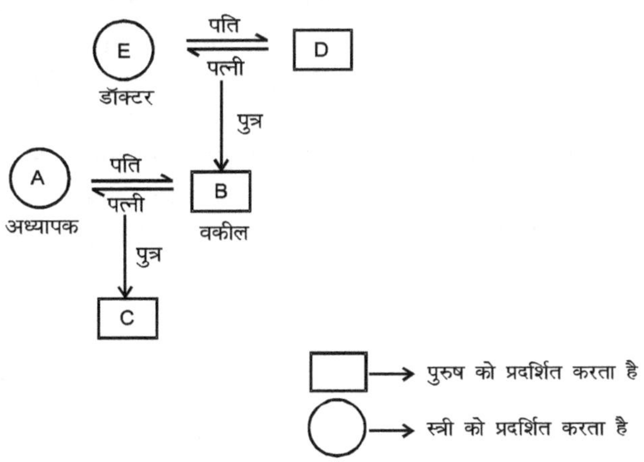

प्रश्न 60 से 62 के लिएः

	पक्ष	विरुद्ध	अनिर्णीत
पुरुष	825	796	31
स्त्री	600	430	196
कुल	1425	1226	227

63. मान लेते हैं कि मि. x और मि. z के बीच व्यक्तियों की संख्या n है। नीचे दिया गया चित्र दी गयी शामिल परिस्थिति को प्रदर्शित करता है।

13 व्यक्ति	मि. X	n व्यक्ति	मि. Z	n व्यक्ति	मि. Y	16 व्यक्ति

अतः $13 + 1 + n + 1 + n + 1 + 16 = 48$

$\Rightarrow \quad 2n = 16 \Rightarrow n = 8$

64. It says in the passage, "he slept under a **haystack** lying in a meadow". Hay means dry grass and hence, the solution is option (*b*).

65. The passage clearly mentions "He, however, soon fell asleep, **being much tired** with his long walk"

66. The fact that he was walking through the **countryside** as mentioned in Statement 1, is amply clear by the reference of *cottagers, farmers, meadows, empty fields* etc in the passage. Statement 2 is incorrect since it passage reads "He felt cold and hungry, and was feeling more hungry than he had ever felt before"

67. "A **horrible** idea" occurred to the author when he was closing his bag and hence, it was unpleasant.

68. "My toothbrush is a thing that haunts me when I'm travelling, and makes my life a misery" and hence the answer is option (*b*)

69. "..and I have to rush upstairs for it at the *last moment* and carry it to the railway station, **wrapped up in my pocket handkerchief**" This last line of the passage tells us that the author finally leaves for the railways station carrying the toothbrush in his handkerchief.

70. "The mother bear has fasted for as long as 8 months" undoubtedly suggests that she was hibernating all this while. Hence the three-month-old cubs would have been born during the **winter season**.

71. "Females are protective of their cubs but tend to ignore family rivalry over food" implies that the Mother Bear lets the cubs fend for themselves and therefore, the answer is option (*b*).

72. Statement 1 is incorrect since the Polar bears fast as long as 8 months because they hibernate and not because of non-availability of prey. Statement 2 is incorrect since the passage says "If they are triplets, the most persistent stands to gain.".the "if" obviously means that there is reason to believe that it does not happen each and every time. Hence, neither of the statements are correct.

73. क्योंकि आपसे एक आवश्यक अधिकारिक सभा में उपस्थित ना होने का स्पष्टीकरण माँगा गया है, यह इसको अर्थ प्रदान करता है कि एक लिखित उत्तर तथ्य की व्याख्या करेगा। अतः सबसे बड़े अधिकारी से नियोजित भेंट करके उन्हें परिस्थिति को समझाने की संस्तुति नहीं की जा सकती

क्योंकि प्रत्येक कार्यालय एक अनुक्रमीय संरचना के अन्तर्गत कार्य करता है और ये अनुपयुक्त होगा कि सीधे तौर पर सबसे बड़े अधिकारी से सम्पर्क कर इस अनुक्रम को तोड़ दिया जाये या ताक पर रख दिया जाये। और विकल्प (c) स्पष्टतः गलत होगा और विकल्प (a), विकल्प (d) की तुलना में एक बेहतर विकल्प होगा।

74. पुलिस के पास आवश्यक प्रक्रिया के लिए जाना सबसे उपयुक्त चीज है जो की जा सकती है क्योंकि सस्ते दामों पर जमीन को स्थानीय गुंडे को बेचना या अधिक कीमत के लिए उससे बातचीत करना एक तरह से, उसकी अतर्कसंगत माँगों को बल प्रदान करेगा और पड़ोसियों से मदद के लिए आग्रह करना इस विवादपद विषय का हल तत्काल ही नहीं प्रदान करेगा।

75. ''अगले दो दिनों में अपने मुख्यालय के लिए आपको एक अति महत्वपूर्ण कार्य पूरा करना है।'' अतः अंतिम तिथि के विस्तार के लिए आग्रह करना या जब तक आप ठीक नहीं हो जाते, दूर रहेंगे कार्य नहीं करेगा। उसी कारण के लिए करना अपने कार्य को समय पर पूरा ना कर पाने की असमर्थता के बारे में मुख्यालय को सूचित करना एक विकल्प है जो कोई भी अस्वीकार कर देगा। एक दूसरे व्यक्ति के बारे में मुख्यालय को बताना जो इस आवश्यक कार्य को अच्छे ढंग से कर सके इस परिस्थिति में बेहतर कार्य करेगा।

76. इस संबंध में जाँच पड़ताल प्रारंभ करने दी जाए, यह दी गयी परिस्थिति में सबसे बेहतर विकल्प होगा क्योंकि ऐसी जाँच इन आरोपों को गलत सिद्ध करती है। (आपके विरूद्ध कि आप राहत के लिए दी गई राशि से पैसे बना रहे हैं) और आपका नाम निष्कलंक करती है। अपने वरिष्ठ से अपने स्थान पर किसी और व्यक्ति को नियुक्त करने का अनुरोध/आरोपों की ओर ध्यान ना देना जब तक संबंध पूर्णत सुलट नहीं जाता केवल आपकी विश्वसनीयता और नीयत पर अधिक से अधिक प्रश्न उठायेंगे।

77. बाढ़ जैसी एक संकट स्थिति तत्कालिक दोषनिवारक उपायों की माँग करती है। प्रस्ताव को मना करना और परिशोधित मूल्य का आग्रह करना या संबंध को सरकार को संदर्भित करके और इंतजार करना, एक अनावश्यक विलंब कर देगा जो कि इस परिस्थिति में प्रतिकूल साबित होगा जबकि एक तरह से कम दाम को मान लेना नौका मालिकों को उनकी गलत मांगों के प्रतिकार के रूप में माना जाना होगा। अतः अपनी शक्ति का प्रयोग करके और उनके लाइसेंसों के रद्दीकरण के लिए धमकाना सबसे अच्छा संभावित हल होगा क्योंकि इसका उनपर संभवतः निवारक प्रभाव होगा जिसके परिणामतः उनके किराये का कम होना होगा।

78. एक निर्धन ग्रामवासी को ग्रामप्रधान के विरुद्ध पक्ष लेना या विलोमतः, आपको एक उचित निर्णय लेने में कोई सहयोग नहीं प्रदान करेगा। किसको टीका पहले मिलना चाहिए, यह बेहतर निर्णित किया जा सकता है यह समझने में कि किसे टीका ज्यादा तात्कालिक चाहिए और उसे ये प्रदान किया जाना चाहिए, ये ध्यान किए बिना कि चाहे वह एक निर्धन ग्रामवासी हो या ग्राम प्रधान हो।

79. चूँकि शीत ऋतु में बेघर लोगों के लिए रैन बसेरे बनाने की परियोजना आपने अपने हाथों में ली है। यह आपका कर्तव्य है कि आप इस संबंध को देखें, यदि क्षेत्र के निवासी शिकायत करे कि उस क्षेत्र में चोरी की घटनाएं तब से ही बढ़ गयी है जबसे वे रैन बसेरे स्थापित हुए हैं। उनसे लिखित शिकायत दर्ज कराने को कहना थोड़ा अन्याय पूर्ण होगा क्योंकि आपने स्वयं, इस परियोजना का उत्तरदायित्व उठाया है और यह आपकी जिम्मेदारी है कि यह परियोजना क्षेत्र के निवासियों को किसी भी प्रकार से असुविधा का कारण नहीं होनी चाहिए। निवासियों से कहना कि वे किये गये मानवतावादी प्रयास को समझे, उनकी सुरक्षा की कीमत और सुविधा पर, उनसे बहुत अधिक आशा करना और उनकी शिकायतों को भी अनदेखा करना है, गलत है। अतः बेहतर विकल्प है कि व्यक्तिगत रूप से आप उन्हें आश्वस्त करें कि आप इस संबंध में जाँच पड़ताल करेंगे।

80. इस तरह का एक प्रकरण पुलिस की आवश्यकता रखता है जो इस संबंध में जाँच करे और सही कार्यवाई करे क्योंकि दहेज के लिए कहना एक गंभीर अपराध माना जाता है। इन विषयों को अपने हाथ में लेना ऐसा प्रदर्शित करता है कि आप एक स्वाभाविक प्रक्रिया का अनुपालन नहीं कर रहे और संभवतः पुलिस अधिकारियों से कतरा रहे हैं। इस परिस्थिति में महिला को समायोजन की सलाह देना बुरी तरह से गलत होगा और अभिभावकों की प्रतीक्षा करना कि वे आपसे संपर्क करें। (मुख्यतः जबकि आप अवगत है कि वे सामाजिक दबाव में है) सम्भवतः प्रभावहीन सिद्ध होगा।

हल प्रश्न–पत्र - 2012

CSAT पेपर-II

समय : 2 घंटे **पूर्णांक : 200**

1. निम्नलिखित कथनों पर विचार कीजिए:

1. सभी कलाकार सनकी होते हैं।
2. कुछ कलाकार नशीले पदार्थों के व्यसनी होते हैं।
3. कुंठाग्रस्त व्यक्तियों के नशीले पदार्थों का व्यसनी बन जाने की संभावना रहती है।

उपरिलिखित तीन कथनों से यह निष्कर्ष निकाला जा सकता है कि

(*a*) कलाकार कुंठाग्रस्त होते हैं।

(*b*) नशीले पदार्थों के व्यसनी लोगों में से कुछ सनकी होते हैं।

(*c*) सभी कुंठाग्रस्त व्यक्तियों को नशीले पदार्थों का व्यसन होता है।

(*d*) सनकी व्यक्ति आम तौर पर कुंठाग्रस्त होते हैं।

2. निम्नलिखित कथनों का परीक्षण कीजिए:

1. या तो A और B की एक ही आयु है अन्यथा B से A बड़ा है।
2. या तो C और D की एक ही आुय है अन्यथा C से D बड़ा है।
3. C से B बड़ा है।

ऊपर के कथनों से निम्नलिखित में से कौन-सा निष्कर्ष निकाला जा सकता है?

(*a*) B से A बड़ा है।

(*b*) B और D की एक ही आयु है।

(*c*) C से D बड़ा है।

(*d*) C से A बड़ा है।

3. नीचे दिए गए कथनों का परीक्षण कीजिए:

1. एक पक्षी-निरीक्षक क्लब में केवल उन्हें ही सदस्यता मिलती है जिनके पास द्विनेत्री (बाइनोक्यूलर) हो।
2. पक्षी-निरीक्षक क्लब के कुछ सदस्यों के पास कैमरे भी होते हैं।
3. जिन सदस्यों के पास कैमरे होते हैं वे फोटो-प्रतियोगिता में भाग ले सकते हैं।

ऊपर के कथनों से निम्नलिखित में से कौन-सा निष्कर्ष निकाला जा सकता है?

(*a*) जिनके पास द्विनेत्री (बाइनोक्यूलर) होते हैं वे सभी पक्षी-निरीक्षक क्लब के सदस्य होते हैं।

(*b*) पक्षी-निरीक्षक क्लब के सभी सदस्यों के पास द्विनेत्री (बाइनोक्यूलर) होता है।

(*c*) जो फोटो-प्रतियोगिता में भाग लेते हैं वे सभी पक्षी-निरीक्षक क्लब के सदस्य होते हैं।

(*d*) कोई भी निष्कर्ष निकाला नहीं जा सकता।

4. पिछली ग्रीष्मकाल की छुट्टियों के दौरान, अंकित एक ग्रीष्म शिविर में गया जहाँ उसने पदयात्रा, तैराकी और नौका-चालन में भाग लिया। इस ग्रीष्मकाल में उसने एक संगीत शिविर में जाने का मन बनाया है जहाँ वह गाने, नाचने और गिटारवादन सीखने की चाह रखता है।

उपर्युक्त सूचना के आधार पर, नीचे दिए गए चार निष्कर्ष निकाले गए हैं। इनमें से कौन-सा एक, उपर्युक्त सूचना से तर्कसंगत रूप से अनुगमित होता है?

(*a*) अंकित के माता-पिता चाहते हैं कि गिटार बजाए।

(*b*) अंकित बाहरी गतिविधियों की अपेक्षा संगीत ज़्यादा पसंद करता है।

(*c*) अंकित हर ग्रीष्मकाल में किसी-न-किसी प्रकार के शिविर में जाता है।

(*d*) अंकित गाना और नाचना पसंद करता है।

5. तीन व्यक्तियों A, B और C ने काले, नीले तथा नारंगी रंग (अनिवार्यतः इसी क्रम में नहीं) की कमीज़ तथा हरे, पीले तथा नारंगी रंग (अनिवार्यतः इसी क्रम में नहीं) की पैंट पहनी थी। किसी भी व्यक्ति ने समान रंग की कमीज़ तथा पैंट नहीं पहनी। पुनश्च दिया गया है कि

1. A ने काले रंग की कमीज़ नहीं पहनी।
2. B ने नीले रंग की कमीज़ नहीं पहनी।
3. C ने नारंगी रंग की कमीज़ नहीं पहनी।
4. A ने हरे रंगी की पैंट नहीं पहनी।
5. B ने नारंगी रंग की पैंट पहनी।

C ने क्रमशः कौन-से रंग की पैंट तथा कमीज़ पहनी थी?

(*a*) नारंगी तथा काला (*b*) हरा तथा नीला

(*c*) पीला तथा नीला (*d*) पीला तथा काला

6. जनवरी में दस नए TV शो शुरू हुए-5 सिटकॉम, 3 ड्रामा और 2 समाचार मैगज़ीन। अप्रैल तक, उन नए शो में से सिर्फ सात अभी भी चल रहे थे, जिनमें 5 सिटकॉम हैं।

उपर्युक्त सूचना के आधार पर, नीचे दिए गए चार निष्कर्ष निकाले गए हैं। इनमें से कौन-सा एक, उपर्युक्त सूचना से तर्कसंगत रूप से अनुगमित होता है?

(a) केवल एक समाचार मैगज़ीन शो अभी भी चालू है।

(b) ड्रामा शो में से केवल एक अभी भी चालू है।

(c) बंद किए गए शो में से कम-से-कम एक ड्रामा था।

(d) दर्शकों को ड्रामा की अपेक्षा सिटकॉम ज़्यादा पसंद हैं।

7. निम्नलिखित परिच्छेद और उसके उपरांत इसी परिच्छेद के आधार पर दिए गए दो कथनों को पढ़िएः

दिल्ली हवाई अड्डे पर मुंबई की उड़ान के लिए चार व्यक्ति प्रतीक्षा कर रहे हैं । दो डॉक्टर हैं और शेष दो व्यापारी हैं। दो गुजराती बोलते हैं और दो तमिल। किसी भी एक व्यवसाय के दो व्यक्ति एक भाषा नहीं बोलते। दो मुसलमान हैं और दो ईसाई। किसी भी एक धर्म के दो व्यक्ति एक व्यवसाय में नहीं हैं, न ही एक भाषा बोलते हैं। तमिल बोलने वाला डॉक्टर ईसाई है।

1. ईसाई व्यापारी गुजराती बोलते हैं।
2. गुजराती बोलने वाला डॉक्टर मुसलमान हैं।

उपर्युक्त में से कौन-सा/से कथन सही निष्कर्ष है/हैं?

(a) केवल 1 (b) केवल 2

(c) 1 और 2 दानों (d) न तो 1, न ही 2

8. निम्नलिखित कथन पर विचार कीजिएः

"काफी महँगा होने के बावजूद, टेलीविज़न एक विलास-वस्तु नहीं है क्योंकि टेलीविज़न के द्वारा हम काफी चीज़ें सीख सकते हैं।"

उपर्युक्त कथन से, निम्नलिखित में से कौन-सा एक वैध निष्कर्ष है?

(a) सभी महँगी वस्तुएँ विलास-वस्तु मानी जाती हैं।

(b) शिक्षा के लिए सभी ज़रूरी वस्तुएँ विलास-वस्तुएँ नहीं हैं।

(c) टेलीविज़न शिक्षा के लिए ज़रूरी है।

(d) टेजीविज़न विलास-वस्तु है।

9. श्री कुमार अपने कार्य पर 48 km प्रति घंटे की औसत चाल से गाड़ी चलाकर जाते हैं। पहली 60% दूरी तय करने में शेष दूरी को तय करने में लगने वाले समय की अपेक्षा, 10 मिनट ज़्यादा लगते हैं। उनका कार्यस्थल कितनी दूरी पर है?

(a) 30 km (b) 40 km

(c) 45 km (d) 48 km

10. गीता, सीता से अधिक सुन्दर है लेकिन रीता जितनी सुंदर नहीं है। तो

(a) सीता, गीता जितनी सुन्दर नहीं है।

(b) सीता, रीता से ज़्यादा सुन्दर है।

(c) रीता, गीता जितनी सुन्दर नहीं है।

(d) गीता, रीता से ज़्यादा सुन्दर है।

11. मान लीजिए

1. A, B का भाई है।
2. C, A का पिता है।
3. D, E का भाई है।
4. E, B की पुत्री है।

तो D का चाचा कौन है?

(a) A (b) B

(c) C (d) E

12. निम्नलिखित कथनों का परीक्षण कीजिएः

1. रमा ने रानी से अधिक अंक प्राप्त किए।
2. रानी ने रत्ना से कम अंक प्राप्त किए।
3. रत्ना ने रमा से अधिक अंक प्राप्त किए।
4. पद्मा ने रमा से अधिक किन्तु रत्ना से कम अंक प्राप्त किए।

सबसे अधिक अंक किसने प्राप्त किए

(a) रमा (b) पद्मा

(c) रानी (d) रत्ना

निम्नलिखित 6 (छः) प्रश्नांशों के लिए निर्देशः

निम्नलिखित दो परिच्छेदों को पढ़िए और उसके उपरांत प्रत्येक परिच्छेद के आधार पर दिए गए प्रश्नांशों के उत्तर दीजिए। इन प्रश्नांशों के आपके उत्तर केवल परिच्छेदों पर ही आधारित होने चाहिए।

परिच्छेद – 1

निर्धनों को, खासकर बाज़ार अर्थव्यवस्थाओं में, उस क्षमता की आवश्यकता होती है, जिसे समूहन, उनके सामाजिक-आर्थिक कल्याण और अभिव्यक्ति के संवर्धन के लिए तथा मुक्त बाज़ार व्यक्तिवाद के विरुद्ध एक संरक्षण के रूप में, अपने लिए अधिक आर्थिक, सामाजिक और राजनीतिक अवसर सृजित करने के लिए प्रदान करते हैं। यह तर्क प्रस्तुत किया गया है कि कृषि का समूह उपागम, विशेषतः ऊर्ध्वगामी कृषि-उत्पाद समूहनों के रूप में, कृषि उत्पादकता-वृद्धि के साथ-साथ निर्धनता-उन्मूलन तथा निर्धनों के सशक्तिकरण के महत्त्वपूर्ण अवसर प्रदान करता है। तथापि, इस सम्भावना को साकार करने हेतु, आवश्यक होगा कि समूह की प्रकृति स्वैच्छिक, आकार छोटा, निर्णयन में सहभागिता तथा कार्य-आबंटन और लाभ-संवितरण में साम्यमूलकता हो। विविध संदर्भों में, जैसे संक्रमण अर्थव्यवस्थाओं में, ऐसे समूहनों के अनेक उल्लेखनीय उदाहरण हैं। ये सभी, निश्चित परिस्थितियों में, सफल सहभागिता की सम्भावनाओं के साक्ष्य वहन करते हैं। और यद्यपि संक्रमण अर्थव्यवस्थाओं में परिवार- सहकारिताओं का लिंग-प्रभाव अनिश्चित है, किन्तु महिला-मात्र आधारित समूह कृषि के भारतीय उदाहरण महिलाओं को लाभान्वित करने की पर्याप्त सम्भावनाओं को बताते हैं।

13. कृषि समूहन, जैसे कि समूह आधारित कृषि, ग्रामीण निर्धनों को

1. सशक्तिकरण प्रदान कर सकते हैं।
2. वर्धित कृषि उत्पादकता प्रदान कर सकते हैं।
3. शोषणपरक बाज़ारों के विरुद्ध सुरक्षा प्रदान कर सकते हैं।
4. कृषि वस्तुओं का अतिरेक उत्पादन प्रदान कर सकते हैं।

नीचे दिए गए कूट का प्रयोग कर सही उत्तर चुनिएः

(*a*) 1, 2, 3 और 4 (*b*) केवल 1, 2 और 3

(*c*) केवल 2 और 4 (*d*) केवल 1, 3 और 4

14. "लिंग प्रभाव" से लेखक का क्या तात्पर्य है?

(*a*) महिलाएँ सहकारिताओं में संदेहास्पद सहभागी हैं।

(*b*) परिवार-सहकारिताओं में महिलाएँ सम्मिलित नहीं भी हो सकती हैं।

(*c*) समूह कृषि से लाभान्वित होती महिलाएँ।

(*d*) संक्रमण अर्थव्यवस्थाओं में महिलाओं की भूमिका अत्यंत प्रतिबंधात्मक है।

15. निम्नलिखित धारणाओं पर विचार कीजिएः

1. संक्रमण अर्थव्यवस्थाओं में कृषि समूहनों का होना अनिवार्य है।
2. कृषि के प्रति समूह उपागम से कृषि उत्पादकता को बढ़ाया जा सकता है।

उपर्युक्त परिच्छेद के संदर्भ में, इन धारणाओं में से कौन-सा/से वैध है/हैं?

(*a*) केवल 1 (*b*) केवल 2

(*c*) 1 और 2 दोनों (*d*) न तो 1, न ही 2

परिच्छेद – 2

विशिष्ट पश्चिमी उदारवादी संदर्भ में, लोकतंत्र का और गहरा होना 'उदारवादी मूल्यों' के समेकन की ओर ले जाता है। भारतीय संदर्भ में, लोकतंत्रीकरण लोगों की वृहत्तर भागीदारी में परिणत होता है, जिसमें लोग 'व्यक्तियों' के रूप में नहीं, जो कि उदारवादी चिंतन का मुख्य विषय है, बल्कि समुदायों या समूहों के रूप में शामिल होते हैं। सार्वजनिक क्षेत्र में व्यक्ति 'व्यष्टिक' व्यक्तियों के रूप में नहीं, बल्कि धर्म या जाति की पहचान के आधार पर बने आद्य समुदायों के सदस्यों के रूप में शामिल हो रहे हैं। सामुदायिक-पहचान एक नियंत्रक बल होती प्रतीत होती है। अतः यह आश्चर्यजनक नहीं है, कि तथा-कथित परिधीय समूह राजनैतिक प्रक्रियाओं में शामिल होते समय अपनी पहचानों को सामाजिक समूहों (जाति, धर्म या पंथ) से, जिनके वे सदस्य हैं, जोड़ कर बनाए रखना जारी रखते हैं, यद्यपि उन सभी के राजनैतिक लक्ष्य न्यूनाधिक समान बने रहते हैं। भारत में लोकतंत्र ने उपांतीय लोगों की राजनैतिक आवाज़ को सुस्पष्ट करने में सहायता कर, 'सामाजिक निकोचों को शिथिल करने' की ओर प्रेरित किया है और उपांतीय लोगों को यह शक्ति प्रदान की है कि वे जिन सामाजिक-आर्थिक दशाओं में हैं उन्हें सुधारने की अपनी योग्यता के बारे में आश्वस्त हों। यह एक महत्त्वपूर्ण राजनैतिक प्रक्रिया है जो, लोक-शासन के लोकतांत्रिक ढांचे के अंदर, उच्चतर जाति के अभिजनों से विभिन्न उपाश्रित समूहों में सार्थक शक्ति-हस्तांतरण करने के माध्यम से एक मूक क्रांति का कारण बनी थी।

16. पश्चिमी संदर्भ में, "लोकतंत्र के और गहरे होने" से क्या आशय है?

(*a*) समूह एवं वर्ग पहचानों का समेकन।

(*b*) लोगों की वृहत्तर भागीदारी में परिणत लोकतंत्रीकरण।

(*c*) सार्वजनिक क्षेत्र में व्यक्तियों की 'व्यष्टिक' रूप में वृहत्तर भागीदारी के रूप में लोकतंत्रीकरण।

(*d*) इस सन्दर्भ में उपर्युक्त कथनों (*a*), (*b*) और (*c*) में से कोई भी सही नहीं है।

17. भारत में वृहत्तर लोकतंत्रीकरण किसका अनिवार्य रूप से कारण ***नहीं*** बना है?

(*a*) सार्वजनिक क्षेत्र में जाति एवं सामुदायिक पहचानों का मंद होना।

(*b*) भारतीय राजनीतिक में नियंत्रक बल के रूप में समुदाय पहचान का असंगत होना।

(*c*) समाज में अभिजन समूहों का उपांतीय होना।

(*d*) वर्ग पहचानों के ऊपर वंशागत पहचानों की सापेक्ष महत्त्वहीनता होना।

18. वह "मूक क्रांति" क्या है जो भारतीय लोकतांत्रिक प्रक्रिया में घटित हुई है?

(*a*) राजनीतिक प्रक्रियाओं में जाति एवं वर्ग सोपानों की असंगतता

(*b*) मतदान व्यवहार एवं प्रतिरूपों में सामाजिक निकोचों का ढीला होना।

(*c*) उच्चतर जाति अभिजन से उपाश्रित समूहों में शक्ति-हस्तांतरण के माध्यम से सामाजिक परिवर्तन।

(*d*) इस संदर्भ में सभी उपर्युक्त कथन (*a*), (*b*) और (*c*) सही हैं।

निम्नलिखित 5 (पाँच) प्रश्नांशों के लिए निर्देशः

नीचे दिए गए परिच्छेद में दी गई सूचना पर विचार कीजिए और उसके नीचे दिए गए प्रश्नों का उत्तर दीजिएः

पाँच विषयों, जैसे कि अर्थशास्त्र, इतिहास, सांख्यिकी, अंग्रेज़ी और गणित, पर एक सप्ताह में सोमवार से शुक्रवार तक अतिथि व्याख्यानों का इंतजाम करना है। प्रत्येक दिन केवल एक व्याख्यान का इंतजाम किया जा सकता है। अर्थशास्त्र को मंगलवार को अनुसूचित नहीं किया जा सकता। इतिहास का अतिथि प्राध्यापक केवल मंगलवार को उपलब्ध है। गणित का व्याख्यापन, अर्थशास्त्र के व्याख्यापन के दिन के ठीक अगले दिन ही अनुसूचित करना है। अंग्रेजी का व्याख्यापन अर्थशास्त्र के व्याख्यापन वाले दिन से ठीक एक दिन पहले अनुसूचित करना है।

19. सोमवार को कौन-सा व्याख्यान अनुसूचित है?

(*a*) इतिहास (*b*) अर्थशास्त्र

(*c*) गणित (*d*) सांख्यिकी

20. सांख्यिकी और अंग्रेजी के बीच में कौन-सा व्याख्यान अनुसूचित है?

(*a*) अर्थशास्त्र (*b*) इतिहास

(*c*) गणित (*d*) कोई व्याख्यान नहीं

21. सप्ताह में कौन-सा व्याख्यान अंतिम है?

(*a*) इतिहास (*b*) अंग्रेजी

(*c*) गणित (*d*) अर्थशास्त्र

22. बुधवार को कौन-सा व्याख्यान अनुसूचित है?

(*a*) सांख्यिकी (*b*) अर्थशास्त्र

(*c*) अंग्रेजी (*d*) इतिहास

23. गणित के व्यख्यान के पहले कौन-सा व्याख्यान अनुसूचित है?

(*a*) अर्थशास्त्र (*b*) इतिहास

(*c*) सांख्यिकी (*d*) अंग्रेजी

24. समान आयतन के दो गिलास क्रमशः आधे और तीन-चौथाई दूध से भरे हैं। बाद में उनमें पानी मिलाकर उन्हें लबालब भर दिया जाता है तत्पश्चात् उनके इस द्रव को दूसरे बर्तन में उड़ेला जाता है। इस बर्तन में दूध का पानी से क्या अनुपात है?

(*a*) 1 : 3 (*b*) 2 : 3

(*c*) 3 : 2 (*d*) 5 : 3

25. निम्नलिखित कथनों पर विचार कीजिए:

1. सभी मशीनें ऊर्जा खर्च करती हैं।
2. बिजली ऊर्जा प्रदान करती है।
3. बिजली से चलने वाली मशीनों का रख-रखाव सस्ता होता है।
4. बिजली से चलने वाली मशीनें प्रदूषण-मुक्त होती हैं।

उपर्युक्त कथनों के आधार पर निम्नलिखित में से कौन-सा एक निष्कर्ष निकाला जा सकता है?

(*a*) सभी मशीनें विद्युत ऊर्जा से चलती हैं।

(*b*) बिजली के अतिरिक्त ऊर्जा का दूसरा कोई प्रारूप नहीं है।

(*c*) अधिकांश मशीनें विद्युत ऊर्जा से चलती हैं।

(*d*) बिजली से चलने वाली मशीनों को चलाना बेहतर है।

26. निम्नलिखित कथनों का परीक्षण कीजिए:

1. धनिकों के अलावा कोई हवाई यात्रा का खर्च नहीं उठा सकता।
2. हवाई यात्रा करने वालों में से कुछ बीमार पड़ जाते हैं।
3. जो बीमार पड़ते हैं उनमें से कुछ को इलाज की आवश्यकता होती है।

निम्नलिखित निष्कर्षों में से कौन-सा एक उपरिलिखित कथनों से निकाला जा सकता है?

(*a*) सभी धनिक व्यक्ति हवाई यात्रा करते हैं।

(*b*) जो हवाई यात्रा करते हैं वे बीमार पड़ जाते हैं।

(*c*) सभी धनिक व्यक्ति बीमार पड़ते हैं।

(*d*) सभी लोग जो हवाई यात्रा करते हैं, धनिक होते हैं।

27. पाँच फ्लैटों में, जो एक दूसरे के ऊपर स्थित हैं, पाँच व्यवसायी रहते हैं। एक प्रोफेसर है जिसे अपने IAS अधिकारी मित्र से मिलने कि लिए ऊपर जाना पड़ता है। एक डॉक्टर है, जिसकी सभी से समान रूप से मित्रता है, उसे जितनी बार ऊपर जाना पड़ता है उतनी ही बार नीचे उतरना पड़ता है। एक इंजीनियर है जिसे अपने MLA मित्र से मिलने के लिए ऊपर जाना पड़ता है, जिसके फ्लैट के ऊपर प्रोफेसर का मित्र रहता है।

ये पाँच व्यवसायी सबसे निचले तल से सबसे ऊपरी तल तक किस क्रम में रहते हैं?

(*a*) इंजीनियर, प्रोफेसर, डॉक्टर, IAS अधिकारी, MLA

(*b*) प्रोफेसर, इंजीनियर, डॉक्टर, IAS अधिकारी, MLA

(*c*) IAS अधिकारी, इंजीनियर, डॉक्टर, प्रोफेसर, MLA

(*d*) प्रोफेसर, इंजीनियर, डॉक्टर, MLA, IAS अधिकारी

निम्नलिखित 15 (पन्द्रह) प्रश्नांशों के लिए निर्देशः

निम्नलिखित तीन परिच्छेदों को पढ़िए और उसके उपरांत प्रत्येक परिच्छेद के आधार पर दिए गए प्रश्नांशों के उत्तर दीजिए। इन प्रश्नांशों के आपके उत्तर केवल परिच्छेदों पर ही आधारित होने चाहिए।

परिच्छेद – 1

शिक्षा का, निस्संदेह, एक महत्त्वपूर्ण कार्यपरक, नैमित्तिक तथा उपयोगितावादी आयाम होता है। यह तब उद्घाटित होता है जब कोई इस तरह के प्रश्न पूछे, जैसे कि 'शिक्षा का प्रयोजन क्या है?'। बहुधा इसके उत्तर होते हैं, 'रोजगार/ऊर्ध्वगामी गतिशीलता के लिए अर्हताएँ अर्जित करना', 'और व्यापक/उच्चतर (आय के संदर्भ में) अवसर प्राप्त करना', 'राष्ट्रीय विकास हेतु विविध क्षेत्रों में प्रशिक्षित जन-शक्ति की आवश्यकताओं की पूर्ति करना'। परंतु अपने गहनतम अर्थ में शिक्षा नैमित्तिक नहीं है। कहने का आशय यह है, कि इसका स्वयंमात्र से परे औचित्य नहीं बताया जा सकता, क्योंकि यह औपचारिक कौशलों या कतिपय निश्चित वांछित मनोवैज्ञानिक-सामाजिक गुणों के अर्जन की ओर ले जाती है। यह स्वयं में ही समादरणीय है। इस तरह शिक्षा कोई वस्तु नहीं है जिसे अर्जित कर, या जिससे स्वयं को सम्पन्न कर, तत्पश्चात् उसका इस्तेमाल किया जाए, बल्कि यह व्यक्तियों तथा समाज के लिए अपरिमित महत्त्व रखने वाली प्रक्रिया है, यद्यपि इसमें अपार उपयोग-मूल्य हो सकता है और होता है। अतएव शिक्षा विस्तारण एवं रूपांतरण की प्रक्रिया है, विद्यार्थियों को इंजीनियरों या डॉक्टरों में बदलने के अर्थ में नहीं,

बल्कि मन को विस्तारण एवं परिवर्तन-सृजन, पोषण एवं आत्म-विवेचनात्मक बोध का विकास तथा विचार की स्वतंत्रता प्रदान करने के अर्थ में। यह नैतिक-बौद्धिक विकास की आंतरिक प्रक्रिया है।

28. आप शिक्षा के 'नैमित्तिक' दृष्टिकोण से क्या समझते हैं?

(*a*) शिक्षा अपने प्रयोजनों में कार्यपरक व उपयोगितावादी है।

(*b*) शिक्षा का उद्देश्य मानवीय आवश्यकताओं की पूर्ति है।

(*c*) शिक्षा का प्रयोजन मानव बुद्धि को प्रशिक्षित करना है।

(*d*) शिक्षा का उद्देश्य नैतिक विकास की प्राप्ति है।

29. परिच्छेद के अनुसार, शिक्षा को स्वयंमात्र में समादरणीय क्यों होना ही चाहिए?

(*a*) क्योंकि यह रोज़गार के लिए अर्हताओं के अर्जन में सहायक होती है।

(*b*) क्योंकि यह ऊर्ध्वगामी गतिशीलता व सामाजिक स्तर प्राप्त करने में सहायक होती है।

(*c*) क्योकित यह नैतिक व बौद्धिक विकास की आंतरिक प्रक्रिया है।

(*d*) इस संदर्भ में उपरिलिखित सभी (*a*), (*b*) व (*c*) सही हैं।

30. शिक्षा एक प्रक्रिया है, जिसमें

(*a*) विद्यार्थियों को प्रशिक्षित वृत्तिकों के रूप में बदला जाता है।

(*b*) उच्च आय के अवसरों का सृजन होता है।

(*c*) व्यक्तियों में आत्म-विवेचनात्मक बोध और विचार की स्वतंत्रता का विकास होता है।

(*d*) ऊर्ध्वगामी गतिशीलता के लिए अर्हताओं का अर्जन होता है।

परिच्छेद - 2

यदि कीट प्रतिरोधकता विकसित कर लें तो रासायनिक कीटनाशक धारणीय कृषि में अपना महत्त्व गँवा देते हैं। कीटनाशक प्रतिरोधकता का विकास मात्र प्राकृतिक वरण की क्रिया है। जब आनुवंशिकः-वैविध्य जनसंख्या की बहुत बड़ी संख्या नष्ट हो जाती है, तब इसका घटित होना लगभग सुनिश्चित है। एक अथवा कुछ कीट असामान्य रूप से प्रतिरोधी हो सकते हैं (यह संभवतः इसलिए कि उनमें एक ऐसा एन्ज़ाइम होता है जो कीटनाशक को निराविषकारी बना सकता है)। यदि यह कीटनाशक बार-बार प्रयोग किया जाता है, तो कीट की हर उत्तरोतर पीढ़ी में प्रतिरोधी कीटों का अनुपात बढ़ता जाता है। कीटों की आन्तर प्रजनन दर ठेठ रूप से बहुत अधिक होती है, अतः एक पीढ़ी के कुछ ही कीट अपनी अगली पीढ़ी में सैंकड़ों या हजारों कीटों को जन्म दे सकते हैं, और इससे कीटों की आबादी में प्रतिरोधकता बहुत तेज़ी से फैल जाती है।

पूर्व समय में यह समस्या की प्रायः अवहेलना होती रही, यद्यपि DDT (डाइक्लोरोडाइफिनाइलट्राइक्लोरोएथेन) प्रतिरोधकता के पहले मामले की सूचना १६४६ में ही प्राप्त हो गई थी। ऐसे अकशेरुकी जीवों की संख्या जिनमें प्रतिरोधता का विकास हुआ है तथा ऐसे कीटनाशकों की संख्या जिनके विरुद्ध प्रतिरोधकता का विकास हुआ है, में घातांकी वृद्धि हुई है। संधिपाद कीटों के प्रत्येक कुल (जिनमें द्विपंखी जैसे कि मच्छर-मक्खियाँ तथा भृंग, शलभ, ततैया, पिस्सू, जूँ और कुटकी सम्मिलित हैं) में और उनके साथ-साथ अपतृण तथा वनस्पति रोगाणुओं में प्रतिरोधकता दर्ज हुई है। कपास के शलभ कीट, एलाबामा पर्ण कृमि का ही उदाहरण लें। विश्व के एक या अधिक क्षेत्रों में उसमें ऐल्ड्रिन, DDT, डील्ड्रिन, ऐन्ड्रिन, लिन्डेन और टॉक्साफीन के प्रति प्रतिरोधकता विकसित हो गई है।

यदि रासायनिक कीटनाशक केवल समस्याओं के उत्प्रेरक होते – यदि उनका प्रयोग मूलतः और घोर रूप से अधारणीय होता – तब उनका व्यापक प्रयोग कब का बंद हो चुका होता। ऐसा नहीं हुआ। इसके विपरीत, उनकी उत्पादन दर तेज़ी से बढ़ी है। किसी कृषि-उत्पादक के लिए आज भी लागत-लाभ का अनुपात कीटनाशकों के प्रयोग के पक्ष में ही बना हुआ है। USA में कीटनाशकों से कृषि-उत्पादों को प्रति $1 लागत मिलने वाला अनुमानित लाभ $5 है।

इसके अतिरिक्त, बहुत से गरीब देशों में सन्निकट सामूहिक भुखमरी, अथवा जानपदिक रोग, के आसार इतने भयावह हैं कि कीटनाशक प्रयोग करने की सामाजिक और स्वास्थ्य संबंधी लागत की अवहेलना करनी पड़ती है। कीटनाशकों के प्रयोग को साधारणतया 'कितने जीवन बच सकेंगे 'खाद्य उत्पादन की आर्थिक-दक्षता' और 'कुल खाद्य उत्पादन' जैसे यथार्थ मापों के आधार पर न्यायसंगत ठहराया जाता है। इन बिल्कुल मूलभूत अर्थों में उनके प्रयोग को धारणीय माना जा सकता है। आचरण में, धारणीयता निरंतर ऐसे नए कीटनाशकों को विकसित करने पर निर्भर करती है जो कीटों से कम-से-कम एक कदम आगे रहें – ऐसे कीटनाशक को अल्प स्थायी हों, जैवनिम्नीकरणीय (बायोडिग्रेडेबल) हों और कीटों पर अधिक सधा हुआ लक्ष्य बाँध सकें।

31. ''कीटनाशक प्रतिरोधकता का विकास प्राकृतिक वरण की क्रिया है।'' इसका वास्तविक तात्पर्य क्या है?

(*a*) बहुत से जीवों में कीटनाशक प्रतिरोधकता होना बिल्कुल प्राकृतिक है।

(*b*) जीवों में कीटनाशक प्रतिरोधकता होना एक विश्वव्यापी तथ्य है।

(*c*) कीटनाशकों के प्रयोग के पश्चात् किसी एक आबादी में कुछ जीव प्रतिरोधकता दर्शाते हैं।

(*d*) उपर्युक्त (*a*), (*b*) तथा (*c*) में से कोई भी कथन सहीं नहीं है।

32. परिच्छेद के संदर्भ में, निम्नलिखित कथनों पर विचार कीजिए:

1. विश्व के सभी गरीब देशों में रासायनिक कीटनाशकों का प्रयोग अनिवार्य हो गया है।
2. रासायनिक कीटनाशकों की धारणीय कृषि में कोई भूमिका नहीं होनी चाहिए।
3. एक कीट बहुत से कीटनाशकों के प्रति प्रतिरोधकता विकसित कर सकता है।

उपर्युक्त में से कौन-सा/से कथन सही है/हैं?

(*a*) केवल 1 और 2 (*b*) केवल 3

(*c*) केवल 1 और 3 (*d*) 1, 2 और 3

33. यद्यपि रासायनिक कीटनाशकों के प्रयोग से सम्बद्ध समस्याएँ लंबे समय से जानी जाती रही हैं, तथापि उनका व्यापक प्रयोग समय के साथ कम नहीं हुआ है। क्यों?

(*a*) रासायनिक कीटनाशकों के कोई विकल्प विद्यमान नहीं हैं।

(*b*) नए कीटनाशकों का आविष्कार ही नहीं होता।

(*c*) कीटनाशक जैवनिम्नीकरणी (बायोडिग्रेडेबल) होते हैं।

(*d*) उपर्युक्त (*a*), (*b*) और (*c*) में से कोई भी कथन सही नहीं है।

34. कीटनाशक किसी कीट आबादी में प्रतिरोधक जीवों के वरण के अभिकर्ता के रूप में कैसे कार्य करते हैं?

1. संभव है कि किसी कीट आबादी में कुछ विशिष्ट कीटों का व्यवहार उनकी अपनी आनुवंशिक (जैनेटिक) संरचना के कारण दूसरों से भिन्न होता है।
2. कीटों में कीटनाशकों को निराविषकारी बना सकने का सामर्थ्य होता है।
3. कीटनाशक प्रतिरोधकता का विकास कीट आबादी में समान रूप से वितरित होता है।

उपर्युक्त में से कौन-सा/से कथन सही है/हैं?

(*a*) केवल 1 (*b*) केवल 1 और 2

(*c*) केवल 3 (*d*) 1, 2 और 3

35. रासायनिक कीटनाशकों के प्रयोग को सामान्यतः गरीब और विकासशील देशों का उदाहरण देकर न्यायसंगत क्यों ठहराया जाता है?

1. विकसित देश जैव-कृषि का अनुकूलन कर कीटनाशकों के प्रयोग से मुक्त होने का सामर्थ्य रखते हैं, किंतु गरीब और विकासशील देशों के लिए रासायनिक कीटनाशक का प्रयोग अनिवार्य है।
2. गरीब और विकासशील देशों में, कीटनाशकों के प्रयोग से फसलों के जानपदिक रोगों की समस्या का समाधान हो जाता है और खाद्य समस्या कुछ हद तक दूर की जा सकती है।
3. गरीब और विकासशील देशों में प्रायः कीटनाशक प्रयोग करने की सामाजिक और स्वास्थ्य संबंधी लागत की अवहेलना कर दी जाती है।

उपर्युक्त कथनों में से कौन-सा/से सही है/हैं?

(*a*) केवल 1 (*b*) केवल 1 और 2

(*c*) केवल 2 (*d*) 1, 2 और 3

36. इस परिच्छेद का क्या तात्पर्य है?

(*a*) रासायनिक कीटनाशकों के विकल्पों को प्रोत्साहित करने की आवश्यकता है।

(*b*) रसायनों का अत्यधिक प्रयोग पारिस्थितिक-तंत्र के लिए अच्छा नहीं है।

(*c*) कीटनाशकों में सुधार और उनके प्रयोग को धारणीय बनाने की कोई गुंजाइश नहीं है।

(*d*) उपर्युक्त कथन (*a*) तथा (*b*) दोनों सही हैं।

परिच्छेद - 3

अमेरिका जैसे विकसित देशों के बीते समय की आय के स्तर पर वर्तमान विकासशील अर्थव्यवस्थाएँ प्रति व्यक्ति कहीं कम ऊर्जा की खपत कर रही हैं, जिससे यह संभावना प्रबल होती है कि कार्बन-वृद्धि पर अंकुश रखते हुए भी विकास किया जा सकता है। एक ऐसी जलवायु-अनुकूल विकास रणनीति बनाने की आवश्यकता है जिसमें अनुकूलनशीलता तथा अल्पीकरण समन्वित हों और उससे समुत्थानशक्ति का विकास हो, वैश्विक तपन के गहराते संकट की आशंका में कमी हो और विकास परिणाम में सुधार लाया जा सके। अनुकूलनशीलता तथा अल्पीकरण उपाय अपनाने से विकास को बढ़ावा मिल सकता है, और आर्थिक समृद्धता आने से आय बढ़ सकती हैं और बेहतर संथाओं को प्रोत्साहन दिया जा सकता है। बेहतर निर्मित घरों में रह रही एक स्वस्थ जनसंख्या जिसे सामाजिक सुरक्षा और बैंक ऋण लेने की सुविधा प्राप्त है बदलती जलवायु और उसके प्रभावों से निपटने के लिए बेहतर सज्जित होती है। आज समुत्थानशील संतुलित विकास नीतियों को बढ़ावा देने की आवश्यकता है जो अनुकूलनशीलता को प्रोत्साहित करें क्योंकि प्रारंभ हो चुके जलवायु परिवर्तन अल्प अवधि में ही बढ़ने वाले हैं।

आर्थिक समृद्धता का प्रसार सदा से परिवर्तनशील परिस्थितिकीय परिस्थितियों के साथ अनुकूलनशीलता से गुथा रहा है। किन्तु वृद्धि ने जैसे-जैसे पर्यावरण को परिवर्तित किया है और पर्यावरणीय परिवर्तन जैसे-जैसे त्वरित हुआ है, वृद्धि और अनुकूलनशीलता को कायम रखने के लिए हमारे पर्यावरण को समझाने की बेहतर क्षमा तथा नई अनुकूलनशील प्रौद्योगिकियाँ और आचरण विकसित करने और उन्हें व्यापक रूप से विसरित करने की आवश्यकता है। जैसा कि आर्थिक इतिहासकारों ने व्याख्या की है, मनुष्य जाति की अधिकांश सृजनात्मक अंतःशक्ति परिवर्तनशील दुनिया के प्रति अनुकूलनशील बने रहने की ओर उन्मुख रही है। किंतु यह अनुकूलनशीलता जलवायु परिवर्तन के सभी संघातों का सामना करने में समर्थ नहीं है, विशेषकर जब दीर्घ अवधि में अधिक विस्तृत परिवर्तन सामने आएँगे।

देश इस परिवर्तनशील जलवायु से सामंजस्य रखते हुए उतनी तेज़ी से इस क्षति के मार्ग से मुक्त नहीं हो सकते। वृद्धि की कुछ रणनीतियाँ, चाहे वे सरकार या बाज़ार द्वारा संचालित हों, भी इस भेद्यता को बढ़ा सकती हैं, विशेषकर यदि वे प्राकृतिक संसाधनों को अतिशोषण करती हैं। सोवियत विकास योजना के अंतर्गत सिंचित कपास की खेती का विस्तार अल्प जलधारी मध्य एशिया में किया गया जिससे अरल सागर लुप्त प्राय हो गया, और मछुआरों, पशुपालकों और कृषकों की आजीविका संकट में पड़ गई। इसी प्रकार मैग्रोव, जो तूफानी लहरों के विरुद्ध प्राकृतिक तटीय प्रतिरोधक हैं, का गहन कृषि या आवासीय विकास के लिए प्रयोग में लाना, तटीय बस्तियों की भौतिक भेद्यता को बढ़ाता है, फिर चाहे यह गिनि में या लूइज़िआना में हो।

37. निम्नलिखित में से कौन-सी वृद्धि की परिस्थितियाँ भेद्यता बढ़ा सकती हैं?

1. जब वृद्धि के लिए खनिज संसाधनों और जंगलों का अतिशोषण होता है।
2. जब वृद्धिमान जाति की सृजनात्मक अंतःशक्ति में परिवर्तन लाती है।
3. जब वृद्धिकी सोच केवल लोगों को आवास और सामाजिक सुरक्षा प्रदान करने तक सीमित होती है।
4. जब वृद्धि केवल कृषि पर ज़ोर देने से मूर्त होती है।

नीचे दिए गए कूट की सहायता से सही उत्तर चुनिएः

(*a*) केवल 1 (*b*) केवल 2, 3 और 4

(*c*) केवल 1 और 4 (*d*) 1, 2, 3 और 4

38. वर्तमान संदर्भ में निम्न कार्बन-वृद्धि का तात्पर्य क्या है?

1. ऊर्जा के नवीकरणीय स्रोतों के उपयोग पर अधिक बल देना।
2. विनिर्माण क्षेत्र पर कम बल देकर कृषि के क्षेत्र पर अधिक बल देना।
3. एकधासस्यन पद्धति को त्याग कर मिश्रित कृषि अपनाना।
4. वस्तुओं और सेवाओं की माँग में कमी लाना।

नीचे दिए गए कूट की सहायता से सही उत्तर चुनिएः

(*a*) केवल 1

(*b*) केवल 2, 3 और 4

(*c*) केवल 1 और 4

(*d*) उपर्युक्त में से कोई भी निम्न कार्बन-वृद्धि का द्योतक नहीं है

39. निम्नलिखित में से कौन-सी परिस्थिति/परिस्थितियाँ धारणीय आर्थिक विकास के लिए अनिवार्य है/हैं?

1. आर्थिक समृद्धता का व्यापक प्रसार।
2. अनुकूलनशील प्रौद्योगिकियों का व्यापक प्रसार/ लोकप्रियकरण
3. अनुकूलनशील तथा अल्पीकरणशील प्रौद्योगिकियों के शोध में निवेश।

नीचे दिए गए कूट की सहायता से सही उत्तर चुनिएः

(*a*) केवल 1 (*b*) केवल 2 और 3

(*c*) केवल 1 और 3 (*d*) 1, 2 और 3

40. इस परिच्छेद से निम्नलिखित में से क्या निष्कर्ष निकाले जा सकते हैं?

1. सिंचित क्षेत्रों में वर्षा-प्रधान फसलों की खेती नहीं की जानी चाहिए।
2. जल-अभाव क्षेत्रों में खेती करना विकास रणनीति का अंग नहीं होना चाहिए।

नीचे दिए गए कूट की सहायता से सही उत्तर चुनिएः

(*a*) केवल 1 (*b*) केवल 2

(*c*) 1 और 2 (*d*) न तो 1, न ही 2

41. निम्नलिखित मान्यताओं पर विचार कीजिएः

1. धारणीय आर्थिक विकास के लिए मनुष्य की सृजनात्मक अंतःशक्ति के प्रयोग की आवश्यकता है।
2. गहन कृषि से पारिस्थितिकीय प्रतिक्षेप (बैकलैश) हो सकता है।
3. आर्थिक समृद्धि का प्रसार पारिस्थितिकीय तथा पर्यावरण पर प्रतिकूल प्रभाव डाल सकता है।

प्रस्तुत परिच्छेद के संदर्भ में, कौन-सी उपर्युक्त मान्यता/मान्यताएँ वैध है/हैं?

(*a*) केवल 1 (*b*) केवल 2 और 3

(*c*) केवल 1 और 3 (*d*) 1, 2 और 3

42. निम्नलिखित में से कौन-सा कथन इस परिच्छेद का मूल विषय इंगित करता हैं?

(*a*) आर्थिक रुप से अधिक समृद्ध देश जलवायु परिवर्तन के परिणामों से निपटने के लिए बेहतर सुसज्जित हैं।

(*b*) अनुकूलशीलता तथा अल्पीकरण को विकास रणनीतियों में समन्वित होना चाहिए।

(*c*) विकसित और विकासशील दोनों ही प्रकार की अर्थवव्यवस्थाओं को तीव्र आर्थिक विकास के पीछे नहीं पड़ना चाहिए।

(*d*) कुछ देश तीव्र विकास की तलाश में प्राकृतिक संसाधनों के अतिशोषण का सहारा लेते हैं।

निम्नलिखित 11 (ग्यारह) प्रश्नांशों के लिए निर्देशः

निम्नलिखित तीन परिच्छेदों को पढ़िए और उसके उपरांत प्रत्येक परिच्छेद के आधार पर दिए गए प्रश्नांशों के उत्तर दीजिए। इन प्रश्नांशों के आपके उत्तर केवल परिच्छेदों पर ही आधारित होने चाहिए।

परिच्छेद - 1

नए भौगोलिक क्षेत्रों में कभी-कभी मानव हस्तक्षेप के बिना ही विदेशज जातियों का प्राकृतिक रुप से संक्रमण हो जाता है। तथापि मानव क्रिया-कलापों ने इसे अल्प से वृहद् प्रवेश या तो मनुष्य के अप्रत्याशित आवागमन से, अथवा समझ बूझ कर अवैधानिक रुप से किसी व्यक्तिगत उद्देश्य की पूर्ति करते हुए अथवा वैधानिक रुप से सर्वसाधारण के आशांकित लाभ हेतु, यथा किसी कीट को नियंत्रण में लाते हुए, नए कृषि उत्पादों को उत्पन्न करते हुए या मनोरंजन के नवीन साधन उपलब्ध कराते हुए हो सकते हैं। बहुत सी प्रवेशज जातियाँ बिना अधिक प्रत्यक्ष प्रभाव के समुदाय में समाहित हो जाती हैं। किन्तु उनमें से कुछ जातियाँ देशज जातियो और प्राकृतिक समुदायों में नाटकीय परिवर्तन के लिए उत्तरदायी होती हैं। उदाहरणार्थ, प्रशांत महासागर में बसे गुआम द्वीप में भूरे वृक्ष सर्प बोइगा इररगुलेरिस के अप्रत्याशित प्रवेश और उसके द्वारा नीड़ परभक्षण करने से 10 देशज वन पक्षी जातियाँ विलोपन के कगार पर पहुँच गई हैं।

संसार में विद्यमान विशाल जैवविविधता का एक प्रमुख कारण है विशेषक्षेत्री केन्द्रों की उपस्थिति जिससे संसार के विभिन्न भागों में एक जैसे आवासों में भी अलग-अलग समूहों की जातियाँ विकसित हुई हैं। यदि प्रत्येक जाति संसार के हर हिस्से में प्राकृतिक रूप से प्रवेश कर पाती, तो हम यह अपेक्षा कर सकते थे कि कुछ चंद सफल जातियाँ ही प्रत्येक जीवोम में प्रबल बन जाती है। यह समजातीयकरण जिस पैमाने पर प्राकृतिक रुप से हो सकता है, उस पर उन प्रकीर्णन के भौतिक अवरोधों के कारण अधिकांश जातियों की सीमित प्रकीर्णन शक्ति द्वारा रोक लगी हुई है। मानव द्वारा प्रदत्त आवागमन के अवसरों से ये प्राकृतिक अवरोण, अनवरत वृद्धि-उन्मुख विदेशज जातियों द्वारा भंग किए जा रहे हैं। इन प्रवेशणों के प्रभावस्वरुप विशाल वैविध्यपूर्ण स्थानीय सामुदायिक संयोजन, कहीं अधिक समजातीय संयोजनों में परिवर्तित हो गए हैं।

यह निष्कर्ष निकालना तथापि त्रुटिपूर्ण होगा कि किसी क्षेत्र में जातियों का प्रवेशण वहाँ की जातीय समृद्धता को अपरिहार्य रुप से क्षीण कर देता है। उदाहरणार्थ, यूरोपीय महाद्वीप में पौधों, अकशेरुकियों तथा कशेरुकियों की अनेक जातियाँ पाई जाती हैं जो ब्रिटिश द्वीपसमूह में नदारद हैं (क्योंकि उनमें से बहुत सी जातियाँ अंतिम हिमयुग के पश्चात् उनमें अब तक अपने को पुनर्निवेशन करने में विफल रही हैं।) उनके प्रवेशण से ब्रिटिश द्वीपसमूह में जैवविविधता को संवर्धन हो सकता है। उपर्युक्त अर्थपूर्ण क्षतिकारक प्रभाव, तभी उपजता है जब आक्रामक जातियाँ उन देशज जीवजात के सम्मुख नई चुनौतियाँ प्रस्तुत करती हैं जिनसे जूझने की क्षमता उनमें नहीं होती।

43. उपर्युक्त परिच्छेद के संदर्भ में निम्नलिखित कथनों में से कौन-सा सही है?

(*a*) नए भौगोलिक क्षेत्रों में विदेशज जातियों का प्रवेशण सदैव जैवविविधता को घटाता है।

(*b*) नए क्षेत्रों में मानव द्वारा विदेशज जातियों को प्रवेश कराने से सदैव स्थानीय पारिस्थितिक-तंत्र में वृहत् परिवर्तन हुए हैं।

(*c*) मानव ही वह अकेला कारक है जिसने विशाल वैविध यपूर्ण स्थानीय सामुदायिक संयोजनों को कहीं अधिक समजातीय संयोजनों में परिवर्तित कर डाला हैं।

(*d*) इस संदर्भ में, उपर्युक्त (*a*), (*b*) एंव (*c*) कथनों में से कोई भी सही नहीं है।

44. मानव नए भौगोलिक क्षेत्रों में विदेशज जातियों का क्यों प्रवेशण करता है?

1. स्थानीय जातियों के साथ विदेशज जतियों के प्रजनन के लिए।
2. कृषि उत्पादकता में वृद्धि लाने के लिए।
3. सौंदर्यीकरण और भूदृश्यन के लिए।

उपर्युक्त में से कौन-सा/से कथन सही है/हैं?

(*a*) केवल 1 (*b*) केवल 2 और 3
(*c*) केवल 1 और 3 (*d*) 1, 2 और 3

45. प्राकृतिक परिस्थितियों में समजातीयकरण पर कैसे अंकुश लगा रहता है?

(*a*) स्थानीय आवासों के लिए विशिष्ट जाति समूहों के विकास से।

(*b*) समुद्री तथा पर्वतीय श्रेणियों की उपस्थिति से।

(*c*) जाति समूहों के स्थानीय भौतिक और जलवायविक परिस्थितियों के प्रति प्रबल अनुकूलन से।

(*d*) इस संदर्भ में उपर्युक्त सभी कथन (*a*), (*b*) और (*c*) सही हैं।

46. मानव ने जैवविधिता को कैसे प्रभावित किया है?

1. जीवित जीवों की तस्करी द्वारा।
2. राजमार्गों के निर्माण द्वारा।
3. पारिस्थितिक-तंत्र को संवेदनशील बनाकर जिससे कि नई जातियाँ उसमें प्रवेश न कर सकें।
4. यह सुनिश्चित करके कि नई जातियों का स्थानीय जातियों पर अधिक प्रभाव न पड़ सके।

उपर्युक्त में से कौन-से कथन सही हैं?

(*a*) 1 और 2 (*b*) 2 और 3
(*c*) 1 और 3 (*d*) 2 और 4

47. विदेशज जातियों के संक्रमण का पारिस्थितिक-तंत्र पर क्या प्रभाव हो सकता है?

1. देशज जातियों का क्षरण।
2. पारिस्थितिक-तंत्र समुदाय के जाति संघटन में परिवर्तन।

नीचे दिए गए कूट का प्रयोग कर सही उत्तर चुनिएः

(*a*) केवल 1 (*b*) केवल 2
(*c*) 1 और 2 दोनों (*d*) न तो 1, न ही 2

परिच्छेद - 2

लोकतंत्र के अधिकांश हिमायती भी यह सुझाने में बल्कि वाक्संयम बरतते रहे हैं कि लोकतंत्र स्वयं ही विकास को और समाज-संवृद्धि को बढ़ाता है - उनकी प्रवृति इन्हें अच्छे किंतु सुस्पष्टतः अलग और व्यापक रुप से स्वतंत्र लक्ष्यों के रुप में देखने की हुई है। दूसरी ओर, लोकतंत्र के निंदक जिसे लोकतंत्र और विकास के बीच गम्भीर तनावों के रुप में देखते हैं, उस पर अपना निदानात्मक विचार व्यक्त करने के लिए काफी इच्छुक प्रतीत हुए हैं। ''मन बनाइए, आपको लोकतंत्र चाहिए, या इसकी जगह, आप विकास चाहते हैं'' - बहुधा इस व्यावहारिक विभाजन वाले सिद्धांतवादी, कम-से-कम प्रारम्भ में, पूर्वी एशियाई देशों से आए, और जैसे-जैसे - 1970 और 1980 के दशकों के पूरे दौर में व बाद में भी - ये अनेक देश लोकतंत्र का अनुसरण किए बगैर आर्थिक विकास के संवर्धन में अत्यधिक कामयाब होते गए, उनके इस मत का प्रभाव बढ़ता गया हैं।

इन मुद्दों के सम्बन्ध में हमें ख़ास ध्यान इन दोनों अंतर्विषयों पर देना पड़ेगा कि विकास किसे कहा जा सकता है और लोकतंत्र की व्याख्या क्या है (विशेषकर मतदान और जन-विवेक की अपनी-अपनी भूमिकाओं के संदर्भ में)। विकास का मूल्यांकन, लोग जो जीवन जी पाते हैं और जिस वास्तविक स्वतंत्रता का वे उपभोग करते हैं, उससे पृथक नहीं किया जा सकता। विकास, विरले ही, सुविधा की निर्जीव वस्तुओं की सुवृद्धि के आधार पर देखा जा सकता है, जैसे कि GNP (या व्यक्तिगत आमदनी), या औद्योगीकरण में वृद्धि - चाहे ये वास्तविक लक्ष्यों के साधनों के रुप में कितने ही महत्वपूर्ण हों। इनका मूल्य इस बात पर निर्भर करता है कि ये सम्बन्धित लोगों की जिन्दगियों व उनकी स्वतंत्रता पर क्या प्रभाव डालते हैं, जो कि विकास के विचार को केंद्रबिन्दु होना ही चाहिए।

यदि विकास को, अपेक्षाकृत अधिक व्यापक ढंग से, मनुष्य की ज़िंदगियों पर संकेंद्रित कर समझा जाए, तो यह तत्काल स्पष्ट हो जाता है कि विकास व लोकतंत्र के बीच के सम्बन्ध को अंशतः उनके मूलभूत संयोजन के आधार पर देखा जाना चाहिए, न कि मात्र उनके बाह्य सम्पर्कों के द्वारा। यद्यपि अक्सर यह सवाल भी पूछा जाता रहा है कि , फिर भी हमें इस निर्णायक पहचान को नहीं भूलना चाहिए कि राजनैतिक स्वतंत्राएँ एवं लोकतांत्रिक अधिकार विकास के ''संघटक अवयवों'' में से हैं। विकास हेतु इसकी प्रासंगिकता अप्रत्यक्षतः GNP की अभिवृद्धि में उनके योगदान के द्वारा प्रमाणित करने की आवश्यकता नहीं होती।

48. परिच्छेद के अनुसार, लोकतंत्र के निंदक लोकतंत्र व विकास के मध्य क्यों एक गम्भीर तनाव समझते हैं?

(*a*) लोकतंत्र व विकास सुस्पष्ट और पृथक लक्ष्य है।

(*b*) आर्थिक अभिवृद्धि को, शासन की लोकतंत्रीय प्रणाली का अनुसरण किए बगैर भी सफलता पूर्वक उन्नत किया जा सकता है।

(*c*) गैर-लोकतांत्रिक शासन-प्रणालियाँ आर्थिक अभिवृद्धि को, लोकतांत्रिक शासन-प्रणालियों की तुलना में, अधिक तीव्र गति से तथा अधिक सफलतापूर्वक प्रदान करती हैं।

(*d*) ऊपर दिए गए सभी (*a*), (*b*) व (*c*) कथन इस संदर्भ में सही है।

49. परिच्छेद के अनुसार, विकास का अन्तिम मूल्यांकन/लक्ष्य/दृष्टि क्या होना चाहिए?

(*a*) प्रति व्यक्ति आय व औद्योगिक संवृद्धि दरों में वृद्धि।

(*b*) मानव विकास सूचकांक तथा GNP में सुधार।

(*c*) बचतों व उपभोग प्रवृत्तियों में वृद्धि।

(*d*) उस वास्तविक स्वतंत्रता का विस्तार जिसका नागरिक उपभोग करते हैं।

50. लोकतंत्र व विकास के मध्य ''मूलभूत'' संयोजन का क्या निहितार्थ है?

(*a*) इनके मध्य सम्बन्ध को बाह्य संपर्कों के माध्यम से देखा जाना चाहिए।

(*b*) केवल राजनैतिक व नागरिक अधिकार ही आर्थिक विकास की ओर ले जा सकते हैं।

(*c*) राजनैतिक स्वतंत्रताएँ एवं लोकतांत्रिक अधिकार विकास के सारभूत तत्व हैं।

(*d*) ऊपर दिए गए कथन (*a*), (*b*) व (*c*) में से कोई भी कथन इस संदर्भ में सही नहीं हैं।

परिच्छेद - 3

प्रत्यक्ष विदेशी निवेश (FDI) के उदारीकरण के साथ प्रतियोगिता नियम की आवश्यकता और संपुष्ट हो जाती है। प्रत्यक्ष विदेशी निवेश का प्रभाव सदैव प्रतियोगिता के पक्ष में नहीं होता। बहुधा, पत्यक्ष विदेशी निनेश, किसी घरेलू प्रतिष्ठान का अधिग्रहण कर अथवा किसी प्रतिष्ठान के साथ संयुक्त उद्यम की स्थापना कर, एक विदेशी निगत का रूप ले लेता है। इस प्रकार का अधिग्रहण करने से विदेशी निवेशक प्रतियोगिता को पर्याप्त रूप से कम कर सकता है और संगत बाज़ार में प्रबल स्थान हासिल कर सकता है और इस प्रकार दृश्य है जहाँ प्रत्यक्ष विदेशी निवेश के उदारीकरण के अनुगमन में दो भिन्न बहुराष्ट्रीय कम्पनियों (MNCs) के संबद्ध पक्ष एक विशेष विकासशील अर्थव्यवस्था में एक दूसरे के साथ प्रतियोगिता में स्थापित हुए हों। बाद में, जनक कम्पनियों का, जो विदेश में हैं, विलय हो जाता है। जब कंपनियों के संबद्धपक्ष स्वतंत्र नहीं रह जाते, मेज़वान देश में प्रतियोगिता वास्तव में समाप्त हो सकती है और उत्पादों की कीमतों में कृत्रिम स्फीति आ सकती है। बहुराष्ट्रीय कंपनियों द्वारा किए गए अधिग्रहणों और विलयनों के इन अधिकांश विपरीत परिणामों को काफी हद तक, एक प्रभावी प्रतियोगिता नियम को ला कर, टाला जा सकता है। साथ ही, एक ऐसी अर्थव्यवस्था, जिसने एक प्रभावी प्रतियोगिता नियम को कार्यान्वित

किया हो, इसे कार्यान्वित न करने वाली अर्थव्यवस्था की तुलना में प्रत्यक्ष निवेश को आकर्षित कर पाने के लिए बेहतर स्थिति में होती है। ऐसा केवल इसलिए नहीं है कि ज़्यादातर बहुराष्ट्रीय कंपनियों से अपने गृह देश में इस प्रकार के मामलों से निबटने में सक्षम होने की प्रत्याशा की जाती है, अपितु इसलिए भी, कि बहुराष्ट्रीय कंपनियाँ भी प्रतियोगिता के प्राधिकरणों से यह प्रत्याशा रखती हैं कि वे घरेलू और विदेशी प्रतिष्ठानों के बीच समस्तरीय दशाओं पर प्रतियोगिता सुनिश्चित करेंगें।

51. इस परिच्छेद के संदर्भ में, निम्नलिखित कथनों पर विचार कीजिए:

1. यह वांछनीय है कि प्रत्यक्ष विदेशी निवेश का प्रभाव प्रतियोगिता के पक्ष में हो।
2. विदेशी निवेशकों के प्रवेश से आवश्यक रूप से, घरेलू बाज़ारों की कीमतों में स्फीति आती है।

उपर्युक्त कथनों में से कौन-सा/से सही है/हैं?

(*a*) केवल 1 (*b*) केवल 2

(*c*) 1 और 2 दोनों (*d*) न तो 1, न ही 2

52. इस परिच्छेद के अनुसार, किस प्रकार एक विदेशी निवेशक संगत घरेलू बाज़ार पर प्रबलता स्थापित कर लेता है?

1. बहुराष्ट्रीय कंपनियाँ घरेलू नियमों की अभ्यस्त हो जाती हैं।
2. विदेशी कंपनियाँ, घरेलू कंपनियों के साथ संयुक्त उद्यम स्थापित कर लेती हैं।
3. एक विशेष बाज़ार/क्षेत्रक के संबद्ध पक्ष अपनी स्वतंत्रता खो देते हैं क्योंकि उनकी विदेश स्थित जनक कंपनियाँ आपस में विलय कर लेती हैं।
4. विदेशी कंपनियाँ अपने उत्पादों की लागत को घरेलू कंपनियों के उत्पादों की लागत की तुलना में घटा देती हैं।

उपर्युक्त कथनों में से कौन-से सही हैं?

(*a*) केवल 1 और 2 (*b*) केवल 2 और 3

(*c*) केवल 1, 2 और 3 (*d*) 1, 2, 3 और 4

53. इस परिच्छेद का निष्कर्ष है?

(*a*) विदेशी निवेशक और बहुराष्ट्रीय कंपनियाँ घरेलू बाज़ार पर सदैव प्रबलता स्थापित कर लेती हैं।

(*b*) कंपनियों का विलय होने देना घरेलू अर्थव्यवस्था के सर्वश्रेष्ठ हितों में से नहीं है।

(*c*) प्रतियोगिता नियम के द्वारा, घरेलू और विदेशी प्रतिष्ठानों के बीच प्रतियोगिता हेतु समस्तरीय दशाएँ सुनिश्चित करना सरल हो जाता है।

(*d*) खुली अर्थव्यवस्था वाले देशों के लिए, प्रत्यक्ष विदेशी निवेश विकास हेतु आवश्यक है।

54. निम्नलिखित कथनों का परीक्षण कीजिए:

1. मैं तभी दूरदर्शन देखता हूँ जब ऊबा हुआ होता हूँ।
2. मैं यदि अपने भाई के साथ होता हूँ तो कभी नहीं ऊबता।
3. मैं जब कभी थियेटर जाता हूँ तो अपने भाई को साथ ले जाता हूँ।

ऊपर के कथनों के संदर्भ में निम्नलिखित में से कौन-सा निष्कर्ष बैध है?

(*a*) यदि मैं ऊबा हुआ होता हूँ, तो दूरदर्शन देखता हूँ।

(*b*) यदि में ऊबा हुआ होता हूँ, तो अपने भाई का साथ चाहता हूँ।

(*c*) यदि मैं अपने भाई के साथ नहीं होता हूँ, तो दूरदर्शन देखता हूँ।

(*d*) यदि मैं ऊबा हुआ नहीं होता हूँ, तो दूरदर्शन नहीं देखता।

55. केवल छः सड़कें A, B, C, P, Q एवं R किसी एक सैन्य शिविर को देश के शेष भाग से जोड़ती हैं। किसी भी एक समय पर A, P एवं R सड़कों में से केवल एक सड़क ही खुली रहती है। यदि B बंद होती है, तो Q भी बंद होती है। तूफान के समय A और B में से केवल एक खुली रहती है। बाढ़ के समय P बंद रहती है। इस संदर्भ में, निम्नलिखित में से कौन-सा एक कथन सही है?

(*a*) सामान्य परिस्थितियों में केवल तीन सड़कें खुली रहती हैं।

(*b*) तूफान के समय कम-से-कम एक सड़क खुली रहती है।

(*c*) बाढ़ के समय केवल तीन सड़कें खुली रहती हैं।

(*d*) आपदाओं के समय सारी सड़कें बंद रहती हैं।

56. निम्नलिखित कथनों पर विचार कीजिए:

1. छात्रों के अलावा दूसरा कोई क्लब का सदस्य नहीं है।
2. क्लब के कुछ सदस्य विवाहित हैं।
3. सभी विवाहित डांस के लिए निमंत्रित हैं।

उपर्युक्त कथनों के आधार पर निम्नलिखित में से कौन-सा एक निष्कर्ष निकाला जा सकता है?

(*a*) सभी छात्र डांस के लिए निमंत्रित हैं।

(*b*) क्लब में सभी विवाहित छात्र डांस के लिए निमंत्रित हैं।

(*c*) क्लब के सभी सदस्य विवाहित हैं।

(*d*) उपर्युक्त निष्कर्षों में से कोई निष्कर्ष नहीं निकाला जा सकता है।

57. W, X, Y एवं Z चार राजनीतिक दलों ने आगामी संसदीय चुनावों के लिए संयुक्त उम्मीदवार खड़ा करने का निर्णय लिया है। किसी भी उम्मीदवार का सबसे अधिक दलों द्वारा स्वीकार किया जाना ही उम्मीदवार के चयन का आधार है। A, B, C और D चार प्रार्थी उम्मीदवार इन दलों के पास टिकट पाने के लिए आते हैं।

A उम्मीदवार W को स्वीकार्य है किन्तु Z को नहीं है।

B उम्मीदवार Y को स्वीकार्य है किन्तु X को नहीं है।

C उम्मीदवार W एवं Y को स्वीकार्य है।

D उम्मीदवार W एवं X को स्वीकार्य है।

जब B उम्मीदवार को W एवं Z ने पसंद किया, C उम्मीदवार को X एवं Z ने पसंद किया, और A उम्मीदवार X को स्वीकार्य था किंतु Y को नहीं था; तो टिकट किसे मिली?

(*a*) A (*b*) B

(*c*) C (*d*) D

58. निम्नलिखित कथनों पर विचार कीजिए:

1. यहाँ पार्क हुई सभी X-ब्रांड कारें सफेद हैं।
2. उनमें से कुछ के रेडियल टायर हैं।
3. 1986 के बाद बनी सभी X-ब्रांड कारों में रेडियल टायर लगे हैं।
4. सभी कारें X-ब्रांड की नहीं हैं।

उपर्युक्त कथनों के आधार पर निम्नलिखित में से कौन-सा एक निष्कर्ष निकाला जा सकता है?

(*a*) सिर्फ सफेद कारें यहाँ पर पार्क हैं।

(*b*) कुछ सफेद X-ब्रांड कारें जिनमें रेडियल टायर लगे हैं यहाँ पार्क हैं।

(*c*) X-ब्रांड कारों के अतिरिक्त अन्य कारों में रेडियल टायर नहीं लगे हो सकते।

(*d*) अधिकांश X-ब्रांड कारों का उत्पादन 1986 से पहले हुआ है।

59. निम्नलिखित कथन पर विचार कीजिए:

यदि तृतीय विश्व युद्ध कभी शुरू होता है तो वह संभवतया सभ्यता के अंत के साथ बहुत जल्द समाप्त हो जाएगा। उसे नाभिकीय शक्ति का दुरुपयोग ही प्रेरित करेगा।

उपर्युक्त कथन के आधार पर, निम्नलिखित में से कौन-सा एक निष्कर्ष सही है?

(*a*) तृतीय विश्व युद्ध में नाभिकीय शक्ति का प्रयोग किया जाएगा।

(*b*) तृतीय विश्व युद्ध के पश्चात् कोई सभ्यता शेष नहीं रहेगी।

(*c*) नाभिकीय शक्ति के विकास से लम्बे समय में सभ्यता नष्ट हो जाएगी।

(*d*) तृतीय विश्व युद्ध नहीं होगा।

60. नीचे दिए गए समस्या चित्रों के अवयव बाएँ से दाएँ देखने पर एक निश्चित नियम के अनुसार परिवर्तित हो रहे हैं:

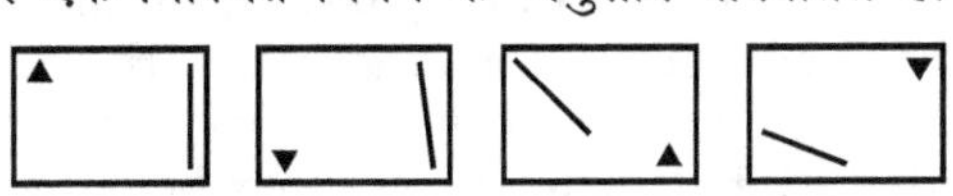

इस नियम के अनुसार, निम्नलिखित में से कौन-सा चित्र अगला होगा, यदि परिवर्तन उसी के अनुसार जारी रहें?

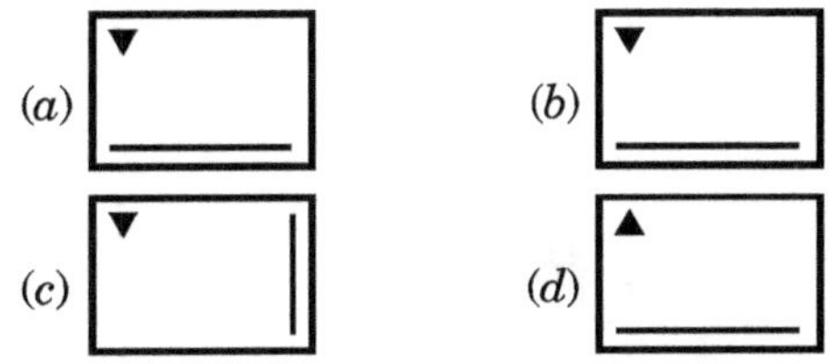

61. निम्नलिखित सारणी में 1000 छात्रों की एक कक्षा का चार भिन्न-भिन्न परीक्षणों में निष्पादन दर्शाया गया है:

परीक्षण	I	II	III	IV
औसत अंक	60	60	70	80
अंकों की रेंज	30 से 90	45 से 75	20 से 100	0 से 100

यदि किसी छात्र ने प्रत्येक परीक्षण में 74 अंक प्राप्त किए हैं, तो तुलनात्मक दृष्टि से उसका निष्पादन निम्नलिखित में से किस परीक्षण में सर्वोत्तम था?

(*a*) परीक्षण I (*b*) परीक्षण II

(*c*) परीक्षण III (*d*) परीक्षण IV

62. नीचे दिखाई गई छः रंगीन (आगे पीछे दोनों) वर्गाकृति लाल (R), नीला (B), पीला (Y), हरा (G), सफेद (W) तथा नारंगी (O) आपस में एक दूसरे से जुड़ी हुई हैं। यदि इन आकृतियों को एक घन के रूप में मोड़ा जाए, तो सफेद आकृति के विपरीत कौन-सी आकृति होगी?

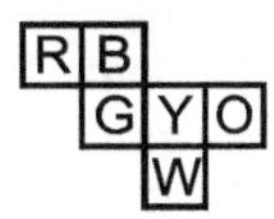

(*a*) R (*b*) G

(*c*) B (*d*) O

63.

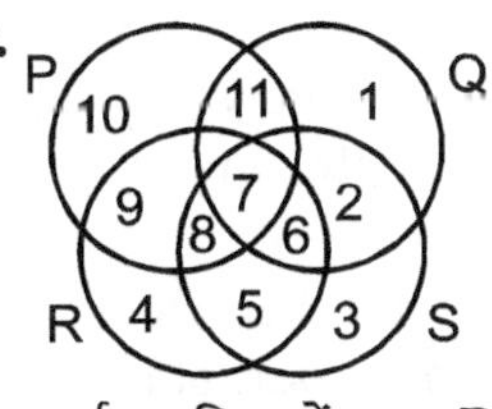

उपर्युक्त चित्र में, वृत्त P मेहनती लोगों को निरूपित करता है, वृत्त Q बुद्धिमान लोगों को निरूपित करता है, वृत्त R सच्चे लोगों को निरूपित करता है, और वृत्त S ईमानदार लोगों को निरूपित करता है। कौन-सा क्षेत्र ऐसे व्यक्तियों को निरूपित करता है जो बुद्धिमान, ईमानदार और सच्चे हैं, किन्तु मेहनती नहीं हैं?

(*a*) 6 (*b*) 7

(*c*) 8 (*d*) 11

64. किसी विशेष अनुदूरीक रूपान्तरण में एक घन (क्यूब) के तीन दृश्य नीचे दिए गए हैं:

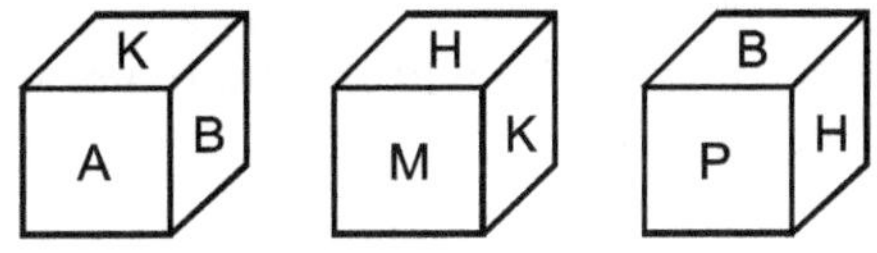

A के सम्मुख कौन-सा अक्षर है?

(*a*) H (*b*) P

(*c*) B (*d*) M

65. 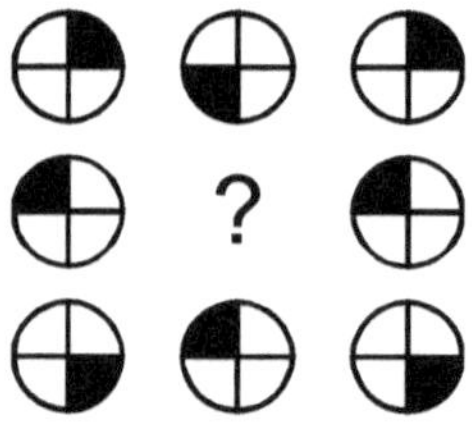

नीचे दी गई आकृतियों में से कौन-सी आकृति ऊपर आव्यूह (मैट्रिक्स) के रिक्त स्थान (?) को लेगी?

(*a*) 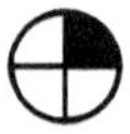 (*b*) 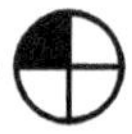

(*c*) 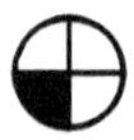 (*d*) 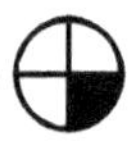

निम्नलिखित 8 (आठ) प्रश्नांशों के लिए निर्देशः

निम्नलिखित 8 (आठ) प्रश्नांश (प्रश्नांश 66 से 73) अंग्रेजी के **तीन लेखांशों** पर आधारित हैं। अतः **इन प्रश्नांशों का हिन्दी अनुवाद नहीं दिया जा रहा है।** प्रत्येक लेखांश पढ़िए तथा निम्नलिखित प्रश्नांशों के उत्तर दीजिए।

Passage – 1

For fourteen and a half month I lived in my little cell or room in the Dehradun jail, and I began to feel as if I was almost a part of it. I was familiar with every bit of it, I knew every mark and dent on the whitewashed wall and on the uneven floor and the ceiling with its moth-eaten rafters. In the little yard outside I greeted little tufts of grass and odd bits of stone as old friends. I was not alone in my cell, for several colonies of wasp and hornets lived there, and many lizards found a home behind the rafters, emerging in the evenings in search to prey.

66. Which of the following explains best the sentence in the passage "I was almost a part of it"?

(*a*) I was not alone in the cell.

(*b*) I was familiar withy every bit of the cell.

(*c*) I greeted little tufts of grass like old friends.

(*d*) I felt quite at home in the cell.

67. The passage attempts to describe

(*a*) the general conditions of the country's jails.

(*b*) the prisoner's capacity to notice the minute details of his surroundings.

(*c*) the prisoner's conscious efforts to overcome the loneliness.

(*d*) the prisoner's ability to live happily with other creatures.

68. The author of the passage seems to suggest that

(*a*) it is possible to adjust oneself to uncongenial surroundings.

(*b*) the conditions in Indian prisons are not bad.

(*c*) it is not difficult to spend one's time in a prison.

(*d*) there is a need to improve the conditions in our jails.

Passage – 2

We started pitching the highest camp that has ever been made. Everything took five times as long as it would have taken in a place where there was enough air to breathe; but at last we got the tent up, and when we crawled in, it was not too bad. There was only a light wind, and inside it was not too cold for us to take off our gloves. At night most climbers take off their boots; but I prefer to keep them on. Hillary, on the other hand, took his off and laid them next to his sleeping bag.

69. What does the expression "pitching the highest camp" imply?

(*a*) They reached to summit of the highest mountain in the world.

(*b*) Those who climbed that far earlier did not pitch any camp.

(*c*) So far nobody has ever climbed that high.

(*d*) They were too many climbers and needed to pitch a bit camp.

70. They took a long time to finish the work because

(*a*) they were very tired.

(*b*) there was not enough air to breathe.

(*c*) it was very cold.

(*d*) it was very dark.

71. When they crawled into the tent

(*a*) they took off their gloves because it was not very cold.

(*b*) they could not take off their gloves because it was very cold.

(*c*) they took off their gloves though it was very cold.

(*d*) they did not take off their gloves though it was not cold.

Passage – 3

A local man, staying on the top floor of an old wooden house, was awakened at midnight by a fire. Losing his way in a smoke-filled passage, he missed the stairway and went into another room. He picked up a bundle to protect his face fro the fire and immediately fell through the floor below were he managed to escape through a clear doorway. The "bundle" proved to be the bay of the Mayor's wife. The "hero" was congratulated by all.

72. The man went into another room because

(*a*) he did not know where exactly the stairway was.

(*b*) the passage was full of smoke.

(*c*) he was extremely nervous.

(*d*) he stumbled on a bundle.

73. The man was called a hero because he

(*a*) express his willingness to risk his life to save others.

(*b*) managed to escape from the fire.

(*c*) showed great courage in fighting the fire.

(*d*) saved a life.

निम्नलिखित 7 (सात) प्रश्नांशों के लिए निर्देशः

नीचे सात प्रश्नांश दिए गए हैं। प्रत्येक प्रश्नांश में एक स्थिति का वर्णन है, जिसके पश्चात् उसके चार संभव उत्तर दिए गए हैं। जिस उत्तर को आप सर्वाधिक उपर्युक्त मानते हैं, उसे आप अपने उत्तर के रूप में अंकित कीजिए। प्रत्येक प्रश्नांश के लिए केवल एक ही उत्तर चुनिए। उत्तरों का मूल्यांकन, दी गई स्थिति के लिए उपयुक्तता के स्तर के आधार पर किया जाएगा।

कृपया सभी प्रश्नांशों के उत्तर दीजिए। इन सात प्रश्नांशों के लिए गलत उत्तरों के लिए कोई दंड नहीं है।

74. अपने अधीनस्थ द्वारा तैयार किए गए अंतिम प्रतिवेदन के संबंध में, जिसे अतिशीघ्र प्रस्तुत किया जाना है, आपके अभिमत भिन्न हैं। आपका अधीनस्थ प्रतिवेदन में दी गई सूचना को उचित ठहरा था। आप क्या करेंगे?

(*a*) अपने अधीनस्थ से स्वीकार कराएँगे कि वह गलत है।

(*b*) उसको परिणामों पर पुनर्विचार करने हेतु कहेंगे।

(*c*) प्रतिवेदन में आप स्वयं संशोधन कर लेंगे।

(*d*) अधीनस्थ को कहेंगे कि अपनी गलती को उचित न ठहराए।

75. एक प्रतिष्ठित पुरस्कार के लिए, जिसका निर्धारण एक मौखिक प्रस्तुतीकरण के आधार पर होना है, आप अपने ही बैच के किसी सहकर्मी (बैच-मेट) के साथ प्रतियोगिता कर रहे हैं। प्रत्येक प्रस्तुतीकरण के लिए दस मिनट का समय रखा गया है। समिति ने आपको प्रस्तुतीकरण को ठीक समय से समाप्त करने को कहा है, जबकि, आपके मित्र को अनुबद्धसमयावधि से अधिक समय दिया जाता है। आप क्या करेंगे?

(*a*) इस भेदभाव के लिए अध्यक्ष के पास एक शिकायत दर्ज कराएँगे।

(*b*) समिति द्वारा दिए गए किसी भी औचित्य को नहीं सुनेंगे।

(*c*) अपना नाम प्रतियोगिता से वापस लेने की माँग करेंगे।

(*d*) विरोध करते हुए उस स्थान को छोड़ देंगे।

76. आप एक समयबद्ध परियोजना पर कार्य कर रहे हैं। परियोजना की पुनरीक्षण बैठक के दौरान आप पाते हैं कि आपके समूह के सदस्यों की ओर से सहयोग में कमी होने के कारण परियोजना विलंबित हो सकती है। आप क्या करेंगे।

(*a*) अपने समूह के सदस्यों को उनके असहयोग के लिए चेतावनी देंगे।

(*b*) असहयोग के कारणों की जाँच-पड़ताल करेंगे।

(*c*) समूह के सदस्यों को प्रतिस्थापित करने की माँग करेंगे।

(*d*) कारण प्रस्तुत करते हुए समय सीमा बढ़ाने की माँग करेंगे।

77. आप एक राज्य क्रीड़ा समिति के अध्यक्ष हैं। आपको एक शिकायत मिली है और बाद में यह पाया गया है कि कनिष्ठ आयु वर्ग के लिए पदक जीतने वाले एथलीट की आयु, आयु के लिए मानदण्ड से पाँच दिन अधिक हो गई है। आप क्या करेंगे?

(*a*) छानबीन समिति से स्पष्टीकरण देने को कहेंगे।

(*b*) एथलीट से पदक वापस करने को कहेंगे।

(*c*) एथलीट को अपनी आयु की घोषणा करते हुए न्यायालय से शपथ-पत्र लाने को कहेंगे।

(*d*) क्रीड़ा समिति के सदस्यों से उनकी राय माँगेंगे।

78. आप एक प्राथमिकता परियोजना पर कार्य कर रहे हैं और सभी अंतिम तिथियों को पूरी तरह निभा रहे हैं और इस आधार पर परियोजना के दौरान अवकाश लेने की योजना बना रहे हैं। आपका आसन्न अधिकारी परियोजना की अविलंबता बता कर आपके अवकाश को अनुमोदित नहीं करता है। आप क्या करेंगे?

(*a*) मंजूरी की प्रतीक्षा किए बिना अवकाश पर चले जाएँगे।

(*b*) बीमारी का बहाना बना कर अवकाश पर चले जाएँगे।

(*c*) अवकाश के आवेदन पर पुनर्विचार करने हेतु उच्चतर अधिकारी से बात करेंगे।

(*d*) आसन्न अधिकारी को बताएँगे कि यह न्याय संगत नहीं है।

79. आप सुदूर क्षेत्र में एक जल पूर्ति परियोजना स्थापित करने हेतु कार्य कर रहे हैं। किसी भी हालत में परियोजना की पूरी लागत वसूल कर पाना असंभव है। उस क्षेत्र में आय का स्तर बहुत नीचा है और 25 प्रतिशत जनसंख्या गरीबी रेखा के नीचे है। जलापूर्ति की कीमत निर्धारण कर निर्णय लेते समय आप क्या करेंगे?

(*a*) यह अनुसंशा करेंगे कि पूरी तरह जलापूर्ति निःशुल्क हो।

(*b*) यह अनुसंशा करेंगे कि सभी प्रयोगकर्ता नल लगाने हेतु एक बार तय एक-मुश्त राशि का भुगतान करें और पानी का उपयोग निःशुल्क हो।

(*c*) यह अनुसंशा करेंगे कि गरीबी रेखा से ऊपर के परिवारों के लिए एक तय मासिक शुल्क लगाया जाए और गरीबी रेखा से नीचे के परिवारों हेतु जलापूर्ति निःशुल्क हो।

(*d*) यह अनुसंशा करेंगे कि प्रयोगकर्ता जल के उपभोग पर आधारित शुल्क का भुगतान करें जिसमें गरीबी रेखा से ऊपर तथा नीचे के परिवारों हेतु विभेदीकृत शुल्क निश्चित किया जाए।

80. एक नागरिक के रूप में आपको एक सरकारी विभाग से कुछ काम है। सम्बद्ध अधिकारी आपको बार-बार बुलाता है; और आपसे प्रत्यक्षतः बिना कुछ कहे रिश्वत देने के इशारे करता है। आप अपना कार्य कराना चाहते हैं। आप क्या करेंगे?

(*a*) रिश्वत दे देंगे।

(*b*) ऐसा व्यवहार करेंगे मानो आप उसके इशारे नहीं समझ रहे हैं और अपने आवेदन पर डटे रहेंगे।

(*c*) रिश्वत के इशारों के सम्बन्ध में मौखिक शिकायत के साथ उच्चतर अधिकारी के पास सहायता के लिए जाएँगे।

(*d*) एक औपचारिक शिकायत भेजेंगे।

उत्तरमाला

1. (*b*)	**2.** (*d*)	**3.** (*b*)	**4.** (*d*)	**5.** (*b*)	**6.** (*c*)	**7.** (*c*)	**8.** (*d*)	**9.** (*b*)	**10.** (*a*)
11. (*a*)	**12.** (*d*)	**13.** (*b*)	**14.** (*b*)	**15.** (*b*)	**16.** (*d*)	**17.** (*a*)*	**18.** (*c*)	**19.** (*d*)	**20.** (*b*)
21. (*c*)	**22.** (*c*)	**23.** (*a*)	**24.** (*d*)	**25.** (*d*)	**26.** (*d*)	**27.** (*d*)	**28.** (*a*)	**29.** (*c*)	**30.** (*c*)
31. (*d*)	**32.** (*b*)	**33.** (*d*)	**34.** (*a*)	**35.** (*c*)	**36.** (*b*)	**37.** (*a*)	**38.** (*d*)	**39.** (*b*)	**40.** (*d*)
41. (*a*)	**42.** (*b*)	**43.** (*d*)	**44.** (*b*)	**45.** (*b*)	**46.** (*a*)	**47.** (*c*)	**48.** (*b*)	**49.** (*d*)	**50.** (*c*)
51. (*a*)	**52.** (*b*)	**53.** (*c*)	**54.** (*d*)	**55.** (*b*)	**56.** (*b*)	**57.** (*c*)	**58.** (*b*)	**59.** (*a*)	**60.** (*d*)
61. (*b*)	**62.** (*c*)	**63.** (*a*)	**64.** (*a*)	**65.** (*d*)	**66.** (*d*)	**67.** (*c*)	**68.** (*a*)	**69.** (*b*)	**70.** (*b*)
71. (*a*)	**72.** (*b*)	**73.** (*d*)	**74.** (*b*)	**75.** (*a*)	**76.** (*b*)	**77.** (*b*)	**78.** (*d*)	**79.** (*d*)	**80.** (*d*)

व्याख्या

1. कथन 1 और 2 से यह कहा जा सकता है कि चूंकि सभी कलाकार सनकी होते हैं और कुछ कलाकार नशीले पद्वार्थों के व्यसनी होते हैं, यह सूचित करता है कि वे नशीले पद्वार्थों के व्यसनी, जो कलाकार हैं सनकी होते हैं। इसलिए, कुछ नशीले पद्वार्थों के व्यसनी, सनकी होते हैं। अतः विकल्प (*b*) उत्तर है। विकल्प (*a*) गलत है क्योंकि यह एक स्वतंत्र कथन है जो सूचित करता है कि सभी कलाकार कुंठाग्रस्त होते हैं, जो 3 कथनों में दी गयी जानकारी के अनुसार असहयोगात्मक हैं। कथन 3 यह बताता है कि कुंठाग्रस्त व्यक्तियों के नशीले पद्वार्थों का व्यसनी बनने की संभावना है। इसका यह अर्थ नहीं है कि सभी कुंठाग्रस्थ व्यक्ति अन्ततः नशीले पद्वार्थों के व्यसनी बनेगें। अतः विकल्प (*c*) गलत है । विकल्प (*d*) भी गलत हैं क्योंकि कथन दावे का समर्थन नहीं करते हैं कि सनकी व्यक्ति सामान्यतः कुंठाग्रस्त होते हैं।

2. दिए गये कथनों से यह स्पष्ट है कि A, B से छोटा नही हो सकता और D, C से छोटा नहीं हो सकता है। विकल्प (*a*), (*b*) और (*c*) को अस्वीकार किया जा सकता हैं क्योंकि ये दिये गये कथनों से निश्चित रूप से निष्कर्षित नहीं किए जा सकते हैं। केवल विकल्प (*d*) निश्चित रूप से निष्कर्षित किया जा सकता हैं क्योंकि हमें पता है कि A, B से छोटा नहीं हो सकता और B, C से बड़ा है।

3. कथन 1 सूचित करता है कि पक्षी निरीक्षक क्लब के सभी सदस्यों के पास द्विनेत्री (बाइनोक्यूलर) होते हैं। यह ये नहीं सूचित करता है कि सभी लोग जिनके पास द्विनेत्री (बाइनोक्यूलर) होता है पक्षी निरीक्षक क्लब के सदस्य होते हैं। कथन 2 और 3 यह सूचित करते हैं कि पक्षी निरीक्षक क्लब के केवल वे सदस्य जिसके पास कैमरा होता है फोटो-प्रतियोगिता में भाग ले सकते हैं। अतः इसका अर्थ यह नहीं है कि अन्य लोग जिनके पास कैमरा है ऐसा नहीं कर सकते हैं। अतः केवल विकल्प (*b*) दी गयी जानकारी का समर्थन करता है और सही उत्तर है।

4. विकल्प (*a*) और (*b*) उद्धरण में दी गयी जानकारी के अनुसार निष्कर्षित नहीं किया जा सकता है। उद्धरण केवल हमें यह बताता है कि अंकित ने पिछले ग्रीष्मकाल के दौरान क्या किया और इस ग्रीष्मकाल में उसने क्या करने का मन बनाया है। किन्तु हम इससे यह परिणाम नहीं निकाल सकते कि वह प्रत्येक वर्ष किसी ना किसी या अन्य किसी ग्रीष्मकालीन छुट्टियों में जाता है। उद्धरण यह संदर्भित करता है कि वह एक संगीत शिविर में आगे जाना चाहता है जहाँ वह नाचने-गाने और गिटारवादन सीखने की आशा रखता है। अतः हम निष्कर्षित कर सकते हैं कि उसे इस तरह कि गतिविधियाँ पसंद हैं। अतः विकल्प (*d*) सही उत्तर है।

5. कथन 2 और 5 से, B ने अवश्य ही काले रंग की कमीज पहनी थी क्योंकि तीन में से किसी के लिए भी पैट और कमीज के रंग समान नहीं हो सकते। कथन 4 से, A ने अवश्य ही पीले रंग की कमीज पहनी थी। अतः अनुमानित आँकड़े निम्न रूप से सारणीबद्ध किए जा सकते हैं।

नाम	पैंट का रंग	कमीज का रंग
A	पीला	नारंगी
B	नारंगी	काला
C	हरा	नीला

6. क्योंकि सभी पाँच सिटकाम अभी भी अप्रैल में चल रहे हैं निष्कर्षित करता है कि बचे हुए पाँच में केवल दो (3 ड्रामा और 2 समाचार मैगजीन) अभी भी अप्रैल में चल रहे थे। यद्यपि हम यह मान ले कि दोनों समाचार शो बंद किये गये हैं, एक ड्रामा शो अभी भी बंद किया जा सकता है क्योंकि कुल चल रहे शो की संख्या सात है। और यदि दोनों समाचार शो चल रहे हैं निष्कर्षित करते हैं कि ड्रामा शो बंद किये गये हैं। अतः किसी भी परिस्थिति में कम से कम बंद किये शो में एक अनिवार्यतः ड्रामा शो होना चाहिए। अतः विकल्प (*c*) सही उत्तर है।

7. दी गयी जानकारी निम्न रूप से सारणीबद्ध की जा सकती है:

व्यवसाय	भाषा	धर्म
डॉक्टर	तमिल	इसाई
डॉक्टर	गुजराती	मुसलमान
व्यवसायी	गुजराती	इसाई
व्यवसायी	तमिल	मुसलमान

अतः दोनों ही कथन 1 और 2 सत्य हैं।

8. विकल्प (*a*) अस्वीकार किया जाता है क्योंकि कथन स्वयं स्पष्ट उल्लेखित करता है कि टेलीविजन यद्यपि काफी महगा है एक विलास वस्तु नहीं है। विकल्प (*b*) अस्वीकार किया जाता है क्योंकि इस दावे को समर्थन देने की कोई जानकारी नहीं है। विकल्प (*c*) को अस्वीकार किया जाता है, कथन केवल कहता है कि कोई भी टेलीविजन से बहुत सी आवश्यक चीजें सीख सकता है, यह ये निष्कर्षित नहीं करता कि, टेलीविजन सीखे जाने के लिए आवश्यक है। केवल विकल्प (*d*) कथन से निर्णायक रूप से निष्कर्षित किया जा सकता है और यह सही उत्तर है।

9. मान लेते है उसका कार्यालय 'x' किमी. दूर है, तब

$$0.6\,x - 0.4x = 48 \times \frac{10}{60} = 8$$

$$x = 40$$

अतः, विकल्प (*b*) सही है।

10. कथन सूचित करता है कि गीता, सीता से सुंदर है और रीता तीनों लड़कियों में सबसे सुंदर है। इस मात्र विकल्प के आधार पर (*a*) को निष्कर्षित किया जा सकता है और यह सही उत्तर है।

11. कथन 3 और 4 से, D, B का पुत्र है।

कथन 1 से, A, B का भाई है, जो कि D का चाचा है।

12. मान लेते हैं कि व्यक्ति के अंक उनके नाम द्वारा प्रदर्शित किये जाते हैं। कथन 1 और 4 से, रत्ना > पद्मा > रमा > रानी। अतः रत्ना ने, दिये गये चार व्यक्तियों में सबसे अधिक अंक प्राप्त किए।

13. परिच्छेद स्पष्ट रूप से उल्लेखित करता है कि समूहन, ग्रामीण निर्धनों को मुक्त व्यक्तिवाद, निर्धनता उन्मूलन और कृषि उत्पादकता वृद्धि के विरुद्ध संरक्षण रूप में एक अवसर प्रदान करता है। अतः विकल्प (*b*) सही उत्तर है।

14. परिच्छेद यह कहता है कि परिवार सहकारितायों के लिंग प्रभाव का असर संक्रमण अर्थव्यवस्थाओं में अनिश्चित है। इसके आधार पर हम निश्चितता से यह नहीं कह सकते कि महिलाओं की भूमिका प्रतिबंधित है। केवल विकल्प (*b*) जो कहता है कि परिवार सहकारिता महिलाओं को संभवतः शामिल नहीं करेगी और इस लिए यह अनिश्चितता के एक अंश को प्रदर्शित करता है, जो कि निष्कर्षित किया जाता है। अतः विकल्प (*b*) सही उत्तर है।

15. परिच्छेद केवल कहता है कि समूहन विभिन्न विषयों जैसे कि संक्रमण अर्थव्यवस्थाओं में पाया जाता है। यह ये सूचित नहीं करता कि ऐसे समूहन संक्रमण अर्थव्यवस्थाओं के लिए अनिवार्य है। अनुगमन 2 परिच्छेद में दी गयी जानकारी के द्वारा समर्थित है। अतः विकल्प (*b*) सही उत्तर है।

16. परिच्छेद स्पष्ट उल्लेखित करता है कि "एक विशिष्ट पश्चिमी सन्दर्भ में, लोकतंत्र का और गहरा होना उदारवादी मूल्यों के समेकन की ओर ले जाता है"। कोई भी विकल्प (*a*), (*b*) या (*c*) कथन से निष्कर्षित नहीं किये जा सकते हैं। अतः विकल्प (*d*) सही उत्तर है।

17. परिच्छेद स्पष्ट यह उल्लेखित करता है कि भारतीय सन्दर्भ में बृहद लोकतंत्रीकरण व्यक्तियों की भागीदारी का व्यक्तिगत रूप में नहीं, बल्कि समुदायों, जो जाति और धर्म पर आधारित हो की पहचान के आधार का कारण बना है। अतः जाति और धार्मिक पहचान को कम करने का कारण नही बनता है। अतः विकल्प (*a*) सही है। परिच्छेद स्पष्ट रूप से बताता है कि भारत में 'सामुदायिक- पहचान एक नियंत्रक बल प्रतीत होती है। अतः यह आश्चर्यजनक नहीं है, कि तथा-कथित परिधीय समूह राजनैतिक प्रक्रियाओं में शामिल होते समय अपनी पहचानों को सामाजिक समूहों (जाति, धर्म या पंथ) से, जिनके वे सदस्य हैं, जोड़ कर बनाए रखना जारी रखते हैं, यद्यपि उन सभी के राजनैतिक लक्ष्य न्यूनाधिक समान बने रहते हैं'। अतः यह नहीं कहा जा सकता कि सामुदायिक पहचान एक नियंत्रक बल के रूप मे भारतीय राजनीति में अप्रासंगिक बन जाता है। अतः विकल्प (*b*) भी निष्कर्षित किया जाता है।

18. विकल्प (*a*) परिच्छेद में जो भी नियत है उसका विपरीत है। परिच्छेद "सामाजिक निकोचो का ढीला होना" उल्लेखित नही करता किन्तु 'मतदान व्यवहार एवं प्रतिरूपों' के सन्दर्भ में यह नहीं कहा गया है। परिच्छेद का अंतिम वाक्य

"महत्त्वपूर्ण राजनैतिक प्रक्रिया है जो, लोक-शासन के लोकतांत्रिक ढांचे के अंदर, उच्चतर जाति के अभिजनों से विभिन्न उपाश्रित समूहों" में यह बताता है। अतः विकल्प (*c*) सही उत्तर है।

प्रश्न 19 से 23 के लिए :

दी गयी जानकारी तालिका में निम्न तरह प्रदर्शित की जा सकती है:

दिन	विषय
सोमवार	सांख्यिकी
मंगलवार	इतिहास
बुधवार	अंग्रेजी
वृहस्पतिवार	अर्थशास्त्र
शुक्रवार	गणित

24. मान लेते हैं कि प्रत्येक गिलास का आयतन v लीटर है। अतः पहले गिलास और दूसरे गिलास में दूध का आयतन क्रमशः $\frac{v}{2}$ लीटर और $\frac{3v}{4}$ लीटर है।

अतः दूध का पानी के साथ मिश्रण के पश्चात्

अनिवार्य अनुपात $= \frac{\left(\frac{v}{2}+\frac{3v}{4}\right)}{\left[\left(2v-\left(\frac{v}{2}+\frac{3v}{4}\right)\right)\right]} = \frac{\frac{5v}{4}}{\frac{3v}{4}} = \frac{5}{3}$

25. कथन 1 हमें बताता है कि सभी मशीनें ऊर्जाक्षय करती हैं, चाहे वह ऊर्जा वैद्युत हो या उल्लेखित ना हो। अतः विकल्प (*a*) अस्वीकार किया जाता है। विकल्प (*b*) दिए गए चार कथनों के आधार पर निष्कर्षित नहीं किया जा सकता है। कथन (*c*) भी दिए गये कथनों के आधार पर निष्कर्षित नहीं किया जा सकता है। कथन 3 और 4 विद्युत द्वारा संचालित मशीनों के लाभ को उल्लेखित करता है और अतः विकल्प (*d*) दिए गए इन दो कथनों से निष्कर्षित किया जा सकता है और यह सही उत्तर है।

26. कथन 1 सूचित करता है कि केवल धनिक ही हवाई यात्रा का खर्च उठा सकते हैं। तथापि यह नहीं सूचित करते कि वे सभी जो धनिक है अंततः हवाई यात्रा ही करते हैं। अतः विकल्प (*a*) अस्वीकार किया जाता है। विकल्प 2 सूचित करता है कि कम से कम कुछ धनिक जो हवाई यात्रा करते हैं बीमार पड़ते हैं। इसका अनिवार्यतः अर्थ यह नहीं है कि वे सभी हवाई यात्रा करते है बीमार पड़ते है। अतः विकल्प (*b*) अस्वीकार किया जाता हैं। विकल्प (*c*) वही चीज सूचित करता है जो विकल्प (*b*) करता है और उसी तरह अस्वीकार किया जाता है। विकल्प (*d*) कथन 1 की रोशनी में निष्कर्षित किया जा सकता है और सही उत्तर है।

27. MLA का फ्लैट, इंजीनियर के फ्लैट के ऊपर और IAS अधिकारी का फ्लैट, MLA के फ्लैट के ऊपर है। डॉक्टर सबसे मध्य तल पर रहता है। प्रोफेसर के फ्लैट की MLA और इंजीनियर के फ्लैट की तुलना में सम्बन्धित परिस्थिति के बारे में कुछ भी उल्लेखित नहीं है।

अतः अनिवार्य क्रम भूतल से सर्वोच्च तल का कोई भी हो सकता है। प्रोफेसर, इंजीनियर, डॉक्टर, MLA, IAS अधिकारी या इंजीनियर, प्रोफेसर, डॉक्टर, MLA, IAS अधिकारी। अतः दिये गये विकल्पों में (*d*) सही उत्तर है।

28. परिच्छेद से यह निष्कर्षित किया जा सकता है कि "शिक्षा की धारणा वह है जो देख-रेख करती है" शिक्षा का एक महत्त्वपूर्ण कार्यपरक, नैतिक तथा उपयोगितावादी लक्ष्य है जिसकी ये पूर्ति करता है। 'रोजगार/ ऊर्ध्वगामी गतिशीलता के लिए अर्हताएँ अर्जित करना' 'और व्यापक उच्चत्तर अवसर प्राप्त करना राष्ट्रीय विकास हेतु विविध क्षेत्रों में प्रशिक्षित जन शक्ति की आवश्यकताओं की पूर्ति करना'। विकल्प (*b*) और (*c*) केवल उपयोगितावादी दृष्टिकोण के कुछ हिस्सों को उल्लेखित करते हैं। विकल्प (*b*) उस दृष्टिकोण को प्रदर्शित करता है कि क्यों शिक्षा का मूल्यांकन स्वयं के हित के लिए किया जाना चाहिए। विकल्प (*a*) सबसे बेहतर ढंग से शिक्षा की धारणा का सार प्रस्तुत करता है।

29. विकल्प (*a*) और (*b*) को हम परिच्छेद में दी गयी जानकारी के अनुसार अस्वीकार कर सकते हैं। परिच्छेद स्पष्टतः यह उल्लेखित करता है कि "शिक्षा विस्तारण एवं रूपांतरण की प्रक्रिया है, विद्यार्थियों को इंजीनियरों या डॉक्टरों में बदलने के अर्थ में नहीं, बल्कि मन को विस्तारण एवं परिवर्तन-सृजन, पोषण एवं आत्म-विवेचनात्मक बोध का विकास तथा विचार की स्वतंत्रता प्रदान करने के अर्थ में। यह नैतिक-बौद्धिक विकास की आंतरिक प्रक्रिया है''। और इसी कारण से शिक्षा को स्वयंमात्र में समादरणीय होना चाहिए। अतः विकल्प (*c*) सही उत्तर है।

30. विकल्प (*a*), (*b*) और (*d*) शिक्षा के कुछ उपयोगितावादी लाभ हैं। विकल्प (*c*) अतएव विस्तार से "शिक्षा की स्वतः प्रक्रिया क्या है" बताता है और यह सही उत्तर है।

31. प्राकृतिक वरण एक प्रक्रिया है जिसमें केवल मजबूत और लचीले प्रजाति के सदस्य बदलती हुयी परिस्थिति में जीवित रह सकते है। न ही विकल्प (*a*), (*b*), और (*c*) इस दृष्टिकोण को समविष्ट करते हैं। अतः विकल्प (*d*) सही उत्तर है।

32. परिच्छेद केवल यह बताता है कि गरीब देशों के अनुभव रासायनिक कीटनाशकों के उपयोग को न्यायसंगत बताने के लिए होते है। हालाँकि यह ये नहीं इंगित करते है कि ऐसे कीटनाशकों का प्रयोग विश्व के सभी गरीब देशों में अनिवार्य है। अतः कथन 1 परिच्छेद से निष्कर्षित नहीं किया जा सकता कथन 2 परिच्छेद में जो भी कहा गया है उसका विरोधाभासी है, केवल कथन 3 परिच्छेद में दी गयी जानकारी से निष्कर्षित किया जा सकता है। अतः विकल्प (*b*) सही उत्तर है।

33. कीटनाशकों के अनवरत उपयोग का कारण, जैसा कि परिच्छेद में 'कितने जीव बच सके' 'खाद्य उत्पादन की' 'आर्थिक दक्षता कुल खाद्य उत्पादन के संबंध मे' दिया गया है। विकल्प (*a*) और (*b*) परिच्छेद में दी गयी जानकारी द्वारा समर्थित नहीं हैं। प्राकृतिक रूप से सड़नशीलता की चर्चा कीटनाशकों की संवहनीय उपयोग में से एक की विशेषता को पता करने के लिए किया गया है किन्तु परिच्छेद यह नहीं बताता कि कीटनाशक जैवनिम्नीकरणी (बायोडिग्रेडेबल) हैं। अतः विकल्प (*d*) सही उत्तर है।

34. परिच्छेद यह बताता है कि कीटनाशकों के उपयोग के बाद कीट आबादी के केवल वे ही लोग जो कीटनाशकों से प्रतिरोध कर सकते हैं जीवित रह सकते हैं। इसी तरह कीटनाशक किसी भी कीट आबादी में प्रतिरोधात्मक जीवों के वरण के अभिकर्ता के रूप में कार्य करते हैं। अतः विकल्प (*a*) सही उत्तर है।

35. परिच्छेद यह इंगित नहीं करता की विकसित देश कीटनाशकों से मुक्त हो सकते हैं और जैव कृषि की सहायता लेते हैं। कथन 3 एक आवलोकन है, इसके बजाये कि वह कीटनाशकों के प्रगतिशील देशों में प्रयोग की एक प्रमाणिकता हो। परिच्छेद हालाँकि यह स्पष्ट रूप से उल्लेखित करता है कि 'बहुत से गरीब देशों में सन्निकट सामूहिक भुखमरी अथवा जनपदिक रोग इतने ड़रावने है कि कीटनाशकों के सामाजिक और स्वास्थ लागत की अवहेलना करनी पड़ती है। अतः केवल कथन 2 परिच्छेद से निष्कर्षित किया जाता है और विकल्प (*c*) सही उत्तर है।

36. परिच्छेद कीटनाशकों के प्रयोग से सम्बन्धित विभिन्न समस्याओं को उल्लेखित करता है और यह बताता है कि उनका प्रयोग मूलतः और घोर रूप से अधारणीय होता है और उनके प्रयोग की एकमात्र प्रमाणिकता 'कितने जीवन बच सके' और 'खाद्य उत्पादन की आर्थिक दक्षता' और 'कुल खाद्य उत्पादन' के सम्बन्ध में होती है। परिच्छेद यह भी उल्लेखित करता है कि कीटनाशकों के उपयोग के विभिन्न सामाजिक और स्वास्थ संबंधी लागत होते है। यह भी उल्लेखित है कि कैसे कीटनाशकों के प्रयोग कीट जातियों के बनावट और आनुवांशिक श्रृंगार को बदल सकते हैं। दिये गये बिन्दुओं से यह निष्कर्षित किया जा सकता है कि कीटनाशकों का अत्याधिक प्रयोग पारिस्थितिक तंत्र के लिए अच्छा नहीं है। अतः विकल्प (*b*) सही उत्तर है।

37. परिच्छेद स्पष्ट रूप से बताता है कि "वृद्धि की कुछ रणनीतियाँ, चाहे वे सरकार या बाज़ार द्वारा संचालित हों, भी इस भेद्यता को बढ़ा सकती हैं, विशेषकर यदि वे प्राकृतिक संसाधनों का अतिशोषण करती हैं"। कथन 2 उस परिस्थिति की बात करता है जिसमें सामर्थ्य है कि वह ऐसी भेद्यता को कम कर सके। कथन 3 और 4 परिच्छेद से निष्कर्षित नहीं किये जा सकते है। अतः विकल्प (*a*) सही उत्तर है।

38. परिच्छेद उल्लेखित करते है, किन्तु कम कार्बन वृद्धि की व्याख्या नहीं करते। अतः दिये गये कथनों में कोई भी परिच्छेद के सम्बन्ध में कम कार्बन वृद्धि को इंगित नहीं करता है। अतः विकल्प (*d*) सही उत्तर है।

39. परिच्छेद बताता है कि "वृद्धि ने जैसे-जैसे पर्यावरण को परिवर्तित किया है और पर्यावरणीय परिवर्तन जैसे-जैसे त्वरित हुआ है, वृद्धि और अनुकूलनशीलता को कायम रखने के लिए हमारे पर्यावरण को समझाने की बेहतर क्षमता तथा नई अनुकूलनशील प्रौद्योगिकियाँ और आचरण विकसित करने और उन्हें व्यापक रूप से विसरित करने की आवश्यकता है"। कथन 2 और 3 इस दृढ़ वचन के साथ क्रमागत है। अतः विकल्प (*b*) सही उत्तर है।

40. परिच्छेद इस बारे में कुछ नहीं कहता कि सिंचित क्षेत्रों में वर्षा प्रधान फसलों की खेती करनी चाहिए या नहीं करनी चाहिए। परिच्छेद यह भी उल्लेखित करता है कि सिंचित कपास की खेती अल्प जलधारी क्षेत्र के मध्य करने पर गंभीर पर्यावरणीय नुकसान होते हैं, अतः यह निष्कर्षित नहीं किया जा सकता कि कपास एक वर्षा प्रधान फसल है या नहीं अतः कथन 1 को अस्वीकार किया जाता है। कथन 2, एक स्पष्ट कथन है जो परिच्छेद में दी गयी जानकारी से समर्थित नहीं है। अतः दोनों कथनों को निष्कर्षित नहीं किया जा सकता और विकल्प (*d*) सही उत्तर है।

41. परिच्छेद यह बताता है कि "मनुष्य जाति की अधिकांश सृजनात्मक अंतःशक्ति परिवर्तनशील दुनिया के प्रति अनुकूलनशील बने रहने की ओर उन्मुख रही है"। परिच्छेद यह भी बताता है कि आर्थिक समृद्धता के प्रसार के साथ वृद्धि को बनाये रखने के लिए एक बड़ी क्षमता जो अनुकूलशील प्रौद्योगिकी और आचरण में है और उन्हें व्यापक रूप से विसरित करने की आवश्यकता है। अतः यह निष्कर्षित किया जाता है कि कथन 1 परिच्छेद के प्रकाश में एक वैध धारणा है। कथन 2 और 3 धारणाओं से ज्यादा अवलोकन के प्रकार है। अतः विकल्प (*a*) सही उत्तर है।

42. परिच्छेद यह बताता है कि "एक ऐसी जलवायु- अनुकूल विकास रणनीति बनाने की आवश्यकता है जिसमें अनुकूलनशीलता तथा अल्पीकरण समन्वित हों और उससे समुत्थानशक्ति का विकास हो, वैश्विक तपन के गहराते संकट की आशंका में कमी हो और विकास परिणाम में सुधार लाया जा सके।" ये फिर पुनः इस दृष्टिकोण को उचित सिद्ध करने लगता है। विकल्प (*a*), (*c*) और (*d*) कम महत्त्व के विचार या उदाहरण है जो परिच्छेद में उल्लेखित किये गये हैं। विकल्प (*b*) सही उत्तर है।

43. परिच्छेद यह नहीं बताता है कि नये जातियों का प्रवेशण 'सदैव' जैवविविधता को घटाता है और यथार्थ में "बहुत सी प्रवेशज जातियाँ बिना अधिक प्रत्यक्ष प्रभाव के समुदाय में समाहित हो जाती हैं"। अतः विकल्प (*a*) और (*b*) दोनों को ही अस्वीकार किया जाता है। परिच्छेद कथन के साथ शुरू होता है कि "नए भौगोलिक क्षेत्रों में कभी-कभी मानव हस्तक्षेप के बिना ही विदेशज जातियों का प्राकृतिक रूप से संक्रमण हो जाता हैं"। अतः विकल्प (*c*) भी अस्वीकार किया जाता है। अन्ततः विकल्प (*d*) सही उत्तर है।

44. परिच्छेद यह उल्लेखित करता है कि "मनुष्य के अप्रत्याशित आवागमन से, अथवा समझ बूझ कर अवैधानिक रूप से किसी व्यक्तिगत उद्देश्य की पूर्ति करते हुए अथवा वैधानिक रूप से सर्वसाधारण के आशांकित लाभ हेतु, यथा किसी कीट को नियंत्रण में लाते हुए, नए कृषि उत्पादों को उत्पन्न करते हुए या मनोरंजन के नवीन साधन उपलब्ध कराते हुए हो सकते हैं"। अतः कथन 2 और 3 निष्कर्षित हो सकते हैं और विकल्प (*b*) सही उत्तर है।

45. परिच्छेद में यह उल्लेखित होता है कि जब "उस पर उन प्रकीर्णन के भौतिक अवरोधों के कारण अधिकांश जातियों की सीमित प्रकीर्णन शक्ति द्वारा रोक लगी हुई है"। इन भौतिक अवरोधों को प्राकृतिक अवरोधों द्वारा निष्कर्षित किया गया है जो समुद्री और पर्वतीय श्रेणियों द्वारा प्रदर्शित होते हैं, और जो सदैव ग्रहों के हिस्सों को एक दूसरे से अलग करते हैं। अतः विकल्प (*b*) सही उत्तर है।

46. परिच्छेद स्पष्ट रूप से बताता है कि "मानव द्वारा प्रदत्त आवागमन के अवसरों से ये प्राकृतिक अवरोण, अनवरत वृद्धि-उन्मुख विदेशज जातियों द्वारा भंग किए जा रहे हैं। इन प्रवेशणों के प्रभावस्वरूप विशाल वैविध्यापूर्ण स्थानीय सामुदायिक संयोजन, कहीं अधिक समजातीय संयोजनों में परिवर्तित हो गए हैं।" इसके प्रकाश में कथन 1 और 2 परिच्छेद से निष्कर्षित किये जाते हैं। अतः विकल्प (*a*) सही उत्तर है।

47. दोनों कथनों में, विदेशज जातियों के भाग का पारिस्थिति तंत्र पर असर संदर्भित किये जा सकते हैं। अतः विकल्प (*c*) सही उत्तर है।

48. विकल्प (*a*) "लोकतंत्र के अधिकांश हिमायती" और प्रश्न में जो भी पूछा गया है के विरोधाभासी दृष्टिकोण को बताता है। विकल्प (*c*) एक उदाहरण है जो विकल्प (*b*) मे विस्तृत कथन को सहयोग करता है। अतः विकल्प (*b*) सही उत्तर है।

49. परिच्छेद स्पष्ट रूप से बताता है कि "विकास का मूल्यांकन, लोग जो जीवन जी पाते हैं और जिस वास्तविक स्वतंत्रता का वे उपभोग करते हैं, उससे पृथक नहीं किया जा सकता"। इस कथन के प्रकाश में विकल्प (*d*) सही उत्तर है।

50. 'मूलभूत संयोजन' ये इंगित करता है कि लोकतंत्र और विकास गहरे संबंध को बाँटते हैं क्योंकि उनके घटक समान हैं। इस परिच्छेद में विशिष्ट रूप से दर्शाया गया है कि "फिर भी हमें इस निर्णायक पहचान को नहीं भूलना चाहिए कि राजनैतिक स्वतंत्राएँ एवं लोकतांत्रिक अधिकार विकास के 'संघटक अवयवों' में से हैं"। विकल्प (*b*) राजनैतिक और नागरिक अधिकारों और विकास जो परिच्छेद द्वारा सहायतार्थ नहीं है का एकदम सटीक कथन है। अतः विकल्प (*c*) सही उत्तर है।

51. परिच्छेद यह कहता है कि "प्रत्यक्ष विदेशी निवेश का प्रभाव सदैव प्रतियोगिता के पक्ष में नहीं होता"। इससे यह निष्कर्षित किया जा सकता है कि कम से कम यह उम्मीद की जा सकती है कि FDI का अर्थव्यवस्था पर प्रतियोगिता के पक्ष मे असर नहीं होगा। परिच्छेद यह नहीं कहता कि विदेशी निवेशकों का प्रवेश नित्य बढ़ते दामों का कारण है। कथन 2 अतः परिच्छेद के सन्दर्भ में सही नहीं है। अतः विकल्प (*a*) सही उत्तर है।

52. कथन 1 और 4 परिच्छेद में उल्लेखित नहीं है। कथन 2 और 3 पर फिर भी परिच्छेद में विस्तार से चर्चा की गयी है। अतः विकल्प (*b*) सही उत्तर है।

53. परिच्छेद यही नहीं कहता है कि विदेशी निवेशक 'सदैव' स्थानीय बाजार पर प्रबलता स्थापित करते हैं। अतः विकल्प (*a*) निष्कर्षित नहीं किया जा सकता। विकल्प (*b*) एक स्वतंत्र कथन है जो परिच्छेद से निष्कर्षित नहीं किया जा सकता। विकल्प (*d*) भी अस्वीकार किया जाता है क्योंकि परिच्छेद उल्लेखित नहीं करता कि खुली अर्थव्यवस्था वाले देशों में FDI विकास हेतु आवश्यक है। परिच्छेद के अंतिम वाक्य "घरेलू और विदेशी प्रतिष्ठानों के बीच समस्तरीय दशाओं पर प्रतियोगिता सुनिश्चित एक प्रभावकारी प्रतियोगात्मक कानून का स्थान होने का एक लाभ है"। अतः विकल्प (*c*) सही उत्तर है।

54. कथन 1 से ऊब का कारण टेलीविजन देखने के परिणामस्वरूप निष्कर्षित किया जाता है। अब यह संभव है बिना अनुकूल-प्रभाव के कारण के होने के लिए, परन्तु प्रभाव, बिना कारण के नहीं हो सकता। जो यह कह सकता है कि मैं टेलीविजन देख रहा हूँ ऐसा इसलिए है क्योंकि में ऊब गया हूँ। अतः मैं ऊब चुका हूँ का अनिवार्यतः यह आशय नहीं होता कि मैं टेलीविजन देखता हूँ। अतः विकल्प (*a*) अस्वीकार किया जाता है। उसी समय, यदि कारण नहीं होता है तब प्रभाव नहीं होगा। अतेव यदि मैं ऊब नहीं चुका तब मैं टेलीविजन नहीं देखता हूँ। इसलिए विकल्प (*d*) सही उत्तर है।

55. सामान्य परिस्थितियों में चार सड़कें खुली रहती हैं। तूफान के समय A और B में कम से कम एक सड़क खुली रहती है, अतः कथन (*b*) सत्य है, बाढ़ के समय चार सड़कें खुली रहती हैं। अतः विकल्प (*b*) सही है।

56. कथन 1 यह सूचित करता है कि केवल छात्र ही क्लब के सदस्य हैं। कथन 2 सूचित करता है कि कुछ क्लब के सदस्य और अनुमानतः छात्र, विवाहित हैं। इसका अनिवार्यतः अर्थ यह नहीं है कि क्लब के सभी सदस्य विवाहित हैं। अतः विकल्प (*c*) अस्वीकार किया जाता है। चूंकि यह संभावना है कि कुछ छात्र अविवाहित हो सकते हैं यह सही नहीं है, दिये कथन 3 में यह डांस के लिए आमंत्रित किये गये हैं। अतः विकल्प (*a*) भी अस्वीकार किया जाता है। एकमात्र चीज जो निश्चितता के साथ कही जा सकती है कि क्योंकि कुछ छात्र विवाहित हैं और सभी विवाहित व्यक्तियों को डांस के लिए आमंत्रित किया गया है, सभी विवाहित क्लब के छात्रों को डांस के लिए आमंत्रित किया गया है। अतः विकल्प (*b*) सही उत्तर है।

57. दी गयी जानकारी को निम्न प्रकार से सारणीबद्ध किया जा सकता है।

उम्मीदवार का नाम	पार्टीया समर्थन में	पार्टीया विपक्ष में
A	w और x	y और z
B	w, y और z	x
C	x, y, w और z	
D	w और x	

अतः c को टिकट मिला क्योंकि सभी चार पार्टीयां c के पक्ष में थी।

58. कथन 1 बताता है कि सभी x ब्रांड कारें जो यहाँ पार्क की हुई हैं सफेद हैं जबकि कथन 4 स्पष्ट रूप से यह उल्लेखित करता है कि सभी कारें x ब्रांड की नहीं हैं। अतः यह संभव है कि कुछ अन्य कारें भी यहाँ पार्क की हुई हो और ये अनिवार्य नहीं है कि ये सफेद हो। अतः विकल्प (*a*) को अस्वीकार किया जाता है। कथन हमें केवल यह बताता है कि कौन x ब्रांड कारों में रेडियल टायर लगे हैं। इसका यह अर्थ नहीं है कि x ब्रांड के अतिरिक्त कारों मे रेडियल टायर नहीं लगे हैं। अतः विकल्प (*c*) भी अस्वीकार किया जाता है। विकल्प (*d*) किसी भी चार कथनों द्वारा समर्थित नहीं है। दिये गये कथन 1, 2 और 3, से केवल विकल्प (*b*) निष्कर्षतः सत्य कहा जा सकता है और सही उत्तर है।

59. विकल्प (*b*) अस्वीकार किया जाता है क्योंकि परिच्छेद मात्र यह बताता है कि तृतीय विश्व युद्ध संभवत सभ्यता के अंत का कारण हो। यह ये नहीं बताता कि ये एक निश्चित परिणाम है। उसी तरह से, विकल्प (*c*) और (*d*) भी परिच्छेद से निष्कर्षित नहीं किए जा सकते। विकल्प (*a*) निष्कर्षित किया जा सकता है क्योंकि यह स्पष्ट रूप से उल्लेखित है कि तृतीय विश्व युद्ध, यदि यह शुरू होता है, नाभिकीय शक्ति के दुरुपयोग से ही प्रेरित होगा। अतः नाभिकीय शक्ति, यद्यपि यदि केवल प्रतिक्रिया के लिए, तृतीय विश्व युद्ध में उपयोग की जायेगी।

60. प्रत्येक क्रम में गाढ़े रंग का त्रिभुज अगले कोनों पर वामावर्ती दिशा में चला जाता है और उल्टा हो जाता है। रेखा भी कुछ कोण से वामावर्ती दिशा में घूमती है। अतः अगला चित्र (*d*) है।

61. परीक्षण (III) और (IV) में औसत अंक 74 के निकट है। इस प्रकार इन दो परीक्षणों में उसका निष्पादन सर्वोत्तम नहीं होगा। जबकि इन दो परीक्षण (I) और परीक्षण (II) में औसत अंक 60 हैं। और 74 जो परीक्षण (II) में उच्चतम अंक 75 के निकटतम है।

परीक्षण	उच्चतम अंक	औसत अंक
I	90	60
II	75	60
III	100	70
IV	100	80

अतः छात्र ने अपना सर्वोत्तम निष्पादन परीक्षण (II) में दिया।

62. हरा, पीला और नारंगी रंगे हुए घन के फलक, सफेद रंगे हुए फलक के निकटवर्ती होगें। अतः या तो नीला या लाल रंगे फलक, सफेद रंगे फलक के विपरीत होंगे, क्योंकि लाल, सफेद रंगे हुए फलक के विपरीत नहीं आ सकता है। अतः नीले रंगे हुए फलक सफेद रंगे फलक के विपरीत आयेंगे।

63. क्षेत्र जो Q, R और S क्षेत्र के लिए समान है किन्तु P के लिए समान नहीं है उन लोगों का प्रतिनिधित्व करता है जो बुद्धिमान, ईमानदार और सत्यवादी हैं किन्तु मेहनती नहीं है और जो 6 है।

64. चित्र (II) और (III) से, H जो K, M, V और P के निकटवर्ती है। अतः A और H एक दूसरे के विपरीत हैं।

65. प्रत्येक पंक्ति में पहला और आखिरी चित्र समान है जबकि मध्य वृत्त के पास विकर्णीय विपरीत चतुर्थभाग गहरा रंगा हुआ है। अतः सही उत्तर विकल्प (*d*) है।

66. The writer asserts that after having some time in his cell he "began to feel as if I was almost a part of it. I was familiar with every bit of it." It can be inferred from this that due to this high degree of familiarity, the writer felt quite at home in his cell. Thus, option (*d*) is the correct answer.

67. The passage describes only one cell in one jail where the author had been lodged. Thus, his account cannot be taken as a description of the general condition of the country's jails. Thus, option (*a*) is rulled out. Option (*b*) is also negated since the description of the cell by the author does not necessarily cover 'minute' details. The author is not trying to show his ability to live happily with other creatures. So option (*d*) also cannot be inferred. Only option (*c*) can be inferred. The author describes 'little tufts of grass and odd bits of stones' as 'old friends'. He also says' 'I was not alone in my cell' and then mentions that he had 'several colonies of wasps and hornets' and 'many lizards' for company. These statements point to the author's attempts to overcome his loneliness.

68. The passage describes the author's attempts to adjust to life in his prison cell, despite the inclement surroundings. Thus, option (*a*) can be inferred as the answer. Option (*b*) is contrary to the information in the passage. Options (*c*) and (*d*) have not been suggested by the author.

69. In light of the expression 'pitching the highest camp', the only thing that can conclusively be said is that those who had climbed that far up the mountain earlier had not pitched camp there. Thus, option (*b*) is the correct answer.

70. It is clearly mentioned in the passage that 'everything took five times as long as it would have taken in a place where there was enough air to breathe'. Thus it can be inferred that the reason of the work being slowed down was lack of enough air to breathe. Option (*b*) is the correct answer.

71. The passage clearly mentions that inside the tent 'it was not too cold for us to take off our gloves'. Thus, option (*a*) is the correct answer.

72. The passage says that 'losing his way in the smoke filled passage, he missed the stairway and went into another room'. Thus, it can be inferred that he went into another room as he lost his way and not because he did not where the stairway was. So, option (*b*) is the correct answer.

73. Options (*a*) and (*c*) are incorrect in light of the information given in the passage. The passage clearly states that the man was congratulated as a 'hero' sine he had (though unknowingly) saved the life of the Mayor's baby. Option (*d*) is the correct answer.

74. विकल्प (*b*) सबसे बेहतर विकल्प है क्योंकि मुद्दा अभिमत से भिन्न है। अतः आप बेहतर करेंगे की आप अपने अधीनस्थ को उनके परिणामों पर पुनर्विचार के लिए कहें। विकल्प (*c*) अगला बेहतर विकल्प है। यह उल्लेखित है कि प्रतिवेदन को अतिशीघ्र जमा करने की आवश्यकता है और अतः समय में बचत के हित के लिए, आप स्वयं प्रतिवेदन को संशोधित कर लेंगे। विकल्प (*a*) और (*d*) को अस्वीकार किया जाता है क्योंकि ये दिए गए वर्तमान परीक्षण में कोई भी उद्देश्य पर कार्य कर सकते हैं।

75. क्योंकि यह लगता है कि समिति ने दूसरे प्रतिभागियों के प्रति भेदभाव किया है आपके लिए सबसे उचित विकल्प समिति के निर्णय के विरुद्ध एक औपचारिक शिकायत दर्ज कराना होगा। अतः विकल्प (*a*) सबसे उपयुक्त कार्य होगा। विकल्प (*c*) अगला बेहतर विकल्प होगा। ये आपके दुख को समिति के सामने उनके भेदभाव के प्रति स्पष्ट कर देगा। विकल्प (*d*) एक भावुक प्रतिक्रिया है जो इस परिदृश्य के इस विषय में विचार पर पकड़ नहीं रखता है। विकल्प (*d*) जिद्द को प्रदर्शित करता है और समझने के लिए एक अनिच्छुकता है, अतः इसे रद्द किया जाता है।

76. विकल्प (*b*) असहयोग के कारणों को पता लगाने के लिए यहाँ सबसे बेहतर विकल्प है क्योंकि यह लंबी अवधि के हल के लिए समस्या के जड़ तक जाकर विचार करने के लिए विश्वास दिलाता है। और असहयोग के कारणों को जानना इसकी पुनरावृति को रोकने में मदद करता है। विकल्प (*a*) दूसरा बेहतर विकल्प है क्योंकि आप परियोजना के प्रभारी हैं, यह आपके अधिकार और प्रभुत्व के भीतर है कि आप सदस्यों को उनकी अवज्ञा के लिए चेतावनी दें और उन्हें जाँच के लिए तैयार रहने को कहें।

77. पहली चीज जो की जाये वह होगी कि एथलीट से उसके पदक वापस लौटाने को कहा जायें क्योंकि यह उसने चयन समिति के नियमों को तोड़ने के बाद प्राप्त किया है। अतः विकल्प (*b*) सबसे बेहतर चयन है। अगली चीज जो की जानी चाहिए वह होगी कि चयन समिति से उनकी तरफ से हुयी चूक का स्पष्टीकरण माँगा जाये। विकल्प (*c*) स्वीकार्य नहीं है क्योंकि यह पहले ही पाया जा चुका है कि एथलीट की आयु अधिक है। विकल्प (*d*) को अस्वीकार किया जा सकता है क्योंकि यह एक ऐसा विषय है जिसमें नीति विषय शामिल है। अतः कमेटी का भाव या दृष्टिकोण अप्रासांगिक है।

78. बिना अनुमोदन के छुट्टी पर आगे बढ़ना अव्यवसायिक और अनुशासनहीनता का एक कार्य होगा। अतः विकल्प (*a*) को नकारा जाता है। विकल्प (*b*) एक अनैतिक चयन को प्रस्तुत करता है और उसे अस्वीकार किया जाता है। विकल्प (*d*) सबसे उपयुक्त क्रियाविधि होगी क्योंकि ये आपको एक अवसर प्रदान करता है जिससे आप अपने आसन्न अधिकारी को अपना दृष्किोण समझाये और उनसे यह जानने का प्रयास करें कि आपके अवकाश के आवेदन को अस्वीकार करने का क्या कारण है। इसके अलावा यह आपके लिए अनुचित होगा कि आप बिना पहले आसन्न अधिकारी को मुद्दे को स्पष्ट किये बिना अपने उच्चत्तर अधिकारियों से बात करें। विकल्प (*c*) दूसरा सबसे बेहतर चयन होगा।

79. विकल्प (*d*) सबसे बेहतर चयन है क्योंकि यह गरीबी रेखा से ऊपर और नीचे के परिवारों की आर्थिक स्थिति में भिन्नताओं को विचार में लाता है। उसी समय पर यद्यपि लागत की पूर्ण वसूली असंभव हैं ये कुछ नकदी प्रदान करता है जो कुछ निवेश की भी क्षतिपूर्ति करता है। विकल्प (*c*) अगला बेहतर विकल्प है क्योंकि अभी भी सेवा के कुछ लागत को उन लोगों से वसूल करने के लिए जो इस लागत को सहने में समर्थ हो, ये गरीबी रेखा के नीचे परिवारों को राहत प्रदान करता है, विकल्प (*a*) भी अरक्षणीय होगा और अस्वीकार किया जाता है। विकल्प (*b*) भी अस्वीकार किया जाता है क्योंकि यह नहीं जाना जा सकता कि क्या गरीब वर्ग इस एक मुश्त भुगतान के लिए तैयार है।

80. इस कारण से आपका कार्य विलम्बित हो रहा है क्योंकि अधिकारी ये उम्मीद करता है कि आप उसे रिश्वत दें। आपके लिए सबसे बेहतर विकल्प है कि आप अपने कष्ट का विस्तृत वर्णन करते हुए एक औपचारिक शिकायत दर्ज कराये। अतः विकल्प (*d*) सबसे बेहतर चयन है। विकल्प (*c*) अगले बेहतर विकल्प का प्रतिनिधित्त्व करता है, मुद्दे को उच्च अधिकारियों तक आगे ले जाना आपके लिए सबसे अच्छा निवारण है। विकल्प (*a*) अस्वीकार किया जाता है क्योंकि यह अनैतिक और गैर कानूनी दोनों है। विकल्प (*b*) भी अनुपयुक्त है क्योंकि ये गतिरोध का कारण बनेगा।

निम्नलिखित 8 (आठ) प्रश्नांशों के लिए निर्देशः

निम्नलिखित **चार परिच्छेदों** को पढ़िए और उसके उपरांत प्रत्येक परिच्छेद के आधार पर दिए गए प्रश्नांशों के उत्तर दीजिए। इन प्रश्नांशों के आपके उत्तर केवल परिच्छेदों पर ही आधारित होने चाहिए।

परिच्छेद – 1

हाल के वर्षों में, लोकतंत्र के विषय को लेकर उसके आस-पास जिस प्रकार से शब्दाडंबर प्रयुक्त हुए हैं, उसके फलस्वरूप यह विषय अत्यंत संभ्रमपूर्ण हो गया है। ग़ैर-पश्चिमी विश्व के देशों पर लोकतंत्र 'अधिरोपित' करने के समर्थकों (वस्तुतः इन देशों के 'स्वहित' में ही), और ऐसे 'अधिरोपण' के विरोधियों (उन देशों के 'अपने तौर-तरीकों' के लिए समादर होने के कारण) के बीच एक बढ़ता हुआ, विचित्र रूप से भ्रांत द्विभाजन बन गया है। किंतु, इन दोनों ही पक्षों के द्वारा प्रयुक्त 'अधिरोपण' की पूरी भाषा असाधारण रूप से असंगत है, क्योंकि इससे यह अस्पष्ट धारणा बनती है कि लोकतत्र अनन्य रूप से पश्चिमी देशों से ही सम्बन्ध रखता है, यह मानते हुए, कि यह सर्वोत्कृष्टता और फला-फूला।

किंतु इस अभिधारणा को, और इससे विश्व में लोकतांत्रिक प्रथा की सम्भावना के बारे में जनित निराशावाद को, औचित्यपूर्ण ठहराना बहुत कठिन होगा। प्राचीन भारत में स्थानीय लोकतंत्र के अनेक प्रयोग किए गए हैं। सचमुच, विश्व में लोकतंत्र की जड़ों को समझने के लिए हमें विश्व के विभित्र भागों में हुई जन-सहभागिता और लोक-विवेचन के इतिहास में रुचि लेनी होगी। युरोपीय और अमेरिकी क्रमविकास के आधार पर हमें मात्र लोकतंत्र के विचारण के परे देखना होगा। यदि हम लोकतंत्र के पश्चिम का एक प्रकार का विशेषीकृत सांस्कृतिक उत्पाद मान लें, तो अरस्तु ने दुरगामी अंतर्दृष्टि के साथ सहभागी जीवन की जिन व्यापक माँगों के विषय में बात की थी, उन्हें समझने में हम असफल हो जाएँगे।

वास्तव में इस पर संदेह नहीं किया जा सकता कि लोकतंत्र की समकालीन प्रथा का सांस्थानिक ढाँचा अधिकांश रूप में यूरोप और अमेरिका के गत कुछ शताब्दियों में हुए अनुभवों की देन है। इसे पहचानना अत्यंत महत्त्वपूर्ण है, क्योंकि सांस्थानिक प्ररूपों में ये विकास अत्यधिक नवपरिवर्तनशील और अंततः प्रभावी हुए। इसमें कोई संशय नहीं हो सकता कि यहाँ एक प्रमुख 'पश्चिमी' उपलब्धि है।

1. उपर्युक्त परिच्छेद में यथा-उल्लिखित, निम्नलिखित में से कौन-सा, लोकतंत्र के दृष्टिकोण के सर्वाधिक निकट है?

(*a*) लोकतंत्र का विषय, इसे गैर-पश्चिमी देशों के लिए 'अन्यदेशीय', पश्चिमी अवधारणा के रूप में चित्रित करने की इच्छा के कारण संभ्रमपूर्ण है।

(*b*) लोकतंत्र के अधिरोपण की भाषा अनुपयुक्त है। तथापि, इस अवधारणा पर गैर-पश्चिमी समाज के 'अपने तौर-तरीकों' के सांस्कृतिक पृष्ठपट पर विचार करने की आवश्यकता है।

(*c*) यद्यपि लोकतंत्र अनन्य रूप से पश्चिम से जुड़ा, मूलतः पश्चिमी विचार नहीं है, फिर भी, प्रचलित लोकतांत्रिक प्रथाओं की संस्थागत संरचना उन्हीं का योगदान है।

(*d*) उपर्युक्त (*a*), (*b*) और (*c*) में से कोई भी कथन सही नहीं है।

2. परिच्छेद के संदर्भ में, निम्नलिखित धारणाएँ बनाई गई हैं :

1. अनेक ग़ैर-पश्चिमी देश लोकतंत्र लाने में असफल रहे हैं, क्योंकि वे लोकतंत्र को पश्चिम का विशिष्ट सांस्कृतिक उत्पाद होने के रूप में देखते हैं।
2. पश्चिमी देश हमेशा ग़ैर-पश्चिमी देशों पर लोकतंत्र अधिरोपित करने का प्रयास करते हैं।

कौन-सी उपर्युक्त धारणा/धारणाएँ वैध है/हैं ?

(*a*) केवल 1 (*b*) केवल 2

(*c*) 1 और 2 दोनों 4 (*d*) न तो 1 न ही 2

परिच्छेद - 2

निगमित अभिशासन कुछ सिद्धांतों पर आधारित होता है, जैसे कि, समस्त निष्ठा और निष्पक्षता से कारोबार का संचालन करना, सभी संव्यवहारों में पारदर्शी होना, सभी आवश्यक प्रकटनों और निर्णयों को करना, देश के सभी कानूनों का अनुपालन करना, पणधारियों के प्रति जवाबदेह और जिम्मेदार होना तथा नैतिक रीति से कारोबार के संचालन की प्रतिबद्धता रखना। निगमित अभिशासन के विषय में जिस दूसरी बात पर विशेष बल दिया गया है वह है, कम्पनी का प्रबंधन करते समय नियंत्रण करने वालों द्वारा व्यक्तिगत एवम् निगमित निधियों के बीच भेद करने की क्षमता।

मूलतः, जो कम्पनी अच्छे निगमित अभिशासन के लिए जानी जाती है, उसके साथ विश्वास का एक स्तर जुड़ा होता है। बोर्ड में स्वतंत्र निदेशकों के एक सक्रिय समूह का होना बाज़ार में

विश्वास सुनिश्चित करने में बहुत बड़ा योगदान करता है। निगमित अभिशासन को उस एक मानदण्ड के रूप में जाना जाता है, जिस पर विदेशी संस्थागत निवेशक, यह निर्णय करते समय कि किन कम्पनियों में निवेश किया जाए, अधिकाधिक निर्भर होते जा रहे हैं। इसे उस कम्पनी की शेयर कीमतों पर सकारात्मक प्रभाव रखने वाले के रूप में भी जाना जाता है। निगमित अभिशासन के मोर्चे पर स्वच्छ छवि का रखना कम्पनियों के लिए अपेक्षाकृत अधिक उचित लागतों पर पूँजी उद्‌गम करने को भी सुगमतर बना सकता है। दुर्भाग्यवश, निगमित अभिशासन बहुधा किसी बड़े घोटाले के प्रकरन के बाद ही चर्चा के केंद्र में आता है।

3. परिच्छेद के अनुसार, निम्नलिखित में से कौन-सा/से, अच्छे निगमित अभिशासन का/के व्यवहार होना/होने चाहिए ?

1. कम्पनियों को हमेशा देश के श्रम व कर कानूनों का अनुपालन करना चाहिए।
2. देश के प्रत्येक कम्पनी के बोर्ड में, पारदर्शिता सुनिश्चित करने हेतु, स्वतंत्र निदेशकों में से एक, सरकारी प्रतिनिधि होना चाहिए।
3. कम्पनी के प्रबंधक को अपनी व्यक्तिगत निधियों का कम्पनी में कभी भी निवेश नहीं करना चाहिए।

नीचे दिए गए कूट का प्रयोग कर सही उत्तर चुनिए :

(*a*) केवल 1 (*b*) केवल 2 और 3

(*c*) केवल 1 और 3 (*d*) 1, 2 और 3

4. परिच्छेद के अनुसार, निम्नलिखित में से, अच्छे निगमित अभिशासन का/के प्रमुख लाभ है/हैं?

1. अच्छा निगमित अभिशासन कम्पनी की शेयर कीमत में वृद्धि कर देता है।
2. अच्छा निगमित अभिशासन युक्त कम्पनी हमेशा अपने व्यवसाय आवर्त में तेज़ी से वृद्धि करती है।
3. अच्छा निगमित अभिशासन, विदेशी संस्थागत निवेशकों द्वारा कम्पनी खरीदने में निर्णय लेने हेतु, प्रमुख मानदण्ड होता है।

नीचे दिए गए कूट का प्रयोग कर सही उत्तर चुनिए:

(*a*) केवल 1 (*b*) केवल 2 और 3

(*c*) केवल 1 और 3 (*d*) 1, 2 और 3

परिच्छेद - 3

कूपोषण छह माह से दो साल की आयु के बीच होना सर्वाधिक आम है। बड़े बच्चे की तुलना में छोटे बच्चे की भोजन की आवश्यकता कम होने के बावजूद ऐसा होता है। बहुधा कुपोषण का कारण ग़रीबी मानी जाती है, परन्तु यह पाया गया है कि ऐसे परिवारों में भी जहाँ वयस्क पर्याप्त आहार नहीं लेते। किसी और द्वारा खाना खिलाने हेतु बच्चे की निर्भरता कुपोषण के लिए प्राथमिक रुप से उत्तरदायी है। बहुधा माँ कामकाजी होती है और छोटे बच्चे को खाना खिलाने की जिम्मेदारी उसके बड़े भाई-बहन पर छोड़ दी जाती है। इसलिए, बच्चे की खाद्य आवश्यकताओं के, और उन्हें कैसे पूरा किया जाए, इसके सम्बन्ध में जागरुकता को बढ़ाना अत्यंत महत्वपूर्ण है।

5. परिच्छेद के अनुसार, बच्चों में कुपोषण कैसे घटाया जा सकता है?

(*a*) यदि बच्चे भोजन की नियमित खुराक ग्रहण करें।

(*b*) जब वे पाँच वर्ष की आयु पूरी कर लें।

(*c*) यदि छोटे बच्चों की खाद्य आवश्यकताएँ ज्ञात हों।

(*d*) यदि छोटे बच्चों को भोजन कराने की जिम्मेदारी वयस्कों को दे दी जाए।

6. लेखक के अनुसार, कुपोषण का मुख्य कारण ग़रीबी नहीं है, बल्कि यह तथ्य कि

1. छोटे बच्चों की देखरेख करना कामकाजी माताओं की प्राथमिकता नहीं होती।
2. लोक स्वास्थ्य अधिकारियों द्वारा पोषण सम्बन्धी ज़रुरतों की जानकारी का प्रचार नहीं किया जाता।

नीचे दिए गए कूट का प्रयोग कर सही उत्तर चुनिए:

(*a*) केवल 1 (*b*) केवल 2

(*c*) 1 और 2 दोनों (*d*) न तो 1 न ही 2

परिच्छेद - 4

अनेक आनुभविक अध्ययनों से पता चलता है कि कृषक जोखिम उठाने के अनिच्छुक होते हैं, यद्यपि अनेक मामलों में ऐसा मामूली रुप से पाया जाता है। यह दर्शाने के भी प्रमाण हैं कि कृषकों की जोखिम उठाने की अनिच्छुकता ऐसे फसल प्रतिरुपों और निविष्टि उपयोग में परिणत होती है, जो आय को अधिकतम करने के स्थान पर जोखिम को कम करने हेतु अभिकल्पित हैं। कृषक, जोखिमों को संभालने और उनका सामना करने के लिए अनेक रणनीतियाँ अपनाते हैं। इनके अंतर्गत, फसल एवं जोतों का विविधीकरण, गैर-कृषि रोजगार, माल का भंडारण एवं परिवार के सदस्यों को रणनीतिक प्रवास, इत्यादि पद्धतियाँ सम्मिलित हैं। बँटाई काश्तकारी से लेकर नातेदारी, विस्तारित परिवार तथाा अनौपचारिक ऋण अभिकरण जैसी संस्थाएँ भी हैं। कृषकों द्वारा जोखिम उठाने में एक प्रमुख बाधा यह है कि एक ही परिवार के जोखिम उस क्षेत्र में बड़ी संख्या में किसानों को प्रभावित कर सकता है। आनुभविक अध्ययन यह दिखाते हैं कि परंपरागत तरीके पर्याप्त नहीं हैं। अतः नीतिगत हस्तक्षेप आवश्यक है, विशेषकर ऐसे उपाय जो विभिन्न भौगोलिक क्षेत्रों में एकसमान कारगर हों।

नीतियों का उद्‌देश्य प्रत्यक्ष अथवा परोक्ष रुप से कृषिगत जोखिमों का मुकाबला करना हो सकता है। विशेषतः जोखिम को ध्यान में रखकर बनी नीतियों के उदाहरण हैं, फसलों का बीमा, कीमत स्थिरीकरण और ऐसी किस्मों का विकास जिनमें कीटों और बीमारियों के प्रति प्रतिरोधशक्ति हो। सिंचाई, आर्थिक सहायता प्राप्त ऋण एवं सूचना तक पहुँच ऐसी नीतियाँ हैं जो जोखिम को अप्रत्यक्ष रुप से प्रभावित करती हैं। विशेषतः

जोखिम पर ध्यान देने वाली ऐसी कोई अकेली नीति नहीं है जो इसे घटाने हेतु पर्याप्त हो और जिसके तौर पर जोखिम से सम्बद्ध न हो, जबकि ऐसी नीतियाँ जो विशेष तौर पर जोखिम से सम्बद्ध न हो, सामान्य स्थिति पर प्रभाव डालती हैं एवं जोखिमों को केवल अप्रत्यक्ष रुप से प्रभावित करती हैं। फसल बीमा पर, प्रत्यक्ष रुप से प्रभावित करती हैं। फसल बीमा पर, प्रत्यक्ष रुप से कृषिगत जोखिम को साधने के एक नीतिगत उपाय के रुप में, भारत एवं अन्य अनेक विकासशील देशों के संदर्भ में, सावधानीपूर्वक विचार करने की आवश्यकता है – क्योंकि बहुसंख्यक कृषक वर्ष-सिंचित कृषि पर निर्भर हैं और अनेक क्षेत्रों में उनकी आय अस्थिरता को मुख्य कारण उपज में अस्थिरता है।

7. कृषि में जोखिम घटाने हेतु नीतिगत हस्तक्षेप की आवश्यकता इसलिए है, क्योंकि

(*a*) कृषक जोखिम उठाने के नितान्त अनिच्छुक होते हैं।

(*b*) कृषक यह नहीं जानते कि जोखिमों को किस प्रकार घटाया जाए।

(*c*) कृषकों द्वारा अपनाए गए तरीके और जोखिम में सहभागिता करने वाली

(*d*) बहुसंख्यक कृषक वर्षा-सिंचित कृषि पर निर्भर हैं।

8. उपर्युक्त परिच्छेद से निम्नलिखित प्रेक्षणों में से कौन-सा उभर कर सामने आता है?

(*a*) एक अकेली ऐसी नीति की पहचान की जा सकती है जो बिना किसी पार्श्व-प्रभाव के जोखिम को घटा सके।

(*b*) विशेषतः जोखिम को लेकर कोई ऐसी अकेली नीति नहीं हो सकती जो कृषिगत जोखिम का घटाने हेतु पर्याप्त हो।

(*c*) जोखिम को अप्रत्यक्ष रुप से प्रभावित करने वाली नीतियाँ इसका निराकरण कर सकती हैं।

(*d*) सरकार का नीतिगत हस्तक्षेप कृषिगत जोखिमों को पूर्ण रुप से कम कर सकता है।

9. निम्नलिखित कथनों पर विचार कीजिए :

(i) प्राथमिक समूह आकार में अपेक्षाकृत छोटा होता है।

(ii) घनिष्ठता प्राथमिक समूह का मुख्य अभिलक्षण है।

(iii) एक परिवार प्राथमिक समूह का उदाहरण हो सकता है।

उपर्युक्त कथनों के प्रकाश में, निम्नलिखित में से कौन-सा एक सही है?

(*a*) सभी परिवार प्राथमिक समूह हैं।

(*b*) सभी प्राथमिक समूह परिवार हैं।

(*c*) अपेक्षाकृत छोटे आकार का समूह हमेशा प्राथमिक समूह होता है।

(*d*) प्राथमिक समूह के सदस्य एक-दूसरे को घनिष्ठता से जानते हैं।

10. चार दोस्त A, B, C और D आपस में कुछ राशि इस तरह बाँटते हैं कि राशि A को B से एक कम, C को D से 5 ज़्यादा और D को B से 3 ज़्यादा मिलती है। सबसे कम राशि किसको मिलती है?

(*a*) A (*b*) B

(*c*) C (*d*) D

निम्नलिखित 4 (चार) प्रश्नांशों के लिए निर्देश :

निम्नलिखित कथनों को पढ़िए और उसके बाद आने वाले चार प्रश्नांशों के उत्तर दीजिए :

पाँच नगर P, Q, R, S और T परिवहन की निम्नलिखित विभिन्न प्रणालियों से जुड़े हुए हैं :

P और Q नौका और रेल द्वारा भी जुड़े हैं।

S और R बस और नौका द्वारा जुड़े हैं।

Q और T केवल विमान द्वारा जुड़े हैं।

P और R केवल नौका द्वारा जुड़े हैं।

T और R रेल और बस द्वारा जुड़े हैं।

11. किसी व्यक्ति को Q से चलकर R तक, बिना परिवहन प्रणाली बदले हुए, पहुँचने के लिए कौन-सी परिवहन प्रणाली सहायक होगी ?

(*a*) नौका (*b*) रेल

(*c*) बस (*d*) विमान

12. यदि कोई व्यक्ति P से शुरू कर हर स्थान पर जाता है और P पर वापस आता है, तो निम्नलिखित में से किस स्थान पर वह दो बार जाएगा ?

(*a*) Q (*b*) R

(*c*) S (*d*) T

13. निम्नलिखित में से कौन-सा एक नगर युग्म, किसी अन्य नगर में जाए बिना, किसी भी मार्ग से सीधे जुड़ा है ?

(*a*) P और T (*b*) T और S

(*c*) Q और R (*d*) इनमें से कोई नहीं

14. नीचे दिए गए नगर युग्मों में से किन दो नगरों के बीच अधिकतम यात्रा विकल्प उपलब्ध हैं ?

(*a*) Q और S (*b*) P और R

(*c*) P और T (*d*) Q और R

निम्नलिखित 3 (तीन) प्रश्नांशों के लिए निर्देश :

निम्नलिखित परिच्छेद को पढ़िए और उसके बाद आने वाले तीन प्रश्नांशों के उत्तर दीजिए :

कई टेनिस कोच आगे आने वाले टूर्नामेन्ट के लिए चार खिलाड़ियों की एक टीम इकट्ठा करना चाहता है। इसके लिए सात खिलाड़ी उपलब्ध हैं : पुरूष A, B और C; और महिलाएँ W, X, Y और Z। सभी खिलाड़ियों की क्षमताएँ समान हैं और

टीम में कम-से-कम दो पुरूषों का होना ज़रूरी है। चार की टीम के लिए, सभी खिलाड़ियों का एक-दूसरे से खेलने के योग्य होना आवश्यक है। लेकिन B, W के साथ नहीं खेल सकता, C, Z के साथ नहीं खेल सकता और W, Y के साथ नहीं खेल सकती।

15. यदि Y को चुना जाए और B न चुना जाए, तो टीम निम्नलिखित समूहों में से किस एक से मिलकर बनेगी?

(*a*) A, C, W और Y (*b*) A, C, X और Y
(*c*) A, C, Y और Z (*d*) A, W, Y और Z

16. यदि B चुना जाए और Y न चुना जाए, तो टीम निम्नलिखित समूहों में से किस एक से मिलकर बनेगी?

(*a*) A, B, C और W (*b*) A, B, C और Z
(*c*) A, B, C और X (*d*) A, W, Y और Z

17. यदि सभी तीन पुरूषों को चुन लिया जाए, तो चार सदस्यों की टीम के कितने संयोजन संभव हैं ?

(*a*) 1 (*b*) 2
(*c*) 3 (*d*) 4

18. किसी फिल्म का संगीत निर्देशक एक संगीत रचना के विभिन्न पहलुओं पर काम करने के लिए चार व्यक्तियों को चुनना चाहता है। इस कार्य के लिए सात व्यक्ति उपलब्ध हैं; वे हैं रोहित, तान्या, शोभा, कौशल, कुणाल, मुकेश और जसवंत।

रोहित और तान्या साथ काम नहीं करेंगे।

कुणाल और शोभा साथ काम नहीं करेंगे।

मुकेश और कुणाल साथ काम करना चाहते हैं।

निम्नलिखित में से कौन-सा, लोगों का सर्वाधिक स्वीकार्य समूह है जिसे संगीत निर्देशक द्वारा चुना जा सकता है ?

(*a*) रोहित, शोभा, कुणाल और कौशल
(*b*) तान्या, कौशल, शोभा और रोहित
(*c*) तान्या, मुकेश, कुणाल और जसवंत
(*d*) शोभा, तान्या, रोहित और मुकेश

19. पाँच व्यक्ति A, B, C, D और E एक गोल मेज़ के चारों ओर बैठे हैं। प्रत्येक कुर्सी सन्निकट कुर्सियों से समान दूरी पर स्थित है।

(i) C, A के तुरंत बाद बैठा है।
(ii) A, D से दो कुर्सी आगे बैठा है।
(iii) B, A के तुरंत बाद नहीं बैठा है।

निम्नलिखित में से कौन-सा/से अवश्य सत्य है/हैं ?

(I) D, B के तुरंत बाद बैठा है।
(II) E, A के तुरंत बाद बैठा है।

नीचे दिए गए कूट का प्रयोग कर सही उत्तर चुनिए:

(*a*) केवल I (*b*) केवल II
(*c*) I और II दोनों (*d*) न तो I न ही II

निम्नलिखित 3 (तीन) प्रश्नांशों के लिए निर्देशः

*निम्नलिखित कथनों का सावधानी से परीक्षण कीजिए और उसके बाद आने वाले **तीन** प्रश्नांशों का उत्तर दीजिएः*

चार मित्रों A, B, C और D में से,
A और B फुटबॉल और क्रिकेट खेलते हैं,
B और C क्रिकेट और हॉकी खेलते हैं,
A और D बास्केटबॉल और फुटबॉल खेलते हैं,
C और D हॉकी और बास्केटबॉल खेलते हैं।

20. हॉकी कौन ***नहीं*** खेलता ?

(*a*) D (*b*) C
(*c*) B (*d*) A

21. फुटबॉल, बास्केटबॉल और हॉकी कौन खेलता है ?

(*a*) D (*b*) C
(*c*) B (*d*) A

22. B, C और D कौन-सा खेल खेलते हैं?

(*a*) बास्केटबॉल (*b*) हॉकी
(*c*) क्रिकेट (*d*) फुटबॉल

23. गीता अपनी चचेरी बहन मीना से उम्र में बड़ी है। मीना का भाई बिपिन गीता से उम्र में बड़ा है। जब मीना और बिपिन, गीता के घर जाते हैं, तो वे शतरंज खेलना पसंद करते हैं। गीता के अपेक्षा मीना प्रायः अधिक बार जीतती है।

उपर्युक्त सूचना के आधार पर, नीचे दिए गए चार निष्कर्ष निकाले गए हैं। इनमें से कौन-सा एक, उपर्युक्त दी गई सूचना से तर्कसंगत रूप से अनुगमित होता है?

(*a*) गीता और मीना के साथ शतरंज खेलते समय, बिपिन अकसर हारता है।
(*b*) गीता तीनों में सबसे ज्यादा उम्र की है।
(*c*) गीता खेल में हारना नापसंद करती है।
(*d*) मीना तीनों में सबसे कम उम्र की है।

निम्नलिखित 4 (चार) प्रश्नांशों के लिए निर्देशः

निम्नलिखित परिच्छेद को पढ़िए और आगे आने वाले चार प्रश्नांशों के उत्तर दीजिए। इन प्रश्नांशों के आपके उत्तर इस परिच्छेद पर ही आधारित होने चाहिए।

परिच्छेद

पिछले कुछ वर्षों में भारत के वित्तीय बाजारों ने बृहत्तर गहनता और तरलता प्राप्त की है। 1991 से हुए सतत् सुधारों ने विश्व अर्थव्यवस्था के साथ भारतीय अर्थव्यवस्था और इसकी वित्तीय व्यवस्था के अंतर्सम्बन्धों और एकीकरण को आगे बढ़ाया है। इसीलिए अंतर्राष्ट्रीय वित्तीय बाज़ारों में दुर्बल विश्व आर्थिक प्रत्याशाओं और अनवरत विद्यमान अनिश्चितताओं ने उभरती हुई बाज़ार अर्थव्यवस्थाओं पर स्पष्ट प्रभाव डाला है। सार्वभौम जोखिम से जुड़े सरोकारों ने, विशेषकर यूरो क्षेत्र में, ग्रीस की घोर ऋण समस्या की संक्रामकता से प्रभावित होकर, जो कि अस्थिरता के सामान्य से अधिक ऊँचे स्तर के रूप से भारत

और अन्य अर्थव्यवस्थाओं में फैल रही है, पूरे वर्ष के बृहत्तर हिस्से में वित्तीय बाज़ारों को प्रभावित होकर किया है।

अंतर्राष्ट्रीय वित्तीय बाज़ारों की विधीयन बाधाएँ बैंकों और निगमों के लिए विदेशी निधीयन की उपलब्धता और लागत दोनों को प्रभावित कर सकती थीं। चूँकि भारतीय वित्तीय तंत्र में बैंकों का प्रभुत्व है, बैंकों की तनाव को झेल पाने की क्षमता पूरी वित्तीय स्थिरता के लिए बहुत महत्त्वपूर्ण है। हालांकि, भारतीय बैंक, हाल के वर्षों में पूँजी से जोखिम-भारित परिसंपत्तियों के अनुपात में गिरावट और गैर-निष्पादन -पूर्ण परिसंपत्तियों के स्तरों में वृद्धि के बावजूद मजबूत बन रहे हैं। पूँजी पर्याप्तता स्तर नियामक आवश्यकताओं से ऊपर बने हुए हैं। वित्तीय बाज़ार की आधारिक संरचना बिना किसी बड़ी रुकावट के परिचालित हो रही है। आगे वित्तीय तंत्र का और अधिक विश्वव्यापीकरण, संघटन, विनियंत्रण और विविधीकरण होने पर बैंकिंग कार्य और अधिक जटिल और जोखिमपूर्ण हो सकता है। इस परिप्रेक्ष्य में जोखिमपूर्ण हो सकता है। इस परिप्रेक्ष्य में जोखिम और तरलता के प्रबंधन तथा कुशलता में वृद्धि जैसे मुद्दे अधिक महत्त्वपूर्ण हो जाते हैं।

24. परिच्छेद के अनुसार, निम्नलिखित में से किसके कारण हाल के वर्षों में वित्तीय बाज़ारों ने भारत सहित अन्य उभरती बाज़ार अर्थव्यवस्थाओं पर अपना प्रतिकूल प्रभाव छोड़ा है?

1. दुर्बल वैश्विक आर्थिक प्रत्याशाएँ।
2. अंतर्राष्ट्रीय वित्तीय बाजारों की अनिश्चितताएँ।
3. यूरो क्षेत्रों में सार्वभौम जोखिम के सरोकार।
4. खराब मानसून और फलस्वरूप फसल में हानि।

नीचे दिए गए कूट का प्रयोग कर सही उत्तर चुनिए।

(*a*) केवल 1 और 2 (*b*) 1, 2 और 3
(*c*) केवल 2 और 3 (*d*) 2, 3 और 4

25. निम्नलिखित में से प्रमुखतः किसके कारण भारतीय वित्तीय बाज़ार विश्वव्यापी परिवर्तनों से प्रभावित परिवर्तनों से प्रेभावित हो रहे हैं?

(*a*) विदेशों से प्रषित राशि के बढ़े हुए अंतर्प्रवाह के कारण।
(*b*) विदेशी मुद्रा रिज़र्व में अत्यधिक वृद्धि के कारण।
(*c*) बढ़े हुए विश्व अंतर्संबंधों और भारतीय वित्तीय बाज़ारों के एकीकरण के कारण।
(*d*) ग्रीस की घोर ऋण समस्या के संक्रमण के कारण।

26. परच्छिेद के अनुसार, भारतीय वित्तीय तंत्र में, पूर्ण वित्तीय स्थिरता सुनिश्चित करने के लिए बैंकों की तनाव झेलने की क्षमता महत्त्वपूर्ण है क्योंकि भारतीय वित्तीय तंत्र

(*a*) भारत सरकार द्वारा नियंत्रित होता है।
(*b*) बैंकों के साथ कम एकीकृत है।
(*c*) भारतीय रिज़र्व बैंक द्वारा नियंत्रित होता है।
(*d*) पर बैंकों का प्रभुत्व है।

27. निम्नलिखित में से किसके कारण जोखिम और तरलता के प्रबंधन को भविष्य में भारतीय बैंकिंग तंत्र में अधिक महत्त्व मिल सकता है?

1. और अधिक विश्वव्यापीकरण।
2. वित्तीय तंत्र का और अधिक संघटन और विनियंत्रण।
3. वित्तीय तंत्र का और अधिक विविधीकरण।
4. अर्थव्यवस्था में और अधिक वित्तीय समावेशन।

नीचे दिए गए कूट का प्रयोग कर सही उत्तर चुनिए :

(*a*) 1, 2 और 3 (*b*) 2, 3 और 4
(*c*) केवल 1 और 2 (*d*) केवल 3 और 4

28. एक कॉलेज मे पाँच हॉबी क्लब हैं, जैसे कि फ़ोटोग्राफ़ी, नौकायन, शतरंज, इलेक्ट्रॉनिकी और बाग़बानी। बाग़बानी वाला समूह हर दूसरे दिन मिलता है, इलेक्ट्रॉनिकी वाला समूह हर तीसरे दिन मिलता है, शतरंज वाला समूह हर चौथे दिन मिलता है, नौकायन वाला समूह हर पाँचवें दिन मिलता है और फ़ोटोग्राफ़ी वाला समूह हर छठवें दिन मिलता है। 180 दिनों के अंदर सभी पाँच समूह कितनी बार एक ही दिन मिलते हैं?

(*a*) 3 (*b*) 5
(*c*) 10 (*d*) 18

29. A, B, C, D और E पाँच विभिन्न नगरों P, Q, R, S और T से हैं (अनिवार्यतः इसी क्रम में नहीं)। इनमें से प्रत्येक एक भिन्न नगर से है। पुनश्च दिया गया हैः

1. B और C, नगर Q से नहीं हैं
2. B और E, नगर P और R से नहीं हैं
3. A और C, नगर R, S और T से नहीं हैं
4. D और E, नगर Q और T से नहीं हैं

निम्नलिखित में से कौन-सा कथन सही ***नहीं*** है?

(*a*) C, नगर P से है (*b*) D, नगर R से है
(*c*) A, नगर Q से है (*d*) B, नगर S से है

30. A, B, C, D, E, F और G सात विभिन्न व्यक्ति है जो इसी क्रम में पंक्ति में खड़े हैं। प्रत्येक भिन्न रंग की टोपी पहने है, जैसे बैंगनी, जामुनी, नीली, हरी, पीली, नारंगी और लाल । D अपने सामने हरी और नीली तो देख पाता है, पर लाल को नही। E बैंगनी और पीली को देख पाता है, पर लाल को नहीं। G नारंगी को छोड़कर सभी रंगों की टोपियाँ देख सकता है। यदि E जामुनी रंग की टोपी पहने है, तो F द्वारा पहनी हुई टोपी का रंग क्या है?

(*a*) नीला (*b*) बैंगनी
(*c*) लाल (*d*) नारंगी

31. एक मेज़ पर लाल, हरे और पीले रंग की कुछ गेंदें रखी हुई हैं। जितनी पीली गेंदे हैं उससे दुगनी हैं लाल गेंदों की संख्या,

(*a*) पीली और हरी गेंदों के जोड़ जितनी है।

(*b*) हरी गेंदों से दुगुनी है।

(*c*) पीली गेंदों में से हरी गेंदों को घटाकर जो संख्या होगी उतनी है।

(*d*) नहीं बताई जा सकती है।

निम्नलिखित 2 (दो) प्रश्नांशों के लिए निर्देश :

निम्नलिखित परिच्छेद को पढ़िए और आगे आने वाले दो प्रश्नांशों के उत्तर दीजिए। इन प्रश्नांशों के आपके उत्तर इस परिच्छेद पर ही आधारित होने चाहिए।

परिच्छेद

कच्चा खनिज तेल जमीन से एक तीखी गंध के साथ गाढ़े काले या भूरे तरल के रुप में बाहर आता है। यह अनेक विभिन्न पदार्थो का, जिनके प्रत्येक के अपने विशिष्ट गुण हैं, जटिल मिश्रण है। उन पदार्थो में से अधिकांश विभिन्न अनुपातों में हाइड्रोजन और कार्बन के संयोग हैं। इस प्रकार के हाइड्रोकार्बन दूसरे रुपों, जैसे अलकतरा (राल), डामर तथा प्राकृतिक गैस के रुप में भी पाए जाते हैं खनिज तेल समुद्र में रहने वाले लघु जीवों के मृतशरीरों तथा पौधों से उद्गमित होता है। लाखों वर्षो के दौरान, समुद्र-तल में मृत जीवों का विशाल ढेर जमा हो जाता है; तथा समुद्री लहरें उन्हें बालू और गाद के आच्छादनों से ढक देती हैं। कड़ा होने के साथ यह खनिज अवसादी शैलों में बदल जाता है और प्रभावी रुप से ऑक्सीजन को बाहर रोक देता है, जिससे तल में इकटठा समुद्री जमावों का पूर्ण अपघटन निरुद्ध हो जाता है। अवसादी शैलों की परतें और मोटी तथा भारी हो जाती हैं। उनका ऊष्मा उत्पन्न करता है, जो लघु मृतशरीरों को कच्चे तेल में परिवर्तित कर देता है, एक ऐसी प्रक्रिया के अंतर्गत जो आज भी जारी है।

32. समुद्र तल के खनिज तेल जमाव पूर्णतया अपघटित नहीं हो पाते हैं क्योंकि वे

(*a*) समुद्री तरंगों से निरन्तर धुलते जाते हैं।

(*b*) शैल बन जाते हैं और ऑक्सीजन को उनमें प्रवेश करने से रोक देते हैं।

(*c*) हाइड्रोजन और कार्बन का मिश्रण समाहित करते है।

(*d*) लवणीय दशाओं में पड़े रहने वाले जीवों के मृतशरीर हैं।

33. अवसादी शैल तेल जमावों के निर्माण का कारण बनते हैं क्योंकि

(*a*) इसके नीचे कोई लवणीय दशाएँ नहीं होतीं।

(*b*) ये अपने नीचे जमा मृत जैव पदार्थों में कुछ घुली हुई ऑक्सीजन जाने देते हैं।

(*c*) उपरिशायी अवसादी परतों का भार ऊष्मा उत्पादित करता है।

(*d*) इनमें ऐसे पदार्थ होते हैं जो मृत जीवों का तेल में परिवर्तित करने हेतु आवश्यक रासायनिक प्रतिक्रियाओं का उत्प्रेरण करते हैं।

34. पैंतालीस विद्यार्थियों की एक कक्षा में, एक बालक का बीसवाँ स्थान है। जब दो और बालक प्रवेश लेते हैं, तो वह एक स्थान नीचे हो जाता है। उसका अंत से नया स्थान क्या है?

(*a*) 25वाँ (*b*) 26वाँ

(*c*) 27वाँ (*d*) 28वाँ

35. 8 किमी/घंटे की चाल से दौड़ते हुए चोर का पीछा 10 किमी/घंटे की चाल से दौड़ता हुआ पुलिसवाला कर रहा है। यदि चोर पुलिसवाले से 100 मीटर आगे हैं, तो चोर को पकड़ने में पुलिसवाले को कितना समय लगेगा ?

(*a*) 2 मिनट (*b*) 3 मिनट

(*c*) 4 मिनट (*d*) 6 मिनट

36. कोई रेलगाड़ी किसी औसत चाल से 63 किमी दूरी तक चलती है और तब अपनी प्रारम्भिक चाल से 6 किमी/घंटा अधिक की औसत चाल से 72 किमी की दूरी तय करती है। यदि उसे पूरी यात्रा सम्पन्न करने में 3 घंटे लगते हैं, तो रेलगाड़ी की प्रारम्भिक चाल किमी/घंटा में क्या है ?

(*a*) 24 (*b*) 33

(*c*) 42 (*d*) 66

निम्नलिखित 7 (सात) प्रश्नांशों के लिए निर्देशः

निम्नलिखित **दो परिच्छेदों** में से प्रत्येक को पढ़िए और प्रत्येक परिच्छेद के उपरांत दिए गए प्रश्नांशों के उत्तर दीजिए। इन प्रश्नांशों के उत्तर परिच्छेदों पर ही आधारित होने चाहिए।

परिच्छेद – 1

विश्व के अनेक भागों में कानून कृषि-कर्दम (स्लरी) के जलमार्गों में छोड़ने को तेजी से प्रतिबंधित कर रहा है। सबसे सरल एवं प्रायः सबसे किफायती पद्धति पदार्थ को भूमि पर अर्ध-ठोस खाद अथवा छिड़काव योग्य कर्दम (स्लरी) के रूप में वापस कर देने की है। यह पर्यावरण में इसके गाढ़ापन को कम कर, जो एक अधिक आदिम एवं धारणीय प्रकार की कृषि में हो सकता था, प्रदूषक को उर्वरक में परिवर्तित कर देता है। मिट्टी के सूक्ष्मजीव गंदे पानी एवं कर्दम के जैविक संघटकों को अपघटित कर देते हैं और इस प्रकार अधिकतर खनिज पोषक तत्त्व वनस्पति द्वारा पुनः अवशोषित किए जाने हेतु उपलब्ध हो जाते हैं।

कृषि-वाहित जल (और मानव मल-जल) के माध्यम से नाइट्रोजन एवं फ़ॉस्फोरस दोनों आधार वाले पोषकों के अधिक निवेश ने अनेक 'लाभप्रद' *मित-पोषणी* झीलों (जिनमें निम्न पोषक सान्द्रण, निम्न पादक उत्पादकता और अधिक जलीय खरपतवार एवं स्वच्छ जल विद्यमान होता है) को *सुपोषी* दशाओं में बदल दिया है, जहाँ उच्च पोषक निवेश से उच्च पादकप्लवक उत्पादकता (कभी-कभी फुल्लिका निर्मात्री विषैली जातियों की प्रधानता के साथ) परिणामित हुए हैं। इससे जल गंदला हो जाता है, बड़े पादप विलुप्त हो जाते हैं तथा सबसे खराब स्थिति में अनॉक्सिता होकर मछलियों की मृत्यु हो जाती है। यह तथाकथित *संवर्धनी* सुपोषण है। इस प्रकार वन्य-शिकार मछलियों की संभारण सेवाओं और मनोरंजन से सम्बन्धित सांस्कृतिक सेवाओं समेत, महत्त्वपूर्ण पारितंत्र सेवाएँ समाप्त हो जाती हैं।

कुछ समय से, झीलों के संवर्धनी सुपोषण की प्रक्रिया समझी जा रही है। लेकिन वैज्ञानिकों का, महासागरों में नदियों के मुहाने के समीप विशाल 'मृत क्षेत्रों', विशेषकर उत्तरी अमेरिका में मिसीसीपी एवं चीन में यांग्सी जैसे विशाल जलग्रहण क्षेत्रों के अपवाह पर, हाल ही में ध्यान गया है। पोषण-तत्त्वों से समृद्ध जल, धाराओं, नदियों और झीलों के माध्यम से प्रवाहित होता है एवं अंततः मुहानों (एस्चुएरी) एवं महासागर में पहुँचता है जहाँ पारितंत्र प्रभाव बहुत अधिक हो सकता है, वस्तुतः 70,000 वर्ग किलोमीटर तक विस्तृत क्षेत्र में सभी अकशेरुकी एवं मछलियों की मृत्यु हो जाती है। अब सम्पूर्ण विश्व में 150 से अधिक समुद्री क्षेत्र, कृषि-वाहित उर्वरक और बड़े नगरों के मल-जल से विशेषतः नाइट्रोजन से समृद्ध होने से शैवाल पुंजों के अपघटित होने के परिणामस्वरूप लगातार ऑक्सीजन से वंचित हो रहे हैं। महासागरी मृत क्षेत्र औद्योगिक राष्ट्रों से विशेष रूप से सम्बद्ध हैं, तथा ये क्षेत्र प्रायः उन देशों से लगे हुए हैं जो किसानों को उत्पादकता बढ़ाने और अधिक उर्वरक के प्रयोग के लिए उनको कृषि हेतु आर्थिक सहायता देकर प्रोत्साहित करते हैं।

37. परिच्छेद के अनुसार, कृषि-कर्दम को जलमार्गों में छोड़ने पर क्यों प्रतिबन्ध लगाना चाहिए?

1. इस प्रकार से पोषकों की हानि आर्थिक दृष्टिकोण से अच्छी पद्धति नहीं है।
2. जलमार्गों में वे सूक्ष्मजीव नहीं होते जो कृषि-कर्दम के जैव तत्त्वों को अपघटित कर सकते हैं।
3. जलाशयों के कर्दम छोड़ने से उनके सुपोषण में वृद्धि हो सकती है।

नीचे दिए गए कूट का प्रयोग कर सही उत्तर चुनिएः

(*a*) केवल 1 (*b*) केवल 2 और 3
(*c*) केवल 1 और 3 (*d*) 1, 2 और 3

38. परिच्छेद में संवर्भित "प्रदूषक से उर्वरक" में परिवर्तन के प्रसंग में प्रदूषक क्या है और उर्वरक क्या है?

(*a*) कर्दम का अपघटित जैव तत्त्व प्रदूषक होता है और मिट्टी में सूक्ष्मजीव उर्वरक बनाते हैं।

(*b*) छोड़ा गया कृषि-कर्दम प्रदूषक है और मिट्टी में अपघटित कर्दम उर्वरक है।

(*c*) छिड़का गया कर्दम प्रदूषक है और जलमार्ग उर्वरक है।

(*d*) इस सन्दर्भ में उपर्युक्त में से कोई भी अभिव्यक्ति सही नहीं है।

39. परिच्छेद के अनुसार, उर्वरकों के अन्धाधुन्ध प्रयोग के प्रभाव क्या हैं?

1. मिट्टी एवं जल में प्रदूषकों की वृद्धि।
2. मिट्टी में अपघटन करने वाले सूक्ष्मजीवों का विनाश।
3. जलाशयों में पोषकों का संवर्धन।
4. शैवाल पुंजों का बनना।

नीचे दिए गए कूट का प्रयोग कर सही उत्तर चुनिए।

(*a*) केवल 1, 2 और 3 (*b*) केवल 1, 3 और 4
(*c*) केवल 2 और 4 (*d*) 1, 2, 3 और 4

40. संवर्धनी सुपोषण से युक्त जलाशय की विशेषता/ विशेषताएँ क्या है/हैं?

1. पारिस्थितिक तन्त्र की सेवाओं की हानि
2. वनस्पति और प्राणिजात की हानि
3. खनिज पोषकों की हानि

नीचे दिए गए कूट का प्रयोग कर सही उत्तर चुनिए :

(*a*) केवल 1 (*b*) केवल 1 और 2
(*c*) केवल 2 और 3 (*d*) 1, 2 और 3

41. इस परिच्छेद में मूल विषय क्या है?

(*a*) पर्यावरण की संरक्षा के लिए समुचित विधि-निर्माण अनिवार्य है।

(*b*) आधुनिक कृषि पर्यावरण के विनाश के लिए उत्तरदायी है।

(*c*) कृषि से अनुचित अपशिष्ट निस्तारण, जलीय पारितंत्र को विनष्ट कर सकता है।

(*d*) कृषि में रासायनिक उर्वरकों का उपयोग अवांछनीय है।

परिच्छेद – 2

विश्व के दुखों को केवल भौतिक सहायता द्वारा मिटाया नहीं जा सकता। जब तक कि मुनष्य का स्वभाव न बदले, उसकी भौतिक आवश्यकताएँ सदैव बढ़ती रहेंगी, और दुखों को सदा अनुभव किया जाता रहेगा, और भौतिक सहायता की कोई भी मात्रा उन्हें पूर्णतः दूर नहीं कर सकेगी। समस्या का एकमात्र समाधान यह है कि मानव जाति को विशुद्ध बनाया जाए। अज्ञानता बुराई की जननी है, और उन सभी दुखों की भी, जिन्हें हम देखते हैं। मुनष्य को प्रकाश मिले, वे विशुद्ध और आत्मिक रूप से सशक्त एवं शिक्षित हों, केवल तभी दुनिया से दुख कम होंगे। हम देश के प्रत्येक घर को धर्मार्थ-शरणस्थल में बदल सकते हैं, हम धरती को अस्पतालों से भर सकते हैं, परन्तु जब तक मुनष्य का चरित्र परिवर्तित न होगा मानवीय दुख अनवरत बने रहेंगे।

42. परिच्छेद के अनुसार, निम्नलिखित कथनों में से कौन-सा, मनुष्य के दुखों के कारण के रूप में सर्वाधिक संभावित सत्य है?

(*a*) समाज में व्याप्त बुरी आर्थिक और सामाजिक दशाएँ।

(*b*) मनुष्य का अपना चरित्र परिवर्तित करने से इंकार।

(*c*) उसके समाज से भौतिक और सांसारिक सहायता की अनुपस्थिति।

(*d*) परिवर्तनशील सामाजिक संरचना के कारण अनवरत बढ़ती हुई भौतिक आवश्यकताएँ।

43. परिच्छेद के संदर्भ में, निम्नलिखित धारणाएँ बनाई गई हैं:

1. लेखक मानवीय दुखों के उन्मूलन में भौतिक और सांसारिक सहायता को प्राथमिक महत्त्व देता है।
2. धर्मार्थ आवास, अस्पताल, इत्यादि मानवीय दुखों को एक बड़ी सीमातक दूर कर सकते हैं।

इन धारणाओं में कौन-सा/से वैध है/हैं?

(*a*) केवल 1 (*b*) केवल 2

(*c*) 1 और 2 दोनों (*d*) न तो 1 न ही 2

44. निम्नलिखित 1, 2, 3 और 4 आकृतियों पर विचार कीजिए:

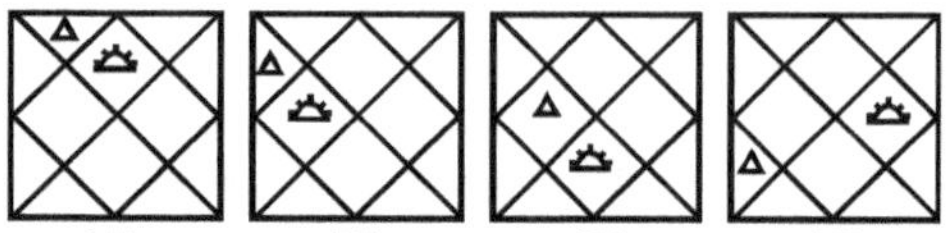

(1) (2) (3) (4)

उपर्युक्त 1 से 4 आकृतियों में, दो प्रतीकों को एक नियमित दिशा में अपनी स्थिति बदलते हुए दर्शाया गया है। उसी क्रम में, निम्नलिखित में से कौन-सा एक, पाँचवे चरण पर आएगा?

(*a*)  (*b*) 

(*c*)  (*d*) 

निम्नलिखित 2 (दो) प्रश्नांशों के लिए निर्देश :

प्रत्येक प्रश्नांश में आकृतियों के दो समुच्चय हैं। पहली चार आकृतियाँ, प्रश्न आकृतियों के रूप में नामित हैं और अगली चार आकृतियाँ उत्तर आकृतियों के रूप में नामित हैं जो (*a*), (*b*), (*c*) और (*d*) के रूप में निर्दिष्ट की गई हैं। प्रश्न आकृतियाँ एक विशेष अनुक्रम का अनुसरण करती हैं। उसी के अनुसार, चार उत्तर आकृतियों में से कौन-सी एक, पाँचवीं आकृति के रूप में आएगी?

45. प्रश्न आकृतियाँ :

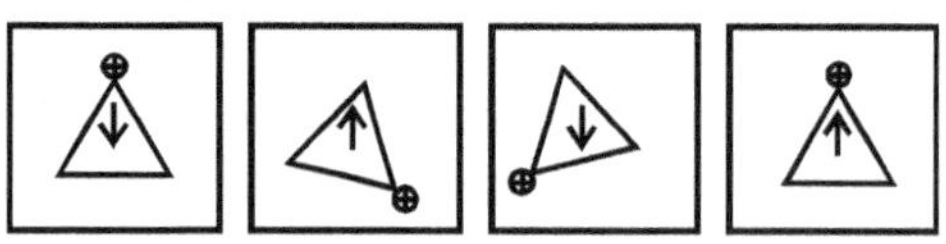

उत्तर आकृतियाँ :

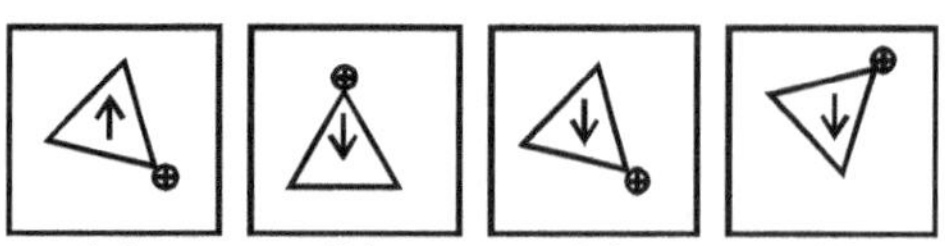

(a) (b) (c) (d)

46. प्रश्न आकृतियाँ :

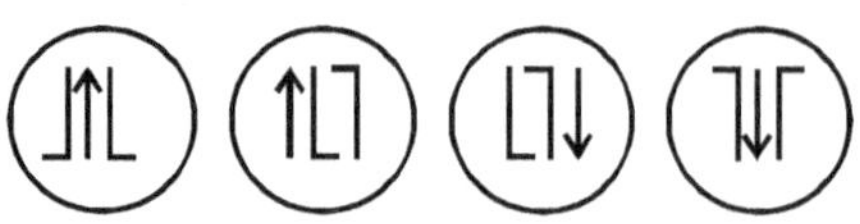

उत्तर आकृतियाँ :

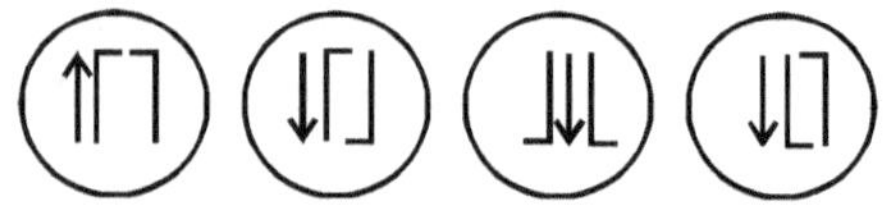

(a) (b) (c) (d)

47. निम्नलिखित आरेखों पर विचार कीजिए :

x पुरुष एक स्थिर चाल से काम करते हुए एक विशेष कार्य को y दिन में पूरा करते हैं। इन आरेखों में से कौन-सा एक, x और y के बीच सम्बन्ध दर्शाता है?

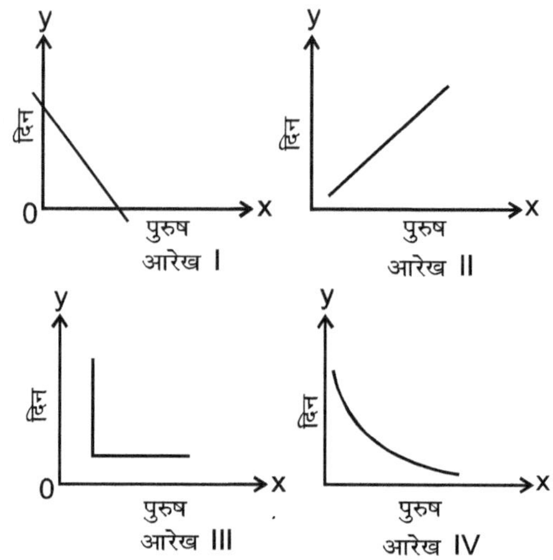

(*a*) आरेख I (*b*) आरेख II

(*c*) आरेख III (*d*) आरेख IV

48. निम्नलिखित आव्यूह पर विचार कीजिए :

3	370	7
2	224	6
1	730	X

ऊपर दिए गए आव्यूह में 'X' के स्थान पर कौन-सी संख्या है?

(*a*) 5 (*b*) 8

(*c*) 9 (*d*) 11

49. चार कारें ₹6 प्रति किमी की दर और ₹40 प्रति लीटर डीज़ल की लागत पर किराये पर ली गयीं। इस सन्दर्भ में, निम्नलिखित सारणी में दिए गए ब्यौरे पर विचार कीजिए :

कार	मील - दूरी (किमी/लीटर	घण्टे	कुल भुगतान(₹)
A	8	20	2120
B	10	25	1950
C	9	24	2064
D	11	22	1812

कौन-सी कार ने अधिकतम औसत चाल बनाए रखी ?

(*a*) कार A (*b*) कार B

(*c*) कार C (*d*) कार D

50. निम्नलिखित तीन आकृतियों का परीक्षण कीजिए जिनमें संख्याएँ एक विशिष्ट प्रतिरूप में हैं :

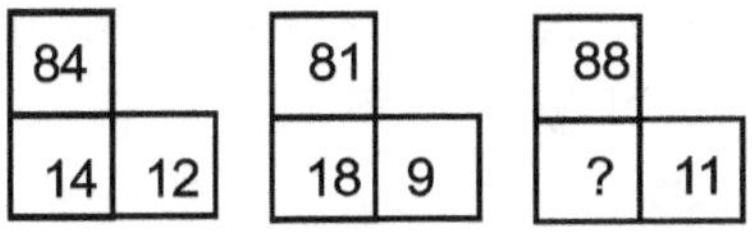

ऊपर की तीसरी आकृति में लुप्त संख्या (?) क्या है?

(*a*) 7 (*b*) 16

(*c*) 21 (*d*) 28

51. एक घन के फलकों पर 1, 2, 3, 4, 5 और 6 के छह अंक चिह्नित किए गए हैं। घन के तीन दृश्य नीचे दर्शाए गए हैं:

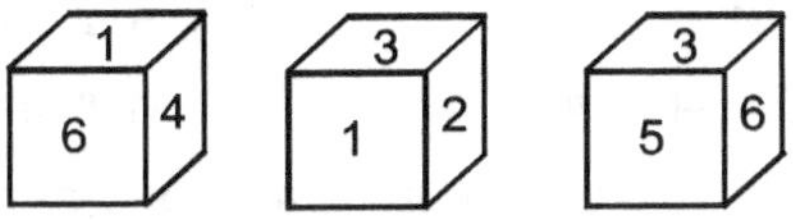

घन पर क्रमशः Ⓐ और Ⓑ चिह्नित दो फलकों पर संभावित अंक क्या हो सकते हैं?

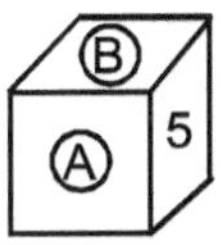

(*a*) 7 और 3 (*b*) 6 और 1

(*c*) 1 और 4 (*d*) 3 और 1

निम्नलिखित 5 (पाँच) प्रश्नांशों के लिए निर्देश :

नीचे दिए गए दो संचित्रों का अध्ययन कीजिए और उसके पश्चात दिए गए पाँच प्रश्नांशों के उत्तर दीजिए :

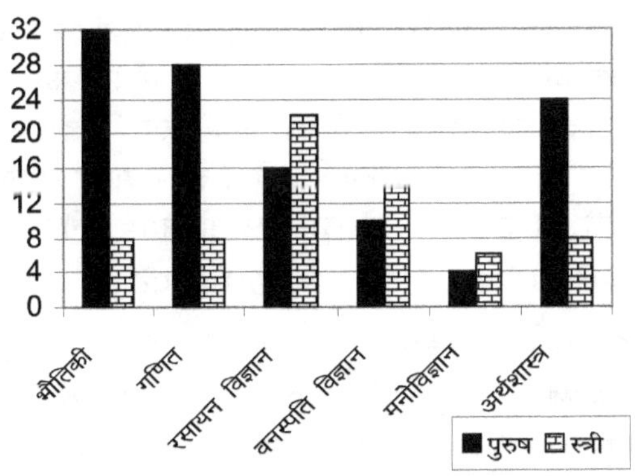

चित्र 1 : एक विश्वविद्यालय में कुछ चुनिंदा विभागों में प्राध्यापकों की लिंग अनुसार संख्या

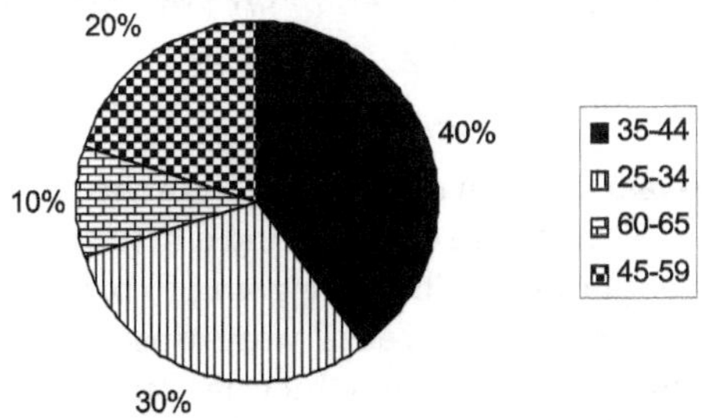

चित्र 2 : भौतिकी के प्राध्यापकों की आयु

52. भौतिकी के कितने प्राध्यापक 35-44 के आयु समूह में हैं?

(*a*) 18 (*b*) 16

(*c*) 14 (*d*) 12

53. निम्नलिखित में से किस एक भाग विभाग में पुरुष-स्त्री अनुपात सबसे अधिक है?

(*a*) भौतिकी (*b*) गणित

(*c*) रसायन विज्ञान (*d*) अर्थशास्त्र

54. मनोविज्ञान के सभी प्राध्यापकों में स्त्रियों का प्रतिशत क्या है?

(*a*) 40% (*b*) 50%

(*c*) 60% (*d*) 70%

55. यदि भौतिकी की 35-34 आयु समूह की स्त्री प्राध्यापकों की संख्या, उस आयु समूह के भौतिकी के कुल प्राध्यापकों का 25% है, तो 25-34 आयु समूह के भौतिकी के पुरुष प्राध्यापकों की संख्या क्या है?

(*a*) 9 (*b*) 6

(*c*) 3 (*d*) 2

56. यदि मनोविज्ञान के प्राध्यापकों की संख्या विश्वविद्यालय में कार्यरत कुल प्राध्यापकों की 2% है, तब इस विश्वविद्यालय में प्राध्यपकों की कुल संखय कितनी है?

(*a*) 400 (*b*) 500

(*c*) 600 (*d*) 700

57. निम्नलिखित आकृतियों पर विचार कीजिए :

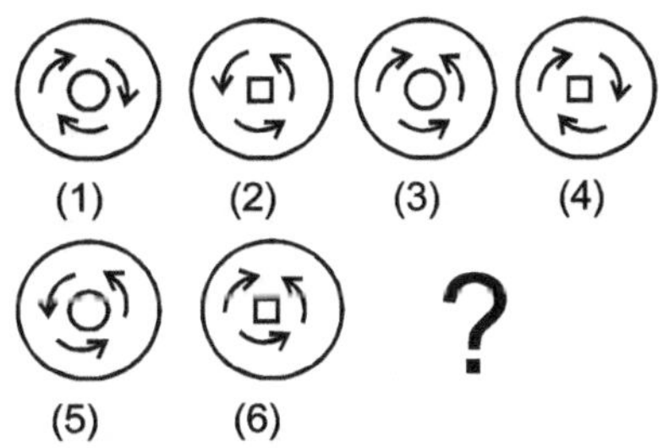

निम्नलिखित आकृतियों में से कौन-सी एक, तर्कसंगत रूप में, उपर्युक्त प्रश्न चिह्न द्वारा दर्शाए गए 7वें स्थान पर आएगी?

(*a*) 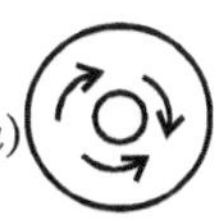 (*b*) 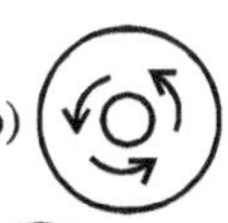

(*c*) 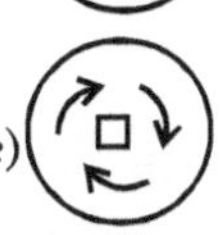 (*d*) 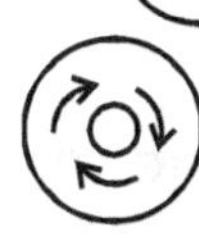

निम्नलिखित 2 (दो) प्रश्नांशों के लिए निर्देश :

निम्नलिखित परिच्छेद को पढ़िए और आगे आने वाले दो प्रश्नांशों के उत्तर दीजिए। इन प्रश्नांशों के उत्तर इस परिच्छेद पर ही आधारित होने चाहिए।

परिच्छेद

सदी के आखिरी 25 वर्षों के दौरान किए गए पारिस्थितिक अनुसंधानों ने खनन, राजमार्ग निर्माण और वन प्रदेशों में की जाने वाली ऐसी अन्य अन्तर्वेधी गतिविधियों के कारण हुए आवास खण्डन के हानिकर प्रभावों को सिद्ध किया है। जब जंगलों का एक बड़ा खण्ड और छोटे टूकड़ों में विखण्डित हो जाता है, तो इन सभी टुकड़ों के कोर मानवीय क्रियाकलापों के संपर्क में आ जाते हैं और इसका परिणाम होता है संपूर्ण वन प्रदेश का अपकर्ष। वनाच्छादित भू-प्रदेशों और गलियारों का सातत्य भंग हो जाता है जिससे वन्य-जीवन की अनेक विलोप-प्रवण जातियाँ प्रभावित होती हैं। इस प्रकार जैव-विविधिता संरक्षण को सबसे गंभीर ख़तरा आवास-खण्डन से माना जाता है। खनन कम्पनियों को वन भूमि का तदर्थ अनुदान, साथ ही निरंकुश ग़ैर-कानूनी खनन इस ख़तरे को और बढ़ा रहे हैं।

58. इस परिच्छेद का केंद्र-बिन्दु क्या है?

(*a*) वनों में गैर-कानूनी खनन

(*b*) वन्य-जीवन का विलोपन

(*c*) प्रकृति का संरक्षण

(*d*) आवास का विघटन

59. वनाच्छादित भू-प्रदेशों तथा गलियारों का सातत्य बनाए रखने का क्या प्रयोजन है?

1. जैव-विविधता का संरक्षण।
2. खनिज संसाधनों का प्रबंधन।
3. मानवीय क्रियाकलापों के लिए वन भूमि का अनुदान।

नीचे दिए गए कूट का प्रयोग कर सही उत्तर चुनिए :

(*a*) केवल 1 (*b*) 1 और 2

(*c*) 2 और 3 (*d*) 1, 2 और 3

60. एक दुर्लभ सिक्कों के ढेर में, प्रति तीन अस्वर्ण सिक्कों पर एक स्वर्ण सिक्का है। ढेर में 10 स्वर्ण सिक्के और डाल दिए जाते हैं और स्वर्ण तथा अस्वर्ण सिक्कों का अनुपात 1 : 2 हो जाता है। इस सूचना के आधार पर, ढेर में कुल सिक्कों की संख्या अब क्या हो जाएगी?

(*a*) 90 (*b*) 80

(*c*) 60 (*d*) 50

61. एक माली के पास 1000 पौधे हैं। वह इन पौधों को इस प्रकार लगाना चाहता है जिससे पंक्तियों और स्तंभों की संख्या समान हो। इसके लिए उसको कम-से-कम कितने और अधिक पौधों की आवश्यकता है?

(*a*) 14 (*b*) 24

(*c*) 32 (*d*) 34

62. किसी विद्यालय के विद्यार्थियों कें समग्र शैक्षिक निष्पादन हेतु ₹ 700 की राशि में सात नकद पुरस्कार प्रदान किए जाने हैं। यदि प्रत्येक पुरस्कार उसके पिछले पुरस्कार से ₹ 20 कम है, तो पुरस्कार का न्यूनतम मूल्य क्या है?

(*a*) ₹ 30 (*b*) ₹ 40

(*c*) ₹ 60 (*d*) ₹ 80

63. किसी पद के लिए 120 आवेदकों में से 70 पुरुष हैं और 80 के पास ड्राइविंग लाइसेंस है । ड्राइविंग लाइसेंसधारी पुरुषों की अधिकतम और न्यूनतम संख्या के बीच क्या अनुपात होगा?

(*a*) 2 से 1 का (*b*) 3 से 2 का

(*c*) 7 से 3 का (*d*) 7 से 5 का

64. एक गैरिसन में 1000 सैनिकों के लिए एक महीने का भोजन था। 10 दिन के बाद, 1000 अतिरिक्त सैनिक गैरिसन में शामिल हुए। बचे हुए भोजन से सैनिक कितने दिन काम चला सकेंगे?

(*a*) 25 दिन (*b*) 20 दिन

(*c*) 15 दिन (*d*) 10 दिन

65. अरुण की मोटर-साइकिल में टंकी-भर पेट्रोल 10 दिन चलता है। यदि वह प्रतिदिन 25% अधिक उपयोग शुरू कर देता है, तो टंकी-भर पेट्रोल कितने दिन चलेगा?

(*a*) 5 (*b*) 6

(*c*) 7 (*d*) 8

66. एक व्यक्ति छह घंटों में किसी दूरी का एक तरफ से पैदल चलकर और दूसरी तरफ से गाड़ी में वापसी कर, तय कर सकता है। वह उस दूरी को दोनों तरफ पैदल चलकर 10 घंटों में तय कर सकता है। दोनों तरफ गाड़ी चलाकर उस दूरी को तय करने में उसे कितना समय लगेगा?

(*a*) दो घंटे (*b*) ढाई घंटे

(*c*) साढ़े पाँच घंटे (*d*) चार घंटे

निम्नलिखित 8 (आठ) प्रश्नांशों के लिए निर्देशः
निम्नलिखित 8 (आठ) प्रश्नांश (प्रश्नांश 67 से 74) अंग्रेज़ी के ***तीन परिच्छेदों*** *पर आधारित हैं और अंग्रेज़ी भाषा के बोधन के परीक्षण के लिए है। अतः इन* ***प्रश्नांशों का हिन्दी पाठ नहीं दिया जा रहा है।*** *प्रत्येक परिच्छेद पढ़िए तथा उसके आगे दिए गए प्रश्नांशों के उत्तर दीजिए।*

Passage - 1

Seven-year-old Jim came home from the park without his new bicycle. "An old man and a little boy borrowed it," he explained. "They are going to bring it back at four o'clock." His parents were upset that he had given his expensive new bicycle, but were secretly proud of his kindness and faith. Came four o'clock, no bicycle. The parents were anxious. But at 4:30, the door bell rang, and there stood a happy man and a boy, with the bicycle and a box of chocolates. Jim suddenly disappeared into his bedroom, and then came running out. "All right," he said, after examining the bicycle. "You can have your watch back !"

67. When Jim came home without his bicycle, his parents

(*a*) were angry with him.

(*b*) were worried.

(*c*) did not feel concerned.

(*d*) were eager to meet the old man and the little boy.

68. Jim returned the watch to the old man and the little boy because

(*a*) they gave him chocolates.

(*b*) his father was proud of him.

(*c*) he was satisfied with the condition of his bicycle.

(*d*) they were late only by 30 minutes.

Passage - 2

It was already late when we set out for the next town, which according to the map was about fifteen kilometres away on the other side of the hills. There we felt that we would find a bed for the night. Darkness fell soon after we left the village, but luckily we met no one as we drove swiftly along the narrow winding road that .led to the hills. As we climbed higher, it became colder and rain began to fall, making it difficult at times to see the road. I asked John, my companion, to drive more slowly. After we had travelled for about twenty kilometres, there was still no sign of the town which was marked on the map. We were beginning to get worried. Then without warning, the car stopped and we found we had run out of petrol.

69. The author asked John to drive more slowly because

(*a*) the road led to the hills.

(*b*) John was an inexperienced driver.

(*c*) the road was not clearly visible.

(*d*) they were in wilderness.

70. The travellers set out for the town although it was getting dark because

(*a*) they were in a hurry.

(*b*) the next town was a short distance away and was a hill-resort.

(*c*) they were in wilderness.

(*d*) the next town was, a short distance away and promised a good rest for the night.

71. The travellers were worried after twenty kilometres because

(*a*) it was a lonely countryside.

(*b*) they probably feared of having lost their way.

(*c*) the rain began to fall.

(*d*) it was getting colder as they drove.

Passage - 3

A stout old lady was walking with her basket down the middle of a street in Petrograd to the great confusion of the traffic and no small peril to herself. It was pointed out to her that the pavement was the place for foot-passengers, but she replied, "I'm going to walk where I like. We've got liberty now." It did not occur to the dear lady that if liberty entitled the foot-passenger to walk down the middle of the road it also entitled the taxi-driver to drive on the pavement , and that the end of such liberty would be universal chaos. Everything would be getting in everybody else's way and nobody would get anywhere. Individual liberty would have become social anarchy.

72. It was pointed out to the lady that she should walk on the pavement because she was

(*a*) a pedestrian. (*b*) carrying a basket.

(*c*) stout. (*d*) an old lady.

73. The lady refused to move from the middle of the street because

(*a*) she was not afraid of being killed.

(*b*) she felt that she is entitled to do whatever she liked.

(*c*) she did not like walking on the pavement.

(*d*) she was confused.

74. The old lady failed to realise that

(*a*) she was not really free.

(*b*) her liberty was not unlimited.

(*c*) she was an old person.

(*d*) roads are made for motor vehicles only.

निम्नलिखित 6 (छह) प्रश्नांशों के लिए निर्देशः

नीचे छह प्रश्नांश दिए गए हैं। प्रत्येक प्रश्नांश में एक स्थिति का वर्णन है, जिस के पश्चात उसके चार संभव उत्तर दिए गए हैं। जिस उत्तर को आप सर्वाधिक उपयुक्त मानते हैं, उसे आप अपने उत्तर के रूप में अंकित कीजिए। प्रत्येक प्रश्नांश के लिए केवल एक हि उत्तर चुनिए। उत्तरों का मूल्यांकन, दी गई स्थिति के लिए उपयुक्तता के स्तर के आधार पर किया जाएगा।

कृपया सभी प्रश्नांशों के उत्तर दीजिए। इन छह प्रश्नांशों के लिए गलत उत्तरों के लिए कोई दंड नहीं है।

75. आप कार्यालयाध्यक्ष हैं। कुछ माकन कार्यालय कर्मियों को आबंटित करने के लिए सुरक्षित रेखे गए हैं और आपको इस मामले में विवेकाधिकार प्राप्त है। मकान के आबंटन के लिए कुछ नियम आपके द्वारा बनाए गए हैं और उन्हें सार्वजनिक कर दिया गया है। आपका निजी सचिव, जो आपके बहुत निकट है, आपके पास आता है और पैरवी करता है कि उसके पिता गंभीर रूप से बीमार है, अतः उसे मकान के आबंटन मे प्राथमिकता दी जानी चाहिए। कार्यालय सचिवालय नियमानुसार इस प्रार्थना का परीक्षण कर उसके अनुरोध को ठुकरा देता है और नियमानुसार प्रक्रिया अपनाने की संस्तुति करता है। आप अपने निजी सचिव को नाराज नहीं करना चाहते। इन परिस्थितियों में, आप क्या करेंगे?

(*a*) उसे अपने कमरे में बुलाएँगे और व्यक्तिगत रूप स्पष्ट करेंगे कि आबंटन क्यों नही किया जा सकता।

(*b*) उसकी वफादारी जीतने के लिए उसे मकान आबंटित कर देंगे।

(*c*) यह सिद्ध करने के लिए कि आप निष्पक्ष हैं और आप किसी के साथ पक्षपात नहीं करते, कार्यालय टिप्पणी से सहमति व्यक्त करेंगे।

(*d*) फाइल अपने पास पड़े रहने देंगे और कोई आदेश नहीं देंगे।

76. दिल्ली में पंजीकृत व्यवसायिक टैक्सी से (दूसरे राज्य के) करीबी शहर की ओर जाते हुए, आटो टैक्सी चालक आपको बताता है कि चूँकि उसके पास उस शहर में टैक्सी चलाने का परमिट नहीं है अतः वह उसके परिवहन कार्यालय पर रुकेगा और चालीस रूपए प्रतिदिन का निधारित शुल्क अदा करेगा। काउंटर पर शुल्क अदा करते समय आप पाते हैं कि परिवहन लिपिका पचास रूपए अतिरिक्त वसूल रहा है जिसके लिए कोई रसीद नहीं दी जा रही है। आप अपनी बैठक के लिए जल्दी में हैं। इन परिस्थितियों में, आप क्या करेंगे?

(*a*) कांउटर पर जाएँगे और लिपिक से वह धन वापस माँगेंगे जो उसने अवैध रूप से लिया है।

(*b*) कोई हस्तक्षेप नहीं करंगे क्योंकि यह मामला टैक्सी चालक और कर अधिकारियों के बीच का है।

(*c*) घटना का संज्ञान लेंगे और बाद में सम्बन्धित अधिकारीयों से इसकी रिपोर्ट करेंगे।

(*d*) इसे एक साधारण मामला समझेंगे और भूल जाएँगे।

77. एक व्यक्ति दूर दराज के एक गाँव में रहता है जहाँ पहुँचने के लिए बस से लगभग दो घंटे लगते हैं। इस ग्रामीण का पड़ोसी बहुत ताकतवर भूस्वामी है जो इस गरीब ग्रामीण की जमीन जबर्दस्ती हथियाना चाहता है। आप जिला मजिस्ट्रेट हैं और स्थानीय मंत्री द्वारा बुलाई गई बैठक में व्यस्त हैं। ग्रामीण बस से और पैदल चलकर इतनी दूर से आपसे मिलने और उस ताकतवर भस्वामी जमींदार से सुरक्षा हासिल कराने के लिए प्रार्थना-पत्र देने आया है। ग्रामीण सभा कक्ष से बाहर एक घंटे तक प्रतीक्षा करता रहा । आप बैठक से बाहर आते हैं। और दूसरी बैठक के लिए जाने की शीघ्रता में हैं। ग्रामीण अपना प्रार्थना-पत्र देने के लिए आपके पीछे आने लगता है। आप क्या करेंगे?

(*a*) उसे अगली बैठक से आपके लौटने तक दो घंटे और प्रतीक्षा करने के लिए कहेंगे।

(*b*) उसे बताएँगे कि मामला वास्तव में एक कनिष्ठ अधिकारी द्वारा देखा जाना है अतः वह प्रार्थना-पत्र उसे दे दे।

(*c*) अपने एक वरिष्ठ मातहत अधिकारी को बुलाकर निर्देश देंगे कि वह ग्रामीण की समस्या का हल निकाले।

(*d*) उसका प्रार्थना-पत्र तेज़ी से लेकर उससे कुछ प्रासंगिक प्रश्न उसकी समस्या के बारे में पूछेंगे और बैठक के लिए चले जाएँगे।

78. जिस जिले में आप जिला मजिस्ट्रेट हैं वहाँ चीनी की किल्लत है । सरकार ने आदेश निकाला है कि वैवाहिक उत्सवों पर अधिकतम 30 किलो चीनी जारी की जा सकती है। आपके एक करीबी दोस्त के बेटे का विवाह होने वाला है और आपका मित्र अपने बेटे के विवाह के लिए कम-से-कम 50 किलो चीनी जारी करने का अनुरोध करता है। जब आप इस मामले में सरकारी नियंत्रण के बारे में बताते हैं तो वह नाराज हो जाता है। उसका विश्वास है कि चूँकि आप जिला मजिस्ट्रेट हैं आप कितनी भी मात्रा में चीनी जारी कर सकते हैं। आप उसे अपनी मित्रता में बिगाड़ नहीं चाहते । इन परिस्थितियों में, आप इस स्थिति से कैसे निपटेंगे?

(*a*) उसे अतिरिक्त मात्रा में चीनी जारी कर देंगे जिसके लिए आप के मित्र ने अनुरोध किया है।

(*b*) अपने मित्र को अतिरिक्त मात्रा में चीनी जारी न करके नियमों का सख्ती से पालन करेंगे।

(*c*) अपने मित्र को सरकारी आदेशों की प्रति दिखलाएँगें और उसे नियमानुसार चीनी की कम मात्रा स्वीकार करने के लिए तैयार करेंगे।

(*d*) उसे, आबंटन करने वाले अधिकारी को सीधे प्रार्थना-पत्र देने की सलाह देंगे और सूचित करेंगे कि आप ऐसे मामलों में हस्तक्षेप नहीं करते।

79. आप एक ऐसे क्षेत्र में परिवार नियोजन कार्यक्रम लागू करने के प्रभारी हैं, जहाँ वर्तमान नीति का कड़ा विरोध हो रहा है। आप निवासियों को छोटे परिवार रखने की आवश्यकता मनवाना चाहते हैं। इस संदेश को संप्रेषित करने का सर्वोत्तम तरीका क्या होगा?

(*a*) निवासियों को स्वास्थ्य और जीवन स्तर सुधारने हेतु परिवार नियोजन की आवश्यकता तर्कसंगत रूप से समझाना।

(*b*) देर से विवाह एवं बच्चों के बीच उचित अंतर को प्रोत्साहित करना।

(*c*) परिवार नियोजन युक्तियाँ अपनाने के लिए प्रोत्साहन प्रदान करना।

(*d*) ऐसे लोगों से, जिनका बंध्यकरण हो चुका है अथवा जो गर्भनिरोधक प्रयोग कर रहे हैं, निवासियों से प्रत्यक्षतः बात करने का आग्रह करना।

80. आप एक विश्वविद्यालय में शिक्षक हैं और एक विषय विशेष पर प्रश्न पत्र बना रहे हैं। आपके सहकर्मियों में से एक, जिसका पुत्र उसी विषय पर परीक्षा की तैयारी कर रहा है, आपके पास आता है और आपको सूचना देता है कि यह उसके पुत्र का परीक्षा को उत्तीर्ण करने का आखिरी अवसर है और आपसे, परीक्षा में आने वाले प्रश्नों के संकेत देकर, पुत्र की सहायता करने हेतु आग्रह करता है। अतीत में आपके उस सहकर्मी ने दूसरे मामले में आपकी सहायता की है। आपका सहकर्मी आपको सूचित करता है कि परीक्षा में अनुत्तीर्ण होने पर उसका पुत्र अवसाद से ग्रस्त हो जाएगा। इन परिस्थितियों में, आप क्या करेंगे?

(*a*) अतीत में उसके द्वारा दी गई सहायता को देखते हुए आप उसकी सहायता करेंगे।

(*b*) खेद व्यक्त करेंगे कि आप उसकी कोई सहायता नहीं कर सकते।

(*c*) अपने सहकर्मी को आप समझाएँगे कि ऐसा करने से विश्वविद्यालय के अधिकारियों का विश्वास भंग होगा और आप उसकी सहायता करने की स्थिति में नहीं हैं।

(*d*) उच्चाधिकारियों को अपने सहकर्मी के आचार की शिकायत करेंगे।

उत्तरमाला

1. (*c*)	**2.** (*d*)	**3.** (*a*)	**4.** (*a*)	**5.** (*c*)	**6.** (*a*)	**7.** (*c*)	**8.** (*b*)	**9.** (*d*)	**10.** (*a*)
11. (*a*)	**12.** (*b*)	**13.** (*d*)	**14.** (*a*)	**15.** (*b*)	**16.** (*c*)	**17.** (*b*)	**18.** (*c*)	**19.** (*c*)	**20.** (*d*)
21. (*a*)	**22.** (*b*)	**23.** (*d*)	**24.** (*b*)	**25.** (*c*)	**26.** (*d*)	**27.** (*a*)	**28.** (*a*)	**29.** (*d*)	**30.** (*c*)
31. (*b*)	**32.** (*b*)	**33.** (*c*)	**34.** (*c*)	**35.** (*a*)	**36.** (*c*)	**37.** (*c*)	**38.** (*b*)	**39.** (*b*)	**40.** (*b*)
41. (*c*)	**42.** (*b*)	**43.** (*d*)	**44.** (*b*)	**45.** (*c*)	**46.** (*b*)	**47.** (*d*)	**48.** (*c*)	**49.** (*a*)	**50.** (*b*)
51. (*a*)	**52.** (*b*)	**53.** (*a*)	**54.** (*c*)	**55.** (*a*)	**56.** (*b*)	**57.** (*d*)	**58.** (*d*)	**59.** (*a*)	**60.** (*a*)
61. (*c*)	**62.** (*b*)	**63.** (*c*)	**64.** (*d*)	**65.** (*d*)	**66.** (*a*)	**67.** (*b*)	**68.** (*c*)	**69.** (*c*)	**70.** (*d*)
71. (*b*)	**72.** (*a*)	**73.** (*b*)	**74.** (*b*)	**75.** (*a,c*)	**76.** (*c,a*)	**77.** (*c,d*)	**78.** (*c,d*)	**79.** (*a,d*)	**80.** (*c,b*)

व्याख्या

1. प्रदत्त परिच्छेद, लोकतंत्र को पश्चिमी देशों द्वारा पूर्णतः अपने विचार के रूप में प्रदर्शित करने के एजेंडे की चर्चा करता है जबकि वास्तव में यह कई गैर-पश्चिमी देशों की प्राचीन सभ्यताओं में भी व्याप्त रहा है। यद्यपि अंतिम पैराग्राफ 'लोकतंत्र के समकालीन प्रतिरूपों' के 'सांस्थानिक संरचनाओं' पर पश्चिमी देशों के गहरे प्रभाव का साक्ष्य देता है। अतः विकल्प (*c*) सर्वाधिक उपयुक्त है। विकल्प (*a*) और (*b*) निश्चित रूप से अस्वीकृत किए जाने लायक हैं क्योंकि ये केवल प्रथम पैराग्राफ के आलोक में ही सत्य प्रतीत होते हैं।

2. प्रदत्त परिच्छेद के संदर्भ में कोई भी कथन सत्य नहीं है। परिच्छेद, पश्चिमी देशों द्वारा लोकतंत्र को उनके अपने सांस्कृतिक उत्पाद की मान्यता की बात करता है, परन्तु गैर-पश्चिमी देशों की नहीं। अतः हम पहली धारणा की सत्यता की जाँच नहीं कर सकते। दूसरी धारणा परिच्छेद के प्रथम पैराग्राफ के आधार पर अंशतः सत्य है, जो कुछ पश्चिमी देशों की, लोकतंत्र को गैर-पश्चिमी देशों पर अधिरोपित करने की प्रवृत्ति की बात करता है जबकि कुछ अन्य पश्चिमी देश इसका विरोध करते हैं।

3. प्रथम पैराग्राफ उन विविध सिद्धांतों को रेखांकित करता है जिनका अच्छे निगमित अभिशासन के लिए अवश्य पालन किया जाना चाहिए। कथन 1 ऐसे दो सिद्धांतों का अनुपालन करता है। अतः यह सत्य है। कथन 2 परिच्छेद में कहीं भी उल्लिखित नहीं है। कथन 3 के लिए परिच्छेद के प्रथम पैराग्राफ का अंतिम अंश देखना होगा जहाँ व्यक्तिगत एवं निगमित निधियों के बीच भेद करने की जरूरत की चर्चा है।

फिर भी हम इस अभिव्यक्ति से यह निश्चित नहीं कर सकते कि जिन ''नियंत्रण करने वालों'' की चर्चा की गई है, क्या वे प्रबंधक हैं और क्या उनका अपनी व्यक्तिगत निधियों का कंपनी में निवेश करना गलत है।

4. परिच्छेद का दूसरा पैराग्राफ अच्छे निगमित अभिशासन के लाभों की बात करता है। पहले कथन की पुष्टि करने हेतु वाक्य – ''इसे उस कंपनी की शेयर कीमतों पर सकारात्मक प्रभाव रखने वाले के रूप में भी जाना जाता है'' – को देखें। अच्छे निगमित अभिशासन के परिणामस्वरूप व्यवसाय आवर्त में वृद्धि हुई है या नहीं, यह परिच्छेद में कहीं भी उल्लिखित नहीं है। कथन 3 भी सत्य नहीं है क्योंकि परिच्छेद के अनुसार विदेशी संस्थागत निवेशक अच्छे निगमित अभिशासन की ओर तब देखते हैं जब वे कंपनी में निवेश के इच्छुक हों, न कि तब, जब वे उसे खरीदने के इच्छुक हों।

5. विकल्प (*a*) को प्रथम दृष्टया निरसित किया जा सकता है क्योंकि पांच वर्ष से कम आयु के बच्चे स्वयं अपनी खुराक ले पाने में सक्षम नहीं होते। विकल्प (*c*) सही उत्तर है चूंकि यदि छोटे बच्चों की खाद्य आवश्यकताएं ज्ञात हों, वयस्क उन्हें भोजन कराने में अधिक उत्तरदायित्व का परिचय देते हैं। यह ऐसा तर्क है जिसमें विकल्प (*d*) भी सन्निहित है।

6. कथन 1 को परिच्छेद के आलोक में सत्य कहा जा सकता है जो कामकाजी माताओं द्वारा छोटे बच्चों को खाना खिलाने की जिम्मेदारी उनके बड़े भाई/बहन पर डाल दिए जाने को बच्चों के कुपोषण का कारण मानता है। यद्यपि कथन 2 की सत्यता की जाँच नहीं की जा सकती क्योंकि यह स्पष्टतः उल्लिखित नहीं है कि पोषण आवश्यकताओं से संबंधित जागरूकता का पूर्ण दायित्व अवश्य ही लोक स्वास्थ्य अधिकारियों पर होना चाहिए।

7. विकल्प (*c*) सर्वाधिक उपयुक्त उत्तर है क्योंकि यह अन्य तीन विकल्पों में दिए गए सभी महत्वपूर्ण मुद्दों को अपने आप में समेटता है। परिच्छेद मुख्यतः जोखिम कम करने वाले संस्थानों को प्राधिकारियों द्वारा सशक्त करने की आवश्यकता पर जोर देता है।

8. विकल्प (*a*) अंतिम पैराग्राफ में निरसित हो गया है (वाक्य – ''विशेषतः जोखिम पर ... पार्श्व-प्रभाव न हों'' – को देखें)। जोखिम को अप्रत्यक्षतः प्रभावित करने वाली सिंचाई जैसी नीतियाँ भी उतनी ही प्रभावी हैं जितनी जोखिम को प्रत्यक्षतः प्रभावित करने वाली नीतियाँ। अतः विकल्प (*c*) भी अवश्य ही निरसित हो जाता है। साथ ही नीतियाँ, जोखिमों से निपटने पर केन्द्रित हैं पर हम यह निश्चित नहीं कर सकते कि क्या वे जोखिमों को पूर्णतः न्यून करने में सक्षम हैं। अतः परिच्छेद के अनुसार केवल विकल्प (*c*) पूर्णतः सत्य है।

9. विकल्प (*a*) और (*b*) गलत हैं क्योंकि कथन (*iii*) कहता है कि एक परिवार, प्राथमिक समूह का एक उदाहरण हो सकता है। विकल्प (*c*) भी गलत है क्योंकि कथन (*i*) कहता है कि प्राथमिक समूह आकार में अपेक्षाकृत छोटे होते हैं परन्तु इसे तथ्य के तौर पर स्थापित नहीं करता कि क्या छोटे आकार के समूह सदैव प्राथमिक समूह होते हैं। विकल्प (*d*) कथन (*ii*) से प्रत्यक्षतः अनुसरित होता है चूंकि घनिष्ठता को प्राथमिक समूह का एक आवश्यक अभिलक्षण बताया गया है।

10. चूंकि A को B से कम राशि मिलती है और B को C और D से भी कम राशि मिलती है। अतः A को सबसे कम राशि मिलती है।

प्रश्न संख्या 11 से 14 तक के लिए :

शहर और परिवहन के साधनों की उपलब्धता नीचे दिखाई गई है–

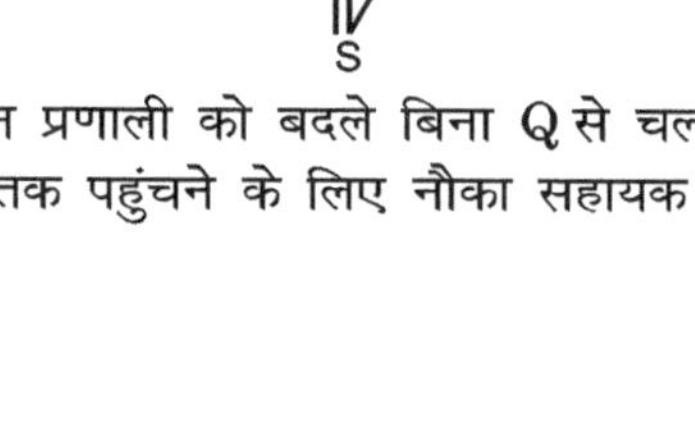

11. परिवहन प्रणाली को बदले बिना Q से चलकर P से होते हुए R तक पहुंचने के लिए नौका सहायक होगी।

12. चूंकि व्यक्ति P से शुरू करके प्रत्येक स्थान पर जाता है और फिर P पर वापस आता है, वह R पर अवश्य दो बार जाएगा।

13. विकल्पों में दिया गया कोई भी नगर युग्म सीधे नहीं जुड़ा।

14. Q और S के बीच अधिकतम यात्रा विकल्प उपलब्ध हैं।

15. चूंकि Y को चुना गया है और B को नहीं चुना गया है, A और C दोनों अवश्य ही चुने जाएंगे तथा W और Z नहीं चुने जाएंगे। अतः टीम में A,C, X और Y होंगे।

16. जब B को चुना जाएगा तो W को बिल्कुल नहीं चुना जाएगा। यह ज्ञात है कि Y को नहीं चुना गया है। C, Z के साथ नहीं खेल सकता। अतः टीम में C और Z में से यथातथ्य कोई एक अवश्य होगा। अतः टीम में A,B, C और X होंगे।

17. चूंकि सभी तीनों पुरूष चुन लिए जाते हैं अतः शेष एक खिलाड़ी X और Y में से कोई एक होगा। इस प्रकार दो संयोजन संभव हैं।

18. टीम में निम्नलिखित संयोजन नहीं होने चाहिए –

रोहित और तान्या

कुणाल और शोभा

परन्तु मुकेश और कुणाल एक ही टीम में होने चाहिए। अतः विकल्प (*c*) सर्वाधिक उपयुक्त टीम होगी।

19. प्रदत्त सूचना के अनुसार, निम्नलिखित क्रम संभव हैं-

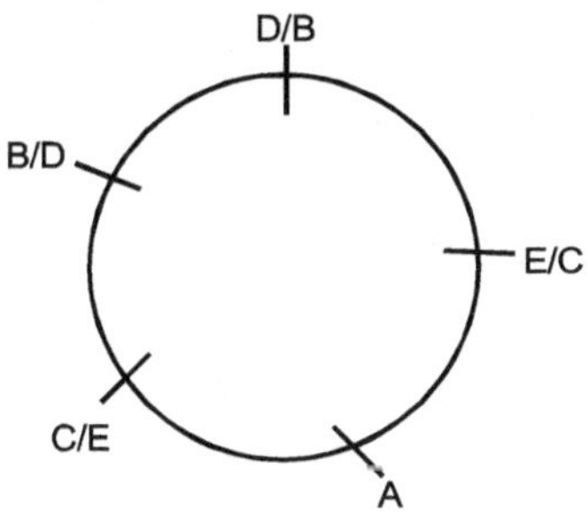

अतः दोनों कथन सत्य हैं।

प्रश्न संख्या 20 से 22 तक के लिए : *प्रदत्त सूचना को निम्न प्रकार सारणीबद्ध किया जा सकता है –*

खेल	खिलाड़ी
फुटबॉल	A, B, D
क्रिकेट	A, B, C
हॉकी	B, C, D
बास्केटबॉल	A, C, D

23. उनकी उम्र का क्रम इस प्रकार है –

बिपिन > गीता > मीना

अतः मीना, तीनों में सबसे कम उम्र की है।

24. कथन 1 और 3 की पुष्टि के लिए प्रथम पैराग्राफ की पंक्तियों – "इसीलिए अंतर्राष्ट्रीय वित्तीय ... प्रभाव डाला है" – को देखें। अगले पैराग्राफ की पहली ही पंक्ति कथन 2 की सत्यता को स्पष्टतः इंगित करती है। अतः विकल्प (*b*) सही उत्तर है।

25. प्रदत्त परिच्छेद के प्रथम दो वाक्य भारतीय वित्तीय क्षेत्र पर "विश्व अर्थव्यवस्था के साथ भारतीय अर्थव्यवस्था के बढ़ते अंतर्संबंधों और एकीकरण" के प्रभावों की ओर संकेत करते हैं। अतः विकल्प (*c*) सर्वाधिक उपयुक्त उत्तर है। विकल्प (*d*) भारतीय बाजार को प्रभावित करने वाला केवल एक अस्थाई कारक है। विकल्प (*a*) और विकल्प (*b*), विकल्प (*c*) में ही निहित है।

26. सही उत्तर के लिए अंतिम पैराग्राफ की पंक्ति – "भारतीय वित्तीय तंत्र में बैंकों का प्रभुत्व है" को देखें। विकल्प (*a*), (*b*) और (*c*) को नहीं चुना जा सकता क्योंकि परिच्छेद में कहीं भी उनका उल्लेख नहीं है और इस प्रकार उनकी सत्यता संदिग्ध है।

27. कथन 1, 2 और 3 की प्रामाणिकता की जाँच के लिए अंतिम पैराग्राफ की अंतिम कुछ पंक्तियों – "वित्तीय बाजार की आधारिक ... अधिक महत्वपूर्ण हो जाते हैं" – को देखें। यद्यपि कथन 4 को प्रदत्त परिच्छेद में नहीं पाया जा सकता। अतः विकल्प (*a*) को चुना जाना चाहिए।

28. 2, 3, 4, 5 और 6 का लघुतम समापवर्त्य = 60

अतः 180 दिनों में एक ही दिन को उनके मिलने की संख्या = 180/60 = 3

29. कथन 1 और 3 का उपयोग करने पर हम यह निष्कर्षित कर सकते हैं कि C का संबंध नगर P से है और A का Q से।

कथन 2 और 4 का उपयोग करने पर हम यह निष्कर्षित कर सकते हैं कि E का संबंध नगर S से है। विकल्प (*d*) में दिया गया कथन सही नहीं है।

30. चूंकि G, नारंगी के अतिरिक्त अन्य सभी रंगों की टोपियाँ देख सकता है तो अवश्य ही G ने नारंगी रंग की टोपी पहन रखी है। फिर E, F के आगे है और लाल टोपी नहीं देख सकता। चूंकि E ने जामुनी रंग की टोपी पहनी है अतः F ने अवश्य लाल रंग की टोपी पहन रखी है।

31. मान लें, हरी गेंदों की संख्या x है। तो लाल और पीली गेंदों की संख्या अवश्य ही $2x$ होगी। अतः लाल गेंदों की संख्या, हरी गेंदों की संख्या की दुगनी है।

32. परिच्छेद का उत्तरार्ध कच्चे खनिज तेलों की निर्माण-प्रक्रिया के बारे में बताता है। विकल्प (*a*) गलत है क्योंकि परिच्छेद के अनुसार समुद्री लहरें, मृत शरीर और अपघटित पदार्थों को ढक लेती हैं और उन्हें बहने नहीं देतीं। विकल्प (*c*) गलत है क्योंकि ऑक्सीजन और कार्बन, कच्चे तेलों के घटक हैं परन्तु वे मृत शरीर के पूर्ण अपघटन में बाधक नहीं हैं। विकल्प (*d*) भी गलत है क्योंकि परिच्छेद के अनुसार लवणीय दशाएं अपघटन की प्रक्रिया को बिल्कुल भी प्रभावित नहीं करतीं।

33. परिच्छेद के अंतिम दो वाक्यों – "अवसादी शैलों की परतें ... आज भी जारी हैं" – को देखें, जिनसे यह निष्कर्षित किया जा सकता है कि अवसादी परतों के भार में वृद्धि से दाब में वृद्धि होती है जो प्रकारान्तर से ऊष्मा में भी वृद्धि

करता है जिससे तेल निक्षेपों का निर्माण होता है। विकल्प (*a*) और (*b*) तथ्यतः गलत हैं क्योंकि ऑक्सीजन और लवणीय दशाएं, अपघटन की प्रक्रिया को प्रभावित नहीं करते। विकल्प (*d*) परिच्छेद में कहीं भी चर्चित नहीं है।

34. दो और बालकों के प्रवेश लेने के बाद विद्यार्थियों की कुल संख्या 47 हो जाएगी और उस बालक का स्थान कक्षा में 21वाँ हो जाएगा। अतः अन्त से उसका नया स्थान 47 – 21 + 1 = 27वाँ हो जाएगा।

35. चोर के सापेक्ष पुलिसवाले की गति

$$= 10 - 8 = 2 \text{ किमी.प्रतिघंटा}$$

अभीष्ट समय $= \frac{0.1}{2} \times 60 = 3$ मिनट

36. माना प्रारंभिक गति x किमी.प्रतिघंटा है।

$$\therefore \frac{63}{x} + \frac{72}{x+6} = 3 \Rightarrow x = 42$$

37. कथन 1, परिच्छेद की आरंभिक पंक्तियों से ही अनुसरित होता है जो "सबसे सरल एवं सबसे किफायती पद्धति" के रूप में "पदार्थ को भूमि पर वापस" कर देने की चर्चा करती हैं। जलमार्गों में सूक्ष्मजीवों के होने का उल्लेख नहीं है अतः कथन 2 विचारण-बाह्य है। कथन 3 दूसरे पैराग्राफ से स्पष्ट है। अतः विकल्प (*c*) सही उत्तर है।

38. प्रदूषक, कृषि-कर्दम हैं जिनका जलमार्गों में स्राव होता है। जब सूक्ष्मजीव इसे अपघटित करते हैं, यह उर्वरक बन जाते हैं। अतः विकल्प (*b*) सही उत्तर है।

39. उर्वरकों के अंधाधुंध प्रयोग के परिणामस्वरूप जल तथा मृदा में प्रदूषकों की वृद्धि होती है। उर्वरकों में उपस्थित नाइट्रोजन और फॉस्फोरस के कारण जलाशयों को 'पोषकों के अधिक निवेश' का सामना करना पड़ता है जिससे फुल्लिका निर्मात्री का आविर्भाव होता है। यद्यपि मृदा के सूक्ष्मजीवों का विनाश नहीं होता। अतः विकल्प (*b*) उपयुक्त चयन है।

40. परिच्छेद का दूसरा पैराग्राफ विस्तार से बताता है कि कैसे संवर्धनी सुपोषण के कारण बड़े पादपों और मछलियों समेत पारितंत्र सेवाओं की हानि होती है। फिर भी खनिज पोषक तत्वों में वृद्धि होती है। अर्थात कथन 3 गलत है। अतः विकल्प (*b*) सही उत्तर है।

41. परिच्छेद इस बात पर ध्यान केन्द्रित करता है कि जलमार्गों में अनुचित तरीके से छोड़े गए कृषि-कर्दम का जलीय जीवों और महासागरीय मृत क्षेत्रों पर क्या प्रभाव होता है? यह विकल्प (*c*) को परिच्छेद का मूल विषय बनाता है। विकल्प (*a*) गलत है क्योंकि विधि-निर्माण की चर्चा केवल आरंभिक पंक्तियों में ही है। विकल्प (*b*) अत्यंत सामान्य प्रकृति का हो जाता है जब यह "पर्यावरण के विनाश" की बात करता है, चूंकि जलीय तंत्र, पर्यावरण का एक विशिष्ट हिस्सा है जिस पर परिच्छेद केन्द्रित है। विकल्प (*d*) सही है परन्तु परिच्छेद जलीय जीवों पर जिन प्रभावों की विवेचना करता है, यह उनकी उपेक्षा करता है।

42. यदि कोई परिच्छेद की अंतिम पंक्ति पढ़ें तो यह स्पष्ट है कि जब तक मनुष्य का चरित्र नहीं बदलता, उसके दुख अनवरत बने रहेंगे। अतः विकल्प (*b*) सही उत्तर है।

43. न तो धारणा 1 और न ही धारणा 2 वैध है। परिच्छेद का दूसरा वाक्य पहली धारणा को नकारता है और परिच्छेद का अंतिम वाक्य दूसरी धारणा को। अतः विकल्प (*d*) सही उत्तर है।

44. त्रिभुजाकार आकृति आसन्न बक्सों में वामावर्त दिशा में घूम रही है जबकि दूसरी आकृति वर्ग के भीतर एकान्तर बक्सों में वामावर्त दिशा में घूम रही है।

45. अगले चरण में त्रिभुज 120° दक्षिणावर्त घूमेगा और तीर 180° घूम जाएगा।

46. अगले चरण में सबसे बाएं ओर की वस्तु सबसे दाएं ओर चली जाएगी और ऊपर से नीचे की तरफ हो जाएगी।

47. x व्यक्ति कोई कार्य y दिनों में कर सकते हैं अतः $xy = k$। अतः x और y एक-दूसरे के व्युत्क्रमानुपाती हैं परन्तु रैखिक नहीं हैं। x और y के बीच के संबंध को आरेख IV, उचित तरीके से दर्शाता है।

48. किसी भी पंक्ति के बीच की संख्या के अंकों का योग उसी पंक्ति की अन्य संख्याओं के योग के बराबर है। अतः X अवश्य ही 9 होगा।

49. माना कार A की औसत गति x किमी. प्रतिघंटा है। A द्वारा चली गई कुल दूरी $= 20x$

और डीजल की खपत $= \frac{20x}{8} = 2.5x$ लीटर

कार A को हुआ कुल भुगतान

$= 20x \times 6 + 2.5x \times 40 = 220x$

अब $220x = 2120$ अर्थात $x = 9.64$ किमी. प्रतिघंटा

इसी प्रकार अन्य कारों की औसत गति का आकलन किया जा सकता है जिनमें A की औसत गति अधिकतम होगी।

50. सबसे ऊपरी खाने की संख्या निचले दोनों बक्सों की संख्याओं के गुणनफल की आधी है। अतः लुप्त संख्या 16 है।

51. प्रदत्त आरेख में 1 के सन्निकट फलक 2, 3, 4 और 6 हैं। अतः 1 के सम्मुख 5 होगा। अतः दिए गए विकल्पों में A और B के संभव मान क्रमशः (2) और (3) होंगे।

52. 35-40 आयु समूह से संबंधित भौतिकी के प्राध्यापकों की संख्या = 40 का 40% = 16

53. पुरूषों और महिलाओं का अनुपात भौतिकी में सर्वाधिक 4 : 1 है।

54. अभीष्ट प्रतिशत $= \frac{6}{10} \times 100 = 60$

55. 25 – 44 आयु समूह से संबंधित भौतिकी के प्राध्यापकों की संख्या = 40 का 30% = 12

56. माना विश्वविद्यालय में प्राध्यापकों की कुल संख्या x है।

तो x का 2% = 10

अतः $x = 500$

57. एकांतर चित्रों में बीच की आकृतियाँ वृत्त और वर्ग हैं और तीर के दिशा की तीन चरणों के बाद पुनरावृत्ति होती है।

58. परिच्छेद उन विविध तरीकों को रेखांकित करता है जिसमें आवास का विघटन हानिकारक है। अतः विकल्प (*d*) सही उत्तर है।

59. परिच्छेद के अनुसार, ''वनाच्छादित भू-प्रदेशों और गलियारों का सांतत्य ... आवास खण्डन से माना जा सकता है।'' अतः जैव-विविधता का संरक्षण, जैसा कि कथन 1 में कहा गया है, वनक्षेत्रों का सांतत्य बनाए रखने का मुख्य उद्देश्य है। कथन 2 और 3 परिच्छेद में प्रस्तुत भाव के विपरीत हैं। इस प्रकार विकल्प (*a*) सही उत्तर है।

60. माना, सोने के सिक्कों की संख्या x है।

अतः अस्वर्ण सिक्कों की संख्या $3x$ होगी।

$\therefore \frac{x+10}{3x} = \frac{1}{2} \Rightarrow x = 20$

अतः सिक्कों की कुल संख्या $x + 3x + 10 = 90$ हो जाएगी।

61. माना, पौधों की अभीष्ट संख्या x है। अतः x का न्यूनतम मान 24 है जिसके लिए संख्या $x + 1000$ एक पूर्ण वर्ग होगा।

62. माना, न्यूनतम मूल्य के पुरस्कार का मान x है।

अतः द्वितीय पुरस्कार $= (x + 20)$ रू.

तृतीय पुरस्कार $= (x + 40)$ रू. और इसी प्रकार आगे।

अब $x + (x + 20) + (x + 40) + (x + 60) + (x + 80) + (x + 100) + (x + 120) = 700$

$\therefore\ x = 40$ रू.

63. पुरूषों की संख्या $= 70$ और महिलाओं की संख्या $= 50$

चूंकि 80 लोगों के पास ड्राइविंग लाइसेंस है, अतः ड्राइविंग लाइसेंस धारक पुरूषों की न्यूनतम संख्या $= 80 - 50 = 30$ और ड्राइविंग लाइसेंस धारक पुरूषों की अधिकतम संख्या $= 70$

अतः अभीष्ट अनुपात $3 : 7$ है।

64. माना, दिनों की अभीष्ट संख्या x है।

$\therefore\ 30 \times 1000 = 10 \times 1000 + 2000 \times x$

$\Rightarrow x = 10$

65. दिनों की अभीष्ट संख्या $= \frac{10}{1.25} = 8$

66. चूंकि वह 10 घंटों में दोनों तरफ की दूरी पैदल तय कर सकता है अतः वह 5 घंटों में एक तरफ की दूरी पैदल तय कर सकता है।

अतः वह 1 घंटे में एक तरफ की दूरी गाड़ी में तय कर सकता है। इस प्रकार वह 2 घंटे में दोनों तरफ की दूरी गाड़ी में तय कर सकता है।

67. The passage says, "His parents were upset..", meaning they were troubled in their minds by Jim's actions. They were not angry with him since they were also "secretly proud" of his actions, so option (*a*) is incorrect. They did feel concerned, so option (*c*) is wrong. No indication is given that could suggest that they were "eager to meet the old man and the little boy" as mentioned in option (*d*). Hence option (*b*) is the correct answer.

68. Jim returned the watch after examining his bicycle, which means he had lent it on the condition that the watch would be returned only if the bicycle did not suffer any damage, making option (*c*) the right answer.

69. The passage says, "As we climbed higher.to see the road." Hence, the author asks John to drive slower, making option (*c*) the correct choice.

70. The author and his companion ".felt that we would find a bed for the night." Hence, option (*d*) is the correct answer.

71. According to the map the town was about fifteen kilometers away. However, both John and the author had traveled for about twenty kilometers and still the town did not appear. They feared that they might have gotten lost. Thus, option (*b*) is the correct answer.

72. The passage says, ".the pavement was the place for foot-passengers.". Foot-passenger means a pedestrian, which is why people asked her to walk on the pavement. Hence, option (*a*) is the correct answer.

73. The old lady says, "We've got freedom now." She misconstrues this to mean that she could do what she wanted including walking in the middle of the road, hence option (*b*) becomes the correct answer.

74. The passage says, ".the end of such liberty would be universal chaos." This means that if the old lady did not realize that liberty has its constraints for society to function normally. This makes option (*b*) the correct answer.

75. ऐसी स्थिति से बाहर आने का सबसे अच्छा तरीका यह है कि तर्क से यह निर्धारित किया जाए कि सही और वैध क्या है? यदि निजी सचिव उपयुक्त पात्र नहीं है और कार्यालयी प्रक्रिया का पालन नहीं करता तो उसकी सहायता किए जाने का कोई कारण नहीं है। अतः सर्वप्रथम विकल्प (*a*) को अपनाना चाहिए। दूसरा बेहतर विकल्प (*c*) है जो एक जिम्मेवार सरकारी अधिकारी होने की आपकी निष्ठा को बनाए रखने में मदद करता है।

76. विकल्प (*c*) प्रथम उपयुक्त कदम होगा क्योंकि बैठक में शामिल होने में आपको देर हो रही है और उस व्यक्ति से प्रत्यक्षतः उलझना मामले के समाधान में सहायक नहीं होगा। इसकी शिकायत उच्चाधिकारियों से की जानी चाहिए ताकि भविष्य में भी ऐसी घटनाओं की पुनरावृत्ति न हो। विकल्प (*d*) रिश्वतखोरी के विरूद्ध एक कमजोर कदम होगा। विकल्प (*a*) को भी उपयुक्त कदम के तौर पर देखा

जा सकता है यदि भ्रष्टाचार हमारे समक्ष हो रहा हो। ऐसी स्थिति में क्लर्क से रिश्वत की रकम लौटाने को कहना सर्वाधिक नैतिक प्रक्रिया होगी।

77. चूंकि ग्रामीण, काफी दूर से आया है और आप तक पहुंचने में काफी परेशानियाँ झेल चुका है, उसकी समस्या को सुनना आपका नैतिक और आधिकारिक दायित्व हो जाता है। चूंकि आप दूसरी बैठक में जाने की जल्दी में हैं, आपको अवश्य ही अपने किसी अधीनस्थ से उसकी समस्या पर प्राथमिकता देते हुए गौर करने को कहना चाहिए। इस प्रकार विकल्प (*c*) ऐसी स्थिति में उठाया जा सकने वाला सर्वाधिक उपयुक्त कदम है। विकल्प (*a*) और (*b*) एक जिम्मेवार लोक-सेवक के तौर पर आपकी स्थिति के उपयुक्त नहीं हैं क्योंकि ये आपको उसकी समस्या पर ध्यान देने से रोकते हैं। यद्यपि इस स्थिति में कोई विकल्प (*d*) का भी चुनाव कर सकता है क्योंकि यह बाद में अच्छी तरह उसकी समस्या का संज्ञान लेने का अवसर देता है।

78. चूंकि आप अपनी मित्रता को खतरे में नहीं डालना चाहते तो बेहतर यही है कि उसे जिले की गंभीर समस्याओं की जानकारी दें और सरकारी आदेशों की भावना के बारे में समझाएं। इस प्रकार विकल्प (*c*) आपका पहला चुनाव होना चाहिए। विकल्प (*a*) और (*b*) दो अतिवादी स्थितियाँ हैं। जहाँ पहला आपको आपके दायित्व से विचलित करता है वहीं दूसरा आपकी मित्रता को खतरे में डालता है। विकल्प (*d*) का भी चुनाव किया जा सकता है यदि आपका मित्र आपके तर्कों से सहमत नहीं होता है। यह आपको किसी भी प्रकार के पक्षपात से बचाएगा और आपका मित्र भी कार्यालय के नियमों के अधीन ही अपनी मांगें रख सकेगा।

79. प्रश्न, क्षेत्र में नीतियों के कड़े विरोध की बात करता है। सबसे उचित कार्यवाही स्थानीय निवासियों के समक्ष नीति के पीछे के तर्क की व्याख्या करना और यह बताना है कि कैसे यह आने वाले वक्त में उनकी जीवन-स्थितियों में सुधार करेगी। विकल्प (*b*) को नहीं अपनाया जा सकता जब तक लोग सहमत नहीं हो जाते। साथ ही स्थानीय निवासियों को प्रोत्साहन देने की बात भी तब तक नहीं उठती जब तक वे सहमत नहीं हो जाते। अतः विकल्प (*c*) भी निरसित हो जाता है। विकल्प (*d*) दूसरा बेहतर विकल्प है क्योंकि ऐसे लोग जिन्होंने नीतियों का अनुसरण किया है, लोगों को समझाने में महत्वपूर्ण भूमिका निभा सकते हैं।

80. विकल्प (*a*) और (*d*) दो अतिवादी स्थितियाँ हैं और इन्हें अवश्य ही निरसित किया जाना चाहिए। जहाँ पहले विकल्प से एक इमानदार शिक्षक और सरकारी सेवक होने की आपकी क्षमता पर प्रश्न खड़े किए जा सकते हैं तो दूसरे विकल्प से उस मित्र से आपकी मित्रता टूट जाने का खतरा है जिसने आपकी एक बार मदद की है। विकल्प (*c*) आपकी पहली पसंद होना चाहिए क्योंकि यह उचित तरीके से आपको अपने मित्र को मनाने को कहता है और दूसरी तरफ विश्वविद्यालय के एक इमानदार और जिम्मेदार कर्मचारी के तौर पर आपकी निष्ठा को बरकरार रखता है। दूसरा सर्वाधिक उपयुक्त विकल्प अवश्य ही विकल्प (*b*) होना चाहिए क्योंकि एक शिक्षक के रूप में आपकी जिम्मेदारी आपके व्यक्तिगत संबंधों से पहले आनी चाहिए।

■■

हल प्रश्न–पत्र - 2014

CSAT पेपर-II

समय : 2 घंटे **पूर्णांक : 200**

निम्नलिखित 8 (आठ) प्रश्नांशों के लिए निर्देशः *निम्नलिखित दो परिच्छेदों को पढ़िए और प्रत्येक परिच्छेद के आगे आने वाले प्रश्नांशों के उत्तर दीजिए। इन प्रश्नांशों के आपके उत्तर इन परिच्छेदों पर ही आधारित होने चाहिए।*

परिच्छेद-1

हिमालय का पारितंत्र भूवैज्ञानिक कारणों और जनसंख्या के बढ़े हुए बोझ, प्राकृतिक संसाधनों के दोहन और अन्य सम्बन्धित चुनौतियों से जन्य दबाव के कारण, क्षति के प्रति अत्यंत सुभेद्य है। सुभेद्यता के ये पहलू जलवायु परिवर्तन के प्रभाव के कारण उत्तेजित हो सकते हैं। यह सम्भव है कि जलवायु परिवर्तन हिमालय के पारितंत्र पर, बढ़े हुए तापमान, परिवर्तित वर्षण प्रतिरूप, अनावृष्टि की घटनाओं और जीवीय प्रभावों के माध्यम से, प्रतिकूल प्रभाव डाले। यह न केवल उच्चभूमियों में रहने वाले देशज समुदायों के पूरे निर्वाह पर, बल्कि सारे देश में और उसके परे अनुप्रवाह क्षेत्र में रहने वाले निवासियों के जीवन पर भी असर डालेगा। इसलिए, हिमालय के पारितंत्र की धारणीयता बनाए रखने के लिए विशेष ध्यान देने की तत्काल आवश्यकता है। इसके लिए सभी निरूपक प्रणालियों के संरक्षण के लिए सचेत प्रयत्न करने की आवश्यकता होगी।

आगे, इस पर बल देने की आवश्यकता है कि सीमित व्यक्ति वाले, और बहुधा विशेषीकृत आवासीय आवश्यकताओं वाले विशेषक्षेत्री धटक सर्वाधिक सुभेद्य घटकों में से हैं। इस संदर्भ में, हिमालय का जैवविविधता वाला तप्तस्थल, जो विशेषक्षेत्री विविधता से संपन्न है, जलवायु परिवर्तन के प्रति सुभेद्य है। इसके खतरों में, आनुवंशिक संसाधनों और जातियों, आवासों का सम्भावित क्षय और सहगामी रूप से, पारितंत्र के लाभों में कमी का आना शामिल है। इसलिए, इस क्षेत्र के लिए संरक्षण योजनाएँ बनाते समय, निरूपक पारितंत्रों/आवासों में विशेषक्षेत्री घटकों के संरक्षण का अत्यंत महत्व हो जाता है।

उपर्युक्त को हासिल करने की दिशा में, हमें समकालीन संरक्षण उपागमों की ओर ध्यान अंतरित करना होगा, जिसमें संरक्षित क्षेत्र-प्रणालियों के बीच दृश्यभूमि स्तर की अंतर्संयोजकता का प्रतिमान शामिल है। यह संकल्पना, जाति-आवास पर ध्यान केंद्रित करने की जगह जैवभौगोलिक परास को विस्तारित करने पर समावेशी ध्यान-संकेंद्रण करने का पक्षसमर्थन करती है, ताकि जलवायु परिवर्तन के प्राकृतिक समंजन सीमित हुए बिना आगे बढ़ सकें।

1. निम्नलिखित कथनों पर विचार कीजिए :

परिच्छेद के अनुसार, पारितंत्र पर जलवायु परिवर्तन के प्रतिकूल प्रभावस्वरूप

1. इसके वनस्पतिजात और प्राणिजात में से कुछ का स्थायी विलोपन हो सकता है।
2. स्वयं पारितंत्र का स्थायी विलोपन हो सकता है।

उपर्युक्त कथनों में से कौन-सा/से सही है/हैं?

(*a*) केवल 1 (*b*) केवल 2
(*c*) 1 और 2 दोनों (*d*) न तो 1 न ही 2

2. निम्नलिखित में से किस एक कथन का सबसे सटीक निहितार्थ यह है कि समकालीन संरक्षण उपागम की ओर ध्यान अंतरित करने की आवश्यकता है?

(*a*) प्राकृतिक संसाधनों का दोहन हिमालय के पारितंत्र पर दबाव डालता है।
(*b*) जलवायु परिवर्तन के कारण वर्षण प्रतिरूपों में बदलाव, अनावृष्टि की घटनाएँ और जीवीय हस्तक्षेप होता है।
(*c*) समृद्ध जैवविविधता, जिसमें विशेषक्षेत्री विविधता शामिल है, हिमालय क्षेत्र को एक जैवविविधता तप्तस्थल बनाता है।
(*d*) हिमालय के जैवभौगोलिक क्षेत्र को इस तरह समर्थ बनाना चाहिए कि वह अबाध रूप से जलवायु परिवर्तन के प्रति अनुकूल बनता रहे।

3. इस परिच्छेद द्वारा क्या सर्वाधिक महत्त्वपूर्ण संदेश दिया गया है?

(*a*) विशेषक्षेत्रीयता हिमालयी क्षेत्र की लाक्षणिक विशेषता है।
(*b*) संरक्षण प्रयासों का बल कतिपय जातियों या आवासों के स्थान पर जैवभौगोलिक परासों पर होना चाहिए।
(*c*) जलवायु परिवर्तन का हिमालय के पारितंत्र पर प्रतिकूल प्रभाव हुआ है।
(*d*) हिमालय के पारितंत्र के अभाव में, उच्चभूमियों और अनुप्रवाह क्षेत्रों के समुदायों के जीवन का कोई धारण-आधार नहीं होगा।

4. परिच्छेद के संदर्भ में, निम्नलिखित पूर्वधारणाएँ बनाई गई हैं :

1. प्राकृतिक पारितंत्र बनाए रखने के लिए, प्राकृतिक संसाधनों के दोहन का पूरी तरह परिहार किया जाना चाहिए।
2. पारितंत्र को, न केवल मानवोद्भविक, बल्कि प्राकृतिक कारण भी प्रतिकूलतः प्रभावित कर सकते हैं।
3. विशेषक्षेत्री विविधता के क्षय से पारितंत्र का विलोपन होता है।

उपर्युक्त धारणाओं में से कौन-सी सही है/हैं?

(a) 1 और 2 (b) केवल 2

(c) 2 और 3 (d) केवल 3

परिच्छेद-2

यह अक्सर भुला दिया जाता है कि विश्वव्यापीकरण केवल अंतर्राष्ट्रीय आर्थिक संबंधों और लेन-देन संबधी नीतियों के बारे में ही नहीं है, बल्कि इसका सरोकार समान रूप से राष्ट्र की घरेलू नीतियों से भी है। अंतर्राष्ट्रीय रूप से (WTO आदि द्वारा) मुक्त व्यापार और निवेश प्रवाह संबंधी नियत दशाओं को पूरा करने हेतु किए गए आवश्यक नीतिगत परिवर्तन प्रत्यक्षतः घरेलू उत्पादकों तथा निवेशकों को प्रभावित करते हैं। किन्तु विश्वव्यापीकरण में अधःशायी आधारभूत दर्शन कीमतों, उत्पादन तथा वितरण प्रतिरूप के निर्धारण के लिए बाज़ारों की अबाध स्वंतत्रता पर बल देता है, तथा सरकारी हस्तक्षेपों को उन प्रक्रियाओं के रूप में देखता है जो विकृति उत्पन्न करती हैं तथा अदक्षता लाती हैं। अतः सार्वजनिक उद्यमों का विनिवेशों तथा विक्रयों द्वारा निजीकरण हो; और अभी तक जो क्षेत्र और कार्यकलाप सार्वजनिक क्षेत्र के लिए आरक्षित हैं, आवश्यक है कि उन्हें प्राइवेट क्षेत्र के लिए खोल दिया जाए। इस तर्क का विस्तार शिक्षा तथा स्वास्थ्य जैसी सामाजिक सेवाओं तक है। कामगारों की छँटनी के माध्यम से श्रम-बल का समायोजन करने पर लगे प्रतिबंध हटा लिए जाने चाहिए तथा तालाबंदी पर लगे प्रतिबंधों को हटाकर निर्गमन को अपेक्षाकृत आसान बनाया जाना चाहिए। रोज़गार तथा वेतन बाज़ार शक्तियों की स्वतंत्र गतिविधियों द्वारा शासित होना चाहिए, क्योंकि उनको नियंत्रित करने में कोई भी उपाय निवेश को हतोत्साहित कर सकते हैं तथा उत्पादन में अदक्षता भी उत्पन्न कर सकते हैं। सर्वोपरि रूप से, राज्य की भूमिका में कमी लाने के समग्र दर्शन के अनुरूप, ऐसे राजकोषीय सुधार किए जाने चाहिए जिनसे आमतौर पर कराधान के स्तर निम्न हों तथा वित्तीय विवेक के सिद्धांत के पालन हेतु शासकीय खर्च न्यूनतम हो। ये सब घरेलू स्तर पर किए जाने वाले नीतिगत कार्य हैं तथा विश्वव्यापीकरण कार्यसूची के सारभाग विषयों, यथा, माल और वित्त के स्वतंत्र अंतर्राष्ट्रीय प्रवाह से प्रत्यक्षतः संबंधित नहीं हैं।

5. इस परिच्छेद के अनुसार, विश्वव्यापीकरण के अंतर्गत सरकारी हस्तक्षेपों को ऐसी प्रक्रियाओं के रूप में देखा जाता है, जिनके कारण

(a) अर्थव्यवथा में विकृतियाँ और अदक्षता आती है।

(b) संसाधनों का इष्टतम उपयोग होता है।

(c) उद्योगों को अपेक्षाकृत अधिक लाभप्रदता होती है।

(d) उद्योगों के संबंध में बाज़ार शक्तियों की गतिविधि स्वतंत्र होती है।

6. इस परिच्छेद के अनुसार, विश्वव्यापीकरण का आधारभूत दर्शन क्या है?

(a) कीमतों और उत्पादन के निर्धारण के लिए उत्पादकों को पूर्ण स्वतंत्रता देना

(b) वितरण प्रतिरूप विकसित करने हेतु उत्पादकों को स्वतंत्रता देना

(c) कीमतों, उत्पादन और रोज़गार के निर्धारण हेतु बाज़ारों को पूर्ण स्वतंत्रता देना

(d) आयात और निर्यात के लिए उत्पादकों को स्वतंत्रता देना

7. इस परिच्छेद के अनुसार, विश्वव्यापीकरण सुनिश्चित करने के लिए निम्नलिखित में से कौन-सा/से आवश्यक है/हैं?

1. सार्वजनिक उद्यमों का निजीकरण
2. सार्वजनिक व्यय की विस्तार-नीति
3. वेतन और रोज़गार निर्धारित करने की बाज़ार शक्तियों की स्वतंत्र गतिविधि
4. शिक्षा और स्वास्थ्य जैसी सामाजिक सेवाओं का निजीकरण

नीचे दिए गए कूट का प्रयोग कर सही उत्तर चुनिए :

(a) केवल 1 (b) केवल 2 और 3

(c) 1, 3 और 4 (d) 2, 3 और 4

8. इस परिच्छेद के अनुसार, विश्वव्यापीकरण की प्रक्रिया में राज्य की भूमिका कैसी होनी चाहिए?

(a) विस्तृत होती हुई (b) घटती हुई

(c) सांविधिक (d) उपर्युक्त में से कोई नहीं

निम्नलिखित 4 (चार) प्रश्नांशों के लिए निर्देशः *निम्नलिखित आलेख, दो फल-विक्रेताओं A और B का वर्ष 1995 से 2000 तक, प्रति वर्ष हजारों ₹ में औसत लाभ दर्शाता है। इस आलेख पर विचार कीजिए और आगे आने वाले 4 (चार) प्रश्नांशों के उत्तर दीजिए :*

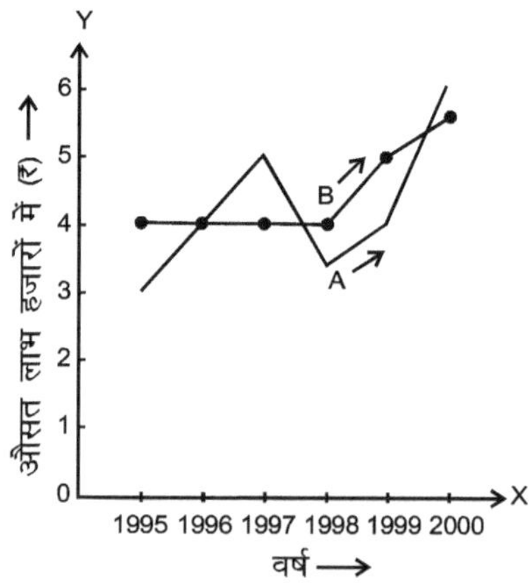

9. किस वर्ष में A और B का औसत लाभ समान है?

(a) 1995 (b) 1996

(c) 1997 (d) 1998

10. वर्ष 1998 में, B और A के औसत लाभ के बीच क्या अंतर है?

(*a*) – ₹ 100 (*b*) – ₹ 1,000

(*c*) + ₹ 600 (*d*) – ₹ 300

11. A ने वर्ष 2000 में, वर्ष 1999 के औसत लाभ से कितना अधिक औसत लाभ अर्जित किया?

(*a*) ₹ 200 (*b*) ₹ 1,000

(*c*) ₹ 1,500 (*d*) ₹ 2,000

12. वर्ष 1997 से वर्ष 2000 तक, B के औसत लाभ की क्या प्रवृत्ति है?

(*a*) अवर्धमान (*b*) अह्रासमान

(*c*) अपरिवर्ती (*d*) अस्थिर

13. निम्नलिखित सारणी में बताया गया है कि दो छात्रों ने भिन्न-भिन्न विषयों में कितने-कितने अंक प्राप्त किएः

	छात्र A	अधिकतम अंक	छात्र B	अधिकतम अंक
अंग्रेजी	60	100	80	150
मनोविज्ञान	70	100	70	100
इतिहास	50	100	60	100
संस्कृत	30	50	15	25

छात्रों के माध्य समुच्चयी प्रतिशत अंकों में कितना अंतर है?

(*a*) 2.5% (*b*) 13.75%

(*c*) 1.25% (*d*) शून्य

14. नीचे दी गई आकृति का परीक्षण कीजिए :

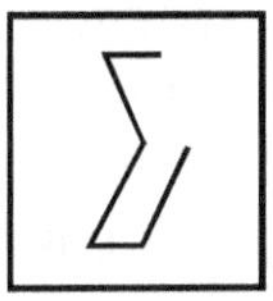

नीचे दी गई आकृतियों में से किस एक आकृति में ऊपर दी गई आकृति अंतःस्थापित है?

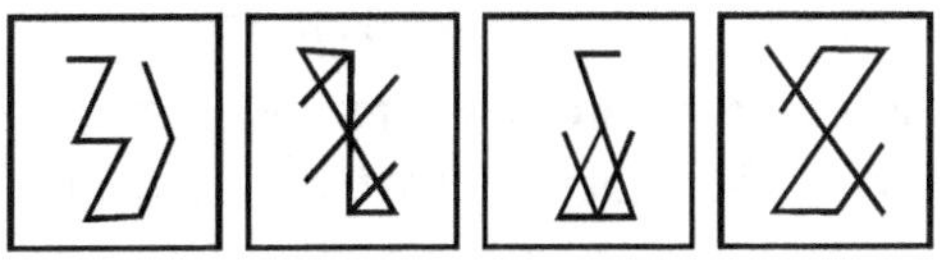

(*a*) (*b*) (*c*) (*d*)

15. नीचे दिए गए आव्यूह पर विचार कीजिए :

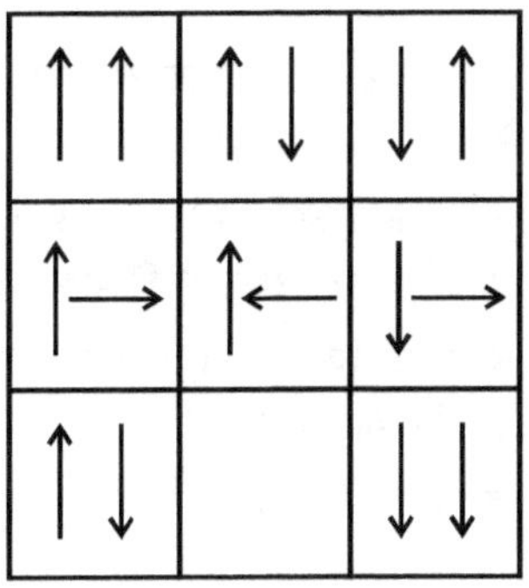

नीचे दी गई आकृतियों में से कौन-सी एक आकृति, ऊपर दिए गए आव्यूह के रिक्त भाग में ठीक-ठीक बैठती (फिट) है?

(*a*) 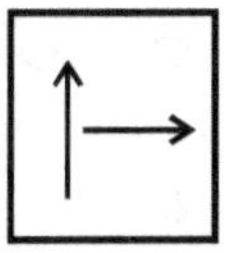 (*b*) 

(*c*) 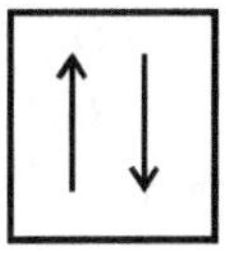 (*d*) 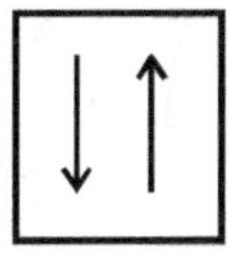

16. निम्नलिखित सारणी में एक शहर की चार वर्षों की जनसंख्या और कुल आय प्रस्तुत है :

वर्ष	1992	1993	1994	1995
जनसंख्या, लाखों में	20	21	22	23
आय, करोड़ों ₹ में	1010	1111	1225	1345

उपर्युक्त आँकड़ों के संदर्भ में निम्नलिखित में से कौन-सा एक कथन सही है?

(*a*) जनसंख्या में प्रति वर्ष 5% या अधिक वृद्धि हुई है।

(*b*) आय में प्रति वर्ष 10% या अधिक वृद्धि हुई है।

(*c*) प्रति व्यक्ति आय हमेशा ₹ 5,000 से अधिक रही है।

(*d*) प्रति व्यक्ति आय 1994 में सर्वाधिक थी।

17. नीचे दी गई सारणी पर विचार कीजिए, जिसमें संख्याएँ पंक्तियों के साथ आपस में विशेष संबंध रखती हैं :

29	13	18
33	X	19
30	27	3

निम्नलिखित में से कौन-सी एक संख्या, उपर्युक्त X द्वारा इंगित लुप्त संख्या है?

(*a*) 19 (*b*) 15

(*c*) 14 (*d*) 8

18. नीचे दिए गए निचले आखिरी कोने में एक रिक्त खण्ड वाले आव्यूह पर विचार कीजिए :

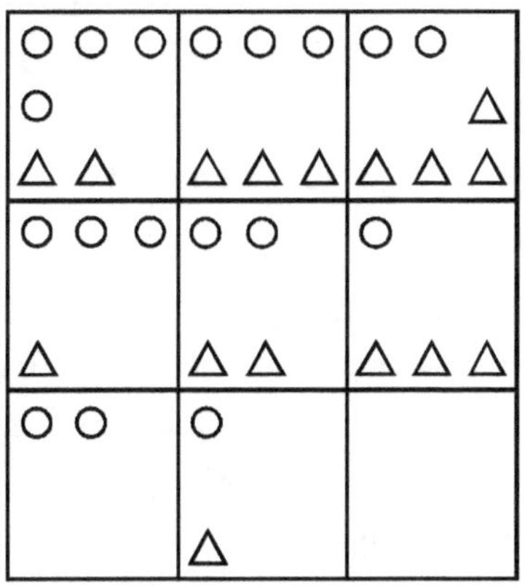

निम्नलिखित में से कौन-सी आकृति रिक्त खण्ड में उपयुक्त हो सकती है जिससे आव्यूह पूरा हो जाए?

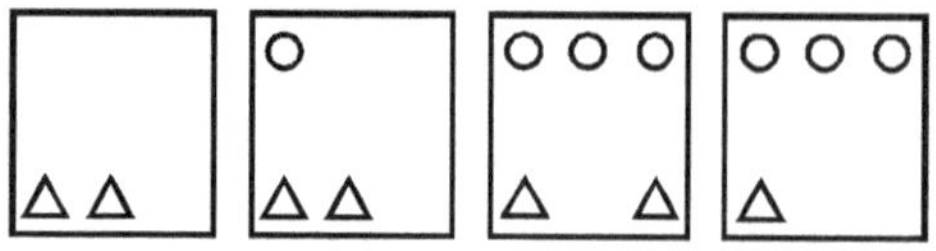

(*a*) (*b*) (*c*) (*d*)

19. नीचे दी गई आकृति के संदर्भ में, U और/या V से पुनः अनुरेखण किए बिना, S से T तक जाने के कितने भिन्न मार्ग हैं?

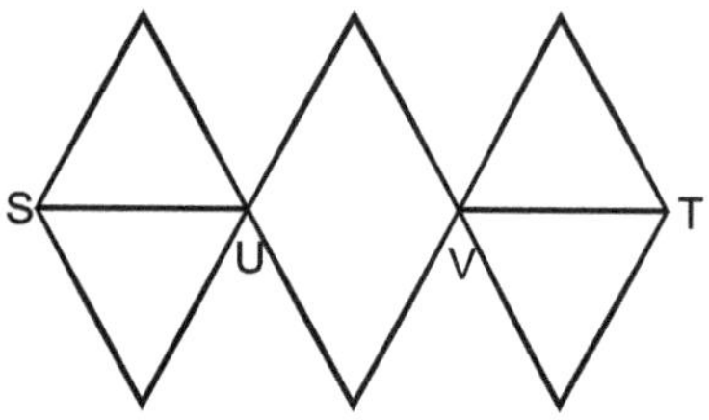

(*a*) 3 (*b*) 6

(*c*) 9 (*d*) 18

20. निम्नांकित आकृतियों पर विचार कीजिए :

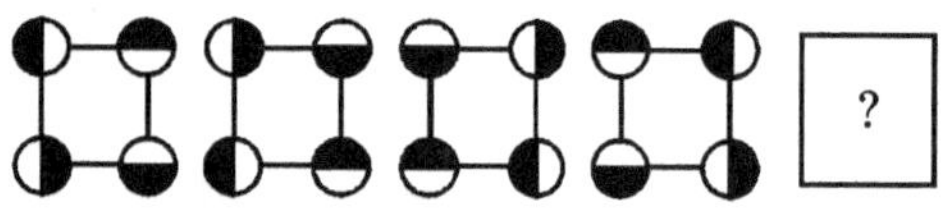

ऊपर अंकित चार आकृतियों में मनकों की स्थिति एक अनुक्रम के अनुसार बदलती है। उसी अनुक्रम का अनुसरण करते हुए, निम्नांकित आकृतियों में से कौन-सी एक, ऊपर की पाँचवीं आकृति के रूप में आनी चाहिए?

(*a*) 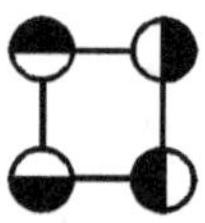

(*b*) 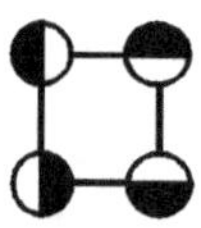

(*c*) 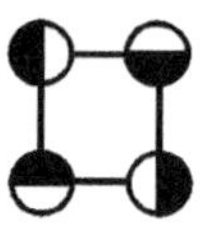

(*d*) 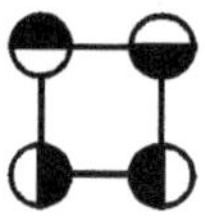

21. एक घंटी हर 18 मिनट पर बजती है। एक दूसरी घंटी हर 25 मिनट पर बजती है। एक तीसरी घंटी हर 32 मिनट पर बजती है। यदि सभी तीनों घंटियाँ एक ही समय में सुबह 8 बजे बजती हैं, तो दूसरे किस समय पर वे सभी एक साथ बजेंगी?

(*a*) 12 : 40 बजे (*b*) 12 : 48 बजे

(*c*) 12 : 56 बजे (*d*) 13 : 04 बजे

22. ''कीमत वही चीज़ नहीं है जो मूल्य है। मान लें कि किसी दिन हर चीज़ जैसे, कोयला, रोटी, डाक टिकटें, एक दिन का श्रम, मकानों का भाड़ा आदि की कीमतें दुगुनी हो जाती हैं। तब कीमतें निश्चित रूप से बढ़ेंगी, किन्तु एक को छोड़कर बाकी चीज़ों के मूल्य नहीं बढ़ेंगे।''

लेखक कहना चाहता है कि यदि सभी चीज़ों की कीमतें दुगुनी हो जाएँ तो

(*a*) सब चीज़ों के मूल्य स्थिर रहेंगे।

(*b*) बिकी हुई चीज़ों के मूल्य दुगुने हो जाएँगे।

(*c*) खरीदी गई चीज़ों के मूल्य आधे हो जाएँगे।

(*d*) केवल मुद्रा का मूल्य आधा हो जाएगा।

23. A और B बस द्वारा स्थान X से स्थान Y तक जाने का निश्चय करते हैं। A के पास ₹ 10 हैं और उसे पता चलता है कि यह राशि दो व्यक्तियों के लिए बस किराए का 80% है। B के पास ₹ 3 मिलते हैं जिसे वह A को दे देता है। इस संदर्भ में, निम्नलिखित में से कौन-सा एक कथन सही है?

(*a*) A के पास अब जो नकदी है, वह मात्र दो टिकटों के लिए ही पर्याप्त है।

(*b*) A को टिकटें खरीदने के लिए ₹2 और चाहिए।

(*c*) दो टिकट खरीदने के बाद A के पास 50 पैसे बच जाएँगे।

(*d*) A के पास अब जो नकदी है, वह अभी भी दो टिकट खरीदने के लिए पर्याप्त नहीं है।

24. एक बैंक से किए गए समझौते के अनुसार, एक व्यापारी को कोई ऋणराशि कुछ समान किश्तों में बिना ब्याज चुकानी थी। 18 किश्त चुकाने के बाद उसने पाया कि उसका 60 प्रतिशत ऋण चुक गया। समझौते के अनुसार कितनी किश्तें थीं?

(*a*) 22 (*b*) 24

(*c*) 30 (*d*) 33

25. कोई श्रमिक अपने घर से फैक्टरी तक 5 कि.मी. प्रति घंटा की गति से चलकर अपनी फैक्टरी में 3 मिनट विलंब से पहुँचता है। यदि वह 6 कि.मी. प्रति घंटा की गति से चलता है, तो वह फैक्टरी 7 मिनट पहले पहुँचता है। फैक्टरी से उसके घर की दूरी क्या है?

(*a*) 3 कि.मी. (*b*) 4 कि.मी.

(*c*) 5 कि.मी. (*d*) 6 कि.मी.

26. ''अतएव स्वतंत्रता कभी वास्तविक नहीं होती है जब तक सरकार से, उसके द्वारा अधिकारों पर आक्रमण करने पर, स्पष्टीकरण नहीं माँगा जाए।''

उपर्युक्त कथन का सर्वश्रेष्ठ औचित्य निम्नलिखित में से कौन-सा है?

(*a*) इस बोध में कि न्यायालय में सरकार से स्पष्टीकरण माँगा जा सकता है।

(*b*) एस मानव को राजनैतिक इकाई के रूप में इस प्रकार पहचानने में कि वह अन्य नागरिकों से विशिष्ट हो जाए

(*c*) ऐसे विकेन्द्रित समाज में जिसमें मनुष्यों की मूलभूत आवश्यकताओं की पूर्ति हो जाए

(*d*) इस समझ में कि स्वतंत्रता और पाबंदियाँ परस्पर पूरक हैं

निम्नलिखित 5 (पाँच) प्रश्नांशों के लिए निर्देश : *निम्नलिखित दो परिच्छेदों को पढ़िए और प्रत्येक परिच्छेद के आगे आने वाले प्रश्नांशों के उत्तर दीजिए। इन प्रश्नांशों के आपके उत्तर इन परिच्छेदों पर ही आधारित होने चाहिए।*

परिच्छेद-1

हाल के वर्षों में, भारत न केवल खुद अपने अतीत की तुलना में, बल्कि अन्य देशों की तुलना में भी, तेज़ी से विकसित हुआ है। किन्तु इसमें किसी आत्मसंतोष की गुंजाइस नहीं हो सकती, क्योंकि भारतीय अर्थव्यवस्था के लिए इससे भी अधिक तीव्र विकास करना और इस संवृद्धि के लाभों को, अब तक जितना किया गया है उससे कहीं अधिक व्यापक रूप से, अधिकाधिक लोगों तक पहुँचाना सम्भव है। उन सूक्ष्म-संरचनात्मक परिवर्तनों के प्रकारों के ब्यौरों में जाने से पहले, जिनकी हमें संकल्पना करने और फिर उन्हें कार्यान्वित करने की ज़रूरत है, समावेशी संवृद्धि के विचार को विस्तार से देखना सार्थक होगा, जो कि इस सरकार की विभिन्न आर्थिक नीतियों और निर्णयों के पीछे एक निरूपक संकल्पना निर्मित करता है। समावेशी संवृद्धि में रूचि रखने वाला राष्ट्र इसी संवृद्धि को एक भिन्न रूप में देखता है जो इस पर आधारित है कि क्या संवृद्धि के लाभों का जनसंख्या के एक छोटे हिस्से पर ही अम्बार लगा दिया गया है या इनमें सभी लोगों की व्यापक रूप से साझेदारी है। अगर संवृद्धि के लाभों में व्यापक रूप से साझेदारी है तो यह खुशी की बात है, पर अगर संवृद्धि के लाभ एक हिस्से पर ही केंद्रित हैं, तो नहीं। दूसरे शब्दों में, संवृद्धि को अपने आप में एक साध्य की तरह नहीं देखा जाना चाहिए, बल्कि इसे सभी तक संपन्नता पहुँचाने के एक साधन के रूप में देखा जाना चाहिए। भारत के स्वयं के अतीत के अनुभव तथा दूसरे राष्ट्रों के अनुभव भी, यह सुझाते हैं कि संवृद्धि ग़रीबी के उन्मूलन के लिए आवश्यक तो है परन्तु यह एक पर्याप्त शर्त नहीं है। दूसरे शब्दों में, संवृद्धि को बढ़ाने की नीतियों को ऐसी और नीतियों से सम्पूरित किया जाना आवश्यक है जो यह सुनिश्चित करें कि अधिकाधिक लोग संवृद्धि की प्रक्रिया में शामिल हों, और यह भी, कि ऐसी क्रियाविधियाँ उपलब्ध हों जिनसे कुछ लाभ ऐसे लोगों में पुनर्वितरित किए जाएँ जो बाज़ार-प्रक्रिया में भागीदार होने में सक्षम हैं और इस कारण पीछे छूट जाते हैं।

समावेशी संवृद्धि के इस विचार को एक अधिक सुस्पष्ट रूप देने का एक सरल तरीका यह है कि किसी राष्ट्र की उन्नति को उसके सबसे ग़रीब हिस्से, उदाहरणार्थ, जनसंख्या के सबसे निचले 20%, की उन्नति के आधार पर मापा जाए। जनसंख्या के इस सबसे निचले पाँचवें हिस्से की प्रति व्यक्ति आय को मापा जा सकता है और आय की वृद्धि-दर की गणना भी की जा सकती है; और सबसे ग़रीब हिस्से से सम्बन्धित इन मापकों के आधर पर हमारी आर्थिक सफलता का आकलन किया जा सकता है। यह दृष्टि आकर्षक है, क्योंकि यह संवृद्धि की उस तरह उपेक्षा नहीं करती जैसी कि कुछ पहले के परम्पराविरूद्ध मानदण्डों में की जाती थी। यह बस जनसंख्या के सबसे ग़रीब हिस्से की आय की वृद्धि को ही देखती है। यह इसे भी सुनिश्चित करती है कि ऐसे लोगों की भी उपेक्षा न हो जो इस निचले पाँचवें हिस्से से बाहर हैं। अगर ऐसा हो, तो पूरी सम्भावना है कि वे लोग भी इस निचले पाँचवें हिस्से में आ जाएँ और इस प्रकार अपने-आप ही हमारी इन नीतियों का सीधा लक्ष्य बन जाएँ। इस प्रकार यहाँ सुझाए गए मानदण्ड समावेशी संवृद्धि के विचार का सांख्यिकीय समाकलन हैं जो परिणामतः दो उपसिद्धांतों की ओर ले जाते हैं : यह इच्छा करना कि आवश्यक रूप से भारत ऊँची संवृद्धि प्राप्त करने का प्रयास करे और हम इसे सुनिश्चित करने के लिए कार्य करें कि संवृद्धि से सबसे ग़रीब हिस्से लाभान्वित हों।

27. इस परिच्छेद में, लेखक की दृष्टि का केन्द्रबिन्दु क्या है?

(*a*) भारत की, न केवल इसके खुद के पूर्व के निष्पादन की तुलना में बल्कि अन्य राष्ट्रों की तुलना में भी, आर्थिक संवृद्धि की प्रशंसा करना।

(*b*) आर्थिक संवृद्धि की आवश्यकता पर बल देना, जो देश की सम्पन्नता की एकमात्र निर्धारक है।

(*c*) उस समावेशी संवृद्धि पर बल देना, जिसमें जनसंख्या व्यापक रूप से संवृद्धि के लाभों में सहभागी होती है।

(*d*) उच्च्व संवृद्धि पर बल देना।

28. इस परिच्छेद में, लेखक उन नीतियों का समर्थन करता है, जो

(*a*) आर्थिक संवृद्धि को बढ़ाने में सहायक होंगी।

(*b*) आय के बेहतर वितरण में सहायक होंगी, चाहे वृद्धि दर कुछ भी हो।

(*c*) आर्थिक संवृद्धि बढ़ाने और आर्थिक उपलब्धियों को उनमें पुनर्वितरित करने में सहायक होंगी, जो पीछे छूट रहे हैं।

(*d*) समाज के सबसे ग़रीब हिस्सों के विकास पर बल देने में सहायक होंगी।

29. निम्नलिखित कथनों पर विचार कीजिए :

लेखक के अनुसार, भारत की अर्थव्यवस्था विकसित हुई है किन्तु यहाँ आत्मसंतोष के लिए कोई गुंजाइश नहीं है, क्योंकि

1. संवृद्धि से ग़रीबी का उन्मूलन होता है।
2. संवृद्धि सभी की सम्पन्नता में परिणामित हुई है।

उपर्युक्त कथनों में से कौन-सा/से सही है/हैं?

(*a*) केवल 1

(*b*) केवल 2

(*c*) 1 और 2 दोनों

(*d*) न तो 1, न ही 2

परिच्छेद-2

सरकार के लिए राज्य के स्वामित्व वाली कम्पनियों को प्रायः सहमति और अनदेखी से नियंत्रित करना आसान है। इसलिए पहले कदम के रूप में वास्तव में यह करने की ज़रूरत है कि पेट्रोल के कीमत-निर्धारण को एक पारदर्शी सूत्र पर आधारित किया जाए – यदि कच्चे तेल की कीमत x और विनिमय दर y हो, तब हर महीने अथवा पखवाड़े पर, सरकार पेट्रोल की अधिकतम कीमत की घोषणा करे, तो उसे कोई भी व्यक्ति x और y के आधार पर परिकलित कर सकता है। यह सुनिश्चित करने हेतु नियम बनाया जाना चाहिए कि तेल का विपणन करने वाली कम्पनियाँ सामान्य रूप से, अपनी लागतें प्राप्त कर सकें। इसका तात्पर्य यह है कि यदि कोई कम्पनी नवप्रवर्तनों से अपनी लागतों को कम कर ले, तो वह और अधिक लाभ प्राप्त करेगी। इस प्रकार, इस प्रणाली के अंतर्गत व्यावसायिक प्रतिष्ठान नवप्रवर्तनों की ओर अधिक प्रवृत और दक्ष हो जाएँगे। एक बार नियम की घोषणा हो जाए, तो सरकार की तरफ से फिर कोई हस्तक्षेप नहीं होना चाहिए। यदि कुछ समय के लिए ऐसा कर दिया जाए, तो प्राइवेट कम्पनियाँ इस बाज़ार में पुनः प्रवेश करेंगी। और जब एक बार उनकी पर्याप्त संख्या बाज़ार में आ जाए, तो हम निमय-आधारित कीमत-निर्धारण को हटा सकते हैं और इसे वास्तविक रूप में बाज़ार पर छोड़ा जा सकता है (निश्चित रूप से सामान्य ऐंटि-ट्रस्ट (न्यास-विरोधी) विनियमों व अन्य प्रतिस्पर्धी कानूनों के अधीन रहते हुए)।

30. निम्नलिखित कथनों पर विचार कीजिए :

परिच्छेद के अनुसार, कोई तेल कम्पनी और अधिक लाभ कमा सकती है, यदि पेट्रोल के कीमत-निर्धारण हेतु एक पारदर्शी सूत्र प्रति पखवाड़े या माह घोषित किया जाए,

1. इसके विक्रय को बढ़ाकर।
2. नवप्रवर्तनों के द्वारा।
3. लागतों में कमी करके।
4. इसके ईक्विटी शेयरों को ऊँची कीमतों पर बेच कर।

उपर्युक्त कथनों में से कौन-सा/से सही है/हैं?

(*a*) केवल 1 (*b*) 2 और 3
(*c*) 3 और 4 (*d*) 1, 2 और 4

31. निम्नलिखित कथनों पर विचार कीजिए :

परिच्छेद के अनुसार, प्राइवेट तेल कम्पनियाँ तेल उत्पादन के बाज़ार में पुनः प्रवेश करती हैं, यदि

1. एक पारदर्शी नियम-आधारित पेट्रोल का कीमत-निर्धारण अस्तित्व में हो।
2. तेल उत्पादन के बाज़ार में सरकार का कोई हस्तक्षेप न हो।
3. सरकार द्वारा उपदान दिए जाते हों।
4. ऐंटि-ट्रस्ट (न्यास-विरोधी) के विनियमों को हटा दिया गया हो।

उपर्युक्त कथनों में से कौन-से सही हैं?

(*a*) 1 और 2 (*b*) 2 और 3
(*c*) 3 और 4 (*d*) 2 और 4

32. पाँच व्यक्ति एक लक्ष्य पर क्रमशः 6, 7, 8, 9 और 12 सेकण्ड के अन्तराल पर गोलियाँ दागते हैं। एक घंटे में वे लक्ष्य पर एक साथ कितनी बार गोलियाँ दागेंगे?

(*a*) 6 (*b*) 7
(*c*) 8 (*d*) 9

33. 630 बच्चों के एक समूह को सामूहिक फोटो लेने के लिए पंक्तियों में बिठाया गया। प्रत्येक पंक्ति में उसके आगे की पंक्ति की तुलना में तीन बच्चे कम थे। पंक्तियों की निम्नलिखित संख्याओं में से कौन-सी एक, संभव नहीं है?

(*a*) 3 (*b*) 4
(*c*) 5 (*d*) 6

34. एक सीढ़ी पर सात व्यक्ति A, B, C, D, E, F और G (इसी क्रम में नहीं) हैं। A, E से ऊपर है लेकिन C से नीचे है। B मध्य में है। G, A और B के बीच में है। E, B और F के बीच में है। यदि F, E और D के बीच में है, तो सीढ़ी के सबसे निचले सोपान पर कौन-सा व्यक्ति होगा?

(*a*) B (*b*) F
(*c*) D (*d*) E

35. विचार कीजिए कि :

1. A, B से लंबा है।
2. C, A से लंबा है।
3. D, C से लंबा है।
4. E सबसे लंबा है।

अब यदि इन्हें उपर्युक्त लंबाई के अनुसार क्रम से बिठाया जाए, तो बीच की जगह पर कौन बैठेगा?

(*a*) A (*b*) B
(*c*) C (*d*) D

36. निम्नलिखित कथनों पर विचार कीजिए :

A, B, C, D, E एवं F छह गाँव हैं।

F गाँव D गाँव के 1 कि.मी. पश्चिम में है।

B गाँव E गाँव के 1 कि.मी. पूर्व में है।

A गाँव E गाँव के 2 कि.मी. उत्तर में है।

C गाँव A गाँव के 1 कि.मी. पूर्व में है।

D गाँव A गाँव के 1 कि.मी. दक्षिण में है।

कौन-से तीन गाँव एक रेखा (लाइन) में हैं?

(*a*) A, C, B (*b*) A, D, E
(*c*) C, B, F (*d*) E, B, D

37. चार बच्चे एक पंक्ति में बैठे हैं। A, B की बगल वाली सीट पर बैठा है लेकिन C के बगल में *नहीं*। यदि C, D की बगल में *नहीं* बैठा है, तो D के अगल-बगल की सीट/सीटों पर कौन है/हैं?

(*a*) B (*b*) A

(*c*) B और A (*d*) बताना असंभव है

38. कल्पना कीजिए कि

1. एक घड़ी की घंटे व मिनट की सुइयाँ बिना झटके के चलती हैं।
2. घड़ी 8 बजे और 9 बजे के बीच का समय दिखाती है।
3. घड़ी की दोनों सुइयाँ एक-दूसरे के ऊपर हैं।

कितने मिनट (निकटतम पूर्णांक) बाद दोनों सुइयाँ फिर एक बार एक-दूसरे के ऊपर होंगी?

(*a*) 60 (*b*) 62

(*c*) 65 (*d*) 67

निम्नलिखित 6 (छह) प्रश्नांशों के लिए निर्देशः *निम्नलिखित 6 (छह) प्रश्नांश अंग्रेज़ी के* ***दो*** *परिच्छेदों पर आधारित हैं और अंग्रेज़ी भाषा के बोधन के परीक्षण के लिए हैं।* ***अतः इन प्रश्नांशों का हिन्दी पाठ नहीं दिया जा रहा है।*** *प्रत्येक परिच्छेद को पढ़िए तथा निम्नलिखित प्रश्नांशों के उत्तर दीजिए।*

PASSAGE–1

In front of us was walking a bare-headed old man in tattered clothes. He was driving his beasts. They were all laden with heavy loads of clay from the hills and looked tired. The man carried a long whip which perhaps he himself had made. As he walked down the road he stopped now and then to eat the wild berries that grew on bushes along the uneven road. When he threw away the seeds, the bold birds would fly to peck at them. Sometimes a stray dog watched the procession philosophically and then began to bark. When this happened, my two little sons would stand still holding my hands firmly. A dog can sometimes be dangerous indeed.

39. The author's children held his hands firmly because

(*a*) they were scared of the barking dogs.

(*b*) they wanted him to pluck berries.

(*c*) they saw the whip in the old man's hand.

(*d*) the road was uneven.

40. The expression "a stray dog watched the procession philosophically" means that

(*a*) the dog was restless and ferocious.

(*b*) the dog stood aloof, looking at the procession with seriousness.

(*c*) the dog looked at the procession with big, wondering eyes.

(*d*) the dog stood there with his eyes closed.

PASSAGE–2

Cynthia was a shy girl. She believed that she was plain and untalented. One day her teacher ordered the entire class to show up for audition for the school play. Cynthia nearly died of fright when she was told that she would have to stand on stage in front of the entire class and deliver dialogues. The mere thought of it made her feel sick. But a remarkable transformation occurred during the audition. A thin, shy girl, her knees quaking, her stomach churning in terror, began to stun everyone with her excellent performance. Her bored classmates suddenly stopped their noisy chat to stare at her slender figure on the stage. At the end of her audition, the entire room erupted in thunderous applause.

41. Cynthia was afraid to stand on stage because

(*a*) she felt her classmates may laugh at her.

(*b*) her stomach was churning.

(*c*) she lacked self-confidence.

(*d*) she did not like school plays.

42. Cynthia's classmates were chatting because

(*a*) it was their turn to act next.

(*b*) they were bored of the performances.

(*c*) Cynthia did not act well.

(*d*) the teacher had no control over them.

43. Cynthia's knees were quaking because

(*a*) she felt nervous and shy.

(*b*) the teacher scolded her.

(*c*) she was very thin and weak.

(*d*) she was afraid of her classmates.

44. The transformation that occurred during the audition refers to

(*a*) the nervousness of Cynthia.

(*b*) the eruption of the entire room in thunderous applause.

(*c*) the surprise on the faces of her classmates.

(*d*) the stunning performance of Cynthia.

45. यदि किसी माह का तीसरा दिन सोमवार है, तो उसी माह की 21वीं तारीख से पाँचवाँ दिन, निम्नलिखित में से कौन-सा होगा ?

(*a*) सोमवार (*b*) मंगलवार

(*c*) बुधवार (*d*) शुक्रवार

46. किसी चैरिटी शो के लिए, कुल 420 टिकटें बिकीं। इन टिकटों में आधी प्रत्येक ₹ 5 की दर पर, एक-तिहाई प्रत्येक ₹ 3 की दर पर और शेष टिकटें प्रत्येक ₹ 2 की दर पर बिकीं। कुल प्राप्त धनराशि कितनी थी?

(*a*) ₹ 900 (*b*) ₹ 1,540

(*c*) ₹ 1,610 (*d*) ₹ 2,000

निम्नलिखित 3 (तीन) प्रश्नांशों के लिए निर्देश : *नीचे दिए गए परिच्छेद को पढ़िए और उसके आगे आने वाले प्रश्नांशों के उत्तर दीजिए।*

A, B, C, D, E, F एक परिवार के सदस्य हैं। वे इंजीनियर, आशुलिपिक डॉक्टर, ड्राफ़्ट्समैन, विधिवक्ता और न्यायाधीश (क्रम में नहीं) हैं। इंजीनियर A, महिला आशुलिपिक से विवाहित है। न्यायाधीश, विधिवक्ता से विवाहित है। ड्राफ़्ट्समैन F, B का पुत्र एवं E का भाई है। विधिवक्ता C, D की पुत्र-वधू है। डॉक्टर E, अविवाहित है। D, F की दादी है। परिवार में दो विवाहित दम्पति हैं।

47. B का व्यवसाय क्या है?

(*a*) न्यायाधीश

(*b*) विधिवक्ता

(*c*) ड्राफ़्ट्समैन

(*d*) निर्धारित नहीं किया जा सकता

48. निम्नलिखित में से कौन दम्पति है/हैं?

(*a*) केवल AD (*b*) केवल BC

(*c*) AD और BC दोनों (*d*) AC और BD दोनों

49. D का व्यवसाय क्या है?

(*a*) न्यायाधीश

(*b*) आशुलिपिक

(*c*) डॉक्टर

(*d*) निर्धारित नहीं किया जा सकता

निम्नलिखित 7 (सात) प्रश्नांशों के लिए निर्देश : *निम्नलिखित दो परिच्छेदों को पढ़िए और प्रत्येक परिच्छेद के आगे आने वाले प्रश्नांशों के उत्तर दीजिए। इन प्रश्नांशों के आपके उत्तर इन परिच्छेदों पर ही आधारित होने चाहिए।*

परिच्छेद-1

अनेक राष्ट्र अब पूँजीवाद में विश्वास रखते हैं तथा सरकारें अपने लोगों के लिए सम्पत्ति सर्जित करने की रणनीति के रूप में इसे चुनती हैं। ब्राज़ील, चीन और भारत में उनकी अर्थव्यवस्थाओं के उदारीकरण के पश्चात् देखी गई भव्य आर्थिक संवृद्धि इसकी विशाल सम्भाव्यता और सफलता का प्रमाण है। तथापि, विश्वव्यापी बैंकिंग संकट तथा आर्थिक मंदी कइयों के लिए विस्मयकारी रहा है। चर्चाओं का केंद्रबिन्दु मुक्त बाज़ार संक्रियाओं और बलों, उनकी दक्षता और स्वयं सुधार करने की उनकी योग्यता की ओर हुआ है। विश्वव्यापी बैंकिंग प्रणाली की असफलता को दर्शाने हेतु न्याय, सत्यनिष्ठा औ्र ईमानदारी के मुद्दों का वर्णन विरले ही किया जाता है। इस प्रणाली के समर्थक पूँजीवाद की सफलता का औचित्य ठहराते ही जाते हैं और उनका तर्क है कि वर्तमान संकट एक धक्का था। उनके तर्क उनके विचारधारागत पूर्वग्रह को इस पूर्वधारणा के साथ प्रकट करते हैं कि अनियंत्रित बाज़ार न्यायोचित तथा समर्थ होता है, और निजी लालच का व्यवहार वृहत्तर लोकहित में होगा।

कुछ लोग पूँजीवाद और लालच के बीच द्विदिशिक सम्बन्ध होने की पहचान करते हैं; कि दोनों एक-दूसरे को परिपुष्ट करते हैं। निश्चित रूप से, इस व्यवस्था से लाभ पाने वाले धनाढ्य और सशक्त खिलाड़ियों के बीच हितों के टकराव, उनके झुकाव और विचारधाराओं के अपेक्षाकृत अधिक ईमानदार सम्प्रत्ययीकरण की आवश्यकता है; साथ ही सम्पत्ति सर्जन को केंद्रबिन्दु में रखने के साथ उसके परिणामस्वरूप जनित सकल असमानता को भी दर्शाया जाना चाहिए।

50. इस परिच्छेद के अनुसार, "मुक्त बाज़ार व्यवस्था" के समर्थक किसमें विश्वास करते हैं?

(*a*) सरकारी प्राधिकारियों के नियंत्रण से रहित बाज़ार

(*b*) सरकारी संरक्षण से मुक्त बाज़ार

(*c*) बाज़ार की स्वयं के सुधार की क्षमता

(*d*) निःशुल्क वस्तुओं व सेवाओं के लिए बाज़ार

51. "विचारधारागत पूर्वग्रह" के संदर्भ में, इस परिच्छेद का निहितार्थ क्या है?

(*a*) मुक्त बाज़ार न्यायोचित होता है किंतु सक्षम नहीं

(*b*) मुक्त बाज़ार न्यायोचित नहीं होता किंतु सक्षम होता है

(*c*) मुक्त बाज़ार न्यायोचित और सक्षम होता है

(*d*) मुक्त बाज़ार न तो न्यायोचित होता है, न ही पूर्वग्रहयुक्त

52. इस परिच्छेद से "निजी लालच का व्यवहार वृहत्तर लोकहित में होगा",

1. पूँजीवाद की झूठी विचारधारा को निर्दिष्ट करता है।
2. मुक्त बाज़ार के न्यायसंगत दावों को स्वीकार करता है।
3. पूँजीवाद के सद्भावपूर्ण चेहरे को दिखाता है।
4. परिणामी सकल असमानता की उपेक्षा करता है।

उपर्युक्त कथनों में से कौन-सा/से सही है/हैं?

(*a*) केवल 1 (*b*) 2 और 3

(*c*) 1 और 4 (*d*) केवल 4

परिच्छेद-2

केंद्रीय सार्वजनिक क्षेत्र उपक्रमों के निवल लाभ उनकी कुल परिसम्पत्तियों का मात्र 2.2% है, जो प्राइवेट निगम क्षेत्रक की तुलना में कम है। भले ही सार्वजनिक क्षेत्रक या राज्य-संचालित उद्यमवृत्ति ने भारत के औद्योगीकरण को प्रेरित करने में महत्त्वपूर्ण भूमिका निभाई है, तथापि, हमारी बढ़ती हुई विकास आवश्यकताएँ, सार्वजनिक क्षेत्रक उद्यमों के संतोषजनक से अपेक्षाकृत न्यून निष्पादन, हमारे प्राइवेट क्षेत्रक में आई परिपक्वता, उद्यमवृत्ति के प्रसार हेतु इस समय उपलब्ध कहीं अधिक व्यापक

सामाजिक आधार और प्रतियोगिता नीतियों को लागू कर सकने के बढ़ते हुए सांस्थानिक सामर्थ्य यह सुझाते हैं कि सार्वजनिक क्षेत्रक की भूमिका के पुनरवलोकन का समय आ गया है।

सरकार का संविभाग-संघटन कैसा होना चाहिए? इसे सारे समय स्थिर नहीं बने रहना चाहिए। विमानन उद्योग पूर्णतः प्राइवेट मामलों की तरह भली-भाँति कार्य करता है। दूसरी तरफ, ग्रामीण सड़कों को, जिनका छुटपुट यातायात पथकर व्यवस्था को अव्यवहार्य बना देता है, राज्य के तुलन-पत्र पर होना चाहिए। यदि ग्रामीण सड़कें सरकार के स्वामित्व में न हों, तो उनका अस्तित्व ही न हरेगा। उसी तरह, हमारे क़सबों और नगरों में लोक स्वास्थ्य पूँजी का सार्वजनिक क्षेत्रक से आना ज़रूरी है। इसी प्रकार, वनाच्छादन के संरक्षण और संवर्धन को सार्वजनिक क्षेत्रक परिसम्पत्तियों की एक नई प्राथमिकता के रूप में होना चाहिए।

इस्पात का ही उदाहरण लें। लगभग शून्य प्रशुल्क के साथ, भारत इस धातु के लिए एक सार्वभौम प्रतियोगी बाज़ार है। भारतीय व्यापार-प्रतिष्ठान विश्व बाज़ार में इस्पात का निर्यात करते हैं, जिससे यह निदर्शित होता है कि प्रौद्योगिकी में कोई अंतराल नहीं है। भारतीय कम्पनियाँ विश्व की इस्पात कम्पनियों को खरीद रही हैं, जो यह दिखता है कि पूँजी उपलब्धता में कोई अंतराल नहीं है। इन दशाओं में, प्राइवेट स्वामित्व उत्कृष्ट कार्य करता है।

विनियमित उद्योगों में, वित्त से लेकर आधारिक संरचना तक, प्राइवेट स्वामित्व साफ तौर पर वांछनीय है, जहाँ सरकारी अभिकरण विनियमन का कार्य निष्पन्न करे और बहुल प्रतियोगी व्यापार-प्रतिष्ठान प्राइवेट क्षेत्रक में अवस्थित हों। यहाँ, सरल और स्पष्ट समाधान है- सरकार का खेलपंच (अम्पायर) की तरह होना और प्राइवेट क्षेत्रक का खिलाड़ियों की तरह होना ही सबसे अच्छी तरह कार्य करता है। इनमें से अनेक उद्योगों में, सरकारी स्वामित्व की विरासत है, जहाँ उत्पादकता की प्रवृत्ति अपेक्षाकृत कम रहने की ओर है, दिवालियेपन का भय मौजूद नहीं है, और करदाताओं से धन की माँग का जोख़िम हमेशा बना हुआ है। इसमें सरकार के स्वामी होने और नियामक होने के बीच एक हित-द्वन्द्व भी बना रहता है। यदि सरकारी कम्पनियाँ कार्यरत न हों, तो प्रतियोगिता नीति की रचना और कार्यान्वयन और भी सशक्त और निष्पक्ष होगा।

53. इस परिच्छेद के अनुसार, यह कहने का/के क्या कारण है/हैं कि सार्वजनिक क्षेत्रक की भूमिका के पुनरवलोकन का समय आ गया है?

1. औद्योगीकरण प्रक्रिया में अब सार्वजनिक क्षेत्रक ने अपनी प्रासंगिकता खो दी है।
2. सार्वजनिक क्षेत्रक संतोषजनक ढंग से निष्पादन नहीं करता।
3. प्राइवेट क्षेत्रक में उद्यमवृत्ति बढ़ रही है।
4. अब प्रभावकारी प्रतियोगी नीतियाँ उपलब्ध हैं।

दिए गए संदर्भ में, उपर्युक्त में से कौन-सा/से कथन सही है/हैं?

(*a*) केवल 1 और 3 (*b*) केवल 2

(*c*) केवल 2, 3 और 4 (*d*) 1, 2, 3 और 4

54. इस परिच्छेद के अनुसार, ग्रामीण सड़कों को सार्वजनिक क्षेत्रक के दायरे में ही होना चाहिए। क्यों?

(*a*) ग्रामीण विकास-कार्य केवल सरकार का अधिकार-क्षेत्र है।

(*b*) इसमें निजी क्षेत्रक को धन लाभ नहीं हो सकता।

(*c*) सरकार कर-दाताओं से धन लेती है, अतः यह सरकार का ही दायित्व है।

(*d*) प्राइवेट क्षेत्रक की कोई सामाजिक जिम्मेदारी होना आवश्यक नहीं है।

55. सरकार का संविभाग-संघटन किसे निर्दिष्ट करता है?

(*a*) सार्वजनिक क्षेत्रक की परिसंपत्ति गुणता

(*b*) तरल परिसंपत्तियों में निवेश

(*c*) विभिन्न औद्योगिक क्षेत्रकों में सरकारी निवेश का मिश्रण

(*d*) निवेश पर प्रतिफल देने वाली पूँजी परिसंपत्तियों का क्रय

56. लेखक सरकार को खेलपंच (अम्पायर) की तरह और प्राइवेट क्षेत्रक को खिलाड़ियों की तरह होना पसंद करता है, क्योंकि

(*a*) सरकार प्राइवेट क्षेत्रक के निष्पक्ष कार्य के लिए मानदण्ड विहित करती है।

(*b*) नीति की रचना के लिए सरकार ही अंतिम सत्ता है।

(*c*) सरकार का प्राइवेट क्षेत्रक में कार्य करने वालों पर कोई नियंत्रण नहीं होता।

(*d*) इस संदर्भ में उपर्युक्त कथनों में से कोई भी सही नहीं है।

57. किसी प्रश्न-पत्र में आठ कवियों में से एक, A, B, C, D, E, F, G या H पर प्रश्न का होना आवश्यक है। इन कवियों में पहले चार कवि मध्य युग के और शेष आधुनिक काल के माने जाते हैं। साधारणतया, एकांतर वर्षों में प्रश्न-पत्र में आधुनिक कवियों पर प्रश्न पूछे जाते हैं। साधारणतया जो H को पसंद करते हैं वे G को भी पसंद करते हैं; और जो F को पसंद करते हैं वे E को भी पसंद करते हैं। प्राश्निक F के बारे में प्रश्न पूछना नहीं चाहता क्योंकि उसने F के बारे में पुस्तक लिखी है, किन्तु वह F को पसंद करता है। पिछले वर्ष, प्रश्न-पत्र में A के बारे में एक प्रश्न था। दी गई सूचना के आधार पर, इस वर्ष किस कवि के बारे में प्रश्न पूछे जाने की अत्यधिक संभावना है?

(*a*) C (*b*) E

(*c*) F (*d*) H

58. छह स्त्रियों की मंडली में चार नर्तकियाँ, चार गायिकाएँ, एक अभिनेत्री और तीन वायलिन वादिकाएँ हैं। गिरिजा और वनजा वायलिन वादिकाएँ हैं जबकि जलजा और शैलजा वायलिन बजाना नहीं जानतीं। शैलजा और तनुजा नर्तकियों में से हैं। जलजा, वनजा, शैलजा और तनुजा सभी गायिकाएँ हैं और उनमें से दो वायलिन वादिकाएँ भी हैं। यदि पूजा अभिनेत्री है, तो निम्नलिखित में से कौन निश्चित रूप से नर्तकी भी है और वायलिन वादिका भी?

(*a*) जलजा (*b*) पूजा
(*c*) शैलजा (*d*) तनुजा

59. L, M, N, O, P, Q, R, S और T अक्षरों को नौ पूर्णांकों, 1 से 9 से प्रतिस्थापित किया जाता है, परन्तु उसी क्रम में नहीं। P के लिए 4 निर्धारित है। P और T के बीच अंतर 5 है। N और T के बीच अंतर 3 है। N के लिए निर्धारित पूर्णांक क्या है?

(*a*) 7 (*b*) 5
(*c*) 4 (*d*) 6

60. सेना के कार्मिकों में 1000 में से 8 की मृत्यु होती है, किन्तु नागरिक जनसंख्या में यह प्रति 1000 में 20 है। इस कथन से निम्नलिखित में से कौन-सा निष्कर्ष निकाला जा सकता है?

(*a*) सेना में भर्ती होना बेहतर है।
(*b*) यह सम्बन्ध आकस्मिक है।
(*c*) सशस्त्र बलों में जीवन गुणता सूचकांक बहुत ऊँचा है।
(*d*) उनकी विषमजातीयता के कारण इन वर्गों की तुलना नहीं की जा सकती।

61. "बसें कारों की अपेक्षा अधिक दुर्घटनाओं का कारण हैं और ट्रक बसों की अपेक्षा कम दुर्घटनाओं का कारण होते हैं।"

इस कथन से हम निम्नलिखित में से कौन-सा निष्कर्ष प्राप्त कर सकते हैं?

(*a*) सड़कों पर ट्रकों की अपेक्षा बसें अधिक हैं।
(*b*) कार चालक बस चालकों की अपेक्षा अधिक सावधान हैं।
(*c*) ट्रक चालक कार अथवा बस चालकों की अपेक्षा अधिक कुशल हैं।
(*d*) उपर्युक्त में से कोई नहीं।

62. "यदि राजनैतिक नेतृत्व उभरने में असफल होता है, तो विकासशील देशों में सेना द्वारा सत्ता हथियाने की संभावना होती है। उग्र छात्र समूह अथवा श्रमिक लोग क्रान्ति उत्पन्न करने का प्रयास कर सकते हैं, किन्तु वे सेना से प्रतिद्वंद्विता कभी नहीं कर सकते। सेना का हस्तक्षेप, शासन और राजनीति से हट जाना, समाज के राजनैतिक विकास के स्तर से घनिष्ठ रूप से सम्बन्धित है।"

राजनैतिक विकास के संदर्भ में, उपर्युक्त गद्यांश में यह मान्यता है कि

(*a*) राजनैतिक नेतृत्व प्रभावकारी उपकरण नहीं है।
(*b*) सेना राजनैतिक शून्य को भरती है।
(*c*) विकास हेतु सेना का हस्तक्षेप अवश्यम्भावी है।
(*d*) उपर्युक्त में से कोई नहीं।

63. चार व्यक्तियों - आलोक, भूपेश, चंदर और दिनेश के पास कुल मिलाकर ₹ 100 हैं। आलोक और भूपेश के पास की धनराशि मिलाकर उतनी ही धनराशि है जितनी चंदर और दिनेश के पास की धनराशि मिलाकर, किन्तु आलोक के पास भूपेश से अधिक धनराशि है; और चंदर के पास दिनेश से केवल आधी धनराशि है। आलोक के पास वस्तुतः दिनेश से ₹ 5 अधिक हैं। किसके पास अधिकतम धनराशि है?

(*a*) आलोक (*b*) भूपेश
(*c*) चंदर (*d*) दिनेश

64. निम्नलिखित कथनों का परीक्षण कीजिए :

1. जॉर्ज सोमवार को संगीत की कक्षाओं में उपस्थित होता है।
2. वह बुधवार को गणित की कक्षाओं में उपस्थित होता है।
3. उसकी साहित्य की कक्षाएँ शुक्रवार को नहीं होतीं।
4. वह गणित की कक्षाओं के दूसरे दिन इतिहास की कक्षाओं में उपस्थित होता है।
5. मंगलवार को, वह अपनी खेल-कूद की कक्षाओं में उपस्थित होता है।

यदि वह एक दिन में एक ही विषय की कक्षाओं में जाता हो और रविवार को उसकी छुट्टी रहती हो, तो अन्य किस दिन को भी उसकी छुट्टी रहेगी?

(*a*) सोमवार (*b*) गुरुवार
(*c*) शनिवार (*d*) शुक्रवार

65. किसी पंक्ति में 'A' बाईं ओर से 11वें स्थान पर है और 'B' दाहिनी ओर से 10वें स्थान पर है। यदि 'A' और 'B' आपस में स्थान बदल लें, तो 'A' बाईं ओर से 18वें स्थान पर हो जाता है। पंक्ति में 'A' और 'B' के अलावा कितने व्यक्ति हैं?

(*a*) 27 (*b*) 26
(*c*) 25 (*d*) 24

66. B की स्थिति A के उत्तर में है और C की स्थिति A के पूर्व में है। दूरियाँ AB और AC क्रमशः 5 कि.मी. और 12 कि.मी. हैं। B और C स्थानों की बीच की लघुतम दूरी (कि.मी. में) क्या है?

(*a*) 60 (*b*) 13
(*c*) 17 (*d*) 7

67. 160 कि.मी. दूरी पर स्थित A और B दो स्थानों से दो कारें एक-दूसरे की तरफ प्रस्थान करती हैं। दोनों कारें एक ही समय 08 :10 पूर्वाह्न पर प्रस्थान करती हैं। यदि कारों की गति प्रति घंटे क्रमशः 50 कि.मी. और 30 कि.मी. है, तो कारें एक-दूसरे से किस समय पर मिलेंगी?

(*a*) 10 : 10 पूर्वाह्न (*b*) 10 : 30 पूर्वाह्न
(*c*) 11 : 10 पूर्वाह्न (*d*) 11 : 20 पूर्वाह्न

निम्नलिखित 6 (छह) प्रश्नांशों के लिए निर्देश : *निम्नलिखित दो परिच्छेदों को पढ़िए और प्रत्येक परिच्छेद के आगे आने वाले प्रश्नांशों के उत्तर दीजिए। इन प्रश्नांशों के आपके उत्तर इन परिच्छेदों पर ही आधारित होने चाहिए।*

परिच्छेद-1

जलवायु परिवर्तन, भारत की कृषि पर संभावित रूप से विध्वंसकारी प्रभाव रखता है। जबकि, जलवायु परिवर्तन के समग्र प्राचल वर्धमानतः स्वीकृत हैं – अगले 30 वर्ष में 1°C की औसत ताप वृद्धि, इसी अवधि 10 से.मी. से कम की समुद्र तल वृद्धि, और क्षेत्रीय मानसून विचरण तथा संगत अनावृष्टि – भारत में प्रभाव काफी स्थल एवं फ़सल विशिष्ट होने संभावित हैं। कुछ फ़सलें परिवर्तनशील दशाओं के प्रति अनुकूल प्रतिक्रिया दे सकती हैं, दूसरी नहीं भी दे सकती हैं। इससे कृषि अनुसंधान को प्रोत्साहन देने और प्रणाली में अनुकूल हो सके इस हेतु, अधिकतम नम्यता बनाने की आवश्यकता पर बल पड़ता है।

"अनावृष्टि रोधन" का मुख्य संघटक अंतःजलस्तर का प्रबंधित पुनर्भरण है। महत्त्वपूर्ण आधारिक फ़सलों (जैसे, गेहूँ) की लगातार उपज सुनिश्चित करने के लिए, ताप परिवर्तनों तथा जल उपलब्धता को देखते हुए इन फ़सलों की उगाई वाले स्थानों को बदलना भी आवश्यक हो सकता है। दीर्घावधि निवेश के निर्णय करने में जल उपलब्धता एक मुख्य कारक होगा।

उदाहरण के लिए, अगले 30 वर्षों में जैसे-जैसे हिमनद पिघलते जाते हैं, हिमालय क्षेत्र से जल के बहाव के बढ़ते जाने, और तदनंतर अत्यधिक घटते जाने का पूर्वानुमान किया गया है। कृषि-पारिस्थितिक दशाओं में बड़े पैमाने पर आने वाले इन बदलावों के लिए योजना बनाने हेतु प्रोत्साहन प्रदान करना निर्णायक होगा।

भारत के लिए कृषि अनुसंधान और विकास में दीर्घावधि निवेश करना आवश्यक है। यह संभावित है कि भारत को भविष्य में एक बदले हुए मौसम प्रतिरूप का सामना करना होगा।

68. निम्नलिखित कथनों पर विचार कीजिए :

जलवायु परिवर्तन वर्तमान फ़सलों के स्थानों में बदलाव लाने के लिए किस कारण से मजबूर करेंगे?

1. हिमनदों का पिघलना
2. दूसरे स्थानों पर जल उपलब्धता और ताप उपयुक्तता
3. फ़सलों की हीन उत्पादकता
4. सस्य पादपों की अपेक्षाकृत व्यापक अनुकूलता

उपर्युक्त कथनों में से कौन-से सही हैं?

(*a*) 1, 2 और 3 (*b*) केवल 2 और 3

(*c*) केवल 1 और 4 (*d*) 1, 2, 3 और 4

69. इस परिच्छेद के अनुसार, भारत में कृषि अनुसंधान को बढ़ावा देना महत्त्वपूर्ण क्यों है?

(*a*) मानसून प्रतिरूपों में विचरण का पूर्वानुमान करना और जल संसाधनों का प्रबंधन करना

(*b*) आर्थिक संवृद्धि के लिए दीर्घावधि निवेश के निर्णय करना

(*c*) फ़सलों की व्यापक अनुकूलता को सुकर बनाना

(*d*) अनावृष्टि दशाओं का पूर्वानुमान करना और अंतःजलस्तरों का पुनर्भरण करना

परिच्छेद-2

यह परमावश्यक है कि हम ग्रीनहाउस गैसों का उत्सर्जन घटाएँ और इस तरह आगामी वर्षों और दशकों में होने वाले जलवायु परिवर्तन के कुछ बदतरीन प्रभावों से बचें। उत्सर्जन कम करने के लिए ऊर्जा के उत्पादन और उपभोग के हमारे तरीकों में एक बड़ा बदलाव अपेक्षित होगा। जीवाश्म ईंधनों पर अत्यधिक निर्भरता से हटना अतिविलम्बित है, किन्तु दुर्भाग्य से, प्रौद्योगिकीय विकास धीमा और अपर्याप्त रहा है, मोटे तौर पर इसलिए, कि तेल की अपेक्षाकृत निम्न कीमतों से जन्मी अदूरदर्शिता के कारण सरकारी नीतियाँ अनुसंधान और विकास में निवेश को प्रोत्साहन नहीं देती रही हैं। इसलिए अब राष्ट्रीय अनिवार्यता के रूप में वृहत् पैमाने पर नवीकरणीय ऊर्जा को काम में लाने के अवसर का लाभ उठाना भारत जैसे देश के लिए अत्यावश्यक है। यह देश ऊर्जा के सौर, वायु और जैवमात्रा स्रोतों से अत्यधिक सम्पन्न है। दुर्भाग्य से, जहाँ हम पीछे हैं, वह है इन स्रोतों को काम में लाने के लिए प्रौद्योगिकीय समाधान विकसित और सर्जित करने की हमारी क्षमता।

जलवायु परिवर्तन पर अंतःसरकारी पैनल (IPCC) द्वारा निर्धारित रूप में ग्रीनहाउस गैसों को सख़्ती से कम करने के लिए एक विशिष्ट प्रक्षेप-पथ स्पष्ट रूप से यह सुनिश्चित करने की आवश्यकता को दिखाता है कि ग्रीनहाउस गैसों के भूमंडलीय उत्सर्जनों का चरम बिन्दु 2015 को पार न करे और उसके आगे तेज़ी से घटने लगे। ऐसे प्रक्षेप-पथ के साथ संबद्ध लागत वस्तुतः मर्यादित है और इसकी राशि, IPCC के आकलन में, 2030 में विश्व GDP के 3 प्रतिशत से अधिक नहीं होगी। दूसरे शब्दों में, सम्पन्नता के जिस स्तर पर विश्व बिना उत्सर्जन में कमी लाए पहुँच सकता, ख़राब-से-ख़राब हालत में कुछ मास या अधिक-से-अधिक एक वर्ष तक टल जाएगी। स्पष्टतः यह, जलवायु परिवर्तन से जुड़े बदतरीन ख़तरों से करोड़ों लोगों को बचाने के लिए चुकाई जाने वाली कोई बहुत बड़ी कीमत नहीं है। तथापि, ऐसे किसी प्रयास के लिए जीवन-शैलियों को भी उपयुक्त रूप से बदलना होगा। ग्रीनहाउस गैसों के उत्सर्जन में कमी लाना सिर्फ़ एक प्रौद्योगिकीय उपाय भर नहीं है, और इसके लिए स्पष्टतः जीवन-शैलियों में बदलाव और देश की आर्थिक संरचना में रूपांतरण अपेक्षित है, जिसके द्वारा, उत्सर्जन को प्रभावी रूप से कम किया जाए, जैसे कि जीव प्रोटीन के काफी कम मात्राओं में उपभोग के माध्यम से। खाद्य एवं कृषि संगठन (FAO) ने यह निर्धारित किया है कि पशुधन क्षेत्रक से उत्सर्जन कुल उत्सर्जन का 18 प्रतिशत होता है। इस स्रोत से हो रहे उत्सर्जन में कमी लाना पूरी तरह मनुष्यों के हाथ में है, जिन्होंने अपनी अधिक-से-अधिक जीव प्रोटीन के उपभोग की आहार-आदतों के कारण पड़ने वाले प्रभाव पर कभी कोई प्रश्न नहीं उठाया। वस्तुतः उत्सर्जन में कमी लाने के विशाल सह-सुलाभ हैं, जैसे अपेक्षाकृत कम वायु प्रदूषण और स्वास्थ्य संबंधी लाभ, उच्चतर ऊर्जा सुनिश्चितता तथा और अधिक रोज़गार।

70. परिच्छेद के अनुसार, निम्नलिखित में से कौन-से ग्रीनहाउस गैसों के उत्सर्जन को कम करने में सहायक होंगे?

1. माँस के उपभोग में कमी लाना
2. तीव्र आर्थिक उदारीकरण
3. उपभोक्तावाद में कमी लाना
4. पशुधन की आधुनिक प्रबंधन प्रक्रियाएँ

नीचे दिए गए कूट का प्रयोग कर सही उत्तर चुनिए :

(*a*) 1, 2 और 3 (*b*) 2, 3 और 4
(*c*) केवल 1 और 3 (*d*) केवल 2 और 4

71. हम जीवाश्म ईंधनों पर अत्यधिक निर्भर क्यों बने हुए हैं?

1. अपर्याप्त प्रौद्योगिकीय विकास
2. अनुसंधान और विकास के लिए अपर्याप्त निधियाँ
3. ऊर्जा के वैकल्पिक स्रोतों की अपर्याप्त उपलब्धता

नीचे दिए गए कूट का प्रयोग कर सही उत्तर चुनिए :

(*a*) केवल 1 (*b*) केवल 2 और 3
(*c*) केवल 1 और 3 (*d*) 1, 2 और 3

72. परिच्छेद के अनुसार, ग्रीनहाउस गैसों में कमी लाना हमारे लिए किस तरह सहायक है?

1. इससे लोक स्वास्थ्य पर व्यय घटता है
2. इससे पशुधन पर निर्भरता घटती है
3. इससे ऊर्जा आवश्यकताएँ घटती हैं
4. इससे भूमंडलीय जलवायु परिवर्तन की दर घटती है

नीचे दिए गए कूट का प्रयोग कर सही उत्तर चुनिए :

(*a*) 1, 2 और 3 (*b*) 1, 3 और 4
(*c*) 2, 3 और 4 (*d*) केवल 1 और 4

73. इस परिच्छेद का ***सारभूत*** संदेश क्या है?

(*a*) हम जीवाश्म ईंधनों पर अत्यधिक निर्भर बने हुए हैं
(*b*) ग्रीनहाउस गैसों में कमी लाना अत्यावश्यक है
(*c*) हमें अनुसंधान और विकास में निवेश करना ही चाहिए
(*d*) लोगों को अपनी जीवन-शैली बदलनी ही चाहिए

74. एक नर्सरी कक्षा में 50 विद्यार्थियों को प्रवेश दिया गया। कुछ विद्यार्थी केवल अंग्रेज़ी बोल सकते हैं और कुछ केवल हिन्दी बोल सकते हैं। 10 विद्यार्थी अंग्रेज़ी और हिन्दी दोनों बोल सकते हैं। यदि उन विद्यार्थियों की संख्या, जो अंग्रेज़ी बोल सकते हैं, 21 है, तो कितने विद्यार्थी हिन्दी बोल सकते हैं, कितने केवल हिन्दी बोल सकते हैं और कितने केवल अंग्रेज़ी बोल सकते हैं?

(*a*) क्रमशः 21, 11 और 29 (*b*) क्रमशः 28, 18 और 22
(*c*) क्रमशः 37, 27 और 13 (*d*) क्रमशः 39, 29 और 11

75. एक माली अपने आयताकार बगीचे की लंबाई में 40% वृद्धि तथा चौड़ाई में 20% कमी करते हुए बगीचे के क्षेत्रफल में वृद्धि करता है। नए बगीचे का क्षेत्रफल

(*a*) 20% बढ़ जाता है।
(*b*) 12% बढ़ जाता है।
(*c*) 8% बढ़ जाता है।
(*d*) बिल्कुल पुराने क्षेत्रफल जितना रहता है।

76. छह पुस्तकों को A, B, C, D, E और F से अंकित कर एक के बगल में एक रख दिया जाता है। B, C, E और F पुस्तकों के हरे आवरण हैं जबकि अन्य पुस्तकों के आवरण पीले हैं। A, B और D पुस्तकें नई हैं जबकि शेष पुरानी पुस्तकें हैं। A, B और C पुस्तकें विधि रिपोर्टें हैं जबकि शेष पुस्तकें आयुर्विज्ञान के उद्धरण हैं। कौन-सी दो, पुरानी आयुर्विज्ञान के उद्धरणों की हरे आवरणों वाली पुस्तकें हैं?

(*a*) B और C (*b*) E और F
(*c*) C और E (*d*) C और F

77. एक सरल रेखाखण्ड 36 cm लंबा है। इस रेखा पर, रेखा के दोनों अंत्य बिन्दुओं से बिन्दु अंकित करने हैं। प्रत्येक अंत्य बिन्दु से, पहला बिन्दु अंत्य बिन्दु से 1 से.मी. की दूरी पर, दूसरा बिन्दु पहले बिन्दु से 2 से.मी. की दूरी पर और तीसरा बिन्दु दूसरे बिन्दु से 3 से.मी. की दूरी पर है और यही क्रम आगे जारी है। यदि अंत्य बिन्दुओं को न गिना जाए और उभयनिष्ठ बिन्दुओं को 1 गिना जाए, तो बिन्दुओं की संख्या क्या है?

(*a*) 10 (*b*) 12
(*c*) 14 (*d*) 16

78. यदि सोहन दो बकरियों को एक ही दाम पर बेचकर, एक बकरी पर 10% लाभ कमाता है और दूसरी पर 10% हानि भुगतता है, तो

(*a*) उसे न तो लाभ होगा और न ही हानि होगी।
(*b*) उसे 1% का लाभ होगा।
(*c*) उसे 1% की हानि होगी।
(*d*) उसे 2% की हानि होगी।

79. एक क्लब के कुल 120 संगीतज्ञों में से 5% गिटार, वायलिन और बाँसुरी, तीनों वाद्य बजा सकते हैं। उपर्युक्त वाद्यों में से कोई दो और केवल दो वाद्य बजा सकने वाले संगीतज्ञों की संख्या 30 है। जो संगीतज्ञ केवल गिटार बजा सकते हैं, वे 40 हैं। ऐसे संगीतज्ञों की कुल संख्या बताइए जो केवल वायलिन बजा सकते हैं या केवल बाँसुरी बजा सकते हैं।

(*a*) 45 (*b*) 44
(*c*) 38 (*d*) 30

80. एक मेज़ पर 6 एकसमान कार्ड रखे हुए हैं। प्रत्येक कार्ड के एक फलक पर संख्या '1' व इसके दूसरे फलक पर संख्या '2' अंकित है। सभी छह कार्ड ऐसे रखे हुए हैं कि संख्या '1' वाला फलक ऊपर की तरफ है। एक प्रयास में, तथ्यतः चार (न कम और न ही उससे अधिक) कार्डों को पलटा जाता है। कार्डों को न्यूनतम कितने प्रयासों में ऐसे पलटा जा सकता है कि सभी छह कार्डों के ऊपर संख्या '2' दिखे?

(*a*) 3
(*b*) 5
(*c*) 7
(*d*) ऐसा करना सम्भव नहीं है

उत्तरमाला

1. (*a*)	**2.** (*d*)	**3.** (*b*)	**4.** (*b*)	**5.** (*a*)	**6.** (*c*)	**7.** (*c*)	**8.** (*b*)	**9.** (*b*)	**10.** (*c*)
11. (*d*)	**12.** (*b*)	**13.** (*d*)	**14.** (*c*)	**15.** (*b*)	**16.** (*c*)	**17.** (*d*)	**18.** (*a*)	**19.** (*d*)	**20.** (*b*)
21. (*b*)	**22.** (*d*)	**23.** (*c*)	**24.** (*c*)	**25.** (*c*)	**26.** (*a*)	**27.** (*c*)	**28.** (*c*)	**29.** (*d*)	**30.** (*b*)
31. (*a*)	**32.** (*c*)	**33.** (*d*)	**34.** (*c*)	**35.** (*c*)	**36.** (*b*)	**37.** (*a*)	**38.** (*c*)	**39.** (*a*)	**40.** (*b*)
41. (*c*)	**42.** (*b*)	**43.** (*a*)	**44.** (*d*)	**45.** (*c*)	**46.** (*c*)	**47.** (*a*)	**48.** (*c*)	**49.** (*b*)	**50.** (*a*)
51. (*c*)	**52.** (*d*)	**53.** (*b*)	**54.** (*b*)	**55.** (*c*)	**56.** (*a*)	**57.** (*b*)	**58.** (*d*)	**59.** (*d*)	**60.** (*d*)
61. (*d*)	**62.** (*b*)	**63.** (*a*)	**64.** (*d*)	**65.** (*c*)	**66.** (*b*)	**67.** (*a*)	**68.** (*a*)	**69.** (*c*)	**70.** (*c*)
71. (*a*)	**72.** (*d*)	**73.** (*b*)	**74.** (*d*)	**75.** (*b*)	**76.** (*b*)	**77.** (*b*)	**78.** (*c*)	**79.** (*b*)	**80.** (*a*)

व्याख्या

1. परिच्छेद में संपूर्ण पारितंत्र के विलोपन की बात नहीं की गई है लेकिन कुछ प्रजातियों को होने वाली हानि के बारे में बात की गई है जिसमें वनस्पतिजात और प्राणिजात हैं। "इसके खतरों में, ... पारितंत्र के लाभों में कमी आना संभव है" वाक्य का संदर्भ लें।

2. समकालीन संरक्षण दृष्टिकोण को अपनाने के कारण का वर्णन अंतिम अनुच्छेद में किया गया है। यह स्पष्ट रुप से विकल्प (*d*) का समर्थन करता है। अन्य विकल्प परिच्छेद द्वारा नहीं हैं।

3. विकल्प (*b*) परिच्छेद के अंतिम अनुच्छेद द्वारा समर्थित है जो "जाति-आवास पर ध्यान केंद्रित करने की जगह जैवभौगोलिक परास को विस्तारित करने पर समावेशी ध्यान-संकेद्रण करने का पक्षसमर्थन करती है" द्वारा समर्थित है। विकल्प (*a*) और (*c*) अविस्तृत हैं जबकि विकल्प (*d*) का परिच्छेद से निष्कर्ष नही निकाला जा सकता।

4. परिच्छेद में हिमालय पारितंत्र को प्राकृतिक संसाधनों के दोहन का कारण बताया गया है लेकिन इसमें "प्राकृतिक संसाधनों के दोहन का पूरी तरह से परिहार किया जाना चाहिए" इस बारे में कोई भी सुझाव नहीं दिया गया है। वाक्य (2) एक वैध निष्कर्ष है क्योंकि पारितंत्र पर प्रतिकूल प्रभाव डालने वाले कारकों में प्राकृतिक और मानव-निर्मित दोनों शामिल हैं (जैसे कि जनसंख्या वृद्धि का बोझ)। परिच्छेद में इस बात का उल्लेख नहीं किया गया है कि विशेषक्षेत्री विविधता के क्षय से पारितंत्र का विलोपन होता है, इसलिए वाक्य (3) एक अवैध अवधारणा है।

5. पंक्ति "किन्तु विश्वव्यापीकरण में अधःशायी आधारभूत दर्शन कीमतों, उत्पादन तथा वितरण ..... जो विकृति उत्पन्न करती हैं तथा अदक्षता लाती हैं का संदर्भ लें। यह वाक्य विकल्प (*a*) का समर्थन करता है। अन्य विकल्प परिच्छेद द्वारा समर्थित नहीं हैं।

6. परिच्छेद में वर्णन किया गया है कि, विश्वव्यापीकरण के मूलभूत दर्शन के अनुसार मूल्य, उत्पादन और रोजगार के निर्धारण के लिए बाज़ारों को पूर्ण स्वतंत्रता दी गई है। विकल्प (*a*), (*b*) और (*c*) का खंडन किया जाता है क्योंकि स्वतंत्रता बाजारों को दी गई है न कि उत्पादकों को।

7. परिच्छेद में वर्णन किया गया है कि विश्वव्यापीकरण, सरकारी हस्तक्षेपों को उन प्रक्रियाओं के रुप में देखता है जो विकृति उत्पन्न करती हैं और अक्षमता लाती हैं। सरकारी हस्तक्षेपों को कम करने के लिए, सार्वजनिक उद्यमों और सामाजिक सेवाओं के निजीकरण की आवश्यकता है। परिच्छेद "वेतन और रोजगार निर्धारित करने की बाज़ार शक्तियों की स्वतंत्र गतिविधि का भी समर्थन करता है, ताकि राज्य की भूमिका को कम किया जा सके"। परिच्छेद में कथन (2) का उल्लेख नहीं किया गया है।

8. परिच्छेद में राज्य की भूमिका को कम करने का सुझाव दिया गया है क्योंकि विश्वव्यापीकरण सरकारी हस्तक्षेपों को उन प्रक्रियाओं उस रुप में देखता है जो विकृति उत्पन्न करती हैं और अदक्षता लाती हैं।

9. 1996 में, A और B दोनों का औसत लाभ ₹ 4000 था।

10. 1998 में, B और A के औसत लाभ में अंतर

$= ₹(4000 - 3400) = ₹\,600.$

11. वर्ष 1999 में A का औसत लाभ ₹ 4000 था और वर्ष 2000 में यह ₹ 6000 है।

अतः, अपेक्षित उत्तर 6000 – 4000 = ₹ 2000 है।

12. अपेक्षित प्रवृत्ति 'अह्रासमान' है क्योंकि 1997 से B का लाभ पिछले वर्ष की तुलना में कभी भी कम नहीं हुआ है।

13. छात्र A द्वारा चार विषयों में प्राप्त अंक

$= 60 + 70 + 50 + 30 = 210.$

छात्र A के लिए अधिकतम अंक

$= 100 + 100 + 100 + 50$

$= 350.$

छात्र A का अपेक्षित प्रतिशत $= \frac{210}{350} \times 100 = 60\%.$

इसी प्रकाार से छात्र A द्वारा चार विषयों में प्राप्त अंक

$= 80 + 70 + 60 + 15 = 225.$

छात्र B के अधिकतम अंक

$= 150 + 100 + 100 + 25 = 375.$

छात्र B का अपेक्षित प्रतिशत $= \frac{225}{375} \times 100 = 60.$

अतः, अपेक्षित अंतर = 60 – 60 = शून्य

14. दिया गया चित्र (*c*) में दिए गए चित्र में अंतःस्थापित है।

15. ऊपर से नीचे दिए गए प्रत्येक चरण में, किसी स्तंम्भ के प्रत्येक सेल में दूसरा तीर दक्षिणावर्त दिशा में 90° घूम जाता है जबकि पहला तीर समान स्थिति में बना रहता है। अतः विकल्प (*b*) सही उत्तर है।

16. 1992 में प्रति व्यक्ति आय

$= \frac{1010 \times 10^7}{20 \times 10^5} = 5050.$

1993 में प्रति व्यक्ति आय

$= \frac{1111 \times 10^7}{21 \times 10^5} = 5290.$

1994 में प्रति व्यक्ति आय

$= \frac{1225 \times 10^7}{22 \times 10^5} = 5568.$

1995 में प्रति व्यक्ति आय

$= \frac{1345 \times 10^7}{23 \times 10^5} = 5847.$

अतः यह देखा जा सकता है कि प्रति व्यक्ति आय हमेशा 5000 से अधिक रही है।

17. प्रथम पंक्ति में : 29 + 13 + 18 = 60.

तीसरी पंक्ति में : 30 + 27 + 3 = 60.

इसी प्रकार से, दूसरी पक्ति में :

$33 + X + 19 = 60$

या $X = 8.$

18. प्रत्येक स्तंभ में ऊपर से नीचे जाते समय, प्रत्येक कक्ष में आकृतियों की संख्या (त्रिभुज + वृत्त) 2 से कम हो जाती है (एक त्रिभुज और एक वृत्त) अर्थात 6, 4 फिर 2।

अतः, विकल्प (*a*) सही विकल्प है।

19. S से U तक जाने वाले मार्गो की संख्या = 3

T से U तक जाने वाले मार्गो की संख्या = 6

अतः S से T जाने वाले मार्गो की संख्या = 3 × 6 = 18 है।

21. तीनों घंटियाँ एक साथ 8 : 00 बजे बजती हैं, अतः अगली बार वे एक साथ 228 मिनट बाद बजेंगी अर्थात (18, 24 और 32) का लघुत्तम समापवर्तक।

अतः, वे एकसाथ फिर से 8 : 00 + 4 घंटे 48 मिनट

= 12 : 48 बजे बजेंगी।

22. लेखक स्पष्ट रुप से वर्णन करता है कि कीमतों के बढ़ने पर केवल मुद्रा के मूल्य में परिवर्तन होगा। मुद्रा का मूल्य आधा हो जाएगा क्योंकि अब लोगों को पहले की तुलना में उसी समान को खरीदने के लिए दो गुना पैसा खर्च करना होगा। शेष वस्तुओं को मूल्य समान रहेगा।

23. X से Y जाने के लिए दो व्यक्तियों का बस का किराया

$= 10 \times 1.25$

= ₹ 12.5.

A के पास राशि = 10 + 3 = ₹ 13.

अतः टिकट खरीदने के बाद A के लिए 50 पैसे बचेंगें।

24. कुल किश्तों की संख्या का 60% = 18

अतः, किश्तों की कुल संख्या $= 18 \times \frac{100}{60} = 30.$

25. मान लीजिए कि उसके घर से फैक्ट्री की दूरी D किमी है।

$\therefore \quad \frac{D}{5} - \frac{D}{6} = \frac{10}{60}$

$\Rightarrow \quad D = 5$

26. विकल्प (*d*) का खंडन किया जाता है क्योंकि वाक्य में 'वास्तविक' स्वतंत्रता की बात की गई है न कि पाबंदियों की। विकल्प (*c*) का खंडन किया जाता है क्योंकि विकेन्द्रित समाज का कोई भी उल्लेख नहीं किया गया है। विकल्प (*b*) को अस्वीकृत किया जा सकता है क्योंकि वाक्य में मानव के एक राजनैतिक इकाई के होने की बात नहीं की गई है। विकल्प (*a*) सही उत्तर है क्योंकि लेखक के अनुसार 'वास्तविक' स्वतंत्रता वह स्थिति है जिसमें कोई भी व्यक्ति (यहाँ तक की सरकार भी) किसी के अधिकारों का अतिक्रमण करे।

27. पंक्ति 'समावेशी संवृद्धि में रुचि रखने ..... एक हिस्से पर ही केंद्रित हैं, तो नहीं'' का संदर्भ लें। यह विकल्प (*c*) का समर्थन करता है। अन्य विकल्प परिच्छेद द्वारा समर्थित नहीं है।

28. परिच्छेद में वर्णन किया गया है कि "संवृद्धि को बढ़ाने की नीतियों ..... और इस कारण पीछे छूट जाते हैं"। अतः, हम यह निष्कर्ष निकाल सकते हैं कि विकल्प (*c*) सही है। विकल्प (*a*) और (*d*) अपूर्ण हैं और विकल्प (*d*) का खंडन किया जाता है क्योंकि वृद्धि दर की अपेक्षा नहीं की जा सकती है।

29. परिच्छेद में वर्णन किया गया है आत्मसंतोष के लिए कोई गुंजाइश नहीं है क्योंकि भारत तीव्रता के साथ संवृद्धि कर सकता है और व्यापक रुप से अपने लाभों को प्रसार कर सकता है। इसलिए, दिए गए कथनों में से कोई भी कथन सत्य नहीं है।

30. पंक्तियों "यह सुनिश्चित करने हेतु नियम ..... तो वह और अधिक लाभ प्राप्त करेगी" का संदर्भ लें। परिच्छेद में कथन (2) का स्पष्ट रुप से वर्णन किया गया है जबकि अन्य कथन परिच्छेद द्वारा समर्थित नहीं है।

31. "एक बार नियम की घोषणा हो जाए ..... तो प्राइवेट कंपनियाँ इस बाज़ार में पुनः प्रवेश करेंगी" पंक्तियों का संदर्भ लें। इसलिए, वाक्य (1) और (2) सही हैं जबकि अन्य दो अप्रासंगिक हैं।

32. यह दिया गया है कि पाँच व्यक्ति एक लक्ष्य पर क्रमशः 6, 7, 8, 9, 10 और 12 सेकंड के अंतराल पर गोलियाँ दागते हैं।

अतः, वे प्रत्येक 504 सेकंड (अर्थात 6, 7, 8, 9 और 12 का लघुत्तम समापवर्तक) बाद एक साथ गोली दागेंगे।

अब, एक घंटे (अर्थात 3600 सेकंड) में, वे कितनी बार एक साथ गोली दागेंगे

$$= \frac{3600}{504} = 7(\text{बार}) + \text{शेषफल}\,(72)$$

अतः, एक घंटे में वे एकसाथ 7 + 1 (समय के प्रारंभ होने पर)

= 8 बार गोली दागेंगे।

ध्यान दें: प्रश्न में यह उल्लेख नहीं किया गया है कि वे पहली बार घंटे की शुरूआत में गोली दागेंगे इसलिए उत्तर 7 भी हो सकता है। हालांकि, यदि हम यह मान लें कि उन्होंने घंटे की शुरूआत में एकसाथ गोली दागी थी, तो हमें उत्तर के रूप में विकल्प (*c*) प्राप्त होता है, जो 8 है।

33. मान लीजिए कि पंक्तियों की संख्या '*n*' है और प्रत्येक पंक्ति में बैठने वाले छात्रों की संख्या

$a, (a-3), (a-6), \ldots [a+(n-1)(-3)]$ है।

$$\Rightarrow \quad \frac{n}{2}[2a+(n-1)(-3)] = 630$$

अब, $n = 3, 4$ और 5 के लिए हमें पूर्णांक के रूप में '*a*' के मान प्राप्त होते हैं, लेकिन $n = 6$ के लिए हमें $a = 97.5$ प्राप्त होता है, जो संभव नहीं है।

34. सात व्यक्तियों के बैठने की व्यवस्था को नीचे दर्शाया गया है।

Top	C
	A
	G
	B
	E
	F
Bottom	D

ध्यान दें : इस प्रकार के प्रश्न को हल करने के लिए निष्कासन प्रक्रिया का उपयोग करना सबसे बेहतर तरीका है।

यह दिया गया है कि 'B' मध्य में है, 'F', 'E' और 'D' के बीच है और B तथा F के बीच में 'E' है। इसका अर्थ है कि B, F और E निचली सीट पर नहीं हो सकते हैं। अतः, D सही उत्तर है।

35. उनकी लंबाईयों के क्रम को नीचे दिखाया गया है।

$$E > D > C > A > B$$

अतः, C मध्य स्थान पर होगा।

36. छः गाँवों की स्थिति नीचे दी गई है।

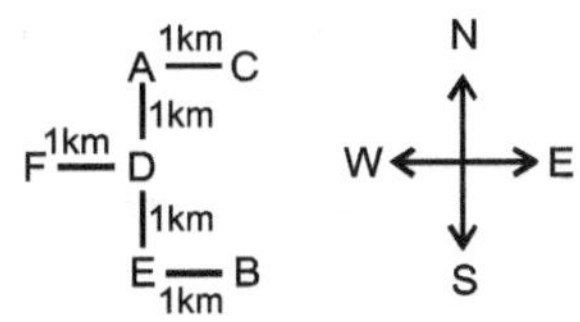

अतः, गाँव A, D और E एक ही पंक्ति में हैं।

37. बैठने की संभाव्य व्यवस्थाएँ नीचे दी गई हैं।

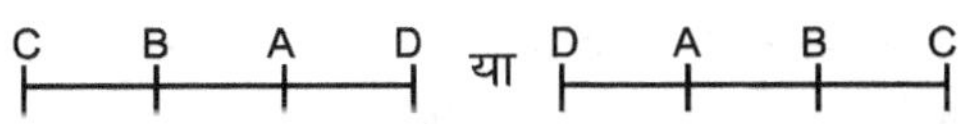

अतः, दोनों में से किसी भी स्थिति में D के बगल में A है।

38. बारह घंटों में, घंटे और मिनट की सुई 11 बार मिलेगी और किन्हीं भी दो क्रमागत मीटिंग के बीच का समय अंतराल

$$= \frac{60 \times 12}{11}$$

$$= \frac{720}{11} = 65\frac{5}{11}$$

अतः, वे 65 मिनट बाद फिर से मिलेंगी।

45. यह दिया गया है कि तीसरा दिन सोमवार है, इसलिए 10वां और 17वां दिन भी सोमवार होगा और 21वां दिन (सोमवार + 1) शुक्रवार होगा।

अतः, 21वें दिन के बाद से पाँचवां दिन बुधवार होगा।

46. कार्यक्रम में बेचे गए टिकटों की कुल संख्या = 420

₹ 5 की दर से बेचे गए टिकटों की संख्या = 210

₹ 3 की दर से बेचे गए टिकटों की संख्या = 140

शेष टिकटों को ₹ 2 प्रति टिकट की दर से बेचा गया जो

$= 420 - (210 + 140) = 70$ है।

अतः, प्राप्त राशि (₹ में)

$= 210 \times 5 + 140 \times 3 + 70 \times 2$

$= 1610$

प्रश्न 47 से 49 के लिए : प्रश्न में निम्नलिखित जानकारी दी गई है।

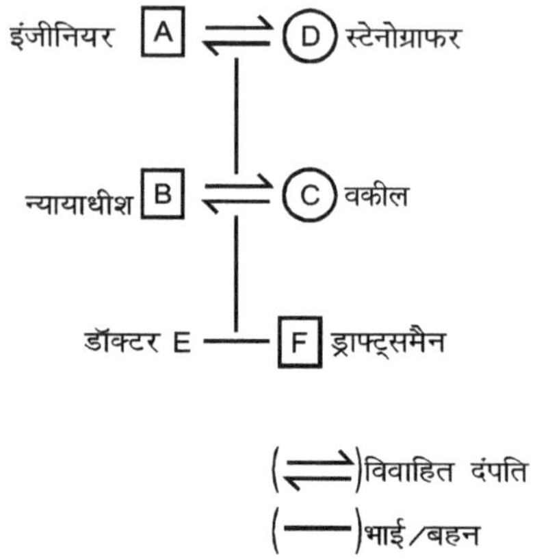

50. परिच्छेद में सुझाव दिया गया है कि 'मुक्त बाज़ार व्यवस्था' के समर्थक मुक्त बाज़ार संचालनों का समर्थन करते हैं अर्थात सरकारी प्राधिकारियों के नियंत्रण से रहित बाज़ार। अन्य विकल्प अप्रासंगिक हैं।

51. परिच्छेद के दूसरे अनुच्छेद का संदर्भ लें। विकल्प (*c*) इसका स्पष्ट रूप से अनुसरण करता है।

52. वाक्य में वर्णन किया गया है कि 'निजी लालच' अच्छा है क्योंकि यह वृहत्तर लोकहित में होगा लेकिन लेखक इस बात का भी वर्णन करता है कि 'निजी लालच' अमीर और गरीब लोगों के बीच की दूरी को बढ़ाता है जिसके कारण सकल असमानता भी उत्पन्न होती है, जो पहले वाक्य से भिन्न है। कथन (1) का खंडन किया जाता है क्योंकि परिच्छेद यह सुझाव नहीं देता है कि यह विचारधारा गलत है। वाक्य (2) और (3) को अस्वीकृत किया जा सकता है क्योंकि लेखक इस बात से सहमत नहीं है कि 'निजी लालच' एक न्यायसंगत दावा है या पूँजीवाद का सद्भावपूर्ण चेहरा है।

53. परिच्छेद की शुरूआत में बताया गया है कि प्राइवेट निगम क्षेत्रक की तुलना में सार्वजनिक क्षेत्र उपक्रमों के निवल लाभ बहुत कम हैं। इस बात का कहीं भी उल्लेख नहीं किया गया है कि औद्योगीकरण की प्रक्रिया में सार्वजनिक क्षेत्रक ने अपनी प्रासंगिकता खो दी है। परिच्छेद में इस बात का वर्णन नहीं किया गया है कि उद्यमवृत्ति बढ़ रही है लेकिन उद्यमवृत्ति का विस्तार करने के लिए एक व्यापक सामाजिक आधार उपलब्ध है। साथ ही 'प्रभावशाली' प्रतियोगिता नीतियों का भी कोई उल्लेख नहीं है।

54. परिच्छेद में वर्णन किया गया है कि यदि ग्रामीण सड़कें निजी क्षेत्रक के स्वामित्व में न हों, तो उनका अस्तित्व नहीं रहेगा। यह सुझाव देता है कि धन लाभ में कमी के कारण निजी क्षेत्रक की ग्रामीण सड़कों के प्रति कोई रूचि नहीं होती है, जो विकल्प (*b*) को सही उत्तर बनाता है। परिच्छेद से अन्य विकल्पों को निष्कर्ष नहीं निकाला जा सकता।

55. परिच्छेद के अनुसार, सरकार का संविभाग-संघटन, विभिन्न औद्योगिक क्षेत्रकों में सरकार के निवेश वितरण का संदर्भ देता है। परिसंपत्ति गुणवत्ता, तरल परिसंपत्ति या पूँजीगत परिसंपत्तियों का कोई भी उल्लेख नहीं किया गया है।

56. परिच्छेद का अंतिम अनुच्छेद इस समस्या का समाधान प्रदान करता है। विकल्प (*a*) स्पष्ट रूप से अनुसरण करता है।

57. प्राश्निक ने F पर पुस्तक लिखी है लेकिन उसे E भी पसंद है।

अतः, प्रश्नपत्र में E के बारे में प्रश्न पूछे जाने की अधिक संभावना है क्योंकि H के बारे में कुछ भी उल्लेख नहीं किया गया है और प्राश्निक F पर प्रश्न नहीं देना चाहता है।

58. जलजा और शैलजा को वायलिन बजाना नहीं आता है, इसलिए विकल्प (*a*) और (*c*) को निष्काषित किया जा सकता है।

यह दिया गया है कि तनुजा एक नर्तकी है और कथन कि 'जलजा, वनजा, शैलजा और तनुजा सभी गायिकाएँ हैं और उनमें से दो वायलिन वादक भी हैं' से हम यह कह सकते हैं कि वनजा और तनुजा वायलिन वादिकाएँ हैं।

अतः, तनुजा निश्चित रूप से एक नर्तकी और वायलिन वादक है।

59. $T - 4 = 5,$

इसलिए $T = 9$

अब, $T - N = 3,$

इसलिए $N = 6$

60. सिर्फ एक कारक पर विचार कर, हम यह निष्कर्ष नहीं निकाल सकते कि सेना में भर्ती होना बेहतर है। इसी प्रकार से पर्याप्त डेटा की कमी के कारण, यह निष्कर्ष निकालना बहुत मुश्किल होगा कि संबंध आकस्मिक हैं। इसके अलावा, हम यह अनुमान नहीं लगा सकते कि किसी व्यक्ति की जीवन की गुणवत्ता और जनसंख्या में होने वाली मृत्यु के बीच कोई संबंध है। इसलिए, विकल्प (*a*), (*b*) और (*c*) को अस्वीकृत किया जा सकता है। विकल्प (*d*) सही उत्तर है क्योंकि हम केवल एक मापदंड पर दो विभिन्न श्रेणियों की तुलना नहीं कर सकते हैं।

61. दिए गए कथन का कारण दिए गए विकल्पों (*a*), (*b*) या (*c*) में से कोई भी या कुछ और हो सकता है। इसलिए, हम दिए गए किसी भी विकल्प का निष्कर्ष नहीं निकाल सकते हैं।

62. विकल्प (*a*) और (*c*) को एक वैध अवधारणा नहीं माना जा सकता क्योंकि ये वाक्य यह सुझाव नहीं देते हैं कि राजनैतिक नेतृत्व प्रभावशाली है या नहीं या सेना के हस्तक्षेप के बिना कोई भी विकास नहीं हो सकता है। विकल्प (*b*) सही उत्तर है क्योंकि वाक्यों में स्पष्ट रूप से वर्णन किया गया है कि राजनैतिक नेतृत्व के विफल होने पर सेना सत्ता में आती है जिसके कारण राजनैतिक व्यवस्था में रिक्तता आ जाती है।

63. मान लीजिए कि आलोक, भूपेश, चंदर और दिनेश के पास क्रमशः A, B, C और D राशि है (₹ में)।

यह दिया गया है कि

$A > B, C = 0.5\ D$

या $D > C$

और $A = D + 5$

इसलिए, आलोक के पास सबसे ज्यादा पैसे हैं।

64. दी गई जानकारी को निम्न अनुसार तालिकाबद्ध किया जा सकता है।

दिन	सोमवार	मंगलवार	बुधवार	गुरूवार	शुक्रवार	शनिवार	रविवार
वर्ग	संगीत	खेल	गणित	इतिहास	खाली	साहित्य	खाली

अतः, जॉर्ज, शुक्रवार को भी खाली है।

65. पंक्ति में छात्रों की संख्या $= 18 + 10 - 1 = 27$

अतः, A और B के अलावा पंक्ति में छात्रों की संख्या

$= 27 - 2 = 25$

66. तीन स्थान A, B और C की स्थिति को नीचे प्रदर्शित किया गया है।

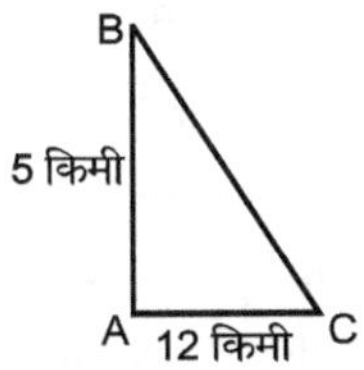

अपेक्षित दूरी $BC = \sqrt{5^2 + 12^2} = 13$ किमी.

67. दो कारों A और B के बीच की दूरी = 160 किमी

दोनों कारों की अपेक्षित दूरी = 50 + 30 = 80 किमी

वे एक दूसरे से $\frac{160}{80} = 2$ घंटे बाद

अर्थात सुबह 8 : 10 बजे + 2

= 10 : 10 बजे मिलेगी।

68. परिच्छेद में हिमनदों के पिघलने को वर्तमान फसलों के स्थानों में जलवायु परिवर्तन के कारण बदलाव लाने का उदाहरण बताया गया है। परिच्छेद में वाक्य (2) का भी स्पष्ट रूप से उल्लेख किया गया है। परिच्छेद से वाक्य (3) का भी निष्कर्ष निकाला जा सकता है क्योंकि इसमें बताया गया है कि जलवायु परिवर्तन फसलों की उत्पादकता को प्रभावित कर सकता है। कथन (4) परिच्छेद में दिए गए तथ्यों के विपरीत है।

69. प्रथम अनुच्छेद की अंतिम पंक्ति स्पष्ट रूप से वर्णन करती है कि कृषि अनुसंधान को प्रोत्साहन देने और प्रणाली में अनुकूलन हो सके। इस हेतु, अधिकतम नम्यता बनाने की आवश्यकता है। अन्य विकल्प परिच्छेद द्वारा समर्थित नहीं हैं।

70. कथन (1) परिच्छेद द्वारा समर्थित है क्योंकि इसमें वर्णन किया गया है कि जीव प्रोटीन का कम मात्रा में उपभोग कर उत्सर्जन में प्रभावशाली रूप से कमी लाई जा सकती है। लेखक यह भी वर्णन करता है कि जीवन शैली में भी परिवर्तन होना चाहिए। ग्रीनहाउस गैस के उत्सर्जन को कम करने हेतु कुछ समय के लिए विलासितापूर्ण जीवन का त्याग करना एक महंगा सौदा नहीं है। यह उपभोक्तावाद में कमी लाने का सुझाव देता है। परिच्छेद में आर्थिक उदारीकरण और आधुनिक प्रबंधन प्रथाओं का उल्लेख नहीं किया गया है।

71. परिच्छेद में स्पष्ट रूप से वर्णन किया गया है कि हम अपनी अक्षमता के कारण प्राकृतिक संसाधनों का लाभ उठाने में सक्षम नहीं रहे हैं। अन्य कथन परिच्छेद द्वारा समर्थित नहीं हैं।

72. परिच्छेद की अंतिम पंक्ति में वर्णन किया गया है कि ग्रीनहाउस गैसों के उत्सर्जन में कमी के कारण वायु प्रदूषण में कमी आई है, स्वास्थ्य संबंधी लाभ हुए हैं और अधिक रोज़गार उत्पन्न हुए हैं। परिच्छेद में यह भी वर्णन किया गया है कि ग्रीनहाउस गैसों के उत्सर्जन की कमी जलवायु परिवर्तन के सबसे बुरे प्रभावों की रोकथाम में भी उपयोगी होगी, इसलिए, हम अनुमान लगा सकते हैं कि उत्सर्जन में कमी वैश्विक जलवायु परिवर्तन के दर को कम करेगी। अन्य कथन परिच्छेद द्वारा समर्थित नहीं हैं।

73. संपूर्ण परिच्छेद ग्रीनहाउस गैसों के उत्सर्जन की कमी पर केंद्रित हैं। अतः, विकल्प (*b*) को परिच्छेद का मुख्य विषय माना जा सकता है। विकल्प (*a*) केवल एक तथ्य है जबकि विकल्प (*c*) और (*d*) अप्रासंगिक हैं।

74. विभिन्न श्रेणियों में आने वाले छात्रों की संख्या को नीचे दिए गए वेन-आरेख में प्रदर्शित किया गया है।

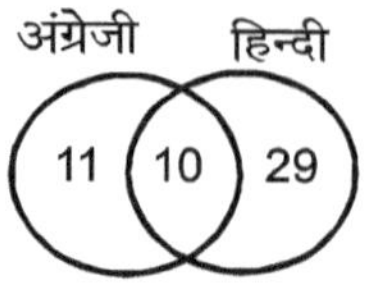

अतः, हिन्दी बोलने वाले छात्रों की संख्या

$= 10 + 29 = 39,$

केवल हिन्दी बोलने वाले छात्रों की संख्या = 29 और वे छात्र जो केवल अंग्रेजी बोल सकते हैं उनकी संख्या = 11 है।

ध्यान दें : यह एक त्रुटिपूर्ण प्रश्न है क्योंकि प्रश्न में यह उल्लेख नहीं किया गया है कि 50 छात्रों में से प्रत्येक छात्र दो भाषाओं में से कम से कम एक भाषा बोल सकता है।

75. मान लीजिए कि बाग की लंबाई और चौड़ाई क्रमशः x और y इकाई है।

बाग का प्रारंभिक क्षेत्रफल

$= xy$ वर्ग इकाई

बाग का अंतिम क्षेत्रफल

$= 1.4x \times 0.8y$

$= 1.12xy$ वर्ग इकाई

बाग के क्षेत्रफल में अंतर (प्रतिशत में)

$$= \frac{1.12xy - xy}{xy} \times 100$$

$= + 12\%$

अतः, बाग के क्षेत्रफल में 12% की वृद्धि हुई है।

76. यह दिया गया है कि A, B और C विधि रिपोर्ट हैं जबकि D, E और F आयुर्विज्ञान के उद्धरण हैं।

अतः, विकल्प (*a*), (*c*) और (*d*) को अस्वीकृत किया जा सकता है क्योंकि उनमें 'C' है जो एक विधि रिपोर्ट है।

अतः, E और F वे पुस्तकें हैं जो पुराने आयुर्विज्ञान उद्धरण है और उनका आवरण हरा है।

77. दोनों स्थितियों के लिए बाएँ छोर से प्रत्येक बिंदु की दूरी को नीचे दिखाया गया है।

स्थिति I :

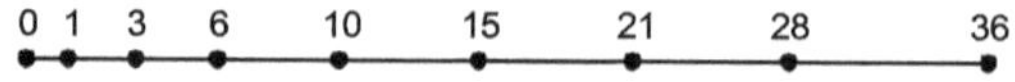

स्थिति II :

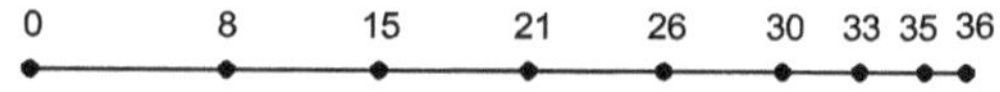

दो अंत बिंदुओं के अलावा, 14 बिंदु ऐसे हैं जिनमें 2 बिंदु समान हैं।

अतः, बिंदुओं की अपेक्षित संख्या = 14 – 2 = 12

78. जब किन्हीं दो वस्तुओं को समान दर पर बेचने पर लाभ और हानि प्रतिशत समान होता है, तो हमेशा हानि होती है $\frac{(\text{प्रतिशत})^2}{100}$

अतः, इस स्थिति में हानि $= \frac{(10)^2}{100} = 1\%.$

79. तीनों यंत्र बजाने वाले संगीतज्ञों की संख्या

= 120 का 5 % = 6

केवल दो यंत्र बजाने वाले संगीतज्ञों की संख्या = 30

केवल गिटार बजाने वाले संगीतज्ञों की संख्या = 40

अतः, केवल वायलिन या केवल बांसुरी बजाने वाले संगीतज्ञों की संख्या = 120 – (6 + 30 + 40) = 44

ध्यान दें : यह एक त्रुटिपूर्ण प्रश्न हैं क्योंकि प्रश्न में यह उल्लेख नहीं किया गया है कि 50 संगीतज्ञों में से प्रत्येक कम से कम एक यंत्र बजा सकता है।

80. विभिन्न चरणों में कार्ड को पलटने की प्रक्रिया को नीचे दिखाया गया है।

कार्ड	1	2	3	4	5	6
प्रारंभ में	1	1	1	1	1	1
चरण 1	2	2	2	2	1	1
चरण 2	2	1	1	1	2	1
चरण 3	2	2	2	2	2	2

■■

हल प्रश्न–पत्र - 2015

CSAT पेपर-II

समय : 2 घंटे **पूर्णांक : 200**

निम्नलिखित 7 (सात) प्रश्नांशों के लिए निर्देशः

निम्नलिखित छह परिच्छेदों को पढ़िए और उनके नीचे आने वाले प्रश्नांशों के उत्तर दीजिए। इन प्रश्नांशों के आपके उत्तर केवल इन परिच्छेदों पर ही आधारित होने चाहिए।

परिच्छेद – 1

जलवायु परिवर्तन के कारण फसलों की उपज में रुकावट और कीमतों में वृद्धि होने की वजह से, पूरे विश्व में बहुत सारे लोग पहले से ही भुखमरी का शिकार हैं। और जलवायु परिवर्तन के कारण केवल खाद्य ही नहीं बल्कि पोषक–तत्व भी अपर्याप्त होते जा रहे हैं। जैसे–जैसे फसलों की उपज और जीविका पर खतरे की स्थिति बन रही है, सबसे गरीब समुदायों को ही, भुखमरी और कुपोषण के बढ़ने के समेत, जलवायु परिवर्तन के सबसे बुरे प्रभावों से ग्रस्त होना पड़ेगा। दूसरी ओर, गरीबी जलवायु परिवर्तन की कारक है, क्योंकि निराशोन्मत्त समुदाय अपनी वर्तमान आवश्यकताओंको पूरा करने के लिए संसाधनों के अधारणीय (अनसस्टेनबल) उपयोग का आश्रय लेते हैं।

1. निम्नलिखित में से कौन–सा, उपर्युक्त परिच्छेद का *सर्वाधिक तार्किक उपनिगमन (कोरोलरी)* है?

(*a*) सरकार की गरीबी उन्मूलन कार्यमों के लिए अधिक निधियों का आबंटन करना चाहिए और निर्धन समुदायों को दिए जाने वाले खाद्य उपदानों (सब्सिडीज़) में वृद्धि करनी चाहिए।

(*b*) निर्धनता तथा जलवायु के प्रभाव एक–दूसरे को बढ़ावा देते हैं और इसलिए हमें अपनी खाद्य प्रणालियों की पुनर्कल्पना करनी होगी।

(*c*) विश्व के सभी देशों को ग़रीबी और कुपोषण से लड़ने के लिए एकजुट होना ही चाहिए और गरीबी को एक सार्वभौम समस्या की भाँति देखना चाहिए।

(*d*) हमें तुरन्त अधारणीय (अनसस्टेनबल) कृषि पद्धतियों को बंद कर देना चाहिए और खाद्य कीमतों को नियंत्रित करना चाहिए।

परिच्छेद – 2

विश्व वित्तीय स्थिरता रिपोर्ट (ग्लोबल फाइनेंशियल स्टेबिलिटी रिपोर्ट) ने पाया है कि उन्नत अर्थव्यवस्थाओं से, उभरती हुई अर्थव्यवस्थाओं के कुल ऋण और ईक्विटी निवेशों में, किया गया पोर्टफोलियो निवेश का अंश पिछले दशक में दुगुना होकर 12 प्रतिशत हो गया है। इस घटना के भारतीय नीति निर्माताओं पर प्रभाव संभावित हैं क्योंकि ऋण तथा ईक्विटी बाज़ारों में विदेशी पोर्टफोलियो निवेश बढ़ता रहा है। इस घटना को एक आशंका भी बताया जा रहा है कि यूनाइटेड स्टेट्स फेडरल रिजर्व की "मात्रात्मक ढील (क्वांटिटेटिव ईज़िंग)" नीति में आसन्न उत्मण (इम्मिनेंट रिवर्सल) होने की दशा में, एक श्रृंखलाबद्ध प्रतिक्रिया के रूप में विश्व की वित्तीय स्थिरता खतरे में पड़ सकती है।

2. उपर्युक्त परिच्छेद से, निम्नलिखित में से कौन–सा *सर्वाधिक तर्कसंगत और निर्णायक अनुमान (इनफेरेंस)* निकाला जा सकता है?

(*a*) उभरती हुई अर्थव्यवस्थाओं के लिए विदेशी पोर्टफोलिया निवेश अच्छे नहीं हैं।

(*b*) उन्नत अर्थव्यवस्थाएँ विश्व की वित्तीय स्थिरता को खोखला करती हैं।

(*c*) भारत को भविष्य में विदेशी पोर्टफोलियों निवेश स्वीकार करने से बचना चाहिए।

(*d*) उभरती हुई अर्थव्यवस्थाओं को, उन्नत अर्थव्यवस्थाओं से मिलने वाले आघात का खतरा रहता है।

परिच्छेद – 3

खुले में मलत्याग अनर्थकारी हो सकता है, जब यह अति सघन आबादी वाले क्षेत्रों में व्यवहार में लाया जा रहा हो, जहाँ मानव मल को फसलों, कुओं, खाद्य सामग्रियों और बच्चों के हाथों से दूर रखना असंभव होता है। भौम जल (ग्राउन्डवाटर) भी खुले में किए गए मलत्याग से संदूषित हो जाता है। आहार में गए अनेक रोगाणु और कृमियाँ बीमारियाँ फैलाते हैं। वे शरीर की कैलोरियों और पोषक–तत्त्वों का अवशोषण करने लायक नहीं रहने देते। भारत के लगभग आधे बच्चे कुपोषित बने रहते हैं। उनमें से लाखों, उन रोग–दशाओं से मर जाते हैं जिनसे बचाव सम्भव था। अतिसार (डायरिया) के कारण भारतीयों के शरीर औसत रूप से उन लोगों से छोटे हैं जो अपेक्षाकृत ग़रीब देशों के हैं, जहाँ लोग खाने में अपेक्षाकृत कम कैलोरियाँ लेते हैं। न्यून–भार (अंडरवेट) माताएँ ऐसे अविकसित (स्टंटेड) बच्चे पैदा करती हैं जो आसानी से बीमारी का शिकार हो सकते हैं और अपनी पूरी संज्ञानात्मक संभावनाओं (कोग्निटिव पोटेंशियल) को विकसित करने में असफल रह सकते हैं। जो रोगाणु पर्यावरण में निर्मुक्त हो जाते हैं वे न केवल अमीर और गरीब, बल्कि शौचालयों का प्रयोग करने वालों को भी, एकसमान हानि पहुँचाते हैं।

3. उपर्युक्त परिच्छेद से निम्नलिखित में से कौन-सा, ***सबसे निर्णायक अनुमान (इनफेरेंस)*** निकाला जा सकता है?

(*a*) भारत की केंद्रीय और राज्य सरकारों के पास इतने पर्याप्त साधन नहीं हैं कि प्रत्येक घर के लिए एक शौचालय सुलभ करा सकें।

(*b*) खुले में मलत्याग भारत की सर्वाधिक महत्त्वपूर्ण लारेक स्वास्थ्य समस्या है।

(*c*) खुले में मलत्याग, भारत के कार्यबल (वर्क-फोर्स) की मानव-पूँजी (ह्युमन कैपिटल) में ह्रास लाता है।

(*d*) खुले में मलत्याग सभी विकासशील देशों की लोक स्वास्थ्य समस्या है।

परिच्छेद – 4

हम सामान्यतः लोकतंत्र की बात करते हैं पर जब किसी विषय-विशेष पर बात आती है, तो हम अपनी जाति या समुदाय या धर्म से सम्बन्ध रखना ज्यादा पसन्द करते हैं। जब तक हम इस तरह के प्रलोभन से ग्रस्त रहेंगे, हमारा लोकतंत्र एक बनावटी लोकतंत्र बना रहेगा। हमें इस स्थिति में होना चाहिए कि मनुष्य की इज्जत मिले और विकास के अवसर उन तक पहुँचें जो उसके योग्य हैं न कि उन्हें जो अपनु समुदाय या प्रजाति के हैं। हमारे देश में पक्षपात का यह तथ्य बहुत असंतोष और दुर्भावना के लिए उत्तरदायी रहा है।

4. निम्नलिखित कथनों में से कौन-सा एक, उपर्युक्त परिच्छेद का ***सर्वोत्तम सारांश*** प्रस्तुत करता है?

(*a*) हमारे देश में अनेक जातियों, समुदायों और धर्मों की अत्यधिक विविधता है।

(*b*) सच्चा लोकतंत्र सभी को समान अवसर देकर ही स्थापित किया जा सकता है।

(*c*) अब तक हममें से कोई भी वास्तव में लोकतंत्र का अर्थ समझ नहीं सका है।

(*d*) हमारे लिए कभी सम्भव नहीं होगा कि हम अपने देश में सच्चा लोकतांत्रिक शासन स्थापित कर सकें।

परिच्छेद – 5

बचत संग्रहण हेतु, सुरक्षित, विश्वसनीय और वैकल्पिक वित्तीय साधन (फाइनेंशियल इन्स्ट्रूमेंट्स) प्रदान करने वाली औपचारिक वित्तीय संस्थाओं का होना/स्थापित किया जाना मूलभूत रूप से आवश्यक है। बचत करने के लिए, व्यक्तियों को बैंक जैसी सुरक्षित और विश्वसनीय वित्तीय संस्थाओं के सुलभ होने की, और उपयुक्त वित्तीय साधनों और पर्याप्त वित्तीय प्रोत्साहनों की आवश्यकता होती है। इस तरह की सुलभता भारत जैसे विकासशील देशों में, और उस पर भी ग्रामीण क्षेत्रों में, सभी लोगों को हमेशा उपलब्ध नहीं है। बचत से गरीब परिवारों को नकदी प्रवाह की अस्थिरता के प्रबंधन में मदद मिलती है, उपभोग में आसानी होती हे, और कार्यशील पूंजी के निर्माण में मदद मिलती है। औपचारिक बचत तंत्र के सुलभ न होने से गरीब परिवारों में तुरन्त खर्च कर देने के प्रलोभनों को बढ़ावा मिलता है।

5. उपर्युक्त परिच्छेद के सन्दर्भ में, निम्नलिखित कथनों पर विचार कीजिए:

1. भारतीय वित्तीय संस्थाएँ ग्रामीण परिवारों को, अपनी बचत के संग्रहण के लिए कोई वित्तीय साधन उपलब्ध नहीं करातीं।
2. ग़रीब परिवार, उपयुक्त वित्तीय साधनों के सुलभ न होने के कारण अपनी आय/बचत को व्यय करने की ओर प्रवृत्त होते हैं।

उपर्युक्त कथनों में से कौन-सा/से सही है/हैं?

(*a*) केवल 1 (*b*) केवल 2

(*c*) 1 और 2 दोनों (*d*) न तो 1 न ही 2

6. इस परिच्छेद के द्वारा क्या महत्त्वपूर्ण संदेश दिया गया है?

(*a*) अधिक बैंकों को स्थापित करना

(*b*) सकल घरेलू उत्पाद (GDP) की संवृद्धि दर को बढ़ाना

(*c*) बैंक जमा (डिपॉजिट) पर ब्याज दर को बढ़ाना

(*d*) वित्तीय समावेशन को प्रोत्साहित करना

परिच्छेद – 6

सरकारों को ऐसे कदम उठाने पड़ सकते हैं जो अन्यथा व्यक्तियों के मौलिक अधिकारों का अतिलंघन करते हैं, जैसे किसी व्यक्ति की इच्छा के विरुद्ध उसकी भूमि का अधिग्रहण करना, या किसी भवन-निर्माण की अनुमति देने से इनकार करना, किन्तु जिस बृहत्तर लोकहित के लिए ऐसा किया जाता है, उसे जनता (संसद्) द्वारा प्राधिकृत किया जाना आवश्यक है। प्रशासन के विवेकाधिकार को समाप्त किया जा सकता है। चूंकि, सरकार को अनेकों कार्य करने पड़ रहे हैं, इस अधिकार को सीमा में रखना निरन्तर कठिन होता जा रहा है। जहाँ विवेकाधिकार का प्रयोग करना होता है, वहाँ उस अधिकार के दुरुपयोग को रोकने के लिए नियम एवं रक्षोपाय अवश्य होने चाहिए। ऐसी व्यवस्था की युक्ति करनी होगी, जो विवेकाधिकारों के दुरुपयोग को, यदि रोक न सके, तो न्यूनतम ही कर सके। सरकारी कार्य मानय नियमों और सिद्धान्तों के ढाँचे के अन्तर्गत ही किए जाने चाहिए, तथा निर्णय समान रूप तथा पूर्वानुमेय (प्रिडिक्टेबल) होने चाहिए।

7. उपर्युक्त परिच्छेद से निम्नलिखित में से कौन-सी, ***सर्वाधिक तार्किक धारणा*** बनाई जा सकती है?

(*a*) सरकार को प्रशासन के सभी विषयों पर हमेशा विस्तृत विवेकाधिकार दिया जाना चाहिए।

(*b*) प्राधिकार के अनन्य विशेषाधिकार के प्रभावी होने की अपेक्षा, नियमों और रक्षोपायों की सर्वोच्चता अभिभावी होनी चाहिए।

(*c*) संसदीय लोकतंत्र तभी संभव है यदि सरकार को अपेक्षाकृत अधिक विस्तृत विवेकाधिकार प्राप्त हो।

(*d*) उपर्युक्त में से कोई भी कथन ऐसी तार्किक धारणा नहीं है जो इस परिच्छेद से बनाई जा सके।

8. प्रधानाचार्य के एक पद और उप-प्रधानाचार्य के दो पदों के लिए चयन होना है। साक्षात्कार के लिए बुलाए गए 6 उम्मीदवारों में से केवल दो उम्मीदवार प्रधानाचार्य के पद के लिए पात्र हैं जबकि उप-प्रधानाचार्य के पद के लिए वे सभी उम्मीदवार पात्र हैं। चुने जाने वाले उम्मीदवारों के सभी संभव संयोजनों की संख्या क्या है?

(*a*) 4 (*b*) 12

(*c*) 18 (*d*) उपर्युक्त में से कोई नहीं

9. एक विद्यार्थी को एक पाठ्यक्रम के लिए 5 विषयों, नामतः वाणिज्य, अर्थशास्त्र, सांख्यिकी, गणित I और गणित II में से 2 विषयों को चुनना है। गणित II केवल तभी चुना जा सकता है जब गणित I भी चुना गया हो। दो विषयों के चुने जा सकने वाले संभव संयोजनों की संख्या क्या है?

(*a*) 5 (*b*) 6

(*c*) 7 (*d*) 8

10. एक व्यक्ति ने 5 जोड़े काले मोजे और कुछ जोड़े भूरे मोजे का ऑर्डर दिया। एक काले जोड़े की कीमत एक भूरे जोड़े की कीमत से तीन गुनी थी। बिल बनाते समयए बिल क्लर्क ने काले और भूरे जोड़ों की संख्या को गलती से आपस में बदल दिया जिसके कारण बिल 100% बढ़ गया। मूल ऑर्डर में भूरे मोज़े के जोड़ों की संख्या क्या थी?

(*a*) 10 (*b*) 15

(*c*) 20 (*d*) 25

11. सिर्फ पत्रिका X पढ़ने वाले व्यक्तियों की संख्या, पत्रिका Y पढ़ने वाले व्यक्तियों की संख्या की तीन गुनी है। सिर्फ पत्रिका Y पढ़ने वाले व्यक्तियों की संख्या, पत्रिका Xन पढ़ने वाले व्यक्तियों की संख्या की तीन गुनी है। तब, निम्नलिखित में से कौन-सा/से निष्कर्ष निकाला/निकाले जा सकता/सकते है/हैं?

1. दोनों पत्रिकाएँ पढ़ने वाले व्यक्तियों की संख्या, सिर्फ पत्रिका X पढ़ने वाले व्यक्तियों की संख्या की दुगुनी है।
2. उन व्यक्तियों की कुल संख्या जो या तो कोई एक पत्रिका पढ़ते है या दोनों पत्रिकाएँ पढ़ते हैं, दोनों पत्रिकाएँ पढ़ने वाले व्यक्तियों की संख्या की दुगुनी है।

नीचे दिए गए कूट का प्रयोग कर सही उत्तर चुनिएः

(*a*) केवल 1 (*b*) केवल 2

(*c*) 1 और 2 दोनों (*d*) न तो 1 न ही 2

12. नीचे दिए गए आलेख (ग्राफ) में A और B का वर्ष 2000 – 2010 अवधि का उपार्जन दिखा गया हैः

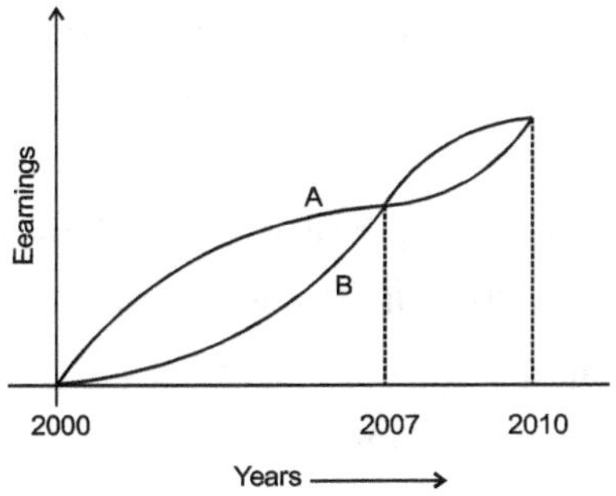

इस आलेख से, निम्नलिखित में से कौन-सा एक निष्कर्ष निकाला जा सकता है?

(*a*) इस अवधि के दौरान, औसत रूप से A ने B से अधिक उपार्जित किया।

(*b*) इस अवधि के दौरान, औसत रूप से B ने A से अधिक उपार्जित किया।

(*c*) इस अवधि के दौरान, A और B के उपार्जन समान थे।

(*d*) इस अवधि के दौरान, A का उपार्जन B के उपार्जन की तुलना में कम था।

13. दो नल A और B किसी टंकी को अलग-अलग क्रमशः 20 और 30 मिनट में पूरा भर सकते हैं। यदि दोनों नल एक साथ खोल दिए जाएँ, तो टंकी को पूरी तरह भरने में उन्हें कितना समय लगेगा?

(*a*) 10 मिनट (*b*) 12 मिनट

(*c*) 15 मिनट (*d*) 25 मिनट

14. एक घन के छः विभिन्न फलकों में से प्रत्येक को भिन्न रंग, अर्थात्, V, I, B, G, Y और O से रंगा गया है। निम्नलिखित सूचना दी गई हैः

1. रंग Y, O और B संलग्न फलकों पर हैं।
2. रंग I, G और Y संलग्न फलकों पर हैं।
3. रंग B, G और Y संलग्न फलकों पर हैं।
4. रंग O, V और B संलग्न फलकों पर हैं।

रंग O से रँगे फलक के प्रतिमुख फलक पर कौन-सा रंग है?

(*a*) B (*b*) V

(*c*) G (*d*) I

15. नीचे दिए गए कथनों और उनके नीचे दिए गए दो निष्कर्षों पर विचार कीजिएः

कथन : कुछ व्यक्ति महान् होते हैं।
कुछ व्यक्ति बुद्धिमान होते हैं।

निष्कर्ष I : व्यक्ति या तो महान् होते हैं या बुद्धिमान।

निष्कर्ष II : कुछ व्यक्ति न तो महान् होते हैं, न ही बुद्धिमान।

निम्नलिखित में से कौन-सा एक सही है?

(*a*) केवल निष्कर्ष I वैध है

(*b*) केवल निष्कर्ष II वैध है

(*c*) दोनों निष्कर्ष वैध है

(*d*) दोनों में से कोई भी निष्कर्ष वैध नहीं है

16. निम्नलिखित कथनों पर विचार कीजिएः

1. कुछ लोग UFOs (अनभिज्ञात उड़न तस्तरियों) को देखे होने का दावा करते हैं।
2. दूसरे खगोलीय पिण्डों पर जीवन की संभावना मानी जाती है।
3. अंतरिक्ष यात्रा अब एक स्थापित सत्य है।

उपर्युक्त कथनों से, यह निष्कर्ष निकाला जा सकता है कि

(*a*) UFO खगोलीय पिण्ड हैं

(*b*) UFO अन्य खगोलीय पिण्डों से भेजे जाते हैं

(*c*) अन्य खगोलीय पिण्डों में रहने वाली कुछ स्पीशीज़ मनुष्य से अधिक बुद्धिमान हैं

(*d*) UFO के बारे में कुछ भी निश्चित रूप से नहीं कहा जा सकता

17. यदि ABC DEED = ABCABC; जहाँ A, B, C, D और E भिन्न अंक हैं, तो D और E के मान क्या हैं?

(*a*) D = 2, E = 0 (*b*) D = 0, E = 1

(*c*) D = 1, E = 0 (*d*) D = 1, E = 2

18. नीचे दिए गए आलेख (ग्राफ) में किसी विशेष वस्तु की क़ीमत का वर्ष-वार विचरण (वैरिएशन) दिखाया गया है:

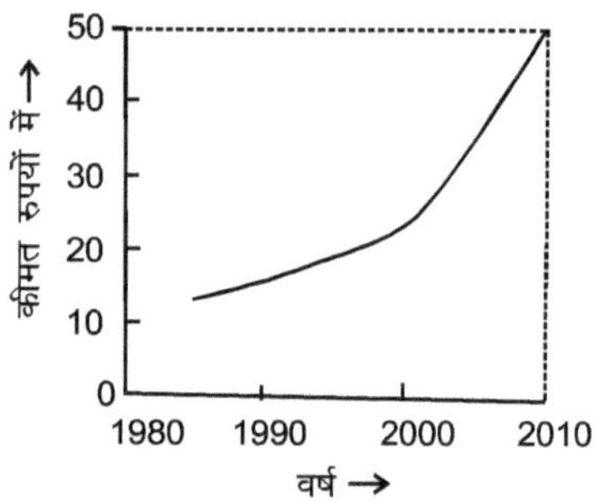

वर्ष 1990 में वस्तु की क़ीमत

(*a*) अवश्य ₹10/- रही होगी

(*b*) अवश्य ₹12/- रही होगी

(*c*) अवश्य ₹10/- और ₹20/- के बीच कहीं भी रही होगी

(*d*) उसकी वर्ष 1991 की क़ीमत से अधिक है

19. दो परिवारों, A और B, द्वारा विभिन्न मदों पर किए गए खर्च का अनुपात निम्नलिखित दंड-संचित्रों (बार चार्ट्स) में निरूपित किया गया है:

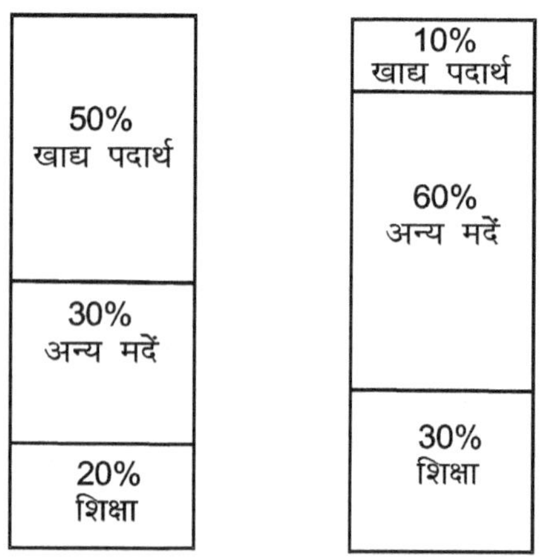

परिवार A
कुल खर्चः
₹ 20,000 प्रति माह

परिवार B
कुल खर्चः
₹ 1,00,000 प्रति माह

इन संचित्रों से, हम यह निष्कर्ष निकाल सकते हैं कि

(*a*) परिवार A ने खाद्य पदार्थ पर परिवार B की अपेक्षा अधिक खर्च किया।

(*b*) परिवार B ने खाद्य पदार्थ पर परिवार A की अपेक्षा अधिक खर्च किया।

(*c*) परिवार A और परिवार B ने खाद्य पदार्थ पर समान राशि खर्च की।

(*d*) परिवार A और परिवार B द्वारा खाद्य पदार्थ पर किए गए खर्च की तुलना नहीं की जा सकती।

20. ऊषा, कमला से तेज़ दौड़ती है; प्रीति, स्वाति से धीमे दौड़ती है; स्वाति, कमला से धीमे दौड़ती है। सबसे धीमे कौन दौड़ती है?

(*a*) कमला (*b*) प्रीति

(*c*) स्वाति (*d*) ऊषा

निम्नलिखित 7 (सात) प्रश्नांशों के लिए निर्देशः

निम्नलिखित चार परिच्छेदों को पढ़िए और उनके नीचे आने वाले प्रश्नांशों के उत्तर दीजिए। इन प्रश्नांशों के आपके उत्तर केवल इन परिच्छेदों पर ही आधारित होने चाहिए।

परिच्छेद – 1

भारत सतत उच्च मुद्रास्फीति से ग्रस्त रहा हे। निर्देशित कीमतों में वृद्धि, माँग और पूर्ति में असंतुलन, रुपए के अवमूल्यन से बदतर हुई आयातित मुद्रास्फीति और सट्टेबाजी – इन सबने मिलकर उच्च मुद्रास्फीति को बनाए रखा है। यदि इन सभी में कोई एक समान तत्त्व है, तो वह यह है कि इनमें से कई आर्थिक सुधारों के परिणाम हैं। अन्तर्राष्ट्रीय कीमतों में बदलाव के प्रभावों के प्रति भारत की सुभेद्यता (वल्नरेबिलिटी) व्यापार उदारीकरण के साथ-साथ और बढ़ी है। उपदानों के कम करने के प्रयासों के कारण उन वस्तुओं की कीमतों में निरन्तर वृद्धि हुई है जो निर्देशित हैं।

21. उपर्युक्त परिच्छेद में अन्तर्निहित ***सर्वाधिक तार्किक, तर्कसंगत और महत्वपूर्ण संदेश*** क्या हैं?

(*a*) मौजूदा परिस्थितियों में, भारत को पूरी तरह से व्यापार उदारीकरण की नीतियों एवं सभी उपदानों से बचना चाहिए।

(*b*) अपनी विशिष्ट सामाजिक-आर्थिक स्थिति के कारण, भारत अभी व्यापारिक उदारीकरण की प्रक्रिया के लिए तैयार नहीं है।

(*c*) निकट भविष्य में भारत में सतत निर्धनता एवं मुद्रास्फीति की समस्याओं का कोई समाधान नहीं दिखता।

(*d*) आर्थिक सुधार प्रायः उच्च मुद्रास्फीति वाली अर्थव्यवस्था उत्पन्न कर सकते हैं।

परिच्छेद – 2

कोई भी अधिकार परम, अनन्य और अनुल्लंघनीय नहीं है। इसी तरह, व्यक्तिगत सम्पत्ति के अधिकार को उसकी कल्पित वैधता के बृहत्तर संदर्भ में देखा जाना चाहिए। व्यक्तिगत सम्पत्ति के अधिकार में, स्वतंत्रता के सिद्धान्त का समता के सिद्धान्त के साथ और इन दोनों का सहयोग के सिद्धान्त के साथ समन्वय होना चाहिए।

22. उपर्युक्त परिच्छेद में दिए गए तर्क के आलोक में, निम्नलिखित में से कौन-सा एक कथन ***सबसे अधिक विश्वासप्रद स्पष्टीकरण*** है?

(*a*) व्यक्तिगत सम्पत्ति का अधिकार, संविधियों और धर्मग्रन्थों द्वारा विधिवत समर्थित, एक नैसर्गिक अधिकार है।

(*b*) व्यक्ति सम्पत्ति एक चोरी है तथा शोषण का उपकरण है। अतः व्यक्तिगत सम्पत्ति का अधिकार आर्थिक न्याय का उल्लंघन है।

(*c*) व्यक्तिगत सम्पत्ति का अधिकार वितरक न्याय का उल्लंघन है तथा सहयोग के सिद्धान्त को नकारता है।

(*d*) आर्थिक न्याय का व्यापक विचार इस बात की माँग करता है कि प्रत्येक व्यक्ति के सम्पत्ति अर्जन के अधिकार को, दूसरों के सम्पत्ति अर्जन के अधिकार के साथ सामंजस्यपूर्ण होना चाहिए।

परिच्छेद – 3

मानव एवं राज्य के मध्य संघर्ष उतना ही पुराना है जितना कि राज्य का इतिहास। यद्यपि सदियों से राज्य एवं व्यक्ति के प्रतिस्पर्धी दावों के बीच तालमेल बनाने के प्रयास हुए हैं, किन्तु समाधान अभी भी दूर प्रतीत होता है। यह मुख्यतः इसलिए है क्योंकि मानव समाज की प्रकृति गतिशील है जिसमें पुराने मूल्यों और विचारों ने निरन्तर नए मूल्यों और विचारों को स्थान दिया है। यह स्पष्ट है कि यदि व्यक्तियों को बोलने और कार्य करने की निरपेक्ष स्वतन्त्रता दे दी गई, तो उसका परिणाम अव्यवस्था, विनाश एवं अराजकता में हो सकता है।

23. निम्नलिखित कथनों में से कौन-सा एक, लेखक के दृष्टिकोण का ***सर्वोत्तम सारांश*** प्रस्तुत करता है?

(*a*) राज्य और व्यक्ति के दावों के बीच संघर्ष अनसुलझा बना रहता है।

(*b*) अराजकता और अव्यवस्था लोकतांत्रिक परम्पराओं के स्वाभाविक परिणाम हैं।

(*c*) मानव समाज की गतिशील प्रकृति के बावजूद प्राचीन मूल्य, विचार और परम्पराएँ बनी रहती हैं।

(*d*) वाक् स्वातंत्र्य (फ्रीडम ऑफ स्पीच) की संवैधानिक गारंटी समाज के हित में नहीं है।

परिच्छेद – 4

जलवायु परिवर्तन एक ऐसा जटिल नीतिगत मुद्दा है जो वित्त पर व्यापक प्रभाव डालता है। जलवायु परिवर्तन से निपटने वाले हर प्रयास में अन्ततः लागत शामिल है। भारत जैसे देशों के लिए, अनुकूलन (अडेप्टेशन) तथा न्यूनीकरण (मिटिगेशन) की योजनाओं और परियोजनाओं के अभिकल्पन और कार्यान्वयन के लिए निधीयन (फंडिंग) अत्यावश्यक है। निधि का अभाव अनुकूलन योजनाओं के कार्यान्वयन में एक बड़ी बाधा है। जलवायु परिवर्तन पर संयुक्त राष्ट्र फ्रेमवर्क कन्वेंशन (यूनाइटेड नेशन्स फ्रेमवर्क कन्वेंशन ऑन क्लाइमेट चेंज) (UNFCCC) के अन्तर्गत बहुस्तरीय वार्ताओं में, विकासशील देशों द्वारा उनके घरेलू न्यूनीकरण तथा अनुकूलन कार्यों के संवर्धन के लिए अपेक्षित वित्तीय सहायता का पैमाना तथा परिमाण सघन चर्चा के विषय हैं। यह सम्मेलन विकसित देशों पर, वायुमंडल में ग्रीनहाउस गैसों (GHGs) के जमाव में उनके योगदान के आधार पर, वित्तीय सहायता का प्रावधान करने की समान रूप से जिम्मेदारी डालता है। इस कार्य की मात्रा तथा उसके लिए निधियों की आवश्यकता को देखते हुए, विकासशील देशों की मौजूदा तथा अनुमानित (प्रोजेक्टेड) आवश्यकताओं के लिए ज़रूरी घरेलू वित्तीय संसाधन कम पड़ने की संभावना है। इस सम्मेलन (कन्वेंशन) की बहुपक्षीय क्रियाविधि के माध्यम से किया गया वैश्विक निधीयन, न्यूनीकरण प्रयासों के वित्तपोषण के लिए उनकी घरेलू क्षमता की वृद्धि करेगा।

24. इस परिच्छेद के अनुसार, जलवायु परिवर्तन में विकासशील देशों की भूमिका के संदर्भ में UNFCCC के अन्तर्गत बहुपक्षीय वार्ताओं में, निम्नलिखित में से कौन-सा/से, गहन चर्चा का/के विषय है/हैं?

1. अपेक्षित वित्तीय सहायता का पैमाना तथा परिमाण।
2. विकासशील देशों में जलवायु परिवर्तन के कारण होने वाली उपज की हानि।
3. विकासशील देशों में न्यूनीकरण तथा अनुकूलन कार्यों का संवर्धन करना।

नीचे दिए गए कूट का प्रयोग कर सही उत्तर चुनिए:

(*a*) केवल 1 (*b*) केवल 2 और 3

(*c*) केवल 1 और 3 (*d*) 1, 2 और 3

25. इस परिच्छेद में, यह सम्मेलन विकसित देशों पर वित्तीय सहायता का प्रावधान करने की ज़िम्मेदारी किस कारण डालता है?

1. उनकी प्रति व्यक्ति आय का उच्चतर स्तर।
2. उनकी GDP की अधिक मात्रा।
3. वायुमंडल में ग्रीनहाउस गैसों (GHGs) के जमाव में उनका बृहत् योगदान।

नीचे दिए गए कूट का प्रयोग कर सही उत्तर चुनिए:

(*a*) केवल 1 (*b*) केवल 1 और 2

(*c*) केवल 3 (*d*) 1, 2 और 3

26. विकासशील देशों के सम्बन्ध में, परिच्छेद से यह अनुमान निकाला जा सकता है कि जलवायु परिवर्तन से उनके

1. घरेलू वित्त पर प्रभाव पड़ना संभावित है।
2. बहुपक्षीय व्यापार की क्षमता पर प्रभाव पड़ना संभावित है।

नीचे दिए गए कूट का प्रयोग कर सही उत्तर चुनिएः

(*a*) केवल 1 (*b*) केवल 2

(*c*) 1 और 2 दोनों (*d*) न तो 1, न ही 2

27. इस परिच्छेद में, निम्नलिखित में से किस एक पर अनिवार्यतः विचार-विमर्श किया गया है?

(*a*) न्यूनीकरण हेतु सहायता देने के बारे में, विकसित और विकासशील देशों के बीच द्वन्द्व

(*b*) विकसित देशों द्वारा प्राकृतिक संसाधनों के अतिशय दोहन के कारण जलवायु परिवर्तन का होना

(*c*) अनुकूलन योजनाओं को कार्यान्वित करने में सभी देशों की राजनीतिक इच्छाशक्ति में कमी

(*d*) जलवायु परिवर्तन के परिणाम के कारण, विकासशील देशों की शासन समस्याएँ

28. अपराह्न 6 बजे से 7 बजे के बीच किस समय, किसी घड़ी की मिनट की सुई घंटे की सुई से 3 मिनट आगे होगी?

(*a*) अपराह्न 6 : 15 (*b*) अपराह्न 6 : 18

(*c*) अपराह्न 6 : 36 (*d*) अपराह्न 6 : 48

29. 5 कार्य हैं और 5 व्यक्ति हैं। कार्य-1, या तो व्यक्ति-1 को अथवा व्यक्ति-2 को नहीं दिया जा सकता। कार्य-2, या तो व्यक्ति-3 को अथवा व्यक्ति-4 को ही दिया जाना चाहिए। हर व्यक्ति को एक कार्य दिया जाना है। कार्य कितने तरीकों से दिया जा सकता है?

(*a*) 6 (*b*) 12

(*c*) 24 (*d*) 144

30. पीटर और पॉल की मासिक आय 4 : 3 के अनुपात में है।। उनके व्यय 3 : 2 के अनुपात में हैं। यदि मास के अंत में प्रत्येक व्यक्ति ₹6,000 की बचत करता है, तो उनकी मासिक आय (₹ में) क्रमशः क्या हैं?

(*a*) 24,000 और 18,000 (*b*) 28,000 और 21,000

(*c*) 32,000 और 24,000 (*d*) 34,000 और 26,000

31. दो शहर, A और B, एक-दूसरे से 360 km की दूरी पर हैं। एक कार A से B तक 40 km/hr की चाल से जाती है और 60 km/hr की चाल से A तक लौट आती है। कार की औसत चाल क्या है?

(*a*) 45 km/hr (*b*) 48 km/hr

(*c*) 50 km/hr (*d*) 55 km/hr

निम्नलिखित 2 (दो) प्रश्नांशों के लिए निर्देशः

निम्नलिखित परिच्छेद को पढ़िए और उसके नीचे आने वाले 2 (दो) प्रश्नांशों के उत्तर दीजिएः

A, B, C, D, E और F चचेरी भाई हैं। कोई भी दो चचेरे भाई एक ही उम्र के नहीं हैं, किन्तु सभी का जन्मदिन एक ही माह की एक ही तारीख को पड़ता है। सबसे छोटा 17 वर्ष का है और सबसे बड़ा E, 22 वर्ष का है। F उम्र में कहीं B और D के बीच में है। A, B से उम्र में बड़ा है। C, D से उम्र में बड़ा है। A, C से एक वर्ष बड़ा है।

32. निम्नलिखित में से कौन-सा एक संभव है?

(*a*) D, 20 वर्ष का है (*b*) F, 18 वर्ष का है

(*c*) F, 19 वर्ष का है (*d*) F, 20 वर्ष का है

33. सभी छः चचेरे भाइयों को, बढ़ती हुई उम्र के आधार पर, तर्कसंगत रूप से कितने अनुक्रमों में रखना संभव है?

(*a*) 1 (*b*) 2

(*c*) 3 (*d*) 4

34. किसी समाज में यह रिवाज़ है कि एक ही लिंग के मित्र मिलते समय एक-दूसरे के गले लग कर मिलते हैं, और विपरीत लिंग के मित्र मिलते समय एक-दूसरे से हाथ मिलाकर मिलते हैं। एक पार्टी में मित्रों के एक समूह के मिलने पर 24 बार हाथ मिलाए गए।

निम्नलिखित में से कौन-सी एक संख्या, गले लगने की संभावित संख्या इंगित करती है?

(*a*) 39 (*b*) 30

(*c*) 21 (*d*) 20

35. दो पुरुष, अनिल और डेविड, और दो महिलाएँ, शबनम और रेखा, एक विक्रेता समूह में हैं। केवल दो तमिलभाषी हैं। अन्य दो मराठीभाषी हैं। इनमें से केवल एक पुरुष और एक महिला कार चला सकते हैं। शबनम मराठीभाषी है। अनिल तमिलभाषी है। रेखा और डेविड दोनों कार चला सकते हैं।

निम्नलिखित में से कौन-सा कथन सत्य है?

(*a*) दोनों तमिलभाषी कार चला सकते हैं।

(*b*) दोनों मराठीभाषी कार चला सकते हैं।

(*c*) दोनों कार चलाने वाले, मराठीभाषी हैं।

(*d*) कार चलाने वालों में से एक, तमिलभाषी है।

36. एक समतल में, रेखा X, रेखा Y के अनुलंब है और रेखा Z के समांतर है; रेखा V और रेखा W दोनों के अनुलंब है; रेखा X, रेखा V के अनुलंब है।

निम्नलिखित में से कौन-सा एक कथन सही है?

(*a*) Z, U और W समांतर हैं।

(*b*) X, V और Y समांतर हैं।

(*c*) Z, V और U, सभी W के अनुलंब हैं।

(*d*) Y, V और W समांतर हैं।

37. एक गाय की कीमत 4 बकरियों की कीमत से अधिक है लेकिन 5 बकरियों की कीमत से कम है। यदि एक बकरी की कीमत ₹600 और ₹800 के बीच है, तो निम्नलिखित में से कौन-सा, ***सर्वोत्तम वैध निष्कर्ष*** है?

(*a*) एक गाय की कीमत ₹2,500 से अधिक है।

(*b*) एक गाय की कीमत ₹3,600 से कम है।

(*c*) एक गाय की कीमत ₹2,600 और ₹3,800 के बीच है।

(*d*) एक गाय की कीमत ₹2,400 और ₹4,000 के बीच है।

38. एक समाज में केवल दो प्रकार के लोग होते हैं - योद्धा और कायर। दो कायर हमेशा दोस्त होते हैं। एक योद्धा और एक कायर हमेशा दुश्मन होते हैं। योद्धा एक-दूसरे से उदासीन रहते हैं। यदि A और B दुश्मन हैं, C और D दोस्त हैं, E और F एक-दूसरे से उदासीन रहते हैं, A और E दुश्मन नहीं हैं, जबकि B और F दुश्मन हैं।

निम्नलिखित में से कौन-सा कथन सही है?

(*a*) B, C और F कायर हैं।

(*b*) A, E और F योद्धा हैं।

(*c*) B और E एक ही कोटि में हैं।

(*d*) A और F भिन्न कोटियों में हैं।

39. एक बक्से में, जिसमें गोलियाँ हैं, लाल गोलियों से तीन कम सफेद गोलियाँ हैं और हरी गोलियों से पाँच अधिक सफेद गोलियाँ हैं। यदि कुल 10 सफेद गोलियाँ हैं, तो बक्से में कुल कितनी गोलियाँ हैं?

(*a*) 26 (*b*) 28

(*c*) 32 (*d*) 36

40. किसी प्रतियोगी परीक्षा में 60% पुरुष और 40% महिला परीक्षार्थी थे। 70% पुरुष और 75% महिला प्रतियोगियों ने अर्हक परीक्षण में सफल होकर अंतिम परीक्षण में भाग लिया जिसमें 80% पुरुष और 70% महिलाएँ सफल रहीं।

निम्नलिखित में से कौन-सा कथन सही है?

(*a*) महिलाओं में सफलता दर उच्चतर है।

(*b*) समग्र सफलता दर 50% से नीचे है।

(*c*) महिलाओं की अपेक्षा पुरुष अधिक संख्या में सफल रहे।

(*d*) उपर्युक्त (*a*) और (*b*) दोनों सही हैं।

निम्नलिखित 8 (आठ) प्रश्नांशों के लिए निर्देशः

निम्नलिखित सात परिच्छेदों को पढ़िए और उनके नीचे आने वाले प्रश्नांशों के उत्तर दीजिए। इन प्रश्नांशों के आपके उत्तर केवल परिच्छेदों पर ही आधारित होने चाहिए।

परिच्छेद - 1

अपेक्षाकृत समृद्ध राज्यों की यह ज़िम्मेदारी बनती है कि वे कार्बन उत्सर्जन को कम करें और स्वच्छ ऊर्जा उत्पादन में निवेश को प्रोत्साहित करें। ये वे राज्य हैं, जिनको बिजली उपलब्ध है, जिनका विकास अपेक्षाकृत तीव्र गति से हुआ है और जिनकी प्रति व्यक्ति आय अब उच्च है, जिस कारण वे भारत को पर्यावरण-अनुकूली बनाने का भार वहन करने हेतु सक्षम हुए हैं। दिल्ली, उदाहरण के लिए, इस रूप में मदद कर सकती है कि वह छतों के ऊपर सौर पैनल के प्रयोग से अपने स्वयं के उपयोग की स्वच्छ बिजली उत्पादित करे या वह निर्धन राज्यों को उनकी स्वच्छ ऊर्जा परियोजनाओं के लिए वित्तपोषण करके भी मदद कर सकती है। यह कोई छिपी हुई बात नहीं है कि राज्य विद्युत बोर्ड, जो वितरण परिपथ-जाल (डिस्ट्रिब्यूशन नेटवर्क) के 95% भाग को नियंत्रित करते हैं, अत्यधिक गहरे घाटे में डूबे हुए हैं। ये घाटे आगे राज्य के सेवा-प्रदाताओं (यूटिलिटीज़) को नवीकरणीय ऊर्जा को अपनाने से हतोत्साहित करते हैं क्योंकि नवीकरणीय ऊर्जा को अपनाना जीवाश्मी ईंधनों को अपनाने से अधिक महँगा है।

41. निम्नलिखित में से कौन-सी ***सर्वाधिक तार्किक और युक्तिसंगत पूर्वधारणा*** उपर्युक्त परिच्छेद से बनाई जा सकती है?

(*a*) अपेक्षाकृत समृद्ध राज्यों को नवीकरणीय ऊर्जा उत्पादित करने और अपनाने में अग्रणी होना चाहिए।

(*b*) निर्धन राज्यों को विद्युत के सदा समृद्ध राज्यों पर निर्भर रहना पड़ता है।

(*c*) राज्य विद्युत बोर्ड स्वच्छ ऊर्जा परियोजनाओं को अपनाकर अपनी वित्तीय स्थिति में सुधार ला सकते हैं।

(*d*) समृद्ध और निर्धन राज्यों के बीच अत्यधिक आर्थिक असमानता, भारत में अधिक कार्बन उत्सर्जन का प्रमुख कारण है।

परिच्छेद - 2

'स्टेंच ऑफ केरोसीन', ग्रामीण पृष्ठभूमि में सजाई गई, अनेक वर्षों से विवाहित किंतु निःसंतान दम्पति गुलेरी और मानक की कहानी है। मानक की माँ खानदान के नाम को आगे जारी रखने हेतु एक पोता पाने के लिए तड़प रही है। अतः वह गुलेरी की गैर-मौजूदगी में मानक का पुनर्विवाह करा देती है। मानक को, जो अनिच्छुक और निष्क्रिय दर्शक सा बना रहता है, इस बीच उसका एक मित्र सूचित करता है कि गुलेरी ने पति के दूसरे विवाह की बात सुनकर अपने कपड़ों पर केरोसीन डाल कर आग लगा ली थी। इससे मानक का दिल टूट जाता है और वह एक मुर्दा इन्सान की तरह जीवन व्यतीत करने लगता है। जब उसकी दूसरी पत्नी एक पुत्र को जन्म देती है, तो मानक बच्चे को बहुत देर तक घूरता रहता है और फिर फूट पड़ता है, "इसे यहाँ से दूर करो। इससे केरोसीन की दुर्गंध आती है।"

42. यह संवेदनशील समस्या-आधारित कहानी पाठकों को किसके बारे में जागरुक करने का प्रयास करती है?

(*a*) पुरुषवाद (मेल शोविनिज़्म) और अन्यगम (इनफिडेलिटी)

(*b*) प्यार और विश्वासघात

(*c*) महिलाओं के लिए विधिक संरक्षण की कमी

(*d*) पितृतंत्रात्मक मनोवृत्ति का प्रभाव

परिच्छेद - 3

सरकार का चरम लक्ष्य डराकर शासन करना या नियंत्रण करना नहीं है, और न ही आज्ञाकारिता की अपेक्षा रखना है, बल्कि उसके विपरीत, प्रत्येक व्यक्ति को डर से मुक्त करना है जिससे वह हर तरह से संभव सुरक्षित जीवन जी सके। दूसरे शब्दों में लोगों के, बिना खुद को या दूसरो को हानि पहुँचाए, अस्तित्व बनाए रखने और काम करने के नैसर्गिक अधिकार को सशक्त करना है। सरकार का उद्देश्य लोगों को विवेकशील व्यक्तियों से बदल कर उन्हें पशु या कठपुतलियाँ बनाना नहीं है। सरकार को

इस प्रकार सहायक होना चाहिए कि लोग सुरक्षित महसूस करते हुए अपनी बृद्धि और शरीर को विकसित करने और मुक्त हो कर अपने विवेक का प्रयोग करने में समर्थ बन सकें।

43. निम्नलिखित में से कौन-सा ***सर्वाधिक तार्किक और युक्तिसंगत अनुमान (इनफेरेंस)*** उपर्युक्त परिच्छेद से निकाला जा सकता है?

(*a*) सरकार का वास्तविक लक्ष्य नागरिकों की सामाजिक एवं राजनीतिक स्वतंत्रता सुरक्षित करना है।

(*b*) सरकार का प्राथमिक सरोकार अपने सभी नागरिकों को पूर्ण सामाजिक सुरक्षा प्रदान करना है।

(*c*) सर्वश्रेष्ठ सरकार वह है जोनागरिकों को जीवन के सभी विषयों में पूर्ण स्वतंत्रता देती है।

(*d*) सर्वश्रेष्ठ सरकार वह है जो देश के लोगों को पूर्ण शारीरिक सुरक्षा प्रदान करती है।

परिच्छेद – 4

हमारे नगर निगमों में कर्मचारियों की कमी है। कर्मचारियों के कौशलों और सक्षमताओं का मुद्दा और भी बड़ी चुनौती खड़ी करता है। शहरी सेवाओं के प्रदान किए जाने की और आधारित संरचना की योजना बनाना और निष्पादित करना बहुत जटिल कार्य है। इनके लिए उच्च कोटि की विशेषज्ञता और वृत्ति-दक्षता (प्रोफेशनलिज़्म) की आवश्यकता है। वर्तमान में जिस ढाँचे के अंतर्गत नगर निगमों में वरिष्ठ प्रबंधकों समेत कर्मचारियों की भरती की जा रही है, उसमें अपेक्षित तकनीकी और प्रबंधकीय सक्षमताओं के लिए पर्याप्त रूप से प्रावधान नहीं हैं। काडर और भरती नियम सिर्फ न्यूनतम शैक्षिक योग्यताओं का निर्धारण करते हैं। उनमें प्रबंधकीय या तकनीकी सक्षमताओं का, या संगत कार्य अनुभव का, कोई उल्लेख नहीं होता। अधिकांश नगर निगमों की यही स्थिति है। उनका संगठनीय अभिकल्प (डिज़ाइन) और संरचना भी कमज़ोर है।

44. निम्नलिखित में से कौन-सी ***सर्वाधिक तार्किक और युक्तिसंगत पूर्वधारण (अज़म्प्शन)*** उपर्युक्त परिच्छेद से बनाई जा सकती है?

(*a*) शहरी सेवाओं के प्रदान किए जाने का कार्य बहुत जटिल मुद्दा है, जिसके लिए पूरे देश में नगर निकायों के संगठन-विस्तार की आवश्यकता है।

(*b*) हमारे शहर बेहतर गुणतायुक्त जीवन उपलब्ध करा सकते हैं यदि हमारे स्थानीय शासकीय निकायों के पास अपेक्षित कौशल और सक्षमताओं वाले यथेष्ट कर्मचारी हों।

(*c*) कौशलयुक्त कर्मचारियों की कमी ऐसी संस्थाओं के अभाव के कारण है जो नगर प्रबंधन में अपेक्षित कौशल प्रदान करें।

(*d*) हमारा देश तीव्रता से हो रहे शहरीकरण की समस्याओं के प्रबंधन के लिए जनांकिकीय लाभांश (डेमोग्राफिक डिविडेंड) का लाभ नहीं उठा रहा है।

परिच्छेद – 5

वनों में बड़े झुण्डों में रहने वाले फ्लेमिंगो सामाजिक और अत्यंत निरष्ठावान होते हैं। वे समूह संगम नृत्य करते हैं। नर और मादा पक्षी अपने चूज़ों से बहुत प्यार करते हैं, और जब नर और मादा दोनों भोजन की तलाश में दूर उड़ जाते हैं तब सुरक्षर के लिए उन चुज़ों को क्रेशों (crèches) में एकत्र रख जाते हैं।

45. निम्नलिखित में से कौन-सा, उपर्युक्त परिच्छेद का ***सबसे तर्कसंगत उपनिगमन (कोरोलरी)*** है?

(*a*) सभी स्पीशीज़ के पक्षियों में सामूहिक नीड़न (मास नेस्टिंग) अनिवार्य है ताकि उनकी संततियाँ पूरी तरह जीवित बनी रहें।

(*b*) सिर्फ पक्षियों में सामाजिक व्यवहार विकसित करने की क्षमता होती है अतः वे अपने चूज़ों को सुरक्षापूर्वक पालने के लिए सामूहिक नीड़न अपना सकते हैं।

(*c*) कुछ स्पीशीज़ के पक्षियों में सामाजिक व्यवहार, असुरक्षित विश्व में जीवित बने रहने की विषमताओं को बढ़ा देता है।

(*d*) सभी स्पीशीज़ के पक्षी अपने चूज़ों को सामाजिक व्यवहार और निष्ठा सित्राने के लिए क्रेशों (crèches) की स्थापना करते हैं।

परिच्छेद – 6

बहुत बड़ी संख्या में ऐसे भारतीय नागरिक ग्रामीण क्षेत्रों में रहते हैं जिनके बैंक खाते नहीं हैं। ये वित्तीय और प्रकार्यात्मक (फंक्शनल) रूप से अशिक्षित हैं, और प्रौद्योगिकी के साथ इनका अनुभव नगण्य है। एक विशेष क्षेत्र में, जहाँ महात्मा गाँधी राष्ट्रीय ग्रामीण रोज़गार गारन्टी योजना (MGNREGS) के अंतर्गत इलेक्ट्रॉनिक भुगतान के रूप में मज़दूरी सीधे निर्धनों को दी जानी होती है, एक अनुसंधानपरक अध्ययन किया गया। यह पाया गया कि मज़दूरी प्राप्त करने वाले प्रायः यह मान लेते हैं कि इस प्रक्रिया में गाँव के नेता की मध्यस्थता आवश्यक है, जैसा कि पूर्व में काग़ज़ों पर आधारित व्यवस्था में होता था। इस अनुसंधानपरक अध्ययन के अंतर्गत, कम से कम एक बैंक खाता रखने का दावा करने वाले परिवारों में से एक तिहाई से अधिक परिवारों ने बताया कि वे अभी भी MGNREGS की मज़दूरी नकद रूप में सीधे गाँव के नेता से प्राप्त कर रहे हैं।

46. उपर्युक्त परिच्छेद में निहित **सर्वाधिक तार्किक, तर्कसंगत और महत्वपूर्ण संन्देश क्या है?**

(*a*) MGNREGS का प्रसार सिर्फ़ उन तक किया जाना चाहिए जिनके पास बैंक खाता है।

(*b*) वर्तमान परिदृश्य में काग़ज़ों पर आधारित भुगतान व्यवस्था इलेक्ट्रॉनिक भुगतान व्यवस्था से अधिक दक्ष है।

(*c*) मज़दूरी के इलेक्ट्रॉनिक भुगतान का लक्ष्य गाँव के नेताओं की मध्यस्थता को समाप्त करना नहीं था।

(*d*) ग्रामीण निर्धनों को वित्तीय साक्षरता उपलब्ध कराना आवश्यक है।

परिच्छेद - 7

मानव विकास को संवर्धित करने वाले व्यक्ति, समूह और नेता कड़ी संस्थागत, संरचनात्मक और राजनीतिक बाध्यताओं के अंतर्गत कार्य करते है जिनसे नीति के विकल्प प्रभावित होते हैं। किंतु अनुभव यह सुझाव देता है कि मानव विकास हेतु एक उपयुक्त कार्यसूची को आकार देने के लिए व्यापक सिद्धांतों की आवश्यकता होती है। अनेक दशकों के मानव विकास के अनुभव से इस एक महत्वपूर्ण बात का पता लगा है कि आर्थिक संवृद्धि पर ही अनन्य रूप से ध्यान केंद्रित करने से समस्याएँ उत्पन्न होती है। हमारे पास स्वास्थ्य और शिक्षा को उन्नत करने के तरीकों की अच्छी जानकारी तो है, लेकिन संवृद्धि किन कारणों से होती है इसे समझने में काफी कमी है और संवृद्धि प्रायः भ्रामक है। साथ ही, संवृद्धि पर असंतुलित रूप से बल देने से प्रायः पर्यावरण पर नकारात्मक परिणाम और वितरण में प्रतिकूल प्रभाव होते हैं। संवृद्धि के प्रभावशाली कीर्तिमान वाला चीन का अनुभव, इन व्यापक सरोकारों को प्रतिबिंबित करता है और मानव विकास के ग़ैर-आय पहलुओं में निवेश को प्रमुखता देने वाले संतुलित दृष्टिकोणों के साथ आगे बढ़ने के महत्व पर बल देता है।

47. उपर्युक्त परिच्छेद के सन्दर्भ में, निम्नलिखित कथनों पर विचार कीजिए:

1. विकासशील देशों में, मानव विकास और नीति विकल्पों के लिए मजबूत संस्थागत संरचना ही एकमात्र आवश्यकता है।
2. मानव विकास और आर्थिक संवृद्धि सदैव सकारात्मक रूप से परस्पर संबंधित नहीं हैं।
3. केवल मानव विकास पर ही बल देना, आर्थिक संवृद्धि का लक्ष्य होना चाहिए।

उपर्युक्त कथनों में से कौन-सा/से सही है/हैं?

(*a*) केवल 1 (*b*) केवल 2 और 3

(*c*) केवल 2 (*d*) 1, 2 और 3

48. उपर्युक्त परिच्छेद के सन्दर्भ में, निम्नलिखित धारणाएँ बनाई गई है :

1. आर्थिक असमानता में कमी सुनिश्चित करने के लिए उच्चतर आर्थिक संवृद्धि अनिवार्य है।
2. पर्यावरण का निम्नीकरण, कभी-कभी आर्थिक संवृद्धि का ही परिणाम होता है।

उपर्युक्त में से कौन-सी वैध धारणा/धारणाएँ है/हैं?

(*a*) केवल 1 (*b*) केवल 2

(*c*) 1 और 2 दोनों (*d*) न तो 1, न ही 2

49. यदि A, B से कम तेज दौड़ता है, और B, C के बराबर चाल से, लेकिन उससे अधिक तेज़ नहीं दौड़ता है; तो A की तुलना में C कैसे दौड़ता है?

(*a*) A से धीमा

(*b*) A से तेज

(*c*) A के बराबर चाल

(*d*) निर्धारित करने के लिए दिए गए आँकड़े अपर्याप्त हैं

50. A, B, C और D में प्रत्येक के पास ₹100 हैं। A, B को ₹20 देता है, जो C को ₹10 देता है, जिसे D से ₹30 मिलते हैं। इस सन्दर्भ में, निम्नलिखित में से कौन-सा एक कथन सही **नहीं** है?

(*a*) C सबसे धनाढ्य है।

(*b*) D सबसे निर्धन है।

(*c*) A और D के पास मिलाकर जितने रुपए हैं, C के पास उससे अधिक रुपए हैं।

(*d*) B, D से अधिक धनवान है।

51. किसी नगर में, 45% लोग पत्रिका A पढ़ते हैं, 55% लोग पत्रिका B पढ़ते हैं, 40% लोग पत्रिका C पढ़ते हैं, 30% लोग पत्रिका A और B पढ़ते हैं, 15% लोग पत्रिका B और C पढ़ते हैं, 25% लोग पत्रिका A और C पढ़ते हैं; और 10% लोग सभी तीनो पत्रिकाएँ पढ़ते हैं। कितने प्रतिशत लोग कोई पत्रिका *नहीं* पढ़ते?

(*a*) 10% (*b*) 15%

(*c*) 20% (*d*) 25%

52. निम्नलिखित कथनों की परीक्षा कीजिए :

1. भिंडी, बंदगोभी से अधिक स्वादिष्ट होती है।
2. फूलगोभी, भिंडी से अधिक स्वादिष्ट होती है।
3. बंदगोभी, मटर से अधिक स्वादिष्ट नहीं होती।

इन कथनों से यह निष्कर्ष निकाला जा सकता है कि

(*a*) मटर उतनी ही स्वादिष्ट होती है जितनी भिंडी।

(*b*) मटर उतनी ही स्वादिष्ट होती है जितनी फूलगोभी और भिंडी।

(*c*) इन चारों सब्ज़ियों में बंदगोभी सबसे कम स्वादिष्ट होती है।

(*d*) फूलगोभी, बंदगोभी से अधिक स्वादिष्ट होती है।

53. शाहिद और रोहित एक ही स्थान से, विपरीत दिशाओं में चलना प्रारम्भ करते हैं। प्रत्येक 1 किमी के बाद, शाहिद हमेशा बाएँ मुड़ता है और रोहित हमेशा दाएँ मुड़ता है। निम्नलिखित में से कौन-सा कथन सही है?

(*a*) उन दोनों के बीच, उनके 2 किमी चल लेने के बाद, दूरी 4 किमी है।

(*b*) वे, प्रत्येक के 3 किमी चल लेने के बाद, मिलते हैं।

(*c*) वे, प्रत्येक के 4 किमी चल लेने के बाद, पहली बार मिलते हैं।

(*d*) वे फिर कभी मिले बिना ही, चलते रहते हैं।

54. 500 मीटर की दौड़ में, B, A से 45 मीटर आगे से प्रारम्भ करता है, लेकिन A दौड़ जीत जाता है जबकि B अभी भी 35 मीटर पीछे रहता है। यह मानते हुए कि दोनों एक ही समय दौड़ना प्रारम्भ करते हैं, A की चाल का B की चाल से, अनुपात क्या है?

(*a*) 25 : 21 (*b*) 25 : 20

(*c*) 5 : 3 (*d*) 5 : 7

55. एक ही प्रकार के दो समरूप गिलास क्रमशः 1/3 और 1/4 दूध से भरे हैं। तब इन गिलासों को पूरा होने तक पानी से भरा गया, और गिलासों में भरे हुए द्रव (मिश्रण) को एक पात्र में मिला दिया गया। इस पात्र में दूध और पानी का अनुपात क्या है?

(*a*) 7 : 17 (*b*) 1 : 3

(*c*) 9 : 21 (*d*) 11 : 23

56. एक परीक्षा में शामिल 130 विद्यार्थियों में से, 62 विद्यार्थी अंग्रेजी में अनुत्तीर्ण हुए, 52 विद्यार्थी गणित में अनुत्तीर्ण हुए, जबकि 24 विद्यार्थी अंग्रेजी और गणित दोनों में अनुत्तीर्ण हुए। अन्तिम रूप से उत्तीर्ण होने वाले विद्यार्थियों की संख्या क्या है?

(*a*) 40 (*b*) 50

(*c*) 55 (*d*) 60

57. किसी बस में यात्रा करने वाले व्यक्तियों के एक समूह में, 6 व्यक्ति तमिल बोल सकते हैं, 15 व्यक्ति हिन्दी बोल सकते हैं और 6 व्यक्ति गुजराती बोल सकते हैं। उस समूह में कोई भी व्यक्ति कोई अन्य भाषा नहीं बोल सकता है। यदि इस समूह के 2 व्यक्ति केवल दो भाषाएँ बोल सकते हैं और एक व्यक्ति सभी तीनों भाषाएँ बोल सकता है, तब इस समूह में कुल कितने व्यक्ति हैं?

(*a*) 21 (*b*) 22

(*c*) 23 (*d*) 24

58. किसी पार्किंग क्षेत्र में, सभी कारों (चार-पहिया वाहन) और स्कूटरों/मोटर साइकिलों (दो-पहिया वाहन) के पहियों की कुल संख्या, पार्क किए गए वाहनों की संख्या के दुगुने से 100 ज़्यादा है। पार्क की गई कारों की संख्या क्या है?

(*a*) 35 (*b*) 45

(*c*) 50 (*d*) 55

59. मैन्ग्रोव वनों में प्रति वर्ष प्रति एकड़ टनों पत्तियाँ झड़ सकती हैं; कवक और जीवाणु पत्तियों के इस ढेर का अपघटन कर उनका उपभोग कर जाते हैं, उन्हें नन्ही कृमियाँ और क्रस्टेशियाई खा जाते हैं, जो तत्पश्चात् छोटी मछलियों का भोजन बनती हैं, फिर ये भी बड़ी मछलियों, पक्षियों और मगरों का भोजन बन जाती हैं।

निम्नलिखित में से कौन-सा एक, उपर्युक्त **कथन** का **सर्वाधिक तार्किक अनुमान (इनफेरेंस)** है?

(*a*) मैन्ग्रोव वनों के बिना तटीय क्षेत्रों में आहार श्रृंखलाएँ नही बन सकती।

(*b*) मैन्ग्रोव वन सभी समुद्री पारितंत्रों (ईकोसिस्टम्स) के अनिवार्य घटक हैं।

(*c*) कतिपय समुद्रतटीय खाद्य श्रृंखलाओं में मैन्ग्रोव वनों की निर्णायक भूमिका होती है।

(*d*) समुद्री वनस्पतिजात और प्राणिजात का संघटन मुख्यतः मैन्ग्रोव वनों द्वारा निर्धारित होता है।

60. "स्वतन्त्रता से मेरा आशय एक ऐसा वातावरण इच्छुक रूप से बनाए रखने से है जिसमें सभी मनुष्यों को अपने सर्वश्रेष्ठ रूप में होने का अवसर मिले।''

निम्नलिखित में से कौन-सा एक, उपर्युक्त कथन में **निहित दृष्टिकोण** को व्यक्त करता है?

(*a*) स्वतन्त्रता मानवीय कार्यकलाप पर नियंत्रण का अभाव है।

(*b*) स्वतन्त्रता वह है, जिसे निष्पादित करने के लिए लोगों को विधि की अनुज्ञा प्राप्त है।

(*c*) स्वतन्त्रता मनचाहे कार्य करने का सामर्थ्य है।

(*d*) स्वतन्त्रता मानव व्यक्तित्व की संवृद्धि के लिए आवश्यक दशाओं को बनाए रखना है।

निम्नलिखित 8 (आठ) प्रश्नांशों के लिए निर्देशः

निम्नलिखित **छह परिच्छेदों** को पढ़िए और उनके नीचे आने वाले प्रश्नांशों के उत्तर दीजिए। इन प्रश्नांशों के आपके उत्तर केवल इन परिच्छेदों पर ही आधारित होने चाहिए।

परिच्छेद – 1

मानव इतिहास ऐसे दावों और सिद्धांतों से भरा पड़ा है, जो शासन करने का अधिकार केवल कुछ चुनिंदा नागरिकों तक सीमित करते हैं। अधिकांश लोगों को इसमें शामिल ने करना इस आधार पर न्यायाचित ठहराया गया है कि मानव को, समाज की भलाई और राजनीतिक प्रक्रिया की व्यवहार्यता के लिए, न्यायसंगत रूप से पृथक्कृत किया जा सकता है।

61. निम्नलिखित कथनों में से कौन-सा एक; उपर्युक्त परिच्छेद में युक्ति (आर्गुमेंट) के एक अंश के रूप में **न्यूनतम आवश्यक** है?

(*a*) मानव, उसे प्रभावित करने वाली बाह्य वस्तुओं पर नियंत्रण पाने का प्रयास करता है।

(*b*) समाज में, 'अधिमानव (सुपरह्यूमन)' और 'अवमानव (सबह्यूमन)' होते हैं।

(*c*) सर्वजनीय नागरिक भागीदारी में अपवाद, पूरे तंत्र की क्षमता के लिए सहायक है।

(*d*) शासन करने में यह मान्यता निहित है कि अलग-अलग व्यक्तियों की क्षमताओं में असमानताएँ होती हैं।

परिच्छेद – 2

वर्ष 2050 तक, पृथ्वी पर जनसंख्या संभावित रूप से सात अरब (बिलियन) से बढ़ कर नौ अरब हो चुकी होगी। उन सबका पेट भरने के लिए - उपयोग के बदलते हुए प्रतिरूपों, जलवायु परिवर्तन, और कृषि-योग्य भूमि तथा पेय जल की सीमित मात्रा को ध्यान में रखते हुए - कुछ विशेषज्ञों का कहना है कि खाद्य उत्पादन दुगुना करना पड़ेगा। हम इसे किस प्रकार उपलब्ध कर सकते हैं? विशेषज्ञ कहते हैं कि अपेक्षाकृत अधिक उपज देने वाली फ़सलों की किस्में तथा कृषि के अपेक्षाकृत अधिक कुशल तरीके निर्णायक होंगे। इसी प्रकार संसाधनों को कम-से-कम व्यर्थ जाने देना भी निर्णायक होगा। विशेषज्ञों का आग्रह है कि नगरों की अपशिष्ट जलधाराओं (वेस्ट

स्ट्रीम) से पोषक-तत्वों और जल को पुनः प्राप्त किया जाए, एवम् कृषि भूमि का संरक्षण करें। वे कहते हैं कि निर्धन राष्ट्र अपने फ़सल भंडारण एवं पैकेजिंग में सुधार कर सकते है और समृद्ध राष्ट्र मांस जैसे संसाधन-सघन (रिसोर्स-इन्टेन्सिव) खाद्यों में कटौती कर सकते हैं।

62. निम्नलिखित कथनों में से कौन-सा एक, उपर्युक्त परिच्छेद का **सर्वोत्तम सारांश** रूप प्रस्तुत करता है?

(*a*) विश्व की जनसंख्या बहुत तेज़ी से बढ़ रही है।

(*b*) खाद्य सुरक्षा केवल विकासशील देशों में ही एक चिरस्थायी समस्या है।

(*c*) खाद्य के सन्निकट अभाव को पूरा करने के लिए विश्व के पास पर्याप्त संसाधन नहीं हैं।

(*d*) खाद्य सुरक्षा एक लगातार बढ़ती हुई सामूहिक चुनौती है।

परिच्छेद – 3

भारत में अनेक लोगों का यह विचार है किम यदि हम शस्त्र-निर्माण पर अपने रक्षा व्यय को कम कर दें, तब हम अपने पड़ोसियों के साथ शांति का वातावरण बना सकते हैं, जिससे उत्तरोत्तर संघर्ष कम होगा अथवा युद्ध-मुक्त स्थिति बनेगी। जो लोग इस प्रकार के विचार घोषित करते हैं, वे बनेगी। जो लोग इस प्रकार के विचार घोषित करते हैं, वे या तो युद्ध पीड़ित है अथवा मिथ्या तर्क फैलाने वाले हैं।

63. उपर्युक्त परिच्छेद के संदर्भ में, निम्नलिखित में से कौन-सी एक **सर्वाधिक वैध पूर्वधारणा (अज़म्प्शन)**, है?

(*a*) हमारे शस्त्र-प्रणालियों के निर्माण से हमारे पड़ोसी हमारे विरुद्ध युद्ध के लिए उत्तेजित हुए हैं।

(*b*) हम शस्त्र-निर्माण पर जितना अधिक व्यय करेंगे, हमारे पड़ोसियों के साथ सशस्त्र संघर्ष की संभावना उतनी ही कम होगी।

(*c*) राष्ट्रीय सुरक्षा के लिए यह आवश्यक है कि हमारे पारा अत्याधुनिक शस्त्र-प्रणालियाँ हों।

(*d*) भारत में अनेक लोगों का विश्वास है कि हम शस्त्र-निर्माण में अपने संसाधनों का अपव्यय कर रहे हैं।

परिच्छेद – 4

विश्व की बाल मृत्यु में लगभग पाँचवाँ भाग भारत का है। संख्या के आधार पर, यह दुनिया में सर्वाधिक बाल मृत्यु है – लगभग 16 लाख प्रति वर्ष। इनमें से, आधे से अधिक की जीवन के प्रथम मास में ही मृत्यु हो जाती है। जैसा कि अधिकारियों का विश्वास है, इसका कारण यह है कि स्तनपान और प्रतिरक्षीकरण (इम्यूनाइज़ेशन) से संबंधित आधारभूत स्वास्थ्य आचरणों के प्रसार के लिए कदम नहीं उठाए गए हैं। साथ ही, 2-6 करोड़ की विशाल गर्भधारण-योग्य जनसंख्या गर्भावस्था तथा प्रसव-पश्चात् के संकटपूर्ण समय के दौरान देखभाल से वंचित भी बनी रहती है। इनमें बाल विवाहों का प्रचलन, युवतियों में अरक्तता (अनीमिया) तथा किशोरवस्था की स्वच्छता पर विशेष ध्यान न होना भी शामिल है, जो सभी बाल मृत्यु दरों को प्रभावित करते हैं।

64. उपर्युक्त परिच्छेद से, कौन-सा **निर्णायक अनुमान (इनफेरेंस)** निकाला जा सकता है?

(*a*) बहुत से भारतीय निरक्षर है इसलिए आधारभूत स्वास्थ्य आचरणों का मूल्य नहीं पहचानते हैं।

(*b*) भारत की जनसंख्या अति विशाल है और केवल सरकार ही लोक स्वास्थ्य सेवाओं का प्रबंधन नहीं कर सकती।

(*c*) मातृ स्वास्थ्य तथा बाल स्वास्थ्य सेवाओं को एकीकृत करने और सबको सुलभ कराने से इस समस्या को प्रभावी रूप से हल किया जा सकता है।

(*d*) गर्भणारण-योग्य महिलाओं का पोषण बाल मृत्यु दर को प्रभावित नहीं करता।

परिच्छेद – 5

खाद्य पदार्थ, उनको खाने वाले मनुष्यों की अपेक्षा, अधिक यात्रा करते हैं। किराना भण्डार और सुपर बाज़ार परिरक्षित (प्रिज़र्व्ड) और प्रसंस्कृत (प्रॉसेस्ड) खाद्य पदार्थो से भरे पड़े हैं। तथापि, प्रायः उससे पर्यावरणीय खतरे भी बढ़ते हैं, जैसे लम्बी दूरी तक खाद्य पदार्थो के परिवहन से होने वाला प्रदूषण तथा प्रसंस्करण एवं परिवहन के दौरान खाद्य पदार्थ का व्यर्थ जाना, वर्षा-प्रचुर वनों का विनाश, पोषक अंश में कमी, परिरक्षण और पैकेजिंग की बढ़ी हुई माँग। खाद्य असुरक्षा भी बढ जाती है क्योंकि ये उत्पाद उन क्षेत्रों से आते हैं जो अपनी जनसंख्या को उपयुक्त खाद्य पदार्थ नहीं खिला पाते।

65. उपर्युक्त परिच्छेद के सन्दर्भ में, निम्नलिखित में से कौन-सा/से कथन सही है/हैं?

1. क्षेत्रीय रूप से उगाए गए खाद्य पदार्थो का उपभोग करना और लंबी यात्रा से लाए गए खाद्य पदार्थो पर निर्भर न होना पर्यावरण-अनुकूली व्यवहार का एक हिस्सा है।
2. खाद्य प्रसंस्करण (प्रोसेसिंग) उद्योग हमारे प्राकृतिक संसाधनों (रिसोर्सेज़) पर बोझ डालता है।

नीचे दिए गए कूट का प्रयोग कर सही उत्तर चुनिए:

(*a*) केवल 1 (*b*) केवल 2

(*c*) 1 और 2 दोनों (*d*) न तो 1, न ही 2

परिच्छेद – 6

मैं पक्के तौर पर कह सकता हूँ कि मेरे स्वाभाविक शर्मीलेपन के कारण, सिवाय यदा-कदा हास्य का पात्र बने जाने के, मेरा किसी भी तरह और कोई नुकसार नहीं हुआ। वास्तव में, आज मुझे लगता है, कि इसके विपरीत, मुझे कुछ फायदा ही हुआ। बोलने का जो संकोच मुझे पहले कष्टकर था, वह अब सुखकर है। इसका सबसे बड़ा लाभ तो यह हुआ कि इसने मुझे शब्दों की मितव्ययिता सिखाई। मुझे अपने विचारों पर काबू रखने की आदत सहज ही पड़ गई। और अब में खुद को यह प्रमाण-पत्र दे सकता हूँ कि मरी जीभी या कलम से बिना विचारे शायद ही कोई शब्द निकलता हो। मुझे याद नहीं पड़ता कि अपने भाषण या लेख के किसी अंश के लिए मुझे कभी पछताना पड़ा हो। इस तरह मैं अनेक

खतरों से बचा हूँ और मेरा बहुत-सा समय बचा है। अनुभव ने मुझे यह सिखाया है कि सत्य के उपासक के लिए मौन उसके आध्यात्मिक अनुशासन का अंग है। मनुष्य की यह स्वाभाविक कमजोरी है कि वह जाने-अनजाने में अक्सर बढ़ा-चढ़ा कर बोलता है अथवा जो कहने योग्य है उसे छिपाता है या भिन्न रूप में कहता है। इस पर विजय पाने के लिए मौन आवश्यक है। कम बोलने वाला बिना विचारे न बोलेगा; अपने प्रत्येक शब्द को तौलेगा। हम देखते हैं कि बहुत से मनुष्य बोलने के लिए आतुर रहते हैं। किसी बैठक का ऐसा कोई सभापति न होगा जिसे बोलने की अनुमति माँगने वाली चिटों से परेशान न होना पड़ा हो। और जब भी बोलने का समय दिया जाता है तो वक्ता आमतौर पर समय-सीमा से आगे बढ़ जाता है, और अधिक समय की माँग करता है, और बिना इजाज़त के भी बोलता रहता है। इस सारे बोलने से दुनिया को कोई लाभ हुआ हो ऐसा शायद ही कहा जा सकता है। यह समय का घोर अपव्यय है। मेरी लज्जाशीलता दरअसल मेरी ढाल और आड़ ही बनी रही। उससे मुझे परिपक्व होने का लाभ मिला। सत्य को पहचानने में मुझे उससे सहायता मिली।

66. लेखक कहता है कि उसकी जीभ या कलम से बिना विचारे शायद ही कोई शब्द निकलता हो। निम्नलिखित में से कौन-सा एक, इसका वैध कारण नहीं है?

(*a*) अपना समय बर्बाद करने का उसका कोई इरादा नहीं है।

(*b*) वह शब्दों की मितव्ययिता में विश्वास करता है।

(*c*) वह अपने विचारों पर काबू रखने में विश्वास करता है।

(*d*) उसे बोलने में संकोच होता है।

67. लेखक के अनेक ख़तरों से बचे रहने का सर्वाधिक उपयुक्त कारण क्या है?

(*a*) वह बिना विचारे शायद ही कोई शब्द बोलता या लिखता है।

(*b*) वह अत्यंत धैर्यशाली व्यक्ति है।

(*c*) उसका विश्वास है कि वह एक आध्यात्मिक व्यक्ति है।

(*d*) वह सत्य का उपासक है।

68. लेखक के लिए, किस पर विजय पाने के लिए मौन आवश्यक है?

(*a*) स्वाभाविक शर्मीलापन

(*b*) बोलने में संकोच

(*c*) विचारों पर काबू रखना

(*d*) बढ़ा-चढ़ा कर बोलने की प्रवृति

69. बारह व्यक्ति अपना एक क्लब बना लेते हैं। महीने में एक बार, पर्ची निकाल कर, उनमें से एक व्यक्ति सभी के लिए रात्रिभोज की मेज़बानी करेगा। एक वर्ष में किसी विशेष सदस्य की कितनी बार रात्रिभोज की मेज़बानी करनी होगी?

(*a*) एक

(*b*) शून्य

(*c*) तीन

(*d*) पूर्वानुमान नहीं लगाया जा सकता

70. एक मोटर गाड़ी के मालिक ने, पेट्रोल की क़ीमतें बढ़ने पर, अपने मासिक पेट्रोल का उपभोग कम कर दिया। क़ीमत-उपभोग सम्बन्ध इस प्रकार है:

क़ीमत (₹ प्रति लीटर में) 40 50 60 75

मासिक उपभोग (लीटर में)60 48 40 32

यदि क़ीमत बढ़ कर ₹80 प्रति लीटर तक हो जाए, तो उसका अनुमानित उपभोग (लीटर में) क्या होगा?

(*a*) 30 (*b*) 28

(*c*) 26 (*d*) 24

71. नीचे दी गई आकृतियों पर विचार कीजिए:

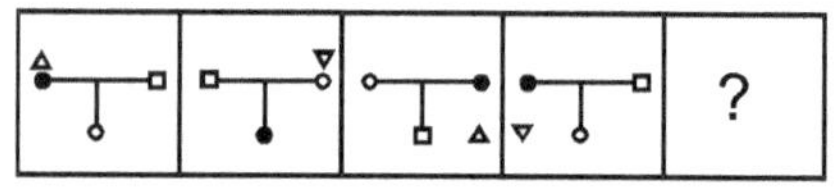

वह सही उत्तर क्या है जो प्रश्न-चिन्ह के स्थान पर उपयुक्त होगा?

(*a*) 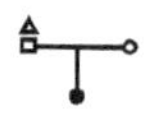 (*b*) 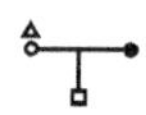

(*c*) 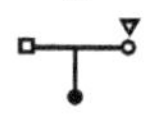 (*d*) 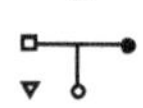

72. नीचे दिए गए आव्यूह पर विचार कीजिए :

3	8	10	2	?	1
6	56	90	2	20	0

आव्यूह में प्रश्न-चिन्ह ('?') वाले खाने में लुप्त संख्या क्या है?

(*a*) 5 (*b*) 0

(*c*) 7 (*d*) 3

73. श्रेणी 7, X, 21, 31, 43 में लुप्त संख्या 'X' क्या है?

(*a*) 11 (*b*) 12

(*c*) 13 (*d*) 14

74. नीचे दी गई आकृति में विशिष्ट आकारों वाले चार गत्ते के टुकड़े दिखाए गए है :

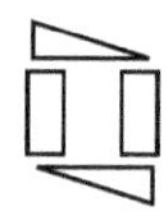

इन टुकड़ों को एक साथ जोड़ कर, नीचे दी गई आकृतियों में से कौन-सी एक आकृति बनाई जा सकती है?

(*a*) 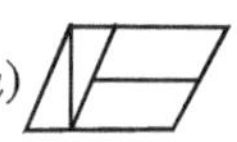 (*b*) 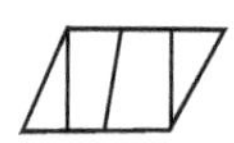

(*c*) 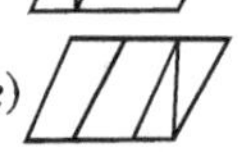 (*d*) 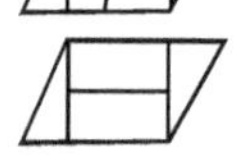

75. एक परीक्षा में, किसी परीक्षार्थी ने केवल 8 प्रश्नों को हल करने का प्रयत्न किया और प्रत्येक प्रश्न में 50% अंक प्राप्त किए। यदि उसने उस परीक्षा में कुल 40% अंक प्राप्त किए और परीक्षा के सभी प्रश्नों के अंक बराबर थे, तब उस परीक्षा में कितने प्रश्न थे?

(*a*) 8 (*b*) 10

(*c*) 15 (*d*) 16

76. एक पिता की उम्र, उसके पुत्र की उम्र की नौ गुनी है तथा माता की उम्र उस पुत्र की उम्र की आठ गुनी है। पिता और माता की उम्र की योगफल 51 वर्ष है। पुत्र की उम्र क्या है?

(*a*) 7 वर्ष (*b*) 5 वर्ष

(*c*) 4 वर्ष (*d*) 3 वर्ष

77. एक समूह में A, B, C और D चार व्यक्ति दो विवाहित जोड़ों के रूप में हैं। दोनों स्त्रियाँ अपने-अपने पतियों से लंबाई में छोटी हैं। A की लंबाई, चारों में सबसे अधिक है। C की लंबाई B से अधिक है। D, B का भाई है। इस संदर्भ में, निम्नलिखित कथनों में से कौन-सा सही नहीं है?

(*a*) सभी चारों व्यक्तियों में पारिवारिक संबंध हैं।

(*b*) इन चारों में, B की लंबाई सबसे कम है।

(*c*) C की लंबाई D से अधिक है।

(*d*) A, B का पति है।

78. निम्नलिखित कथनों पर विचार कीजिए:

1. एक आदमी के परिवार में एक पत्नी, दो पुत्र और दो पुत्रियाँ थी।
2. पुत्रियों को एक भोज पर आमंत्रित किया गया और परिवार के पुरुष सदस्य पिकनिक पर बाहर चले गए।
3. उस आदमी का पिता अपने काम से वापस नहीं लौटा।

निम्नलिखित में से कौन-सा कथन सत्य है?

(*a*) केवल उस आदमी की पत्नी ही घर पर रह गई थी।

(*b*) यह संभावना है कि उस आदमी की पत्नी ही घर पर रह गई थी।

(*c*) घर पर कोई भी नहीं रह गया था।

(*d*) घर पर एक से अधिक व्यक्ति रह गए थे।

79. गीता: जब से नरेश ने ध्यान (मेडिटेशन) प्रारंभ किया है, वह अधिक अच्छा बॉक्सर बन गया है।

राधा: असंभव है। किसी बॉक्सर का सबसे महत्वपूर्ण गुण उसकी आक्रामकता है।

राधा का कथन उसके इस विश्वास को प्रतिबिंबित करता है कि

(*a*) ध्यान की प्रवृत्ति किसी व्यक्ति को कम आक्रामक बनाने की होती है।

(*b*) ध्यान करने वाले व्यक्ति पर ध्यान का नगण्य प्रभाव पड़ता है या कुछ भी प्रभाव नहीं पड़ता।

(*c*) नरेश पहले खराब बॉक्सर था क्योंकि वह पर्याप्त आक्रमक नहीं था।

(*d*) नरेश ने, बॉक्सर होने के कारण, ध्यान आरंभ ही नहीं किया होता।

80. सभी अच्छे खिलाड़ी जीतना चाहते हैं और जो खिलाड़ी जीतना चाहते हैं वे सभी संतुलित भोजन करते हैं; अतएव वे सभी खिलाड़ी जो संतुलित भोजन नहीं करते, खराब खिलाड़ी है।

इस कथन से सर्वोत्तम निष्कर्ष यह निकलता है, कि

(*a*) कोई खराब खिलाड़ी जीतना नहीं चाहता।

(*b*) कोई भी खिलाड़ी जो संतुलित भोजन नहीं करता, अच्छा खिलाड़ी नहीं है।

(*c*) प्रत्येक खिलाड़ी जो संतुलित भोजन करता है वह अच्छा खिलाड़ी है।

(*d*) सभी खिलाड़ी जो जीतना चाहते हैं, अच्छे खिलाड़ी है।

उत्तरमाला

1. (*b*)	**2.** (*d*)	**3.** (*c*)	**4.** (*b*)	**5.** (*b*)	**6.** (*d*)	**7.** (*d*)	**8.** (*d*)	**9.** (*c*)	**10.** (*d*)
11. (*)	**12.** (*a*)	**13.** (*b*)	**14.** (*c*)	**15.** (*d*)	**16.** (*d*)	**17.** (*c*)	**18.** (*c*)	**19.** (*c*)	**20.** (*b*)
21. (*d*)	**22.** (*d*)	**23.** (*a*)	**24.** (*c*)	**25.** (*c*)	**26.** (*a*)	**27.** (*a*)	**28.** (*c*)	**29.** (*c*)	**30.** (*a*)
31. (*b*)	**32.** (*b*)	**33.** (*b*)	**34.** (*c*)	**35.** (*d*)	**36.** (*d*)	**37.** (*d*)	**38.** (*b*)	**39.** (*b*)	**40.** (*c*)
41. (*b*)	**42.** (*d*)	**43.** (*b*)	**44.** (*b*)	**45.** (*c*)	**46.** (*d*)	**47.** (*c*)	**48.** (*c*)	**49.** (*b*)	**50.** (*c*)
51. (*c*)	**52.** (*d*)	**53.** (*b*)	**54.** (*a*)	**55.** (*a*)	**56.** (*a*)	**57.** (*c*)	**58.** (*c*)	**59.** (*c*)	**60.** (*d*)
61. (*a*)	**62.** (*d*)	**63.** (*b*)	**64.** (*c*)	**65.** (*c*)	**66.** (*a*)	**67.** (*a*)	**68.** (*d*)	**69.** (*d*)	**70.** (*a*)
71. (*a*)	**72.** (*a*)	**73.** (*c*)	**74.** (*d*)	**75.** (*b*)	**76.** (*d*)	**77.** (*c*)	**78.** (*b*)	**79.** (*a*)	**80.** (*b*)

व्याख्या

1. परिच्छेद उल्लेख करता है, "जलवायु परिवर्तन का सर्व प्रमुख घटक गरीबी है।" तथा "वे निर्धनतम समुदाय हैं, जो जलवायु परिवर्तन के सर्वाधिक बुरे प्रभावों का सामना करेंगे", ये विकल्प (b) को सही बनाते हैं। सरकारी विधियन गरीबी वैश्विक समस्याएँ रही हैं तथा खाद्य पदार्थों के मूल्य-नियंत्रण सामान्य कथन हैं, परिच्छेद के परिपेक्ष्य के बाहर हैं।

2. विगत 10 वर्षों में विदेशी पोर्टफोलियो निवेश के शेयर में 6% से 12% वृद्धि तथा संघीय रिजर्व की नीति के उलटाव की संभाव्यता के कारण परिच्छेद यह व्याख्या करता है कि उभरती अर्थव्यवस्थाएँ जोखिम में हैं।

3. भारतीय बच्चे, माताएँ, धनी और गरीब लोगों पर यह परिच्छेद खुले में मल-त्याग के कई बुरे प्रभावों का सूचीबद्ध करता है, जिसमें उनकी कार्यक्षमता को कम करना प्रमुख है। इसलिए, विकल्प (c) सर्वाधिक महत्वपूर्ण अनुमान है।

4. परिच्छेद अंतिम पंक्ति में टिप्पणी करता है "पक्षपातवाद अधिक असंतोष के लिए उत्तरदायी रहा है।" ऐसा इसलिए कि जाति, समुदाय या धर्म के आधार पर दिए जा रहे अवसर हैं। सच्चा लोकतंत्र तभी आएगा, जब प्रत्येक को समान अवसर होगा, जो विकल्प (b) को सही बनाता है।

5. अंतिम पंक्ति स्पष्टतः कहता है, "औपचारिक बचत-तंत्र के बिना गरीब परिवार तुरंत खर्च-प्रलोभन हेतु प्रोत्साहित होते हैं। अतः कथन 2 सही है। कथन 1 गलत है, क्योंकि भारतीय संस्थानों द्वारा प्रस्तावित ऐसे वित्तीय साधन प्रस्तावित किए गए हैं, जिनका ग्रामीण क्षेत्रों में उन तक पहुँच सीमित है।

6. यह परिच्छेद स्पष्ट करता है कि गरीब ग्रामीण परिवारों के लिए बचत और वित्तीय साधन बुरे हैं तथा भारतीय वित्तीय प्रणाली में उनके समावेशन को बढ़ावा देता है और यह विकल्प (d) को सही बनाता है।

7. विकल्प (a) गलत है, क्योंकि सरकार की विवेकाधीन शक्तियों तथा प्रशासन के मध्य संतुलन होना चाहिए। विकल्प (b) केवल नियमों और रक्षोपाय का समर्थन करता है, इसलिए यह गलत है। विकल्प (c) प्रशासन के बारे में बात नहीं करता है, अतः यह तार्किक धारण नहीं है। इस प्रकार, इनमें विकल्प (d) को छोड़कर कोई भी सही नहीं है।

8. चयन होने वालों के संभावित संमिश्रण

$$= {}^2C_1 \times {}^5C_2 = 20$$

9. गणित I और II संभावित संमिश्रणों में से एक है। अन्य संमिश्रण वाणिज्य, अर्थशास्त्र, सांख्यिकी और गणित के मध य से चयनित होने हैं:

$${}^4C_2 = 6 \text{ तरीके}$$

इसलिए, कुल तरीके = 1 + 6 = 7

10. माना कि एक भूरे युग्म का मुल्य x रु. हैं।

तब एक काले युग्म का मूल्य 3x रु. होगा।

मान लें कि भूरे युग्मों की संख्या y था।

प्रश्नानुसार, $2[xy + (5 \times 3x)] = 5x + 3xy$

$xy = 25x \quad \therefore y = 25$

इसलिए, भूरे स्टॉक के युग्मों की संख्या = 25

12. सन् 2000 से 2007 तक की अवधि के दौरान A का उपार्जन, B के उपार्जन से अधिक था तथा अगले 3 वर्षों में, A का उपार्जन B से कम था। लेकिन आरेख (ग्राफ) से हम देख सकते हैं कि सन् 2000 से 2010 की अवधि के दौरान A ने B से अधिक उपार्जित किया। इसलिए, A ने इस अवधि में औसतन B से अधिक उपार्जित किया।

13. माना कि कुल कार्य का लघुतम समापवर्त्य (LCM) = 60 इकाइयाँ

A द्वारा एक मिनट में किया गया कार्य = 3 इकाइयाँ

B द्वारा एक मिनट में किया गया कार्य = 2 इकाइयाँ

अभीष्ट समय $= \frac{60}{3+2} = 12$ मिनट

14. नीचे दी गई सूचना/जानकारी के अनुसार, जब हम एक घन पर रंग रखते हैं, हम देख सकते हैं कि B, V, Y, I, और O विपरीत नहीं हो सकते हैं, क्योंकि वे केवल G के संभावित विपरीत भाग के रंग के रूप में होने को छोड़कर O के आसन्न भागों पर हैं। इसलिए विकल्प (c) सही उत्तर है।

15. हम कथनों के आधार पर निष्कर्ष I या II में से किसी निष्कर्ष पर नहीं पहुँच सकते हैं। चूँकि दोनों कथन कुछ पुरुष के बारे में बात करते हैं, न कि सभी पुरुषों के बारे में। इसलिए विकल्प (d) सही उत्तर है।

16. दिए गए तीनों कथनों से विकल्प-त्रय (a), (b) और (c) निर्धारित नहीं किए जा सकते हैं, जिसका अर्थ है कि UFO के बारे में कुछ भी निश्चित नहीं कहा जा सकता है और यह विकल्प (d) को सही पसंद बनाता है।

17. ABC × 1001 = ABCABC

इसलिए, D = 1 और E = 0

18. आरेख (ग्राफ) से यह स्पष्ट है कि सन् 1990 में उपयोगी वस्तु का मूल्य ₹10/- और ₹20/- के मध्य कहीं अवश्य रहा है।

19.

	परिवार A	परिवार B
खाद्य	10,000	10,000
अन्य वस्तुएँ	6,000	60,000
शिक्षा	4,000	30,000

विकल्प (c) स्पष्टतः सही है।

20. प्रश्न से,

U > K, S > P, K > S

इन तीनों को समिश्रण करने के बाद हम पाते हैं:

U > K > S > P

इसलिए, प्रिति सबसे धीमा धावक है।

21. परिच्छेद में उल्लेख है कि, "यदि उनमें से सभी के लिए एक तत्व उभयनिष्ठ है, तो वह है ... आर्थिक सुधार।" स्पष्टतः आर्थिक सुधार उच्च मुद्रास्फीति वाली अर्थव्यवस्था उत्पन्न करते हैं और यह विकल्प (d) को सही उत्तर बनाता है।

22. अंतिम पंक्ति के अनुसार, स्वतंत्रता, समानता तथा सहयोग, अधिकार में संयुक्त होना चाहिए। इस प्रकार, दूसरों के साथ सामंजस्य सर्वप्रमुख है तथा विकल्प (d) इस तथ्य का उल्लेख करता है, इसलिए यह सही उत्तर है।

23. "मानव समाज की गतिशील प्रकृति", जिसके कारण व्यक्तिक और राज्य के मध्य अंतर कभी संशोधित नहीं हो सकते हैं, अनिर्णीत संघर्ष बने रहने की अगुआई करती है। इस प्रकार, विकल्प (a) सही है।

24. पाँचवाँ वाक्य "गंभीर वाद-विवाद के विषय" विकासशील देशों में आवश्यक वित्तीय समर्थन और संक्रिया के माप और आकार की ओर स्पष्टतः इशारा करता है। यह 1 और 3 के साथ विकल्प को (c) सही बनाता है। फसल-नुकसान वर्णित नहीं है।

25. परिच्छेद में केवल विकसित देशों के वायुमण्डल में GHGs में योगदान का ध्यान देता है, इसलिए विकल्प (c) सही है, यह कारण 3 से तादाम्य स्थापित करता है।

26. परिच्छेद उल्लेख करता है ''घरेलू वित्त कुछ कम पड़ जाना संभावनीय है'', केवल (1) सही वस्तु है, जो जलवायु परिवर्तन से प्रभावित है।

इसलिए, विकल्प (a) सही उत्तर है।

27. जलवायु परिवर्तन की घटना, राजनीतिक इच्छाशक्ति का अभाव तथा शासन-समस्याएँ इस परिच्छेद के बिन्दु केन्द्र नहीं हैं। जलवायु परिवर्तन की ओर विकसित और विकासशील राष्ट्रों के मध्य योगदान संबंधी मुद्दा है, परिचर्चा की जा रही है।

28. 1 मिनट = 6°

3 मिनट = 18°

अपराह्न 6 बजे मिनट-सूई, घंटा-सूई से 180° पीछे है।

इसलिए, मिनट-सूई को तय करना है (180° + 18°) = 198° घंटा-सुई

के संदर्भ में अधिक लिया गया आवश्यक समय = $\frac{195\times2}{11}=\frac{396}{11}$ = 36 मिनट।

अभीष्ट समय = अपराह्न 6 : 36 बजे।

29. नियत कार्य (टास्क) - 1 → 3/4/5 व्यक्ति

नियत कार्य (टास्क) - 2 → 3/4 व्यक्ति

स्थिति-I:

माना कि नियत कार्य (टास्क)-1, व्यक्ति-3 को निर्दिष्ट है, फिर नियत कार्य-2, व्यक्ति-4 को निर्दिष्ट होंगे।

शेष 3 नियत कार्य निर्दिष्ट होंगे 3! अर्थात 6 तरीके।

स्थिति-II:

यदि नियत कार्य-1, व्यक्ति-4 को निर्दिष्ट है, तो नियत कार्य व्यक्ति-2 को निर्दिष्ट होंगे।

शेष 3 नियत कार्य निर्दिष्ट है, 3! में अर्थात् 6 तरीके।

स्थिति-III:

यदि नियत कार्य-1, व्यक्ति-5 को निर्दिष्ट है, तो नियत कार्य-2 दो तरीकों से निर्दिष्ट होंगे तथा शेष 3 नियत कार्य निर्दिष्ट होंगे 3! में, अर्थात् 6 तरीके।

तरीकों की संख्या = 2 × 6 + 12 = 24

इसलिए, तरीकों की कुल संख्या = 6 + 6 + 12 = 24.

30. माना कि पीटर और पॉल की मासिक आय क्रमशः ₹4x और ₹3x है तथा उनका खर्च क्रमशः 3y और 2y है।

प्रश्नानुसार, 4x – 3y = 3x – 2y = 6000

∴ x = y = 6000

इसलिए, पीटर और पॉल की आय क्रमशः ₹ 24,000 और ₹18,000 है।

31. औसत गति = $\frac{720}{\frac{360}{40}+\frac{360}{60}}=\frac{720}{9+6}$ = 48 किमी/घं०।

प्रश्न **32 और 33 के लिए:**

आयु	17	18	19	20	21	22
व्यक्ति	D/B	F	B/D	C	A	E

32. स्पष्टतः F की आयु 18 वर्ष है।

33. बढ़ती आयु के आधार पर 2 संभावित क्रम-स्थापन हैं।

34. पुरुषों (M) की संख्या × महिलाओं (F) की संख्या = हाथ मिलाने की कुल संख्या

1 × 24
2 × 12
3 × 8
4 × 6
6 × 4
8 × 3
12 × 2
24 × 1

गले लगाने (हग) की संभावित संख्या

$= {}^{M}C_2 + {}^{F}C_2 = {}^{4}C_2 + {}^{6}C_2 = 6 + 15 = 21.$

35. अनिल – तमिल – ड्राइव नहीं कर सकता है।

डेविड – मराठी – ड्राइव नहीं कर सकता है।

शबनम – मराठी – ड्राइव नहीं कर सकती है।

रेखा – तमिल – ड्राइव नहीं कर सकती है।

इसलिए, विकल्प (d) सही उत्तर है।

36. रेखा X, रेखाएँ Y और V का अभिलंब है, इसलिए रेखाँए Y और V समांतर हैं।

रेखा U, रेखाएँ V और W का अभिलंब है, इसलिए रेखाएँ V और W समांतर हैं।

इसलिए रेखाएँ Y, V और W समांतर हैं।

37. माना कि एक गाय और एक बकरी का मूल्य क्रमशः C और G है।

प्रश्नानुसार, 4G < C < 5G

गाय (C) की न्यूनतम कीमत = 4 × 600 = ₹2,400

गाय (C) की अधिकत कीमत = 5 × 800 = ₹4,000

इसलिए, विकल्प (d) सही उत्तर है।

38. A/B → लड़ाकू और कायर किसी क्रम में हैं।

C और D → कायर

E और F → लड़ाकू

B / F → लड़ाकू और कायर किसी क्रम में है।

चूँकि, A और E दुश्मन नहीं हैं, इसका अर्थ है कि उन में से दोनों एक ही वर्ग के हैं।

इसलिए A लड़ाकू होगा, B कायर होगा तथा F लड़ाकू होगा।

स्पष्टतः विकल्प (b) सही उत्तर है।

39. संगमरगरों की संख्या = श्वेत संगमरमर + हरा संगमरमर + लाल संगमरमरों की संख्या = 10 + 5 + 13 = 28.

40.

पुरूष	स्त्री
60	40
↓	↓
42	30

अंतिम जाँच परीक्षा में सफल पुरुष $= 42 \times \frac{80}{100} = 33.6$

अंतिम जाँच परीक्षा में सफल स्त्री $= 30 \times \frac{70}{100} = 21$

अब, उपर्युक्त आँकड़ों से हम देख सकते हैं कि स्त्रियों की अपेक्षा अधिक पुरुष परीक्षा में सफल रहे।

41. प्रथम पंक्ति यह स्पष्ट करती है कि अपेक्षाकृत समृद्ध राज्यों को अपेक्षाकृत गरीब राज्यों पर विद्युत-बोझ कम करना चाहिए। विकल्प (b) सही तर्कसंगत धारणा बनायी जा सकती है।

42. अपनी माँ के पितृसत्तात्मक मानसिकता के कारण मानक पुनर्विवाहित है और इसलिए कहानी लोगों और समाज पर इसके प्रभाव के बारे में संवेदनशील बनाती है, जो विकल्प (d) को सही उत्तर बनाती है।

43. परिच्छेद उल्लेख करता है कि मनुष्य को सभी संभावित सुरक्षा में जीने चाहिए तथा सुरक्षा हेतु शरीर और दिमाग को विकास करने की अनुमति होनी चाहिए। इस प्रकार, विकल्प (b) सही तार्किक अनुमान है।

44. परिच्छेदानुसार, शहरी सेवाओं की ''उच्च स्तरीय विशेषज्ञता और व्यवसायावाद की आवश्यकता'' है। अतः यदि प्रर्याप्त कर्मचारी भर्ती किया जाता है, तो जीवन की गुणवत्ता को बेहतर बनाने में ये सेवाएँ अभ्यस्त हो सकती हैं, जो विकल्प (b) को तार्किक अनुमान बनाता है।

45. फ्लेमिंग अपनी संतानो की 'रक्षा के लिए शिशु सदन' में एकत्र करते हैं, जो दर्शाता है कि उनकी संतान की उत्तरजीविता सामाजिक व्यवहार के कारण बढ़ती है। इस प्रकार, विकल्प (C) सर्वोत्तम परिणाम है।

46. वित्तीय योजनाओं और प्रौद्योगिकी के बारे में साक्षरता के अभाव के कारण ग्रामीन लोग अपने लाभ हेतु व्यवस्थाओं का पूर्ण उपयोग नहीं कर सकते हैं, इसलिए यह संदेश परिच्छेद में अंतर्निहित है कि वित्तीय साक्षरता ग्रामीण लोगों को अवश्य प्रदान करना होगा और यह विकल्प (d) को सही बनाता है।

47. यह परिच्छेद बताता है कि 'नकारात्मक पर्यावरणीय परिणाम और प्रतिकूल वितरणात्मक प्रभाव' हो सकते हैं। अतः मानव विकास और अर्थिक संवृद्धि नकारात्मक रूप से अंतः संबंधित हो सकते हैं, अर्थात् अभिप्राय यह है कि विकल्प (C) (केवल कथन 2 से) सही उत्तर है।

48. आर्थिक संवृद्धि के कारण स्वास्थय और शिक्षा उन्नत हैं। इसलिए धारणा (1) सही है। यह परिच्छेद बताता है कि संवृद्धि पर असंतुलित बल देना नकारात्मक पर्यावरणीय परिणामों के कारण है। इसलिए धारणा 2 भी वैध है। अतः सही उत्तर (c) है, जो (1) और (2) दानों को शामिल करता है।

49. A < B, B ≤ C

इन दोनों को संयोजन करने पर हम पाते हैं A < B ≤ C

इसलिए, C, A से अपेक्षाकृत तेज दौड़ता है।

50.

	A	B	C	D
प्रारंभिक:	100	100	100	100
अंतिम:	100 – 20	100 + 20 –10	100 + 30 + 10	100 – 30
	80	110	140	70

A + D = 80 + 70 = 150

अतः C के पास A और D को मिलाकर कम है।

इसलिए विकल्प (c) सही उत्तर है।

51. माना कि कुल जनसंख्या = 100 है।

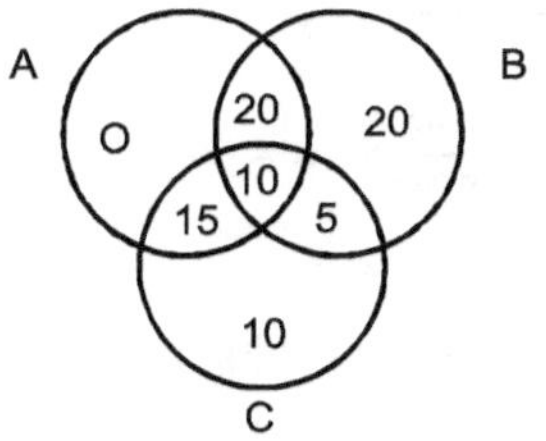

जो कोई पत्रिका नहीं पढ़ते हैं, उनकी प्रतिशत जनसंख्या = 100 – (20 + 20 + 10 + 15 + 5 + 10) = 20.

52. कथनों में, हम देख सकते हैं कि स्वादिष्टता का वर्धमान क्रम बंदगोभी, पीज, मटर, भिन्डी और फूलगोभी है, लेकिन बंदगोभी और मटर का समान स्वादिष्ट हो सकता है। इसलिए, केवल विकल्प (d) निश्चित निष्कर्ष है।

53.

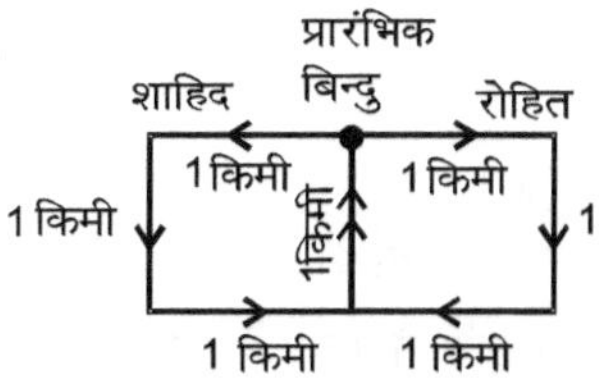

शाहिद और रोहित दोनों 3 किमी यात्रा करने के उपरांत मिलते हैं।

54. समय जिसमें A 500 मी तय करता हे, B के तय करने का वही समय है।

500 – 45 – 35 = 420 मी

माना कि उनकी संदर्भित गति V_A ओर V_B है।

$$\frac{500}{V_A} = \frac{420}{V_B}$$

$$\frac{V_A}{V_B} = \frac{500}{420} = \frac{25}{21}$$

55. माना कि दोनों गिलासों की क्षमता x है।

	गिलास – 1	गिलास – 2	बर्तन
दूध	$\frac{1}{3}x$	$\frac{1}{4}x$	$\frac{1}{3}x + \frac{1}{4}x$
पानी	$\frac{2}{3}x$	$\frac{3}{4}x$	$\frac{2}{3}x + \frac{3}{4}x$

दूध और पानी का अनुपात = $\dfrac{\frac{x}{3} + \frac{x}{4}}{\frac{2x}{3} + \frac{3x}{4}} = \dfrac{7}{17}$

56. कम से कम एक विषय में असफल विद्यार्थियों की संख्या = 62 + 52 – 24 = 90

अंतिम रूप से अत्तीर्ण विद्यार्थियों की संख्या = 130 – 90 = 40.

57.

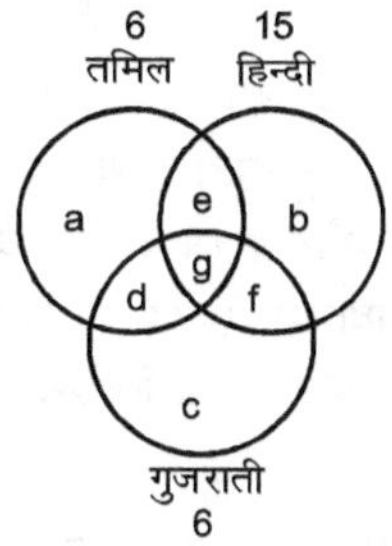

व्यक्ति, जो तमिल बोल सकते हैं

\+ व्यक्ति, जो हिन्दी बोल सकते हैं

\+ व्यक्ति, जो गुजराती बोल सकते हैं

= 6 + 15 + 6 = (a + b + c) + 2(d + e + f) + 3g = 27

समूह में व्यक्तियों की संख्या

= a + b + c + d + e + f + g

= 27 – (d + e + f) – 2g

= 27 – 2 – 2(1) = 23

58. माना कि 4 चक्र वाहनों की संख्या x

तथा 2 चक्रवाहनों की संख्या y है।

4 चक्रवाहनों के पहियों की संख्या = 4x

2 चक्रवाहनों के पहियों की संख्या = 2y

प्रश्नानुसार,

$4x + 2y = 100 + 2(x + y)$

$\Rightarrow 4x + 2y = 100 + 2x + 2y$

$\Rightarrow 2x = 100 \qquad \therefore x = 50.$

59. यह कथन हमें सूचित करता है कि मैन्ग्रोव की पत्तियाँ तटीय खाद्य-श्रृंखला का प्रारंभ है लेकिन सभी प्रणालियों का नहीं तथा खाद्य-श्रृंखलाएँ मैन्ग्रोवों पर अश्रित हैं। इसलिए विकल्प (c) सही उत्तर है।

60. "उस वायुमण्डल का अनुरक्षण" का अर्थ है कि वे स्थितियाँ, विकल्प जिनमें जहाँ तक संभव हो सकता है, उन्हें सर्वोत्तम कर सकते हैं। विकल्प (d) इस विचार की अभिव्यक्ति करता है और इसलिए सही है।

61. विकल्प (b), (c) और (d) इस परिच्छेद का प्रत्यक्षतः समर्थन करते हैं, जबकि विकल्प (a) परिच्छेद में प्रदत्त तर्क/युक्ति का समर्थन नहीं करता है। इसलिए यह न्यूनतम महत्वपूर्ण है और इसलिए विकल्प (a) सही है।

62. परिच्छेद संपूर्ण मानवता को संज्ञान में लेता है, जबकि हमें खाद्य-कमी के बारे में कहा जा रहा है। इसलिए यह विश्व के लिए सामूहिक चुनौती के रूप में दर्शाता है, जो इसे सही विकल्प बनाता है।

63. यह परिच्छेद बताता है कि रक्षा-खर्च में कटौती उन लोगों द्वारा घोषित है, जो गलत तर्क/युक्ति के प्रचारक हैं। इसलिए हमें समझना होगा कि लेखक हथियारों पर अपेक्षाकृत अधिक खर्च करने की वकालत करता है, जो विकल्प (b) को सही चुनाव/पसंद बनाता है।

64. परिच्छेद आधारभूत स्वास्थ्य अभ्यासों का अभाव, गर्भावस्था और जन्मोत्तर सेवा का अभाव, बाल विवाह, रक्तहीनता रोग और स्वच्छता का अभाव जैसी समस्याएँ शिशु-मृत्यु में योगदान देती है, को गिनाता है। इसलिए, माताओं और बच्चों के लिए वैश्विक और एकीकृत स्वास्थ्य सेवा का प्रावधान परिच्छेद का महत्वपूर्ण अनुमान (इनफेरेंस) प्रकट करना चाहता है, जो विकल्प (c) को सही बनाता है।

65. परिच्छेद परिवहन और स्थानीय मांग की अपेक्षा दृष्टांतों के रूप में देता है कि खाद्य-संबंधित पर्यावरणीय खतरों में वृद्धि करते हैं। इसलिए कथन 1 सही है। प्रदूषण, वर्षा वन का नाश और गैर स्थानीय खाद्य के परिवहन के लिए ईंधन भी इसमें उल्लिखित है। इसलिए, कथन 2 भी सही है। अतः विकल्प (c) सही है।

66. विकल्प (a) को छोड़कर, सभी तीनों विकल्प लेखक के विश्वासों का उल्लेख है, जैसा कि परिच्छेद में अभिव्यक्त है। इसलिए एकमात्र विकल्प (a) वैध कारण नहीं है। अतः विकल्प (a) सही उत्तर है।

67. लेखक कहता है कि वह अपने कहे या लिखे गए किसी शब्दों का कोई पश्चाताप नहीं करता है, जिसने उसे घटनाओं से बचाया है। अतः विकल्प (a) वही उत्तर है।

68. लेखक कहता है कि पूर्ण अतिशयोक्ति कथन के विकल्प हेतु चुप्पी आवश्यक है, जिसका अर्थ है – अतिकथन या अतिवर्णन करने की प्रवृत्ति। इसलिए विकल्प (d) सही उत्तर है।

69. चूँकि किसी निश्चित व्यक्ति द्वारा पार्टी-संख्या पर प्रतिबंध नहीं है, इसलिए हम इस पर टिप्पणी नहीं कर सकते हैं।

70. कुल मासिक खर्च (रु. में) = मूल्य × मासिक खपत

यह प्रत्येक महीने का कुल मासिक खर्च रु. 2400 देखा जा सकता है।

इसलिए, प्रतिलीटर रु. 80 मूल्य से मासिक खपत = $\frac{2400}{80}$ = 30 लीटर।

71. एक बोल्ड बिन्दु (•) और वर्ग (▫) अगली स्थिति के लिए वामवर्त्त रहे हैं।

बिन्दु (•) अगली स्थिति हेतु दक्षिणावर्त्त घूम रहाहै।

त्रिभुज (▵) दक्षिणावर्त्त घूम रहा है और इसके दिक्‌विन्यास पूर्व आकृति के दिक्‌विन्यास के विपरीत है।

72. ऊपर की पंक्ति में संख्या, निचली पंक्ति में उसी कॉलम में समान संख्या का घटक/कारक होना चाहिए।

73. $7 \xrightarrow{+6} \boxed{13} \xrightarrow{+8} 21 \xrightarrow{+10} 31 \xrightarrow{+12} 43$

74. प्रदत्त आकृति के दो समकोण और दो आयत हैं। यह संयोजन केवल (d) का है।

75. माना कि प्रति प्रश्न अंकों की संख्या x है।

प्रश्नों के लिए अधिकतम अंक = 8x

इन 8 प्रश्नों में प्राप्तांक = $\frac{50}{100} \times 8x = 4x$

माना कि प्रश्नों की कुल संख्या n है

∴ इन n प्रश्नों के लिए अधिकतम अंक = nx

प्रश्नानुसार,

$$\frac{4x}{nx} = \frac{40}{100}$$

$$n = 10.$$

76. माना कि पिता, माता और पुत्र की आयु क्रमशः f, m और s है। दिया हुआ है कि:

$f = 9s \quad m = 8s$

$f + m = 9s + 8s = 51$

$\Rightarrow 17s = 51$

∴ s = 3 वर्ष

77. A पुरुष है, क्योंकि वह सबसे लंबा है।

साथ ही, चूँकि D, B के भाईयों में एक है, इसलिए D भी पुरुष है।

इसका अर्थ है कि A – B युगल दंपत्ति हैं तथा C – D एक अन्य युगल दंपत्ति हैं।

A, B की अपेक्षा अधिक लंबा है तथा D, C से।

∵ युगल दंपत्ति में पुरुष अधिक लंबा है।

साथ ही, C, B की अपेक्षा अधिक लंबा है।

इसलिए, लंबाई का अवरोही क्रम है A, D, C, B

78. कथन 2 के कारण, पुत्रियाँ और सभी पुरुष सदस्य घर के बाहर हैं। यह केवल पत्नी को घर में छोड़ता है, जो सर्वाधिक संभावित है। चूंकि कथन 3 हमें बताता है कि पिता भी घर में नहीं था, इसलिए विकल्प (b) सही है।

79. राधा कहती है कि यदि कोई आक्रामक नहीं होता है, तो बेहतर मुक्केबाज बनना असंभव हैं तथा एक अच्छे मुक्केबाज को आक्रामक होने की आवश्यकता है, जिसका अर्थ है कि वह विश्वास करती है कि ध्यान उसकी आक्रामकता घटाएगा। इस प्रकार, विकल्प (a) राधा के विश्वास को प्रतिबिंबित करता है।

80. कथन का दूसरा भाग यह स्पष्ट करता है कि एथलेटिक्स, जिनमें सुसंतुलित आहार के अभाव हैं, बुरे एथलेटिक्स है और यह विकल्प (b) को प्रदत्त कथनों में से सर्वाधिक उपयुक्त विकल्प बनाता है।

■■

आगे आने वाले 8 (पांच) प्रश्नांशों के लिए निर्देशः निम्नलिखित आठ परिच्छेदों को पढ़िये तथा प्रत्येक परिच्छेद के पश्चात् आने वाले प्रश्नांशों के उत्तर दीजिए। इन प्रश्नांशों के आपके उत्तर परिच्छेदों पर आधारित ही होने चाहिए।

परिच्छेद - 1

पारदर्शिता और प्रतियोगिता को समाप्त करने से, क्रोनी-पूँजीवाद (क्रोनी-कैपिटलिज्म) मुक्त उद्यम, अवसर और आर्थिक प्रगति के लिए हानिकारक है। क्रोनी-पूँजीवाद, जिसमें धनाढ्य और प्रभावशाली व्यक्तियों पर यह आरोप लगता है कि उन्होंने भ्रष्टाचारी राजनीतिज्ञों को घूस देकर जमीन और प्राकृतिक संसाधन तथा विभिन्न लाइसेन्स प्राप्त किए हैं, अब एक प्रमुख मुद्दा बन गया है जिससे निपटने की जरूरत है। भारत जैसी विकासशील अर्थव्यवस्थाओं की संवृद्धि के लिए एक बहुत बड़ा खतरा मध्य-आय-जाल (मिडिल इन्कम ट्रैप) है जहाँ क्रोनी-पूँजीवाद अल्पतंत्रों (ऑलिगार्कीज़) को निर्मित करता है जो संवृद्धि को धीमा कर देते हैं।

1. उपर्युक्त परिच्छेद का **सर्वाधिक तार्किक उपनिगमन (कोरोलरी)** निम्नलिखित में से कौनसा है?

(*a*) अपेक्षाकृत अधिक अल्याणकारी स्कीमों को आरंभ करने और चालू स्कीमों के लिए अपेक्षाकृत अधिक वित्त आबंटित करने की तत्काल आवश्यकता है

(*b*) आर्थिक विकास को अन्य माध्यमों से प्रोत्साहित करने एवं निर्धनों को लाइसेंस जारी करने का प्रयास किया जाना चाहिए

(*c*) वर्तमान में सरकार की कार्य-प्रणाली को और पारदर्शी तथा वित्तीय समावेशन को प्रोत्साहित करने की आवश्यकता है

(*d*) हमें सेवा क्षेत्रक की जगह निर्माण क्षेत्रक का विकास करने पर अधिक ध्यान केंद्रित करना चाहिए

परिच्छेद - 2

जलवायु अनुकूलन अप्रभावी हो सकता है यदि दूसरे विकास संबंधी सरोकारों के सन्दर्भ में नीतियों को अभिकल्पित नहीं किया जाता। उदाहरण के तौर पर, एक व्यापक नणनीति, जो जलवायु परिवर्तन के सन्दर्भ में खाद्य सुरक्षा की अभिवृद्धि करने का प्रयास करती है, कृषि प्रसार, फसल विविधता, एकीकृत जल एवं पीड़क प्रबंधन और कृषि सूचना सेवाओं से सम्बन्धित समन्वित उपायों के एक समुच्चय को, सम्मिलित कर सकती है। इनमें से कुछ उपाय जलवायु परिवर्तन से और अन्य उपाय आर्थिक विकास से सम्बन्धित हो सकते हैं।

2. उपर्युक्त परिच्छेद से कौनसा **सर्वाधिक तर्कसंगत और निर्णायक निष्कर्ष (इनफेरेंस)** निकाला जा सकता है?

(*a*) विकासशील देशों में जलवायु अनुकूलन जारी रखना कठिन है

(*b*) खाद्य सुरक्षा की अभिवृद्धि करना, जलवायु अनुकूलन की अपेक्षा कहीं अधिक जटिल विषय है

(*c*) प्रत्येक विकासात्मक क्रियाकलाप प्रत्यक्षतः या अप्रत्यक्षतः जलवायु अनुकूलन से जुड़ा है

(*d*) जलवायु अनुकूलन की दूसरे आर्थिक विकास विकल्पों के संबंध में परीक्षा की जानी चाहिए

परिच्छेद - 3

जलीय चक्र में जैव-विविधता की भूमिका की समझ बेहतर नीति-निर्माण में सहायक होती है। जैव-विविधता शब्द अनेक किस्मों के पादपों, प्राणियों, सूक्ष्मजीवों को और उन पारितंत्रों को, जिसमें वे पाए जाते हैं, निर्दिष्ट करता है। जल और जैव-विविधता एक दूसरे पर निर्भर हैं। वास्तव में, जलीय चक्र से यह निश्चित होता है कि जैव-विविधता कैसे कार्य करती है। क्रम से, वनस्पति और मृदा जल के प्रवाह को निर्धारित करते हैं। हर एक गिलास जल जो हम पीते हैं, कम से कम उसका कोई अंश, मछलियों, वृक्षों, जीवाणुओं, मिट्टी और अन्य जीवों (ऑर्गेनिज़्म्स) से होकर गुज़रा होता है। इन पारितंत्रों से गुजरते हुए वह शुद्ध होता है और उपभोग के लिए उपयुक्त होता है। जल की पूर्ति एक महत्वपूर्ण सेवा है जो पर्यावरण प्रदान करता है।

3. उपर्युक्त परिच्छेद से निम्नलिखित में से कौनसा **सर्वाधिक निर्णायक निष्कर्ष (इनफेरेंस)** निकाला जा सकता है?

(*a*) जैव-विविधता, प्रकृति की जल के पुनर्चक्रण की सामर्थ्य बनाए रखती है

(*b*) जीवित जीवों (ऑर्गेनिज़्म्स) के अस्तित्व के बिना हम पेय जल प्राप्त नहीं कर सकते

(*c*) पादप, प्राणी और सूक्ष्मजीव आपस में सतत अन्योन्यक्रिया करते रहते हैं

(*d*) जलीय चक्र के बिना, जीवित जीव (ऑर्गेनिज़्म्स) अस्तित्व में नहीं आये होते

परिच्छेद - 4

पिछले दशक में, बैंकिंग क्षेत्र को, मुख्यतः मध्यवर्ग और उच्च मध्यवर्ग समाज को सेवा प्रदान करने वाले उच्च कोटि के स्वचालन और उत्पादों से पुनः संरचित किया गया है। आज बैंकिंग और गैर-बैंकिंग वित्तीय सेवाओं के लिए ऐसे नए कार्यक्रम की आवश्यकता है जो आम आदमी की पहुंच से बाहर न हो।

4. उपर्युक्त परिच्छेद में निम्नलिखित में से कौन-सा सन्देश अनिवार्यतः अंतर्निहित है?

(*a*) बैंकों के और अधिक स्वचालन और उत्पादों की आवश्यकता

(*b*) हमारी सम्पूर्ण लोक वित्त व्यवस्था की आमूल पुनर्संरचना की आवश्यकता

(*c*) बैंकिंग और गैर-बैंकिंग संस्थाओं का एकीकरण करने की आवश्यकता

(*d*) वित्तीय समावेशन को संवर्धित करने की आवश्यकता

परिच्छेद - 5

मलिन बस्तियों में सुरक्षित तथा संधारणीय सफ़ाई से महिलाओं और लड़कियों को उनके स्वास्थ्य, सुरक्षा, निजता तथा सम्मान के रूप में असीमित लाभ मिलता है। तथापि शहरी सफ़ाई पर बनने वाली अधिकतर योजनाओं और नीतियों में महिलाएं प्रतिलक्षित नहीं होतीं। यह तथ्य कि मैला ढोने की प्रथा आज भी अस्तित्व में है यह दिखाता है कि प्रवाही-फ्लश शौचालयों को बढ़ावा देने तथा शुष्क शौचालयों को बद करने को लेकर अभी तक बहुत कुछ नहीं किया गया है। स्वच्छता के अधिकार की दिशा में बहुत बड़े पैमाने पर अधिक स्थायी और मजबूत अभियान शुरू किया जाना चाहिए। यह मुख्य रूप से मैला ढोने के उन्मूलन पर ध्यान केन्द्रित करने वाला होना चाहिए।

5. उपर्युक्त परिच्छेद के सन्दर्भ में, निम्नलिखित कथनों पर विचार कीजिएः

1. शहरी सफ़ाई समस्या का पूर्ण निराकरण केवल मैला ढोने के उन्मूलन से ही किया जा सकता है।
2. शहरी क्षेत्रों में सुरक्षित सफ़ाई व्यवहार की जागरूकता को अधिक प्रोत्साहित करने की आवश्यकता है।

उपर्युक्त कथनों में से कौन-सा/से सही है/हैं?

(*a*) केवल 1 (*b*) केवल 2

(*c*) 1 और 2 दोनों (*d*) न तो 1, न ही 2

परिच्छेद - 6

मानव के लिए उपयुक्त, सरकार की प्रकृति और परिमाण को समझने के लिए यह आवश्यक है कि मानव के स्वभाव को समझा जाए। चूंकि प्रकृति ने उसे सामाजिक जीवन के लिए बनाया है, उसे उस स्थान के लिए भी युक्त किया है जिसे उसने नियत किया है। सभी परिस्थितियों में उसने उसकी नैसर्गिक आवश्यकताओं को उसकी व्यक्तिगत शक्तियों से बड़ा बनाया है। कोई भी एक व्यक्ति समाज की सहायता के बिना अपनी इच्छाओं की पूर्ति करने में सक्षम नहीं है; और वही आवश्यकताएं प्रत्येक व्यक्ति पर क्रियाशील होकर समग्र रूप से उनको एक समाज के रूप में रहने के लिए प्रेरित करती हैं।

6. निम्नलिखित में से कौन-सा, उपर्युक्त परिच्छेद का सर्वाधिक तार्किक और तर्कसंगत निष्कर्ष (इनफेरेंस) निकाला जा सकता है?

(*a*) प्रकृति ने मानव समाज में भारी विविधता का निर्माण किया है

(*b*) किसी भी मानव समाज को सदा उसकी आवश्यकताओं से कम मिलता है

(*c*) सामाजिक जीवन मानव का विशिष्ट लक्षण है

(*d*) विविधि प्राकृतिक आवश्यकताओं ने मानव को सामाजिक प्रणाली की ओर बाध्य किया है

परिच्छेद - 7

किसी राज्य में कानूनी आदेशकों (इम्परेटिव्स) की प्रकृति उन प्रभावकारी मांगों के अनुरूप होती है जिनका राज्य को सामना करना पड़ता है, और यह, कि अपने क्रम में ये सामान्य रूप से उस रीति पर आश्रित होती है जिसमें समाज में वह आर्थिक शक्ति वितरित होती है जिस पर राज्य नियंत्रण करता है।

7. यह कथन किसको निर्दिष्ट करता है?

(*a*) राजनीति और अर्थतंत्र के प्रतिवाद (ऐन्टिथीसिस) को

(*b*) राजनीति और अर्थतंत्र के पारस्परिक सम्बन्ध को

(*c*) राजनीति पर अर्थतंत्र की प्रधानता को

(*d*) अर्थतंत्र पर राजनीति की प्रधानता को

परिच्छेद - 8

भूमंडलीय ग्रीनहाउस गैस उत्सर्जन का लगभग 15 प्रतिशत कृषि प्रक्रियाओं से आता है। इसमें उर्वरकों से निकले नाइट्रस ऑक्साइड; पशुधन, चावल उत्पादन तथा खाद भण्डारण से निकली मेथेन तथा जैवमात्रा (बायोमास) को जलाने से निकली कार्बन डाईऑक्साइड (CO_2) सम्मिलित हैं, किन्तु मृदा-प्रबंधन प्रक्रियाओं से, घास के मैदानों (सवाना) को जलाने से तथा वनोंमूलन से उत्सर्जित CO_2 इसमें सम्मिलित नहीं है। वानिकी, भू-उपयोग तथा भू-उपयोग में परिवर्तन, प्रति वर्ष और अधिक 17 प्रतिशत ग्रीनहाउस गैस उत्सर्जन के लिए जिम्मेदार हैं जिसका तीन-चौथाई भाग उष्णकटिबंधीय वनोंमूलन से आता है। बचा हुआ उत्सर्जन अधिकांशतः उष्णकटिबंधीय पीट-भूमि (पीटलैंड) के अपवहन तथा जलाने से निकलता है। अमेजन (Amazon) के वर्षा-वन में जमा कार्बन की मात्रा के लगभग बराबर मात्रा विश्व की पीट-भूमियों में जमा है।

8. निम्नलिखित में कौनसा, उपर्युक्त परिच्छेद से **सर्वाधिक तार्किक और तर्कसंगत निष्कर्ष (इनफेरेंस)** निकाला जा सकता है?

(*a*) संपूर्ण विश्व में यंत्र और रसायनों पर आधारित कृषि प्रथाओं के स्थान पर तत्काल जैव कृषि (ऑर्गेनिक फार्मिंग) अपनायी जानी चाहिए

(*b*) जलवायु परिवर्तन के प्रभाव को कम करने के लिए हमारी भू-उपयोग प्रक्रियाओं में बदलाव लाना अनिवार्य है

(*c*) ग्रीनहाउस गैस उत्सर्जन की समस्या के कोई प्रौद्योगिकीय समाधान नहीं हैं

(*d*) उष्णकटिबन्धीय क्षेत्र, कार्बन प्रच्छादन के मुख्य स्थान हैं

9. कोई व्यक्ति जमीन पर किसी बिंदु 'O' से सीधे रास्ते से उत्तर-पूर्व की दिशा में एक पहाड़ी पर चढ़ता है और 5 किमी. की दूरी तय करके बिंदु 'A' पर पहुंचता है। उसके बाद, वह बिंदु 'A' से उत्तर-पश्चिम की दिशा में बिंदु 'B' तक जाता है। AB की दूरी 12 किमी. है। अब वह व्यक्ति प्रारम्भिक बिंदु 'O' से कितनी दूर है?

(*a*) 7 किमी (*b*) 13 किमी
(*c*) 17 किमी (*d*) 11 किमी

10. एक खेत आयताकार आकृति में है जिसकी लम्बाई X_1 मीटर और चौड़ाई X_2 मीटर है (X_1 और X_2 चर हैं)। यदि $X_1 + X_2 = 40$ मीटर है तो उस खेत का क्षेत्रफल निम्नलिखित किस एक मान से अधिक नहीं होगा?

(*a*) 400 वर्ग मीटर (*b*) 300 वर्ग मीटर
(*c*) 200 वर्ग मीटर (*d*) 80 वर्ग मीटर

11. 5 सदस्यों वाले परिवार में 3 वर्ष पूर्व सभी सदस्यों की आयु का योग 80 वर्ष था। इस परिवार की 3 वर्ष पूर्व जो औसत आयु थी, आज भी वही है क्योंकि अन्तःस्थ अवधि में परिवार में एक शिशु की वृद्धि हुई। शिशु की आयु क्या है?

(*a*) 6 माह (*b*) 1 वर्ष
(*c*) 2 वर्ष (*d*) 2 वर्ष तथा 6 माह

12. दो व्यक्तियों की सम्पूर्ण वेतन-लब्धियां बराबर है, पर उनमें से एक को अपने मूल वेतन का 65% भत्तों के रूप में मिलता है जबकि दूसरे को मूल वेतन का 80% भत्तों के रूप में मिलता है। पहले व्यक्ति के मूल वेतन का, दूसरे व्यक्ति के मूल वेतन से क्या अनुपात है?

(*a*) 16 : 13 (*b*) 5 : 4
(*c*) 7 : 5 (*d*) 12 : 11

13. एक व्यक्ति सीढ़ी के तल से पहले पायदान पर खड़ा है। ठीक बीच वाले पायदान तक पहुंचने के लिए अगर उसे 4 पायदान और चढ़ने पड़ें, तो सीढ़ी में कितने पायदान हैं?

(*a*) 8 (*b*) 9
(*c*) 10 (*d*) 11

आगे आने वाले 3 (तीन) प्रश्नांशों के लिए निर्देशः निम्नलिखित सूचना पर विचार कीजिए और आगे दिए गए तीन प्रश्नांशों के उत्तर दीजिए।

जब तीन मित्र A, B और C, मिले, तो पाया गया कि उनमें से प्रत्येक ने एक भिन्न रंग की ऊपरी पोशाक पहन रखी थी। यादृच्छिक क्रम में वे पोशाकें जैकेट, स्वेटर और टाई है; और रंग नीला, सफेद और काला है। उनके कुलनाम (सरनेम) यादृच्छिक क्रम में रिबोरो, कुमार और सिंह हैं। आगे, यह ज्ञात है किः

1. न तो B ने, न ही रिबोरो ने सफेद स्वेटर पहना था

2. C ने टाई पहनी थी

3. सिंह की पोशाक सफेद नहीं थी

4. कुमार जैकेट नहीं पहनता

5. रिबोरो का काला रंग पहनना पसंद नहीं है

6. हर एक मित्र ने केवल एक ही रंग की एक ही ऊपरी पोशाक पहनी थी

14. C का कुलनाम क्या है?

(*a*) रिबोरो (*b*) कुमार
(*c*) सिंह (*d*) निर्धारित नहीं किया जा सकता

15. टाई का रंग क्या है?

(*a*) काला (*b*) नीला
(*c*) सफेद (*d*) निर्धारित नहीं किया जा सकता

16. स्वेटर किसने पहना था?

(*a*) A (*b*) B
(*c*) C (*d*) निर्धारित नहीं किया जा सकता

17. AB किसी विशाल वृक्ष का उर्ध्वाधर तना है और A वह बिंदु है जहाँ पर तने का आधार जमीन को छूता है। किसी तूफान के कारण तना उस बिंदु C पर टूट गया है जो 12 मीटर की ऊंचाई पर है। टूटा हुआ भाग आंशिक रूप से तने के ऊर्ध्वाधर हिस्से से C पर जुड़ा है। यदि टूटे हुए भाग का सिरा B, जमीन को D पर छूता है जो बिंदु A से 5 मीटर की दूरी पर है, तो तने की मूल ऊंचाई क्या है?

(*a*) 20 मीटर (*b*) 25 मीटर
(*c*) 30 मीटर (*d*) 35 मीटर

18. कोई व्यक्ति 12 किमी. उत्तर की ओर, फिर 15 किमी. पूर्व की ओर, फिर 19 किमी. पश्चिम की ओर, और तब 15 किमी. दक्षिण की ओर चलता है। वह प्रारम्भिक बिंदु से कितनी दूर है?

(*a*) 5 किमी. (*b*) 9 किमी.
(*c*) 37 किमी. (*d*) 61 किमी.

19. किसी घन (क्यूब) के सभी फलक विभिन्न रंगों से रंगे गए है। उसे समान आमाप के छोट-छोटे घनों में इस प्रकार काटा गया कि छोटे घन की भुजा बड़े घने की एक चैथाई हो। केवल एक ही रंगे हुए फलक वाल छोटे घनों की संख्या कितनी होगी?

(*a*) 32 (*b*) 24
(*c*) 16 (*d*) 8

20. राम और श्याम किसी कार्य को करने के लिए चार दिन एक साथ काम करते हैं और 60% कार्य पूरा करते हैं। तब राम छुट्टी पर चला जाता है और श्याम काम को पूरा करने में आठ दिन और लगाता है। राम को अकेले कार्य पूरा करने में कितने दिन लगते?

(*a*) 6 दिन (*b*) 8 दिन

(*c*) 10 दिन (*d*) 11 दिन

21. किसी मिलिट्री कोड में SYSTEM को SYSMET और NEARER को AENRER लिखा जाता है। उसी कोड का प्रयोग करते हुए, FRACTION को किस रूप में लिखा जा सकता है?

(*a*) CARFTION (*b*) FRACNOIT

(*c*) NOITCARF (*d*) CARFNOIT

22. यदि R और S दोनो अलग-अलग पूर्ण संख्याएँ हों और दोनों 5 से विभाज्य हों तो इनमें से कौन-सा **अनिवार्यतः सही नहीं है**?

(*a*) $R - S$, 5 से विभाज्य है

(*b*) $R + S$, 10 से विभाज्य है

(*c*) $R \times S$, 25 से विभाज्य है

(*d*) $R^2 + S^2$, 5 से विभाज्य है

23. 100 और 300 के बीच, 2 से शुरू होने वाली या 2 पर समाप्त होने वाली कितनी संख्याएं है?

(*a*) 110 (*b*) 111

(*c*) 112 (*d*) उपर्युक्त में से कोई नहीं

आगे आने वाले 8 (आठ) प्रश्नांशों के लिए निर्देशः निम्नलिखित **पांच परिच्छेदों** को पढ़िये तथा प्रत्येक परिच्छेद के पश्चात् आने वाले प्रश्नांशों के उत्तर दीजिए। इन प्रश्नांशों के आपके उत्तर परिच्छेदों पर आधारति ही होने चाहिए।

परिच्छेद – 1

यदि हम 2050 की ओर देखें जब हमें दो अरब अधिक लोगों को आहार खिलाने की आवश्यकता होगी, तो यह प्रश्न कि कौन सा आहार सर्वोत्तम है, एक नई अत्यावश्यकता बन गया है। आने वाले दशकों में हम जिन खाद्य पदार्थो को खाने के लिए चुनेंगे, उनके इस ग्रह के लिए गम्भीर रूप से बहुशाखन होंगे। सामान्य रूप से कहें तो समूचे विकासशील देशों में खानपान की जो मांस और डेरी उत्पाद के आहार के गिर्द ही घूमते रहने वाली प्रवृत्ति बढ़ रही है, वह भूमंडलीय संसाधनों पर, अपरिष्कृत अनाज, गिरी, फलों और सब्जियों पर निर्भर करने वाली प्रवृत्ति की तुलना में अधिक दबाव डालेगी।

24. उपर्युक्त परिच्छेद से क्या **निर्णायक सन्देश** निकलता है?

(*a*) पशु आधारित खाद्य स्रोत की बढ़ती मांग हमारे प्राकृतिक संसाधनों पर अपेक्षाकृत अधिक बोझ डालती है।

(*b*) अनाजों, गिरी, फलों और सब्जियों पर आधारित आहार विकासशील देशों में स्वास्थ्य के लिए सर्वाधिक सुयोग्य है

(*c*) मनुष्य स्वास्थ्य मामलों को बिना ध्या में रखे, समय समय पर अपनी खाने की आदतों को बदलते हैं

(*d*) भूमंडलीय परिप्रेक्ष्य में, हम अभी तक यह नही जानते कि कौन-सा आहार हमारे लिए सर्वोत्तम है

परिच्छेद – 2

सभी मनुष्य शैशवावस्था में माँ के दूध को पचाते हैं, परन्तु 10,000 वर्ष पहले मवेशियों की पालन प्रणाली के आरम्भ होने तक, शिशुओं को एक बार दूध छुड़ाने पर उनको दूध पचाने की आवश्यकता नहीं होती थी। इसके परिणामस्वरूप उनमें लैक्टेज एंजाइम का बनना बंद हो गया, जो लैक्टोज़ शर्करा को सरल शर्कराओं में तोड़ता है। मानव के मवेशी चराने की प्रणाली आरम्भ होने के बाद दूध को पचाना अत्यधिक लाभदायक हो गया और यूरोप, मध्यपूर्व (मिडिल ईस्ट) और अफ्रीका में मवेशी चराने वालों में स्वतन्त्र रूप से लैक्टोज सहन-शक्ति का विकास हुआ। चीनी और थाई लोग जो मवेशियों पर निर्भर नहीं थे, वे लैक्टोज़ असहनशील बने हुए है।

25. उपर्युक्त परिच्छेद से निम्नलिखित में से कौन-सी **सर्वाधिक तार्किक पूर्वधारणा** प्राप्त की जा सकती है?

(*a*) लगभग 10,000 वर्ष पहले विश्व के कुछ भागों में पशुपालन शुरू हुआ

(*b*) एक समुदाय में खाने की आदतों में स्थायी परिवर्तन, समुदाय के सदस्यों में आनुवंशिक परिवर्तन ला सकता है

(*c*) केवल लैक्टोज़ सहनशील लोगों में ही अपने शरीरों में सरल शर्कराओं को पाने की क्षमता होती है

(*d*) जो लोग लैक्टोज़ सहनशील नही होते, वे किसी भी डेरी उत्पाद को नही पचा सकते

परिच्छेद – 3

''अल्पविकसित और औद्योगीकृत देशों की राष्ट्रीय आयों के बीच तुलना करते समय आने वाली संकल्पनात्मक कठिनाइयाँ विशेष रूप से गंभीर होती है क्योंकि विभिन्न अल्पविकसित देशों में राष्ट्रीय उत्पाद के एक भाग का उत्पादन वाणिज्यिक माध्यमों से गुजरे बिना होता है।''

26. इस कथन से लेखक का तात्पर्य है कि :

(*a*) औद्योगीकृत देशों में उत्पादित और उपभुक्त समस्त राष्ट्रीय उत्पाद वाणिज्यिक माध्यमों में से गुजरता है

(*b*) विभिन्न अल्पविकसित देशों में अ-वाणिज्यीकृत क्षेत्रक का अस्तित्व देशों की राष्ट्रीय आयों की परस्पर तुलना को कठिन बना देता है

(*c*) राष्ट्रीय उत्पाद के किसी भाग का उत्पादन और उपभोग वाणिज्यिक माध्यमों से गुजरे बिना नहीं होना चाहिए

(*d*) राष्ट्रीय उत्पाद के एक भाग का उत्पादन और उपभोग वाणिज्यिक माध्यमों से गुजरे बिना होना अल्पविकास का चिन्ह है

परिच्छेद – 4

वायुमंडल में मानव निर्मित कार्बन डाईऑक्साइड के बढ़ने से पादपों और सूक्ष्मजीवों के बीच एक श्रंखला अभिक्रिया प्रारंभ हो सकती है जो कि इस ग्रह पर कार्बन के सबसे बड़े भंडार – मृदा को अव्यवस्थित कर सकती है। एक अध्ययन में यह पाया गया कि वह मृदा जिसमें कार्बन की मात्रा, सभी पादपों और पृथ्वी के वायुमंडल में उपस्थित कुल कार्बन की दुगुनी है लोगों के द्वारा वायुमंडल में और अधिक कार्बन छोड़ते जाने पर वर्धमान रूप से अस्थिर होती जाएगी। ऐसा अधिकांश्तः पादपवृद्धि में बढ़ोत्तरी के कारण होता है। यद्यपि कार्बन डाईऑक्साइड एक ग्रीनहाउस गैस और एक प्रदूषक है, यह पादपवृद्धि को प्रोत्साहित भी करती है। चूंकि वृक्ष और दूसरी वनस्पतियाँ भविष्य में होने वाली कार्बन डाईऑक्साइड की प्रचुरता में फलती-फूलती हैं, उनकी जड़ें मृदा में सूक्ष्मजीवों की क्रियाशीलता को प्रेरित कर सकती है जो परिणामस्वरूप मृदा-कार्बन के अपघटन को और तेज कर वायुमण्डल में कार्बन डाईऑक्साइड के उत्सर्जन में वृद्धि कर सकती है।

27. निम्नलिखित में से कौन-सा, उपर्युक्त परिच्छेद का **सबसे अधिक तर्कसंगत उपनिगमन (कोरोलरी)** है?

(*a*) सूक्ष्मजीवों और पादपों के अस्तित्व के लिए कार्बन डाईऑक्साइड परमावश्यक है

(*b*) वायुमंडल में कार्बन डाईऑक्साइड विमुक्त करने के लिए मनुष्य पूरी तरह उत्तरदायी है

(*c*) पादपवृद्धि की बढ़ोतरी के लिए मुख्य रूप से सूक्ष्मजीव और मृदा कार्बन उत्तरदायी है

(*d*) वर्धमान हरित आवरण मृदा में युक्त कार्बन की मोचन को प्रेरित कर सकता है

परिच्छेद – 5

ऐतिहासिक रूप से, विश्व-कृषि के सामने, खाद्य की मांग और पूर्ति के बीच संतुलन प्राप्त करना सबसे बड़ी चुनौती रही है। वैयक्तिक देशों के स्तर पर, मांग-पूर्ति संतुलन बंद अर्थव्यवस्था के लिए निर्णायक नीतिगत मुद्दा हो सकता है, विशेषकर, यदि वह एक जनसंख्याबहुल अर्थव्यवस्था है और उसकी घरेलू कृषि, स्थायी आधार पर पर्याप्त खाद्य पूर्ति नहीं कर पा रही है। यह उस मुक्त और बढ़ती हुई अर्थव्यवस्था के लिए, जिसके पास विदेशों से खाद्य क्रय करने हेतु पर्याप्त विनिमय अधिशेष है, उतनी बड़ी, और न ही सदैव होने वाली बाध्यता है। विश्व के लिए समग्र रूप से, मांग-पूर्ति संतुलन, भूख तथा भूखमरी से बचाव हेतु, सदैव ही एक अपरिहार्य पूर्व-शर्त है। तथापि, पर्याप्त पूर्ति की विश्वव्यापी उपलब्धता का आवश्यक रूप से यह मतलब नहीं है कि खाद्य स्वतः अधिशेष वाले देशों से उन अभावग्रस्त देशों की ओर, जिनके पास क्रय-शक्ति का अभाव है, चला जाएगा। अतः विश्व स्तर पर भूख, भूखमरी, न्यून पोषण या कूपोषण आादि का असमान वितरण, खाली जेबों वाले भूखे लोगों की मौजूदगी की वजह से है, जो वृहद रूप में अविकसित अर्थव्यवस्थाओं तक सीमित हैं। जहाँ तक आधारभूत मानवीय अस्तित्व के लिए "दो वक्त का भरपेट भोजन" का प्राथमिक महत्व है, उसमें खाद्य की विश्वव्यापी पूर्ति के मुद्दे को, हाल के वर्षों में, महत्व मिलता रहा है, क्योंकि मांग की मात्रा ओर संरचना दोनों में बड़े परिवर्तन हो रहे हैं, और क्योंकि हाल के वर्षो में अलग-अलग देशों की खाद्य-पूर्तियों की अबाधित श्रृंखला निर्मित करने की क्षमताओं में कमी आई है। खाद्य-उत्पादन, विपणन और कीमतें, विशेषकर विकासशील विश्व में गरीबों द्वारा कीमत वहन करने की क्षमता, विश्वव्यापी मुद्दे बन गए हैं, जिनका विश्वव्यापी चितंन और विश्वव्यापी समाधान आवश्यक है।

28. उपर्युक्त परिच्छेद के अनुसार, विश्व खाद्य सुरक्षा के लिए निम्नलिखित में कौन-से मूलभूत हल हैं?

1. अपेक्षाकृत अधिक कृषि-आधारित उद्योग स्थापित करना
2. गरीबों द्वारा कीमत वहन करने की क्षमता की सुधारना
3. विपणान की दशाओं का नियमन करना
4. हर एक को खाद्य सहायिकी प्रदान करना

नीचे दिए गए कूट का प्रयोग कर सही उत्तर चुनियेः

(*a*) केवल 1 और 2 (*b*) केवल 2 और 3

(*c*) केवल 1, 3 और 4 (*d*) 1, 2, 3 और 4

29. उपर्युक्त परिच्छेद के अनुसार, विश्व कृषि के समक्ष सबसे बड़ी चुनौती क्या है?

(*a*) कृषि हेतु पर्याप्त भूमि प्राप्त करना और खाद्य प्रसंस्करण उद्योगों का विस्तार करना

(*b*) अल्पविकसित देशों में भूखमरी का उन्मूलन करना

(*c*) खाद्य एवं गैरखाद्य (नान-फूड) वस्तुओं के उत्पादन के बीच संतुलन प्राप्त करना

(*d*) खाद्य की मांग और आपूर्ति के बीच संतुलन प्राप्त करना

30. उपर्युक्त परिच्छेद के अनुसार, विकासशील अर्थव्यवस्थाओं में भूख और भूखमरी घटाने में, निम्नलिखित में से किससे/किनसे सहायता मिलती है?

1. खाद्य की मांग और आपूर्ति के बीच संतुलन करना
2. खाद्य आयात में वृद्धि करना
3. निर्धनों की क्रयशक्ति में वृद्धि करना
4. खाद्य उपभोग प्रतिमानों और प्रयासों में बदलाव लाना

नीचे दिए गए कूट का प्रयोग कर सही उत्तर चुनियेः

(*a*) केवल 1 (*b*) केवल 2, 3 और 4

(*c*) केवल 1 और 3 (*d*) 1, 2, 3 और 4

31. विश्वव्यापी खाद्य-पूर्ति के मुद्दे को मुख्यतः किसके/किनके कारण महत्व प्राप्त हुआ है?

1. विश्वव्यापी रूप से जनसंख्या की अतिवृद्धि
2. खाद्य-उत्पादन के क्षेत्र में तीव्र गिरावट
3. सतत खाद्यवृद्धि हेतु क्षमताओं में परिसीमन

नीचे दिए गए कूट का प्रयोग कर सही उत्तर चुनियेः

(*a*) केवल 1 और 2 (*b*) केवल 3

(*c*) केवल 2 और 3 (*d*) 1, 2 और 3

32. अंक 1, 2, 3 और 4 को लेकर चार-अंकीय संख्याएं बनानी हैं। इन चार अंकों में से किसी एक की भी किसी भी रीति से पुनरावृत्ति नहीं करनी है, तथा

1. 2 और 3 एक दूसरे के एकदम आगे पीछे नहीं हो सकते
2. 3, 1 के एकदम पीछे नही हो सकता
3. 4 अंतिम स्थान पर नही आ सकता
4. 1 प्रथम स्थान पर नहीं आ सकता

कितनी पृथक संख्याएं बन सकती है?

(*a*) 6 (*b*) 8
(*c*) 9 (*d*) उपर्युक्त में से कोई नहीं

33. एक बेलनाकार ओवरहैड टंकी को, जिसकी त्रिज्या 2 मी और ऊंचाई 7 मी है, 5.5 मी × 4 मी × 6 मी माप वाली किसी भूमिगत टंगी के जल से भरा जाना है। ओवरहैड टंकी को पूरा भर देने के बाद, भूमिगत टंकी का कितना भाग पानी से भरा है?

(*a*) 1/3 (*b*) 1/2
(*c*) 1/4 (*d*) 1/6

34. 60 विद्यार्थियों की एक कक्षा में जहाँ लड़कियां लड़कों से दुगुनी संख्या में हैं, कमल (एक लड़का) का रैंक ऊपर से सत्रहवां है। यदि कमल से पहले नौ लड़कियां हैं, तो कमल के बाद के रैंक में कितने लड़के हैं?

(*a*) 13 (*b*) 12
(*c*) 7 (*d*) 3

35. A और B पैदल चलते हुए एक वृत्ताकार पार्क का चक्कर लगाते हैं। वे दोनों प्रातः 8 बजे एक ही बिंदु से विपरीत दिशाओं में चलना शुरू करते हैं। A और B की चाल क्रमशः 2 चक्कर प्रति घंटा व 3 चक्कर प्रति घंटा है। प्रातः 8 बजे के बाद तथा प्रातः 9.30 बजे से पूर्व वे कितनी बार एक-दूसरे के सामने से गुजरेंगे?

(*a*) 7 (*b*) 6
(*c*) 5 (*d*) 8

36. W, किसी कार्य के 25% भाग को 30 दिनों में करता है; X उस कार्य के 1/4 भाग को 10 दिनों में करता है। Y उस कार्य के 40% भाग को 40 दिनों मे करता है और Z उस कार्य के 1/3 भाग को 13 दिनों में करता है। कार्य को सबसे पहले कौन पूरा करेगा?

(*a*) W (*b*) X
(*c*) Y (*d*) Z

37. 5 व्यक्तियों के किसी एक परिवार में प्रति व्यक्ति औसत आय रु. 10,000 प्रति मास है। उसी परिवार में प्रति व्यक्ति औसत आय क्या होगी यदि किसी एक व्यक्ति की आय में रु. 1,20,000 प्रति वर्ष की वृद्धि हो जाती है

(*a*) रु. 12,000 (*b*) रु. 16,000
(*c*) रु. 20,000 (*d*) रु. 34,000

38. किसी दौड़ में एक प्रतियोगी को 6 सेब एकत्र करने हैं। ये सेब एक सरल रेखा में किसी ट्रैक पर रखे हुए हैं और ट्रैक के प्रारम्भ में बाल्टी रखी गई है जो कि दौड़ का प्रारम्भ बिंदु है। खेल के नियमानुसार, प्रतियोगी एक बार में केवल एक सेब उठा सकता है ओर उसे लेकर वापस दौड़ कर उसे बाल्टी में डाल सकता है। बाल्टी से, पहले सेब की दूरी 5 मीटर है तथा बाकी सेब 3-3 मीटर की दूरी पर हैं। यदि प्रतियोगी को बाल्टी में सभी सेब डालने हों तो प्रतियोगी को कुल कितनी दूरी दौड़ कर तय करनी है?

(*a*) 40 मीटर (*b*) 50 मीटर
(*c*) 75 मीटर (*d*) 150 मीटर

39. तीरंदाजी की किसी वृत्ताकार प्लेट (टारगेट) को, जिसका व्यास 1 मीटर है, अन्दर से बाहर की ओर चार रंगों में - लाल, नीला पीला और सफेद - रंगा गया है। लाल बैन्ड की त्रिज्या 0.20 मीटर है। बाकी बैन्डों की चौड़ाई एक समान है। इस वृत्ताकार प्लेट (टारगेट) की ओर तीरंदाजों द्वारा तीर चलाए जाने पर, तीरों के टारगेट के लाल हिस्से (बैंड) में लगने की प्रायिकता क्या है?

(*a*) 0.40 (*b*) 0.20
(*c*) 0.16 (*d*) 0.04

40. कोई व्यक्ति किसी खिलौने की अंकित कीमत पर, नगद भुगतान के लिए 10% छूट देता है फिर भी उसे 10% का लाभ होता है। उस खिलौने की लागत कीमत क्या है, जिसकी अंकित कीमत रु. 770 है?

(*a*) रु. 610 (*b*) रु. 620
(*c*) रु. 630 (*d*) रु. 640

आगे आने वाले 6 (छः) प्रश्नांशों के लिए निर्देशः निम्नलिखित **दो परिच्छेदों** को पढ़िये तथा प्रत्येक परिच्छेद के पश्चात् आने वाले प्रश्नांशों के उत्तर दीजिए। इन प्रश्नांशों के आपके उत्तर परिच्छेदों पर आधारति ही होने चाहिए।

परिच्छेद - 1

शासन और लोक प्रशासन में कमियों के मूल में स्थित एक प्रमुख कारक, आमतौर से शासन में, और मुख्य रूप से सिविल सेवाओं में, जवाबदेही का होना या न होना है। जवाबदेही का एक प्रभावी ढांचा रूपांकित करना सुधार कार्यसूची का एक मुख्य तत्व रहा है। मूलभूत मुद्दा यह है कि क्या सिविल सेवाओं को तत्कालीन राजनीतिक कार्यपालिका के प्रति जवाबदेही होना चाहिए, अथवा व्यापक रूप में समाज के प्रति। दूसरे शब्दों में, आंतरिक और बाह्य जवाबदेही के बीच सामंजस्य कैसे स्थापित किया जाए? आंतरिक जवाबदेही को आंतरिक निष्पादन के परिवीक्षण, केन्द्रीय सतर्कता आयोग एवं नियंत्रक-महालेखापरीक्षक जैसे निकायों के अधिकारिक निरीक्षण तथा अधिशासी निर्णयों के न्यायिक पुनर्विलोकन के द्वारा प्राप्त करने का प्रयास किया जाता है। भारत के संविधान के अनुच्छेद 311 और 312 सिविल

सेवाओं, खास कर अखिल भारतीय सेवाओं, में नौकरी की सुरक्षा एवं रक्षोपाय का उपबंध करते हैं। संविधान निर्माताओं ने यह ध्यान में रखा था कि इन संरक्षण उपबंधों के परिणामस्वरूप ऐसी सिविल सेवा बनेगी जो राजनीतिक कार्यपालिका की पूर्णतः अनुसेवी नहीं होगी वरन् उसमें वृहत्तर लोकहित में कार्य करने की शक्ति होगी। इस प्रकार संविधान में आंतरिक और बाह्य जवाबदेही के बीच संतुलन रखने की आवश्यकता सन्निहित है। प्रश्न यह है कि दोनों के बीच रेखा कहां खीची जाए। वर्षो बाद, सिविल सेवाओं की अधिकतर आंतरिक जवाबदेही का जोर तत्कालीन राजनीतिक नेताओं के पक्ष में अधिक झुका दिखाई देता है, जिनसे, बदले में, निर्वाचन प्रक्रिया के माध्यम से व्यापक समाज के प्रति बाह्य रूप से जवाबदेह होने की अपेक्षा की जाती है। समाज के प्रति जवाबदेही लाने के प्रयास करने की इस प्रणाली से कोई समाधान प्राप्त नहीं हुआ है, और इससे शासन के लिए अनेक प्रतिकूल परिणाम सामने आए हैं।

सिविल सेवाओं में जवाबदेही के सुधार के लिए कुछ विशेष उपायों पर विचार किया जा सकता है। अनुच्छेद 311 और 312 के उपबंधों का पुनरीक्षण किया जाना चाहिए और सिविल सेवाओं की बाह्य जवाबदेही के लिए विधि एवं विनिमय बनाए जाने चाहिए। प्रस्तावित सिविल सेवा विधेयक इनमें से कुछ आवश्यकताओं को पूरा करने का प्रयास करता है। वृत्तिक (प्रोफेशनल) सेवाओं और राजनीतिक कार्यपालिका की अपनी-अपनी भूमिकाएं परिभाषित की जानी चाहिए ताकि वृत्तिक प्रबंधकीय कार्य और सिविल सेवाओं के प्रबंधन का अराजनीतिकरण हो सके। इस प्रयोजन के लिए केंद्र और राज्यों में प्रभावी सांविधिक सिविल सेवा बोर्ड बनाए जाने चाहिए। शासन और निर्णयन को लोगों के अधिक समीप लाने हेतु सत्ता का विकेंद्रीकरण और अवक्रमण (डीवोल्यूशन) भी जवाबदेही के संवर्धन में सहायक होता है।

41. परिच्छेद के अनुसार, निम्नलिखित में कौन-से कारक/कारकों के कारण शासन/लोक प्रशासन के लिए प्रतिकूल परिणाम सामने आए हैं?

1. आंतरिक एवं बाह्य जवाबदेही के बीच संतुलन बनाने में सिविल सेवाओं की अक्षमता
2. अखिल भारतीय सेवाओं के अधिकारियों के लिए पर्याप्त वृत्तिक प्रशिक्षण का अभाव
3. सिविल सेवाओं में उपयुक्त सेवा हितलाभों की कमी
4. इस संदर्भ में राजनीतिक कार्यपालिका के, और उसकी तुलना में, वृत्तिक सिविल सेवाओं के अपनी-अपनी भूमिकाओं को परिभाषित करने वाले सांविधानिक उपबंधों का अभाव

नीचे दिए गए कूट का प्रयोग कर सही उत्तर चुनिएः

(*a*) केवल 1 (*b*) केवल 2 और 3
(*c*) केवल 1 और 4 (*d*) 2, 3 और 4

42. परिच्छेद का सन्दर्भ लेते हुए, निम्नलिखित पूर्वधारणाएं बनाई गई हैः

1. समाज के प्रति सिविल सेवाओं की जवाबदेही में राजनीतिक कार्यपालिका एक अवरोध है
2. भारतीय राजनीति-व्यवस्था के वर्तमान ढांचे में, राजनीतिक कार्यपालिका समाज के प्रति जवाबदेही नहीं रह गई है

इन पूर्वधारणाओं में कौन-सी वैध है/हैं?

(*a*) केवल 1 (*b*) केवल 2
(*c*) 1 और 2 दोनों (*d*) न तो 1, न ही 2

43. निम्नलिखित में कौन-सा एक, इस परिच्छेद में अन्तर्निहित अनिवार्य संदेश है?

(*a*) सिविल सेवाएं उस समाज के प्रति जवाबदेह नहीं हैं जिसकी सेवा वे कर रही हैं
(*b*) शिक्षित तथा प्रबुद्ध व्यक्ति राजनीतिक नेतृत्व नहीं ले रहे हैं
(*c*) संविधान निर्माताओं ने सिविल सेवओं के समक्ष आने वाली समस्याओं का विचार नहीं किया
(*d*) सिविल सेवाओं की जवाबदेही में संवर्धन हेतु सुधारों की आवश्यकता और गुंजाइश है

44. परिच्छेद के अनुसार, निम्नलिखित में कौन-सा एक, सिविल सेवाओं की आंतरिक जवाबदेही के संवर्धन का साधन नहीं है?

(*a*) बेहतर कार्य-सुरक्षा और रक्षोपाय
(*b*) केन्द्रीय सतर्कता आयोग द्वारा निरीक्षण
(*c*) अधिशासी निर्णयों का न्यायिक पुनर्विलोकन
(*d*) निर्णयन प्रक्रिया में लोगो की बढ़ी हुई सहभागिता द्वारा जवाबदेही खोजना

परिच्छेद – 2

सामान्य रूप में, धार्मिक परम्पराएँ ईश्वर के या किसी सार्वभौम नैतिक सिद्धांत के प्रति हमारे कर्त्तव्य पर बल देती हैं। एक दूसरे के प्रति हमारे कर्त्तव्य इन्हीं से व्युत्पन्न होते हैं। अधिकारों की धार्मिक संकल्पना मुख्यतः इस देवत्व या सिद्धांत के साथ ही हमारे संबंध से, और हमारे अन्य संबंधों पर पड़ने वाले इसके निहितार्थ से ही व्युत्पन्न हुई है। अधिकारों और कर्त्तव्यों के बीच यह संगतता न्याय के किसी उच्चतर बोध के लिए महत्वपूर्ण है। किन्तु, न्याय को आचरण में लाने के लिए, सदगुण, अधिकार और कर्त्तव्य औपचारिक अमूर्त तत्व नहीं रह सकते। उन्हें सामान्य मिलन (कम्युनियन) के संवेदन से बंधे हुए समुदाय (सामान्य एकता) में उतारना परमावश्यक है। वैयक्तिक सदगुण के रूप में भी यह एकात्मता, न्याय की साधना और बोध के लिए आवश्यक है।

45. परिच्छेद का सन्दर्भ लेते हुए, निम्नलिखित पूर्वधारणाएं बनाई गई हैं:

1. मानव संबंध उनकी धार्मिक परंपराओं से व्युत्पन्न होते हैं
2. मनुष्य कर्त्तव्य से तभी बंधे हो सकते हैं जब वे ईश्वर में विश्वास करें
3. न्याय की साधना और बोध के लिए धार्मिक परम्पराएँ आवश्यक हैं

इनमें से कौन-सी पूर्वधारणा/पूर्वधारणाएं वैध है/हैं?

(*a*) केवल 1 (*b*) केवल 2 और 3

(*c*) केवल 1 और 3 (*d*) 1, 2 और 3

46. निम्नलिखित में कौन-सा एक, इस परिच्छेद का मर्म है?

(*a*) एक-दूसरे के प्रति हमारे कर्त्तव्य हमारी धार्मिक परम्पराओं से व्युत्पन्न होते हैं

(*b*) दिव्य सिद्धांत से संबंध रखना महान सद्‌गुण है

(*c*) अधिकारों और कर्तव्यों के बीच सन्तुलन समाज में न्याय दिलाने के लिए निर्णायक है

(*d*) अधिकारों की धार्मिक संकल्पना मुख्यतः ईश्वर के साथ हमारे संबंध से व्युत्पन्न हुई है

47. A ने अंगूर और अनन्नास खाए; B ने अंगूर और नारंगियाँ खाई; C ने नारंगियाँ, अनन्नास और सेब खाए। D ने अंगूर, सेब और अनन्नास खाए। फल खाने के बाद B और C बीमार पड़ गए।

उपर्युक्त तथ्यों के प्रकाश में, बीमारी का कारण किसे कहा जा सकता है?

(*a*) सेब (*b*) अनन्नास

(*c*) अंगूर (*d*) नारंगियाँ

48. निम्नलिखित कथनों पर विचार कीजिए:

1. देश में जनसंख्या वृद्धि दर बढ़ रही है
2. देश में मृत्यु दर, जन्म दर की तुलना में तेजी से घट रही है
3. देश में जन्म दर, मृत्यु दर की तुलना में तेजी से घट रही है
4. देश में नियमित रूप से ग्राम-नगर प्रवसन हो रहा है

उपर्युक्त तथ्यों के प्रकाश में, निम्नलिखित निष्कर्षों में से कौन-सा एक, सही हो सकता है?

(*a*) ग्राम-नगर प्रवसन के कारण जनसंख्या वृद्धि दर बढ़ रही है।

(*b*) केवल मृत्यु दर घटने के कारण जनसंख्या वृद्धि दर बढ़ रही है।

(*c*) केवल जन्म दर वृद्धि होने के कारण जनसंख्या वृद्धि दर बढ़ रही है।

(*d*) मृत्यु दर में, जन्म दर की अपेक्षा तेजी से गिरावट होने के कारण जनसंख्या वृद्धि दर बढ़ रही है।

49. कोई व्यक्ति X ऐसे स्थान पर गाड़ी चला रहा था जहाँ सभी सड़कें या तो उत्तर-दक्षिण की ओर या पूर्व-पश्चिम की ओर जाते हुए ग्रिड बनाती हैं। सड़कें एक दूसरे से समांतर 1 km की दूरी पर हैं। वह दो सड़कों के प्रतिच्छेदन स्थल से गाड़ी चलाना आरम्भ कर, 3 km उत्तर में, 3 km पश्चिम में और 4 km दक्षिण में चला। आगे कौन-सा मार्ग उसे उसके आरंभिक स्थान पर वापस ला सकेगा, यदि वह उसी मार्ग पर दुबारा न चले?

(*a*) 3 km पूर्व, तब 2 km दक्षिण

(*b*) 3 km पूर्व, तब 1 km उत्तर

(*c*) 1 km उत्तर, तब 2 km पश्चिम

(*d*) 3 km दक्षिण, तब 1 km उत्तर

50. निम्नलिखित कथन पर विचार कीजिए:

''हम या तो पिकनिक पर जायेंगे या दुर्गम यात्रा पर जायेंगे''

निम्नलिखित में से कौन-सा यदि सत्य है, तो इस दावे को झुठलाता है?

(*a*) हम पिकनिक पर जाते हैं किन्तु दुर्गम यात्रा पर नहीं जाते

(*b*) पिकनिक और दुर्गम यात्रा जैसी गतिविधियों का स्वास्थ्य प्राधिकारियों द्वारा उत्साह-वर्धन किया जाता है

(*c*) हम दुर्गम यात्रा पर जाते हैं और पिकनिक पर नहीं जाते

(*d*) हम न तो पिकनिक पर जाते हैं, न ही दुर्गम यात्रा पर जाते हैं

51. 50 संकाय-सदस्य थे, जिनमें 30 पुरुष तथा शेष स्त्रियाँ थीं। कोई भी पुरुष संकाय-सदस्य संगीत नहीं जानता था, लेकिन अनेक स्त्री संकाय-सदस्यों को संगीत की जानकारी थी। उस संस्था के अध्यक्ष ने लाटरी द्वारा छः संकाय-सदस्यों को चाय-पार्टी पर निमंत्रित किया। पार्टी के समय यह पता चला कि कोई भी सदस्य संगीत नहीं जानता है। निष्कर्ष निकलता है कि

(*a*) पार्टी में मात्र पुरुष संकाय-सदस्य ही थे

(*b*) पार्टी में केवल वही स्त्री संकाय-सदस्याएं सम्मिलित थीं जो संगीत प्रस्तुत नहीं कर सकती थीं

(*c*) पार्टी में सम्मिलित संकाय-सदस्य पुरुष तथा स्त्री दोनों थे

(*d*) पार्टी के लिंग-संयोजन के बारे में कुछ नहीं कहा जा सकता

52. पांच लोग A, B, C, D और E, एक गोल मेज के चारों ओर बैठे हुए हैं। प्रत्येक कुर्सी निकटवर्ती कुर्सियों से सम-दूरस्थ है।

(i) C, A के बगल में बैठा है

(ii) A, D से दो सीट के अंतर पर बैठा है

(iii) B, A के बगल में नहीं बैठा है

उपर्युक्त सुचना के आधार पर, निम्नलिखित में से कौन-सा सही होना ही चाहिए?

1. D, B के बगल में बैठा है
2. E, A के बगल में बैठा है
3. D और C के बीच दो सीटों का अन्तराल है

नीचे दिए गए कूट का प्रयोग कर सही उत्तर चुनिएः

(*a*) केवल 1 (*b*) केवल 1 और 2

(*c*) केवल 3 (*d*) न तो 1, न ही 2, न ही 3

53. एक कॉलेज में पांच हॉबी क्लब है- फोटोग्राफी, नौकाविहार, शतरंज, इलेक्ट्रोनिकी और बागबानी। बागबानी दल हर दूसरे दिन एकत्र होता है, इलेक्ट्रोनिकी दल हर तीसरे दिन एकत्र होता है, शतरंज दल हर चौथे दिन एकत्र होता है, नौकाविहार दल हर पांचवे दिन एकत्र होता है और फोटोग्राफी दल हर छठवें दिन एकत्र होता है। 180 दिनों में सभी पांचों दल एक ही दिन में कितनी बार एकत्र हुए?

(*a*) 5 (*b*) 18

(*c*) 10 (*d*) 3

54. एक पेड़ पर मधुरस से परिपूर्ण कुछ फूल है और कुछ मधुमक्खियाँ उन फूलों पर मंडरा रही है। यदि एक मधुमक्खी प्रत्येक फूल पर बैठ जाए तो एक मुधुमक्खी छूट जाती है। यदि दो मधुमक्खियाँ प्रत्येक फूल पर बैठ जाएं तो एक फूल छूट जाता है। फूलों एवं मधुमक्खियों की संख्या क्रमशः कितनी है?

(*a*) 2 और 4 (*b*) 3 और 2

(*c*) 3 और 4 (*d*) 4 और 3

निम्नलिखित पाँच (05) प्रश्नांशों के लिए निर्देशः नीचे दी गई सूचना पर विचार कीजिए और इसके बाद आने वाले पांच प्रश्नांशों के उत्तर दीजिएः

एक दल में पांच व्यक्ति हैं - P, Q, R, S और T। दल में एक चिकित्सक, एक वकील और एक कलाकार है। P और S अविवाहित विद्यार्थी हैं। T एक पुरुष है जिसका विवाह दल के एक सदस्य से हुआ है। Q, P का भाई है और न तो चिकित्सक है, न ही कलाकार। R चिकित्सक नहीं है।

55. चिकित्सक कौन है?

(*a*) T (*b*) P

(*c*) Q (*d*) R

56. कलाकार कौन है?

(*a*) P (*b*) Q

(*c*) R (*d*) T

57. R का पति/पत्नी कौन है?

(*a*) P (*b*) T

(*c*) Q (*d*) S

58. वकील कौन है?

(*a*) P (*b*) Q

(*c*) R (*d*) S

59. निम्नलिखित में से कौन निश्चित रूप से पुरुष है?

(*a*) P (*b*) S

(*c*) Q (*d*) उपर्युक्त में से कोई नहीं

60. एक ग्राहक द्वारा किसी खास उत्पाद की 19000 मात्रा का एक क्रय-आदेश दिया गया है। कम्पनी प्रतिदिन उस उत्पाद की 1000 मात्रा उत्पादित करती है जिसमें से 5% बिक्री के अनुपयुक्त होती है। क्रय-आदेश कितने दिनों में पूरा होगा?

(*a*) 18 (*b*) 19

(*c*) 20 (*d*) 22

आगे आने वाले 5 (पांच) प्रश्नांशों के लिए निर्देशः निम्नलिखित दो परिच्छेदों को पढ़िये तथा प्रत्येक परिच्छेद के पश्चात् आने वाले प्रश्नांशों के उत्तर दीजिए। इन प्रश्नांशों के आपके उत्तर परिच्छेदों पर आधारित ही हाने चाहिए।

परिच्छेद - 1

शक्ति, ऊष्मा और परिवहन के ईंधन के रूप में जैवमात्रा (बायोमास) की न्यूनीकरण समर्थता सभी नवीकरणीय स्त्रोतों से अधिक है। यह कृषि और वन अवशिष्टों, साथ ही ऊर्जा-फसलों से प्राप्त होती है। जैवमात्रा अवशिष्टों का उपयोग करने में सबसे बड़ी चुनौती शक्ति-संयंत्रों में उचित लागत पर की जानेवाली उनकी विश्वसनीय दीर्घवधि पूर्ति ही है, मुख्य समस्याएं सुप्रचालनिक (लॉजिस्टिकल) अवरोध और ईंधन-संग्रहण की लागत हैं। यदि ऊर्जा-फसलों का उचित रीतिसे प्रबंधन न हो तो, वे अन्न उत्पादन के साथ प्रतिस्पर्धा करती हैं और अन्न की कीमतों पर उनका अवांछित असर पड़ सकता है। जैवमात्रा का उत्पादन परिवर्तनशील जलवायु के भौतिक प्रभावों के प्रति भी संवेदनशील होता है।

जब तक नव-प्रौद्योगिकियाँ उत्पादकता को सारभूत रूप में न बढ़ाएँ, तब तक धारणीय जैवमात्रा पूर्ति की सीमाओं को देखते हुए, जैवमात्रा की भावी भूमिका का संभवतः वास्तविकता से अधिक अनुमान लगाया गया है। जलवायु-ऊर्जा प्रतिरूप यह प्रकल्पित करते है कि 2050 में बायोमास का उपयोग लगभग चागिुना बढ़ कर 150 – 200 एक्साजूल हो सकता है जो कि विश्व की प्राथमिक ऊर्जा या लगभग एक-चौथाई है। परन्तु खाद्य एवं वन्य संसाधनों का कोई विनाश किए बिना, 2050 तक प्रतिवर्ष बायोमास संसाधनों की अधिकतम धारणीय तकनीकी क्षमता (अवशिष्ट और ऊर्जा फसल दोनों) 80 – 170 एक्साजूल के परिसर में होगी और इसका सिर्फ एक अंश वास्तकवक और आर्थिक रूप से साध्य होगा। इसके अतिरिक्त, कुछ जलवायु प्रतिरूप ऋणात्मक उत्सर्जन प्राप्त करने और शताब्दी के पूर्वार्ध में कुछ मुहलत जुटाने के लिए बायोमास आधारित कार्बन प्रग्रहण एवं संचयन पर, जो कि एक अप्रमाणित प्रौद्योगिकी है, आश्रित है।

कुछ द्रव्य जैवईंधन जैसे मकई आधारित इथेनोल, प्रमुख रूप से प्रविहन हेतु, जीवन चक्र आधार पर कार्बन उत्सर्जनों में सुधार लाने की जगह उन्हें और बदतर कर सकते हैं। लिग्नो-सेलुलोसिक चारा आधरित दूसरी पीढ़ी के कुछ जैवईंधन जैसे कि पुआल, खोई, घास और काष्ठ ऐसे धारणीय उत्पादन की सम्भाव्यता रखते हैं जो उच्च्व उत्पादकता वाले हो तथा ग्रीनहाउस गैस के निम्न स्तर का उत्सर्जन करें, किन्तु वे अभी तक अनुसंधान और विश्लेषण के रण में हैं।

61. शक्ति-जनन के लिए जैवमात्रा को ईंधन के रूप में इस्तेमाल करने में मौजूदा बाधा/बाधाएं क्या है/हैं?

1. जैवमात्र की धारणीय पूर्ति का अभाव
2. जैवमात्रा उत्पादन अन्न-उत्पादन के साथ प्रतिस्पर्धी हो जाता है
3. जैव-ऊर्जा, जीवन-चक्र आधार पर, सदैव निम्न-कार्बन नहीं हो सकती

नीचे दिए गए कुट का प्रयोग कर सही उत्तर चुनिएः

(*a*) केवल 1 और 2 (*b*) केवल 3

(*c*) केवल 2 और 3 (*d*) 1, 2 और 3

62. निम्नलिखित में से किसके/किनके कारण खद्य-सुरक्षा की समस्या हो सकती है?

1. शक्ति-जनन हेतु कृषि एवं वन अवशिष्टों का भरण-सामग्री (फीडस्टॉक) के रूप में उपयोग करना
2. जैवमात्रा का कार्बन प्रग्रहण एवं संचयन के लिए उपयोग करना
3. ऊर्जा-फसलों की कृषि को बढ़ावा देना

नीचे दिए गए कुट का प्रयोग कर सही उत्तर चुनिएः

(*a*) केवल 1 और 2 (*b*) केवल 3

(*c*) केवल 2 और 3 (*d*) 1, 2 और 3

63. जैवमात्रा के उपयोग के सन्दर्भ में, निम्नलिखित में कौनसी/कौन-कौनसी, जैव-ईंधन के धारणीय उत्पादन की विशेषता/विशेषताएं है/हैं?

1. 2050 तक, शक्ति-जनन के ईंधन के रूप में जैवमात्रा से विश्व की सभी प्राथमिक ऊर्जा-आवश्यकताओं की पूर्ति हो सकती है
2. शक्ति-जनन के ईंधन के रूप में जैवमात्रा से, खाद्य एवं वन संसाधनों का आवश्यक रूप से विनाश नहीं होता है
3. कुछ उदीयमान प्रौद्योगिकियों की मान लें तो शक्ति-जनन के ईंधन के रूप में जैवमात्रा, ऋणात्मक उत्सर्जन प्राप्त करने में सहायक हो सकती है

नीचे दिए गए कुट का प्रयोग कर सही उत्तर चुनिएः

(*a*) केवल 1 और 2 (*b*) केवल 3

(*c*) केवल 2 और 3 (*d*) 1, 2 और 3

64. इस परिच्छेद के सन्दर्भ में, निम्नलिखित पूर्वधारणाएँ बनाई गई हैं:

1. कुछ जलवायु-ऊर्जा प्रतिरूप यह सुझाते हैं कि शक्ति-जनन के ईंधन के रूप में बायोमास का उपयोग ग्रीनहाउस गैस उत्सर्जनों को कम करने में सहायक होता है
2. शक्ति-जनन के ईंधन के रूप में बायोमास का उपयोग करना, खाद्य एवं वन संसाधनों को बाधित किए बिना संभव नहीं है

नीचे दिए गए कुट का प्रयोग कर सही उत्तर चुनिएः

(*a*) केवल 1 (*b*) केवल 2

(*c*) 1 और 2 दोनों (*d*) न तो 1, न ही 2

परिच्छेद - 2

हम अपनी खद्य-पूर्ति में जैव-विविधता की खतरनाक कमी देख रहे हैं। हरित क्रांति एक मिला-जुला वरदान है। समय के साथ-साथ, किसानों की निर्भरता व्यापक रूप से अपनाई गई उच्च उपज वाली फसलों पर बहुत अधिक बढ़ती गई है और वे स्थानीय दशाओं से अनुकूलता रखने वाली किस्मों को छोड़ते गए हैं। विशाल खेतों में आनुवंशिकतः एकसमान (जेनेटिकली यूनिफॉर्म) बीजों की एक-फसली खेती से बढ़ी हुई उपज प्राप्त करने और भूख की तात्कालिक जरूरतों को पूरा करने में मदद मिलती है। तथापि, उच्च उपज वाली किस्में आनुवंशिकतः दुर्बल फसलें भी होती हैं जिनके लिए मँहगे रसायनिक उर्वरकों और विषाक्त कीटनाशकों की जरूरत होती है। उगाए जा रहे खाद्य-पदार्थों की मात्रा बढ़ाने पर ही आज अपना ध्यान केंद्रित कर, हम अनजाने में स्वयम् को भावी खाद्य-अभाव होने के ज़ोखिम में डाल चुके हैं।

65. उपर्युक्त परिच्छेद से निम्नलिखित में से कौनसा, **सबसे तर्कसंगत और निर्णायक निष्कर्ष (इनफेरेंस)** निकाला जा सकता है?

(*a*) अपनी कृषि पद्धतियों में हम केवल हरित क्रांति के कारण मँहगे रासायनिक उर्वरकों और विषाक्त कीटनाशकों पर अत्यधिक निर्भर हो गये हैं

(*b*) विशाल खेतों में उच्च उपज वाली किस्मों की एक-फसली खेती हरित क्रांति के कारण संभव है

(*c*) उच्च उपज वाली किस्मों की एक-फसली खेती करोड़ो लोगों के लिए खाद्य सुरक्षा सुनिश्चित करने का एकमात्र तरीका है

(*d*) हरित क्रांति, दीर्घ काल में खाद्य-पूर्ति और खाद्य सुरक्षा में जैव-विविधता के लिए खतरा प्रस्तुत कर सकती है

66. एक कक्षा पूर्वह्न 11:00 बजे प्रारंभ होती है और अपराह्न 2:27 बजे समाप्त होती है। इस अंतराल में चार समान अवधि के पीरियड होते हैं। प्रत्येक पीरियड के बाद छात्रों को 5 मिनट का विश्राम दिया जाता है। प्रत्येक पीरियड की ठीक-ठीक अवधि कितनी है?

(*a*) 48 मिनट (*b*) 50 मिनट

(*c*) 51 मिनट (*d*) 53 मिनट

67. चार मित्रों A, B, C और D को एक पुल को पार करना है। पुल को एक समय में अधिक से अधिक दो व्यक्ति पार कर सकते हैं। रात का समय है तथा उनके पास केवल एक लालटेन है। पुल पार करने वालों को रास्ता ढूंढने के लिए लालटेन ले जानी चाहिए। एक साथ चलने वाले दो व्यक्तियों को धीमे चलने वाले व्यक्ति की चाल से चलना होगा। पुल पार करने के बाद, दो व्यक्तियों में से ज्यादा तेज चलने वाला व्यक्ति, प्रत्येक बार अपने साथी को पुल पार करवा कर, लालटेन सहित वापस लौट आएगा। अन्त में लालटेन को अपने मूल स्थान पर रखना है तथा लालटेन वापस रखने वाले व्यक्ति को लालटेन के बगैर पुल पार करना है। पुल पार करने के लिए उनके द्वारा लिया गया समय इस प्रकार है : A : 1 मिनट, B : 2 मिनट, C : 7 मिनट D : 10 मिनट। चारों मित्रों द्वारा पुल पार करने के लिए, कुल कितना न्यूनतम समय आवश्यक है?

(*a*) 23 मिनट (*b*) 22 मिनट

(*c*) 21 मिनट (*d*) 20 मिनट

68. पात्र A में 30 ग्राम शर्करा को 180 मि.ली. जल में मिलाया गया, पात्र B में 40 ग्राम शर्करा को 280 मि.ली. जल में मिलाया गया और पात्र C में 20 ग्राम शर्करा को 100 मि. ली. जल में मिलाया गया। पात्र B का विलयन कैसा है?

(*a*) C के विलयन से अधिक मीठा

(*b*) A के विलयन से अधिक मीठा

(*c*) C के विलयन के समान मीठा

(*d*) C के विलयन से कम मीठा

69. धमार्थ दान में, किसी कक्षा में प्रत्येक विद्यार्थी उतने रुपये देता है जितनी उस कक्षा में विद्यार्थियों की संख्या है। केवल एक विद्यार्थी के 2 रुपये अतिरिक्त देने पर कुल रुपये 443 एकत्र हुए है। तो कक्षा में कितने विद्यार्थी हैं?

(*a*) 12 (*b*) 21

(*c*) 43 (*d*) 45

70. अनिता की गणित परीक्षा में 70 प्रश्न समान अंकों के थे जिनमें 10 अंकगणित के, 30 बीजगणित के और 30 ज्यामिति के थे। यद्यपि उसने अंकगणित के 70%, बीजगणित के 40% और ज्यामिति के 60% प्रश्नों का सही उत्तर दिया, वह परीक्षा में सफल नहीं हुई क्योंकि उसके अंक 60% से कम थे। उसने कितने और प्रश्नों के सही उत्तर दिए होते, जिससे कि उसे 60% का पास प्राप्तांक मिल गया होता?

(*a*) 1 (*b*) 5

(*c*) 7 (*d*) 9

71. एक कक्षा में 18 लड़के बहुत लम्बे हैं। यदि ये लड़के, लड़कों की कुल संख्या के तीन-चौथाई हैं और लड़कों की संख्या कक्षा के छात्रों की कुल संख्या की दो-तिहाई है, तो कक्षा में लड़कियों की संख्या क्या है?

(*a*) 6 (*b*) 12

(*c*) 18 (*d*) 21

72. निम्नलिखित कथनों पर विचार कीजिए:

1. या तो A और B की एक-बराबर आयु है या A, B से बड़ा है
2. या तो C और D की एक-बराबर आयु है या D, C से बड़ा है
3. B, C से बड़ा है

उपर्युक्त कथनों से निम्नलिखित में से कौनसा निष्कर्ष निकाला जा सकता है?

(*a*) A, B से बड़ा है

(*b*) B और D एक-बराबर आयु के है

(*c*) D, C से बड़ा है

(*d*) A, C से बड़ा है

73. किसी कम्पनी के सभी कर्मचारियों का मासिक औसत वेतन रु. 5,000 था। पुरुष एवं महिला कर्मचारियों को प्रदत्त मासिक औसत वेतन क्रमशः रु. 5,200 तथा रु. 4,200 था। कम्पनी में कार्यरत पुरुष कर्मचारियों की प्रतिशतता क्या है?

(*a*) 75% (*b*) 80%

(*c*) 85% (*d*) 90%

आगे आने वाले 3 (तीन) प्रश्नांशों के लिए निर्देशः निम्नलिखित सूचना पर विचार करते हुए आगे दिए गए तीन प्रश्नांशों के उत्तर दीजिये।

छः बक्सों A, B, C, D, E और F को छः विभिन्न रंगों – बैंगनी, आसमानी, नीला हरा, पीला और नारंगी से रंगा गया है और उन्हें बायें से दायें की ओर क्रम में रखा गया है (आवश्यक नहीं कि इसी क्रम के रंगों में रखे गए अथवा रंगे गए)। प्रत्येक बक्स में छः खेलो – क्रिकेट, हॉकी, टेनिस, गोल्फ फुटबॉल और वॉलीबॉल की गेंदों में से कोई एक गेंद रखी गयी है (आवश्यक नहीं कि इसी क्रम में)। गोल्फ की गेंद बैंगनी बक्स में है और वह D बक्स में नहीं है। बॉक्स A का, जिसमें टेनिस बॉल है, रंग नारंगी है और वह दायीं ओर के अन्त में रखा है। हॉकी की गेंद न तो बक्स D में है, न ही बक्स E में। बक्स C का, जिसमें क्रिकेट की गेंद है, रंग हरा है। हॉकी की गेंद वाला बक्स न तो नीले रंग से रंगा है, न ही पीले रंग से। बक्स C, दायी ओर से पांचवें स्थान पर है और बक्स के बगल में है। बक्स B में वॉलीबॉल है। हॉकी की गेंद वाला बक्स, गोल्फ की गेंद वाले और वॉलीबॉल वाले बक्सों के बीच में है।

74. निम्नलिखित में से कौन-से बक्स में गोल्फ की गेंद है?

(*a*) F (*b*) E

(*c*) D (*d*) उपर्युक्त में से कोई नहीं

75. निम्नलिखित में से कौनसा/से कथन सही है/हैं?

(*a*) D पीले रंग से रंगा है

(*b*) F आसमानी रंग से रंगा है

(*c*) B नीले रंग से रंगा है

(*d*) उपर्युक्त सभी

76. फुटबॉल किस रंग के बक्से में है?

(*a*) पीला

(*b*) आसमानी

(*c*) आंकड़े अपर्याप्त होने के कारण निर्धारित नहीं किया जा सकता

(*d*) नीला

77. दो संख्याएं X और Y, किसी तीसरी संख्या Z से क्रमशः 20% तथा 28% कम हैं। संख्या Y संख्या X से कितने प्रतिशत कम हैं?

(*a*) 12% (*b*) 10%

(*c*) 9% (*d*) 8%

78. स्टेशन और स्टेशन के बीच, प्रत्येक स्टेशन से बजे सुबह चलने वाली, दैनिक रेलगाड़ी आरम्भ की जानी है, और यह यात्रा घंटों में पूरी की जानी है। कितनी संख्या में रेलगाड़ियाँ चलानी होंगी जिससे कि शटल सेवा जारी रहे?

(*a*) 2 (*b*) 3

(*c*) 4 (*d*) 7

79. टिन का एक टुकड़ा आयत की आकृति में है, जिसकी लंम्बाई 12 सेमी तथा चौड़ाई 8 सेमी है। इसका उपयोग कर एक बन्द घन निर्मित किया जाता है। घन की भुजा की लम्बाई क्या है?

(*a*) 2 सेमी (*b*) 3 सेमी

(*c*) 4 सेमी (*d*) 6 सेमी

80. एक प्रश्न-पत्र में पांच प्रश्नों पर प्रयास किए जाने हैं और प्रत्येक प्रश्न के उत्तर के दो विकल्प हैं – सही (T) अथवा गलत (F)। यह दिया गया है कि किन्हीं भी दो परीक्षार्थियों ने पाँचों प्रश्नों के उत्तर एकसमान अनुक्रम में नहीं दिए हैं। ऐसा होने के लिए परीक्षार्थियों की अधिकतम संख्या कितनी है?

(*a*) 10 (*b*) 18

(*c*) 26 (*d*) 32

उत्तरमाला

1. (*c*)	**2.** (*d*)	**3.** (*a*)	**4.** (*d*)	**5.** (*b*)	**6.** (*d*)	**7.** (*c*)	**8.** (*b*)	**9.** (*b*)	**10.** (*a*)
11. (*b*)	**12.** (*d*)	**13.** (*b*)	**14.** (*a*)	**15.** (*b*)	**16.** (*a*)	**17.** (*b*)	**18.** (*a*)	**19.** (*b*)	**20.** (*c*)
21. (*d*)	**22.** (*b*)	**23.** (*a*)	**24.** (*a*)	**25.** (*a*)	**26.** (*b*)	**27.** (*d*)	**28.** (*b*)	**29.** (*d*)	**30.** (*c*)
31. (*b*)	**32.** (*a*)	**33.** (*a*)	**34.** (*b*)	**35.** (*a*)	**36.** (*d*)	**37.** (*a*)	**38.** (*d*)	**39.** (*c*)	**40.** (*c*)
41. (*c*)	**42.** (*b*)	**43.** (*d*)	**44.** (*d*)	**45.** (*c*)	**46.** (*c*)	**47.** (*d*)	**48.** (*d*)	**49.** (*b*)	**50.** (*d*)
51. (*d*)	**52.** (*b*)	**53.** (*d*)	**54.** (*c*)	**55.** (*a*)	**56.** (*c*)	**57.** (*b*)	**58.** (*b*)	**59.** (*c*)	**60.** (*c*)
61. (*d*)	**62.** (*b*)	**63.** (*b*)	**64.** (*a*)	**65.** (*d*)	**66.** (*a*)	**67.** (*a*)	**68.** (*d*)	**69.** (*b*)	**70.** (*b*)
71. (*b*)	**72.** (*d*)	**73.** (*b*)	**74.** (*b*)	**75.** (*b*)	**76.** (*c*)	**77.** (*b*)	**78.** (*c*)	**79.** (*c*)	**80.** (*d*)

व्याख्या

1. विकल्प (c) सही पसंद है। विकल्प-द्वय (a) और (b) परिच्छेद में प्रस्तुत समस्या का समाधान नहीं करता है। विकल्प (d) परिच्छेद के विषय-क्षेत्र से बाहर है।

2. विकल्प (d) अनुमान करने हेतु परिच्छेद में प्रस्तुत सूचना/जानकारी पर सही रूप से ध्यान खींचता है। विकल्प (a) गलत है, क्योंकि यह 'विकासशील देशों' के बारे में बात करता है। विकल्प (b) भी गलत है, क्योंकि यह खाद्य सुरक्षा को जटिल मुद्दा कहता है, जो परिच्छेद में कहीं निहित नहीं है। विकल्प (c) भी गलत है, क्योंकि यह जलवायु परिवर्तन के प्रत्येक गतिविधि से संपर्क स्थापित करता है, जो परिच्छेद में अंतर्निहित विषय में नहीं है।

3. विकल्प (a) सही पसंद है। विकल्प (b) को खारिज किया जा सकता है, क्योंकि परिच्छेद परामर्श नहीं देता है कि 'जीवित जीवधारी' पीने योग्य पानी हेतु महत्वपूर्ण है। जीवित जीवधारी बहुत बड़े समूह का निर्माण करते हैं, अपेक्षाकृत परिच्छेद में इस बारे में जो कहा गया है। विकल्प (c) परिच्छेद की अंतिम पंक्ति, जो परिच्छेद को समझने हेतु महत्वपूर्ण है, का समावेश नहीं करती हैं। विकल्प (d) परिच्छेद के विषय-क्षेत्र से बाहर है।

4. विकल्प (d) सही पसंद है, क्योंकि परिच्छेद जनसाधारण के लिए बैंकिंग सेवाओं की बात करता है। विकल्प-त्रय (a), (b) और (c) इस चिंता को संबोधन नहीं करते हैं।

5. परिच्छेद के प्रथम दो वाक्य कथन-2 को सही बनाते हैं। कथन-1 गलत है, क्योंकि यह 'पूर्णतः हल हुआ' कहता है।

6. विकल्प (a) गलत है, क्योंकि यह 'मानव चाहता है' की बजाय 'मानव समाज' कहता है, जिसके बारे में परिच्छेद नहीं है। विकल्प (b) भी गलत है, क्योंकि यह 'दिया गया कोई' तथा 'सदैव' कहता है, परिच्छेद द्वारा कोई भी निहित नहीं है। विकल्प (c) का मानना है कि मानव ही एकमात्र सामाजिक प्राणी हैं, जो परिच्छेद में कहीं भी अंतर्निहित नहीं है।

7. परिच्छेद में 'निर्भर' शब्द के व्यवहार के कारण विकल्प (c) सही उत्तर है।

8. विकल्प (b) सही उत्तर है, क्योंकि यह परिच्छेद की केन्द्रीय चिंता को संबोधन करता है। विकल्प-त्रय (a), (d) और (c) अनुमान नहीं हैं, जो परिच्छेद से बनाये नहीं जा सकते हैं।

9. नीचे व्यक्ति की गति-विधि दर्शायी गई है:

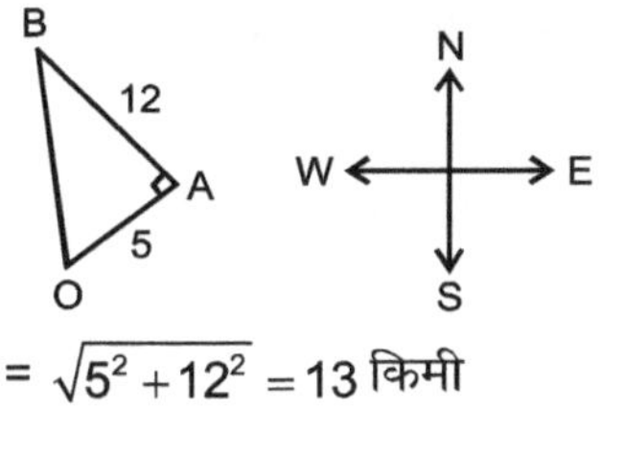

अभीष्ट दूरी = $\sqrt{5^2 + 12^2} = 13$ किमी

10. $X_1 + X_2 = 40$

क्षेत्रफल = $X_1 \times X_2$

जब $X_1 = X_2$ होता है, तो X_1, X_2 का अधिकतम मान होगा।

$\therefore$ अधिकतम क्षेत्रफल = 20 × 20 = 400 मी^{2}।

11. आयु-योग (3 वर्ष पूर्व) = 80 वर्ष

औसत आयु = $\frac{80}{5} = 16$ वर्ष

आयु का वर्तमान योग = 6 × 16 = 96 वर्ष

इसलिए बेबी का आयु = 96 – (80 + 5 × 3) = 1 वर्ष।

12. अभीष्ट अनुपात = $\frac{1.80}{1.65}$ = 12 : 11.

13. मध्य कदम के नीचे कदमों की संख्या = 4

$\therefore$ कदमों की कुल संख्या = 4 × 2 + 1 = 9.

प्रश्न 14 से 16 के लिए : प्रदत्त सूचना/जानकारी नीचे प्रतिनिधित्व हुआ है:

व्यक्ति	उपनाम	वस्त्र	रंग
A	कुमार	एसडब्ल्यू इटर	श्वेत
B	सिंह	जैकेट	श्याम
C	रिबेरो	टाई	नीला

17.

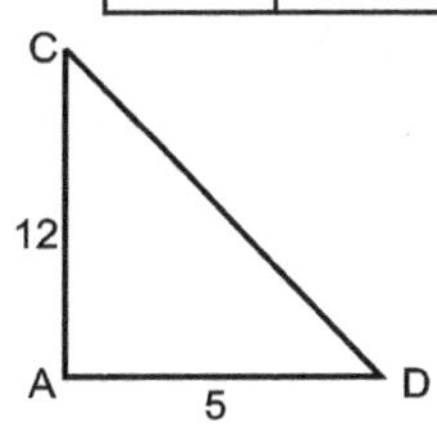

$$CD = \sqrt{12^2 + 5^2} = 13$$

$\therefore$ वृक्ष की मूल लंबाई/ऊँचाई

= AC + CD = 12 + 13 = 25 मी।

18. नीचे व्यक्ति की गति-विधि दर्शायी गई है:

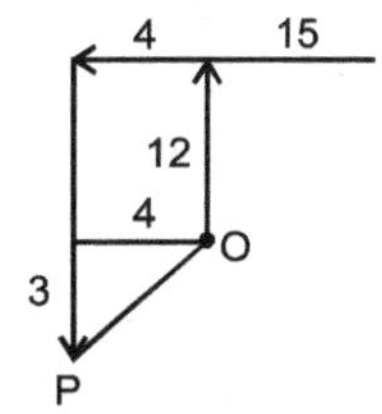

जब O और P क्रमशः प्रारंभिक और अंतिम स्थिति है।

$\therefore$ अभीष्ट दूरी = $\sqrt{3^2 + 4^2} = 5$ किमी।

19. एक घन 64 समान घनों में काटे जाते हैं, जिसका एक मुख (फेस) नीचे दिर्शाया गया है:

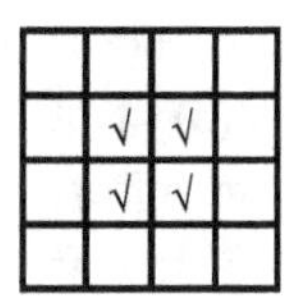

घनों की अभीष्ट संख्या = 4 × 6 = 24.

20. माना कि काम की घनराशि 100 इकाइयाँ हैं।
राम और श्याम द्वारा 4 घंटे में किया गया काम = 60 दिन
शेष काम = 40 इकाइयाँ, जो अकेले श्याम द्वारा 8 दिनों में संपन्न किया जाता है।
∴ श्याम द्वारा एक दिन में किया गया काम = 5 इकाइयाँ
फिर, राम द्वारा एक दिन में किया गया काम = 10 इकाइयाँ
∴ राम द्वारा काम संपन्न करने में लिया गया समय

$$= \frac{100}{10} = 10 \text{ दिन}$$

21. कूटबद्ध करने की प्रणाली निम्न रूप से है:

SYS | TEM
↙ ↘
विपरीतावस्था | विपरीतावस्था
SYS | MET

∴ FRAC|TION
CARF|NOIT

22. माना कि R और S का मान क्रमशः 5x और 5y है।
$R - S = 5x - 5y = 5(x - y) = 5K$
$R + S = 5(x + y) = 5K$
$R \times S = 5x \times 5y = 25xy = 25K$
$R^2 + S^2 = 25x^2 + 25y^2 = 25(x^2 + y^2) = 25K$
विकल्प (b) अनिवार्य रूप से सही नहीं हैं।

23. 100 से 199 के मध्य 10 ऐसी संख्याएँ हैं, जिनके अंत में 2 (अंक) है।

1	0 से 9	2

200 से 299 तक 100 ऐसी संख्याएँ हैं, जो 2 से शुरू होती हैं।
∴ अभीष्ट संख्या = 100 + 10 = 110.

24. विकल्प (a) सही रूप से खाद्य की मांग तथा विशिष्ट मांग द्वारा उत्पन्न बोझ की बात करता है। अन्य कोई भी विकल्प इसका उल्लेख नहीं करता है।

25. विकल्प (a) सही है, क्योंकि परिच्छेद की द्वितीय पंक्ति में यह तथ्य उल्लिखित है। विकल्प (b) गलत है, क्योंकि यह 'स्थायी' शब्द व्यवहार करता है, जो परिच्छेद में उल्लिखित हो चुका है। विकल्प (c) गलत है, क्योंकि यह 'केवल' शब्द का व्यवहार करता है। विकल्प (d) भी गलत है, क्योंकि 'यह कोई भी दुग्धशाला (डेयरी) उत्पाद' कहता है।

26. विकल्प (b) सही उत्तर है, क्योंकि परिच्छेद अल्प विकसित देशों में गैर वाणिज्यिक उत्पादन की बात करता है, जिसके लिए उत्तरदायी नहीं है। विकल्प (a) गलत है, क्योंकि यह मानता है कि विकसित देशों के सभी उत्पादन वाणिज्यिक है। यह परिच्छेद का निहितार्थ नहीं है, बजाय इसके कि यह धारणा है। विकल्प (d) भी गलत है, क्योंकि यह ''कोई भाग नहीं'' कहता है, जो अविकसित का एक सूचक है, जबकि परिच्छेद 'तुलना' के बारे में है। यह विकल्प परिच्छेद के विषय-क्षेत्र के बाहर है।

27. विकल्प (d) परिच्छेद के तर्क का अनुसरण करता है। परिच्छेद उल्लेख करता है कि जितनी अधिक वृक्षों की संख्या होती है, उतनी ही अधिक जड़ें मृदा पर प्रभाव डालती हैं, जो और भी CO_2 मुक्त करती हैं। यह इसे एकमात्र व्यवहार्य बनाता है। विकल्प (a) वैसी सूचना प्रदान करता है, जो परिच्छेद हेतु अप्रासांगिक है। विकल्प (b) 'यदि मानव' की बात करता है। विकल्प (c) गलत है, क्योंकि यह परिच्छेद के विषय क्षेत्र से बाहर है।

28. विकल्प (b) सही उत्तर है, जैसाकि परिच्छेद का अंतिम वाक्य उल्लेख करता है। कथन-द्वय 1 और 4 परिच्छेद में कहीं भी उल्लिखित नहीं हैं।

29. विकल्प (d) सही उत्तर है, क्योंकि यह परिच्छेद में स्पष्टतः उल्लिखित है।

30. विकल्प (c) सही उत्तर है क्योंकि यह परिच्छेद कथन (1) और (3) का स्पष्टतः उल्लेख करता है। कथन (2) और (4) परिच्छेद में कही भी उल्लेखित नहीं हैं।

31. विकल्प (b) सही उत्तर है, क्योंकि कथन 3 परिच्छेद से प्रत्यक्षतः उद्धृत है। वैश्विक जनसंख्या - वृद्धि या उत्पादन का 'तीव्र पतन' का उल्लेख नहीं है।

32. संख्याएँ हैं:
4 3 1 2
2 4 3 1
2 1 4 3
3 1 4 2
3 4 1 2
3 4 2 1

33. अभीष्ट भाग/अंशः $= 1 - \frac{\pi \times 2^2 \times 7}{5.5 \times 4 \times 6} = 1 - \frac{2}{3} = \frac{1}{3}$.

34. लड़कों और लड़कियों की संख्या क्रमशः 20 और 40 है। कमल ने शीर्ष से 17वाँ स्थान प्राप्त किया। इनका अर्थ है कि कमल से आगे 16 विद्यार्थी हैं।
कमल से आगे अब 9 लड़कियाँ हैं।
इसलिए, कमल से आगे 7 लड़के होंगे।
∴ कमल के पीछे लड़कों की संख्या
$= 20 - (7 + 1) = 12.$

35. A और B को 8:00 बजे से 9:30 बजे पूर्वाह्न तक क्रमशः तीन चक्कर/दौर और 4.5 चक्कर/दौर संपन्न कर चुके होंगे। इसलिए वे 7 बार (4 + 3 = 7) मिल गए होंगे।

36. W एक काम का 25%, 30 दिनों में कर सकता है।
W इस काम को 120 दिनों में संपन्न कर सकता है।
समान रूप से,
X, 40 दिनों में Y, 100 दिनों में तथा Z, 39 दिनों में कार्य संपन्न कर सकते हैं।
∴ Z सर्वप्रथम कार्य संपन्न करेगा।

37. अभीष्ट औसत

$$= \frac{10000 \times 5 + 120000/12}{5} = 12000 \text{ रु.}$$

38. box $\overset{5}{\longleftrightarrow}$ a_1 $\overset{3}{\longleftrightarrow}$ a_2 $\overset{3}{\longleftrightarrow}$ a_3 $\overset{3}{\longleftrightarrow}$ a_4 $\overset{3}{\longleftrightarrow}$ a_5 $\overset{3}{\longleftrightarrow}$ a_6

अभीष्ट दूरी

= (5 + 5) + (8 + 8) + (11 + 11)

+ (14 + 14) (17 + 17) + (20 + 20)

= 150 मी।

39. अभीष्ट संभाविता = $\frac{(0.2)^2}{(0.5)^2} = 0.16.$

40. माना कि खिलौने की लागत कीमत x रु. है।

प्रश्नानुसार,

$1.1x = 0.9 \times 770$

$\Rightarrow x = 630.$

41. विकलप (c) सही उत्तर है। कथन-1 वाक्य 'वर्षों से बल देना ...' में उल्लिखित है। कथन-4 वही है, जिसके बारे में द्वितीय अनुच्छेद है (शेष विकल्प परिच्छेद में वर्णित नहीं है)।

42. विकल्प (b) सही पसंद है। परिच्छेद असंदिग्धतः कहता है, ''समाज की जवाबदेहिता ढूँढ़ने के लिए यह प्रणाली विस्तारपूर्वक नहीं बनाई गई है। ''यह प्रणाली समाज की जवाबदेहिता चाहने हेतु योजना नहीं बनाया है...।'' यह कथन-2 को सही बनाता है। दूसरी ओर, कथन-1 इतना अधिक मजबूत है। क्योंकि परिच्छेद भूमिकाओं और विकेन्द्रीकरण को अलग करने की बात करता है, तथा राजनीतिक कार्यपालिका को 'बाधा' नहीं कहता है।

43. विकलप (d) मात्र एक सही पसंद है, क्योंकि परिच्छेद स्पष्टतः सुधारों के मामले के बारे में है।

44. विकल्प (d) एकमात्र सही पसंद हे, क्योंकि परिच्छेद में निर्णय में नागरिकों की 'सहभागिता' उल्लिखित नहीं हैं, यह अंतिम पंक्ति में केवल 'अपेक्षाकृत नजदीक लाना' कहता है।

45. विकल्प (c) सही उत्तर है। कथन -1 तीसरे वाक्य से कल्पित हो सकता है। कथन-3 प्रथम और अंतिम वाक्यों से मिलाकर बनी एक कल्पना है। 'केवल' शब्द के कारण कथन-2 गलत है।

46. यह परिच्छेद कर्त्तव्यों और अधिकारों की उत्पत्ति तथा न्याय की समझ और अभ्यास पर प्रभाव के बारे में है। यह केवल विकल्प (c) को व्यवहार्य पसंद बनाता है।

47. विकल्प (d) सही पसंद है, क्योंकि नारंगी एकमात्र फल है, जो दोनों के लिए उभयनिष्ट है।

48. विकल्प (d) सही पसंद है। विकल्पों से हम देख सकते हैं कि प्रश्न वर्धमान जनसंख्या के कारणों के बारे में है। सही समाधान कथन 1 और 2 को शामिल करेगा। कथन 3 जन-संख्या कम करेगा तथा 4 प्रदत्त पसंदों से अप्रासांगिक है।

49.

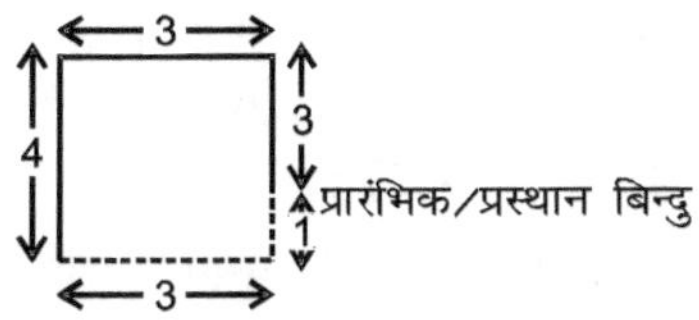

उसे प्रारंभिक या प्रस्थान बिन्दु तक पहुँचने के क्रम में सर्वप्रथम पूर्व की ओर 3 किमी, फिर 1 किमी उत्तर में ड्राईव करने की आवश्यकता है।

50. विकल्प (d) सही पसंद है, क्योंकि यह एकमात्र पसंद है, जो मूल कथन के तर्क/युक्ति को झूठा ठहराता है। विकल्प-द्वय (a) और (c) कथन को मजबूत करते हैं। विकल्प (b) अप्रासांगिक है।

51. चूँकि हम नहीं जानते हैं कि कितनी महिला सदस्य संगीत जानती हैं, इसलिए पार्टी के लिंग-गठन के बारे में कुछ भी नहीं कहा जा सकता है।

52. प्रदत्त सूचना/जानकारी के आधार पर, निम्नलिखित क्रम-स्थापन संभव हैं:

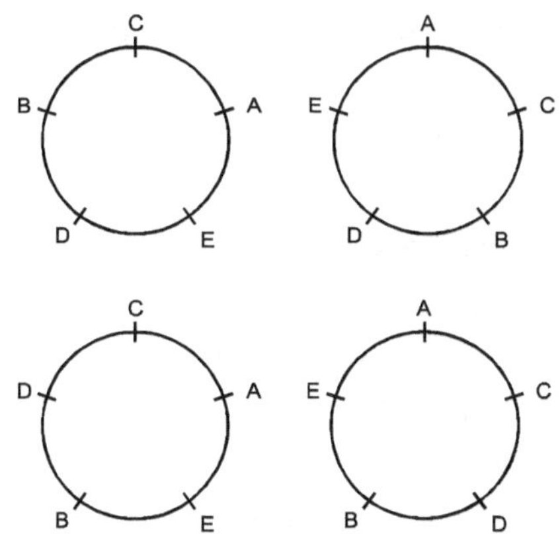

कथन 1 और 2 सदैव सही हैं।

53. दिनों की संख्या, जिनके बाद वे एक बार मिलेंगे

= LCM (2,3,4,5,6) = 60 दिन

इसलिए, वे 180 दिनों के अंदर तीन बार एक ही दिनों पर मिलेंगे।

54. माना कि फूलों और मधुमक्खियों की संख्या क्रमशः x और y है।

$y = x + 1$ ... (i)

$y = 2x - 2$ ...(ii)

(i) और (ii) से, $x = 3, y = 4.$

प्रश्न 55 से 59 के लिए:

प्रदत्त सूचना/जानकारी के अनुसार,

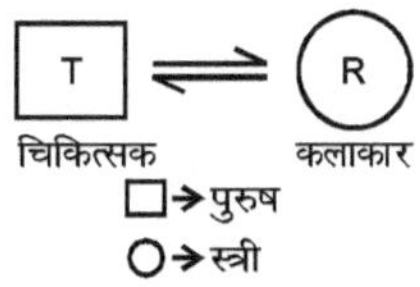

Q, जो चिकित्सक है, P का भाई है। P और S विद्यार्थी हैं।

60. माना कि दिनों की अभीष्ट संख्या 'x' है।

$$19000 = x \times 0.95 \times 1000$$

$\Rightarrow$ $x = 20$

61. विकल्प (d) सही उत्तर है, क्योंकि सभी कथन परिच्छेद से प्रत्यक्षतः उद्धृत हैं।

62. विकल्प (b) सही पसंद है, क्योंकि ऊर्जा-फसलें, खाद्य उत्पादन के साथ होड़ करती हैं।

63. विकल्प (b) सही उत्तर है। कथन द्वारा (1) और (2) परिच्छेद के लेखक द्वारा स्पष्टतः खण्डित हैं। वह कहता है कि शुरूआती स्तर पर निश्चित प्रौद्योगिकियाँ नकारात्मक प्रदूषण प्राप्त करने में मदद कर सकती हैं।

64. विकल्प (a) सही उत्तर है, क्योंकि हम द्वितीय अनुच्छेद के प्रथम पंक्ति के आधार पर यह अवश्य जानते हैं कि कुछ मॉडेल कर रहे है। कथन-2 परिच्छेद में अंतर्निहित नहीं है, क्योंकि लेखक व्यवहार्य समाधान के रूप में जैवभार के विचार को कभी भी पूर्णतः खारिज नहीं करता है।

65. विकल्प (d) सही है, क्योंकि यह एकमात्र व्यवहार्य पसंद है। विकल्प-त्रय (a), (b) और (c) गलत हैं, क्योंकि ये बहुत संकीर्ण पसंद हैं।

66. माना कि प्रत्येक काल की अवधि 'x' है।

$$4x + 3 \times 5 = 207$$

$\Rightarrow$ $x = 48.$

67. A प्रत्येक युग्म का हिस्सा/भाग होना चाहिए, जिनमें 4 व्यक्ति पुल पार करते हैं।

अभीष्ट समय = (2 + 1) + (7 + 1) + (10) + 2

= 23 मिनट

68. बर्तन में चीनी की सांद्रता है:

$$A = \frac{30}{180} \times 100 = 16.67\%$$

$$B = \frac{40}{280} \times 100 = 14.28\%$$

$$C = \frac{20}{100} \times 100 = 20\%$$

इस प्रकार, बर्तन B के घोल, C के घोल के मीठापन की अपेक्षा कम है।

69. माना कि कक्षा x में विद्यार्थियों की संख्या x है।

प्रश्नानुसार, $x.x + 2 = 443$

$\Rightarrow$ $x = 21.$

70. परीक्षा में उत्तीर्ण होने हेतु प्रश्नों की संख्या सही रूप से उत्तरित होने की आवश्यकता है = 70 का 60% = 42

अनीता द्वारा सही रूप से उत्तरित प्रश्नों की संख्या

10 का 70% + 30 का 40% + 30 का 60% = 37.

$\therefore$ प्रश्नों की अभीष्ट संख्या = 42 – 37 = 5.

71. कक्षा में लड़कों की संख्या $= 18 \times \frac{4}{3} = 24.$

$\therefore$ कक्षा में लड़कियों की संख्या $= 24 \times \frac{1}{2} = 12.$

72. प्रदत्त स्थितियों/शर्तों के अनुसार,

$A \geq B;\ D \geq C$ और $B > C$

उपर्युक्तानुसार, $A > C$ परिकलन किया जा सकता है।

73. माना कि कंपनी में पुरुषों और स्त्रियों की संख्या क्रमशः x और y है, तक

$$5000 = \frac{5200 \times x + 4200 \times y}{x + y}$$

$\Rightarrow$ $x : y = 4 : 1$

अभीष्ट प्रतिशत $= \frac{4}{5} \times 100 = 80.$

प्रश्न 74 से 76 के लिए:

प्रदत्त सूचना/जानकारी नीचे दर्शायी जा सकती है:

D	C	B	F	E	A
फुटबॉल	क्रिकेट	वालीबॉल	हॉकी	गोल्फ	टेनिस
पीला/नीला	हरा	नीला/पीला	गहरा नीला	बैंगनी	नारंगी

77. माना कि तीसरी संख्या 100a है।

$\therefore$ $x = 80a,\ y = 72a$

अभीष्ट प्रतिशत $= \frac{80a - 72a}{80a} \times 100 = 10.$

78. ट्रेनों की अभीष्ट संख्या = 4

79. आयताकार टिन की सतह का क्षेत्र = घन की सतह का कुल क्षेत्र

$\Rightarrow$ $12 \times 8 = 6 \times a^2$

$\Rightarrow$ $a = 4$ सेमी.

80. प्रत्येक प्रश्न दो तरीके से प्रयासित हो सकते हैं।

क्योंकि 5 प्रश्न हैं, तो प्रश्न-पत्र के प्रयास के विभिन्न तरीकों की कुल संख्या है

$2 \times 2 \times 2 \times 2 \times 2 = 32$

इस प्रकार, अधिकतम संख्या में विद्यार्थी बनाए रखने की अभीष्ट स्थिति/शर्त 32 होना है।

■■

हल प्रश्न-पत्र–2017

CSAT पेपर-II

समय : 2 घंटे **पूर्णांक : 200**

निम्नलिखित 8 (आठ) प्रश्नांशों के लिए निर्देशः

निम्नलिखित सात **परिच्छेदों** को पढ़िए और उनके नीचे आने वाले प्रश्नांशों के उत्तर दीजिए। इन प्रश्नांशों के लिए आपके उत्तर केवल इन परिच्छेदों पर ही आधारित होने चाहिए।

परिच्छेद – 1

परम्परागत संस्थाओं, पहचानों और निष्ठाओं के विघटन से दो-तरफा (ऐम्बिवैलेंट) स्थितियाँ उत्पन्न होने की संभावना होती है। यह सम्भव है कि कुछ लोग परम्परागत समूहों के साथ फिर से अपनी नई पहचान बनाएँ, जबकि अन्य लोग राजनीतिक विकास की प्रक्रियाओं से उत्पन्न होने वाले नए समूहों और प्रतीकों के साथ खुद को जोड़ लें। इसके अतिरिक्त, राजनीतिक विकास की यह प्रवृत्ति होती है कि वह विविध वर्गों, जनजातियों, क्षेत्रों, कुलों, भाषाओं, धर्मों, व्यवसायों एवं अन्य समूहों की समूह-चेतना का पोषण करती है।

1. निम्नलिखित में से कौन-सी एक उपर्युक्त परिच्छेद की **सर्वश्रेष्ठ** व्याख्या है?

(a) राजनीतिक विकास एक दिशा में चलने वाली प्रक्रिया नहीं है, क्योंकि इसमें संवृद्धि और ह्रास दोनों शामिल होते हैं।

(b) परम्परागत समाज राजनीतिक विकास के सकारात्मक पक्षों का प्रतिरोध करने में सफल होते हैं।

(c) परम्परागत समाजों के लिए, लम्बे समय से बनी हुई निष्ठाओं से मुक्त हो पाना असम्भव है।

(d) परम्परागत निष्ठाओं को बनाए रखना राजनीतिक विकास में सहायक होता है।

परिच्छेद – 2

पूरे विश्व में सरकार में प्रादेशिकता की एक महत्वपूर्ण प्रवृत्ति रही है, जिसके परिणामस्वरूप 1990 के दशक से क्षेत्रों और समुदायों की ओर सत्ता का व्यापक अधोगामी हस्तांतरण होता रहा है। इस प्रक्रिया को, जिसके अन्तर्गत अवराष्ट्रीय (सब-नैशनल) स्तर पर नई राजनीतिक सत्ताएँ और निकाय बनते हैं तथा उनकी क्षमता और शक्ति में वृद्धि होती है, प्रति-विकास (डीवोल्यूशन) कहते हैं। प्रति-विकास की विशेषता है कि यह तीन घटकों से मिलकर बनता है, वे घटक हैं – राजनीतिक वैधता, सत्ता का विकेन्द्रीकरण और संसाधनों का विकेन्द्रीकरण। यहाँ राजनीतिक वैधता से आशय है निचले जनसमुदाय से विकेन्द्रीकरण की प्रक्रिया के लिए उठने वाली माँग, जिसमें विकेन्द्रीकरण के लिए एक राजनीतिक बल निर्मित करने की क्षमता होती है। कई मामलों में, आधारिक स्तर पर इसके लिए पर्याप्त राजनीतिक संघटन हुए बिना ही सरकार के ऊपरी स्तर से विकेन्द्रीकरण की प्रक्रिया प्रारंभ कर दी जाती है, और ऐसे मामलों में विकेन्द्रीकरण की प्रक्रिया प्रायः अपने उद्देश्य पूरे नहीं कर पाती।

2. उपर्युक्त परिच्छेद से निम्नलिखित में से कौन-सा **सर्वाधिक तार्किक, तर्कसंगत और विवेचनात्मक** निष्कर्ष (इन्फरेंस) निकाला जा सकता है?

(a) अवराष्ट्रीय राजनीतिक सत्ताओं के निर्माण के लिए और इस तरह सफल प्रति-विकास और विकेन्द्रीकरण सुनिश्चित करने के लिए शक्तिशाली जन नेताओं का उभरना अनिवार्य है।

(b) सरकार के ऊपरी स्तर से क्षेत्रीय समुदायों पर, कानून द्वारा या अन्यथा, प्रति-विकास और विकेन्द्रीकरण को अधिरोपित किया जाना चाहिए।

(c) प्रति-विकास को सफल होने के लिए ऐसे लोकतंत्र की अपेक्षा होती है, जिसमें निचले स्तर के लोगों की इच्छा की स्वतंत्र अभिव्यक्ति हो और आधारिक स्तर पर उनकी सक्रिय भागीदारी हो।

(d) प्रति-विकास होने के लिए जनता में क्षेत्रवाद की प्रबल भावना होनी आवश्यक है।

परिच्छेद – 3

हम डिजिटल काल में रहते हैं। डिजिटल सिर्फ ऐसी कोई चीज नहीं है जिसका उपयोग कार्यनीतिक रूप से और विशिष्ट तौर पर कुछ कार्यों को पूरा करने के लिए किया जाता है। हमारा यह प्रत्यक्ष-ज्ञान कि हम कौन हैं, और हमारे चारों ओर की दुनिया से हम किस प्रकार जुड़ते हैं, और वे तरीके जिनसे हम अपने जीवन, श्रम और भाषा के प्रभाव-क्षेत्रों को परिभाषित करते हैं, बड़े पैमाने पर डिजिटल प्रौद्योगिकियों द्वारा ही संरचित हैं। डिजिटल हर जगह विद्यमान है और हवा की तरह अदृश्य है। हम डिजिटल व्यवस्थाओं के अंदर रहते हैं, हम अन्तरंग गैजेटों (Gadgets) के साथ जीते हैं, हमारी पारस्परिक क्रियाएँ डिजिटल माध्यमों के द्वारा होती हैं, और डिजिटल की मौजूदगी तथा उसकी कल्पना ने हमारे जीवन को प्रभावशाली ढंग से पुनर्संरचित कर दिया है।

डिजिटल, सिर्फ एक उपकरण मात्र होने से अधिक, वह दशा और सन्दर्भ है जो हमारे आत्म-बोध, समाज-बोध और शासन संरचना बोध के आकार और सीमाओं को परिभाषित करता है।

3. निम्नलिखित में से कौन-सा **सर्वाधिक तार्किक और सारभूत सन्देश** है, जो उपर्युक्त परिच्छेद द्वारा व्यक्त किया गया है?

(a) डिजिटल प्रौद्योगिकियों का उपयोग कर शासन की सभी समस्याओं का समाधान किया जा सकता है।

(b) डिजिटल प्रौद्योगिकियों की बात करना हमारे जीवन और जीवनचर्या की बात करना है।

(c) हमारी रचनात्मकता और कल्पना को डिजिटल माध्यमों के बिना अभिव्यक्त नहीं किया जा सकता।

(d) डिजिटल तंत्रों का उपयोग भविष्य में मानव के अस्तित्व के लिए अत्यावश्यक है।

परिच्छेद – 4

IMF ने ध्यान दिलाया है कि एशिया की तेजी से बढ़ती अर्थव्यवस्थाओं के समक्ष 'मध्यम-आय जाल (मिडिल-इन्कम ट्रैप)' में पड़ जाने का संकट बना हुआ है। इसका आशय यह है कि इन देशों की औसत आय, जो कि अब तक तेजी से बढ़ती रही है, एक बिन्दु से आगे बढ़ना बंद कर देगी – एक ऐसा बिन्दु जो कि विकसित पश्चिमी जगत् की आय से काफी कम है। IMF, आधारभूत संरचना से लेकर कमजोर संस्थाओं तक और अपर्याप्त रूप से अनुकूल समष्टि-आर्थिक (मैक्रोइकॉनॉमिक) दशाओं तक, मध्यम-आय जाल के कई कारणों की पहचान करता है – जिनमें से कोई भी आश्चर्यजनक नहीं है। परन्तु, IMF कहता है कि सर्वरूपेण कारण उत्पादकता की वृद्धि में गिरावट है।

4. उपर्युक्त परिच्छेद से निम्नलिखित में से कौन-सा **सर्वाधिक तार्किक, तर्कसंगत और विवेचनात्मक निष्कर्ष (इन्फरेंस)** निकाला जा सकता है?

(a) किसी देश के मध्यम-आय अवस्था में पहुँच जाने से उसकी उत्पादकता में ह्रास होने का खतरा होता है, जिसके परिणामस्वरूप आय की वृद्धि रूप जाती है।

(b) मध्यम-आय जाल में फँसना तेजी से बढ़ रही अर्थव्यवस्थाओं की एक सामान्य विशेषता है।

(c) एशिया की उभरती हुई अर्थव्यवस्थाओं के लिए वृद्धि की गति को बनाए रखने की कोई आशा नहीं है।

(d) जहाँ तक उत्पादकता की वृद्धि का प्रश्न है, एशिया की अर्थव्यवस्थाओं का निष्पादन संतोषजनक नहीं है।

परिच्छेद – 5

नवप्रवर्तनकारी (इन्नोवेटिव) भारत समावेशी होने के साथ-साथ प्रौद्योगिकी में भी उन्नत होगा जिससे सभी भारतीयों के जीवन में सुधार आयेगा। नवप्रवर्तन तथा R&D बढ़ती हुई सामाजिक असमानता को कम कर सकते हैं और द्रुत शहरीकरण से उत्पन्न होने वाले दबावों से मुक्त कर सकते हैं। कृषि और ज्ञान-केन्द्रित (नॉलेज-इंटेंसिव) निर्माण और सेवाओं के बीच उत्पादकता में बढ़ते हुए विभेद से, आय-असमानता के बढ़ने का खतरा है। भारत की R&D प्रयोगशालाओं और विश्वविद्यालयों को गरीब लोगों की जरूरतों पर ध्यान रखने के लिए प्रोत्साहित कर तथा ज्ञान-अर्जन के लिए अनौपचारिक प्रतिष्ठानों की क्षमता में उन्नयन कर, एक नवप्रवर्तन और अनुसंधान कार्यक्रम इस प्रभाव का सामना कर सकता है। समावेशी नवप्रवर्तन वस्तु और सेवाओं की लागत को कम कर सकता है तथा गरीब लोगों के लिए आय-अर्जन के अवसर उत्पन्न कर सकता है।

5. निम्नलिखित में से कौन-सी **सर्वाधिक तार्किक और तर्कसंगत पूर्वधारणा** है, जो कि उपर्युक्त परिच्छेद से बनाई जा सकती है?

(a) गाँवों से शहरों के प्रवसन को कम करने के लिए नवप्रवर्तन तथा R&D ही एकमात्र रास्ता है।

(b) तेजी से विकसित होने वाले प्रत्येक देश को कृषि और अन्य क्षेत्रों में उत्पादकता के बीच विभेद को न्यूनतम करने की आवश्यकता है।

(c) समावेशी नवप्रवर्तन तथा R&D एक समतावादी समाज बनाने में सहायता कर सकते हैं।

(d) द्रुत शहरीकरण केवल तभी होता है जब किसी देश की आर्थिक वृद्धि तीव्रगामी होती है।

परिच्छेद – 6

यह संभावना है कि जलवायु परिवर्तन के कारण बहुत बड़ी संख्या में लोग बढ़ते हुए पर्यावरणीय जोखिम में पड़ जाएँगे और फलस्वरूप प्रवसन के लिए विवश हो जाएँगे। अंतर्राष्ट्रीय समुदाय को प्रवासियों की इस नई श्रेणी की पहचान अभी करनी है। अंतर्राष्ट्रीय कानूनों के अंतर्गत शरणार्थी शब्द का एक सुस्पष्ट अर्थ होने के कारण, जलवायु के कारण होने वाले शरणार्थियों की परिभाषा और स्थिति पर कोई सर्वसम्मति नहीं है। यह बात अभी भी समझ से बाहर है कि जलवायु परिवर्तन प्रवसन के मूल कारण के रूप में कैसे कार्य करेगा। यदि जलवायु के कारण होने वाले शरणार्थियों की पहचान हो, तब भी उन्हें संरक्षण कौन प्रदान करेगा? जलवायु परिवर्तन के कारण जो अंतर्राष्ट्रीय प्रवसन होता है, उस पर कहीं अधिक बल दिया गया है। परंतु आवश्यकता है कि जलवायु-प्रभावित लोगों के, देशों के अंदर में हुए प्रवसन की भी पहचान की जाए ताकि उनकी समस्याओं को उचित प्रकार से दूर किया जा सके।

6. उपर्युक्त परिच्छेद से, निम्नलिखित में से कौन-सा **सर्वाधिक तर्कसंगत निष्कर्ष (इन्फरेंस)** निकाला जा सकता है?

(a) विश्व, विशाल पैमाने पर जलवायु के कारण होने वाले शरणार्थियों के प्रवसन का सामना नहीं कर पाएगा।

(b) जलवायु परिवर्तन को और आगे बढ़ने से रोकने के लिए हमें तरीके और साधन ढूँढ़ने चाहिए।

(c) भविष्य में जलवायु परिवर्तन लोगों के प्रवसन का सर्वाधिक महत्वपूर्ण कारण होगा।

(d) जलवायु परिवर्तन और प्रवसन के बीच सम्बन्ध अभी भी सही रूप में समझा नहीं गया है।

परिच्छेद – 7

अनेक किसान फसल को हानि पहुँचाने वाले कीटों को मारने के लिए संश्लेषित कीटनाशकों का उपयोग करते हैं। कुछ विकसित देशों में तो कीटनाशकों की खपत 3000 ग्राम प्रति हेक्टेयर तक पहुँच रही है। दुर्भाग्यवश, ऐसी कई रिपोर्ट हैं कि ऐसे यौगिकों में अन्तर्निहित विषाक्तता होती है जो खेती करने वालों के, उपभोक्ताओं के स्वास्थ्य और पर्यावरण को खतरे में डालती है। संश्लेषित कीटनाशक सामान्यतः पर्यावरण में लगातार बने रहते हैं। खाद्य-श्रृंखला में प्रवेश कर वे सूक्ष्मजैविक विविधता को नष्ट कर पारिस्थितिक (इकोलॉजिकल) असंतुलन उत्पन्न करते हैं। इनके अंधाधुंध उपयोग के परिणामस्वरूप कीटों में कीटनाशकों के विरूद्ध प्रतिरोध विकसित हुआ है, प्राकृतिक संतुलन में गड़बड़ी हुई है और जिन समष्टियों का उपचार किया जा चुका है वे फिर से बढ़ गई हैं। वानस्पतिक कीटनाशक का उपयोग कर प्राकृतिक पीड़क नियंत्रण करना इनके उपयोगकर्ताओं एवं पर्यावरण के लिए अपेक्षाकृत सुरक्षित होता है, क्योंकि वे सूर्य के प्रकाश की मौजूदगी में कुछ घंटों अथवा दिनों में ही हानिरहित यौगिकों में टूट जाते हैं। कीटनाशी विशेषताओं से युक्त पौधे लाखों वर्षों से, पारिस्थितिक तंत्र पर कोई खराब या प्रतिकूल प्रभाव डाले बिना, प्रकृति में मौजूद हैं। अधिकांश मृताओं में आमतौर पर पाए जाने वाले अनेक सूक्ष्मजीव इन्हें सरलता से विघटित कर देते हैं। वे परभक्षियों की जैविक विविधता को बनाए रखने और पर्यावरणीय संदूषण तथा मनुष्यों के स्वास्थ्य संकटों को कम करने में सहायक हैं। पौधों से बनाए गए वानस्पतिक कीटनाशक जैव निम्नीकरणीय (बायोडीग्रेडेबल) होते हैं और फसल सुरक्षा में उनका उपयोग करना व्यावहारिक रूप से एक धारणीय विकल्प है।

7. उपर्युक्त परिच्छेद के आधार पर निम्नलिखित पूर्वधारणाएँ बनाई गई हैं:

1. आधुनिक कृषि में, संश्लेषित कीटनाशकों का उपयोग कभी भी नहीं करना चाहिए।
2. धारणीय कृषि का एक उद्देश्य अल्पमत पारिस्थितिक असंतुलन को सुनिश्चित करना है।
3. वानस्पतिक कीटनाशक, संश्लेषित कीटनाशकों की तुलना में, अधिक प्रभावकारी होते हैं।

उपर्युक्त पूर्वधारणाओं में से कौन-सा/से सही है/हैं?

(a) केवल 1 और 2

(b) केवल 2

(c) केवल 1 और 3

(d) 1, 2 और 3

8. जैव कीटनाशकों के विषय में निम्नलिखित कथनों में से कौन-सा/से सही है/हैं?

1. वे मानवीय स्वास्थ्य के लिए खतरनाक नहीं हैं।
2. वे पर्यावरण में लगातार बने रहते हैं।
3. वे किसी भी पारिस्थितिक तंत्र की जैव विविधता बनाए रखने के लिए अनिवार्य हैं।

नीचे दिए गए कूट का प्रयोग कर सही उत्तर चुनिए।

(a) केवल 1

(b) केवल 1 और 2

(c) केवल 1 और 3

(d) 1, 2 और 3

9. कुछ 3-अंकीय संख्याओं की निम्नलिखित विशेषताएँ हैं:

1. सभी तीन अंक भिन्न-भिन्न हैं।
2. संख्या 7 से विभाजित होती है।
3. संख्या के अंकों को उलट देने से बनने वाली संख्या भी 7 से विभाजित होती है।

ऐसी कितनी 3-अंकीय संख्याएँ हो सकती हैं?

(a) 2 (b) 4

(c) 6 (d) 8

10. निम्नलिखित कथनों की परीक्षा कीजिए:

1. सभी रंग सुखद हैं।
2. कुछ रंग सुखद हैं।
3. कोई भी रंग सुखद नहीं है।
4. कुछ रंग सुखद नहीं हैं।

यदि कथन 4 सत्य है, तो निश्चित रूप से क्या निष्कर्ष निकाला जा सकता है?

(a) 1 और 2 सत्य हैं। (b) 3 सत्य है।

(c) 2 असत्य है। (d) 1 असत्य है।

11. 99 तथा 1000 के बीच ऐसी कितनी संख्याएँ हैं, जिनमें अंक 8 इकाई स्थान पर है?

(a) 64 (b) 80

(c) 90 (d) 104

12. यदि एक प्रतिदर्श आँकड़े के लिए

माध्य < माध्यिका < बहुलक है,

तो वितरण

(a) सममित है

(b) दाहिनी ओर विषम है

(c) न सममित है और न विषम है

(d) बायीं ओर विषम है

13. श्री X की आयु एक वर्ष पूर्व किसी संख्या का वर्ग थी तथा अगले वर्ष यह किसी संख्या का घन हो जाएगी। उसे अपनी आयु के पुनः किसी संख्या का घन होने के लिए न्यूनतम कितने वर्ष प्रतीक्षा करनी पड़ेगी?

(a) 42 (b) 38

(c) 25 (d) 16

14. P, Q की तुलना में तीन गुना तेजी से कार्य करता है, जबकि P और Q एक साथ मिलकर R की तुलना में चार गुना तेजी से कार्य कर सकते हैं। यदि P, Q और R एक साथ मिलकर किसी कार्य को करते हैं, तो उन्हें आपस में अपनी आय को किस अनुपात में बाँटनी चाहिए?

(a) 3 : 1 : 1 (b) 3 : 2 : 4

(c) 4 : 3 : 4 (d) 3 : 1 : 4

15. छः व्यक्तियों A, B, C, D, E और F के एक परिवार में निम्नलिखित सम्बन्धों पर विचार कीजिएः

1. पुरुषों की संख्या, स्त्रियों की संख्या के बराबर है।
2. A और E, F के पुत्र हैं।
3. D दो व्यक्तियों, एक पुत्र और एक पुत्री की माता है।
4. B, A का पुत्र है।
5. वर्तमान में परिवार में केवल एक ही विवाहित जोड़ा है।

उपर्युक्त से, निम्नलिखित में से कौन-सा एक निष्कर्ष निकाला जा सकता है?

(a) A, B और C सभी स्त्री है।

(b) A, D का पति है।

(c) E और F, D की संतान है।

(d) D, F की पुत्री है।

16. एक थैले में 20 गेंदें हैं। 8 गेंदें हरी हैं, 7 सफेद हैं और 5 लाल हैं। आँख बंद कर, थैले में से न्यूनतम कितनी गेंदें निकालना आवश्यक है (किसी को भी बिना बदले) जिससे **सुनिश्चित** हो कि प्रत्येक रंग की कम-से-कम एक गेंद निकली हो?

(a) 17 (b) 16

(c) 13 (d) 11

17. यदि 2 लड़कों और 2 लड़कियों को एक पंक्ति में इस व्यवस्था में खड़ा करना हो कि लड़कियाँ एक-दूसरे के अगल-बगल खड़ी न हों, तो कितनी संभव व्यवस्थाएँ हो सकती हैं?

(a) 3 (b) 6

(c) 12 (d) 24

18. 4 cm × 4 cm × 4 cm के एक घन के बाह्य पृष्ठ को पूरी तरह लाल रंग में रंगा गया है। तत्पश्चात् इसे फलकों के समान्तर 1 cm × 1 cm × 1 cm के चौंसठ छोटे घनों में काटा गया है। कितने छोटे घनों की फलकें रंगी हुई नहीं होंगी?

(a) 8 (b) 16

(c) 24 (d) 36

19. निम्नलिखित पर विचार कीजिएः

A, B, C, D, E, F, G और H एक पंक्ति में उत्तर की ओर मुख कर खड़े हैं।

B, G का पड़ोसी नहीं है।

F, G के ठीक दायें है और E का पड़ोसी है।

G अंतिम छोर पर नहीं है।

A, E के बायें से छठा है।

H, C के दायें से छठा है।

उपर्युक्त के बारे में, निम्नलिखित में से कौन-सा एक सही है?

(a) C, A के ठीक बायें है।

(b) D, B और F का सन्निकट पड़ोसी है।

(c) G, D के ठीक दायें है।

(d) A और E अंतिम छोरों पर हैं।

20. किसी निश्चित कोड में '256' का अर्थ 'लाल रंग चाक' है, '589' का अर्थ 'हरा रंग फूल' है और '254' का अर्थ 'सफेद रंग चाक' है। उस कोड में 'सफेद' को इंगित करने वाला अंक कौन-सा है?

(a) 2 (b) 4

(c) 5 (d) 8

निम्नलिखित 7(सात) प्रश्नांशों के लिए निर्देशः

निम्नलिखित **सात परिच्छेदों** को पढ़िए और उनके नीचे आने वाले प्रश्नांशों के उत्तर दीजिए। इन प्रश्नांशों के लिए आपके उत्तर केवल इन परिच्छेदों पर ही आधारित होने चाहिए।

परिच्छेद – 1

वायु गुणता सूचकांक [एयर क्वॉलिटी इंडेक्स (AQI)] बहुत से वायु प्रदूषकों की मापों को एकल संख्या अथवा अनुमतांक (रेटिंग) में जोड़कर दिखाने का एक तरीका है। आदर्श रूप में, इस सूचकांक को सतत रूप से अद्यतन (अपडेट) बनाए रखा जाता है और यह

विभिन्न स्थानों पर उपलब्ध रहता है। AQI सर्वाधिक उपयोगी तब होता है जब बहुत सारे प्रदूषण-आँकड़े एकत्रित किए जा रहे हों, और जब प्रदूषण के स्तर, हमेशा तो नहीं, लेकिन आमतौर पर निम्न रहते हों। इन दशाओं में, यदि प्रदूषण-स्तर कुछ दिनों के लिए अचानक बढ़ जाए, तो जनता वायु गुणता चेतावनी की प्रतिक्रिया में शीघ्रता से निरोधक कार्रवाई (जैसे कि घर के भीतर रहना) कर सकती है। दुर्भाग्य से, शहरी भारत की हालत ऐसी नहीं है। कई बड़े भारतीय शहरों में प्रदूषण-स्तर इतने अधिक होते हैं कि वे वर्ष के ज्यादातर दिनों में स्वास्थ्य के मानकों अथवा नियामक मानकों से ऊपर बने रहते हैं। यदि हमारा सूचकांक दिन पर दिन 'लाल/खतरनाक' दायरे में बना रहता है, तो किसी के लिए भी ज्यादा कुछ करने लायक नहीं रहता सिवाय इसके कि उनकी उपेक्षा करने की आदत बना लें।

21. उपर्युक्त परिच्छेद से, निम्नलिखित में से कौन-सा **सर्वाधिक तार्किक और तर्कसंगत निष्कर्ष (इन्फरेंस)** निकाला जा सकता है?

(a) हमारे शहरों को प्रदूषण-मुक्त रखने के लिए हमारी सरकारें पर्याप्त रूप से जिम्मेदार नहीं हैं।

(b) हमारे देश में वायु गुणता सूचकांकों की बिल्कुल ही आवश्यकता नहीं है।

(c) हमारे बड़े शहरों के बहुत-से निवासियों के लिए वायु गुणता सूचकांक सहायक नहीं है।

(d) प्रत्येक शहर में, प्रदूषण-सम्बंधी समस्याओं के बारे में जन-जागरूकता बढ़नी चाहिए।

परिच्छेद – 2

उत्पादक नौकरियाँ (जॉब) विकास के लिए महत्वपूर्ण है और अच्छी नौकरी सर्वोत्तम प्रकार का समावेशन है। हमारी आधी से अधिक जनसंख्या कृषि पर निर्भर है, परन्तु अन्य देशों के अनुभव से पता चलता है कि यदि कृषि में प्रति व्यक्ति आय पर्याप्त रूप में बढ़ानी है, तो कृषि पर निर्भर व्यक्तियों की संख्या में कमी लानी चाहिए। जहाँ एक ओर उद्योग में नौकरियाँ सृजित की जा रही हैं, वहीं असंगठित क्षेत्र में ऐसी बहुत सारी नौकरियाँ निम्न उत्पादकता वाली गैर-संविदागत नौकरियाँ होती हैं, जिनमें कम आय और न के बराबर सुरक्षा दी जाती है तथा कोई हितलाभ नहीं दिए जाते। इनकी तुलना में सेवा-क्षेत्र की नौकरियाँ उच्च उत्पादकता वाली होती हैं, परन्तु सेवाओं में रोजगार-वृद्धि हाल के वर्षों में धीमी रही है।

22. उपर्युक्त परिच्छेद से, निम्नलिखित में से कौन-सा **सर्वाधिक तार्किक और तर्कसंगत निष्कर्ष (इन्फरेंस)** निकाला जा सकता है?

(a) रोजगार-वृद्धि और समावेशन को सुनिश्चित करने के लिए हमें अत्यधिक उत्पादक सेवा-क्षेत्र की नौकरियों के तीव्रतर विकास की परिस्थितियों को उत्पन्न करना आवश्यक है।

(b) आर्थिक वृद्धि और समावेशन को सुनिश्चित करने के लिए हमें खेतिहर कामगारों को अत्यधिक उत्पादक विनिर्माण और सेवा-क्षेत्रों में स्थानांतरित करना आवश्यक है।

(c) हमें कृषि की उत्पादकता बढ़ाने के साथ-साथ कृषि-क्षेत्र से बाहर उत्पादक नौकरियों के तीव्रतर विकास की परिस्थितियों को उत्पन्न करना आवश्यक है।

(d) कृषि में प्रति व्यक्ति आय में वृद्धि लाने के लिए हमें उच्च उपज वाली संकर किस्मों और आनुवंशिकतः रूपांतरित (जेनेटिकली मॉडिफाइड) फसलों की खेती पर बल देना आवश्यक है।

परिच्छेद – 3

भूमि उपयोग में दृश्यभूमि पैमाने के उपागम (अप्रोच) से, संरक्षित क्षेत्रों के बाहर और अधिक जैव विविधता को प्रोत्साहन मिल सकता है। वर्ष 1998 में प्रभंजन (हरिकन) 'मिच' के दौरान, पर्यावरणीय कृषि पद्धतियों के उपयोग करने वाले फार्मों की तुलना में, क्रमशः होंडुरास, निकारागुआ और ग्वाटेमाला में 58 प्रतिशत, 70 प्रतिशत और 99 प्रतिशत कम नुकसान हुआ। कोस्टारिका में, वानस्पतिक वात-रोधों (विंडब्रेक्स) और बाड़ कतारों के उपयोग से, पक्षी-विविधता में वृद्धि के साथ-साथ, किसानों की चरागाह और कॉफी से होने वाली आय में अत्यधिक बढ़ोतरी हुई। प्राकृतिक अथवा अर्ध-प्राकृतिक आवास के निकटतर कृषि-भूमि होने पर मधुमक्खियों से होने वाला परागण अधिक प्रभावकारी होता है, यह निष्कर्ष महत्वपूर्ण है, क्योंकि विश्व की 107 अग्रणी फसलों का 87 प्रतिशत परागण करने वाले जंतुओं पर निर्भर है। कोस्टारिका, निकारागुआ और कोलम्बिया में, वन-पशुचारी (सिल्वोपास्टरल) प्रणालियाँ, जिनमें पेड़ चरागाह-भूमियों के साथ एकीकृत हैं, पशु-उत्पादन की धारणीयता में सुधार ला रही हैं और किसानों की आय में विविधता और वृद्धि ला रही हैं।

23. उपर्युक्त परिच्छेद से, निम्नलिखित में से कौन-सा **सर्वाधिक तार्किक और तर्कसंगत निष्कर्ष (इन्फरेंस)** निकाला जा सकता है?

(a) जैव विविधता को बढ़ाने वाली कृषि पद्धतियाँ प्रायः फार्म उत्पादन में वृद्धि और आपदाओं के प्रति असुरक्षितता को कम करती हैं।

(b) विश्व के सभी देशों को पर्यावरणीय कृषि के स्थान पर पारम्परिक कृषि करने के लिए प्रोत्साहित किया जाना चाहिए।

(c) संरक्षित क्षेत्रों में, वहाँ की जैव विविधता को नष्ट किए बिना, पर्यावरणीय कृषि की अनुमति दी जानी चाहिए।

(d) खाद्य फसलों की उपज तब अत्यधिक होगी, जब उनकी खेती में पर्यावरणीय कृषि पद्धतियाँ अपनायी जाए।

परिच्छेद – 4

भारतीय विनिर्माण के लिए मध्यावधि चुनौती, निम्नतर से उच्चतर प्रौद्योगिक क्षेत्रों, निम्नतर से उच्चतर मूल्यवर्धित क्षेत्रों और निम्नतर से उच्चतर उत्पादकता क्षेत्रों की ओर बढ़ने की है। मध्यम प्रौद्योगिक उद्योगों में मुख्य रूप से अत्यधिक पूँजी लगी होती है और उनमें संसाधनों का प्रक्रमण होता है; और उच्च प्रौद्योगिकी उद्योगों में मुख्य रूप से अत्यधिक पूँजी और प्रौद्योगिकी लगी होती है। सम्पूर्ण GDP में विनिर्माण के हिस्से को प्रकल्पित 25 प्रतिशत तक बढ़ाने के लिए भारतीय विनिर्माण क्षेत्र को, विश्व-बाजार के उन क्षेत्रों पर कब्जा करने की आवश्यकता है, जिनमें बढ़ती हुई माँग की प्रवृत्ति है। इन क्षेत्रों में अधिकांश रूप से उच्च प्रौद्योगिकी और पूँजी लगी होती है।

24. उपर्युक्त परिच्छेद से, निम्नलिखित में से कौन-सा **सर्वाधिक तार्किक और तर्कसंगत निष्कर्ष (इन्फरेंस)** निकाला जा सकता है?

(a) मध्यम प्रौद्योगिक और संसाधनों का प्रक्रमण करने वाले उद्योगों में, भारत की GDP, उच्च मूल्य-वर्धित तथा उच्च उत्पादकता स्तरों को दर्शाती है।

(b) भारत में अत्यधिक पूँजी और प्रौद्योगिकी वाले विनिर्माण का संवर्धन करना सम्भव नहीं है।

(c) भारत को, अनुसंधान एवं विकास, प्रौद्योगिकी उन्नयन और कौशल विकास में, सरकारी निवेश बढ़ाना चाहिए और गैर-सरकारी निवेशों को प्रोत्साहित करना चाहिए।

(d) भारत ने पहले से ही विश्व-बाजार के उन क्षेत्रों में बड़ा हिस्सा प्राप्त कर लिया है, जिनमें बढ़ती हुई माँग की प्रवृत्ति है।

परिच्छेद – 5

पिछले दशक के दौरान भारतीय कृषि, खाद्यान्न व तिलहन का रिकॉर्ड उत्पादन करने के साथ, और अधिक सुदृढ़ हुई है। इसके परिणामस्वरूप बढ़ी हुई खरीद से भंडारगृहों में खाद्यान्न के स्टॉक में भारी बढ़ोतरी हुई है। भारत चावल, गेहूँ, दूध, फलों व सब्जियों के विश्व के शीर्ष उत्पादकों में से एक है। फिर भी विश्वभर के न्यूनपोषित लोगों का एक-चौथाई भाग भारत में है। औसत रूप से, देश के कुल परिवारों के लगभग आधे परिवारों में कुल व्यय का लगभग आधा व्यय भोजन पर होता है।

25. निम्नलिखित में से कौन-सा उपर्युक्त परिच्छेद का **सर्वाधिक तार्किक उपनिगमन (कोरोलरी)** है?

(a) गरीबी और कुपोषण को कम करने के लिए खेत-से-थाली (फार्म-टु-फोर्क) तक की मूल्य श्रृंखला की दक्षता में बढ़ोतरी करना जरूरी है।

(b) कृषि उत्पादकता में बढ़ोतरी करने से भारत में स्वतः ही गरीबी और कुपोषण दूर हो जाएगा।

(c) भारत की कृषि उत्पादकता पहले से ही बहुत अधिक है और इसे और अधिक बढ़ाया जाना आवश्यक नहीं है।

(d) सामाजिक कल्याण और गरीबी उन्मूलन कार्यक्रमों के लिए अधिक निधि का आबंटन करने से भारत से गरीबी और कुपोषण का अन्ततः उन्मूलन हो जाएगा।

परिच्छेद – 6

राज्य मोतियों के समान हैं तथा केन्द्र वह धागा है जो उन्हें हार में पिरोता है; यदि धागा टूट जाए, तो मोती बिखर जाते हैं।

26. निम्नलिखित विचारों में से कौन-सा एक उपर्युक्त कथन की संपुष्टि करता है?

(a) शक्तिशाली केन्द्र और शक्तिशाली राज्य, एक मजबूत संघ (फेडरेशन) बनाते हैं।

(b) शक्तिशाली केन्द्र, राष्ट्रीय अखण्डता हेतु एक बंधनकारी शक्ति है।

(c) शक्तिशाली केन्द्र, राज्य स्वायत्तता में बाधा है।

(d) राज्य की स्वायत्तता, संघ (फेडरेशन) के लिए पूर्वापेक्षा है।

परिच्छेद – 7

वास्तव में, मेरा मानना है कि इंग्लैण्ड में निर्धनतम व्यक्ति को भी एक वैसा ही जीवन जीना है जैसा कि महानतम व्यक्ति को, और इसलिए सच में, मैं मानता हूँ कि यह स्पष्ट है कि हर उस व्यक्ति को, जिसे सरकार के अधीन रहना है, सबसे पहले अपनी सहमति से स्वयं को सरकार के अधीन कर देना चाहिए, और मेरा यह अवश्य मानना है कि इंग्लैंड का निर्धनतम व्यक्ति, सही अर्थ में ऐसी सरकार से कतई बंधा हुआ नहीं है जिसके अधीन स्वयं को करने में उसकी कोई राय नहीं रही हो।

27. उपर्युक्त कथन किसके समर्थन में तर्क प्रस्तुत करता है?

(a) सम्पत्ति का सबको समान वितरण

(b) शासितों की सहमति के अनुसार शासन

(c) निर्धनों के हाथ में शासन

(d) धनिकों का स्वत्वहरण (एक्सप्रोप्रिएशन)

28. किसी शहर में पहले चार दिन औसत वर्षा 0.40 इंच दर्ज की गई। आखिरी दो दिन 4:3 के अनुपात में वर्षा हुई। छः दिनों की औसत वर्षा 0.50 इंच थी। पाँचवें दिन कितनी वर्षा हुई।

(a) 0.60 इंच

(b) 0.70 इंच

(c) 0.80 इंच

(d) 0.90 इंच

निम्नलिखित 3 (तीन) प्रश्नांशों के लिए निर्देशः

दी गयी सूचना पर विचार कीजिए और उनके नीचे आने वाले **तीन प्रश्नांशों** के उत्तर दीजिए।

व्याख्याता A, B, C, D, E, F और G विभिन्न शहर – हैदराबाद, दिल्ली, शिलाँग, कानपुर, चेन्नई, मुंबई और श्रीनगर (आवश्यक नहीं कि इसी क्रम में हों) के हैं, जो एक सम्मेलन में शामिल हुए। इनमें से प्रत्येक व्याख्यता अलग-अलग विषय – अर्थशास्त्र, वाणिज्य, इतिहास, समाजशास्त्र, भूगोल, गणित और सांख्यिकी (आवश्यक नहीं कि इसी क्रम में हों) का विशेषज्ञ है। इसके साथ ही

1. कानपुर का व्याख्यता भूगोल में विशेषज्ञ है
2. व्याख्याता D, शिलाँग का है।
3. व्याख्याता C, जो दिल्ली का है, समाजशास्त्र में विशेषज्ञ है
4. व्याख्याता B, न तो इतिहास में न ही गणित में, विशेषज्ञ है
5. व्याख्याता A, जो अर्थशास्त्र में विशेषज्ञ है, हैदराबाद का नहीं है
6. व्याख्याता F, जो वाणिज्य में विशेषज्ञ है, श्रीनगर का है
7. व्याख्याता G, जो सांख्यिकी में विशेषज्ञ है, चेन्नई का है

29. भूगोल में विशेषज्ञ कौन है?

(a) B

(b) D

(c) E

(d) निर्धारित नहीं किया जा सकता क्योंकि आँकड़े अपर्याप्त हैं।

30. अर्थशास्त्र में विशेषज्ञ व्याख्याता किस शहर का है?

(a) हैदराबाद

(b) मुबई

(c) न तो हैदराबाद, न ही मुंबई

(d) निर्धारित नहीं किया जा सकता क्योंकि आँकड़े अपर्याप्त हैं

31. निम्नलिखित में से कौन हैदराबाद का है?

(a) B

(b) E

(c) न तो B, न ही E

(d) निर्धारित नहीं किया जा सकता क्योंकि आँकड़े अपर्याप्त हैं

32. किसी पाठशाला में पाँच शिक्षक A, B, C, D और E हैं। A और B हिन्दी तथा अंग्रेजी पढ़ाते हैं। C और B अंग्रेजी और भूगोल पढ़ाते हैं। D और A गणित और हिन्दी पढ़ाते हैं। E और B इतिहास और फ्रेंच पढ़ाते हैं। सबसे अधिक विषय कौन पढ़ाता है?

(a) A (b) B

(c) D (d) E

33. एक 2-अंकीय संख्या को उत्क्रमित किया गया। उन दो संख्याओं में से बड़ी संख्या को छोटी संख्या से विभाजित किया गया। वृहत्तम संभव शेषफल क्या है?

(a) 9 (b) 27

(c) 36 (d) 45

34. X और Y की मासिक आय 4 : 3 के अनुपात में हैं और उनके मासिक व्यय 3 : 2 के अनुपात में हैं। फिर भी, उनमें से प्रत्येक प्रतिमाह ₹6,000 की बचत करता है। उनकी कुल मासिक आय क्या है?

(a) ₹28,000 (b) ₹42,000

(c) ₹56,000 (d) ₹84,000

35. किसी कमरे की दो दीवारें और एक छत बिन्दु P पर समकोण बनाते हुए मिलाती हैं। एक मक्खी हवा में है जो पहली दीवार से 1 m, दूसरी दीवार से 8 m तथा बिन्दु P से 9 m दूर है। वह मक्खी छत से कितने मीटर दूर है?

(a) 4 (b) 6

(c) 12 (d) 15

निम्नलिखित 3 (तीन) प्रश्नांशों के लिए निर्देशः

निम्नलिखित सूचना पर विचार कीजिए और उनके नीचे आने वाले **तीन प्रश्नांशों** के उत्तर दीजिए।

आठ रेलवे स्टेशन A, B, C, D, E, F, G और H या तो दो-तरफा मार्गों या एक-तरफा मार्गों से जुड़े हैं। एक-तरफा मार्ग C से A तक, E से G तक, B से F तक, D से H तक, G से C तक, E से C तक और H से G तक हैं। दो-तरफा मार्ग A और E के बीच, G और B के बीच, F और D के बीच तथा E और D के बीच हैं।

36. C से H तक यात्रा करते हुए निम्नलिखित स्टेशनों में से किस एक से गुजरना ही होगा?

(a) G (b) E

(c) B (d) F

37. कोई रेलगाड़ी F से A तक किसी स्टेशन को बिना एक बार से अधिक पार किए कितने विभिन्न प्रकार से जा सकती है?

(a) 1 (b) 2

(c) 3 (d) 4

38. यदि G और C के बीच का मार्ग बंद कर दिया जाता है, तो H से C तक यात्रा करते समय निम्नलिखित स्टेशनों में से किस एक से गुजरने की आवश्यकता **नहीं** होगी?

(a) E (b) D

(c) A (d) B

39. कुछ 2-अंकीय संख्याएँ हैं। इन संख्याओं और इनके अंकों को उलट देने पर बनने वाली संख्याओं का अंतर सदैव 27 रहता है। ऐसी अधिकतम कितनी 2-अंकीय संख्याएँ हैं?

(a) 3

(b) 4

(c) 5

(d) उपर्युक्त में से कोई नहीं

40. यदि 150 पृष्ठों की एक पुस्तक में 1 से 150 तक संख्याएँ अंकित करनी हैं, तो पुस्तक में मुद्रित अंकों की कुल संख्या क्या है?

(a) 262 (b) 342

(c) 360 (d) 450

निम्नलिखित 7 (सात) प्रश्नांशों के लिए निर्देशः

निम्नलिखित सात परिच्छेदों को पढ़िए और उनके नीचे आने वाले प्रश्नांशों के उत्तर दीजिए। इन प्रश्नांशों के लिए आपके उत्तर केवल इन परिच्छेदों पर ही आधारित होने चाहिए।

परिच्छेद – 1

हमारे सामने कठोर परिश्रम है। जब तक हम अपने प्रण को संपूर्णतः पूरा नहीं कर लेते, जब तक हम भारत के सभी लोगों को वह नहीं बना देते जो कि नियति चाहती है कि वे हों, तब तक हममें से किसी को आराम नहीं करना है। हम एक महान देश के नागरिक हैं, सुस्पष्ट प्रगति के कगार पर हैं, और हमें उन उच्च आदर्शों को जीवन में उतारना है। हम सभी, चाहे हम किसी भी धर्म के हों, समान रूप से भारत की संतान हैं और हमारे अधिकार, विशेषाधिकार और दायित्व बराबर हैं। हम साम्प्रदायिकता अथवा मानसिक संकीर्णता को बढ़ावा नहीं दे सकते, क्योंकि कोई भी देश, जिसके लोग विचारों अथवा आचरण में संकीर्ण हों, महान नहीं हो सकता।

41. उपर्युक्त परिच्छेद का लेखक लोगों को क्या प्राप्त करने की चुनौती देता है?

(a) उच्च जीवन आदर्श, प्रगति और विशेषाधिकार

(b) समान विशेषाधिकार, नियति की पूर्णता और राजनीतिक सहिष्णुता

(c) साहसिक उत्साह और अर्थिक समानता

(d) कठोर परिश्रम, भाईचारा और राष्ट्रीय एकता

परिच्छेद – 2

''रूसो के अनुसार, व्यक्ति अपनी सत्ता को और अपनी पूरी शक्ति को सम्मिलित रूप से समष्टि-संकल्प (जेनरल विल) के सर्वोच्च निर्देश के अधीन रखता है, और हम अपनी समष्टिगत क्षमता में प्रत्येक सदस्य को सम्पूर्ण के अविच्छिन्न अंश के रूप में लेते हैं।''

42. उपर्युक्त परिच्छेद के अनुसार, निम्नलिखित में से कौन-सा समष्टि-संकल्प के स्वरूप का **सर्वोत्तम वर्णन** है?

(a) व्यक्तियों की वैयक्तिक इच्छाओं का कुल योग

(b) व्यक्तियों के निर्वाचित प्रतिनिधियों द्वारा जो स्पष्ट कहा गया है

(c) सामूहिक कल्याण जो व्यक्तियों की वैयक्तिक इच्छाओं से भिन्न है

(d) समुदाय के वस्तुपरक (मेटीरियल) हित

परिच्छेद – 3

लोकतांत्रिक राज्य में, जहाँ लोगों में उच्च कोटि की राजनीतिक परिपक्वता होती है, सर्वसत्ताधारी विधिनिर्माता निकाय के संकल्प और जनता के संगठित संकल्प में बिरले ही संघर्ष होता है।

43. उपर्युक्त परिच्छेद का क्या निहितार्थ है?

(a) लोकतंत्र में, संप्रभुता के वास्तविक पालन में, बल प्रमुख तथ्य होता है।

(b) परिपक्व लोकतंत्र में, संप्रभुता के वास्तविक पालन में, बल एक बड़ी सीमा तक प्रमुख तथ्य होता है।

(c) परिपक्व लोकतंत्र में, संप्रभुता के वास्तविक पालन में, बल का प्रयोग अप्रासंगिक है।

(d) परिपक्व लोकतंत्र में, संप्रभुता के वास्तविक पालन में, बल घटकर एक उपांतिक तथ्य (मार्जिनल फेनॉमिनॉन) रह जाता है।

परिच्छेद – 4

सफल लोकतंत्र राजनीति में व्यापक रुचि एवं भागीदारी पर निर्भर करता है, जिसमें मतदान एक आवश्यक अंग है। जानबूझकर इस प्रकार की रुचि न रखना और मतदान न करना, एक प्रकार की अन्तर्निहित अराजकता है; यह स्वतंत्र राजनीतिक समाज के लाभों का उपभोग करते हुए अपने राजनीतिक दायित्व से मुख मोड़ना है।

44. यह परिच्छेद किससे सम्बन्धित है?

(a) मतदान का दायित्व

(b) मतदान का अधिकार

(c) मतदान की स्वतंत्रता

(d) राजनीति में भागीदारी का अधिकार

परिच्छेद – 5

किसी स्वतंत्र देश में, नेता की स्थिति तक पहुँचने वाला व्यक्ति सामान्यतः उत्कृष्ट चरित्र और योग्यता वाला व्यक्ति होता है। इसके साथ ही इसका पूर्वानुमान कर लेना भी सामान्यतः संभव होता है कि वह इस स्थिति तक पहुँचेगा, क्योंकि जीवन के प्रारम्भिक वर्षों में ही उसके चारित्रिक गुणों को देखा जा सकता

है। किन्तु किसी तानाशाह के मामले में यह हमेशा सत्य नहीं होता; वह प्रायः अपनी सत्ता की स्थिति तक संयोग से पहुँच जाता है, अनेक बार तो सिर्फ अपने देश की दुखद स्थिति के कारण ही।

45. इस परिच्छेद में यह सुझाया गया प्रतीत होता है कि

(a) नेता अपनी भावी स्थिति का पूर्वानुमान कर लेता है

(b) नेता सिर्फ किसी स्वतंत्र देश के द्वारा ही चुना जाता है

(c) किसी भी नेता को इस बात पर ध्यान रखना चाहिए कि उसका देश निराशा से मुक्त रहे

(d) किसी देश में बनी हुई निराशा की परिणति कभी-कभी तानाशाही में होती है।

परिच्छेद - 6

तकनीकी प्रगति में निहित मानव-जाति के लिए सबसे बड़ा वरदान, निश्चित रूप से, भौतिक सम्पदा का संचय नहीं है। किसी व्यक्ति के द्वारा जीवन में इनकी जितनी मात्रा का वास्तविक रूप में उपभोग किया जा सकता है, वह बहुत अधिक नहीं है। किन्तु फुरसत के समय के उपभोग की संभावनाएँ उसी संकीर्ण सीमा तक सीमित नहीं हैं। जिन्होंने फुरसत के समय के उपहार के सदुपयोग का कभी अनुभव नहीं किया है, वे लोग इसका दुरुपयोग कर सकते हैं। फिर भी, समाजों की एक अल्पसंख्या द्वारा फुरसत के समय का रचनात्मक उपयोग किया जाना ही आदिम स्तर के बाद सभी मानव-प्रगति का मुख्य प्रेरणास्त्रोत रहा है।

46. उपर्युक्त परिच्छेद के सन्दर्भ में निम्नलिखित पूर्वधारणाएँ बनाई गई हैं:

1. फुरसत के समय को लोग सदैव उपहार के रूप में देखते हैं तथा इसका उपयोग और अधिक भौतिक सम्पदा अर्जित करने के लिए करते हैं।
2. कुछ लोगों द्वारा फुरसत के समय का, नूतन और मौलिक चीजों के उत्पादन के लिए, उपयोग किया जाना ही मानव-प्रगति का मुख्य स्त्रोत रहा है।

इनमें से कौन-सी पूर्वधारणा/पूर्वधाराणाएँ वैध है/हैं?

(a) केवल 1

(b) केवल 2

(c) 1 और 2 दोनों

(d) न तो 1 और न ही 2

परिच्छेद - 7

इस अभिकथन में किंचित से कहीं अधिक सच्चाई है कि ''सामयिक घटनाओं की बुद्धिमत्तापूर्ण व्याख्या के लिए प्राचीन इतिहास का कार्यसाधक ज्ञान होना आवश्यक है''। किन्तु जिस बुद्धिमान ने समझदारी के ये शब्द कहे थे, उसने विशेष रूप से इतिहास की प्रसिद्ध लड़ाइयों के अध्ययन से होने वाले फायदों पर अवश्य ही कुछ-न-कुछ कहा होगा, क्योंकि इनमें हममें से उनके लिए सबक शामिल हैं जो नेतृत्व करते हैं या नेता बनने की अभिलाषा रखते हैं। इस तरह के अध्ययन से कुछ ऐसे गुण और विशेषताएँ उद्घाटित होंगी, जिनसे विजेताओं के लिए जीत परिचालित हुई-और वे कतिपय कमियाँ भी, जिनके कारण हारने वालों की हार हुई; और विद्यार्थी यह देखेगा कि यही प्रतिरूप सदियों से लगातार, बार-बार पुनर्घटित होता है।

47. उपर्युक्त परिच्छेद के सन्दर्भ में निम्नलिखित पूर्वधारणाएँ बनाई गई हैं:

1. इतिहास की प्रसिद्ध लड़ाइयों का अध्ययन हमें आधुनिक युद्धास्थिति को समझने में सहायता करेगा।
2. जो भी नेतृत्व की इच्छा रखता है, उसके लिए इतिहास का अध्ययन अनिवार्य है।

इनमें से कौन-सी पूर्वधारणा/पूर्वधारणाएँ वैध है/हैं?

(a) केवल 1 (b) केवल 2

(c) 1 और 2 दोनों (d) न तो 1 और न ही 2

48. मान लीजिए कि 9 व्यक्तियों का औसत वजन 50 kg है। प्रथम 5 व्यक्तियों का औसत वजन 45 kg है, जबकि अंतिम 5 व्यक्तियों का औसत वजन 55 kg है। पाँचवें व्यक्ति का वजन होगा

(a) 45 kg (b) 47.5 kg

(c) 50 kg (d) 52.5 kg

49. छः स्त्रियों के एक समूह में चार टेनिस की खिलाड़ी हैं, चार समाजशास्त्र में स्नातकोत्तर हैं, एक वणिज्य में स्नातकोत्तर है और तीन बैंक कर्मचारी है। विमला और कमला बैंक कर्मचारी हैं जबकि अमला और कोमला बेरोजगार हैं। कोमला और निर्मला टेनिस की खिलाड़ियों में से हैं। अमला, कमला, कोमला और निर्मला समाजशास्त्र में स्नातकोत्तर हैं जिनमें से दो बैंक कर्मचारी हैं। यदि श्यामला वाणिज्य में स्नातकोत्तर है, तो इनमें से कौन टेनिस की खिलाड़ी और बैंक कर्मचारी दोनों है?

(a) अमला (b) कोमला

(c) निर्मला (d) श्यामला

50. P = (A का 40%) + (B का 65%) तथा

Q = (A का 50%) + (B का 50%)

जहाँ A, B से बड़ा है।

इस सन्दर्भ में निम्नलिखित में से कौन-सा कथन सही है?

(a) P, Q से बड़ा है।

(b) Q, P से बड़ा है।

(c) P, Q के बराबर है।

(d) उपर्युक्त में से कोई भी निष्कर्ष निश्चित रूप से नहीं निकाला जा सकता।

51. एक घड़ी हर 24 घंटे में 2 मिनट धीमी हो जाती है, जबकि एक दूसरी घड़ी हर 24 घंटे में 2 मिनट तेज हो जाती है। एक विशेष क्षण पर दोनों घड़ियाँ एक-ही समय दिखाती हैं। यदि 24 घंटों वाली घड़ी का अनुसरण करें, तो निम्नलिखित कथनों में से कौन-सा सही है?

(a) 30 दिन पूरे होने पर दोनों घड़ियाँ फिर एक-ही समय दिखाती हैं।

(b) 90 दिन पूरे होने पर दोनों घड़ियाँ फिर एक-ही समय दिखाती हैं।

(c) 120 दिन पूरे होने पर दोनों घड़ियाँ फिर एक-ही समय दिखाती हैं।

(d) उपर्युक्त कथनों में से कोई भी सही नहीं है।

52. किसी शहर में 12% परिवार एक वर्ष में ₹ 30,000 से कम कमाते हैं, 6% परिवार एक वर्ष में ₹ 2,00,000 से अधिक कमाते हैं, 22% परिवार एक वर्ष में ₹ 1,00,000 से अधिक कमाते हैं तथा 990 परिवार एक वर्ष में ₹ 30,000 से ₹ 1,00,000 के बीच कमाते हैं। कितने परिवार एक वर्ष में ₹ 1,00,000 से ₹ 2,00,000 के बीच कमाते हैं?

(a) 250 (b) 240
(c) 230 (d) 225

53. एक घड़ी 1 बजे एक बार बजती है, 2 बजे दो बार और 3 बजे तीन बार बजती है तथा इसी प्रकार आगे इसका बजना जारी रहता है। यदि 5 बजे इसको बजने में 12 सेकंड लगते हैं, तो 10 बजे इसे बजने में कितना समय लगेगा?

(a) 20 सेकंड (b) 24 सेकंड
(c) 28 सेकंड (d) 30 सेकंड

54. दिए गए कथन पर और उससे अनुगमित होने वाले दो निष्कर्षों पर विचार कीजिएः

कथनः

सुबह की सैर स्वास्थ्य के लिए अच्छी होती है।

निष्कर्षः

1. सभी स्वस्थ लोग सुबह की सैर करते हैं।
2. अच्छा स्वास्थ्य बनाए रखने के लिए सुबह की सैर अनिवार्य है।

वैध निष्कर्ष कौन-सा/से है/हैं?

(a) केवल 1 (b) केवल 2
(c) 1 और 2 दोनों (d) न तो 1 न ही 2

55. तेरह 2-अंकीय क्रमागत विषम संख्याएँ हैं। यदि ऐसी प्रथम पाँच संख्याओं का माध्य 39 है, तो सभी तेरह संख्याओं का माध्य क्या है?

(a) 47 (b) 49
(c) 51 (d) 45

56. छः लड़के A, B, C, D, E और F ताश का एक खेल खेलते हैं। प्रत्येक के पास ताश के 10 पत्तों की एक गड्डी है। F, 2 पत्ते A से उधार लेता है और 5 पत्ते C को देता है, आगे C, 3 पत्ते B को देता है, जबकि B, 6 पत्ते D को देता है जो 1 पत्ता E की ओर बढ़ा देता है। अब D और E के पास ताश के जितने पत्ते हैं वे निम्नलिखित में से किस समूह के पास उपलब्ध ताश के पत्तों की संख्या के बराबर हैं?

(a) A, B और C (b) B, C और F
(c) A, B और F (d) A, C और F

57. दूध के एक नमूने में 50% पानी है। यदि इस दूध का 1/3 भाग इतनी ही मात्रा के शुद्ध दूध में मिलाया जाए, तो नए मिश्रण में पानी की मात्रा कितने प्रतिशत तक कम हो जाएगी?

(a) 25% (b) 30%
(c) 35% (d) 40%

58. एक पट्ट पर 4 क्षैतिज और 4 ऊर्ध्वाधर रेखाएँ हैं, जो परस्पर समान्तर और समदूरस्थ हैं। इनसे अधिकतम कितने आयत और वर्ग बनाए जा सकते हैं?

(a) 16 (b) 24
(c) 36 (d) 42

59. एक मालगाड़ी दिल्ली से मुबई के लिए 40 km प्रति घंटे की औसत चाल से रवाना होती है। उसके दो घंटे पश्चात् एक एक्सप्रेस गाड़ी दिल्ली से मुबई के लिए, पहले रवाना हुई मालगाड़ी के समांतर पथ पर, 60 km प्रति घंटे की औसत चाल से रवाना होती है। दिल्ली से कितनी दूरी पर एक्सप्रेस गाड़ी, मालगाड़ी से मिलेगी?

(a) 480 km (b) 260 km
(c) 240 km (d) 120 km

60. एक परीक्षा में रणधीर को, कृणाल और देबू को मिले कुल अंकों से अधिक अंक प्राप्त हुए हैं। कुणाल और शंकर को मिले कुल अंक रणधीर के अंकों से अधिक हैं। सोनल को शंकर से अधिक अंक मिले हैं। नेहा को रणधीर से अधिक अंक मिले हैं। इनमें से सबसे अधिक अंक किसे प्राप्त हुए हैं?

(a) रणधीर

(b) नेहा

(c) सोनल

(d) आँकड़े अपर्याप्त हैं

नम्नलिखित 8 (आठ) प्रश्नांशों के लिए निर्देश :

निम्नलिखित आठ परिच्छेदों को पढ़िए और उनके नीचे आने वाले प्रश्नांशों के उत्तर दीजिए। इन प्रश्नांशों के लिए आपके उत्तर केवल इन परिच्छेदों पर ही आधारित होने चाहिए।

परिच्छेद - 1

जलवायु परिवर्तन से एक चीज़ जो अकाटच रूप से होती है, वह ऐसी घटनाओं का घटित होना या बढ़ना है जिनसे संसाधनों के कम होते जाने में और तेजी आती है। इन घटते जाते संसाधनों के ऊपर होने वाली प्रतिस्पर्धा के परिणामस्वरूप राजनीतिक या और भी हिंसक संघर्ष सामने आता है। संसाधन-आधरित संघर्ष शायद ही कभी खुलेआम हुए हैं, इसलिए उन्हें विलग रूप में देखना कठिन होता है। इसके बजाय वे ऊपरी परतें ओढ़कर राजनीतिक रूप से कहीं अधिक स्वीकार्य रूप में सामने आते हैं। जल-जैसे संसाधनों के ऊपर होने वाले संघर्ष प्रायः पहचान या विचारधारा के वेश का लबादा ओढ़े रहते हैं।

61. उपर्युक्त परिच्छेद का निहितार्थ क्या है?

(a) संसाधन-आधारित संघर्ष सदैव राजनीतिक रूप से प्रेरित होते हैं।

(b) पर्यावरणीय और संसाधन-आधारित संघर्षो के समाधान के लिए कोई राजनीतिक हल नहीं होते।

(c) पर्यावरणीय मुद्दे संसाधनों पर दबाब बनाए रखने और राजनीतिक संघर्ष में योगदान करते हैं।

(d) पहचान अथवा विचारधारा पर आधारित राजनीतिक संधर्ष का समाधान नहीं हो सकता।

परिच्छेद - 2

जो व्यक्ति निरंतर इस हिचकिचाहट में रहता है कि दो चीजों में से किसे पहले करे, वह दोनों में से कोई भी नहीं करेगा। जो व्यक्ति संकल्प करता है, लेकिन उसकी काट में किसी मित्र द्वारा दिए गए पहले सुझाव पर ही अपने संकल्प को बदल देता है-जो कभी एक राय कभी दूसरी राय के बीच आगा-पीछा करता रहता है और एक योजना से दूसरी योजना तक रूख बदलता रहता है-वह किसी भी चीज को कभी पूरा नहीं कर सकता। ज्यादा से ज्यादा वह बस ठहरा रहेगा, और संभवतः सभी चीजों में पीछे हटता रहेगा। जो व्यक्ति पहले विवेकपूर्वक परामर्श करता है, फिर दृढ संकल्प करता है, और कमजोर मनोवृत्ति को भयभीत करने वाली तुच्छ कठिनाइयों से निर्भीक बने रहकर अटल दृढ़ता से अपने उद्देश्यों को पूरा करता है-केवल वही व्यक्ति किसी भी दिशा में उत्कर्ष की ओर आगे बढ़ सकता है।

62. इस परिच्छेद से निकलने वाला मूलभाव क्या है?

(a) हमें पहले विवेकपूर्वक परामर्श करना चाहिए, फिर दृढ़ संकल्प करना चाहिए

(b) हमें मित्रों के सुझावों को नकार देना चाहिए और बिना बदले अपनी राय पर कायम रहना चाहिए

(c) हमें विचारों में सदैव उदार होना चाहिए

(d) हमें सदैव कृतसंकल्प और उपलब्धि-अभिमुख होना चाहिए

परिच्छेद - 3

आर्कटिक महासागर में ग्रीष्म ऋतु के दौरान समुद्री बर्फ अपेक्षाकृत अधिक पहले और तेजी से पिघल रही है, और शीत ऋतु की बर्फ के बनने में अधिक देरी लग रही है। पिछले तीन दशकों में, ग्रीष्म ऋतु की बर्फ का परिमाण लगभग 30 प्रतिशत तक घट गया है। ग्रीष्म-गलन की अवधि के लम्बे हो जाने से सम्पूर्ण आर्कटिक खाद्यजाल के, जिसमें ध्रुवीय भालू शीर्ष पर हैं, छिन्न-भिन्न हो जाने का संकट सामने आ गया है।

63. उपर्युक्त परिच्छेद से, निम्नलिखित में से कौन-सा **सर्वाधिक निर्णायक सन्देश** व्यक्त होता है?

(a) जलवायु परिवर्तन के कारण, आर्कटिक ग्रीष्म ऋतु अल्पावधि की परन्तु उच्च तापमान वाली हो गई है।

(b) ध्रुव भालुओं की उत्तरजीविता को सुनिश्चित करने के लिए उन्हें दक्षिणी ध्रुव में स्थानांतरित किया जा सकता है।

(c) ध्रुवीय भालुओं के न होने से आर्कटिक क्षेत्र की खाद्य-श्रृंखलाएँ लुप्त हो जाएँगी

(d) जलवायु परिवर्तन से ध्रुवीय भालुओं की उत्तरजीविता के लिए संकट उत्पन्न हो गया है।

परिच्छेद - 4

लोग क्यों खुले में शौच जाना ज्यादा पसंद करते हैं और शौचालय रखना नहीं चाहते, या जिनके पास शौचालय है वे उसका उपयोग कभी-कभी ही करते हैं? हाल के अनुसंधान से दो खास बातें सामने आई हैः शुद्धता और प्रदूषण के विचार, और न चाहना कि गड्ढे या सेप्टिक टैंक भरें, क्योंकि उन्हें खाली करना होता है। ये वे मुद्दे हैं जिन पर कोई बात नहीं करना चाहता, लेकिन यदि हम खुले में शौच की प्रथा का उन्मूलन करना चाहते हैं, तो इन मुद्दों का सामना करना होगा और इनसे समुचित तरीके से निपटना होगा।

64. उपर्युक्त परिच्छेद से, निम्नलिखित में से कौन-सा **सर्वाधिक निर्णायक सन्देश** व्यक्त होता है?

(a) शुद्धता और प्रदूषण के विचार इतने गहरे समाये हैं कि उन्हें लोगों के दिमाग से हटाया नहीं जा सकता।

(b) लोगों को समझना होगा कि शौचालय का उपयोग और गड्ढों का खाली किया जाना शुद्धता की बात है न कि अशुद्धता की।

(c) लोग अपनी पुरानी आदतों को बदल नहीं सकते।

(d) लोगों में न तो नागरिक बोध है और न ही एकांतता (प्राइवेसी) का बोध है।

परिच्छेद - 5

पिछले दो दशकों में, विश्व के सकल घरेलू उत्पाद (GDP) में 50 प्रतिशत की वृद्धि हुई है जबकि समावेशी सम्पदा मात्र

6 प्रतिशत बढ़ी है। हाल के दशकों में, GDP-संचालित आर्थिक निष्पादन ने मानव पूँजी जैसी समावेशी सम्पदा को और जंगल, जमीन एवं जल जैसी प्राकृतिक सम्पदा को केवल क्षति ही पहुँचाई है। पिछले दो दशकों में, विश्व की मानव पूँजी, जो कुल समावेशी सम्पदा का 57 प्रतिशत है, केवल 8 प्रतिशत ही बढ़ी, जबकि प्राकृतिक सम्पदा में, जो कुल समावेशी सम्पदा का 23 प्रतिशत है, विश्वस्तर पर 30 प्रतिशत की गिरावट आई।

65. निम्नलिखित में से कौन-सा, उपर्युक्त परिच्छेद का **सर्वाधिक निर्णायक निष्कर्ष** (इन्फरेंस) है?

(a) प्राकृतिक सम्पदा के विकास पर और अधिक बल दिया जाना चाहिए।

(b) केवल GDP-संचालित संवृद्धि न तो वांछनीय है, न ही धारणीय है।

(c) विश्व के देशों का आर्थिक निष्पादन संतोषजनक नहीं है।

(d) वर्तमान परिस्थितियों में विश्व को और अधिक मानव पूँजी की आवश्यकता है।

परिच्छेद - 6

2020 तक, जब वैश्विक अर्थव्यवस्था में 5.6 करोड़ (56 मिलियन) युवाओं की कमी होने की आशंका है तब भारत अपने 4.7 करोड़ (47 मिलियन) अधिशेष युवाओं से इस कमी को पूरा कर सकता है। भारत में दो अंकों में विकास निर्मुक्त करने के एक मार्ग के रूप में श्रम सुधारों को इसी सन्दर्भ में प्रायः उद्धृत किया जाता है। 2014 में, भारत का श्रमबल जनसंख्या का लगभग 40 प्रतिशत होने का आकलन था, लेकिन इस बल का 93 प्रतिशत असंगठित क्षेत्र में था। विगत पूरे दशक में रोजगार की चक्रवृद्धि वार्षिक संवृद्धि दर [कम्पाउंड एनुअल ग्रोथ रेट(CAGR)] 0.5 प्रतिशत तक मन्द हो चुकी थी, जहाँ पिछले वर्ष के दौरान लगभग 1.4 करोड़ (14 मिलियन) नौकरियाँ सृजित हुई जबकि श्रमबल में लगभग 1.5 करोड़ (15 मिलियन) की वृद्धि हुई।

66. निम्नलिखित में से कौन-सा, उपर्युक्त परिच्छेद का **सर्वाधिक तार्किक निष्कर्ष** (इनफरेंस) है?

(a) भारत को अपनी जनसंख्या वृद्धि पर अवश्य ही नियंत्रण करना चाहिए, ताकि इसकी बेरोजगारी दर कम हो सके।

(b) भारत के विशाल श्रमबल का उत्पादक रूप से इष्टतम उपयोग करने के लिए भारत में श्रम सुधारों की आवश्यकता है।

(c) भारत अतिशीघ्र दो अंकों का विकास प्राप्त करने की ओर अग्रसर है।

(d) भारत अन्य देशों को कौशल-प्राप्त युवाओं की पूर्ति करने में सक्षम है।

परिच्छेद - 7

सबसे पहला पाठ, जो हमें तब पढ़ाया जाना चाहिए जब हम उसे समझने के लिए पर्याप्त बड़े हो चुके हों, यह है कि कार्य करने की बाध्यता से पूरी स्वतंत्रता अप्राकृतिक है, और इसे गैर-कानूनी होना चाहिए, क्योंकि हम कार्य-भार के अपने हिस्से से केवल तभी बच सकते हैं, जब हम इसे किसी दूसरे के कंधों पर डाल दें। प्रकृति ने यह विधान किया है कि मानव प्रजाति, यदि कार्य करना बंद कर दे, तो भुखमरी से नष्ट हो जाएगी। हम इसे निरंकुशता से बच नहीं सकते हैं। हमें इस प्रश्न को सुलझाना पड़ेगा कि हम अपने-आपको कितना अवकाश देने में समर्थ हो सकते हैं।

67. उपर्युक्त परिच्छेद का यह **मुख्य विचार** है कि

(a) मनुष्यों के लिए यह आवश्यक है कि वे काम करें

(b) कार्य एवं अवकाश के मध्य संतुलन होना चाहिए

(c) कार्य करना एक निंरकुशता है जिसका हमें सामना करना ही पड़ता है

(d) मनुष्य के लिए कार्य की प्रकृति को समझना आवश्यक है

परिच्छेद - 8

आदतों का पालन करने में कोई हानि नहीं है, जब तक कि वे आदतें हानिकारक न हों। वास्तव में हममें से अधिकांश लोग, आदतों के पुलिंदे से शायद कुछ अधिक ही व्यवस्थित होते हैं। हम अपनी आदतों से मुक्त हो जायें तो जो बचेगा उस पर शायद ही कोई ध्यान देना चाहे। हम इनके बिना नहीं चल सकते। वे जीवन की प्रक्रिया को सरल बनाती है। इनसे हम बहुत-सी चीजें अपने-आप करने में समर्थ होते हैं, जिन्हें, यदि हम हर बार नया और मौलिक विचार देकर करना चाहें, तो अस्तित्व एक असंभव उलझन बन जाए।

68. लेखक का सुझाव है कि आदतें

(a) हमारे जीवन को कठिन बनाती हैं

(b) हमारे जीवन में सटीकता लाती हैं

(c) हमारे लिए जीना आसान करती हैं

(d) हमारे जीवन को मशीन बनाती हैं

निम्नलिखित 2 (दो) प्रश्नांशों के लिए निर्देशः

दी गई जानकारी पर विचार कीजिए और उसके नीचे आने वाले **दो प्रश्नांशों** के उत्तर दीजिए।

'X दल' का कोई भी समर्थक, जो Z को जानता था और उसके अभियान की रणनीति का समर्थन करता था, 'Y दल' के साथ गठबंधन के लिए तैयार नही था; किन्तु उनमें से कुछ के 'Y दल' में मित्र थे।

69. उपर्युक्त जानकारी के सन्दर्भ में, निम्नलिखित में से कौन-सा एक कथन सत्य होना ही चाहिए?

(a) 'Y दल' के कुछ समर्थक, 'X दल' के साथ गठबंधन के लिए सहमत नहीं हुए।

(b) 'Y दल' का कम-से-कम एक समर्थक ऐसा है, जो 'X दल' के किसी समर्थक को मित्र के रूप में जानता था।

(c) 'X दल' के किसी समर्थक ने Z के अभियान की रणनीति का समर्थन नहीं किया।

(d) 'X दल' का कोई भी समर्थक Z को नहीं जानता था।

70. उपर्युक्त जानकारी के सन्दर्भ में, निम्नलिखित कथनों पर विचार कीजिए:

1. 'X दल' के किसी समर्थक, Z को जानते थे।
2. 'X दल' के कुछ समर्थक, जो Z के अभियान की रणनीति के विरोधी थे, Z को जानते थे।
3. 'X दल' के किसी समर्थक, जो Z के अभियान की रणनीति का समर्थन नहीं किया।

ऊपर दिए गए कथनों में से कौन-सा/से सही नहीं है/हैं?

(a) केवल 1 (b) केवल 2 और 3

(c) केवल 3 (d) 1, 2 और 3

71. यदि एक कार्यालय में केवल दूसरा और चौथा शनिवार तथा सभी रविवार ही केवल अवकाश के दिन माने गए हों, तब किसी भी वर्ष के किसी भी मास में संभव कार्य दिवसों की न्यूनतम संख्या क्या होगी?

(a) 23 (b) 22

(c) 21 (d) 20

72. यदि ऐसी कोई नीति है कि किसी समुदाय की एक-तिहाई (1/3) आबादी प्रति वर्ष एक स्थान को छोड़कर किसी दूसरे स्थान पर चली जाए, तो छठवें वर्ष के बाद उस समुदाय की शेष बची आबादी क्या होगी, यदि इस अवधि के दौरान जनसंख्या में आगे और कोई वृद्धि न हुई हो?

(a) जनसंख्या का 16/243 वाँ भाग

(b) जनसंख्या का 32/243 वाँ भाग

(c) जनसंख्या का 32/729 वाँ भाग

(d) जनसंख्या का 64/729 वाँ भाग

73. भौतिकविज्ञान, रसायनविज्ञान, गणित और जीवविज्ञान की चार परीक्षाएँ चार क्रमिक दिवसों पर की जानी हैं, किन्तु आवश्यक नहीं कि परीक्षाएँ इसी क्रम में हों। भौतिकविज्ञान की परीक्षा उस परीक्षा से पहले की गई जिसे जीवविज्ञान के बाद किया गया। रसायनविज्ञान की परीक्षा दो परीक्षाएँ किए जाने के ठीक बाद में की गई। किसकी परीक्षा अंत में की गई?

(a) भौतिकविज्ञान

(b) जीवविज्ञान

(c) गणित

(d) रसायनविज्ञान

74. A और B की आय का योग C और D की सम्मिलित आय से अधिक है। A और C की आय का योग B और D की सम्मिलित आय के बराबर है। इसके अतिरिक्त, A की आय B और D की समिलित आय से आधी है। सर्वाधिक आय किसकी है?

(a) A (b) B

(c) C (d) D

75. निम्नलिखित पर विचार कीजिए:

कथन:

अच्छा स्वर एक नैसर्गिक प्रतिभा है लेकिन संगीत के क्षेत्र में उन्नति और श्रेष्ठ प्रदर्शन के लिए अभ्यास करते रहना चाहिए।

निष्कर्ष:

I. नैसर्गिक प्रतिभाओं को प्रशिक्षण और देखभाल की आवश्यकता होती है।

II. किसी का स्वर अच्छा न होने पर भी उसे अभ्यास करते रहना चाहिए।

उपर्युक्त कथन और निष्कर्षों के सन्दर्भ में निम्नलिखित में से कौन-सा एक सही है?

(a) इस कथन से केवल निष्कर्ष I अनुगमित होता है।

(b) इस कथन से केवल निष्कर्ष II अनुगमित होता है।

(c) इस कथन से या तो निष्कर्ष I अनुगमित होता है या निष्कर्ष II

(d) इस कथन से न तो निष्कर्ष I अनुगमित होता है न ही निष्कर्ष II.

76. भिन्न ऊँचाइयों के तीन खम्भे X, Y और Z हैं। तीन मकड़ियाँ A, B और C क्रमशः इन खम्भों पर एक ही समय पर चढ़ना शुरू करती हैं। एक प्रयास में A, X पर 6 cm चढ़ती है किन्तु 1 cm नीचे फिसल जाती है। B, Y पर 7 cm चढ़ती है किन्तु 3 cm नीचे फिसल जाती है। C, Z पर 6.5 cm चढ़ती है किन्तु 2 cm नीचे फिसल जाती है। यदि उनमें से प्रत्येक मकड़ी को खम्भे के शीर्ष तक पहुँचने के लिए 40 प्रयास करना पड़ता है, तो सबसे छोटे खम्भे की ऊँचाई क्या है?

(a) 161 cm

(b) 163 cm

(c) 182 cm

(d) 210 cm

77. "अधिकार, नागरिक के वास्तविक विकास के लिए अपरिहार्य, सामाजिक कल्याण की कुछ हितकारी दशाएँ है।"

इस कथन के परिप्रेक्ष्य में, निम्नलिखित में से कौन-सी अधिकारों की सही व्याख्या है?

(a) अधिकारों का उद्देश्य केवल वैयक्तिक कल्याण है।

(b) अधिकारों का उद्देश्य केवल सामाजिक कल्याण है।

(c) अधिकारों का उद्देश्य वैयक्तिक कल्याण और सामाजिक कल्याण दोनों है।

(d) अधिकारों का उद्देश्य साामजिक कल्याण के बिना वैयक्तिक कल्याण है।

78. 52 विद्यार्थियों की एक कक्षा में 15 विद्यार्थी अनुत्तीर्ण हुए। अनुत्तीर्ण विद्यार्थियों के नाम हटा देने के बाद, योग्यता-क्रम की एक सूची बनाई गई हैं जिसमें रमेश का स्थान ऊपर से 22 वाँ है। नीचे से उसका स्थान कौन-सा है?

(a) 18वाँ

(b) 17वाँ

(c) 16वाँ

(d) 15वाँ

79. निम्नलिखित पर विचार कीजिए:

A + B का अर्थ है कि A, B का पुत्र है।

A – B का अर्थ है कि A, B का पत्नी है।

व्यंजक P + R – Q का अर्थ क्या है?

(a) Q, P का पुत्र है।

(b) Q, P की पत्नी है।

(c) Q, P का पिता है।

(d) उपर्युक्त में से कोई नहीं

80. गोपाल ने एक सेल फोन खरीदा और उसे 10% लाभ लेकर राम को बेच दिया। बाद में, राम उसे वापस गोपाल को 10% हानि उठाकर बेच देना चाहता है। यदि गोपाल इसके लिए सहमत हो, तो उसकी स्थिति क्या होगी?

(a) न तो लाभ, न ही हानि

(b) हानि 1%

(c) लाभ 1%

(d) लाभ 0.5%

उत्तरमाला

1. (a)	**2.** (c)	**3.** (b)	**4.** (b)	**5.** (c)	**6.** (d)	**7.** (b)	**8.** (a)	**9.** (b)	**10.** (d)
11. (c)	**12.** (d)	**13.** (b)	**14.** (a)	**15.** (b)	**16.** (b)	**17.** (c)	**18.** (a)	**19.** (c)	**20.** (b)
21. (c)	**22.** (a)	**23.** (a)	**24.** (a)	**25.** (a)	**26.** (b)	**27.** (b)	**28.** (c)	**29.** (a)	**30.** (b)
31. (b)	**32.** (b)	**33.** (d)	**34.** (b)	**35.** (a)	**36.** (b)	**37.** (d)	**38.** (c)	**39.** (d)	**40.** (b)
41. (b)	**42.** (a)	**43.** (d)	**44.** (a)	**45.** (d)	**46.** (d)	**47.** (d)	**48.** (c)	**49.** (c)	**50.** (d)
51. (d)	**52.** (b)	**53.** (b)	**54.** (d)	**55.** (a)	**56.** (b)	**57.** (a)	**58.** (c)	**59.** (c)	**60.** (d)
61. (c)	**62.** (d)	**63.** (d)	**64.** (b)	**65.** (b)	**66.** (b)	**67.** (b)	**68.** (c)	**69.** (b)	**70.** (b)
71. (b)	**72.** (d)	**73.** (c)	**74.** (b)	**75.** (d)	**76.** (b)	**77.** (c)	**78.** (c)	**79.** (c)	**80.** (c)

व्याख्या

11. अभीष्ट संख्या = 10 × 9 = 90

19. A C B D G F E H N ↑

20. 5 → रंग

2 → चॉक

4 → सफेद

28. A + B + C + D = 4 × 0.40

= 1.6 ...(1)

E + F = 4x + 3x

= 7x ...(2)

पुनः

A + B + C + D + E + F

= 6 × 0.50

1.6 + 7x = 3.0

7x = 3.0 – 1.6

7x = 1.4

$x = \frac{1.4}{7}$

x = 0.2

∴ E = पाँचवाँ

= 4x = 4 × 0.2

= 0.80 इंच

(प्रश्न **29** से **31** तक के लिए) :

A → मुम्बई → अर्थशास्त्र

B → कानपुर → भूगोल

C → दिल्ली → समाजशास्त्र

D → शिलाँग → इतिहास

E → हैदराबाद → गणित

F → श्रीनगर → वाणिज्य

G → चेन्नई → सांख्यिकी

32.

A	हिन्दी	अंग्रेजी	गणित	
B	हिन्दी	अंग्रेजी	भूगोल	इतिहास
C		अंग्रेजी		
D	हिन्दी		गणित	
E	इतिहास	फ्रेंच		

33. मूल संख्या = 10x + y

नई संख्या = 10y + x

अन्तर = 50 + 11x – 11x – 5 = 45

= वृहत्तम सम्भव शेषफल

34. मासिक आय = 4x और 3x

मासिक खर्च = 3y और 2y

प्रश्नानुसार-

4x – 3y = 6,000 ...(1)

3x – 2y = 6,000 ...(2)

समीकरण (1) और समीकरण (2) को हल करने पर,

x = 6,000

∴ मासिक आय = 4x + 3x = 7x

= 7 x 6,000

= ₹ 42,000

35. माना कि मक्खी छत से x मीटर दूर है।

प्रश्नानुसार,

$8^2 + 1^2 + x^2 = 9^2$

$64 + 1 + x^2 = 81$

$x^2 = 81 - 65$

$x^2 = 16$

x = 4 मीटर

(प्रश्न **36** से **38** तक के लिए) :

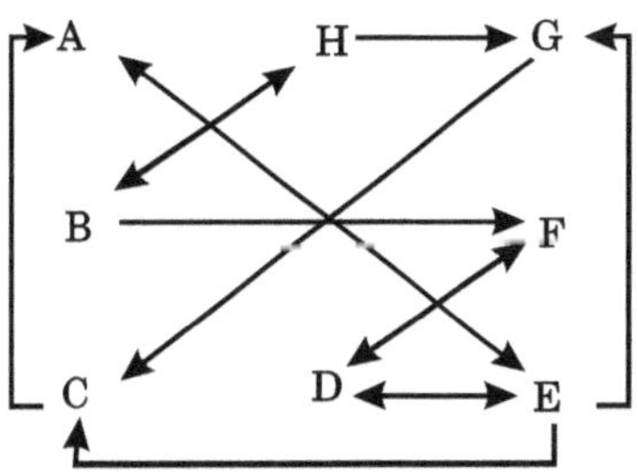

40.

51 × 3 = 153

90 × 2 = 180

9 × 1 = 009

कुल संख्या = 342

48. पाँचवें व्यक्ति का अभीष्ट वजन

= 5 × 45 + 5 × 55 – 9 × 50

= 225 + 275 – 450

= 500 – 450 = 50 किलोग्राम

49. समाजशास्त्र → निर्मला → बैंक

कर्मचारी → टेनिस खिलाड़ी

53. 5 बजे → 5 बार = 12 से.

$$1 \text{ बार} = \frac{12}{5} \text{ से.}$$

$\therefore$ 10 बजे → 10 बार = $\frac{12}{5} \times 10$ = 24 से.

55. अभीष्ट माध्य = 39 + 8 = 47

56.

$A \xrightarrow{10} 10 - 2 = 8$

$B \xrightarrow{10} 10 + 3 = 13 - 6 = 7$

$C \xrightarrow{10} 10 + 5 = 15 - 3 = 12$

$D \xrightarrow{10} 10 + 6 = 16 - 1 = 15$

$E \xrightarrow{10} 10 + 1 = 11$

$F \xrightarrow{10} 10 + 2 = 12 - 5 = 7$

$\therefore$ D + E = 15 + 11 = 26

= B + C + F

= 7 + 12 + 7

58.

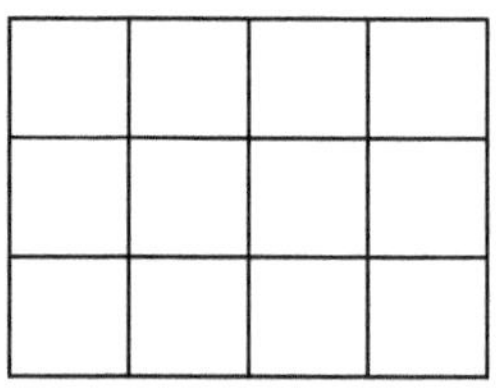

59. मालगाड़ी द्वारा 6 घण्टे में तय की गई दूरी

= 6 × 40

= 240 किमी

एक्सप्रेस गाड़ी द्वारा 4 घण्टे में तय की गई दूरी

= 4 × 60

= 240 किमी

$\therefore$ अभीष्ट दूरी = 240 किमी

72. अभीष्ट जनसंख्या = $\left(\frac{2}{3}\right)^6$

= $\frac{64}{729}$ वाँ भाग

73. 1. भौतिक विज्ञान

2. जीव विज्ञान

3. रसायन विज्ञान

4. गणित

76. अभीष्ट ऊँचाई = 39 × 4 + 7

= 156 + 7

= 163 सेमी

78. अभीष्ट स्थिति = (52 – 15) – 22 + 1

= 37 – 22 + 1

= 38 – 22 = 16वाँ

79.

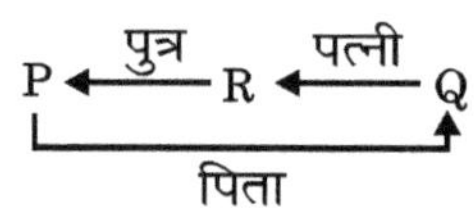

हल प्रश्न-पत्र–2018

CSAT पेपर-II

समय : 2 घंटे **पूर्णांक : 200**

1. एक संख्या तीन अंकों से बनी है जिनमें मध्य वाला अंक शून्य है और उनका योग 4 है। यदि प्रथम और अंतिम अंकों का विनिमय (इंटरचेंज) करने पर बनी संख्या स्वयं उसी संख्या से 198 अधिक है, तो प्रथम तथा अंतिम अंकों के बीच अंतर है

(a) 1 (b) 2

(c) 3 (d) 4

2. 3 से.मी. भुजा वाले एक ठोस धन के सभी फलकों को रंग कर उसे 1 से.मी. भुजा वाले छोटे घनों में काटा गया है। छोटे घनों में से कितने घनों के केवल दो फलक रंगे हुए होंगे?

(a) 12 (b) 8

(c) 6 (d) 4

3. यदि 700 से 1000 तक सभी संख्याएँ लिखी जाएँ, तो ऐसी कितनी संख्याएँ आती हैं जिनमें सैकड़े का अंक, दहाई के अंक से तथा दहाई का अंक, इकाई के अंक से बड़ा है?

(a) 61 (b) 64

(c) 85 (d) 91

4. यदि लेखनी < पेंसिल, पेंसिल < पुस्तक तथा पुस्तक > टोपी, तो निम्नलिखित में से कौन-सा एक सदैव सत्य है?

(a) लेखनी > टोपी (b) लेखनी < पुस्तक

(c) पेंसिल = टोपी (d) पेंसिल > टोपी

5. एक पुस्तक विक्रेता ने ₹x प्रति पुस्तक की दर से भूगोल की 'a' पुस्तकें बेचीं, ₹(x + 2) प्रति पुस्तक की दर से इतिहास की 'a + 2' पुस्तकें बेचीं तथा ₹(x – 2) प्रति पुस्तक की दर से गणित की 'a – 2' पुस्तकें बेचीं। उसकी कुल बिक्री (₹ में) कितनी है?

(a) 3x + 3a (b) 3ax + 8

(c) 9ax (d) $x^3 a^3$

6. किसी झोले में 15 लाल गेंदे और 20 काली गेंदे हैं। प्रत्येक गेंद पर 1 या 2 या 3 की संख्या लिखी है। लाल गेंदों के 20% पर संख्या 1 तथा उनके 40% पर संख्या 3 लिखी है। इसी प्रकार, काली गेंदों में 45% पर संख्या 2 तथा 30% पर संख्या 3 लिखी है। एक बालक यादृच्छया एक गेंद निकालता है। यह गेंद यदि लाल है और उस पर 3 की संख्या है अथवा यदि गेंद काली है और उस पर 1 या 2 की संख्या है, तो बालक जीत जाता है। उसके जीतने की प्रायिकता क्या है?

(a) 1/2 (b) 4/7

(c) 5/9 (d) 12/13

7. दो व्यक्ति A और B किसी वृत्तीय मार्ग पर दौड़ रहे हैं। प्रारंभ से B, A से आगे है तथा उनकी स्थितियाँ वृत्त के केन्द्र पर 30° का कोण बनाती है। जब A, उस बिन्दु पर पहुँचता है जो कि उसके प्रारम्भिक बिन्दु से व्यासतः सम्मुख है, तब वह B से मिलता है। A और B की चालों में क्या अनुपात है, यदि वे एकसमान चाल से दौड़ रहे हैं?

(a) 6 : 5 (b) 4 : 3

(c) 6 : 1 (d) 4 : 2

8. किसी परीक्षा में पास होने के लिए एक विद्यार्थी को 40% अंक चाहिए। मान लीजिए कि उसे 30 अंक मिलते हैं तथा वह 30 अंकों से अनुत्तीर्ण हो जाता है, तो परीक्षा में अधिकतम अंक कितने हैं?

(a) 100 (b) 120

(c) 150 (d) 300

9. हॉकी खेलने के लिए 19 लड़के आए हैं। उनमें से 11 हॉकी की कमीज पहने हुए हैं और 14 हॉकी की पैंट पहने हुए हैं। एक भी लड़का ऐसा नहीं है जिसने कमीज और/या पैंट न पहनी हो। पूरी वर्दी पहने लड़कों की संख्या क्या है?

(a) 3 (b) 5

(c) 6 (d) 8

निम्नलिखित **6** (छः) प्रश्नांशों के लिए निर्देशः नीचे दी गई जानकारी को पढ़िए और उसके पश्चात् आने वाले छः प्रश्नांशों के उत्तर दीजिए।

A, B, C और D छात्र हैं। वे चार विभिन्न शहरों–P, Q, R और S (अनिवार्यतः इसी क्रम में नहीं) में पढ़ रहे हैं। वे साइंस कॉलेज, आर्ट्स कॉलेज, कॉमर्स कॉलेज और इंजीनियरी कॉलेज (अनिवार्यतः इसी क्रम में नहीं) में पढ़ रहे हैं जो चार विभिन्न राज्यों–गुजरात, राजस्थान, असम और केरल (अनिवार्यतः इसी क्रम में नहीं) में स्थित हैं। यह भी दिया गया है कि–

(i) D असम में पढ़ रहा है।

(ii) आर्ट्स कॉलेज शहर S में है, जो राजस्थान में स्थित है।

(iii) A कॉमर्स कॉलेज में पढ़ रहा है।

(iv) B शहर Q में पढ़ रहा है।

(v) साइंस कॉलेज केरल में स्थित है।

10. A पढ़ रहा है

(a) राजस्थान में (b) गुजरात में

(c) शहर Q में (d) केरल में

11. साइंस कॉलेज स्थित है

(a) शहर Q में (b) शहर S में

(c) शहर R में (d) शहर P में

12. C पढ़ रहा है

(a) साइंस कॉलेज में (b) राजस्थान में

(c) गुजरात में (d) शहर Q में

13. निम्नलिखित कथनों में से कौन-सा एक सही है?

(a) D शहर S में नहीं पढ़ रहा है।

(b) A साइंस कॉलेज में पढ़ रहा है।

(c) A केरल में पढ़ रहा है।

(d) इंजीनियरी कॉलेज गुजरात में स्थित है।

14. इंजीनियरी कॉलेज के संबंध में, निम्नलिखित में से कौन-सा एक कथन सही है?

(a) C वहाँ पढ़ रहा है। (b) B वहाँ पढ़ रहा है।

(c) यह गुजरात में स्थित है। (d) D वहाँ पढ़ रहा है।

15. निम्नलिखित कथनों में से कौन-सा एक सही है?

(a) इंजीनियरी कॉलेज असम में स्थित है।

(b) शहर Q असम में स्थित है।

(c) C केरल में पढ़ रहा है।

(d) B गुजरात में पढ़ रहा है।

16. नीचे दिए गए त्रिविमीय चित्र पर विचार कीजिएः

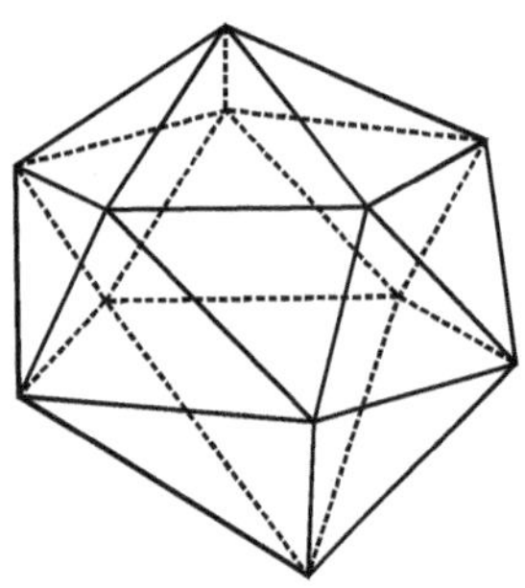

उपर्युक्त चित्र में कितने त्रिभुज हैं?

(a) 18 (b) 20

(c) 22 (d) 24

17. नीचे दिए गए योग पर विचार कीजिएः

•+1 •+2 •+ •3+ •1=21 •

उपर्युक्त योग में • किसके लिए है?

(a) 4 (b) 5

(c) 6 (d) 8

18. संख्याओं के निम्नलिखित प्रतिरूप पर विचार कीजिएः

8	10	15	13
6	5	7	4
4	6	8	8
6	11	16	?

उपर्युक्त प्रतिरूप में ? के स्थान पर कौन-सी संख्या आएगी?

(a) 17 (b) 19

(c) 21 (d) 23

19. एक अष्टभुज के शीर्षों को जोड़कर कितने विकर्ण खींचे जा सकते हैं?

(a) 20 (b) 24

(c) 28 (d) 64

20. नीचे दिए गए चित्र में A और B दो वाहनों के वेग के आलेख (ग्राफ) दिए गए हैं। सरलरेखा OKP किसी भी क्षण में वाहन A के वेग को दर्शाती है, जबकि क्षैतिज सरलरेखा CKD किसी भी क्षण में वाहन B के वेग को दर्शाती है। चित्र में, D वह बिन्दु है जहाँ P से क्षैतिज रेखा CKD पर लम्ब इस प्रकार मिलता है कि PD = 1/2 LD :

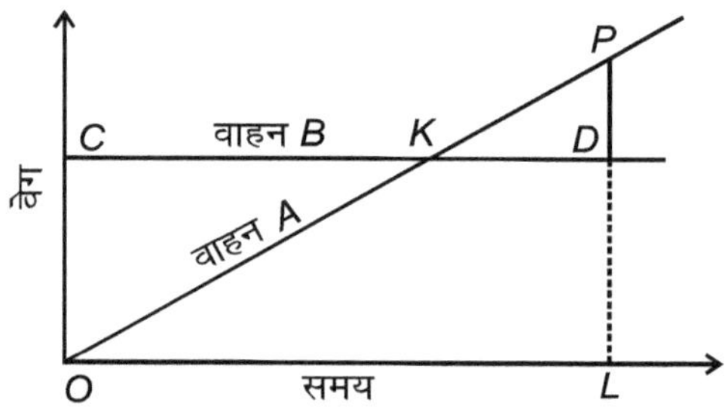

समय अंतराल OL में वाहन A और वाहन B द्वारा तय की गई दूरियों के बीच क्या अनुपात है?

(a) 1 : 2 (b) 2 : 3

(c) 3 : 4 (d) 1 : 1

21. 200 मीटर लम्बी एक ट्रेन 40 कि.मी. प्रति घंटा की दर से चल रही है। रेलवे लाइन के निकट खड़े किसी व्यक्ति को यह ट्रेन कितने सेकंड में पार करेगी?

(a) 12 (b) 15

(c) 16 (d) 18

निम्नलिखित **4** (चार) प्रश्नांशों के लिए निर्देशः नीचे दिए गए चार परिच्छेदों को पढ़िए और परिच्छेदों के नीचे आने वाले प्रश्नांशों के उत्तर दीजिए। इन प्रश्नांशों के आपके उत्तर केवल इन परिच्छेदों पर ही आधारित होने चाहिए।

परिच्छेद-1

विश्व की जनसंख्या 1990 में 1.6 अरब के लगभग थी—आज यह 7.2 अरब के लगभग है और बढ़ रही है। जनसंख्या वृद्धि पर किए गए हाल के आकलनों से यह पूर्वानुमान होता है कि विश्व की जनसंख्या 2050 में 9.6 अरब और 2100 में 10.9 अरब हो जाएगी। यूरोप और उत्तरी अमेरिका के असदृश जहाँ केवल तीन से चार प्रतिशत जनसंख्या ही कृषि में लगी है, भारत की लगभग 47 प्रतिशत जनसंख्या कृषि पर निर्भर है। यदि भारत सेवा क्षेत्र में लगातार प्रगति करता रहे और विनिर्माण क्षेत्र तेजी से बढ़ता रहे, तो भी यह संभावना की जाती है कि 2030 के आस-पास जब भारत चीन से आगे निकल कर विश्व का सबसे अधिक जनसंख्या वाला देश होगा, भारत की लगभग 42 प्रतिशत जनसंख्या प्रधान रूप से कृषि पर निर्भर होगी।

22. उपर्युक्त परिच्छेद से निम्नलिखित में से कौन-सा सर्वाधिक तार्किक और तर्कसंगत निष्कर्ष (इंफेरेंस) निकाला जा सकता है?

(a) कृषि क्षेत्र की समृद्धता भारत के लिए क्रांतिक महत्त्व की है।

(b) भारतीय अर्थव्यवस्था प्रमुख रूप से इसकी कृषि पर निर्भर करती है।

(c) भारत को अपनी तेजी से बढ़ती जनसंख्या को नियंत्रित करने के लिए कठोर उपाय अपनाने चाहिए।

(d) भारत के कृषि-समुदायों को अपनी आर्थिक दशाओं में सुधार लाने के लिए अन्य व्यवसायों को अपना लेना चाहिए।

परिच्छेद-**2**

खाद्य-जात बीमारियाँ उत्पन्न करने वाले बहुत-से रोगाणुओं के विषय में जानकारी नहीं है। खाद्य संक्रमण खेत से लेकर थाली तक किसी भी चरण में हो सकता है। चूँकि खाद्य विषाक्तीकरण की अनेकों घटनाएँ अप्रतिवेदित रह जाती हैं, वैश्विक खाद्य-जात बीमारियों का सही प्रसार अज्ञात है। अंतर्राष्ट्रीय परिवेक्षण में सुधार के कारण जन जागरूकता में बढ़ोत्तरी हुई है, तदपि खाद्य उत्पादन में तीव्र वैश्वीकरण से खाद्य को नियंत्रित करना तथा अनुरेखित करना कठिनतर होने के कारण उपभोक्ता की भेद्यता बढ़ गई है। डब्ल्यू० एच० ओ० के एक अधिकारी का कथन है, "विश्व हमारी प्लेट पर है।"

23. निम्नलिखित में से कौन-सा उपर्युक्त परिच्छेद का सर्वाधिक तार्किक उपनिगमन (कोरोलरी) है?

(a) खाद्य के विकल्प अधिक होने के कारण जोखिम अधिक आते हैं।

(b) समस्त खाद्य जात बीमारियों का उद्गम खाद्य प्रसंस्करण है।

(c) हमें केवल स्थानीय उत्पादित खाद्य पर निर्भर रहना चाहिए।

(d) खाद्य उत्पादन के वैश्वीकरण में कटौती लानी चाहिए।

परिच्छेद-**3**

मैं वैज्ञानिक हूँ, मेरा सौभाग्य है कि में इस प्रकार का व्यक्ति हूँ जो विज्ञान के साधनों का उपयोग करके प्रकृति को समझ सकता है। लेकिन यह भी स्पष्ट है कि कुछ महत्त्वपूर्ण प्रश्न सचमुच में ऐसे हैं, जिनका उत्तर वास्तव में विज्ञान नहीं दे सकता जैसे कि कुछ भी न होने के स्थान पर कुछ क्यों? हम यहाँ क्यों हैं? उन दायरों में मैने पाया है कि आस्था इनके उत्तरों के लिए बेहतर मार्ग उपलब्ध कराती है। मैं इसको विषम रूप से कालदोषयुक्त पाता हूँ कि आज की संस्कृति में एक व्यापक धारणा प्रतीत होती है कि वैज्ञानिक और आध्यात्मिक विचार असंगत हैं।

24. उपर्युक्त परिच्छेद से निम्नलिखित में से कौन-सा सर्वाधिक तार्किक और तर्कसंगत निष्कर्ष (इंफेरेंस) निकाला जा सकता है?

(a) यह विज्ञान न होकर आस्था है जो अंततः मानव-जाति की सभी समस्याओं को सुलझा सकती है।

(b) विज्ञान और आस्था आपस में संपूरक हो सकते हैं यदि उनके समुचित दायरों को समझ लिया जाए।

(c) कुछ ऐसे अत्यंत मूलभूत प्रश्न हैं जिनका उत्तर विज्ञान अथवा आस्था किसी से नहीं दे सकते हैं।

(d) आज की संस्कृति में वैज्ञानिक विचारों को, आध्यात्मिक विचारों की तुलना में अधिक महत्व दिया जा रहा है।

परिच्छेद-**4**

यद्यपि मैंने बहुत-सी पुरानी परम्पराओं एवं प्रथाओं को त्याग दिया है और मैं उत्सुक हूँ कि भारत स्वतः उन सभी बेड़ियों को उतार फेंके जो उसे बाँधती हैं, रोकती हैं और उसके लोगों को विभाजित करती हैं, और उनमें से अधिसंख्य लोगों का दमन करती हैं तथा शरीर एवं आत्मा के स्वतंत्र विकास को रोकती हैं। यद्यपि मैं ये सब चाहता हूँ फिर भी अपने-आप को अतीत से पूरी तरह काटना नहीं चाहता। मुझे अपनी महान विरासत पर गर्व है जो हमारी रही है और है भी और में सचेत हूँ कि मैं भी, हम सभी की तरह, उस अटूट श्रृंखला की कड़ी हूँ जो इतिहास के उषाकाल के भारत के अविस्मरणीय अतीत से संबद्ध है।

25. लेखक चाहता है कि भारत अपने को अतीत के बंधनों से मुक्त करे, क्योंकि

(a) वह भूतकाल के औचित्य को नहीं समझ पा रहा है

(b) ऐसा कुछ नहीं है जिस पर गर्व किया जा सके

(c) उसकी भारत के इतिहास में रुचि नहीं है

(d) वे उसके भौतिक और आध्यात्मिक विकास को रोकते हैं

निम्नलिखित **8** (आठ) प्रश्नांशों के लिए निर्देशः नीचे दिए गए **8** **(आठ)** परिच्छेदों को पढ़िए और परिच्छेदों के नीचे आने वाले प्रश्नांशों के उत्तर दीजिए। इन प्रश्नांशों के आपके उत्तर केवल इन परिच्छेदों पर ही आधारित होने चाहिए।

परिच्छेद-**1**

जलवायु परिवर्तन का निवारण करने की सभी कार्यवाहियों में अंततः लागत अंतर्निहित होती है। भारत जैसे देशों के लिए अनुकूलन तथा प्रशमन योजनाओं और परियोजनाओं को अभिकल्पित एवं कार्यान्वित करने के लिए वित्तपोषण उचित रूप से बहुत अहम है। भारत जैसे विकासशील देश के लिए, जो कि जलवायु परिवर्तन की सर्वाधिक मार झेलनेवालों में से एक होगा, वित्तीय विकास की इसकी आवश्यकताओं को देखते हुए, यह समस्या और भी गंभीर है। अधिकतर देश निश्चित ही जलवायु परिवर्तन को वास्तविक खतरे के रूप में देखते हैं और अपने पास के सीमित संसाधनों को अधिक व्यापक और एकीकृत तरीके से प्रयोग कर इसके निवारण का प्रयास कर रहे हैं।

26. उपर्युक्त परिच्छेद के संदर्भ में, निम्नलिखित पूर्वधारणाएँ बनाई गई हैं:

1. जलवायु परिवर्तन, विकसित देशों के लिए चुनौती नहीं है।
2. अनेक देशों के लिए, जलवायु परिवर्तन एक जटिल नीतिगत मुद्दा है और एक विकास का मुद्दा भी।
3. वित्तीय तरीके और साधन खोजने होंगे ताकि विकासशील देश अपनी अनुकूलन क्षमता बढ़ा सकें।

उपर्युक्त में से कौन-सी पूर्वधारणा/पूर्वधारणाएँ वैध है/हैं?

(a) केवल 1 और 2

(b) केवल 3

(c) केवल 2 और 3

(d) 1, 2 और 3

परिच्छेद-**2**

भारत में जैव मात्रा तथा कोयले से खाना पकाना स्वास्थ्य समस्याओं के प्रमुख कारक के रूप में स्वीकृत है तथा निर्धन जनसमुदाय की स्त्रियाँ तथा बच्चे सर्वाधिक जोखिम का सामना करते हैं। प्रति वर्ष इन घरों में 10 लाख से अधिक असामयिक मृत्यु घरेलू वायु प्रदूषण, जो कि खाना बनाने में प्रयुक्त प्रदूषक ईंधन से होता है, के कारण होती है तथा ऐसे ईंधन से देश में बाह्य वायु प्रदूषण के चलते 1.5 लाख अन्य मृत्यु होती हैं। यद्यपि स्वच्छ खाना बनाने के ईंधन, जैसे कि एल.पी.जी., प्राकृतिक गैस तथा बिजली, का उपयोग करने वाले भारतीय जनसमुदाय का हिस्सा धीरे-धीरे बढ़ रहा है, प्रदूषक ठोस ईंधन को प्रमुख खाना बनाने वाले ईंधन के रूप में उपयोग में लाने वाली संख्या लगभग 30 वर्षों से 70 करोड़ पर स्थिर है।

27. उपर्युक्त परिच्छेद से, निम्नलिखित में से कौन-सा सर्वाधिक निर्णायक और तार्किक निष्कर्ष (इंफेरेंस) निकाला जा सकता है?

(a) ग्रामीण जन, स्वास्थ्य खतरों के प्रति बढ़ती जागरुकता के कारण प्रदूषक ठोस ईंधन के उपयोग को त्याग रहे हैं।

(b) भारत में घर के अंदर के वायु प्रदूषण की समस्या का समाधान खाना बनाने के स्वच्छ ईंधन के उपयोग को आर्थिक सहायता देकर किया जा सकता है।

(c) भारत को प्राकृतिक गैस के आयात को बढ़ाना चाहिए तथा अधिक बिजली उत्पादन करना चाहिए।

(d) निर्धन घरों में खाना बनाने की गैस तक उनकी पहुँच बनाकर असामयिक मृत्यु को कम किया जा सकता है।

परिच्छेद-**3**

वैज्ञानिक ज्ञान के अपने संकट हैं लेकिन सभी बड़ी चीजों के साथ ऐसा ही है। उन संकटों के परे, जिनके द्वारा यह ज्ञान वर्तमान को डराता है, एक सम्भावित सुखी विश्व, जो कि गरीबी-रहित है, युद्ध-रहित है, रोगमुक्त है, का भविष्य निरूपण (विजन) करता है, जो और किसी से नहीं हो सकता। विज्ञान के चाहे कोई भी अप्रिय परिणाम हो सकते हों, वह अपनी विशेष प्रकृति में मुक्तिदाता है।

28. निम्नलिखित में से कौन-सा एक इस परिच्छेद का सबसे महत्वपूर्ण निहितार्थ है?

(a) सुखी विश्व विज्ञान का स्वप्न है।

(b) विज्ञान ही एक सुखी विश्व का निर्माण कर सकता है लेकिन यह अकेला बड़ा संकट भी है।

(c) विज्ञान के बिना सुखी विश्व संभव नहीं है।

(d) सुखी विश्व का होना बिलकुल संभव नहीं है, विज्ञान हो या न हो।

परिच्छेद-**4**

आर्कटिक के जीवाश्म ईंधन, मत्स्य और खनिजों के विपुल भण्डार अब वर्ष में कहीं अधिक लम्बे समय तक सुलभ हैं। लेकिन अंटार्कटिका, जो कि शीत युद्ध (कोल्ड वार) के दौरान हुई अंटार्कटिक संधि के कारण शोषण से संरक्षित है और किसी भी देश द्वारा किए जाने वाले राज्यक्षेत्रीय दावों के अंतर्गत नहीं आता, के विपरीत आर्कटिक को उद्योगीकरण से सुरक्षित रखने के लिए कोई कानूनी व्यवस्था नहीं है, विशेषकर उस समय जब विश्व अधिक से अधिक संसाधनों के लिए लालायित है। हिम-मुक्त ग्रीष्म की सुस्पष्ट संभावना ने आर्कटिक तट वाले देशों को पिघलते सागर के बड़े खण्डों की छीना-झपटी के लिए उत्साहित किया है।

29. निम्नलिखित में से कौन-सा एक इस परिच्छेद का सबसे महत्त्वपूर्ण निहितार्थ है?

(a) भारत आर्कटिक प्रदेश में राज्यक्षेत्रीय दावे कर सकता है और उसके संसाधनों तक इसकी मुक्त पहुँच हो सकती है।

(b) आर्कटिक में ग्रीष्म हिम का पिघलना भू-राजनीति में परिवर्तनों का कारण बनता है।

(c) आर्कटिक क्षेत्र भविष्य के विश्व के संसाधनों की कमी की भारी समस्या को सुलझाएगा।

(d) आर्कटिक क्षेत्र में अंटार्कटिका से अधिक संसाधन है।

परिच्छेद-**5**

डब्ल्यू.टी.ओ. का सदस्य होने के कारण भारत उन समझौतों से बँधा हुआ है जिन पर भारत समेत इसके सदस्यों ने हस्ताक्षर किए हैं एवं अनुसमर्थन किया है। समझा जाता है कि कृषि समझौतों के अनुच्छेद 6 के अनुसार कृषि उत्पादों के लिए न्यूनतम समर्थन मूल्य उपलब्ध कराने से विकृति आएगी और इसे सीमाओं के अधीन रखा गया है। 'न्यूनतम समर्थनों' से उत्पन्न आर्थिक सहायता विकासशील देशों के लिए कृषि उत्पादन के मूल्य के 10 प्रतिशत से अधिक नहीं हो सकती। भारत में पी.डी.एस. के लिए न्यूनतम समर्थन मूल्य और खाद्यान्न का सार्वजनिक स्टॉकहोल्डिंग आवश्यक है। यह संभव है कि कुछ वर्षों में उत्पादकों को दी जाने वाली आर्थिक सहायता कृषि उत्पादन के मूल्य के 10 प्रतिशत से अधिक बढ़ जाए।

30. उपर्युक्त परिच्छेद क्या निर्णायक संदेश देता है?

(a) भारत को अपने पी.डी.एस. को संशोधित करना चाहिए।

(b) भारत को डब्ल्यू.टी.ओ. का सदस्य नहीं होना चाहिए।

(c) भारत के लिए, खाद्य सुरक्षा व्यापार के साथ टकराव उत्पन्न करती है।

(d) भारत अपने गरीबों को खाद्य सुरक्षा देता है।

परिच्छेद-**6**

भारत की शिक्षा प्रणाली उस व्यापक शिक्षा प्रणाली के नमूने पर बनी है जो यूरोप में 19वीं शताब्दी में विकसित हुई और बाद में विश्व में फैल गई। इस व्यवस्था का उद्देश्य है कि बच्चों को 'अच्छे' नागरिक और उत्पादक श्रमिक के रूप में अनुकूलित किया जाए। यह व्यवस्था औद्योगिक युग के लिए उपयुक्त थी जिसमें सीमित क्षमता वाले अनुपालनकर्ता श्रमिकों की लगातार पूर्ति की माँग थी। हमारे शिक्षण संस्थान ऐसे कारखानों की तरह हैं जिनमें घंटियाँ होती हैं, वर्दियाँ होती हैं और शिक्षार्थियों के जत्थे तैयार किए जाते हैं, ऐसे शिक्षार्थी जो अनुपालन के लिए ही बनाए जा रहे हैं। किन्तु, आर्थिक दृष्टिकोण से वर्तमान वातावरण पूर्णतः भिन्न है। यह एक जटिल, अस्थिर एवं भूमंडलीय रूप से अंतःसंबंधित संसार है।

31. उपर्युक्त परिच्छेद के संदर्भ में, निम्नलिखित पूर्वधारणाएँ बनाई गई हैं:

1. भारत अपनी त्रुटिपूर्ण शिक्षा प्रणाली के कारण तत्वतः विकासशील देश बना हुआ है।
2. आज के शिक्षार्थियों के लिए नए युग के कौशल-समूह प्राप्त करना आवश्यक है।
3. काफी संख्या में भारतीय शिक्षा प्राप्त करने के लिए कुछ विकसित देशों में जाते हैं क्योंकि वहाँ की शिक्षा प्रणालियाँ उन समाजों का पूर्ण प्रतिबिम्ब हैं जिनमें वे कार्य करती हैं।

उपर्युक्त में से कौन-सी पूर्वधारणा/पूर्वधारणाएँ वैध है/हैं?

(a) केवल 1 और 3 (b) केवल 2

(c) केवल 2 और 3 (d) 1, 2 और 3

परिच्छेद-**7**

आहार-नियंत्रण (डाइटिंग) का प्रचलन महामारी बन चुका है; हर कोई एक श्रेष्ठ शरीर प्राप्त करने के तरीके की तलाश में है। हम सभी संजातीयता, आनुवांशिकी, पारिवारिक इतिहास, लिंग, आयु, शारीरिक और मानसिक तथा आध्यात्मिक स्वास्थ्य स्थिति, जीवनशैली एवं वरीयता के संदर्भ में भिन्न हैं। इस कारण से हम किस आहार को सहन कर सकते हैं या किस आहार के प्रति संवेदनशील हैं, इस मामले में भी भिन्न हैं। अतः हम वास्तव में अनेक जटिलताओं में कमी एक आहार या आहार-पुस्तिका में नहीं ला सकते। यह विश्वभर में मोटापे पर नियंत्रण रखने में आहारों (डाइट) की विफलता को स्पष्ट करता है। जब तक वजन बढ़ने के कारणों को भली-भाँति समझा नहीं जाएगा और उन्हें दूर नहीं किया जाएगा और जब तक आदतों को स्थायी तौर पर बदला नहीं जाएगा, कोई भी आहार शायद सफल नहीं होगा।

32. उपर्युक्त परिच्छेद से कौन-सा सर्वाधिक तार्किक और तर्कसंगत निष्कर्ष (इंफेरेंस) निकाला जा सकता है?

(a) मोटापा विश्वभर में एक महामारी बन गया है।

(b) बहुत-से लोग श्रेष्ठ शरीर प्राप्त करने की धुन में लगे हैं।

(c) मोटापा तत्त्वतः एक असाध्य रोग है।

(d) मोटापे के लिए कोई पूर्ण आहार अथवा एक समाधान नहीं है।

परिच्छेद-**8**

एकधान्य कृषि करने में बड़े जोखिम हैं। कोई एकमात्र रोग या पीड़क विश्वभर के खाद्य उत्पादन की कतारों का समूल नाश कर सकता है, एक भयप्रद सम्भावना यह है कि इसकी बढ़ती हुई और अपेक्षाकृत धनाढ्य जनसंख्या 2050 तक 70% और अधिक खाद्य का उपभोग करेगी। परिवर्तित होती जलवायु से ये जोखिम और अधिक बढ़ गए हैं। जैसे-जैसे ग्रह गर्म होगा और मानसून वर्षा में तीव्रता आएगी, एशिया की कृषिभूमियाँ बाढ़ग्रस्त हो जाएँगी। उत्तरी अमेरिका को अधिक गहन सूखे का सामना करना होगा और फसल के रोग नए परिमाणों तक विस्तारित हो जाएँगे।

33. निम्नलिखित में से कौन-सा सर्वाधिक तार्किक, तर्कसंगत और निर्णायक संदेश इस परिच्छेद द्वारा दिया गया है?

(a) फसल आनुवांशिक विविधता को सुरक्षित रखना जलवायु-परिवर्तन के प्रभावों के विरुद्ध बीमा है।

(b) बहुत अधिक जोखिम होने के बावजूद, विश्व में खाद्य सुरक्षा को सुनिश्चित करने का एकमात्र उपाय एकधान्य कृषि ही है।

(c) अधिक से अधिक आनुवांशिक तौर पर रूपांतरित फसलें ही केवल सन्निकट खाद्य कमी से विश्व की रक्षा कर सकती है।

(d) जलवायु परिवर्तन और तद्जनित खाद्य की कमी से एशिया और उत्तरी अमेरिका सबसे बुरी तरह आक्रांत होंगे।

34. कोई दुकानदार किसी वस्तु को ₹40 में बेचकर X% लाभ कमाता है। तथापि, जब वह उस वस्तु को ₹20 में बेचता है, तो उसे उतने ही प्रतिशत की हानि होती है। वस्तु की मूल लागत कितनी है?

(a) ₹10 (b) ₹20

(c) ₹30 (d) ₹40

35. किसी वृत्त की परिधि पर समान दूरी पर 24 बिन्दुएँ हैं। इनमें से शीर्ष के रूप में तीन बिन्दुओं के समुच्चयों से अधिकतम कितने समबाहु त्रिभुज बन सकते हैं?

(a) 4 (b) 6

(c) 8 (d) 12

36. निम्नलिखित अनुक्रम पर विचार कीजिए:
4/12/95, 1/1/96, 29/1/96, 26/2/96, ...
इस अनुक्रम का अगला पद क्या होगा?
(a) 24/3/96 (b) 25/3/96
(c) 26/3/96 (d) 27/3/96

37. 5 से.मी. विकर्ण के आयत में फिट करने के लिए बारह समान वर्गों को रखा गया है। आयत में तीन पंक्तियाँ हैं, प्रत्येक में चार वर्ग हैं। निकटवर्ती वर्गों के बीच कोई रिक्त स्थान नहीं है। प्रत्येक वर्ग का क्षेत्रफल क्या है?
(a) 5/7 वर्ग से.मी. (b) 7/5 वर्ग से.मी.
(c) 1 वर्ग से.मी. (d) 25/12 वर्ग से.मी.

38. यदि MUMBAI के लिए कूट है LSJXVC, तो DELHI के लिए कूट है
(a) CCIDD (b) CDKGH
(c) CCJFG (d) CCIFE

39. यदि RAMON को 12345 के रूप में तथा DINESH को 675849 के रूप में लिखा जाता है, तो HAMAM को किस रूप में लिखा जाएगा?
(a) 92233 (b) 92323
(c) 93322 (d) 93232

40. यदि X, –3 और –1 के बीच में है तथा Y, –1 और 1 के बीच में है, तो $X^2 - Y^2$ निम्नलिखित में से किनके बीच में होगा?
(a) –9 और 1 (b) –9 और –1
(c) 0 और 8 (d) 0 और 9

41. X और Y, 1 के अलावा धनपूर्णांक हैं तथा Y, X से बड़ा है। निम्नलिखित में से कौन-सा सबसे बड़ी संख्या को निरूपित करता है?
(a) XY (b) X / Y
(c) Y / X (d) (X + Y) / XY

निम्नलिखित **2** (दो) प्रश्नांशों के लिए निर्देशः निम्नलिखित जानकारी को पढ़िए और उसके पश्चात् आने वाले दो प्रश्नांशों के उत्तर दीजिए।

छः अधिकारियों A, B, C, D, E और F के लिए किसी कार्यालय खण्ड की योजना इस प्रकार है : B और C दोनों के कार्यालय, इस कार्यालय खण्ड में प्रवेश करते ही गलियारे की दायीं ओर है, और A का कार्यालय गलियारे की बायीं ओर है। E और F के कार्यालय गलियारे के विपरीत पार्श्वों पर हैं किन्तु उनके कार्यालय आमने-सामने नहीं हैं। C और D के कार्यालय आमने-सामने हैं। E का कार्यालय किनारे पर नहीं है। F का कार्यालय गलियारे में A के कार्यालय के और आगे किन्तु उसी पार्श्व में है।

42. यदि E अपने कार्यालय में गलियारे की ओर मुँह करके बैठता है, तो उसकी बायीं ओर किसका कार्यालय है?
(a) A (b) B
(c) C (d) D

43. F का/के निकटतम पड़ोसी कौन है/हैं?
(a) केवल A (b) A और D
(c) केवल C (d) B और C

निम्नलिखित **7** (सात) प्रश्नांशों के लिए निर्देशः नीचे दिए गए चार परिच्छेदों को पढ़िए और परिच्छेदों के नीचे आने वाले प्रश्नांशों के उत्तर दीजिए। इन प्रश्नांशों के आपके उत्तर केवल इन परिच्छेदों पर आधारित होने चाहिए।

परिच्छेद-1

'मरुभवन (डेजर्टिफिकेशन)' किसी पारितंत्र के जैव उत्पादकता के ह्रास की उस प्रक्रिया की व्याख्या करने वाला शब्द है, जिसके परिणामस्वरूप उत्पादकता की संपूर्ण हानि हो जाती है। यद्यपि यह घटना प्रायः शुष्क, अर्धशुष्क और अल्पार्द्र पारितंत्रों से जुड़ी हुई है, तथापि आर्द्र उष्णकटिबंधों में भी इसका प्रभाव अत्यंत नाटकीय हो सकता है। मानव-प्रभावित स्थलीय पारितंत्रों का दरिद्रण (इंपोवरिशमेंट) विविध रूपों में दिख सकता है : त्वरित अपरदन, जैसा कि देश के पर्वतीय क्षेत्रों में है; भूमि का लवणीभवन, जैसा कि देश के अर्धशुष्क और शुष्क 'हरितक्रांति' क्षेत्रों, उदाहरणार्थ हरियाणा और पश्चिमी उत्तर प्रदेश में है और स्थल गुणता ह्रास, जो कि भारत के सभी मैदानों पर वनस्पति-आच्छादन के व्यापक ह्रास और धान/गेंहूँ की एकरस एकधान्य कृषि के कारण होने वाली एक आम घटना है। वनोन्मूलन का एक प्रमुख दुष्परिणाम जलविज्ञान में प्रतिकूल परिवर्तनों और संबंधित मृदा और पोषकों की हानियों से संबंधित है। वनोन्मूलन के दुष्परिणाम निरपवाद रूप से अपरदनकारी हानियों के माध्यम से होने वाले स्थल अवक्रमण के कारण उत्पन्न होते हैं। उष्णकटिबंधीय एशिया, अफ्रीका और दक्षिण अमेरिका में अपरदन उच्चतम स्तर पर है। उष्णकटिबंधों पर पहले से ही उच्च दरें वनोन्मूलन के, और वनों के नष्ट हो जाने के उपरांत किए जाने वाले बेमेल भूमि-प्रबंधन प्रणालियों के कारण चिंताजनक दर से बढ़ रही है। (उदाहरणार्थ, भारतीय संदर्भ में प्रमुख नदीतंत्रों-गंगा और ब्रह्मपुत्र के माध्यम से)। पर्वत के संदर्भ में, पर्वतीय मृदा का कम होता जा रहा आर्द्रता-धारण, हिमालयी क्षेत्र में अंतर्भौम झरनों और अपेक्षाकृत छोटी नदियों के सूखते जाने का श्रेय वन-आच्छादन में आए उग्र परिवर्तनों को दिया जा सकता है। एक अप्रत्यक्ष परिणाम, जल के माध्यम से होने वाले उच्चभूमि-निम्नभूमि की अन्योन्यक्रिया में आया उग्र बदलाव है। असम के चायरोपण करने वालों की तात्कालिक चिंता ब्रह्मपुत्र के कछारों के साथ आने वाले बारम्बार आप्लावन के कारण चाय-बागानों को होने वाली क्षति के बारे में है, एवं चाय-बागान की क्षति और परिणामस्वरूप होने वाली चाय उत्पादकता की हानि, नदीतंत्र के बदलते मार्ग और गाद-भराई (सिल्टेशन) के कारण नदी-तल के बढ़ते जाते स्तर के कारण है। स्थल मरुभवन के अंतिम परिणाम है : मृदा निम्नीकरण, उपलब्ध जल और उसकी गुणता में परिवर्तन, और इसके परिणामस्वरूप, ग्रामीण समुदाय के आर्थिक कल्याण के लिए आवश्यक खाद्य, चारा और ईंधन-काष्ठ उत्पादन में होने वाला ह्रास।

44. इस परिच्छेद के अनुसार, निम्नलिखित में से कौन-से वन-आच्छादन में आए ह्रास के परिणाम हैं?

1. उपरिमृदा की हानि
2. अपेक्षाकृत छोटी नदियों की हानि
3. कृषि उत्पादन पर प्रतिकूल प्रभाव
4. भौमजल की हानि

नीचे दिए गए कूट का प्रयोग कर सही उत्तर चुनिए।

(a) केवल 1, 2 और 3 (b) केवल 2, 3 और 4

(c) केवल 1 और 4 (d) 1, 2, 3 और 4

45. इस परिच्छेद में, निम्नलिखित में से कौन-सा/से सही निष्कर्ष (इंफेरेंस) निकाला जा सकता है/निकाले जा सकते हैं?

1. वनोन्मूलन के कारण नदियों के मार्ग में परिवर्तन हो सकता है।
2. भूमि का लवणीभवन केवल मानवीय क्रियाकलाप के कारण होता है।
3. मैदानों में गहन एकधान्य कृषि-प्रथा, उष्णकटिबंधीय एशिया, अफ्रीका और दक्षिण अमेरिका में मरुभवन का प्रमुख कारण है।

नीचे दिए गए कूट का प्रयोग कर सही उत्तर चुनिए।

(a) केवल 1

(b) केवल 1 और 2

(c) केवल 2 और 3

(d) उपर्युक्त में से कोई भी सही निष्कर्ष नहीं है

46. 'मरुभवन' के संदर्भ में, जैसा कि परिच्छेद में वर्णन किया गया है, निर्मलिखित पूर्वधारणाएँ बनाई गई हैं:

1. मरुभवन, केवल उष्णकटिबंधीय क्षेत्रों की एक घटना है।
2. बाढ़ और मरुभवन, वनोन्मूलन के अनिवार्य परिणाम हैं।

उपर्युक्त में से कौन-सी पूर्वधारणा/पूर्वधारणाएँ वैध है/हैं?

(a) केवल 1 (b) केवल 2

(c) 1 और 2 दोनों (d) न तो 1 और न ही 2

परिच्छेद-**2**

जलवायु परिवर्तन का सामना करने और उत्पादक कृषि वानिकी तथा मत्स्यपालन को सुनिश्चित करने के लिए प्राकृतिक परिसम्पत्तियों की विविधता की आवश्यकता होगी। उदाहरण के लिए, ऐसी फसल किस्मों की आवश्यकता है जो सूखा, गर्मी और बढ़ी हुई CO_2 के अंतर्गत अच्छा निष्पादन करें। लेकिन फसलों को चुनने के लिए निजी-क्षेत्र और किसान-प्रेरित प्रक्रिया अतीत अथवा वर्तमान दशाओं में अपनाई गई एकरूप किस्मों का समर्थन करती है न कि उन किस्मों का जो अपेक्षाकृत गर्म, आर्द्र अथवा शुष्क दशाओं में सतत उच्च उत्पादन देने में समर्थ हैं। वर्तमान फसलों, नस्लों और उनके वन्य संबंधियों के आनुवांशिक संसाधनों की अपेक्षाकृत व्यापक निकायों (पूल) को संरक्षित रखने के लिए त्वरित प्रजनन कार्यक्रमों की आवश्यकता है। अपेक्षाकृत अक्षुण्ण पारितंत्रों, जैसे कि वनारोपित जलग्रहण-क्षेत्र, मैंग्रोव, आर्द्रभूमियाँ जलवायु परिवर्तन के प्रभावों को रोक सकते हैं। बदलती हुई जलवायु के अंतर्गत ये पारितंत्र स्वयं संकट में हैं और प्रबंधन उपागमों को अपेक्षाकृत अधिक पूर्व-सक्रिय और अनुकूली बनाना होगा। प्राकृतिक क्षेत्रों के बीच के संयोजनों, जैसे कि प्रवासन गलियारों, की आवश्यकता जातियों की गतिशीलता सुकर बनाने के लिए होगी जिससे कि जलवायु परिवर्तन का सामना किया जा सके।

47. उपर्युक्त परिच्छेद के संदर्भ में निम्नलिखित में से कौन-से, जलवायु परिवर्तन का सामना करने के लिए सहायक होंगे?

1. प्राकृतिक जल स्रोतों का संरक्षण
2. अपेक्षाकृत व्यापक जीन पूल का संरक्षण
3. विद्यमान फसल प्रबंधन पद्धतियाँ
4. प्रवासन गलियारे

नीचे दिए गए कूट का प्रयोग कर सही उत्तर चुनिए।

(a) केवल 1, 2 और 3 (b) केवल 1, 2 और 4

(c) केवल 3 और 4 (d) 1, 2, 3 और 4

48. उपर्युक्त परिच्छेद के संदर्भ में, निम्नलिखित पूर्वधारणाएँ बनाई गई हैं:

1. जीविका का विविधीकरण, जलवायु परिवर्तन का सामना करने की एक योजना के रूप में कार्य करता है।
2. एकधान्य फसल-पद्धति को अपनाने से पादप किस्में और उनके वन्य संबंधी, समाप्ति की ओर अग्रसर होते हैं।

उपर्युक्त में से कौन-सी पूर्वधारणा/पूर्वधारणाएँ वैध है/हैं?

(a) केवल 1 (b) केवल 2

(c) 1 और 2 दोनों (d) न तो 1 और न ही 2

परिच्छेद-**3**

आज शीर्ष पर्यावरणीय, चुनौती जन तथा इनकी आकांक्षाओं का समुच्चय है। यदि आकांक्षाएँ द्वितीय विश्वयुद्ध के बाद की किफ़ायती प्रकार की हों, तब बहुत अधिक संभावनाएँ बनती हैं, उस दृष्टिकोण की तुलना में जो पृथ्वी को एक विशालकाय शॉपिंग मॉल की भाँति देखता है। हमें चमक-दमक के आकर्षण के परे जाना चाहिए तथा यह समझना चाहिए कि पृथ्वी एक जैविक तंत्र की भाँति कार्य करती है।

49. उपर्युक्त परिच्छेद से, निम्नलिखित में से कौन-सा सर्वाधिक निर्णायक और तार्किक निष्कर्ष (इंफेरेंस) निकाला जा सकता है?

(a) पृथ्वी मानव की खाद्य,वस्त्र तथा आश्रय की केवल आधारभूत आवश्यकताओं की पूर्ति कर सकती है।

(b) पर्यावरणीय चुनौती का सामना करने का एकमेव मार्ग जनसंख्या को सीमित करना है।

(c) हमारे लिए उपभोक्तावाद को कम करना अपने ही हित में है।

(d) केवल जैविक तंत्रों का ज्ञान ही हमें पृथ्वी को बचाने में सहायक है।

परिच्छेद-**4**

कुछ लोगों का विश्वास है कि नेतृत्व एक ऐसा गुण है जो या तो जन्म से होता है या बिलकुल नहीं होता। यह सिद्धांत मिथ्या है, क्योंकि नेतृत्व की कला अर्जित की जा सकती है और अवश्य ही सिखाई जा सकती है। यह खोज युद्ध के समय में की गई है और प्राप्त परिणाम प्रशिक्षकों को भी आश्चर्य में डाल सकते हैं। बायें जाने या दायें जाने के विकल्पों का सामना होने पर, हर सैनिक जल्दी ही समझ जाता है कि किसी भी तरफ जाने का एक त्वरित निर्णय लेना अंतहीन चर्चा में लगे रहने से बेहतर है। किसी भी दिशा का एक दृढ़ चुनाव कर लें तो उसमें सही होने का तब भी संयोग हो सकता है जबकि कुछ न करना लगभग निश्चित तौर पर गलत है।

50. इस परिच्छेद के लेखक का यह मत है कि,

(a) नेतृत्व को केवल युद्ध के अनुभव से ही सिखाया जा सकता है।

(b) नेतृत्व को अर्जित भी किया जा सकता है साथ ही सिखाया भी जा सकता है।

(c) प्रशिक्षण के परिणाम दिखाते हैं कि अपेक्षा से अधिक लोग नेतृत्व अर्जित कर लेते हैं।

(d) कठिन परिश्रम के बावजूद बहुत कम नेता बनते हैं।

51. नीचे दिए गए आलेख (ग्राफ) पर विचार कीजिएः

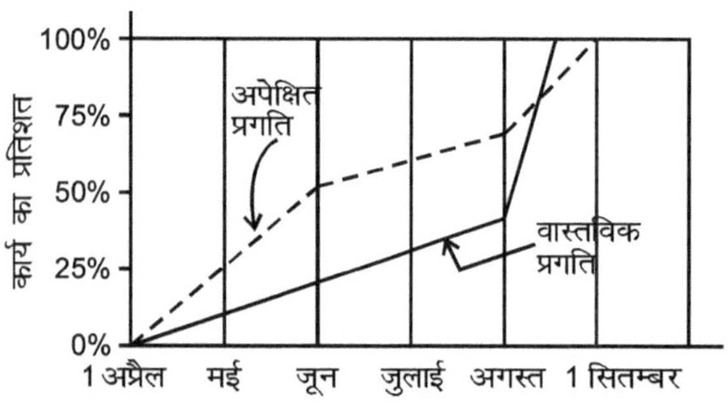

निम्नलिखित में से कौन-सा कथन ऊपर दिए गए आलेख के संदर्भ में सही नहीं है?

(a) 1 जून को कार्य की वास्तविक प्रगति अपेक्षित प्रगति से कम थी।

(b) कार्य की वास्तविक प्रगति की दर अगस्त महीने में सर्वाधिक थी।

(c) कार्य वास्तव में अपेक्षित समय से पहले समाप्त हो गया।

(d) 1 अप्रैल से 1 सितम्बर की अवधि में किसी भी समय वास्तविक प्रगति अपेक्षित प्रगति से अधिक नहीं थी।

52. एक खेल प्रतियोगिता के लिए लकड़ी के तीन खण्डकों को मिलाकर बने विजेता-मंच का आकार नीचे दिया गया हैः

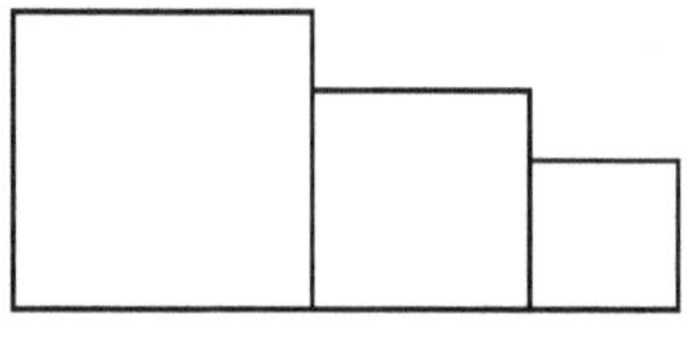

उपलब्ध छः विभिन्न रंगों में से रंग चुनने हैं और लकड़ी के तीनों खण्डकों में से प्रत्येक को इस प्रकार रंगा जाना है कि कोई भी दो खण्डकों का रंग एकसमान न हो। विजेता-मंच को कितने अलग-अलग तरीकों से रंगा जा सकता है?

(a) 120 (b) 81

(c) 66 (d) 36

निम्नलिखित **2** (दो) प्रश्नांशों के लिए निर्देशः नीचे दिए गए आलेख (ग्राफ) पर विचार कीजिए जिसमें किसी देश की जन्मदर और मृत्युदर दी गई है, और उसके आगे आने वाले दो प्रश्नांशों के उत्तर दीजिएः

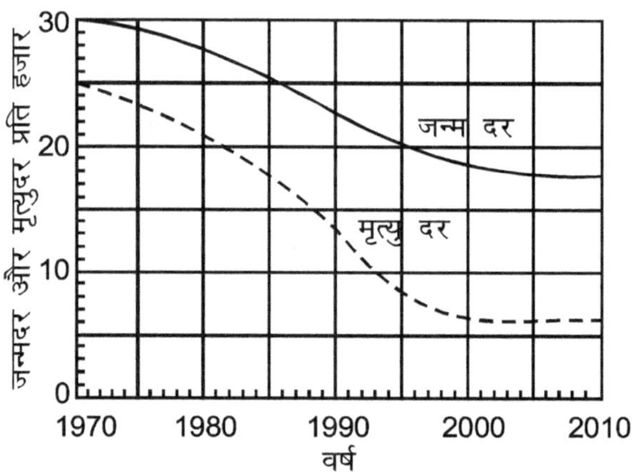

53. आलेख को देखकर यह निष्कर्ष निकाला जा सकता है कि वर्ष 1990 से 2010 तक

(a) जनसंख्या की वृद्धि-दर बढ़ी है

(b) जनसंख्या की वृद्धि-दर घटी है

(c) जनसंख्या की वृद्धि-दर स्थिर रही है

(d) जनसंख्या की वृद्धि-दर किसी प्रवृत्ति को नहीं दिखाती

54. ऊपर दिए गए आलेख के संदर्भ में, 1970 को आधार वर्ष मानकर निम्नलिखित कथनों पर विचार कीजिएः

1. 35 वर्षों के पश्चात् जनसंख्या स्थिर हो गई है।
2. 35 वर्षों के पश्चात् जनसंख्या वृद्धि-दर स्थिर हो गई है।
3. पहले 10 वर्षों में मृत्युदर में 10% की गिरावट हुई है।
4. 35 वर्षों के बाद जन्मदर स्थिर हो गई है।

उपर्युक्त में से कौन-से सर्वाधिक तार्किक एवं तर्कसंगत कथन हैं जो कि इस आलेख से बनाए जा सकते हैं?

(a) केवल 1 और 2

(b) 1, 2 और 3

(c) केवल 3 और 4

(d) केवल 2 और 4

55. चित्र A और B में एक फर्म में श्रमिकों की प्रति वर्ष औसत प्रति घंटा आय (E) निरूपित की गई है:

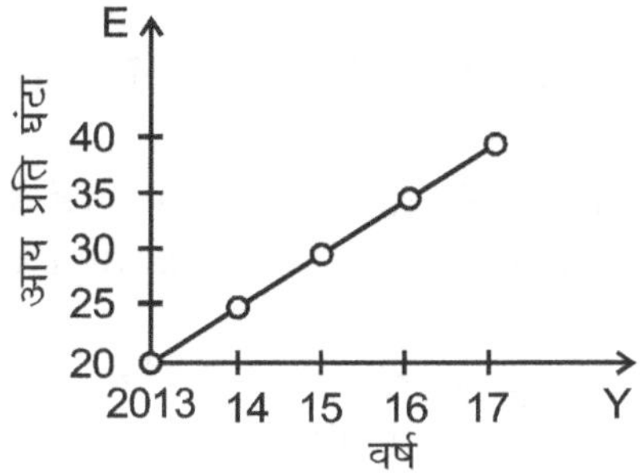

चित्र A

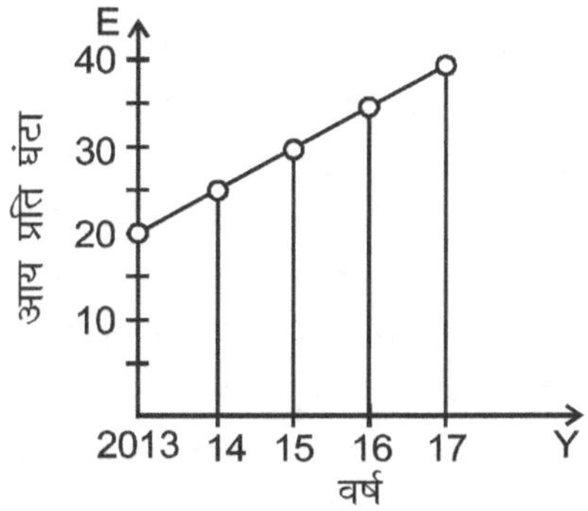

चित्र B

चित्रों से यह देखा जा सकता है कि

(a) E के मूल्य अलग-अलग हैं

(b) E के परिसर (अर्थात् अधिकतम एवं न्यूनतम के बीच का अंतर) अलग-अलग है

(c) आलेखों (ग्राफ) की प्रवणता समान है

(d) E में वृद्धि की दरें अलग-अलग हैं

56. नीचे दिए गए चित्रों पर विचार कीजिए:

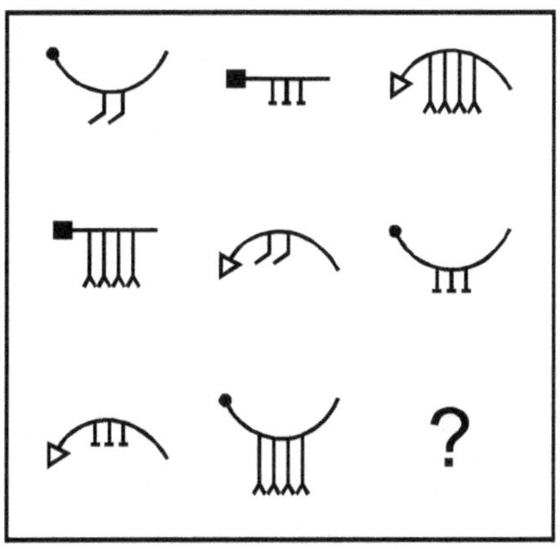

प्रश्नवाचक चिन्ह के स्थान पर उपयुक्त रूप से आने वाला सही उत्तर है

(a) 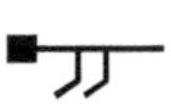 (b) 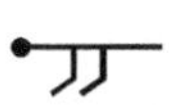

(c) 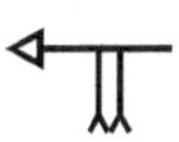 (d) 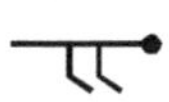

57. निम्नांकित चित्रों A और B पर विचार कीजिए:

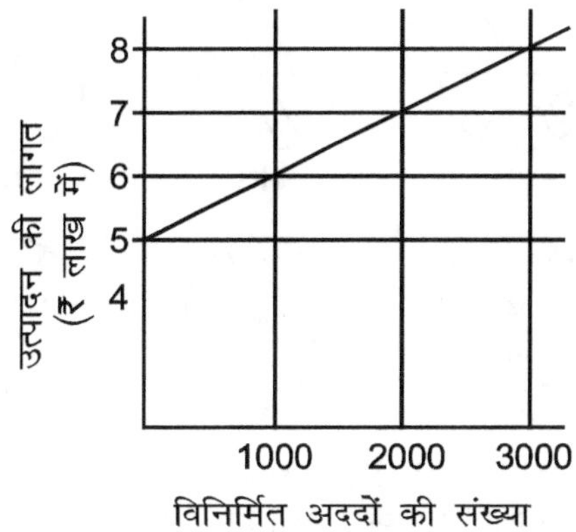

चित्र *A*

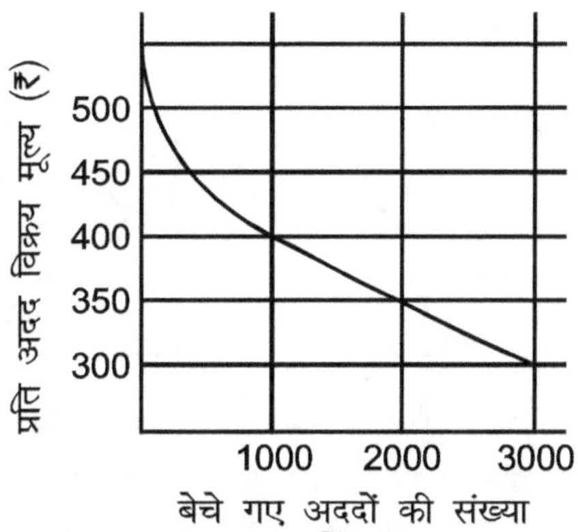

चित्र *B*

क्रमशः चित्र A और B में किसी उत्पाद की निर्माण लागत और प्रक्षेपित बिक्री दिखाई गई है। कम-से-कम कितने अददों का निर्माण किया जाना चाहिए ताकि हानि न हो?

(a) 2000 (b) 2500

(c) 3000 (d) 3500

58. एक लिफ्ट में 18 वयस्क या 30 बच्चों को ले जाने की क्षमता है। लिफ्ट में 12 वयस्कों के साथ कितने बच्चे आ सकते हैं?

(a) 6

(b) 10

(c) 12

(d) 15

59. किसी व्यक्ति ने ₹22,800 कीमत का रेफ्रीजरेटर 12.5% चक्रवृद्धि ब्याज (वार्षिक) पर खरीदा। पहले वर्ष के अंत पर उसने ₹8,650 एवं दूसरे वर्ष के अंत पर ₹9,125 चुकाए। ऋण पूरा चुकाने के लिए उसे तीसरे वर्ष के अंत में कितने रुपये का भुगतान करना होगा?

(a) ₹9,990

(b) ₹10,000

(c) ₹10,590

(d) ₹11,250

60. निम्नांकित चित्रों पर विचार कीजिए:

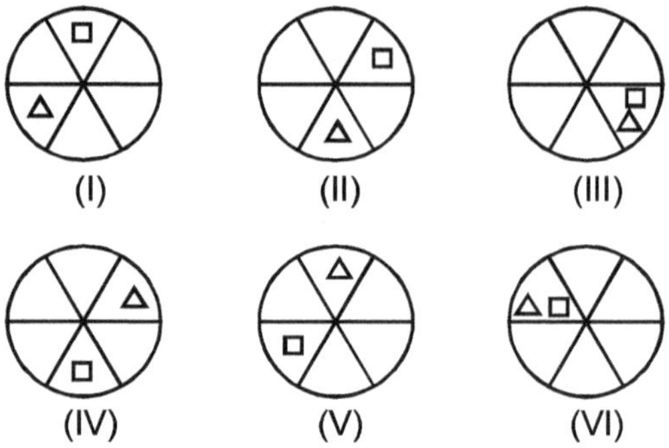

ऊपर चित्र (I) से (VI) तक में कुछ भाग नियमित दिशाओं में अपनी स्थितियाँ बदलते हुए दिखाए गए हैं। उसी अनुक्रम का अनुसरण करते हुए नीचे दिए गए चित्रों में से कौन-सा चरण (VII) में आएगा?

(a) 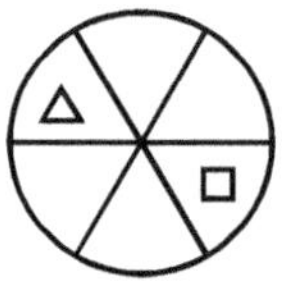

(b) 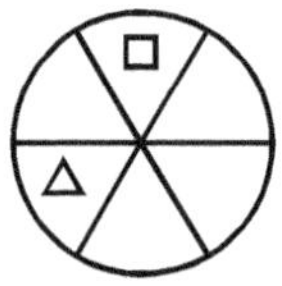

(c) 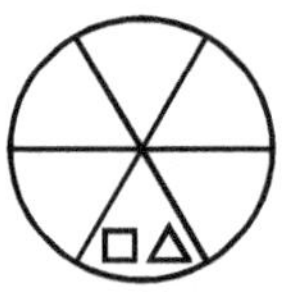

(d) 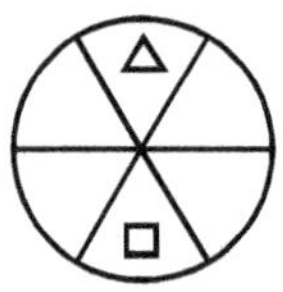

61. निम्नांकित आलेखों पर विचार कीजिए। आलेखों में दिए गए वक्र कुछ दशकों की अवधि में दो देशों A और B की जनसंख्या में विभिन्न आयु-वर्गों को प्रदर्शित करते हैं:

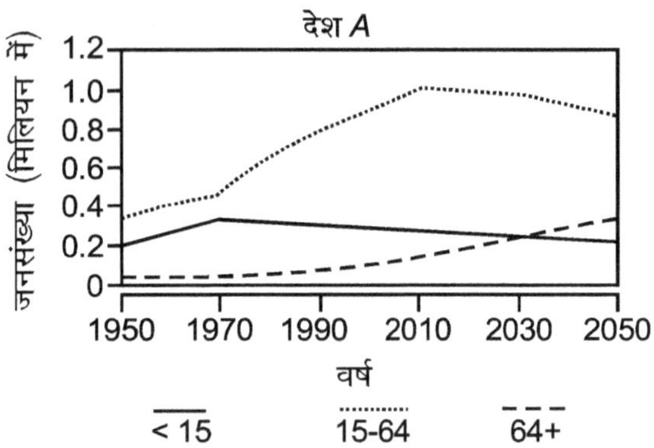

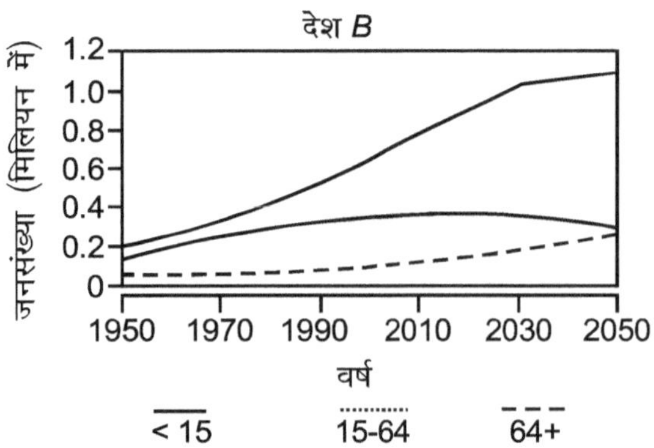

उपर्युक्त आलेखों के संदर्भ में, निम्नलिखित में से कौन-से सर्वाधिक तार्किक और तर्कसंगत निष्कर्ष (इंफेरेंस) निकाले जा सकते हैं?

1. पिछले ढाई दशकों में देश B के निर्भरता अनुपात में कमी आई है।
2. अगले ढाई दशकों के अंत में, देश A का निर्भरता अनुपात, देश B के निर्भरता अनुपात की तुलना में बहुत कम हो जाएगा।
3. अगले दो दशकों में, देश A की तुलना में देश B में कुल जनसंख्या के सापेक्ष कार्यशील जनसंख्या बढ़ जाएगी।

नीचे दिए गए कूट का प्रयोग कर सही उत्तर चुनिए।

(a) केवल 1 और 2 (b) केवल 2 और 3
(c) केवल 1 और 3 (d) 1, 2 और 3

62. लक्ष्मी, उसका भाई, उसकी पुत्री तथा उसका पुत्र बैडमिंटन खिलाड़ी हैं। एक युगल (डबल्स) खेल प्रारंभ होने वाला है:

(i) लक्ष्मी का भाई उसकी पुत्री से नेट के पार ठीक सम्मुख है।
(ii) उसका पुत्र, सबसे खराब खिलाड़ी के सहोदर से नेट के पार विकर्णतः सम्मुख है।
(iii) सबसे अच्छा खिलाड़ी तथा सबसे खराब खिलाड़ी नेट के एक ही तरफ है।

सबसे अच्छा खिलाड़ी कौन है?

(a) उसका भाई (b) उसकी पुत्री
(c) उसका पुत्र (d) लक्ष्मी

63. नीचे दिए गए आलेख में एक वर्ष की अवधि में केन्द्रीय बैंक द्वारा प्रमुख नीतिगत दरों में अनेक बार किए गए परिवर्तनों को दिखाया गया है:

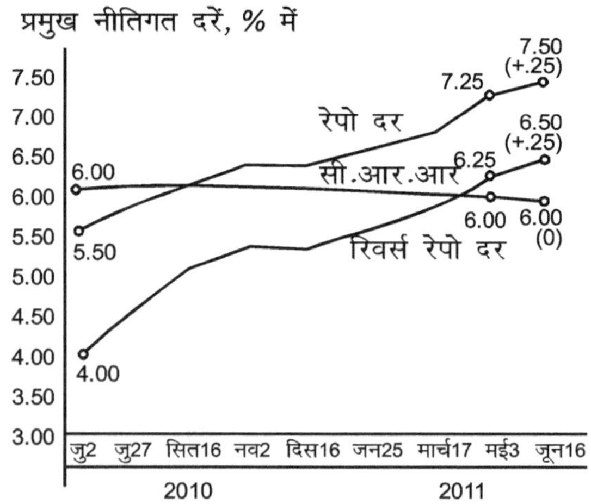

निम्नलिखित में से कौन-सा एक केन्द्रीय बैंक की इस कार्रवाई का सबसे संभव कारण है?

(a) विदेशी निवेश को प्रोत्साहित करना
(b) तरलता में वृद्धि लाना
(c) सार्वजनिक और निजी दोनों बचतों में वृद्धि लाना
(d) स्फीति-विरोधी कदम

निम्नलिखित **2** (दो) प्रश्नांशों के लिए निर्देशः नीचे दी गई तालिका में किसी विशेष वर्ष में किसी देश के विभिन्न राज्यों की जी.डी.पी. वृद्धि-दर और दूरसंचार सघनता आँकड़े दिखाए गए हैं। इस तालिका का अध्ययन कीजिए और आगे आने वाले दो प्रश्नांशों के उत्तर दीजिए।

राज्य	प्रति व्यक्ति आय ($)	जी.डी.पी. वृद्धि-दर (%)	दूरसंचार सघनता
राज्य 1	704	9.52	70.27
राज्य 2	419	5.31	35.88
राज्य 3	254	10.83	50.07
राज्य 4	545	9.78	5.94
राज्य 5	891	10.8	76.12
राज्य 6	1077	11.69	77.5
राज्य 7	900	8.88	104.86
राज्य 8	395	5.92	6
राज्य 9	720	7.76	82.25
राज्य 10	893	9.55	96.7
राज्य 11	363	4.7	57.7
राज्य 12	966	7.85	63.8
राज्य 13	495	9.37	52.3
राज्य 14	864	5.46	97.9
राज्य 15	497	7.48	62.3
राज्य 16	777	7.03	93.8
राज्य 17	335	5.8	49.9
राज्य 18	599	7.49	47.84

64. ऊपर दी गई तालिका के संदर्भ में, निम्नलिखित में से कौन-सा/से सर्वाधिक तार्किक और तर्कसंगत निष्कर्ष (इंफेरेंस) निकाला जा सकता है/निकाले जा सकते हैं?

1. उच्चतर प्रति व्यक्ति आय सामान्यतः उच्चतर दूरसंचार सघनता से संबद्ध होती है।
2. उच्चतर जी.डी.पी. वृद्धि-दर सदा उच्चतर प्रति व्यक्ति आय को सुनिश्चित करती है।
3. उच्चतर जी.डी.पी. वृद्धि-दर उच्चतर दूरसंचार सघनता को आवश्यक रूप से सुनिश्चित नहीं करती।

नीचे दिए गए कूट का प्रयोग कर सही उत्तर चुनिए।

(a) केवल 1 (b) केवल 2 और 3
(c) केवल 1 और 3 (d) केवल 3

65. ऊपर दी गई तालिका के संदर्भ में, निम्नलिखित पूर्वधारणाएँ बनाई गई हैं:

1. आजकल, पहले से ही उच्च निष्पादन करने वाले किसी राज्य की संपन्नता दूरसंचार अवसंरचना में वृहत् निवेशों को जारी रखे बिना कायम नहीं रखी जा सकती।
2. आजकल, बहुत उच्च दूरसंचार सघनता किसी राज्य में व्यवसाय एवं आर्थिक विकास को प्रोत्साहित करने के लिए एक सबसे महत्वपूर्ण शर्त है।

उपर्युक्त में से कौन-सी पूर्वधारणा/पूर्वधारणाएँ वैध है/हैं?

(a) केवल 1 (b) केवल 2
(c) 1 और 2 दोनों (d) न तो 1 और न ही 2

66. नीचे दिया गया आलेख दो दशकों की अवधि में हमारे कर राजस्व के संयोजन को प्रदर्शित करता हैः

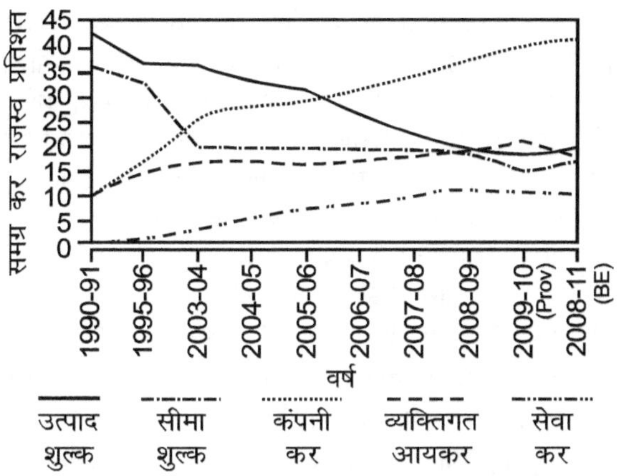

ऊपर दिए गए आलेख के संदर्भ में, निम्नलिखित में से कौन-सा/से सर्वाधिक तार्किक और तर्कसंगत निष्कर्ष (इंफेरेंस) निकाला जा सकता है/निकाले जा सकते हैं?

1. दी गई समयावधि में समग्र कर राजस्व के प्रतिशत के रूप में प्रत्यक्ष करों से राजस्व में वृद्धि हुई है जबकि अप्रत्यक्ष करों से राजस्व में कमी आई है।
2. उत्पाद शुल्क से प्राप्त राजस्व की प्रवृत्ति प्रदर्शित करती है कि दी हुई समयावधि में निर्माण क्षेत्र का विकास ऋणात्मक रहा है।

नीचे दिए गए कूट का प्रयोग कर सही उत्तर चुनिए।

(a) केवल 1 (b) केवल 2
(c) 1 और 2 दोनों (d) न तो 1 और न ही 2

67. यदि $x - y = 8$ है, तो निम्नलिखित में से कौन-सा/से सत्य होना/होने ही चाहिए?

1. x, y के किसी भी मान के लिए x तथा y दोनों धनात्मक होने ही चाहिए।
2. x, y के किसी भी मान के लिए यदि x धनात्मक है, तो y ऋणात्मक होना ही चाहिए।
3. x, y के किसी भी मान के लिए यदि x ऋणात्मक है, तो y धनात्मक होना ही चाहिए।

नीचे दिए गए कूट का प्रयोग कर सही उत्तर चुनिए।

(a) केवल 1
(b) केवल 2
(c) 1 और 2 दोनों
(d) 1, 2 और 3 में से कोई नहीं

निम्नलिखित **3** (तीन) प्रश्नांशों के लिए निर्देशः नीचे दिए गए दो परिच्छेदों को पढ़िए और परिच्छेदों के नीचे आने वाले प्रश्नांशों के उत्तर दीजिए। इन प्रश्नांशों के आपके उत्तर केवल इन परिच्छेदों पर ही आधारित होने चाहिए।

<u>परिच्छेद-**1**</u>

सस्ते और प्रचुर मांस की तलाश के परिणामस्वरूप फैक्टरी फार्म बनाए गए हैं जहाँ अधिक से अधिक पशुओं को क्रूर और शोचनीय दशाओं में छोटी-छोटी ढेरियों में ठूँसा जाता है। इस प्रकार के प्रचलनों के परिणामस्वरूप विश्व की अनेक स्वास्थ्य संबंधी देशांतरगामी महामारियाँ उठ खड़ी हुई हैं, जैसे कि एवियन फ्लू। विश्वभर में पशुधन का पालन लगातार बढ़ती हुई क्रूर और तंग दशाओं में किया जा रहा है, जहाँ पशु अपना लघु जीवन कृत्रिम प्रकाश, प्रतिजैविकों और वृद्धि हॉर्मोनों के ठसाठस इस्तेमाल के बीच वध होने के दिन तक व्यतीत करते हैं। मांस उत्पादन जल की अत्यधिक खपत माँगता है। मांस के प्रत्येक किलोग्राम के लिए 15000 लीटर जल की आवश्यकता होती है जबकि 1 किलोग्राम धान के लिए 3400 लीटर, 1 किलोग्राम अंडों के लिए 3300 लीटर और 1 किलोग्राम आलू के लिए 255 लीटर जल की आवश्यकता होती है।

68. इस परिच्छेद द्वारा दिया गया सर्वाधिक तर्कसंगत और निर्णायक संदेश कौन-सा है?

(a) औद्योगिक पशुपालन (इंडस्ट्रियल फार्मिंग) से बड़े पैमाने पर मांस का उत्पादन करना सस्ता होता है और यह गरीब देशों को प्रोटीन प्रदान करने के लिए उपयुक्त है।

(b) मांस उत्पादन उद्योग पशुओं के प्रति क्रूरता के विरुद्ध कानूनों का उल्लंघन करता है।

(c) औद्योगिक पशुपालन के द्वारा बड़े पैमाने पर मांस उत्पादन अवांछनीय है और इसको तुरंत रोक देना चाहिए।

(d) मांस उत्पादन की पर्यावरणीय लागत अधारणीय होती है जब इसका उत्पादन औद्योगिक पशुपालन से किया जाता है।

<u>परिच्छेद-**2**</u>

एक नर बाघ को पेंच बाघ अभयारण्य (टाइगर रिज़र्व) से हटाकर पन्ना राष्ट्रीय पार्क में ले जाकर रखा गया। बाद में, इस बाघ ने अपने घर की ओर 250 मील लंबी दूरी तय की। इस अकेले बाघ की यह यात्रा एक संकट पर प्रकाश डालती है। कई वन्य जीव अभयारण्य मानवता के विशाल सागर के बीच भंगुर आवास के द्वीपों के रूप में विद्यमान हैं। फिर भी कोई बाघ शिकार, जोड़े और अपने क्षेत्र की तलाश में सौ मील के परास में घूम सकता है। भारत के लगभग एक-तिहाई बाघ, बाघ अभयारण्यों के बाहर रहते हैं। यह स्थित मानव और पशु दोनों के लिए ही संकटपूर्ण है। बाघ और उसके शिकार तभी अलग रह सकते हैं यदि अभयारण्यों के बीच भूमि के मान्य गलियारे हों, ताकि वे बिना छेड़छाड़ के आ-जा सकें।

69. इस परिच्छेद द्वारा दिया गया सर्वाधिक तर्कसंगत और निर्णायक संदेश निम्नलिखित में से कौन-सा है?

(a) मनुष्य और वन्य जीव के बीच संघर्ष को सुलझाया नहीं जा सकता चाहे हम जो भी प्रयत्न करें।

(b) संरक्षित क्षेत्रों के बीच सुरक्षित वन्य जीव गलियारे, संरक्षण के प्रयत्नों का आवश्यक पहलू है।

(c) भारत के लिए आवश्यक है कि वह और अधिक संरक्षित क्षेत्रों की घोषणा करे तथा और अधिक बाघ अभयारण्यों की स्थापना करे।

(d) भारत के राष्ट्रीय पार्कों और बाघ अभयारण्यों का व्यावसायिक (प्रोफेशनल) प्रबंधन होना चाहिए।

70. उपर्युक्त परिच्छेद के संदर्भ में, निम्नलिखित पूर्वधारणाएँ बनाई गई हैं:

1. एक संरक्षित क्षेत्र से दूसरे संरक्षित क्षेत्र में स्थान-परिवर्तन हुए वन्य जीव के संरक्षण करने की रणनीति प्रायः सफल नहीं होती है।
2. भारत में बाघों की सुरक्षा के लिए उपयुक्त कानून नहीं हैं और इसके संरक्षण के प्रयास असफल हो गए हैं जिसके कारण बाघ संरक्षित क्षेत्रों से बाहर रहने पर बाध्य हैं।

उपर्युक्त में से कौन-सी पूर्वधारणा/पूर्वधारणाएँ वैध है/हैं?

(a) केवल 1 (b) केवल 2

(c) 1 और 2 दोनों (d) न तो 1 और न ही 2

निम्नलिखित **3** (तीन) प्रश्नांशों के लिए निर्देशः निम्नलिखित तीन प्रश्नांश नीचे दिए गए आलेख (ग्राफ) पर आधारित हैं जो किसी वर्ष में छः माह की अवधि के दौरान तीन अलग-अलग प्रकार के स्टील के आयातों को दर्शाता है। इस आलेख का अध्ययन कीजिए और इसके पश्चात् आने वाले तीन प्रश्नांशों के उत्तर दीजिए।

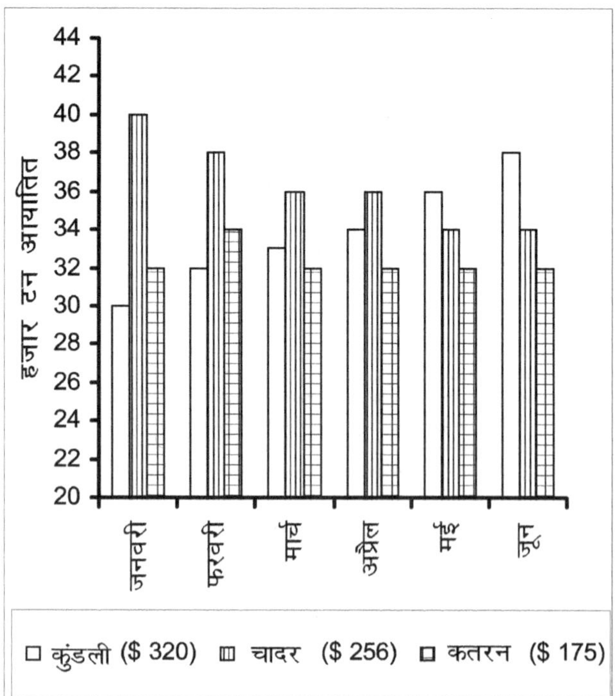

कोष्ठक में दिए गए आँकड़े छः माह की अवधि के दौरान प्रति टन औसत लागत दर्शाते हैं।

71. वर्ष के प्रथम तीन माह में चादर (शीट) स्टील का आयात (हजार टन में मापते हुए), कुंडली (कॉइल) स्टील के आयात से कितना अधिक था?

(a) 11 (b) 15

(c) 19 (d) 23

72. छः माह की अवधि के दौरान आयात किए गए चादर (शीट) स्टील का सन्निकट कुल मूल्य ($ में) क्या था?

(a) 45,555 (b) 50,555

(c) 55,550 (d) 65,750

73. वर्ष के प्रथम तीन माह में आयातित चादर (शीट) स्टील और कतरन (स्क्रैप) स्टील का सन्निकट अनुपात क्या था?

(a) 1 : 1 (b) 1.2 : 1

(c) 1.4 : 1 (d) 1.6 : 1

निम्नलिखित **3** (तीन) प्रश्नांशों के लिए निर्देशः किसी एक ही ठोस की घूर्णित (रोटेटेड) स्थितियाँ नीचे दर्शाई गई हैं। ठोस के विभिन्न फलक, भिन्न-भिन्न प्रतीकों जैसे बिन्दुओं, क्रॉस तथा रेखा द्वारा चिन्हित हैं। दिए गए चित्रों के बाद आने वाले तीन प्रश्नांशों के उत्तर दीजिए।

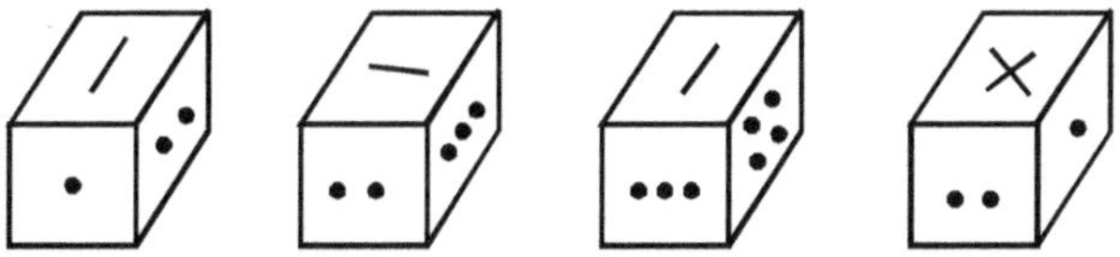

(I) (II) (III) (IV)

74. एक ही बिन्दु वाले फलक के विपरीत फलक पर क्या प्रतीक है?

(a) चार बिन्दु (b) तीन बिन्दु

(c) दो बिन्दु (d) क्रॉस

75. दो बिन्दुओं वाले फलक के विपरीत फलक पर क्या प्रतीक है?

(a) एक ही बिन्दु (b) तीन बिन्दु

(c) चार बिन्दु (d) रेखा

76. क्रॉस वाले फलक के विपरीत फलक पर क्या प्रतीक है?

(a) एक ही बिन्दु (b) दो बिन्दु

(c) रेखा (d) चार बिन्दु

निम्नलिखित **4** (चार) प्रश्नांशों के लिए निर्देशः नीचे दिए गए परिच्छेद को पढ़िए और परिच्छेद के नीचे आने वाले प्रश्नांशों के उत्तर दीजिए। इन प्रश्नांशों के आपके उत्तर केवल इस परिच्छेद पर ही आधारित होने चाहिए।

परिच्छेद

अब शिक्षा की सार्वभौम पहुँच प्रदान करने की मात्र बात करना हमारे लिए पर्याप्त नहीं है। विद्यालयी सुविधाएँ उपलब्ध कराना एक आवश्यक पूर्वापेक्षा तो है, किन्तु यह सुनिश्चित करने के लिए कि सभी बच्चे विद्यालय जाएँ और सीखने की प्रक्रिया में भाग लें, यह अपर्याप्त है। संभव है कि विद्यालय हो, किन्तु बच्चे न जाएँ या कुछ माह बाद विद्यालय छोड़ दें। विद्यालय और सामाजिक सुव्यवस्था (सोशल मैपिंग) द्वारा, हमें व्यापक सामाजिक, आर्थिक, सांस्कृतिक और अवश्य ही भाषाई और शैक्षिक मुद्दों को तथा उन कारकों को, जो कमजोर वर्गों और सुविधा-वंचित समूहों के बच्चों को, लड़कियों को भी, नियमित विद्यालय जाने और प्रारंभिक शिक्षा पूरी करने से रोकते हैं, सुलझाना चाहिए। हमारा ध्यान निर्धनतम और सबसे असुरक्षित वर्ग पर केन्द्रित होना चाहिए क्योंकि ये सर्वाधिक अशक्त हैं और इन्हीं को अपने शिक्षा के अधिकार का अतिक्रमण होने या उससे वंचित होने का सबसे अधिक जोखिम है।

शिक्षा के अधिकार का दायरा निःशुल्क और अनिवार्य शिक्षा से कहीं आगे तक है और इसमें सभी के लिए गुणतापूर्ण शिक्षा शामिल है। गुणता शिक्षा के अधिकार का अभिन्न अंग है। यदि शिक्षा प्रक्रिया में गुणता का अभाव है, तो बच्चों को उनके अधिकार से वंचित किया जा रहा है। बच्चों का निःशुल्क एवं अनिवार्य शिक्षा का अधिकार अधिनियम यह अधिकथित करता है कि पाठ्यक्रम में कार्यकलाप, अन्वेषण और खोज के माध्यम से शिक्षा प्राप्ति का प्रावधान होना चाहिए। इससे हम पर यह बाध्यता आती है कि बच्चों को विद्या के निष्क्रिय प्राप्तकर्ता के रूप में देखने का नजरिया बदला जाए और परीक्षाओं के आधार के रूप में पाठ्यपुस्तकों के उपयोग की परिपाटी से आगे बढ़ा जाए। शिक्षण और शिक्षा-ग्रहण प्रणाली को तनावमुक्त होना ही चाहिए और शिक्षार्थी-अनुकूली अधिगम प्रणाली की व्यवस्था के लिए पाठ्यक्रम सुधार का एक व्यापक कार्यक्रम शुरू किया जाना चाहिए जो अधिकाधिक संगत और सशक्तीकारक हो। शिक्षक उत्तरदायित्व प्रणालियों और प्रक्रियाओं से यह अवश्य सुनिश्चित होना चाहिए कि बच्चे शिक्षा प्राप्त कर रहे हैं और शिक्षार्थी-अनुकूली वातावरण में शिक्षा प्राप्त करने के उनके अधिकार का उल्लंघन नहीं हो रहा है। परीक्षण और मूल्यांकन प्रणालियों की पुनर्परीक्षा कर उन्हें इस रूप में पुनः अभिकल्पित किया जाना चाहिए ताकि यह सुनिश्चित हो कि बच्चे विद्यालय और अनुशिक्षण (ट्यूशन) केन्द्रों के बीच संघर्ष करते-करते अपने बचपन से वंचित रह जाने को बाध्य न हों।

77. इस परिच्छेद के अनुसार, निम्नलिखित में से किसका/किनका शिक्षा के अधिकार के अधीन सर्वोपरि महत्व है?

1. सभी माता-पिता द्वारा अपने बच्चों को विद्यालय भेजा जाना
2. विद्यालयों में पर्याप्त भौतिक आधारभूत संरचना की व्यवस्था
3. शिक्षार्थी-अनुकूली शिक्षा-प्राप्ति प्रणाली विकसित करने हेतु पाठ्यक्रम सुधार करना

नीचे दिए गए कूट का प्रयोग कर सही उत्तर चुनिए।

(a) केवल 1

(b) केवल 1 और 2

(c) केवल 3

(d) उपर्युक्त में से कोई नहीं

78. उपर्युक्त परिच्छेद के संदर्भ में, निम्नलिखित पूर्वधारणाएँ बनाई गई हैं:

1. शिक्षा का अधिकार बच्चों की शिक्षा-प्राप्ति प्रक्रिया के लिए शिक्षक का उत्तरदायित्व होने की गारंटी देता है।
2. शिक्षा का अधिकार विद्यालयों में बच्चों के 100% नामांकन होने की गारंटी देता है।
3. शिक्षा का अधिकार का आशय जनांकिकीय लाभांश का पूरा लाभ उठाने का है।

उपर्युक्त में से कौन-सी पूर्वधारणा/पूर्वधारणाएँ वैध है/हैं?

(a) केवल 1

(b) केवल 2 और 3

(c) केवल 3

(d) 1, 2 और 3

79. इस परिच्छेद के अनुसार, शिक्षा में गुणता लाने हेतु निम्नलिखित में से कौन-सा एक निर्णायक है?

(a) विद्यालय में बच्चों की और शिक्षकों की भी नियमित उपस्थित सुनिश्चित करना

(b) शिक्षकों को प्रोत्साहित करने के लिए उन्हें आर्थिक लाभ प्रदान करना

(c) बच्चों की सामाजिक-सांस्कृतिक पृष्ठभूमि को समझना

(d) कार्यकलाप और खोज के माध्यम से शिक्षा-प्राप्ति का अंतर्निवेश (इनूकलूकेटिंग लर्निंग)

80. इस परिच्छेद में सारभूत संदेश क्या है?

(a) शिक्षा का अधिकार अब मूल अधिकार है।

(b) शिक्षा का अधिकार समाज के निर्धन और दुर्बल वर्गों के बच्चों को विद्यालय जाने को समर्थ बनाता है।

(c) निःशुल्क एवं अनिवार्य शिक्षा के अधिकार में सभी के लिए गुणतापूर्ण शिक्षा शामिल होना चाहिए।

(d) सरकार को, और माता-पिता को भी, यह सुनिश्चित करना चाहिए कि सभी बच्चे विद्यालय जाएँ।

उत्तरमाला

1. (b)	**2.** (a)	**3.** (c)	**4.** (b)	**5.** (b)	**6.** (b)	**7.** (a)	**8.** (c)	**9.** (c)	**10.** (b)
11. (a)	**12.** (b)	**13.** (a)	**14.** (d)	**15.** (a)	**16.** (b)	**17.** (d)	**18.** (a)	**19.** (a)	**20.** (c)
21. (d)	**22.** (b)	**23.** (a)	**24.** (b)	**25.** (d)	**26.** (b)	**27.** (d)	**28.** (a)	**29.** (b)	**30.** (c)
31. (b)	**32.** (d)	**33.** (d)	**34.** (c)	**35.** (c)	**36.** (b)	**37.** (c)	**38.** (a)	**39.** (b)	**40.** (d)
41. (a)	**42.** (c)	**43.** (a)	**44.** (b)	**45.** (a)	**46.** (d)	**47.** (c)	**48.** (b)	**49.** (c)	**50.** (d)
51. (d)	**52.** (a)	**53.** (a)	**54.** (d)	**55.** (c)	**56.** (a)	**57.** (a)	**58.** (b)	**59.** (d)	**60.** (b)
61. (d)	**62.** (a)	**63.** (d)	**64.** (d)	**65.** (d)	**66.** (a)	**67.** (d)	**68.** (d)	**69.** (b)	**70.** (d)
71. (c)	**72.** (c)	**73.** (b)	**74.** (b)	**75.** (c)	**76.** (c)	**77.** (c)	**78.** (a)	**79.** (d)	**80.** (c)

व्याख्या

1. माना संख्या की पहली और अंतिम संख्या x और y है।

x 0 y

∴ संख्या 100x + y है।

प्रश्नानुसार,

$100y + x - 100x - y = 198$

$99y - 99x = 198$

$9(y - x) = 18$

$y - x = 2$

2. छोटे घन जिनमें वास्तव में दो रंगे हुए भाग होंगे, प्रत्येक छोर के बीच में होंगे। इसलिए, ऐसे छोटे घन 12 होंगे।

3. सैकड़े का अंक > दहाई का अंक > इकाई का अंक

700 से 800 तक कुल 21 संख्याएं है जिनमें सैकड़े के स्थान वाले अंक, दहाई के अंक से अधिक है और दहाई के स्थान वाले अंक, इकाई अंक के स्थान वाले अंक से अधिक है।

801 से 900 के बीच वाले ऐसी संख्याएं 28 हैं।

901 से 1000 के बीच वाले ऐसी संख्याएं 36 हैं।

∴ कुल संभावित संख्याएं = 21 + 28 + 36 = 85

4. लेखनी < पेंसिल < पुस्तक > टोपी

⇒ लेखनी < पुस्तक

5. भूगोल की पुस्तक की बिक्री रु. में = ax

इतिहास की पुस्तक की बिक्री रु. में = (a + 2) (x + 2)

गणित की पुस्तक की बिक्री रु. में = (a – 2) (x – 2)

∴ उसकी कुल बिक्री रु. में

$= ax + ax + 2a + 2x + 4 + ax - 2a - 2x + 4 = 3ax + 8$

6.

15 लाल गेंद	20 काली गेंद
$3R \to 1$	$9B \to 2$
$6R \to 3$	$6B \to 3$
$6R \to 2$	$5B \to 1$

झोले के गेंदों की कुल संख्या = 35

वह जीतता है यदि गेंद लाल और उनकी संख्या 3 है या यदि वह काली है और उसकी संख्या 1 या 2 है।

∴ 3 लिखी हुई लाल गेंदों की संख्या = 6

1 या 2 लिखी हुई काली गेंदों की संख्या = 14

∴ जीतने की संभावना $= \frac{6+14}{35} = \frac{20}{35} = \frac{4}{7}$

7.

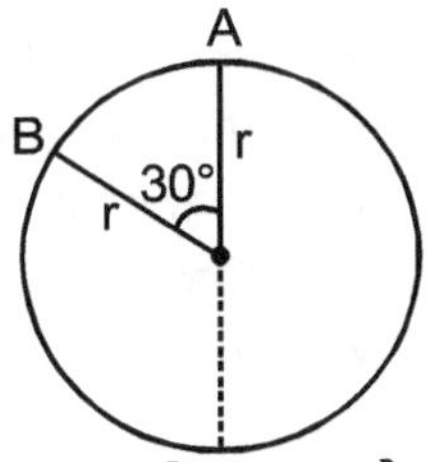

A, B से मिलता है

माना कि r वृत्त की त्रिज्या है।

AB की दूरी $= 2\pi r \times \frac{30}{360} = \frac{\pi r}{6}$

A द्वारा तय की गई दूरी $= \pi r$

B द्वारा तय की गई दूरी $= \pi r - \frac{\pi r}{6} = \frac{5\pi r}{6}$

∴ A और B की गतियों का अनुपात $= \frac{\pi r}{5\pi r/6} = 6:5$

8. माना कि अधिकतम अंक x हैं।

∴ उत्तीर्ण के लिए अंक $= \frac{2}{5}x$

$30 + 30 = \frac{2}{5}x$

$\frac{2}{5}x = 60$

$x = 150$

9.

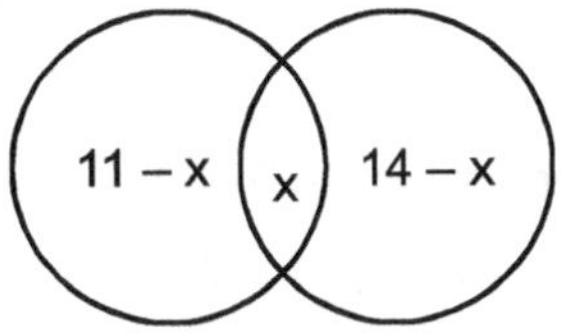

माना कि पूरी वर्दी पहनने वाले लड़कों की संख्या x है।

$11 - x + x + 14 - x = 19$

$25 - 9 = x$

$\Rightarrow x = 6$

प्रश्न **10** से **15** के लिए:

	सांइस कॉलज	आर्ट्स कॉलेज	कॉमर्स कॉलेज	इंजीनियरी कॉलेज
गुजरात	×	×	A	×
राजस्थान	×	C	×	×
असम	×	×	×	D
केरला	B	×	×	×
	Q शहर	S शहर		

10. A, गुजरात में पढ़ रहा है।

11. सांइस कॉलेज शहर C में स्थित है।

12. C, राजस्थान में पढ़ता है।

13. D, शहर S में नहीं पढ़ता है।

14. D, इंजीनियरिंग कॉलेज में पढ़ता है।

15. इंजीनियरिंग कॉलेज, असम में स्थित है।

16. दिए गए चित्र में कुल 20 त्रिभुज हैं।

17. •, 8 को दर्शाता है।

8 + 18 + 28 + 83 + 81 = 218

18. पैटर्न निम्न प्रकार से है:

8 + 4 – 6 = 6

10 + 6 – 5 = 11

15 + 8 – 7 = 16

13 + 8 – 4 = 17

19. N भुजा वाले किसी भी बहुभुज में विकर्णों की संख्या

$= \frac{n(n-3)}{2}$

यहां, n = 8

$\therefore$ विकर्णो की संख्या $= \frac{8 \times 5}{2} = 20$

20. माना कि O से L तक पहुंचने में लिया गए समय t है।

यदि DL = 2 तब, PD = 1

इसलिए वाहन A द्वारा तय की गई दूरी $= \frac{1}{2} \times 3 \times t$

और वाहन B द्वारा तय की गई दूरी $= 2 \times t$

$\therefore$ A और B वाहनों द्वारा तय की गई दूरी का अनुपात

$= \frac{\frac{1}{2} \times 3 \times t}{2 \times t} = 3:4$

21. ट्रेन व्यक्ति को पार करेगी

$= \frac{200}{40 \times \frac{5}{18}}$ = 18 सेकंड

22. वाक्य के संदर्भ से, 'यूरोप और उत्तरी अमेरिका के असदृश्य ....' यह बहुत स्पष्ट है कि भारत की अर्थव्यवस्था मुख्य रूप से कृषि पर निर्भर है। परिच्छेद की अंतिम पंक्ति इसकी पुष्टि करती है।

23. लेखक खाद्य उत्पादन से आने वाले जोखिम कारणों के बारे में बात करते हैं। अन्य विकल्प अनुचित हैं। केवल विकल्प (a) परिच्छेद के केंद्रीय विषय के साथ चला जाता है।

24. यद्यपि लेखक एक वैज्ञानिक है, लेकिन वह जोर देता है कि विश्वास भी हमारे जीवन में एक महत्वपूर्ण भूमिका निभा सकता है। साथ ही, वह कहता है कि विज्ञान प्रकृति को समझने में मदद करता है। विकल्प (b) सभी दिए गए विकल्पों में सबसे उपयुक्त है।

25. परिच्छेद के पहले वाक्य के संदर्भ से लेखक कहता हैं कि पिछले बंधनों ने 'शरीर और आत्मा के स्वतंत्र विकास' में बाधा डाली है।

26. लेखक कहता हैं कि विकासशील देशों को जलवायु परिवर्तन का निवारण करने के लिए धन की आवश्यकता है। लेखक कहता हैं कि 'धन महत्वपूर्ण है'। इसलिए, केवल कथन 3 सही है।

27. परिच्छेद के पहले दो वाक्यों के सन्दर्भ से लेखक कहता है कि कोयले और बायोमास खतरनाक साबित हो सकते हैं। लेखक आगे कहता हैं कि प्रदूषणकारी ईंधन प्रदूषण के कारण भारत में हर साल 10 लाख मौतें होती हैं। इसलिए, विकल्प (d) सबसे उपयुक्त है।

28. परिच्छे के दूसरे वाक्य के संदर्भ से लेखक 'एक संभावित सुखी विश्व' के बारे में बात करता है। विकल्प (a) दूसरे वाक्य के तर्क से निकाला जा सकता है।

29. परिच्छेद के अंतिम वाक्य के संदर्भ से जहां लेखक कहता है कि देश आर्कटिक तट वाले देशों को पिघलते सागर के बड़े खण्डों से नियंत्रित करने का प्रयास करते हैं।

30. परिच्छेद के दूसरे वाक्य के संदर्भ से लेखक कहता हैं कि अनुच्छेद **6** के अनुसार, न्यूनतम समर्थन मूल्य उपलब्ध करना 'सीमाओं के अधीन है'। कथन के दृष्टिकोण में, विकल्प (**c**) सबसे उपयुक्त है।

31. परिच्छेद, भारतीय शैक्षणिक प्रणाली में शिक्षा प्रदान करने के बाहरी तरीकों के बारे में एक समकालीन वैश्विक आर्थिक प्रणाली में वृद्धि के लिए अनुकूल नहीं है के बारे में कहता है। यह कथन 2 की धारणा को मान्य करता है। कथन 1 और 3 उन विषयों के बारे में बात करते हैं जो दिए गए परिच्छेद के विरूद्ध हैं।

32. दिए गए परिच्छेद से पता चलता है कि हर किसी की खाने की आदतें अलग-अलग होती हैं। और इसलिए वही आहार हर किसी के लिए लागू नहीं होगा। यही कारण है कि इतने सारे आहार विफल हो जाते हैं। सभी दिए गए विकल्पों में से, केवल विकल्प d कहता है कि आहार का कोई हल नहीं है। अन्य विकल्प विशेष रूप से मोटापे के बारे में चिंतित हैं।

33. विकल्प (a) परिच्छेद में उल्लिखित के विरूद्ध का वर्णन करता है। विकल्प (b) गलत है क्योंकि यह बताता है कि एक प्रकार का खाद्य सुरक्षा सुनिश्चित करने का 'एकमात्र तरीका' है। यह एक तरीका है, लेकिन एकमात्र रास्ता नहीं है। अनुच्छेद के दूसरे भाग में उल्लेख किया गया है कि फसल का रोग एशिया और उत्तरी अमेरिका से दुनिया के अन्य हिस्सों में फैल जाएगा। इसका मतलब है कि इन दोनों वस्तुएं पहले पीड़ित होगी।

34. विक्रय मूल्य = रु. 40, लाभ = x%

क्रय मूल्य $= \frac{100}{100+x} \times 40$

जब विक्रय मूल्य = रु. 20, हानि = x%

तब, विक्रय मूल्य $= \frac{100}{100-x} \times 20$

$\therefore \quad \frac{100}{100+x} \times 40 = \frac{100}{100-x} \times 20$

$100 + x = 200 - 2x$

$3x = 100$

$x = \frac{100}{3}$

$\therefore$ वस्तु का वास्तविक मूल्य

$= \frac{100}{100 \times \frac{4}{3}} \times 40 =$ रु. 30

35.

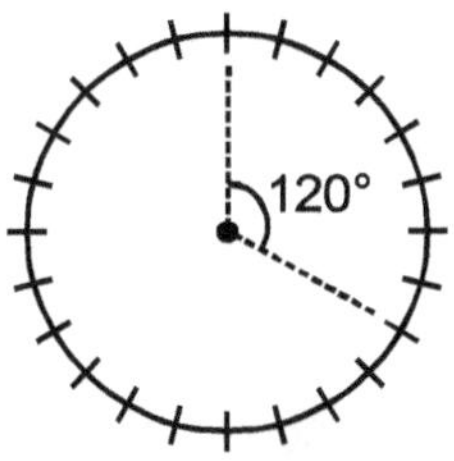

प्रत्येक क्रमागत बिन्दु केन्द्र पर $\frac{360}{24} = 15°$ का कोण बनाएगा।

दो बिन्दु जो केन्द्र पर 120° का कोण बनाते है जो परिधि पर 60° का होगा यानि समबाहु त्रिभुज है।

$\therefore$ ऐसे 8 समबाहु त्रिभुज की संभावना हैं।

36. 4/12/95, 1/1/96, 29/1/96, 26/2/96, 25/3/96

↓ 4 Dec 1995, 1 Jan 1996, 29 Jan 1996, 26 Feb 1996, 25 March 1996

+29 दिन, +29 दिन, +29 दिन, +29 दिन

37.

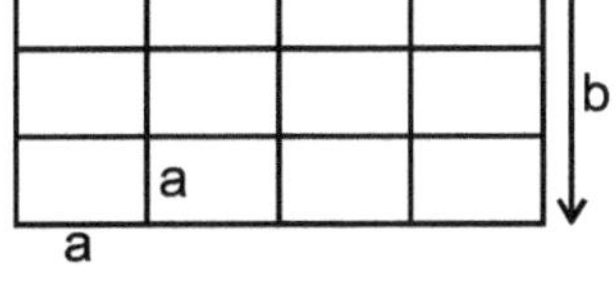

माना कि प्रत्येक वर्ग की भुजा a है और आयत की लंबाई और चौड़ाई l तथा b है।

$l^2 + b^2 = 25$

$l = 4a, b = 3a$

$\Rightarrow 16a^2 + 9a^2 = 25$

$a = 1$

$\therefore$ वर्ग का क्षेत्रफल $= 1^2 = 1$ वर्ग सेमी

38. कूट का पैटर्न निम्न है:

13	21	13	2/28	1/27	9
M	U	M	B	A	I
↓−1	↓−2	↓−3	↓−4	↓−5	↓−6
12	19	10	24	22	3
L	S	J	X	V	C

4	5	12	8	9
D	E	L	H	I
↓−1	↓−2	↓−3	↓−4	↓−5
3	3	9	4	4
C	C	I	D	D

39. विभिन्न अक्षरों के लिए कूट निम्न प्रकार है:

$H \rightarrow 9, A \rightarrow 2, M \rightarrow 3$

$\therefore$ HAMAM को 92323 लिखा जा सकता है।

40. –3 और –1 के बीच x है इसलिए x = – 2.9

और – 1 और 1 के बीच y है इसलिए y = 0

$\therefore \quad x^2 - y^2 = (x + y)(x - y)$

$= (-2.9 + 0)(-2.9 - 0)$

= 8.41, जो कि 0 और 9 के बीच है।

41. X, Y ≠ 1 और Y > X.

माना कि Y = 3, X = 2

$XY = 6, \frac{X}{Y} = 0.6, \frac{Y}{X} = 1.5, \frac{X+Y}{XY} = \frac{5}{6} = 0.83$

$\therefore$ XY सबसे बड़ी संख्या को दर्शाता है।

प्रश्न **42** और **43** के लिए:

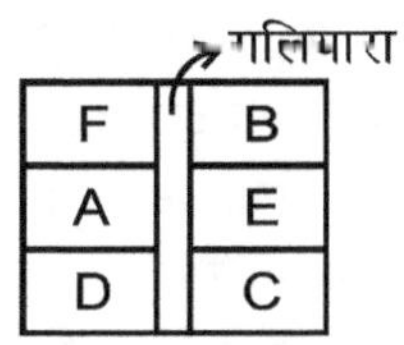

42. C का ऑफिस E के दाएं ओर है।

43. केवल A, F ठीक पड़ोसी है।

44. दिए गए परिच्छेद में, कथन **2, 3** और **4** का उल्लेख किया गया है। कथन सामान्य रूप से एक तथ्य हो सकता है, लेकिन इसका परिच्छेद में इसका उल्लेख नहीं किया गया है। निम्नलिखित वाक्यों में कथन **2** और **4** का उल्लेख किया गया है- 'पर्वतीय मिट्टी में नमी की गिरावट ...... वन क्षेत्र में परिवर्तन'। कथन **3** का उल्लेख किया गया है जहां लेखक असम के चाय बागानों की चिंता के बारे में बात करता है। इसलिए, विकल्प (**b**) सही उत्तर है।

45. निम्नलिखित कथन से वाक्य **1** का निष्कर्ष निकला सकता है- वनोन्मूलन के कारण नदियों के मार्ग में परिवर्तन हो सकता है। वक्तव्य **2** गलत है क्योंकि यह कहता है कि भूमि का लवणीभवन केवल मानवीय क्रियाकलाप के कारण होता है। परिच्छेद वाक्य **3** को समर्थन नहीं करता हैं इसलिए विकल्प (**a**) सही है।

46. वक्तव्य **1** गलत है क्योंकि यह उष्णकटिबंधीय क्षेत्रों में 'केवल' घटना के रूप में मरुस्थलीकरण को बताता है। वक्तव्य **2** गलत है क्योंकि परिच्छेद में उल्लेख है कि वनों की कटाई मरुस्थलीकरण की ओर ले जाती है, लेकिन क्या यह बाढ़ की ओर जाता है या नहीं, इसका उल्लेख नहीं किया गया है। इसलिए, विकल्प (**d**) सही है।

47. दिए गए परिच्छेद में वक्तव्य **1** का उल्लेख नहीं किया गया है। परिच्छेद कहता है कि 'राज्यों की प्राकृतिक संपत्तियों की विविधता की आवश्यकता होगी'। 'प्राकृतिक जल स्रोतों का संरक्षण' बहुत विशिष्ट है और परिच्छेद के दायरे से बाहर है। निकायों के संरक्षण न केवल व्यापक निकायों को बचाने के लिए त्वरित प्रजनन कार्यक्रमों की आवश्यकता है। इसलिए कथन **2** का पालन नहीं करता है। परिच्छेद के दूसरे भाग से, यह है- 'एक बदलते माहौल के तहत, इन पारिस्थितिकी तंत्र ....', दोनों कथन **3** और **4** स्पष्ट रूप से साबित किए जा सकते हैं। इसलिए विकल्प (**c**) सही उत्तर है।

48. दिया गया अनुच्छेद 'आजीविका' पर कुछ नहीं है। इसलिए कथन **1** से साबित नहीं किया जा सकता है। परिच्छेद से उल्लेख है- 'फसल की किस्मों की आवश्यकता होती है जो अच्छी तरह से प्रदर्शन करते हैं ...... समरूपता पिछले या वर्तमान स्थितियों के अनुकूल है'। इसके अलावा यह उल्लेख किया गया है कि इस तरह के कठोर पारिस्थितिक तंत्र जोखिम पर हैं। जोखिम पौधों की किस्मों के विलुप्त होने के अलावा कुछ भी नहीं दर्शाता है। इसलिए कथन **2** साबित किया जा सकता है। इसलिए विकल्प (**b**) सही उत्तर है।

49. दिए गए परिच्छेद में महत्वपूर्ण शब्द हैं- आकांक्षाएं, चमक-दमक, शॉपिंग मॉल। ये सभी उपभोक्तावाद के पहलू हैं, जो विकल्प (**c**) सही बनाता है। सभी विकल्प **a, b** और **d** 'केवल' शब्द का उपयोग करके चरम मामलों को प्रस्तुत करते हैं। यह सीमा उन सभी को निषेध करती है।

50. विकल्प (**b**) दिए गए परिच्छेद के तर्क से सीधे लिया जा सकता है। यह सीधे उल्लेख किया गया है कि- 'नेतृत्व की कला को अधिग्रहित किया जा सकता है और वास्तव में पढ़ाया जा सकता है'। अन्य विकल्पों में अनावश्यक जानकारी है।

51. वास्तविक प्रगति अगस्त और सितंबर के बीच एक समय के लिए अपेक्षित प्रगति से अधिक है।

52.

______	______	______	
पहला खंड	दूसरा खंड	तीसरा खंड	
6 ×	5 ×	4	= 120

53. यदि आप पूरी अवधि देखते हैं, तो जन्म दर की तुलना में मृत्यु दर में तेजी से कमी आई है, इसलिए अंत में जनसंख्या बढ़ेगी।

54. मृत्यु दर और जन्म दर के बीच का अंतर लगभग स्थिर हो गया है, इसलिए जनसंख्या वृद्धि दर भी स्थिर हो जाएगी, ग्राफ जन्म दर प्रवृत्ति से स्पष्ट रूप से संकेत मिलता है कि यह स्थिर हो गई है।

55. दो चित्र A और B समान हैं।

इसलिए ग्राफों का झुकाव समान है।

57. विकल्प (a) में रखने पर

यदि न्यूनतम अद = 2000

उत्पादन का मूल्य = रु. 7 लाख

विक्रय मूल्य = 2000 × 350 = रु. 700000 = रु. 7 लाख

$\therefore$ कोई हानि नहीं होती।

$\therefore$ न्यूनतम अददो की संख्या = 2000

58. चूंकि 18 वयस्क 30 बच्चों के बराबर हैं।

अतः 1 वयस्क $= \frac{30}{18} = \frac{5}{3}$ बच्चे

इसलिए एक लिफ्ट में 12 वयस्कों की तुलना में $= \frac{5}{3} \times 12$

= 20 बच्चे हैं।

इसलिए 30 – 20 = 10 बच्चे 12 वयस्कों के साथ आ सकते हैं।

59. P = रु. 22800

$r = 12.5\% = \frac{9}{8}$

पहले वर्ष के अंत में धनराशि होगी

$= 22800 \times \frac{9}{8}$ = रु.25650

लेकिन पहले वर्ष के अंत में उसने रु. 8650 की धनराशि दी।

$\therefore$ अब धनराशि हो जाती है = 25650 – 8650 = रु. 17000

∴ दूसरे वर्ष के लिए मूलधन = रु. 17000

दूसरे वर्ष के अंत में धनराशि होगी

$= 17000 \times \frac{9}{8}$ = रु. 19125

लेकिन दूसरे वर्ष के अंत में उसने रु. 9125 की धनराशि दी।

अब बची हुई राशि = 19125 – 9125 = रु. 10,000,

जो कि तीसरे वर्ष के लिए मूलधन है।

इसलिए तीसरे वर्ष के अंत में उसको ब्याज देना होगा

$= 10,000 \times \frac{9}{8}$ = रु. 1250

∴ कुल राशि उसे भुगतान करना है = रु. 10,000 + रु. 1250= रु.11250

60. वर्ग जो घड़ी की सुई की दिशा में घूम रहा है जबकि त्रिभुज घड़ी की सुई की दिशा के विपरीत घूम रहा है।

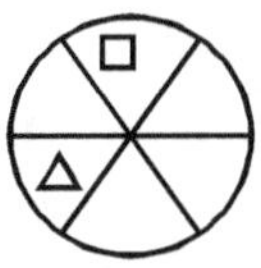

इसलिए चित्र (VII), चित्र (I) समान होगा.

61. निर्भरता अनुपात की परिभाषाः निर्भरता अनुपात निर्भर लोगों के: (कामकाजी उम्र के नहीं) / कार्यरत आयु के लोगों की संख्या को मापता है।

1 में देश **B** में, पिछले दो दशकों में कुल संख्या, आश्रित लोगों का लगभग समान है लेकिन कामकाजी उम्र के लोगों की संख्या में वृद्धि हुई है, इसलिए निर्भरता अनुपात घट जाएगा।

2 में, दोनों देशों में आश्रित लोगों की कुल संख्या लगभग समान है, देश **A** में आयु वर्ग **15** में **64** लोगों की संख्या कम है, लेकिन **B** में यह बढ़ती प्रवृत्ति में है, अगले ढाई सालों में दशकों, ये लोग निर्भर लोगों की श्रेणी में आगे बढ़ेंगे, क्योंकि आश्रित श्रेणी में लोगों की परिणाम संख्या **B** में देश **A** की तुलना में तेज दर से बढ़ेगी।

3 प्रवृत्ति से यह भी सही है

62. कथन **I** से, हम कह सकते हैं कि लक्ष्मी के भाई और बेटी नेट के विभिन्न पक्षों पर हैं।

बयान **II** द्वारा, चूंकि लक्ष्मी और उसका भाई एकमात्र भाई बहन हैं, इसलिए उनका बेटा लक्ष्मी के भाई से नेट के दूसरी ओर है। इसलिए, सबसे खराब खिलाड़ी लक्ष्मी है, और सर्वश्रेष्ठ खिलाड़ी लक्ष्मी का भाई है।

63. रेपो और रिवर्स रेपो दरों के बीच के अंतर को कम करने से बाजार में मूल्य निर्धारण आसान हो जाएगा, और यह मुद्रास्फीति को रोक देगा।

64. तीनों मानदंड़ों में से किसी एक के बीच कोई प्रत्यक्ष या विपरीत संबंध नहीं है।

65. तीनों मानदंड़ों में से किसी एक के बीच कोई प्रत्यक्ष या विपरीत संबंध नहीं है।

66. शुरुआत में कुल प्रत्यक्ष कर 10 है और कुल अप्रत्यक्ष कर 88 है।

अंत में कुल प्रत्यक्ष कर 15 है और कुल अप्रत्यक्ष कर 85 है, (लगभग सभी डेटा)। इसलिए 1 सही है और 2 गलत है क्योंकि यह चार्ट तुलनात्मक प्रदर्शन को इंगित करता है, हम किसी विशेष के बारे में कोई निष्कर्ष नहीं निकाल सकते हैं।

67.

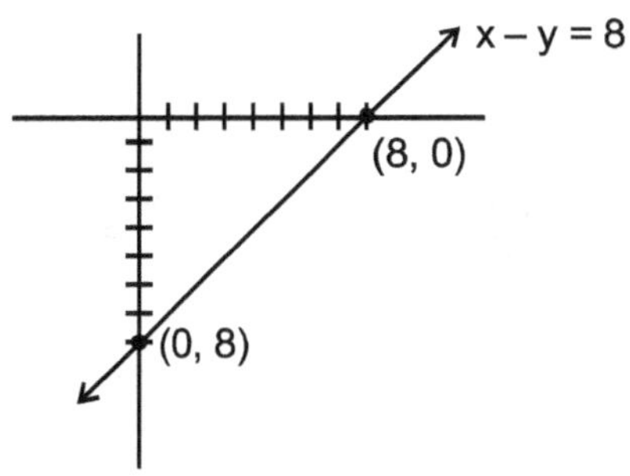

ग्राफ द्वारा, यह देखा जा सकता है कि कोई भी कथन सत्य नहीं है, न तो 1 न ही 2 और न ही 3।

68. परिच्छेद व्यक्त करता है कि औद्योगिक खेती के माध्यम से मांस उत्पादन कैसे एवियन फ्लू जैसे महामारी में परिणाम हो जाता है और पानी की बड़ी मात्रा भी अपशिष्ट के लिए होती है। इस प्रकार, दिए गए परिच्छेद में मांस उत्पादन की तुलना में पर्यावरणीय लागत पर जोर दिया गया है।

69. इस परिच्छेद में उल्लेख किया गया है कि कैसे बाघों को मनुष्यों के साथ रहने वाले क्षेत्रों से गुजरने से अधिक बार रिजर्व से घर वापस आते समय मुसिबत का सामना करना पड़ता है। यह जानवरों और मनुष्यों दोनों के लिए एक खतरा बन गया है। इससे संरक्षित क्षेत्रों के बीच सुरक्षित मार्गों की कमी को बताया गया है और इस प्रकार इन क्षेत्रों में संरक्षण प्रयासों का आवश्यक पहलू है।

70. दिए गए कथनों उपलब्ध डाटा से परिच्छेद द्वारा मान्य नहीं किया जा सकता है। कथन 2 में कानूनों के कारण जिसके कारण बाघ संरक्षित क्षेत्रों से बाहर रहने पर बाध्य हैं। कथन 1 में एक संरक्षित क्षेत्र से दूसरे संरक्षित क्षेत्र में स्थान-परिवर्तन हुए वन्य जीव के संरक्षण करने की रणनीति प्रायः सफल नहीं होती है के बारे में बताया गया है।

प्रश्न **71** से **73** के लिए:

71. पहले तीन महीने में स्टील की शीटों का आयत
= 40 + 37 + 36 = 113
पहले तीन महीने में स्टील की कुंडली का आयत
= 30 + 31 + 33 = 94
∴ अंतर = 113 – 94 = 19

72. छः महीने के दौरान कुल स्टील की शीटों का आयात
= 40 + 37 + 36 + 36 + 34 + 34 = 217
∴ स्टील शीटों का कुल लगभग मूल्य ($ में)
= 217 × 256 = 55552 ≈ 55550

73. पहले तीन महीनों में स्टील शीटों का आयात = 113
पहले तीन महीनों में कतरन (स्क्रैप) का आयात
= 32 + 34 + 32 = 98

$\therefore$ अनुपात $= \frac{113}{98} \approx 1.2 : 1$

प्रश्न **74** से **76** के लिए:

ठोस के एक बिंदु तीन बिंदुओं के विपरीत है, दो बिंदु चार बिंदुओं के विपरीत है और रेखा, क्रास के विपरीत है।

74. तीन बिन्दु

75. चार बिन्दु

76. रेखा

77. परिच्छेद बताता है कि बच्चों के अनुकूल सीखने की व्यवस्था प्रदान करने के लिए पाठ्यचर्या सुधार शुरू किया जाना चाहिए जो कि प्रासंगिक और सशक्त दोनों है। कथन 1 और 2 दोनों पर चर्चा की जाती है और शिक्षा के अधिकार के तहत पूर्व शर्त के रूप में वर्णित किया जाता है। कथन 3 सर्वोपरि महत्व का है और इसे एक ऐसी सुविधा के रूप में माना जाता है जो इस योजना को सफल और फायदेमंद बना देगा।

78. परिच्छेद में विस्तार से शिक्षक की भूमिका पर चर्चा की जाती और इस योजना के तहत कैसे शिक्षक के कर्तव्य बच्चों के समग्र विकास के लिए जिम्मेदार बनना है। शिक्षक को बच्चों की सीखने की प्रक्रियाओं के लिए उत्तरदायी बनाया जाना चाहिए और यह सुनिश्चित करना है कि पर्यावरण बाल-अनुकूल है और तनाव मुक्त नहीं है।

79. परिच्छेद इस बात पर जोर देता है कि शिक्षकों को तनाव मुक्त, बच्चों के अनुकूल माहौल को कैसे सुनिश्चित करना चाहिए। प्रकोप में निरंतर निर्देश शामिल होता है जो अक्सर तनावपूर्ण हो जाता है और कुछ मामलों में बलवान होता है। यह परिच्छेद के संदेश के विरूद्ध हो जाता है।

80. परिच्छेद इस बात के बारे में बताता है कि शिक्षा के अधिकार के तहत शिक्षा की गुणवत्ता पर ध्यान केंद्रित किया जाना चाहिए। यह शिक्षा की गुणवत्ता से संबंधित मुद्दों के बारे में काफी समय से बात करता है और यह भी परिभाषित करता है कि इस दृष्टिकोण के अनुसार शिक्षक की भूमिका कैसे रूप दिया जाए।

■■

परिशिष्ट

हल प्रश्न–पत्र

सामान्य अध्ययन के वास्तविक प्रश्न-पत्र (1995-2010)

(तर्कशक्ति एवं गणित)

सामान्य अध्ययन 2010

तर्कशक्ति

1. छः पुस्तकों A, B, C, D, E और F को एक के पार्श्व में एक बार रखा जाता है। B, C और E नीले आवरण की हैं और अन्य पुस्तकें लाल आवरण की हैं। केवल D और F नई पुस्तकें हैं और शेष सभी पुरानी हैं। A, C और D कानूनी रिपोर्टें हैं और अन्य गजेटियर हैं। कौन-सी पुस्तक, नई लाल आवरण वाली कानूनी रिपोर्ट है।

(a) A (b) B
(c) C (d) D

2. छः व्यक्ति M, N, O, P, Q और R, तीन व्यक्ति प्रति पंक्ति के अनुसार, दो पंक्तियों से बैठे हैं। Q किसी भी पंक्ति के अन्त में नहीं हैं P, R की बाई ओर दूसरे स्थान पर है। O, Q का पड़ोसी है और P के विकर्णत: सम्मुख है। N, R का पडोसी है। उपरोक्त सूचना के आधार पर N के सम्मुख कौन है?

(a) R (b) Q
(c) P (d) M

3 निम्नलिखित कथनों की परीक्षा कीजिए–

1. सभी रंग सुखद होते हैं।
2. कुछ रंग सुखद होते हैं।
3. कोई रंग सुखद नहीं होता।
4. कुछ रंग सुखद नहीं होते।

यदि दिया हो कि कथन 4 सत्य है, तो क्या निष्कर्ष निश्चितत: निकाला जा सकता है?

(a) 1 और 2 सत्य हैं (b) 1 असत्य है
(c) 2 असत्य है (d) 3 सत्य है

4. एक लम्बकोणिक समानान्तर षट्फलक के विभिन्न रंगो के छ: फलक हैं। लाल फलक काले फलक के सम्मुख है। नीला फलक सफेद फलक के निकटवर्ती है। भूरा फलक नीले फलक के निकटवर्ती है। लाल फलक अधामुखी है। निम्नलिखित में से कौन-सा एक फलक भूरे फलक के सम्मुख होगा?

(a) लाल (b) काला
(c) सफेद (d) नीला

5. लीग मैचों की एक टूर्नामेन्ट में 14 टीमें खेल रही हैं। यदि प्रत्येक टीम हर अन्य टीम के साथ केवल एक बार खेलती है, तो कितने मैच खेले गए?

(a) 105 (b) 91
(c) 85 (d) 78

6. पाँच व्यक्तियों A, B, C, D और E के समूह में एक प्रोफेसर, एक डॉक्टर और एक वकील है। A और D अविवाहित महिलाएँ हैं और काम नहीं करतीं। समूह के विवाहित जोड़ों में, E पति है। B, A का भाई है और न डॉक्टर है और न ही वकील। प्रोफेसर कौन है?

(a) B
(b) C
(c) A
(d) उपरोक्त आँकड़ों से बताया नहीं जा सकता

7. किसी विशेष गाँव में, आधे लोगों के अपने मकान हैं। गाँव वालों का 5वाँ हिस्सा फसल उगाता है। एक तिहाई गाँव वाले साक्षर हैं। गाँव वालों का चार बटे 5वाँ हिस्सा पच्चीस वर्ष की आयु से कम का है। तो, निम्नलिखित में से, निश्चित तौर से, कौन-सा कथन ठीक है?

(a) सभी गाँव वाले जिनके पास अपने मकान हैं, साक्षर हैं
(b) पच्चीस वर्ष की आयु से कम के कुछ गाँव वाले साक्षर हैं
(c) एक-चौथाई गाँव वाले जिनके पास अपने मकान हैं, धान उगाते हैं
(d) आधे गाँव वाले, जो धान उगाते है, साक्षर हैं।

8. P, Q, R और S चार पुरुष हैं। P सबसे अधिक आयु का है पर सबसे अधिक गरीब नहीं हैं। R सबसे अधिक धनवान है परन्तु सबसे अधिक आयु वाला नहीं है। Q की आयु S से अधिक है किन्तु P या R की आयु से अधिक नहीं है। P, Q से अधिक धनवान है पर S से अधिक धनवान नहीं है। चारों पुरुषों को क्रमश: आयु और धनाढ्यता के अवरोही क्रम में निम्नलिखित किस रूप में क्रमबद्ध कर सकतें हैं?

(a) PQRS, RPSQ (b) PRQS, RSPQ

(c) PRQS, RSQP (d) PRSQ, RSPQ

9. चार बच्चे कितनी तरह से एक पंक्ति में खड़े किए जा सकते हैं ताकि उनमें से दो बच्चे, A और B सदैव साथ-साथ खड़े हों?

(a) 6 (b) 12

(c) 18 (d) 24

10. एक सभा में एक गाँव का मानचित्र इस तरह से रखा गया है कि दक्षिण-पूर्व दिशा, उत्तर दिशा बन जाती है, उत्तर-पूर्व दिशा पश्चिम दिशा बन जाती है, और इसी तरह अन्य दिशाएँ बन जाती है। बताइए, दक्षिण दिशा क्या बन जाएगी?

(a) उत्तर (b) उत्तर-पूर्व

(c) उत्तर-पश्चिम (d) पश्चिम

गणित

1. 60 किमी प्रति घण्टे की गति से चलती हुई एक ट्रेन एक 1.5 किमी लम्बी सुरंग में से दो मिनट में गुजर जाती है। ट्रेन की लम्बाई क्या है?

(a) 250 मी (b) 500 मी

(c) 1000 मी (d) 1500 मी

2. एक व्यक्ति X के पास चार, प्रत्येक 1, 2, 5 और 10 रुपये के नोट हैं। इसमें से कितनी संख्या में विभिन्न धनराशियाँ बनाई जा सकती हैं?

(a) 16 (b) 15

(c) 12 (d) 8

3. दो संख्याएँ X और Y, तीसरी संख्या Z से क्रमश: 20% और 28% कम है। संख्या Y, संख्या X से कितनी प्रतिशत कम है?

(a) 8% (b) 9%

(c) 10% (d) 12%

4. दो ट्रेनें नई दिल्ली से एक ही समय पर प्रस्थान करती हैं–एक ट्रेन उत्तर को 60 किमी / घण्टा की गति से चलती है और दूसरी दक्षिण को 40 किमी / घण्टा की गति से चलती है। कितने घण्टों के पश्चात् ये दोनों ट्रेनें परस्पर 150 किमी दूर होंगी?

(a) $\frac{3}{2}$ (b) $\frac{4}{3}$

(c) $\frac{3}{4}$ (d) $\frac{15}{2}$

5. किसी प्रश्न-पत्र में 10 प्रश्न थे। प्रत्येक प्रश्न का उत्तर केवल सत्य(T) या असत्य(F) के रूप में दिया जा सकता था। प्रत्येक अभ्यर्थी ने सभी प्रश्नों के उत्तर दिए। तथापि, किन्हीं भी दो अभ्यर्थियों ने उत्तर सर्वसम अनुक्रम में नहीं लिखे। उत्तरों के भिन्न-भिन्न कितने अनुक्रम सम्भव हैं?

(a) 20 (b) 40

(c) 512 (d) 1024

6. एक व्यक्ति ने 50 किमी / घण्टा की दूरी 8 घण्टों में पूरी की। उसने इस कुल दूरी का कुछ हिस्सा 4 किमी / घण्टा की रफ्तार से पैदल चल कर पूरा किया और कुछ हिस्सा साइकिल पर 10 किमी / घण्टा की रफ्तार से पूरा किया। इस व्यक्ति ने पैदल चल कर कितनी दूरी तय की?

(a) 10 किमी (b) 20 किमी

(c) 30 किमी (d) 40 किमी

7. 0 से 999 तक कितनी संख्याएँ न तो 5 से और न ही 7 से विभाज्य हैं?

(a) 313 (b) 341

(c) 686 (d) 786

8. प्रत्येक व्यक्ति का अन्य सभी व्यक्तियों की तुलना में निष्पादन आँकते हुए उनकी व्यक्तिवार श्रेणी निर्धारित करती है। यदि व्यक्तियों की संख्या 11 है तो कुल कितनी तुलनाएँ की जानी आवश्यक हैं?

(a) 66 (b) 55

(c) 54 (d) 45

9. 11 किमी के एक ही वृत्ताकार मार्ग पर तीन व्यक्ति एक साथ चलना प्रारम्भ करते हैं। इनकी चाल क्रमश: 4, 5.5 और 8 किमी / घण्टा है। वे प्रारम्भिक स्थान पर पहली बार कब मिलेगें?

(a) 11 घण्टों बाद (b) 21 घण्टों बाद

(c) 22 घण्टों बाद (d) 33 घण्टों बाद

10. एक आदमी एक टोकरी को अण्डों से इस प्रकार भरता है कि लगातार प्रत्येक दिन टोकरी में उतने अण्डे और भरता है जितने अण्डे उस दिन टोकरी में पहले से हैं। इस तरह से टोकरी 24 दिनों में पूरी तरह से भर जाती है। कितने दिनों के बाद टोकरी एक-चौथाई भरी थी?

(a) 6 (b) 12

(c) 17 (d) 22

11. दो वृत्ताकार सिक्कों के व्यासों में 1:3 का अनुपात है। छोटे सिक्के को बड़े सिक्के के परित: तब तक गोल घुमाया जाता है जब तक वह प्रारम्भिक बिन्दु पर वापस आ जाए। छोटा सिक्का बड़े सिक्के के परित: कितनी बार गोल घुमा?

(a) 9 (b) 6
(c) 3 (d) 1.5

12. दो बैकों से 500 रुपये पर दो वर्षों के बाद प्राप्त साधारण ब्याज का अन्तर रुपये 2.50 है।, तो उनकी ब्याज दरों में कितना अन्तर है?
(a) 0.25% (b) 0.5%
(c) 1% (d) 2.5%

13. जब 10 व्यक्ति एक-दूसरे से हाथ मिलाते हैं, तो यह कितने तरह से सम्भव है?
(a) 20 (b) 25
(c) 40 (d) 45

14. एक अभ्यर्थी ने एक प्रश्न-पत्र के 12 प्रश्नों पर प्रयास किया और उन सभी में पूरे अंक प्राप्त किए। उसने परीक्षा में 60% अंक प्राप्त किए, और यदि सभी प्रश्नों के अंक समान थे, तो प्रश्न-पत्र में कुल कितने प्रश्न थे?
(a) 36 (b) 30
(c) 25 (d) 20

उत्तरमाला

तर्कशक्ति

1. (d) **2 .** (b) **3.** (b) **4.** (c) **5.** (b) **6.** (a) **7.** (b) **8.** (b) **9.** (b) **10.** (b)

गणित

1. (b) **2.** (b) **3.** (c) **4.** (a) **5.** (d) **6.** (b) **7.** (c) **8.** (b) **9.** (c) **10.** (d)
11. (c) **12.** (a) **13.** (d) **14.** (d)

व्याख्यात्मक हल

तर्क शक्ति

1. (d) नीला कवर — लाल कवर

B → पुराना → राजपत्र — A → पुराना → कानूनी रिपोर्ट

C → पुराना → कानूनी रिपोर्ट — D → नया → कानूनी रिपोर्ट

E → पुराना → राजपत्र — F → नया → राजपत्र

D एक लाल कवर वाली नयी कानूनी रिपोर्ट है।

2. (b) पहली पंक्ति P N R

दूसरी पंक्ति M Q O

Q, N के सामने है।

3. (b) दिया गया है कि कथन 4 सत्य है। यह कथन उद्धृत करता है कि कुछ रंग सुखद नहीं होते हैं। इसलिए कथन 2 निश्चित रूप से सत्य है क्योंकि यह बताता है कि कुछ रंग सुखद नहीं होते हैं।

4. (c) लाल और काला परस्पर विपरीत है।

नीला और सफेद आसन्न हैं।

भूरा और नीला आसन्न हैं।

दी गई सूचना से हम पाते हैं कि भूरा और नीला आसन्न है। नीला और सफेद आसन्न है। इसलिए भूरा और सफेद परस्पर विपरीत हैं।

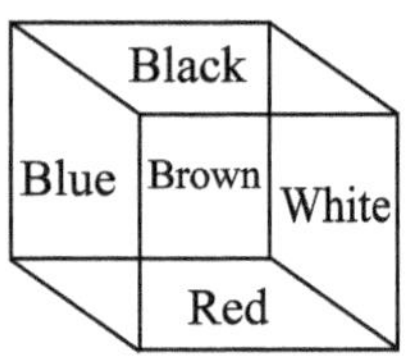

5. (b) सूत्र $^nc_r = \frac{n!}{(n-r)!\times r!}$ का प्रयोग करने पर-

खेले गये मैचों की कुल संख्या $= {}^{14}c_2$

$$= \frac{14\times13\times12!}{(2\times1)(14-2)!}$$

$$= \frac{14\times13}{2} = 91$$

6. (a) B, का भाई A → अविवाहित (महिलाएं) कार्य नहीं करती हैं।

B → (पुरुष) → प्रोफेसर

C

D → अविवाहित (महिलाएं), कार्य नहीं करती हैं।

E → पति

दिया गया है कि B न तो एक डॉक्टर है और न ही एक वकील, इसलिए वह निश्चित रूप से एक प्रोफेसर है।

7. (b) $\frac{1}{2}$ के पास अपने घर हैं।

$\frac{1}{5}$ धान उगाते हैं।

$\frac{1}{3}$ शिक्षित हैं।

$\frac{4}{5}$, 25 से कम हैं।

उपरोक्त सूचना से पता चलता है कि कथन (b) सत्य है।

8. (b) आयु :- $P > R > Q > S$

अमीरी :- $R > S > P > Q$

9. (b) यहाँ 4 बच्चे हैं किन्तु A और B हमेशा साथ हैं इसलिए हम उन्हें एक के रूप में गिनते हैं।

अत:, हमारे पास 3 बच्चे हैं।

3 बच्चे 3! तरीकों से खड़े हो सकते हैं।

किन्तु A और B अपने स्थानों को आपस में बदल सकते हैं। इसलिए वे 2! तरीकों में खड़े हो सकते हैं।

∴ व्यवस्थापनों की कुल संख्या $= 3! \times 2!$

$= (3 \times 2 \times 1)(2 \times 1)$

= 12 तरीके

10. (b)

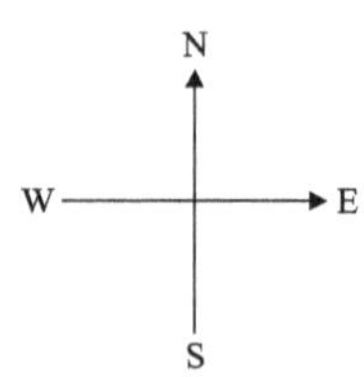

किन्तु हमारे पास है

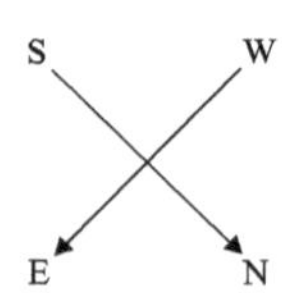

इसलिए, दक्षिण दिशा उत्तर-पूर्व बन जाती है।

गणित

1. (b) ट्रेन की चाल $= 60$ किमी./घंटा $= 60 \times 1000 = 60,000$ मी./घंटा

सुरंग की लम्बाई $= 1.5$ किमी.$= 1.5 \times 1000 = 1500$ मी.

सुरंग को पास करने में ट्रेन द्वारा लिया गया समय $= 2$ मिनट

$= \frac{2}{60} = \frac{1}{30}$ घंटा

ट्रेन द्वारा तय की गई दूरी = ट्रेन की लम्बाई + सुरंग की लम्बाई

माना कि ट्रेन की लम्बाई x है।

दूरी = चाल × समय

$(x+1500) = 60,000 \times \frac{1}{30}$

$x+1500 = 2000$

$x = 2000 - 1500 = 500$

∴ ट्रेन की लम्बाई 500 मीटर है।

2. (b) 4 नोटों से धन के अलग-अलग योगफलों की संख्या

$= \frac{4!}{2} = \frac{4\times3\times2\times1}{2} = 12$

3. (c) माना कि $Z = 100$ तो, $X = 100 - 20$ और

$Y = 100 - 28$

इसलिए, जब $Z = 100$ तो $X = 80$ और $Y = 72$

Y, X से % में कम है $= \frac{(80-72)\times100}{80}$

$= \frac{8\times100}{80} = 10\%$

4. (a) दो ट्रेनों की सापेक्षिक चाल $= 60 + 40 = 100$ किमी./घंटा

समय $= \frac{\text{दूरी}}{\text{चाल}}$

$= \frac{150}{100} = \frac{3}{2}$ घंटा

5. (d) प्रत्येक प्रश्न का उत्तर सही या गलत दिया जा सकता है इसलिए प्रश्न का उत्तर दो तरीकों से दे सकते हैं। प्रश्न-पत्र में 10 प्रश्न हैं।

∴ इन प्रश्नों के उत्तर 2^{10} तरीकों में दिये जा सकते हैं।

$= 2\times2\times2\times2\times2\times2\times2\times2\times2\times2$ तरीके

$= 1024$ तरीके

6. (b) व्यक्ति द्वारा तय की गई कुल दूरी 50 किमी. है।

लिया गया समय 8 घंटे है।

दूरी = चाल × समय

$50 = (4\times x) + 10(8-x)$, जहाँ x = पैदल तय की गई दूरी

$50 = 4x + 80 - 10x$

$6x = 30$

$x = 20$ *किमी.*

7. (c) 0 से 999 तक :-

5 द्वारा विभाज्य कुल संख्याएं $= 199$

7 द्वारा विभाज्य कुल संख्याएं $= 142$

5 और 7 दोनों के द्वारा विभाज्य कुल संख्याएं $= 28$

5 या 7 द्वारा विभाजित न होने वाली संख्याएं $= 999 - (199 + 142 - 28)$

$= 999 - 313$

$= 686$

8. (b) तुलनाओं की कुल संख्या $= {}^{n}c_{r} = \frac{n!}{(n-r)!r!}$

${}^{11}c_2 = \frac{11\times10}{2} = 55$

9. (c) चालें 4, 5.5 और 8 किमी./घंटा हैं।
तीन व्यक्ति आरम्भिक बिन्दु पर 22 घंटे के बाद पहली बार मिलते हैं।
$4 \times 5.5 \times 8 = 176$, जोकि 22 से विभाज्य है और भागफल 8 देता है।

10. (d) टोकरी पूरी तरह से 24 दिन में भरने का अर्थ है कि टोकरी 23 दिन में आधी भरती है।
∴ टोकरी 22 दिन में एक-चौथाई भरती है।

11. (c) छोटे सिक्के का व्यास बड़े सिक्के के व्यास का $\frac{1}{3}$ वाँ है।

इसलिए, छोटा सिक्का बड़े सिक्के के चारों ओर तीन बार घूमता है।

12. (a) सूत्र $SI = \frac{PRT}{100}$ का प्रयोग करने पर

माना कि दो बैंकों की ब्याज दरें x और y हैं।

$2.50 = \frac{500\times x\times2}{100} - \frac{500\times y\times2}{100}$

$2.50 = 5\,(2x - 2y)$

$2.50 = 10\,(x - y)$

$0.25 = x - y$

$\Rightarrow x - y = 0.25\%$

13. (d) सूत्र $^{n}c_{r} = \dfrac{n!}{(n-r)!r!}$ का प्रयोग करने पर

हाथ मिलाने की कुल संख्या $= {}^{10}c_{2} = \dfrac{10!}{(10-2)!2!}$

$= \dfrac{10 \times 9}{2 \times 1}$

$= 45$

14. (d) माना कि, प्रश्न-पत्र में प्रश्नों की संख्या n है।

$\Rightarrow 12 = n \times \dfrac{60}{100}$

$\Rightarrow n = 12 \times \dfrac{100}{60} = 20$

सामान्य अध्ययन 2009

तर्कशक्ति

1. एक व्यक्ति 12 किमी० उत्तर की ओर चलता है फिर 15 किमी० पूर्व की ओर, उसके बाद 15 किमी० पश्चिम की ओर फिर 18 किमी० दक्षिण की ओर चलता है। आरम्भिक स्थल से वह कितनी दूरी पर है?

(a) 6 किमी० (b) 12 किमी०
(c) 33 किमी० (d) 60 किमी०

2. छ: व्यक्ति A, B, C, D, E और F एक कतार में खड़े हैं। C और D एक दूसरे के सन्निकट E के बगल में खड़े हैं। B केवल A के बगल में ही खड़ा है। A का F से चौथा स्थान है। इस कतार मे दोनों अन्तिम छोरों पर कौन–कौन खड़े हैं?

(a) A और F (b) B और D
(c) B और F (d) इनमें से कोई नहीं

3. अंग्रेजी वर्णमाला के कितने अक्षर (बड़े अक्षर) दर्पण में देखने पर समान दिखते हैं?

(a) 9 (b) 10
(c) 11 (d) 12

4. एक परिवार में 6 सदस्य A, B, C, D, E तथा F हैं। परिवार में दो विवाहित दम्पति हैं। परिवार के सदस्य वकील, अध्यापक, विक्रेता, इन्जीनियर, लेखाकार और चिकित्सक हैं। विक्रेता D, अध्यापक महिला से विवाहित है। चिकित्सक, वकील से विवाहित है। लेखाकार F, B का पुत्र तथा E का भाई है। वकील C, A की पुत्र-वधू है। E अविवाहित इन्जीनियर है। A, F की दादी है। E का F से क्या सम्बन्ध है?

(a) भाई (b) बहन
(c) पिता (d) निर्धारित नहीं किया जा सकता

गणित

1. कैरम बोर्ड खेल प्रतियोगिता में एक स्कूल के विद्यार्थी जिनमें m लड़के तथा n लड़कियाँ ($m>n>1$)हैं, भाग लेते है, जिसमें प्रत्येक विद्यार्थी को प्रत्येक अन्य विद्यार्थी के साथ ठीक एक खेल खेलना है। कुल खेले गए खेलों में यह पाया गया कि 221 खेलों में एक खिलाड़ी लड़का था तथा अन्य खिलाड़ी लड़की थी।

निम्नलिखित कथनों पर विचार कीजिए–

1. कुल 30 विद्यार्थियों ने प्रतियोगिता में भाग लिया।
2. 78 खेलों में दोनों खिलाड़ी लड़कियाँ ही थीं।

उपरोक्त कथनों में से कौन–सा/से कथन सही है/हैं?

(a) केवल 1 (b) केवल 2
(c) 1 और 2 दोनों (d) न तो 1 और न ही 2

2. A, B तथा C तीन पात्र हैं। A, B तथा C की भराव क्षमताएँ क्रमश: 6 लीटर, 10 लीटर तथा 16 लीटर है। पात्र C में 16 लीटर दूध है। इन तीनों पात्रों का उपयोग करते हुए दूध को उनमें विभाजित करना है।

निम्नलिखित कथनों पर विचार कीजिए–

1. 6 लीटर दूध, पात्र A तथा पात्र B प्रत्येक में लेना सम्भव है।
2. 8 लीटर दूध, पात्र B तथा पात्र C प्रत्येक में लेना सम्भव है।

उपरोक्त कथनों में से कौन/सा/से कथन सही है/हैं?

(a) केवल 1 (b) केवल 2
(c) 1 और 2 दोनों (d) न तो 1 और न ही 2

3. एक व्यक्ति के पास 4 भिन्न अंकित मूल्य के सिक्के हैं। उनसे कितनी विभिन्न राशियाँ बनाई जा सकती हैं (एक समय में एक अथवा अधिक सिक्कों का उपयोग करके)?

(a) 16 (b) 15
(c) 12 (d) 11

4. 300 तथा 500 के बीच कितनी ऐसी संख्याएँ होंगी, जिनमें 4 केवल एक बार आए?

(a) 99 (b) 100
(c) 110 (d) 120

5. अंक 1, 2, 3, 4, 5, 6, 7, 8, 9 से तीन अंकों की कितनी ऐसी संख्याएँ, जिनके अंक आरोही क्रम (Ascending order) में हों, बनाई जा सकती हैं?

(a) 80 (b) 81
(c) 83 (d) 84

6. A, B, C, D चार व्यक्ति हैं और A के पास कुछ सिक्के हैं। A उनमें से आधे तथा 4 अतिरिक्त सिक्के B को देता है। B उनमें सें आधे तथा 4 अतिरिक्त सिक्के C को देता है। C उनमें से आधे तथा 4 अतिरिक्त सिक्के D को देता है। अन्त में B तथा D के पास सिक्कों की संख्या समान रहती है। आरम्भ में A के पास कितने सिक्के थे?

(a) 96 (b) 84
(c) 72 (d) 64

7. एक अभ्यर्थी प्रथम कुछ सतत धन पूर्णांकों (Natural numbers) का योग करते हुए, एक संख्या चूक जाता है और उत्तर 177 लिखता है। चूकी हुई (Missed) संख्या क्या थी?

(a) 11 (b) 12
(c) 13 (d) 14

8. 78 सेमी॰, 104 सेमी॰, 117 सेमी॰ तथा 169 सेमी॰ लम्बाई की धातु की चार छड़ों को समान लम्बाई के टुकड़ों में काटा जाना है। प्रत्येक भाग की लम्बाई यथा सम्भव अधिकतम होनी चाहिए। काटे गए टुकड़ों की अधिकतम संख्या क्या होगी?

(a) 27 (b) 36
(c) 43 (d) 480

9. किसी परीक्षा में A, B तथा C तीन विषय हैं। एक छात्र को प्रत्येक विषय में उत्तीर्ण होना आवश्यक है। 20% छात्र विषय A में, 22% छात्र विषय B में तथा 16% छात्र विषय C में अनुतीर्ण होते हैं। सम्पूर्ण परीक्षा में उत्तीर्ण होने वाले कुल छात्रों की संख्या–

(a) 42% तथा 84% के बीच (b) 42% तथा 78% के बीच
(c) 58% तथा 78% के बीच (d) 58% तथा 84% के बीच

10. अपराह्न 1 बजे से रात्रि 10 बजे तक चलते हुए एक घड़ी की घण्टे की सुई तथा मिनट की सुई कितनी बार समकोणों पर स्थित होगी?

(a) 9 (b) 10
(c) 18 (d) 20

11. 240 गेदें तथा n बक्से $B_1, B_2, B_3 ..... B_n$ हैं। गेदें बक्सों में इस प्रकार रखी जाती हैं कि B_1 में B_2 से 4 गेदें अधिक हों। B_2 में B_3 से चार गेदें अधिक हों और आगे यही क्रम जारी रहे, तो निम्नलिखित में से कौन-सा एक n का सम्भव मान नहीं हो सकता है?

(a) 4 (b) 5
(c) 6 (d) 7

उत्तरमाला

तर्कशक्ति

1. (a) 2. (c) 3. (c) 4. (d)

गणित

1. (c) 2. (c) 3. (b) 4. (a) 5. (d) 6. (c) 7. (c) 8. (b) 9. (a) 10. (c)
11. (d)

व्याख्यात्मक हल

तर्कशक्ति

1. (a)

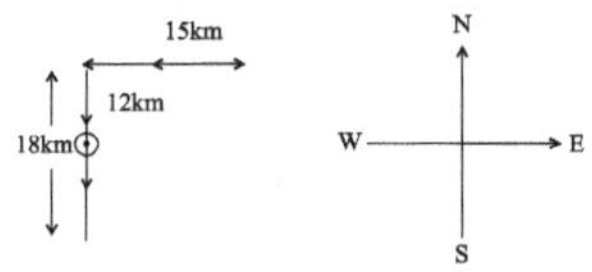

आरम्भिक बिन्दु से उसकी दूरी है $18-12=6$ किमी.

2. (c) BACDEF (स्थितियाँ)

B और F छोरों पर खड़े हैं।

3. (c) केवल 11 वर्णाक्षर दर्पण में देखने पर एक समान दिखाई देते हैं। दर्पण चित्र में दाँया, बाँया बन जाता है और बाँया, दाँया बन जाता है।

इसलिए, अक्षर A, H, I, M, O, T, U, V, W, X और Y दर्पण में समान दिखाई देते हैं।

4. (d) E का लिंग नहीं दिया गया है। इसलिए यह स्पष्ट नहीं होता है कि E, F का भाई है या बहिन

गणित

1. (c) दिया है $mn = 221 = 17 \times 13$

इसलिए, $m = 17$ और $n = 13$

यहाँ m लड़कों की संख्या है

और n लड़कियों की संख्या है।

कथन 1 सही है, क्योंकि $m + n = 17 + 13 = 30$

कथन 2 सही है, क्योंकि ${}^nc_2 = {}^{13}c_2$

$$= \frac{13 \times 12}{2 \times 1} = 78$$

2. (c) *A* की क्षमता $= 6\,l$, $B = 10\,l$ और $C = 16\,l$

दोनों कथन सही हैं।

3. (b) व्यक्ति के पास अलग-अलग मूल्य के 4 सिक्के हैं।

व्यक्ति द्वारा बनाये जा सकने वाले धन के विभिन्न योगफलों की संख्या $= {}^4c_1 + {}^4c_2 \ {}^4c_3 + {}^4c_4$

$= 4 + 6 + 4 + 1$

$= 15$

4. (a) **स्थिति 1 :-** जब 4 इकाई या दहाई स्थान पर हो और 3 सैकड़ा स्थान पर हो, तो व्यवस्थापनों की संख्या $= 1 \times 2 \times 9 = 18$

स्थिति 2 : जब 4 सैकड़ा स्थान पर हो, तो व्यवस्थापनों की संख्या $= 1 \times 9 \times 9 = 81$

$\therefore$ व्यवस्थापनों की कुल संख्या $= 18 + 81 = 99$

5. (d) हमारे पास कुल 9 संख्याएं हैं।

जब एक निश्चित स्थान पर हो तो हमारे पास ${}^8c_2$ संख्याएं होती हैं।

जब 2 नियत स्थान पर हो तो हमारे पास ${}^7c_2$ संख्याएं होती हैं और इसी प्रकार आगे क्रम चलता है।

आरोही क्रम में आवश्यक तीन अंक

$= {}^8c_2 + {}^7c_2 + {}^6c_2 + {}^5c_2 + {}^4c_2 + {}^3c_2 + {}^2c_2$

$= 28 + 21 + 15 + 10 + 6 + 3 + 1$

$= 84$

6. (c) माना कि A के पास सिक्कों की संख्या x है, तो

B के पास $\frac{x}{2} + 4$ सिक्के हैं।

C के पास $\frac{1}{2}\left(\frac{x}{2}+4\right) + 4$ सिक्के हैं।

D के पास $\frac{1}{2}\left[\frac{1}{2}\left(\frac{x}{2}+4\right)+4\right] + 4$ सिक्के हैं।

अब, दिया गया है कि B और D के पास सिक्कों की संख्या समान है।

इसलिए, B के पास शेष सिक्के = D के सिक्के

$$\frac{1}{2}\left(\frac{x}{2}+4\right) - 4 = \frac{1}{2}\left[\frac{1}{2}\left(\frac{x}{2}+4\right)+4\right] + 4$$

$$\frac{1}{4}(x+8) - 4 = \frac{1}{8}(x+8) + 2 + 4$$

$$\frac{1}{8}(x+8) = 10$$

$\Rightarrow \quad x + 8 = 80$

$\Rightarrow \quad x = 80 - 8 = 72$

7. (c) 177 से बड़ी प्राकृतिक संख्याओं का योग

$$\sum 19 = \frac{19}{2}(19+1) = 19 \times 10 = 190$$

इसलिए, लुप्त पद है $190 - 177 = 13$

8. (b) दी गई छड़ों की लम्बाई 78 सेमी., 104 सेमी., 117 सेमी. और 169 सेमी. है।

$78 = 2 \times 3 \times 13$

$104 = 2 \times 2 \times 2 \times 13$

$117 = 3 \times 3 \times 13$

$169 = 13 \times 13$

इन लम्बाइयों का H.C.F है 13 सेमी.

$\therefore$ टुकड़ों की संख्या $= (2 \times 3) + (2 \times 2 \times 2) + (3 \times 3) + 13$

$= 6 + 8 + 9 + 13$

$= 36$

9. (a) 20% छात्र A में फेल हुये थे, 22% छात्र B में और 16% छात्र C में फेल हुये थे।

प्रत्येक विषय में व्यक्तिगत रूप से फेल होने वाले छात्र

$= n\ (A \cup B \cup C)$

$= 20 + 22 + 16$

$= 58$

सभी विषयों में संयुक्त रूप से फेल होने वाले छात्र

$= n\ (A \cap B \cap C)$

$= 16$

परीक्षा में पास होने वाले छात्रों का प्रतिशत है

$100 - 58 = 42\%$ और $100 - 16 = 84\%$

10. (c) 1.00 pm से 10.00 pm के दौरान समकोणों पर एक घड़ी की घंटे और मिनट की सुईयाँ अठ्ारह बार आती हैं।

11. (d) गेंदों की कुल संख्या = 240

बॉक्सों की कुल संख्या = n

माना कि B_1 बॉक्स में x संख्या में गेंदें हैं, तो

$x + (x - 4) + (x - 8) + (x - 12) + \text{------}x - (n - 1)\ 4 = 240$

$$x = \frac{1}{n}\{240 + 4 \sum (n-1)\}$$

$$x = \frac{240 + 2(n-1)n}{n}$$

$$x = \frac{2}{n}\{n^2 - n + 120\}$$

इसलिए, n का सम्भावित मान 7 नहीं है क्योंकि n के 7 होने पर x भिन्नात्मक हो जाता है।

सामान्य अध्ययन 2008

तर्कशक्ति

1. श्रृंखलाAABABCABCDABCDE........में कौन-सा अक्षर 100वें स्थान पर होगा?

(a) H (b) I

(c) J (d) K

2. श्रृंखला 117, 120, 123, 126,......., 333 में पदों की संख्या कितनी है?

(a) 72 (b) 73

(c) 76 (d) 79

3. मार्च 1, 2008 को शनिवार था। मार्च1, 2002 को कौन-सा दिन था?

(a) बृहस्पतिवार (b) शुक्रवार

(c) शनिवार (d) रविवार

गणित

1. बौधायन प्रमेय(बौधायन शुल्व सूत्र) किससे सम्बन्धित है?

(a) समकोण त्रिभुज की भुजाओं की लम्बाइयाँ

(b) Pi के मान की गणना

(c) लंघुगणकीय गणनाएँ

(d) प्रसामान्य बण्टन वक्र

2.

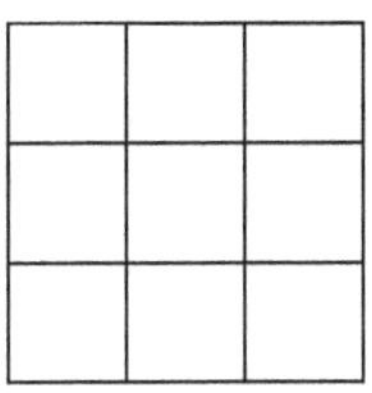

ऊपर दिखाए गए कक्षों में 5 एकसमान गेदें कितने भिन्न ढंगों से रखी जा सकती हैं, यदि प्रत्येक पंक्ति में कम-से-कम 1 गेंद अवश्य हो?

(a) 64 (b) 81

(c) 84 (d) 108

3. 6 भिन्न पत्र तथा उनके संगत 6 लिफाफे हैं, जिन पर पता लिखा हुआ है। यदि पत्रों को लिफाफों में यादृच्छिक ढंग से डाला जाए, तो यथातथ्य 5 पत्रों के सही पते वाले लिफाफों में डाले जाने की क्या प्रायिकता है?

(a) शून्य (b) 1/6

(c) 1/2 (d) 5/6

4.

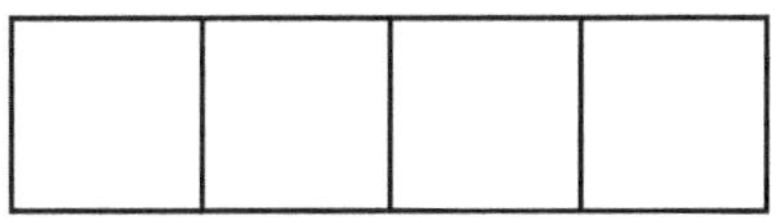

दो एकसमान लाल, दो एकसमान काली और दो एकसमान सफेद गेंदों को कितने भिन्न ढंगों से ऊपर दिखाए गए कक्षों में रखा जा सकता है (प्रत्येक कक्ष में केवल एक गेंद रखी जा सकती है), यदि किन्हीं दो लगातार कक्षों में एक ही रंग की गेंद नहीं रखनी हो?

(a) 15 (b) 18

(c) 24 (d) 30

5.

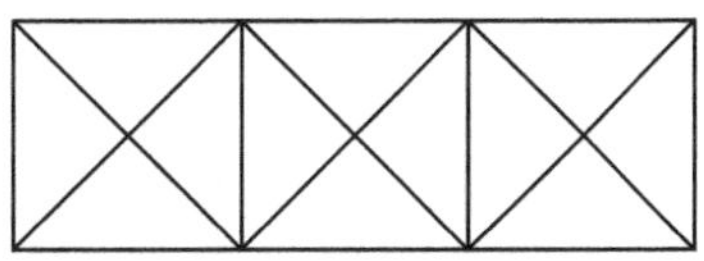

ऊपर दिखाए गए चित्र में भिन्न त्रिभुजों की कुल संख्या कितनी हैं?

(a) 28 (b) 24

(c) 20 (d) 16

6. चार पुस्तकों A, B, C और D को ऊर्ध्वाधर क्रम में कितने भिन्न ढंगों से एक-दूसरे के ऊपर रखा जा सकता है, यदि पुस्तक A तथा पुस्तक B को साथ-साथ स्थानों पर नहीं रखना हो?

(a) 9 (b) 12
(c) 14 (d) 18

7. बढ़ई A एक कुर्सी 6 घण्टों में, बढ़ई B एक कुर्सी 7 घण्टों में और बढ़ई C एक कुर्सी 8 घण्टों में बनाता है। यदि प्रत्येक बढ़ई प्रतिदिन 8 घण्टे काम करे, तो 21 दिन में कितनी कुर्सियाँ बनेगीं?

(a) 61 (b) 67
(c) 73 (d) 79

8. एक व्यक्ति 100 पेन 10% की छूट पर खरीदता है। पेनों की खरीद के लिए इस व्यक्ति द्वारा नेट खर्च 600 रु॰ हुआ। इस व्यक्ति द्वारा नेट क्रय मूल्य का 15% विक्रय सम्बन्धी खर्च हुआ। 25% लाभ प्राप्त करने के लिए 100 पेनों का विक्रय-मूल्य क्या होगा?

(a) रु. 802.50 (b) रु. 811.25
(c) रु. 862.50 (d) रु. 875

9. एक स्कूल शिक्षक को कुल 6 विद्यार्थियों में से 3 विद्यार्थियों के भिन्न समूहों के अधिकतम सम्भावित संख्या चुननी है। इनमें से कितने समूहों में कोई एक विशेष विद्यार्थी शामिल होगा?

(a) 6 (b) 8
(c) 10 (d) 12

10. एक परीक्षा में 70% विद्यार्थी पेपर I में उत्तीर्ण हुए और 60%विद्यार्थी पेपर II में उत्तीर्ण हुए। 15% विद्यार्थी दोनों पेपरों में फेल हुए, जबकि 270 विद्यार्थी दोनों पेपरों में उत्तीर्ण हुए। विद्यार्थियों की कुल संख्या कितनी है?

(a) 600 (b) 580
(c) 560 (d) 540

11. रोमन अंकों–C, D, L एवं M का निम्नलिखित में से कौन-सा एक सही अनुक्रम है?

(a) C > D > L > M (b) M > L > D > C
(c) M > D > C > L (d) L > C > D > M

उत्तरमाला

तर्कशक्ति

1. (b) 2. (b) 3. (b)

गणित

1. (a) 2. (d) 3. (a) 4. (c) 5. (a) 6. (b) 7. (c) 8. (c) 9. (c) 10. (a)
11. (c)

व्याख्यात्मक हल

तर्कशक्ति

1. (b) दी गई श्रेणी है A/AB/ABC/ABCD/ABCDE/----------

अर्थात, $1+2+3+4+5+6+7+$-----------

जब हम इसी तरीके में आगे बढ़ते हैं, तो हम पाते हैं

$1+2+3+4+5+6+7+8+9+10+11+12+13=91$

$\therefore\ 91+9=100$ वीं संख्या

वर्णमाला श्रेणी के आरम्भ से 9 वाँ अक्षर I है।

2. (b) 117, 120, 123, 126, -------, 333

यह एक अंकगणितीय श्रेढी है।

$a=117, d=3$, n वाँ पद $=333$

n वाँ पद $=a+(n-1)\,d$

$333=117+(n-1)3$

$333=117+3n-3$

$3n=333-117+3$

$3n=219$

$n=73$

3. (b) वर्ष 2002 से 2008 तक दो अधिवर्ष हैं अर्थात् 2004 और 2008। इसका अर्थ यह है कि यहाँ दो अतिरिक्त दिन हैं। शेष 6 वर्षों के लिए 6 अतिरिक्त दिन होते हैं। इस प्रकार हम पाते हैं। 2 + 6 = 8 अतिरिक्त दिन।

7 दिनों से एक सप्ताह बनता है, इसलिए हमारे पास एक अतिरिक्त दिन है। अतः पिछला दिन शुक्रवार था।

गणित

1. (a) बौधायन प्रमेय का सम्बन्ध एक समकोण त्रिभुज की भुजाओं की लम्बाइयों से होता है। पाइथागोरस प्रमेय भारत में बौधायन द्वारा पहले से ही प्रतिपादित की गई थी। पाइथागोरस एक यूनानी गणितज्ञ था, जिसने बाद में हमें पाइथागोरस प्रमेय प्रदान की थी।

2. (d) यहाँ तीन पंक्तियाँ और तीन स्तम्भ हैं। 5 तद्रूप गेंदें प्रत्येक सेल में इस प्रकार से रखी जाती हैं कि प्रत्येक पंक्ति में कम से कम एक गेंद होती है।

इसलिए, एक पंक्ति में 3 गेंदें और अन्य दो पंक्तियों में से प्रत्येक में 1 गेंद है।

$\therefore\ {}^3c_3 \times ({}^3c_1 \times {}^3c_1 \times {}^3c_1) = 27$ तरीके

गेंदों को दो पंक्तियों में दो गेंदें और एक पंक्ति में एक गेंद रखकर भी व्यवस्थित किया जा सकता है।

$\therefore\ {}^3c_1 \times ({}^3c_1 \times {}^3c_1 \times {}^3c_1) = 81$ तरीके

तरीकों की कुल संख्या $=27+81=108$ तरीके

3. (a) दिया गया है कि 6 लिफाफे और 6 पत्र हैं। जब 5 पत्र सही लिफाफों में हैं तो इस बात की कोई संभावना नहीं है कि 6वाँ पत्र गलत लिफाफे में हो।

4. (c) दो लाल गेंदें, दो काली गेंदें, दो सफेद गेंदें यहाँ तीन रंग हैं जिनमें से हमें एक गेंद को ${}^3c_1 = 3$ तरीकों से चुनना है।

एक ही रंग की दो गेंदें और अलग-अलग रंग की दो गेंदों को साथ-साथ इस प्रकार से रखा जा सकता है कि एक ही रंग की दो गेंदें एक-दूसरे के आसन्न हों। तब इन्हें $\frac{2!\times 2!}{2!} \times 3$

$=6$ तरीकों में रखा जा सकता है।

तरीकों की कुल संख्या $=6\times 3=18$ तरीके

यदि अलग-अलग रंगों की दो गेंदें चुनी जाती हैं तो

${}^3c_1$ तरीके $=3$ तरीके

यदि दो गेंदों को दो तरीकों से दो खाली ब्लॉक में रखा जाता है।

तो, तरीकों की कुल संख्या $=3\times 2=6$ तरीके

इसलिए, व्यवस्थापनों की कुल संख्या है $18+6=24$

5. (a)

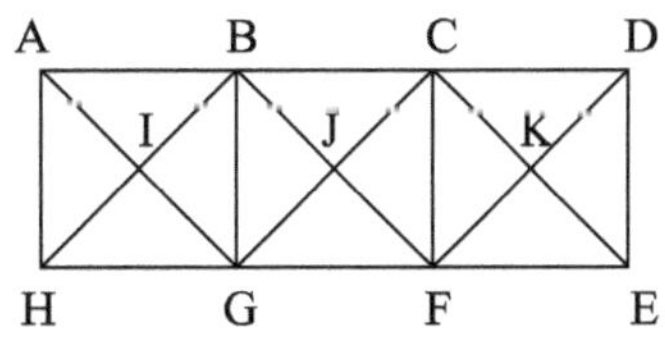

त्रिभुज हैं :- ABG, AGH, AIB, BIG, HIG, AIH, ABH, BGH BJC, CJF, GJF, BJG, BCF, BGF, BGC, GFC CKD, DKE, EKF, FKC, CDE, EFC, FCD, DEF AGC, BFD, HBF, GCE

6. (b) किताब A और B कभी सतत स्थिति में नहीं होती हैं। इसलिए कुल विन्यासों की संख्या $=4!=24$

उन विन्यासों की संख्या जिनमें A और B साथ-साथ होती हैं $3!\times 2!=(3\times 2\times 1)\times(2\times 1)=12$

उन विन्यासों की संख्या जिनमें A और B कभी भी साथ-साथ नहीं होती $=24-12=12$

7. (c) कुल निर्मित कुर्सियों की संख्या = (A+B+C) द्वारा निर्मित कुर्सियाँ

$$= \frac{12 \times 8}{6} + \frac{21 \times 8}{7} + \frac{21 \times 8}{8}$$

$= 28 + 24 + 21$

$= 73$ कुर्सियाँ

8. (c) कुल C.P $= 600 + 15\% (600)$

$$= 600 + \frac{15}{100} \times 600 = \text{Rs. } 690$$

निम्न सूत्र का प्रयोग करने पर

$$SP = CP \left(\frac{100 \times \text{लाभ}}{100} \right)$$

$$= 690 \quad \frac{100 \quad 25}{100}$$

$$= 690 \times \frac{125}{100} = ₹\, 862.50$$

9. (c) छात्रों का चयन करने के तरीकों की संख्या $= {}^5c_2$

$$= \frac{5!}{2! \times 3!}$$

$= 10$ तरीके

10. (a) अनुत्तीर्ण छात्रों का कुल प्रतिशत =

$(30 - 15) + (40 - 15) + 15 = 55\%$

उत्तीर्ण छात्रों का कुल प्रतिशत $= (100 - 55)$

$= 45\%$

माना कि छात्रों की कुल संख्या 'n' है, तो

$270 = n \times 45\%$

$$270 = \frac{45n}{100}$$

$$n = \frac{27000}{45} = 600$$

11. (c) रोमन अंकों का अर्थ है

$C = 100, D = 500, L = 50, M = 1000$

इसलिए, सही अनुक्रम है $M > D > C > L$

सामान्य अध्ययन 2007

तर्कशक्ति

1. यदि 501 से 700 तक की सभी संख्याएँ लिखी जाएँ, तो उनमें अंक 6 कुल कितनी बार आएगा?

(a) 138 (b) 139

(c) 140 (d) 141

2.

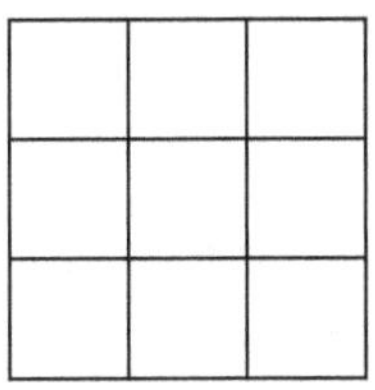

ऊपर दी गई आकृति के 12 वर्गों में 3 एकसमान गेंद (प्रत्येक गेंद वर्ग के यथातथ केन्द्र पर रखी जानी है और एक वर्ग में केवल एक गेंद ही रखी जानी है) किसने अधिकतम विभिन्न ढंगों से रखी जा सकती है, जबकि तीनों गेंदों को एक ही सरल रेखा पर नहीं होना है?

(a) 144 (b) 200

(c) 204 (d) 216

3. एक घन के प्रत्येक फलक (Face) पर 1 से 6 में से एक भिन्न अंक अंकित है। यह भी दिया गया है कि–

1. फलक 2, फलक 6 के प्रतिमुख (Opposite) है।
2. फलक 1, फलक 5 के प्रतिमुख है।
3. फलक 3, फलक 1 और फलक 5 के बीच है।
4. फलक 4, फलक 2 के संलग्न(Adjacent) है।

निम्नलिखित में से कौन-सा एक सही है?

(a) फलक 2, फलक 3 के संलग्न है

(b) फलक 6, फलक 2 और फलक 4 के बीच है

(c) फलक 1, फलक 5 और फलक 6 के बीच है

(d) उपरोक्त में से कोई नहीं

गणित

1.

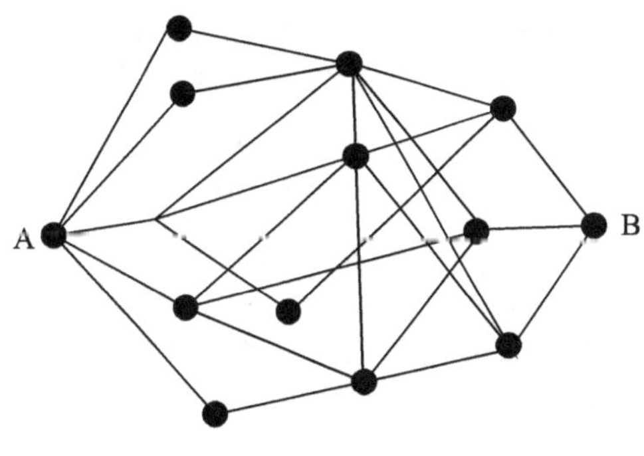

(प्रत्येक लघु वृत्त भिन्न स्टेशन को निरूपित करता है)

स्टेशन A और स्टेशन B के बीच भिन्न मार्गों की अधिकतम संख्या कितनी है?

(a) 28 (b) 31

(c) 33 (d) 35

2. एक व्यक्ति को तीन द्रव–पेट्रोल के 403 लीटर, डीजल के 465 लीटर और मोबिल ऑयल के 496 लीटर को बिना एक-दूसरे के मिलाए पूर्णत: समान माप की बोतलों में ऐसे डालना है कि प्रत्येक बोतल पूरी भरी जाए। ऐसी बोतलों की कम-से-कम कितनी संख्या की आवश्यकता होगी?

(a) 34 (b) 44
(c) 46 (d) इनमें से कोई भी नहीं

3. अमित के पाँच मित्र हैं, जिनमें 3 लड़कियाँ और 2 लड़के हैं। अमित की पत्नी के भी पाँच मित्र हैं, जिनमें 3 लड़के और 2 लड़कियाँ हैं। यदि उन्होंने 2 लड़कों और 2 लड़कियों को आमत्रित करना हो, जिनमें 2 मित्र अमित के और 2 मित्र अमित की पत्नी के हों, तो ऐसा कितने अधिकतम भिन्न ढंगों से किया जा सकता है?

(a) 24 (b) 38
(c) 46 (d) 58

4. भिन्न रंगों की पाँच गेंदों को तीन भिन्न डिब्बों में ऐसे डालना है कि किसी भी डिब्बे में कम-से-कम एक गेंद हो। ऐसा करने के भिन्न ढंगों की अधिकतम संख्या क्या है?

(a) 90 (b) 120
(c) 150 (d) 180

5. नाम SACHIN के सभी छः अक्षर किसी एक शब्द में बिना किसी भी अक्षर को दोहराए विन्यासित कर भिन्न शब्द बनाए जाते हैं। ऐसे बने शब्दों को एक शब्दकोश में विन्यासित किया जाता है। उस क्रम में शब्द SACHIN का स्थान क्या होगा?

(a) 436 (b) 590
(c) 601 (d) 751

6. तीन पासे (प्रत्येक पासे के छः फलक हैं, और प्रत्येक फलक पर 1 से 6 अंकों में से एक अंकित है) फेंके जाते हैं। कितने सम्भव परिणाम होंगे कि कम-से-कम एक पासा अंक 2 दिखाएगा?

(a) 36 (b) 81
(c) 91 (d) 116

7. एक रेलगाड़ी एक दूरी 40 किमी॰ प्रति घण्टा की औसत चाल से पूरा करती है और वह बीच में कुछ बार रुकती है। यदि रेलगाड़ी बीच में कभी रुकी नहीं, तो वह यह दूरी 60 किमी॰ प्रति घण्टा की औसत चाल से पूरा करती। यह गाड़ी इस दूरी को तय करने में कितने मिनट प्रति घण्टा की औसत से रुकती है?

(a) 20 मिनट प्रति घण्टा (b) 18 मिनट प्रति घण्टा
(c) 15 मिनट प्रति घण्टा (d) 10 मिनट प्रति घण्टा

8. एक कार्यालय में 100 कर्मचारी का औसत मासिक वेतन 16,000 रुपये है। प्रबन्धन ने प्रत्येक कर्मचारी के वेतन में 5% वृद्धि की, परन्तु प्रत्येक कर्मचारी को पहले वाला 800 रुपये का मासिक यातायात भत्ता देना बन्द कर दिया। नया औसत मासिक वेतन क्या होगा?

(a) रु. 16,000 (b) रु. 16,500
(c) रु. 16,800
(d) अपर्याप्त आँकड़ों के कारण जाना नहीं जा सकता

9. अमित एक बिन्दु A से पैदल चलकर अन्य बिन्दु B तक जाता है और B से A अपनी कार में वापस आता है और इसमें उसे 6 घण्टा और 45 मिनट का कुल समय लगता है। यदि वह दोनों ओर कार से जाता तो उसे 2 घण्टे का कम समय लगता। उसे दोनों ओर पैदल आने-जाने में कितना समय लगेगा?

(a) 7 घण्टा 45 मिनट (b) 8 घण्टा 15 मिनट
(c) 8 घण्टा 30 मिनट (d) 8 घण्टा 45 मिनट

10. A और B दोनों मिलकर एक कार्य 5 दिन में पूरा करते हैं। यदि A अपनी गति से दोगुनी गति और B अपनी गति से आधी गति पर काम करें तो यह कार्य 4 दिन में पूरा होगा। A को अकेले ही यह कार्य पूरा करने में कितने दिन लगेंगे?

(a) 10 (b) 12
(c) 15 (d) 18

11. 5 लड़कों A, B, C, D और E में से इस प्रकार समूह बनाने हैं कि प्रत्येक समूह में 3 लड़के हों और किसी भी समूह में C और D दोनों एक साथ सम्मिलित न हों। ऐसे कितने अधिकतम भिन्न समूह बनाए जा सकते हैं?

(a) 5 (b) 6
(c) 7 (d) 8

12. तीन व्यक्तियों में से प्रत्येक को कुछ एक-समान वस्तुएँ इस प्रकार देनी हैं कि उनमें से प्रत्येक व्यक्ति द्वारा प्राप्त की गई वस्तुओं की संख्याओं का गुणनफल 30 के बराबर हो। ऐसा वितरण कितने अधिकतम विभिन्न ढंगों से किया जा सकता है?

(a) 21 (b) 24
(c) 27 (d) 33

13. एक बोर्ड पर 6 समान्तराली ऊर्ध्वाधर रेखाएँ खींची गई हैं। बोर्ड पर 6 ऊर्ध्वाधर रेखाओं को काटती हुई 6 समान्तराली क्षैतिज रेखाएँ भी खींची गई हैं। किन्हीं दो निरन्तर ऊर्ध्वाधर रेखाओं के बीच की दूरी किन्हीं दो निरन्तर क्षैतिज रेखाओं के बीच की दूरी के समान है। इस तरह बनने वाले वर्गों की अधिकतम संख्या कितनी है?

(a) 37 (b) 55
(c) 126 (d) 225

14.

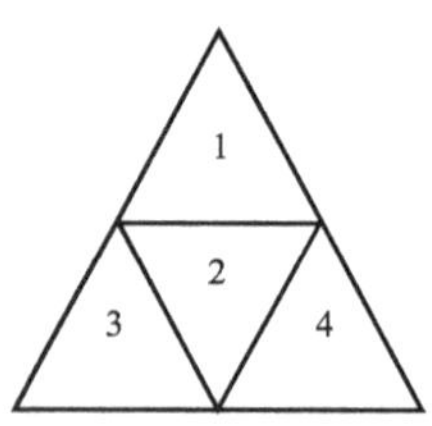

ऊपर दी गई आकृति में त्रिभुज 1, 2, 3 और 4 में 8 एकसमान गेंद कितने अधिकतम विभिन्न ढंगों से रखी जा सकती हैं, जबकि प्रत्येक त्रिभुज में कम-से-कम एक गेंद अवश्य हो?

(a) 32 (b) 35
(c) 44 (d) 56

उत्तरमाला

तर्कशक्ति

1. (c) 2. (c) 3. (a)

गणित

1. (b) 2. (b) 3. (c) 4. (c) 5. (c) 6. (c) 7. (a) 8. (a) 9. (d) 10. (a)
11. (c) 12. (c) 13. (b) 14. (b)

व्याख्यात्मक हल

तर्कशक्ति

1. (c) 501 और 599 के बीच 6 की संख्या

दहाई स्थान पर = 10

इकाई स्थान पर = 10

600 से 699 के बीच 6 की संख्या

सैकड़ा स्थान पर = 100

दहाई स्थान पर = 10

इकाई स्थान पर = 10

अंक 6 कुल

$10 + 10 + 100 + 10 + 10 = 140$ बार आता है।

2. (c) यहाँ तीन पंक्तियाँ और तीन स्तम्भ हैं अर्थात यहाँ कुल 12 स्थान हैं।

गेंदों को रखने के तरीकों की कुल संख्या = ${}^{12}c_3$

$= \frac{12!}{3!(9!)}$

$= 220$

सीधी रेखा में रखी गई गेंदें $= 4 \times {}^3c_3 + {}^4c_3 \times 3$

$= 4 + 12 = 16$

तरीकों की कुल संख्या $= 220 - 16 = 204$

3. (a) 2 और 4 आसन्न हैं (दिया है)

3 और 4 विपरीत हैं

इसलिए, 2 और 3 आसन्न हैं।

गणित

1. (b) A से B तक चार मार्ग हैं

	आने का मार्ग	जाने का मार्ग	कुल
पहला मार्ग	3	3	$3 \times 3 = 9$
दूसरा मार्ग	4	3	$4 \times 3 = 12$
तीसरा मार्ग	3	2	$3 \times 2 = 6$
चौथा मार्ग	2	2	$2 \times 2 = 4$

इसलिए, मार्ग की कुल संख्या $= 9 + 12 + 6 + 4 = 31$

2. (b) 403, 465 और 496 का H.C.F 31 है।

एक बोतल की अधिकतम क्षमता 31 लीटर होनी चाहिए। 403 लीटर पेट्रोल के लिए जरूरी बोतलों की संख्या

$= \frac{403}{31} = 13$

465 लीटर डीजल के लिए जरूरी बोतलों की संख्या

$= \frac{465}{31} = 15$

496 लीटर मोबिल ऑयल के लिए जरूरी बोतलों की संख्या

$= \frac{496}{31} = 16$

इस प्रकार, जरूरी बोतलों की कुल संख्या

$= 13 + 15 + 16$

$= 44$

3. (c) तरीकों की कुल संख्या $= ({}^3c_2 \times {}^3c_0 \times {}^3c_0 \times {}^3c_2) + ({}^2c_0 \times {}^3c_2 \times {}^3c_2 \times {}^2c_0) + {}^2c_1 \times {}^3c_1 \times {}^3c_1 \times {}^2c_1$

$= (1 \times 1 \times 1 \times 1) + (1 \times 3 \times 3 \times 1) + (2 \times 3 \times 3 \times 2)$

$= 1 + 9 + 36$

$= 46$

4. (c) तरीकों की संख्या $= r^n - {}^rc_1 (r-1)^n + {}^rc_2 (r-2)^2 + -----$

यहाँ हमारे पास $r = 3$ और $n = 5$ है।

$\Rightarrow 3^5 - {}^3c_1 (3-1)^5 + {}^3c_1 (3-2)^2$

$= 243 - 3 \times 32 + 3 \times 1$

$= 243 - 96 + 3$

$= 150$

5. (c) SACHIN नाम से बनने वाले शब्दों को एक शब्दकोश में निम्न प्रकार से व्यवस्थित किया जा सकता है।

A से आरम्भ होने वाले शब्द $= 5! = 5 \times 4 \times 3 \times 2 \times 1 = 120$

C से आरम्भ होने वाले शब्द $= 5! = 120$

H से आरम्भ होने वाले शब्द $= 5! = 120$

I से आरम्भ होने वाले शब्द $= 5! = 120$

N से आरम्भ होने वाले शब्द $= 5! = 120$

S से आरम्भ होने वाले शब्दों में से पहला शब्द शब्दकोश क्रम में SACHIN है।

इसलिए, SACHIN का स्थान है $= 120 + 120 + 120 + 120 + 120 + 1$

$= 601$

6. (c) तीन पांसों के सम्भावित परिणाम $= 6^3 = 216$

ऐसे सम्भावित परिणाम जिनमें 2 नहीं आता है।

$= 5^3 = 125$

ऐसे सम्भावित परिणाम जिनमें कम से कम एक पांसा 2 दर्शाता है।

$= 216 - 125$

$= 91$

7. (a) यात्रा के दौरान ट्रेन का ठहराव

$$= \frac{\text{चाल में परिवर्तन}}{\text{तीव्रतम चाल}}$$

$$= \frac{60-40}{60}$$

$$= \frac{1}{3} \text{ घंटा}$$

$$= \frac{1}{3} \times 60 \text{ मिनट}$$

$= 20$ मिनट

8. (a) वेतन में वृद्धि $= 16,000 \times \frac{5}{100} =$ ₹ 800

बढ़ा हुआ वेतन $= 16,000 + 800$

$=$ ₹ 16,800

यात्रा भत्ता $=$ ₹ 800

यात्रा भत्ते की कटौती $= 16800 - 800$

$=$ ₹ 16000

9. (d) माना कि पैदल द्वारा लिया गया समय x और कार द्वारा लिया गया समय y है।

प्रश्न के अनुसार

$x + y = 6$ घंटा 45 मिनट ....(i)

$2y = 4$ घंटा 45 मिनट ....(ii)

समीकरण 'i' और 'ii' को हल करने पर हम पाते हैं,

$2x + 2y = 13$ घंटे 30 मिनट

$2x + 4$ घंटे 45 मिनट $= 13$ घंटे 30 मिनट

$2x = 8$ घंटे 45 मिनट

यदि अमित दोनों ओर की दूरी पैदल तय करता है, तो वह 8 घंटे 45 मिनट का समय लेगा।

10. (a) माना A कार्य को x दिन में और B कार्य को y दिनों में पूरा करता है।

प्रश्न के अनुसार

$$\frac{1}{x} + \frac{1}{y} = \frac{1}{5} \quad ....(i)$$

$$\frac{2}{x} + \frac{1}{2y} = \frac{1}{4} \quad ....(ii)$$

समीकरण (i) और (ii) को हल करने पर हम पाते हैं,

$$\frac{1}{x} + \frac{1}{2} - \frac{4}{x} = \frac{1}{5}$$

$$\frac{1}{x} - \frac{4}{x} = \frac{1}{5} - \frac{1}{2}$$

$$\frac{1}{x} - \frac{4}{x} = \frac{-3}{10}$$

$$\frac{-3}{x} = \frac{-3}{10}$$

$x = 10$

A अकेला कार्य को 10 दिनों में पूरा कर सकता है।

11. (c) यहाँ 5 लड़के हैं :- A, B, C, D, E

3 लड़के वाले समूहों को इस प्रकार से बनाया जाता है कि किसी भी समूहों में C और D दोनों शामिल नहीं होते हैं।

ऐसे समूह हैं :- ABC, ABD, ABE, BCE, BDE, CEA, DEA

इस प्रकार बनने वाले समूहों की कुल संख्या $= 7$

12. (c) तरीकों की संख्या $= 3^3 = 27$ तरीके

13. (b) वर्गों की कुल संख्या $= (5 \times 5) + (4 \times 4) + (3 \times 2) + (2 \times 2) + (3) + (1)$

$= 25 + 16 + 6 + 4 + 3 + 1$

$= 55$

14. (b) अलग-अलग तरीके 5, 1, 1, 1 = 4 तरीके

2, 2, 2, 2 = 1 तरीका

1, 2, 2, 3 = $3 \times 4 = 12$ तरीके

1, 1, 3, 3 = $3 \times 2 = 6$ तरीके

1, 1, 2, 4 = $3 \times 4 = 12$ तरीके

तरीकों की कुल संख्या $= 4 + 1 + 12 + 6 + 12$

$= 35$ तरीके

सामान्य अध्ययन 2006

तर्कशक्ति

1.

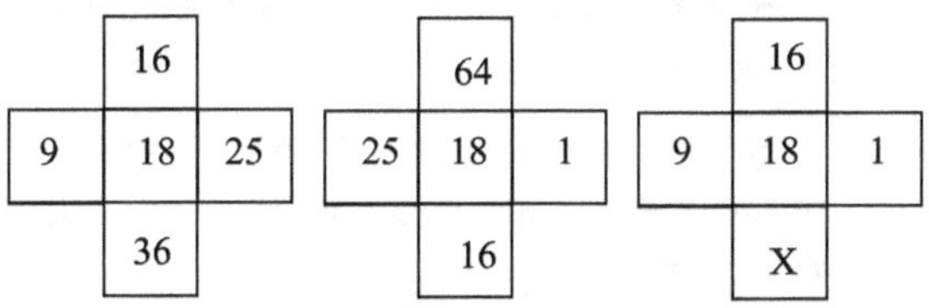

आकृति III में X का मान क्या है?

(a) 4 (b) 16

(c) 25 (d) 36

2.

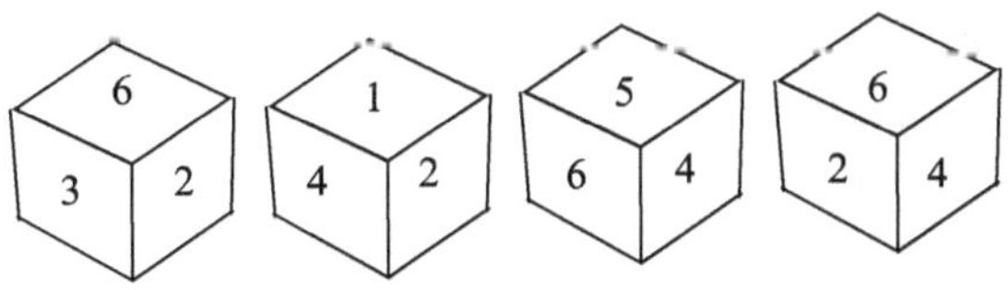

एक घन के फलकों में से प्रत्येक पर 1 से 6 में से एक अंक अंकित है। यह घन आकृतियों, I, II, III और IV में चार भिन्न स्थितियों में दर्शाया गया है।

1. यह ज्ञात करने के लिए कि 6 से अंकित फलक के विपरीत कौन-सा फलक है, आकृतियाँ 6 से अधिक फलक के विपरीत कौन-सा फलक है, आकृतियाँ II तथा III पर्याप्त है।
2. यह ज्ञात करने के लिए कि 4 से अधिक फलक के विपरीत कौन-सा फलक है, आकृतियाँ II तथा III पर्याप्त है।
3. यह ज्ञात करने के लिए 3 से अंकित फलक के विपरीत कौन-सा फलक है, आकृतियाँ I और IV पर्याप्त है।

उपरोक्त कथनों में से कौन-से सही हैं?

(a) केवल 1 तथा 3 (b) केवल 1 तथा 2

(c) केवल 2 तथा 3 (d) 1, 2 तथा 3

3. A, B, C, D तथा E के पास एक ही वस्तु असमान अनुपात (<10) में है। A, B तथा C की कुल मात्रा 21 है। C, D तथा E की कुल मात्रा 7 है। A तथा B दोनों के पास मिलावट वस्तु की कितनी मात्रा है।

(a) 15 (b) 17

(c) 18 (d) इनमें से कोई नहीं

4. एक गोलाई में आठ बिंदु A, B, C, D, E, F, G तथा H समानान्तर दूरी पर लगाए गए। एक व्यक्ति A से C पर पहुँचा, तथा दूसरा E से B तक पहुँचा, दोनों ही व्यक्तियों ने 'T' समय लिया। दोनों व्यक्ति एक ही दिशा में चले तथा एक ही समय पर चलना प्रारम्भ किया। यात्रा प्रारम्भ करने के कितने समय बाद दोनों व्यक्ति एक दूसरे से मिलेंगे?

(a) 4 t (b) 7 t

(c) 9 t (d) कभी नहीं

गणित

1. 6000 से 6999 तक (6000 व 6999 दोनों को सम्मिलित करते हुए) कुल ऐसी कितनी संख्याएँ हैं, जिनमें उनके कम-से-कम एक अंक की पुनरीवृति हाती है?

(a) 216 (b) 356

(c) 496 (d) 504

2. 2 महिलाओं तथा 3 पुरुषों में से प्रत्येक की 8 कुर्सियों में से, जिनमें प्रत्येक पर 1 से 8 अंकों में से एक अंक अंकित है, एक पर बैठना

है। पहले महिलाएँ 1 से 4 तक अंकित कुर्सियों में से किन्हीं दो पर बैठेगीं तथा उसके पश्चात् 3 पुरुषों को बची हुई 6 कुर्सियों में से किन्हीं तीन पर बैठना है। ऐसा करने के विभिन्न ढंगों की अधिकतम संख्या कितनी है?

(a) 40 (b) 132
(c) 1440 (d) 3660

3. एक टूर्नामेन्ट में प्रत्येक प्रतियोगी को प्रत्येक अन्य प्रतियोगी के विरुद्ध एक मैच खेलना है। तीन-तीन मैच खेलने के पश्चात् तीन खिलाड़ी बीमार हो गए और उन्हें टूर्नामेन्ट से बाहर होना पड़ा। यदि कुल खेले गए मैचों की संख्या 75 हो तब टूर्नामेन्ट के शुरू होने के कारण कुल कितने प्रतियोगी थे?

(a) 8 (b) 10
(c) 12 (d) 15

4. P, Q, R, S और T एक पाँच मंजिल (भू-तल +4) वाले भवन में रहते हैं तथा उनमें से प्रत्येक अलग-अलग तल पर रहता है। दिया गया है कि–

1. T, सबसे ऊपरी तल पर नहीं रहता।
2. Q, भू-तल पर नहीं रहता।
3. S, P से एक तल ऊपर और R से एक तल नीचे रहता है।

यह जानने के लिए कि इन 5 व्यक्तियों में से कौन-सा एक भू-तल पर रहता है, उपरोक्त कथनों में से कौन-से पर्याप्त/अपर्याप्त है?

(a) 1 और 3 पर्याप्त हैं (b) 2 और 3 पर्याप्त हैं
(c) 1, 2 और 3 पर्याप्त हैं (d) 1, 2 और 3 अपर्याप्त हैं

5. एक बक्से में गेंदों के 5 समूह हैं जबकि प्रत्येक समूह में 3 गेंद हैं। हर एक समूह में 3 गेंदों का एक ही रंग है और प्रत्येक समूह की गेंदों का रंग अन्य समूह के रंग से भिन्न है। ऐसी गेंदों की कम-से-कम संख्या कितनी है जिनके बक्से में से निकाले जाने पर सह निश्चितता के साथ कहा जा सकता है कि किसी एक रंग की गेंद निकाली जा चुकी हैं?

(a) 6 (b) 7
(c) 8 (d) 9

6. तीन समान्तर सीधी रेखाओं में से पहली पर दो बिन्दु A और B अंकित किऐ गए हैं, दूसरी रेखा पर बिन्दु C और D अंकित किए गए हैं तथा तीसरी पर बिन्दु E और F अंकित किए गए हैं। इन 6 बिन्दुओं में से प्रत्येक अपनी सीधी रेखा पर किसी भी स्थिति में जा सकता है।

निम्नलिखित कथनों पर विचार कीजिए–

1. इन बिन्दुओं को जोड़ने से खीचे जाने वाले त्रिभुजों की अधिकतम संख्या 18 है।
2. इन बिन्दुओं को जोड़ने से खींचे जाने वाले त्रिभुजों की न्यूनतम संख्या शून्य है।

उपरोक्त कथनों में से कौन-सा/से सही है/हैं?

(a) केवल 1 (b) केवल 2
(c) दोनों 1 और 2 (d) न ही 1 और न ही 2

7. दो टीमों (प्रत्येक टीम में एक पुरुष तथा एक महिला है) को एक दूसरे के विरुद्ध टेनिस का मिश्रित युगल मैच खेलना है। कुल 4 विवाहित दम्पतियाँ हैं। किसी भी टीम में पुरुष तथा उनकी पत्नी एक साथ नहीं हो सकते। खेले जाने वाले मैचों की अधिकतम संख्या कितनी हो सकती है?

(a) 12 (b) 21
(c) 36 (d) 42

8. एक कार्यालय में चाय पीने वाले व्यक्तियों की संख्या ऐसे व्यक्ति जो केवल कॉफी पीते हैं की संख्या से दुगुनी है। कॉफी पीने वाले व्यक्यिों की संख्या ऐसे व्यक्ति जो केवल चाय पीते हैं की संख्या से दुगुनी है।

निम्नलिखित कथनों पर विचार कीजिए–

1. ऐसे व्यक्तियो की संख्या का योग जो या तो चाय अथवा कॉफी अथवा दोनों चाय और कॉफी पीते हैं, उन व्यक्तियों की संख्या से चार गुना है, जो दोनों कॉफी और चाय पीते हैं।
2. केवल कॉफी तथा केवल चाय पीने वाले व्यक्तियों की संख्या का योग, दोनों चाय तथा कॉफी पीने वाले व्यक्तियों की संख्या का दुगुना है।

उपरोक्त कथनों में से कौन-सा/से सही है?

(a) केवल 1 (b) केवल 2
(c) दोनों 1 और 2 (d) न ही 1 और न ही 2

9. बिना पुनरावृति के 1, 2, 3, 4, 5, 6, 7, 8, और 9 में से यादृच्छिक ढंग से तीन अंक लिए गए हैं। उनके गुणनफल के विषम होने की प्रायिकता क्या है?

(a) 2/3 (b) 5/108
(c) 5/42 (d) 7/48

10. एक प्रश्न-पत्र में चार बहुविकलपीय प्रश्न हैं। प्रत्येक प्रश्न के लिए पाँच विकल्प हैं, जिनमें केवल एक विकल्प सही उत्तर है।

ऐसे ढंगों की कुल संख्या कितनी है, जिनमें एक परीक्षार्थी सभी चारों सही उत्तर नहीं दे पाएगा?

(a) 19 (b) 120
(c) 624 (d) 1024

11. एक घड़ी नौ बजाकर चौदह मिनट (9 बजकर 14 मिनट) का समय दिखाती हैं घड़ी की घण्टा सुई तथा मिनट सुई की स्थितियों में एक दूसरे से तथ्यत: अदला-बदली कर दी जाती है। घड़ी द्वारा दिखाया जाने वाला नया समय निम्नलिखित में से किस एक के निकटतम है?

(a) तीन बजने में बारह मिनट (b) तीन बजने में तेरह मिनट
(c) तीन बजने में चौदह मिनट (d) तीन बजने में पन्द्रह मिनट

12. 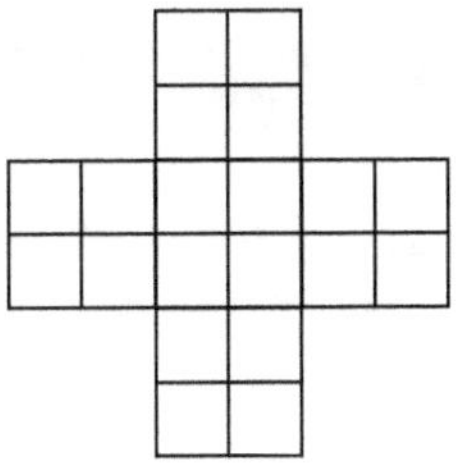

ऊपर दी गई आकृति में वर्गों में 8 एकसमान गेंद इस प्रकार क्षैतिज दिशा में रखनी है कि एक क्षैतिज पंक्ति में 6 गेंद तथा अन्य क्षैतिज पंक्ति में 2 गेंद आएँ। ऐसा कितने अधिकतम भिन्न ढंगों से किया जा सकता है?

(a) 38 (b) 28
(c) 16 (d) 14

उत्तरमाला

तर्कशक्ति

1. (d) **2.** (c) **3.** (d) **4.** (b)

गणित

1. (c) **2.** (c) **3.** (d) **4.** (d) **5.** (a) **6.** (d) **7.** (d) **8.** (b) **9.** (c) **10.** (c)
11. (c) **12.** (a)

व्याख्यात्मक हल

तर्कशक्ति

1. (d) चित्र I:- $\sqrt{16}+\sqrt{25}+\sqrt{36}+\sqrt{9}$

$=4+5+6+3$

$=18$ (मध्यांक)

चित्र II: $\sqrt{64}+\sqrt{1}+\sqrt{16}+\sqrt{25}=18$

$=8+1+4+5$

$=18$ (मध्यांक)

चित्र III: $\sqrt{16}+\sqrt{1}+\sqrt{X}+\sqrt{9}=18$

$=4+1+\sqrt{X}+3=18$

$=8+\sqrt{X}=18$

$=\sqrt{X}=18-8$

$X=(10)^2$

$X=100$

2. (c) कथन I : 1 के विपरीत 6 है

कथन II : 3 के विपरीत 4 है।

कथन III : 4 के विपरीत 3 है।

सभी कथन सही हैं।

3. (d) दिया है $A+B+C=12$ और $C+D+E=7$

प्रत्येक व्यक्ति के पास 10 से कम वस्तुऐं हैं।

इसलिए, $A+B<20$.

दिए गए आँकड़े अपर्याप्त हैं और हम A और B के पास मौजूद वस्तुओं का सटीक मान नहीं दे सकते हैं।

4. (b) यहाँ 8 व्यक्ति हैं इसलिए हम वृत्त को 8 समान भागों में बाँट सकते हैं।

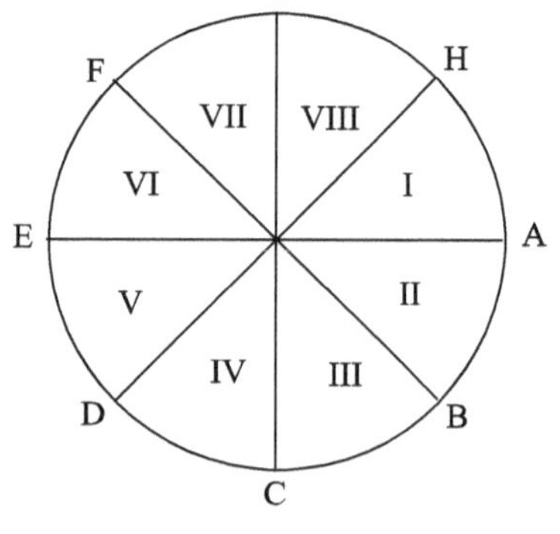

माना कि वृत्त की परिधि x है।

A से C तक की दूरी $=\frac{2}{x}$

B से E तक की दूरी $=\frac{3}{x}$

A से C तक और B से E तक की दूरी t समय में तय की जाती है (दिया है)

A से C तक और B से E तक की सापेक्षिक चाल $=\frac{3}{x}-\frac{2}{x}$

$=\frac{1}{x}$

B से A तक की दूरी $=\frac{7}{x}$

लिया गया समय $=\frac{\frac{7}{x}\times t}{\frac{1}{x}}=7t$

गणित

1. (c) 6000 से 6999 तक 1000 संख्याएं हैं।

ऐसी संख्याएं जिनमें सभी अंक भिन्न हैं $=9\times8\times7$

$=504$

6000 और 6999 के बीच कुल संख्याएं जिनमें ये दोनों संख्याएं भी शामिल हैं $=1000-504=469$

2. (c) पहली महिला 4 तरीकों में बैठ सकती है।

दूसरी महिला 3 तरीकों में बैठ सकती है।

3 पुरुष शेष 6 कुर्सियों पर ${}^6p_3$ तरीकों से बैठ सकते हैं

$\therefore$ तरीकों की कुल संख्या $=4\times3\times{}^6p_3$

$=12\times\frac{6!}{3!}$

$=12\times120$

$=1440$

3. (d) माना कि खिलाड़ियों की कुल संख्या n है।

जब 3 खिलाड़ी बीमार हो जाते हैं तो खिलाड़ियों की संख्या $=n-3$

3 खिलाड़ियों में से प्रत्येक ने 3 मैच खेले थे इसलिए इन तीनों खिलाड़ियों द्वारा खेले गये मैचों की कुल संख्या

$= 3 \times 3 = 9$

खेले गयें मैचों की कुल संख्या $= 75$

शेष खिलाड़ियों द्वारा खेले गये मैच $= 75 - 9$

$= 66$ ....(i)

$x - 3$ खिलाड़ियों द्वारा खेले गये मैच

$$\frac{(x-3)(x-4)}{2} = 66$$

$x^2 - 4x - 3x + 12 = 132$

$x^2 - 7x + 12 = 132$

$x^2 - 7x - 120 = 0$

इस समीकरण को हल करने पर हम पाते हैं

$(x - 15)(x + 8) = 0$

अतः, x के मान 15 और -8 हैं।

ऐसे मामलों में धनात्मक मान को सदैव उत्तर माना जाता है।

4. (d) दिये गये तीनों कथन प्रश्न का उत्तर देने के लिए पर्याप्त नहीं हैं।

5. (a) सेट I $\rightarrow$ 3 गेंद $\rightarrow$ 1 गेंद हटाई गई

सेट II $\rightarrow$ 3 गेंद $\rightarrow$ 1 गेंद हटाई गई

सेट III $\rightarrow$ 3 गेंद $\rightarrow$ 1 गेंद हटाई गई

सेट IV $\rightarrow$ 3 गेंद $\rightarrow$ 1 गेंद हटाई गई

सेट V $\rightarrow$ 3 गेंद $\rightarrow$ 2 गेंद हटाई गई

इस प्रकार हमें बॉक्स में से कम से कम 6 गेंदें हटानी हैं ताकि हम निश्चित रूप से यह दावा कर सकें कि एक ही रंग की गेंदों के एक युग्म को हटाया जा चुका है।

6. (d)

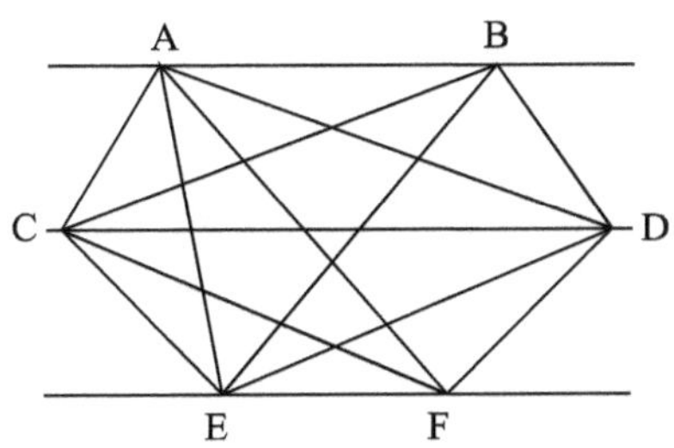

7. (d) माना कि चार टीमें इस प्रकार हैं

पति	A	B	C	D
पत्नी	P	Q	R	S

सम्भावित टीमें हैं :	AQ, AR, AS, BP, BR, BS, CP, CQ, CS, DP, DQ, DR
AQ द्वारा खेले गये मैचों की संख्या:	AQ – BP, AQ – BR, AQ – BS, AQ – CP, AQ – CS, AQ – DP, AQ – DR = 7 मैच

अन्य सभी टीमों द्वारा भी इसी अनुक्रम का अनुसरण किया जाता है।

इस प्रकार, खेले गये कुल मैच $= 7 \times 12 = 84$ मैच

प्रत्येक मैच 2 टीमों द्वारा खेला जाता है, इसलिए खेले गये मैचों की अधिकतम संख्या $= 84 \div 2 = 42$

8. (b)

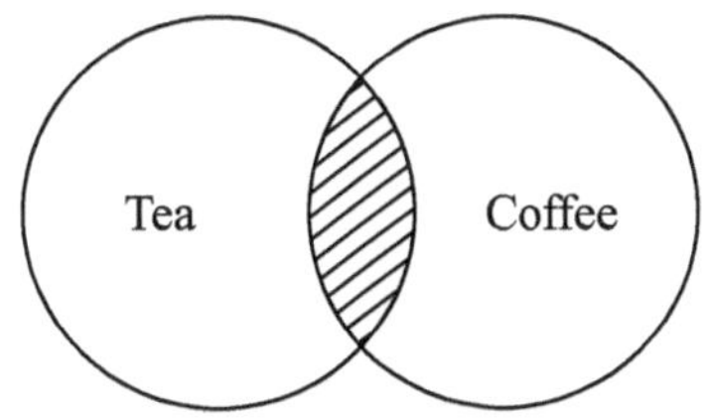

उपरोक्त आरेख दर्शाता है कि कथन 2 सही है।

9. (c) दिए गए अंक हैं : 1, 2, 3, 4, 5, 6, 7, 8, 9

9 अंकों में से 3 विषम अंकों को चुनने के तरीके

$$= {}^9C_3 = \frac{9!}{3!(6!)} = 84$$

5 अंकों में से 3 विषम अंकों को चुनने के तरीके

$$= {}^5C_3 = \frac{5!}{3!(2!)} = 10$$

उनका गुणनफल विषम होने की प्रायिकता $= \frac{10}{84}$

$$= \frac{5}{42}$$

10. (c) यहाँ 5 विकल्पों वाले 4 बहुविकल्पीय प्रश्न हैं।

उत्तर देने के तरीकों की कुल संख्या $= (5)^4$

$= 625$

किन्तु सही उत्तर केवल 1 है।

उन तरीकों की संख्या जिनमें एक अभ्यर्थी सभी चार सही उत्तर नहीं देगा $= 625 - 1$

$= 624$

11. (c) घड़ी में समय = 9 बजकर 14 मिनट

= 9 घंटे 14 मिनट

घंटे की सुई 5 अंतराल बढ़ती है जब मिनट की सुई 180° या 60 मिनट बढ़ती है।

इसलिए, जब मिनट की सुई 14 मिनट बढ़ती है तब घंटे की सुई बढ़ती है $\frac{14}{60} \times 5 = \frac{14}{12}$

घड़ी द्वारा दर्शाया जाने वाला नया समय तीन बजने में 14 मिनट के निकटतम है।

12. (a) हमें 6 गेंदों को एक क्षैतिज पंक्ति में और 2 गेंदों को अन्य क्षैतिज पंक्तियों में रखना है।

ऐसा हम 19 तरीकों से कर सकते हैं।

यहाँ दो 6 स्थानों वाली क्षैतिज पंक्तियाँ हैं।

इसलिए, दी गई स्थिति के अनुसार गेंदों को रखने के तरीकों की अधिकतम संख्या है 19×2

= 38 तरीके

सामान्य अध्ययन 2005

तर्कशक्ति

निर्देश (प्रश्न 1-5 तक)– नीचे दी गई सूचना के आधार पर उसके नीचे दिए गए पाँच प्रश्नांशों के उत्तर दीजिए–

गोपाल, हर्ष, इन्दर, जय और कृष्णन के स्वनगर अहमदाबाद, भोपाल, कटक, दिल्ली तथा एर्नाकुलम (अनिवार्यतः इसी क्रम में नहीं) हैं, वे इन्जीनियरी कॉलेजों में पढ़ रहे हैं। (अनिवार्यतः इसी क्रम में नहीं) पाँचों लड़कों में से कोई भी अपने स्वनगर में नहीं पढ़ रहा है, परन्तु प्रत्येक लड़का उपरोक्त नगरों में से एक में पढ़ रहा है।

निम्नलिखित भी दिया गया है–

(i) गोपाल का स्वनगर एर्नाकुलम है।

(ii) हर्ष अहमदाबाद अथवा भोपाल में नहीं पढ़ रहा है।

(iii) अर्थशास्त्र कॉलेज भोपाल में है।

(iv) इन्दर का स्वनगर कटक है।

(v) कृष्णन दिल्ली में पढ़ रहा है।

(vi) जय एर्नाकुलम में पढ़ रहा है तथा इतिहास कॉलेज उसके स्वनगर अहमदाबाद में स्थित है।

(vii) इन्जीनियरी कॉलेज एर्नाकुलम में स्थित है।

1. हर्ष का स्वनगर कौन-सा है?

   (a) दिल्ली (b) भोपाल

   (c) कटक (d) अहमदाबाद

2. कृष्णन का स्वनगर कौन-सा है?

   (a) अहमदाबाद (b) कटक

   (c) भोपाल (d) नहीं जाना जा सकता

3. इन्दर के स्वनगर में कौन-सा कॉलेज स्थित है?

   (a) वाणिज्य कॉलेज (b) चिकित्सा कॉलेज

   (c) अर्थशास्त्र कॉलेज (d) वाणिज्य अथवा चिकित्सा कॉलेज

4. भोपाल में कौन पढ़ रहा है?

   (a) गोपाल (b) हर्ष

   (c) गोपाल अथवा इन्दर (d) इन्दर अथवा हर्ष

5. यदि इन्दर अहमदाबाद में पढ़ रहा हो, तब निम्नलिखित व्यक्ति–स्वनगर–पढ़ने का स्थान समूहों में कौन-सा एक सही सुमेलित है?

   (a) गोपाल–एर्नाकुलम–दिल्ली

   (b) जय–अहमदाबाद–एर्नाकुलम

   (c) कृष्णन–दिल्ली–एर्नाकुलम

   (d) हर्ष–भोपाल–दिल्ली

6. 2 पुरुष तथा 1 महिला एक बस में चढ़ते हैं जिनमें 5 रिक्त सीटें हैं इन पाँच सीटों में से एक सीट महिलाओं के लिए आरक्षित है। महिलाओ के लिए आरक्षित सीट पर महिला चाहे तो बैठे अथवा न बैठे परन्तु पुरुष महिलाओं के लिए आरक्षित सीट पर नहीं बैठ सकता। यह तीन सवारियाँ कितने विभिन्न ढ़गों से यह पाँच सीटें धारण कर सकती हैं।

   (a) 15 (b) 36

   (c) 48 (d) 60

7. एक वर्ग को एकसमान 9 वर्गों में विभाजित किया गया है। 6 एकसमान गेदों को इन छोटे वर्गों में इस प्रकार रखना है कि तीन पंक्तियों में से प्रत्येक में कम-से-कम एक गेंद अवश्य रखी जाए एक वर्ग में केवल ऐसा कितने विभिन्न ढ़गों से किया जा सकता है?

   (a) 27 (b) 36

   (c) 54 (d) 81

8. 10 समान सिक्कों में से प्रत्येक के एक फलक पर 'H' तथा दूसरे फलक पर 'T' अंकित है, यह 10 सिक्के मेज पर ऐसे रखे हैं कि प्रत्येक का 'H' फलक ऊपरी तरफ है, एक प्रयास में यथातथ चार (न अधिक और न ही कम) सिक्कों को उलट कर रखना है, ऐसे प्रयासों की कुल न्यूनतम संख्या कितनी है, जिनमें सभी 10 सिक्कों का 'T' फलक ऊपरी तरफ लाया जा सकता है?

(a) 4 (b) 7
(c) 8 (d) ऐसा सम्भव नहीं है

9. दस एकसमान कण बन्द डिब्बे में यादृच्छिक (Randomly) ढंग से गतिमान है। किसी एक क्षण में सभी दस कणों के डिब्बे के एक ही अर्द्धभाग में होने की प्रायिकता क्या है?

(a) $\frac{1}{2}$ (b) $\frac{1}{5}$
(c) $\frac{2}{9}$ (d) $\frac{1}{11}$

10. 6 व्यक्ति A, B, C, D, E और F के बारे में दिया गया है–
A के पास C से 3 वस्तुएँ अधिक हैं
D के पास B से 4 वस्तुएँ कम हैं
E के पास F से 6 वस्तुएँ कम हैं
C के पास E से 2 वस्तुएँ अधिक हैं
F के पास D से 3 वस्तुएँ अधिक हैं

निम्नलिखित में से कौन-सी संख्या 6 व्यक्तियों के पास वस्तुओं की कुल संख्या के बराबर नहीं हो सकती?

(a) 41 (b) 47
(c) 53 (d) 58

गणित

1. एक दोषपूर्ण तराजू के बाएँ पल्ले का भार उसके दाएँ पल्ले के भार से 100 ग्राम अधिक है। एक दुकानदार वस्तुएँ खरीदते समय इस तराजू के बाएँ पल्ले में बॉट रखता है। जबकि वस्तुएँ बेचते समय वह बॉट दाएँ पल्ले में रखता है। वह केवल 1 किग्रा॰ का बॉट प्रयोग में लाता है, यदि वह वस्तुओं को उनके सूची क्रयमूल्य पर बेचता है, तब उसका लाभ कितना है?

(a) $\frac{200}{11}\%$ (b) $\frac{100}{11}\%$
(c) $\frac{1000}{9}\%$ (d) $\frac{200}{9}\%$

2. दो स्थान A तथा B के बीच रेलमार्ग में 10 स्टेशन आते हैं, यदि उनमें 4 और नए स्टेशन जोड़े जाएँ तब कितनी प्रकार की नई टिकटों की आवश्यकता होगी, यदि प्रत्येक एकतरफा यात्रा के लिए एक टिकट जारी की जाती है?

(a) 14 (b) 48
(c) 96 (d) 108

3. आर्यन 40 मीटर प्रति मिनट की चाल से दौड़ता है, 5 मिनट के अन्तराल के बाद राहुल 50 मीटर प्रति मिनट की चाल से आर्यन के पीछे दौड़ता है, राहुल का कुत्ता भी 60 मीटर प्रति मिनट की चाल से राहुल के साथ दौड़ना शुरू करता है। यह कुत्ता आर्यन तक पहुँच कर फिर राहुल के पास आ जाता है और राहुल द्वारा आर्यन को पकड़ने तक ऐसा करता रहता है। कुत्ते द्वारा कुल कितनी दूरी तय की गई?

(a) 600 मीटर (b) 750 मीटर
(c) 980 मीटर (d) 1200 मीटर

4. 4320 मी^{2} क्षेत्रफल के एक बड़े आयाताकार भूखण्ड को उसकी छोटी भुजा के समान्तर बाड़ लगाकर तीन छोटे वर्गाकार भूखण्डों में विभक्त किया जाता है, इसके पश्चात् भी एक बचे हुए भूखण्ड में से प्रारम्भिक भूखण्ड की लम्बी भूखण्ड निकाले जाते हैं। ऐसा करने पर भूखण्ड का कोई भाग शेष नहीं बचता, प्रारम्भिक भूखण्ड की लम्बाई-चौड़ाई कितनी है?

(a) 160 मी॰ × 27 मी॰ (b) 240 मी॰ × 18 मी॰
(c) 120 मी॰ × 36 मी॰ (d) 135 मी॰ × 32 मी॰

5. एक समबाहु त्रिभुजीय पट्टिका (equilateral triangle) को n संख्या की छोटी एक समान समबाहु त्रिभुजीय पट्टिकाओं में काटना है। निम्नलिखित में से कौन-सी संख्या n का सम्भव मान हो सकती है?

(a) 196 (b) 216
(c) 256 (d) 296

उत्तरमाला

तर्कशक्ति

1. (a) 2. (c) 3. (d) 4. (c) 5. (b) 6. (b) 7. (d) 8. (a) 9. (d) 10. (c)

गणित

1. (a) 2. (d) 3. (d) 4. (b) 5. (c)

व्याख्यात्मक हल

तर्कशक्ति

(प्र0 1. प्र0 4) के लिए:

	अध्ययन का शहर	गृहनगर
गोपाल		अर्नाकुलम
हर्ष		दिल्ली
इन्दर		कटक
जय	अर्नाकुलम	अहमदाबाद
कृष्णनन	दिल्ली	भोपाल

साथ ही

इकॉनोमिक्स कॉलेज भोपाल में है।
हिस्ट्री कॉलेज अहमदाबाद में है।
इंजीनियरिंग कॉलेज अर्नाकुलम में है।
कॉमर्स या मेडीकल कॉलेज कटक में है।

1. (a) दिल्ली
2. (c) भोपाल
3. (d) कॉमर्स अथवा मेडीकल
4. (c) गोपाल या इन्दर
5. (b)

	स्थान	विषय	गृहनगर
गोपाल	भोपाल	इकॉनोमिक्स	अर्नाकुलम
हर्ष	कटक		दिल्ली
इन्दर	अहमदाबाद	हिस्ट्री	कटक
जय	अर्नाकुलम	इंजीनियरिंग	अहमदाबाद
कृष्णन	दिल्ली		भोपाल

6. (b) आरक्षित सीट पर महिला का बैठना या न बैठना = 2 तरीके

यदि महिला आरक्षित सीट पर बैठती है तो 4 सीटें खाली होती हैं।

इसलिए, पहला पुरूष 4 में से किसी एक सीट को ले सकता है और दूसरा पुरूष 3 सीटों पर 4 × 3 तरीकों से बैठ सकता है ......(i)

यदि महिला आरक्षित सीट पर नहीं बैठती है तो महिला 4 अन्य अनारक्षित सीटों में से किसी एक पर बैठ सकती है। अब दो पुरूष 3 में से किन्हीं दो सीटों पर बैठ सकते हैं।

पहला पुरूष 3 सीटों में से किसी एक पर बैठ सकता है। दूसरा पुरुष शेष 2 सीटों में से किसी एक पर बैठ सकता है।

तरीकों की संख्या = 4 × 3 × 2 = 24.......(पप)

तरीकों की कुल संख्या = (4 × 3) + 24 = 36 तरीके

7. (d) तरीकों की कुल संख्या $= {}^9c_6 = \frac{9!}{(9-6)!6!}$

$= \frac{9 \times 8 \times 7}{3 \times 2 \times 1} = 84$

ऐसे मामलों की संख्या जिनमें एक पंक्ति नहीं भरती है = 3

ऐसे मामलों की संख्या जिनमें प्रत्येक पंक्ति में कम से कम एक गेंद होती है = 84 − 3 = 81

8. (a)

(H) (H) (H) (H) (H)
(H) (H) (H) (H) (H)

पहला प्रयास : चार सिक्के पलटे जाते हैं।

(T) (T) (T) (T) (H)
(H) (H) (H) (H) (H)

दूसरा प्रयास :- चार और सिक्के पलटते हैं।

(T) (T) (T) (T) (T)
(T) (T) (T) (H) (H)

तीसरा प्रयास :- हम अंतिम दो में से एक को पलटते हैं और पहले पलटे गये सिक्कों में से तीन को पलटते हैं।

(H) (H) (H) (T) (T)
(T) (T) (T) (T) (H)

चौथा प्रयास :- अब हम अपना आखिरी चरण उठा सकते हैं।

(T) (T) (T) (T) (T)
(T) (T) (T) (T) (T)

9. (d) अपेक्षित प्रायिकता $= \frac{1}{11}$

10. (c) $A = C + 3$

$D = B - 4$

$E = F - 6$

$C = E + 2$

$F = D + 3$

इन समीकरणों को हल करने पर हम पाते हैं

$A, B = A+2, C = A-3, D = A-2, E = A-5, F = A+1$

इसलिए, वस्तुओं की कुल संख्या $= A+B+C+D+E+F$

$= A+(A+2)+(A-3)+(A-2)+(A-5)+(A+1)$

$= 6A-7$

यदि $A = 10$, तो $6 \times 10 - 7 = 53$.

गणित

1. (a) माना कि खरीदी गई मात्रा 1000+ 100 = 1100 किग्रा. है और इसका CP $= x$

1000 किग्रा. का. CP $= \frac{1000}{1100} x = 1 \frac{10}{11} x$

$\therefore$ शुद्ध लाभ $= x - \frac{10}{11} x = 1 \frac{x}{11}$

जब दुकानदार 1000 किग्रा. बेच रहा होता है, तब वह वास्तव में 900 किग्रा. बेचता है।

इसलिए, लाभ $\frac{x}{11}$ होगा।

अत: कुल लाभ = ₹ $\frac{x}{11} + \frac{x}{11} = \frac{2x}{11}$

लाभ प्रतिशत है $\frac{200x}{11}$

2. (d) स्टेशनों की कुल संख्या $= 10+2+4 = 16$

इसलिए, टिकिट 15 स्टेशनों के लिए जारी किये जाते हैं।

प्रत्येक स्टेशन के लिए टिकिटों की संख्या $= 15 \times 2 = 30$

टिकिटों की कुल संख्या $= 30 \times 4 - 4 \times 3 = 108$

3. (d) माना कि आर्यन और राहुल एक-दूसरे से x मिनट के बाद मिलते हैं।

इसलिए, प्रश्न के अनुसार

$50\,x = (5 + x) \times 40$

$50\,x = 200 + 40\,x$

$10\,x = 200$

$x = 20$ मिनट

आर्यन और राहुल $50 \times 20 = 1000$ मीटर की दूरी पर मिलते हैं।

कुत्ते द्वारा तय की गई दूरी 1000 मीटर से अधिक होनी चाहिए। इसलिए, दिए गए विकल्पों में से केवल विकल्प (d) सही है।

4. (b) माना कि छोटे वर्ग की भुजा x है और बड़े वर्ग की भुजा $3x$ है।

मैदान का कुल क्षेत्रफल $= x^2 + x^2 + x^2 + (3x)^2 + (3x)^2 + (3x)^2 = 30x^2$

प्रश्न के अनुसार

$30x^2 = 4320$

$x^2 = \frac{4320}{30} = 144$

$x = 12$

बड़े वर्ग की भुजा $= 3x = 3 \times 12 = 36$

छोटे वर्ग की भुजा $= 12$

मैदान की बड़ी भुजा $= 3(3x) + x$

$= 3(36) + 12$

$= 108 + 12$

$= 120$

इसलिए, मैदान का मूल आयाम = 120 मीटर × 36 मीटर

5. (c) ***नोट:*** जब एक समबाहु त्रिभुज को छोटे समबाहु त्रिभुजों में विभाजित करते हैं तो यह चार भागों में बंटेगा।

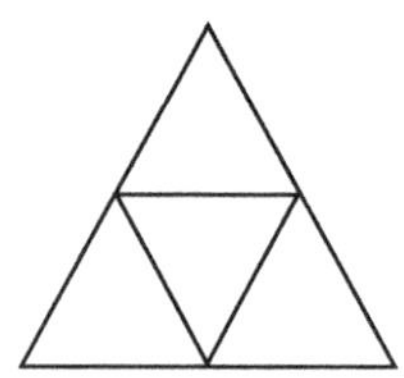

अब, समबाहु त्रिभुजों के इन खण्डों को पुन: चार और छोटे समबाहु त्रिभुजों में विभाजित कर सकते हैं।

इसलिए, उत्तर 4 की घात के अर्थों में होना चाहिए। इसलिए विकल्प (c) सही है क्योंकि 256 और $(4)^4$ बराबर हैं।

सामान्य अध्ययन 2004

तर्कशक्ति

1. एक परीक्षण-पुस्तिका के एक प्रश्न में सूची- A तथा सूची-B, प्रत्येक में 5 मद हैं। परीक्षार्थियों को सूची-A के प्रत्येक मद को सूची-B के तदनुरूपी सही मद से सुमेलित करना है। यह भी दिया गया है–

   1. किसी भी परीक्षार्थी ने सही उत्तर नहीं दिया।
   2. किन्हीं भी दो परीक्षार्थियों के उत्तर एकसमान नहीं हैं।

   इस परीक्षा में परीक्षार्थियों की अधिकतम संख्या कितनी होगी?

   (a) 24 (b) 26
   (c) 119 (d) 129

निर्देश (2-5)– नीचे दिया गया विवरण अगले प्रश्नांशों के सम्बन्ध में है–

अमित ऐ पत्रिका खरीदना चाहता है, उसे चुनने के लिए चार पत्रिकाएँ उपलब्ध हैं जो चार विषयों–राजनीति, खेल, विज्ञान तथा फिल्मों पर हैं। ये पत्रिकाएँ फिरोज, गुरबक्श, स्वामी तथा ईला (अनिवार्यत: इसी क्रम में नहीं) द्वारा सम्पादित की गई हैं, ये पत्रिकाएँ आर्यन, भारत, चरण तथा देव प्रकाशकों (अनिवार्यत: इसी क्रम में नहीं) द्वारा प्रकाशित की गई हैं, यह भी दिया गया है–

1. देव प्रकाशक ने फिरोज द्वारा सम्पादित पत्रिका प्रकाशित की है।
2. राजनीति के विषय की पत्रिका आर्यन प्रकाशक ने प्रकाशित की है।
3. फिल्मों के विषय की पत्रिका स्वामी ने सम्पादित की है और उसे चरण ने प्रकाशित नहीं किया है।
4. विज्ञान के विषय की पत्रिका का सम्पादन ईला ने किया है

अगले चार प्रश्नांशों में प्रत्येक का सही उत्तर चुनिए–

2. विज्ञान के विषय की पत्रिका को प्रकाशित किया है–

   (a) आर्यन प्रकाशक ने
   (b) भारत प्रकाशक ने
   (c) चरण प्रकाशक ने
   (d) देव प्रकाशक ने

3. खेलों के विषय की पत्रिका–

   (a) फिरोज ने सम्पादित की है।
   (b) गुरबक्श ने सम्पादित की है।
   (c) भारत प्रकाशक ने प्रकाशित की है।
   (d) चरण प्रकाशक ने प्रकाशित की है।

4. फिल्मों के विषय की पत्रिका को–

   (a) देव प्रकाशक ने प्रकाशित किया है।
   (b) भारत प्रकाशक ने प्रकाशित किया है।
   (c) गुरबक्श ने प्रकाशित किया है।
   (d) चरण प्रकाशक ने प्रकाशित किया है।

5. राजनीति के विषय की पत्रिका को–

   (a) ईला ने सम्पादित किया है
   (b) गुरबक्श ने सम्पादित किया है
   (c) देव प्रकाशक ने प्रकाशित किया है
   (d) चरण प्रकाशक ने प्रकाशित किया है

6. नौ विभिन्न पत्रों को तीन विभिन्न पत्र पेटियों (Letter box) में डालना है। ऐसा कितने विभिन्न ढंगों से किया जा सकता है?

   (a) 27 (b) 3^9
   (c) 9^2 (d) $3^9 - 3$

7. छ: खिलाड़ियों की एक पंक्ति में कितने विभिन्न ढंगों से क्रमबद्ध किया जा सकता है यदि उनमें से दो, अजीत तथा मुखर्जी को कभी भी साथ-साथ खड़ा नहीं करना है?

(a) 120 (b) 240
(c) 360 (d) 480

8. एक विद्यालय में, जिनमें विद्यार्थियों की कुल संख्या 1000 है, तीन विद्यार्थियों को यादृच्छिक ढंग से चुना जाता है। इन तीनो विद्यार्थियों के जन्म के एक ही दिनांक तथा माह के होने की प्रायिकता क्या है?

(a) $\frac{3}{1000}$ (b) $\frac{3}{365}$
(c) $\frac{1}{(365)^2}$ (d) इनमें से कोई नहीं।

गणित

1. दो कारें X और Y क्रमशः दो स्थानों A और B से 9 बजे पूर्वाह्न रवाना होती हैं। A तथा B में 700 किमी॰ की दूरी है। दोनों कारों की औसत चाल 60 किमी॰ प्रति घण्टा है। कार X 10 बजे पूर्वाह्न दोबारा चलना शुरू करती है, जबकि कार Y बिना रुके चलती रहती है। दोनों कारें एक-दूसरे के सामने से कब गुजरेंगी?

(a) 2:40 बजे अपराह्न (b) 3:20 बजे अपराह्न
(c) 4:10 बजे अपराह्न (d) 4:20 बजे अपराह्न

2. A तथा B एक 400 मीटर × 300 मीटर आयताकार मैदान के चारों ओर 7 बजे पूर्वाह्न एक ही बिन्दु से और एक ही दिशा में चक्कर लगाना प्रारम्भ करते हैं। A तथा B की चाल क्रमशः 3 किमी॰ प्रति घण्टा व 2.5 किमी॰ प्रति घण्टा है। यदि ये दोनों 12:30 बजे अपराह्न तक चलते रहें, तब वे कितनी बार एक-दूसरे को पार करेंगे?

(a) एक बार भी नहीं (b) एक बार
(c) दो बार (d) तीन बार

3. 50 पुरुष अथवा 80 महिलाएँ एक कार्य को 50 दिवस में पूरा कर सकते हैं। एक ठेकेदार 40 पुरुष तथा 48 महिलाओं को लगाकर यह कार्य आरम्भ करता है। वह कार्य समाप्ति तक 10 दिवस की प्रत्येक अवधि के बाद 5 पुरुष तथा 8 महिलाओं को कार्य से हटा देता है। यह कार्य कितने दिवस में पूरा होगा?

(a) 45 दिवस (b) 30 दिवस
(c) 54 दिवस (d) 62 दिवस

4. एक व्यक्ति लकड़ी की सी डी (जो कि दीवार के सहारे खड़ी है) पर बीचों-बीच खड़ा है। सीडी धीरे-धीरे फिसलने लगती है। इस व्यक्ति द्वारा सीडी के फिसलने का कौन-सा पथ देखा जाएगा?

(a) सीधी रेखा (b) एलिप्टिकल पथ
(c) वृत्ताकार पथ (d) पैराबोलिक पथ

उत्तरमाला

तर्कशक्ति

1. (d) 2. (c) 3. (a) 4. (b) 5. (b) 6. (b) 7. (d) 8. (c)

गणित

1. (d) 2. (b) 3. (b) 4. (c)

व्याख्यात्मक हल

तर्कशक्ति

1. (d) संयोजनों की कुल संख्या = 5 × 4 × 3 × 2 × 1 = 120

दिया है कि किसी भी परीक्षार्थी ने सही उत्तर नहीं दिया है और किन्हीं दो परीक्षार्थियों के उत्तर समरूप नहीं हैं।

इसलिए, परीक्षार्थियों की संख्या = 120 – 1 = 199

(प्रश्न 2-5) के लिए

सम्पादक	**फिरोज**	**गुरुबख्श**	**स्वामी**	**इला**
राजनीति		✓		
खेल	✓			
विज्ञान				✓
फिल्म			✓	

प्रकाशक	**आर्यन**	**भारत**	**चरण**	**देव**
राजनीति	✓			
खेल				✓
विज्ञान			✓	
फिल्म		✓		

2. (c) चरण प्रकाशक
3. (a) फिरोज द्वारा सम्पादित
4. (b) भारत द्वारा प्रकाशित
5. (b) गुरुबख्श द्वारा सम्पादित
6. (b) तरीकों की संख्या = $(3)^9$
7. (d) 6 उम्मीदवारों के व्यवस्थापनों की संख्या = 6! तरीके

दो उम्मीदवारों को साथ-साथ व्यवस्थित नहीं किया जा सकता।

व्यवस्थापनों की कुल संख्या = $\frac{6!}{2!}$

$= 6 \times 5 \times 4 \times 3 = 360$

8. (c) अपेक्षित प्रायिकता $= 1 \times \frac{1}{365} \times \frac{1}{365} = \frac{1}{(365)^2}$

गणित

1. (d) X और Y के बीच की दूरी = 700 किमी.

X और Y की चाल = प्रत्येक 60 किमी./घंटा

X, 10 a.m. पर रुकती है और पुनः 11 a.m. पर चलना शुरू करती है।

X द्वारा तय की गई दूरी = 60 किमी.

Y बिना ठहरे हुए लगातार चलती है इसलिए Y द्वारा तय की गई दूरी = 120 किमी.

X और Y के बीच की दूरी = 700 – (120 + 60)

= 520 किमी.

जब X और Y एक-दूसरे से मिलती हैं,

माना कि X द्वारा तय की गई दूरी x किमी. और Y द्वारा तय की गई दूरी $520 - x$ किमी. है।

$\therefore = \frac{x}{60} = \frac{520 - x}{60}$

$\Rightarrow x = 260$

$\therefore\ t = \frac{260}{60} = \frac{13}{3} = 4\frac{1}{3}$ घंटे

इसलिए, 11 a.m. के बाद X और Y एक-दूसरे को $11 + 4\frac{1}{3}$ घंटे $= 15\frac{1}{3}$ घंटे = 3.20 p.m. पर पार करती है।

2. (b) 7 a.m. से 12:30 चण्डण तक का कुल समय = $5\frac{1}{2}$ घंटे

A की चाल = 3 किमी./घंटा

A द्वारा तय की गई दूरी $= 5\frac{1}{2} \times 3 = \frac{11}{2} \times 3 = 16.5$ किमी.

B की चाल = 2.5 किमी./घंटा

B द्वारा तय की गई दूरी $= 2.5 \times \frac{11}{2} = 13.75$ किमी.

A और B द्वारा तय की गई दूरियों के बीच का अन्तर

= 16.5 – 13.75 = 2.75 किमी.

आयताकार मैदान की परिमाप = $2(l + b)$

= 2 (400 + 300)

1400 मीटर = 1.4 किमी.

एक-दूसरे को दो बार पार करने के लिए उन्हें 1.4 × 2 = 2.8 किमी. की दूरी तय करनी है लेकिन अन्तर केवल 2.75 किमी. है।

इसलिए, वे एक-दूसरे को केवल एक बार पार करते हैं।

3. (b) 50 पुरुष एक कार्य को 50 दिन में कर सकते हैं।

1 पुरुष एक दिन में $\frac{1}{50\times50}$ कार्य कर सकता है .....(i)

80 महिलाएं एक कार्य को 50 दिन में कर सकती हैं।

1महिला एक दिन में $\frac{1}{80\times50}$ कार्य कर सकती है-----(ii)

किन्तु, ठेकेदार ने 10 दिन में अपने कार्य को पूरा करने के लिए 40 पुरुषों और 48 महिलाओं को काम पर रखा है,

10 दिनों में 40 पुरुषों द्वारा पूरा होने वाला कार्य $= \frac{40\times10}{50\times50}$

$=$ कार्य का $\frac{4}{25}$ भाग

10 दिनों में 48 महिलाओं द्वारा पूरा होने वाला कार्य $= \frac{48\times10}{80\times50}$

$=$ कार्य का $\frac{3}{25}$ भाग

40 पुरुषों और 48 महिलाओं द्वारा किया गया कुल कार्य

$= \frac{4}{25} + \frac{3}{25}$

$=$ कार्य का $\frac{7}{25}$ भाग —(1)

बचा हुआ कार्य $= 1 - \frac{7}{25} = \frac{18}{25}$ भाग

ठेकेदार प्रत्येक 10 दिन के बाद 5 पुरुषों और 8 महिलाओं को हटा देता है। इसलिए अब हमारे पास 35 पुरुष और 40 महिलाएं हैं।

35 पुरुषों द्वारा 10 दिन में किया गया कार्य$= \frac{35\times10}{50\times50}$

$=$ कार्य का $\frac{7}{15}$ भाग

40 महिलाओं द्वारा 10 दिन में किया गया कार्य $= \frac{40\times10}{80\times50}$

$=$ कार्य का $\frac{1}{10}$ भाग

35 पुरुषों और 40 महिलाओं द्वारा किया गया कुल कार्य

$= \frac{7}{15} + \frac{1}{10} = \frac{13}{25}$ भाग —(2)

10 दिन के बाद ठेकेदार पुनः 5 पुरुषों और 8 महिलाओं को हटा देता है। अब हमारे पास 30 पुरुष और 32 महिलाएं हैं।

30 पुरुषों द्वारा 10 दिन में किया गया कार्य$= \frac{30+10}{50\times50}$

$=$ कार्य का $\frac{3}{25}$ भाग

32 महिलाओं द्वारा 10 दिन में किया गया कार्य $= \frac{32\times10}{80\times50}$

$=$ कार्य का $\frac{2}{25}$ भाग

30 पुरुष और 32 महिलाओं द्वारा किया गया कुल कार्य

$= \frac{3}{25} + \frac{2}{25} = \frac{5}{25}$ भाग — (3)

इसलिए, उन्होंने कार्य को 30 दिन में समाप्त कर लिया था।

$\frac{7}{25} + \frac{13}{25} + \frac{5}{25}$

$= \frac{25}{25} = 1$

इसलिए, कार्य 30 दिन में समाप्त होता है।

4. (c) एक वृत्ताकार पथ

सामान्य अध्ययन 2003

तर्कशक्ति

1. एक सैन्य अभ्यास के लिए, 3 झण्डे प्रत्येक भिन्न रंग का उपलब्ध है। इन झण्डों का प्रयोग करते हुए विभिन्न कूटों को बनाने के लिए–
 (i) किसी 1 रंग के झण्डे को, अथवा
 (ii) किन्हीं 2 झण्डों को रंगों के भिन्न अनुक्रमों में, अथवा
 (iii) 3 झण्डों को रंगों के भिन्न अनुक्रमों में फहराना होता है।
 बन सकने वाले कूटों की अधिकतम संख्या होगी–
 (a) 6 (b) 9
 (c) 15 (d) 18

2. 1 पुरुष तथा 1 महिला से गठित होने वाली 2 सदस्यों वाली कमेटी के लिए 5 पुरुष तथा 3 महिलाएँ उपलब्ध हैं। जिस कमेटी के सदस्य श्री 'B' होंगे उसमें सुश्री 'A' शामिल होने को राजी नहीं है। कमेटियों का गठन कितने विभिन्न ढंग से हो सकता है?
 (a) 11 (b) 12
 (c) 13 (d) 14

गणित

1. एक गाड़ी अपनी दूरी का पहला एक-तिहाई भाग 10 किमी॰ प्रति घण्टा, दूसरा एक-तिहाई भाग 20 किमी॰ प्रति घण्टा तथा अन्तिम एक-तिहाई भाग 60 किमी॰ प्रति घण्टा की गति से तय करती है। पूरी दूरी के लिए गाड़ी की औसत गति क्या है?
 (a) 18 किमी॰ प्रति घण्टा (b) 24 किमी॰ प्रति घण्टा
 (c) 30 किमी॰ प्रति घण्टा (d) 36 किमी॰ प्रति घण्टा

2. 'A' पैदल चलते हुए एक वृत्ताकार मैदान के चक्कर लगाता है जबकि 'B' मैदान के चक्कर दौड़ते हुए लगाता है। 'A' तथा 'B' की गति क्रमशः 1 चक्कर प्रति घण्टा व 6 चक्कर प्रति घण्टा है। दोनों प्रातः 7.30 बजे एक ही बिन्दु से एक ही दिशा में चक्कर लगाना प्रारम्भ करते हैं, सबसे पहले एक दूसरे को पार करेंगे–
 (a) प्रातः 8.30 बजे (b) प्रातः 8.10 बजे
 (c) प्रातः 7.48 बजे (d) प्रातः 7.42 बजे

3. चार मोमबत्तियों को जिनके जलने की क्षमता क्रमशः 5 घण्टे, 4 घण्टे, 3 घण्टे तथा 2 घण्टे हैं, एक कक्ष में एक ही समय ज्वलित किया जाता है। उन्हें कक्ष में उस क्षण तक जलाया जाता है जब तक कक्ष में तीन मोमबत्तियाँ बुझ न जाएँ। यदि प्रत्येक मोमबत्ती को जलाने का खर्चा 75 पैसे प्रति घण्टा हो, तब कुल खर्च होगा–
 (a) 2.75 रु. (b) 3.75 रु.
 (c) 9.75 रु. (d) 12.50 रु.

4. तीन घन्टियाँ क्रमशः 9, 12 तथा 15 मिनट के अन्तराल से बजती हैं। 8 बजे पूर्वाह्न साथ-साथ बजने के पश्चात् वे तीनों इकट्ठी सबसे पहले कब बजेंगी?
 (a) 8.45 पूर्वाह्न (b) 10.30 पूर्वाह्न
 (c) 11.00 पूर्वाह्न (d) 1.30 पूर्वाह्न

5. एक व्यक्ति एक स्थान को पैदल जाता है तब वहाँ से साइकिल पर लौटता है। इसमें कुल समय 5 घण्टे, 45 मिनट लगता है। यदि वह दोनों तरफ साइकिल से जाता तो कुल समय 2 घण्टे कम होतां दोनों तरफ पैदल चलकर वह दूरी पूरी करता है–
 (a) 6 घण्टे 45 मिनट (b) 7 घण्टे 45 मिनट
 (c) 8 घण्टे 15 मिनट (d) 8 घण्टे 30 मिनट

उत्तरमाला

तर्कशक्ति

1. (c) 2. (d)

गणित

1. (a) 2. (d) 3. (c) 4. (c) 5. (b)

व्याख्यात्मक हल

तर्कशक्ति

1. (c) (i) तीन अलग-अलग रंगों के एक झण्डे को तीन तरीकों से फहराया जाता है।

(ii) तीन अलग-अलग रंगों के दो झण्डों को छह तरीकों से फहराया जाता है।

(iii) तिरंगे झण्डों के अलग-अलग अनुक्रम में तीन झण्डों को छह तरीकों से फहराया जाता है।

इसलिए, निर्मित होने वाले कूटों की अधिकतम संख्या है

$3+6+6=15$

2. (d) पुरुष : A, C, E

महिलाएं : B, D, F, G, H

सदस्यों की कुल संख्या $=5+3=8$

A उस समिति का सदस्य बनने से इन्कार कर देता है जिसमें B को सदस्य बनाया गया है।

A द्वारा AD, AF, AG, AH के साथ टीम बनाई जा सकती है।

5 पुरुष 5 अलग-अलग तरीकों से युग्म बना सकते हैं।

इसलिए, तरीकों की कुल संख्या $=4+5+5=14$.

गणित

1. (a) माना कि तय की गई कुल दूरी x किमी. है।

$$\text{औसत चाल} = \frac{\text{तय की गई कुल दूरी}}{\text{लिया गया कुल समय}}$$

$$= \frac{\frac{x}{3}+\frac{x}{3}+\frac{x}{3}}{\frac{\frac{x}{3}}{10}+\frac{\frac{x}{3}}{20}+\frac{\frac{x}{3}}{60}}$$

$$= \frac{180}{6+3+1} = 18 \text{ किमी./घंटा}$$

2. (d) A गोलाकार मैदान के चारों ओर एक चक्कर एक घंटे में लगाता है।

B इसके 6 चक्कर 1 घंटे में लगता है $= \frac{60}{6} = 10$ मिनट में एक चक्कर

A द्वारा 10 मिनट में केन्द्र पर बनाया गया कोण $= \frac{360\times10}{60}$

$=60°$

माना कि B, x मिनट में A को पकड़ लेता है

तो, $\frac{x}{10} = \frac{x}{60} + \frac{60}{360}$

$\Rightarrow 5x=10$

$\Rightarrow x=2$

B, A को $10+2=12$ मिनट में पकड़ लेगा और तब समय होता है 7.30 a.m. + 12 मिनट = 7.42 a.m.

3. (c) दिया है कि, 4 मोमबत्तियाँ क्रमशः 5 घंटे, 4 घंटे, 3 घंटे और 2 घंटे तक जलती हैं

सभी चारों मोमबत्तियों के जलने के लिए जरूरी घंटों की कुल संख्या $=(5+4+3+2)-1$

$=14-1=13$

कुल लागत $=13\times0.75=9.75$

4. (c) तीन घंटियाँ 9, 12 और 15 मिनट के अन्तराल पर बजती हैं।

9, 12 और 15 का L.C.M 180 है, जोकि 3 घंटों के बराबर है।

घंटियाँ पहली बार 8 a.m. पर बजती हैं और 3 घंटे बाद वे 11 a.m. पर बजेंगीं।

5. (b) दिया है, पैदल + साइकिल का समय = 5 घंटे 45 मिनट

= 345 मिनट ....(i)

दोनों दूरियाँ साइकिल द्वारा तय करने में वह 2 घंटे अर्थात 120 मिनट बचायेगा।

इसलिए, $2\times$ साइकिल समय $=345-120=225$ मिनट ....(ii)

पैदल समय $=2\times345-225=475$ मिनट

आने-जाने की दूरी पैदल तय करने में लगने वाला समय = 7 घंटे 45 मिनट

सामान्य अध्ययन 2002

गणित

1. दो महिलाएँ एक सीधी सड़क से जुड़े 'A' और 'B' शहर में एक ही समय एक-दूसरे की ओर चलती हैं। पहली महिला दूसरी महिला से 2 किमी०/घण्टे की अधिक गति से चलते हुए दूसरी महिला के 'ए' में पहुँचने से एक घण्टा पहले 'बी' में पहुँचती है। दोनों शहर 'ए' और 'बी' एक-दूसरे से 24 किमी० की दूरी पर है। प्रत्येक महिला एक घण्टे में कितने किमी० यात्रा करती हैं?
   (a) 5 किमी०, 3 किमी० (b) 7 किमी०, 5 किमी०
   (c) 8 किमी०, 6 किमी० (d) 16 किमी०, 14 किमी०

2. अमित ने 30,000 रुपये का निवेश करके एक व्यापार शुरू किया। कुछ समय बाद राहुल उस व्यापार में शामिल हो गया और उसने 20,000 रुपये का निवेश किया वर्ष के अन्त में मुनाफे को 2:1 के अनुपात में विभाजित किया गया राहुल उस व्यापार में कितने महीने बाद शामिल हुआ?
   (a) 2 (b) 3
   (c) 4 (d) 5

3. दीवार घड़ी में 3.25 अपराह्न का समय होने पर, घण्टे की सुई और मिनट की सुई के बीच का न्यूनकोण हैं–
   (a) $60°$ (b) $52\frac{1}{2}°$
   (c) $47\frac{1}{2}°$ (d) $42°$

4. एक व्यक्ति की आयु अपने दोनों बेटों की आयु के योग से तिगुनी है। अब से पाँच वर्ष बाद उनकी आयु अपने बेटों की आयु के योग से दोगुनी होगी। पिता की वर्तमान आयु है–
   (a) 40 वर्ष (b) 45 वर्ष
   (c) 50 वर्ष (d) 55 वर्ष

5. 12 मी० लम्बे, 9 मी० चौड़े और 8 मी० ऊँचे एक कमरे में रखे जा सकने वाले सबसे लम्बे डण्डे की लम्बाई–
   (a) 12 मीटर (b) 14 मीटर
   (c) 17 मीटर (d) 21 मीटर

6. एक कम्पनी में 60% कर्मचारी पुरुष हैं। इनमें से 40% 50,000 रुपये प्रतिवर्ष प्राप्त कर रहे हैं। यदि कम्पनी के कुल कर्मचारियों का 36% 50,000 रुपये प्रतिवर्ष से अधिक प्राप्त करते हैं तो 50,000 रुपये प्रतिवर्ष से कम प्राप्त करने वाली महिलाओं का प्रतिशतता क्या है?
   (a) 70 (b) 60
   (c) 40 (d) 30

7. 30 किमी० प्रति घण्टे की गति से चल रही एक बस 50 किमी० प्रति घण्टे की गति से चल रही एक कार से आगे चल रही है यदि वह कार 15 मिनट में बस के बराबर पहुँच जाती है तो उन दोनों के बीच कितने किमी० दूरी है?
   (a) 5 किमी० (b) 7.5 किमी०
   (c) 12.5 किमी० (d) 15 किमी०

8. एक यातायात बत्ती अपना पूर्ण चक्र 60 सेकण्ड में पूरा करती है। प्रत्येक चक्र के दौरान हरी बत्ती 25 सेकण्ड, पीली बत्ती 5 सेकण्ड और लाल बत्ती 30 सेकण्ड के लिए चालू रहती है। यादृच्छिक ढंग से चुने गए किसी भी समय, बत्ती के हरी न होने की सम्भाव्यता है–
   (a) 1/3 (b) 1/4
   (c) 5/12 (d) 7/12

9. एक व्यापारी ने किसी मद का मूल्य इस प्रकार निर्धारित किया कि निर्धारित किए गए मूल्य पर 10% की छूट देने से उसे 15% का लाभ

हुआ। यदि इस मद की लागत 72 रुपये है तो उसका निर्धारित किया गया मूल्य है–

(a) 82.80 रुपये (b) 90.00 रुपये
(c) 92.00 रुपये (d) 97.80 रुपये

10. निम्नलिखित के आयतन पर विचार कीजिए–
 1. 5 सेमी॰ लम्बा, 3 सेमी॰ चौड़ा और 4 सेमी॰, ऊँचा समान्तर षट्फलक(Parallelopiped)।
 2. 4 सेमी॰ की प्रत्येक भुजा वाला घन।
 3. 3 सेमी॰ त्रिज्या और 3 सेमी॰ की लम्बाई वाला बेलन।
 4. 3 सेमी॰ त्रिज्या वाला गोला।

इनका घटते हुए क्रम में आयतन है–

(a) 1, 3, 2, 4 (b) 4, 2, 3, 1
(c) 1, 2, 3, 4 (d) 4, 3, 2, 1

11. 150 मी॰ लम्बी एक रेलगाड़ी 90 किमी॰ प्रति घण्टे की गति से चलते हुए 200 मी॰ लम्बे पुल को पार कर सकती है–

(a) 8 सेकण्ड में (b) 14 सेकण्ड में
(c) 6 सेकण्ड में (d) 16 सेकण्ड में

उत्तरमाला

गणित

1. (c) 2. (b) 3. (c) 4. (b) 5. (c) 6. (a) 7. (a) 8. (d) 9. (c) 10. (d)
11. (b)

व्याख्यात्मक हल

गणित

1. (c) कुल दूरी = 24 किमी.

माना कि दूसरी महिला की चाल x किमी./घंटा है।

तो, पहली महिला की चाल है $x+2$ किमी./घंटा

सूत्र : चाल $= \frac{\text{दूरी}}{\text{समय}}$

पहली महिला के लिए $\Rightarrow x+2 = \frac{24}{t}$

दूसरी महिला के लिए $\Rightarrow x = \frac{24}{t+1}$

उपरोक्त दो समीकरणों से हम पाते हैं

$\frac{24}{t} - 1\ 2 = \frac{24}{t+1}$

$\Rightarrow 24\ t - 2\ t^2 + 24\ t - 2\ t = 24\ t$

$2\ t^2 + 2t - 24 = 0$

$t^2 + t - 12 = 0$

$t\ (t+4) - 3\ (t+4) = 0$

$(t-3)\ (t+4) = 0$

$\therefore\ t = +3$ और -4

हम $t = 3$ लेते हैं।

पहली महिला द्वारा लिया गया समय = 3 घंटे और दूसरी महिला द्वारा लिया गया समय = 4 घंटे।

$\therefore$ पहली महिला की चाल $= \frac{24}{3} = 8$ किमी./ घंटा

दूसरी महिला की चाल $= \frac{24}{4} = 6$ किमी./घंटा

2. (b) माना अमित अपना व्यापार 12 महीनों के लिए करता है और x महीनों के बाद राहुल उसके साथ शामिल होता है।

लाभ अनुपात 2 : 1 (दिया है)

इसलिए, $\frac{30,000 \times 12}{20,000(12-x)} = \frac{2}{1}$

$\Rightarrow 360000 = 480000 - 40000x$

$40000x = 480000 - 360000$

$40000x = 120000$

$x = 3$ महीने

3. (c) एक घड़ी की घंटे की सुई 12 घंटों में 360° बनाती है।

एक घड़ी की दो संख्याओं के बीच का कोण

$= \frac{360}{12} = 30°$

जब घड़ी में 3.25 p.m.का समय होता है, तब घंटे की सुई 3 और 4 के बीच होती है।

घंटे की सुई 60 मिनट में 30° बढ़ती है, इसलिए 25 मिनट में यह बढ़ेगी $\frac{30 \times 25}{60} = 12.50°$

मिनट की सुई 5 पर है और यह 3 से 60° बढ़ती है।

दोनों सुईयों के बीच का अन्तर

$= 60° - 12.50° = 47.5°$

4. (b) माना दोनों पुत्रों की आयु का योगफल $= x$ वर्ष, तो उनके पिता की आयु $= y$ वर्ष

दी गई स्थिति के अनुसार

$y = 3x$ ----------(i)

5 वर्षों के बाद पिता की आयु $= y+5$ वर्ष और उनके पुत्र की आयु $= x+5+5 = x+10$ वर्ष

इसलिए, $y+5 = 2\,(x+10)$ -----(ii)

समीकरण (i) और (ii) को हल करने पर, हम पाते हैं

$3x+5 = 2\,(x+10)$

$x = 15$ वर्ष

और $y = 3x = 3 \times 15 = 45$ वर्ष

5. (c) दिये गये कमरे में रखी जा सकने वाली सबसे लम्बी छड़ की लम्बाई

$= \sqrt{(12)^2 + (9)^2 + (8)^2}$

$= \sqrt{144+81+64}$

$= \sqrt{289}$

= 17 मीटर

6. (a) माना कर्मचारियों की कुल संख्या 100 है।

पुरुष कर्मचारियों की संख्या =100 का 60% = 60

महिला कर्मचारियों की संख्या = 100 का 40% = 40

₹50000 से अधिक पाने वाले पुरुष = 60 का 40% = 24

दिया गया है, 36% कर्मचारी 50000 से अधिक प्राप्त करते हैं = 100 का 36% = 36

₹ 50000 से अधिक प्राप्त करने वाली महिलाएं = 36 − 24 = 12

₹50000 से कम प्राप्त करने वाली महिलाएं = 40 − 12 = 28

इसलिए, ₹50000 से कम प्राप्त करने वाली महिलाओं का प्रतिशत

$$50000 = \frac{28 \times 100}{40} = 70\%$$

7. (a) कार की सापेक्षिक चाल = 50 − 30 = 20 किमी./घंटा

बस तक पहुंचने के लिए कार द्वारा तय की गई दूरी = कार द्वारा 15 मिनट में तय की गई दूरी

$$= 20 \times \frac{15}{60} = 5 \text{ किमी.}$$

8. (d) ट्रैफिक लाइट के एक चक्र को पूरा होने में 60 सेकण्ड लगते हैं

इस बात की प्रायिकता कि लाइट ग्रीन नहीं होगी= $\frac{25}{60} = \frac{5}{12}$

इस बात की प्रायिकता कि लाइट ग्रीन नहीं होगी $= 1 - \frac{5}{12}$

$$= \frac{7}{12}$$

9. (c) माना कि वस्तु का मूल्य x है और इस पर 10% की छूट दी गई है।

CP = ₹ 72

$$\text{लाभ} = \frac{x \times \left(\frac{90}{100}\right) - 72}{72} = \frac{15}{100} \text{ (दिया है)}$$

$$\Rightarrow x(0.9) - 72 = 10.8$$

$$\Rightarrow x = 92$$

इसलिए, वस्तु का निर्धारित मूल्य ₹92 है।

10. (d) समान्तर षटफलक का आयतन $= lbh = 5 \times 3 \times 4 = 60$ सेमी^{3}

घन का आयतन = (भुजा)$^3 = 4^3 = 64$ सेमी.^{3}

बेलन का आयतन = $\pi r^2 h = 3.14 \times 3^2 \times 3 = 84.78$ सेमी.^{3}

गोले का आयतन = $\frac{4}{3} \pi r^2 = 4 \times 3.14 \times (3)^2 = 113.04$ सेमी^{3}

11. (b) ट्रेन की लम्बाई = 150 मीटर

ट्रेन की चाल = 90 किमी./घंटा $= 90 \times \frac{5}{18} = 25$ मी./से.

पुल की लम्बाई = 200 मीटर

ट्रेन द्वारा तय की गइ कुल दूरी = 150 + 200 = 350 मीटर

$$\text{लिया गया समय} = \frac{\text{दूरी}}{\text{चाल}} = \frac{350}{25} = 14 \text{ से.}$$

सामान्य अध्ययन 2001

तर्कशक्ति

1. अधिकतर गिटारवादक दाढ़ी वाले पुरुष होते हैं। यदि A सब पुरुषों को निरूपित (Represent) करता है, B दाढ़ीवाले पुरुषों को निरूपित करता है और C सब पुरुष गिटारवादकों को तिरूपित करता है, तो उनके सम्बन्धों के लिए सही रेखाचित्र–

(a)

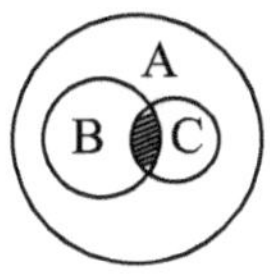

(b)

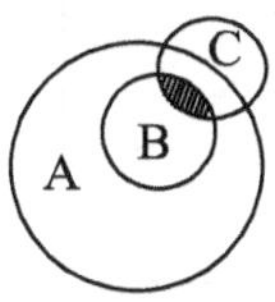

(c)

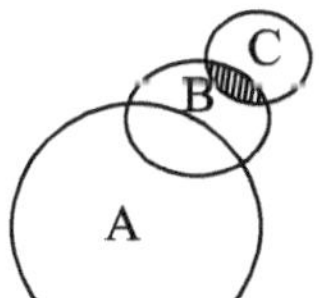

(d)

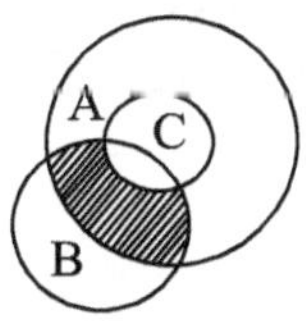

2. निम्नलिखित तालिका पाँच नगरों P, Q, R, S, T में वर्ष 1986 से वर्ष 1998 तक बिजली की खपत में प्रतिशत परिवर्तन दिखलाती है–

नगर	प्रतिशत परिवर्तन	
	1986 से 1987	1987 से 1988
P	+8	8po7– 18
Q	– 15	+11
R	+6	+9
S	– 7	– 5
T	+13	– 6

यदि वर्ष 1986 में नगर T में 500,000 यूनिट की खपत हुई तो वर्ष 1988 में कितनी खपत हुई?

(a) 371, 000 यूनिट (b) 531, 100 यूनिट
(c) 551, 100 यूनिट (d) 571, 100 यूनिट

गणित

1. 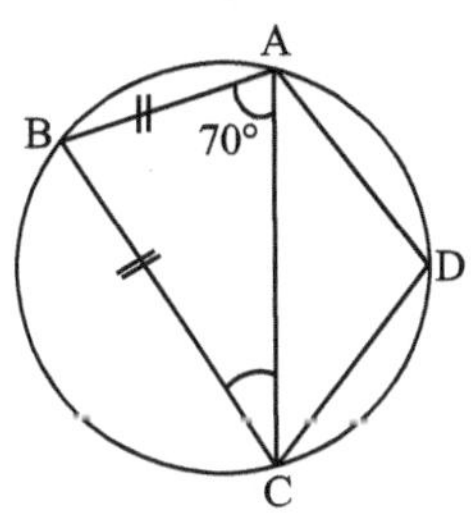

ऊपर दिए गए आरेख में एक A B C D चक्रीय चतुर्भुज है। AB– BC एवं तो $\angle BAC = 70^\circ$ का मान होगा–

(a) 40° (b) 80°
(c) 110° (d) 140°

2. एक व्यक्ति X से Y तक 40 किमी॰ प्रति घण्टा की गति से यात्रा करता है एवं अपनी गति 50% बढ़ाकर लौटता है। दोनों यात्राओं के लिए उसकी औसत गति क्या है?

(a) 36 किमी॰ प्रति घण्टा (b) 45 किमी॰ प्रति घण्टा
(c) 48 किमी॰ प्रति घण्टा (d) 50 किमी॰ प्रति घण्टा

3. दिए गए समीकरणों को हल करो–

$x^2 + y^2 = 34, x^4 - y^4 = 544$

x और y के मान होंगे–

(a) +4, +3 (b) +5, +3
(c) +3, +5 (d) +3, +4

4- यदि कोई श्रमिक अपने घर से फैक्ट्री तक 5 किमी॰ प्रति घण्टा की गति से आता है तो वह अपनी फैक्ट्री में 3 मिनट विलम्ब से पहुँचता है। यदि वह 6 किमी॰ प्रति घण्टा की गति से चलता है तो वह फैक्ट्री 7 मिनट पहले पहुँचता है, फैक्ट्री से घर की दूरी है–

(a) 4 किमी॰ (b) 5 किमी॰
(c) 6 किमी॰ (d) 7 किमी॰

5. एक कन्वेयर बेल्ट 5 मिनट में 3 टन की दर से सामान पहुँचाता है और एक दूसरा कन्वेयर बेल्ट 2 मिनट में 1 टन की दर से सामान पहुँचाता है। दोनों कन्वेयर बेल्टों का एक साथ इस्तेमाल करने पर 33 टन सामान पहुँचाने में कितना समय लगेगा?

(a) 25 मिनट और 30 30 सेकेण्ड
(b) 30 मिनट
(c) 35 मिनट
(d) 40 मिनट और 45 सेकेण्ड

6. एक पात्र में जल इस प्रकार भरा जाता है कि उसकी मात्रा प्रत्येक पाँच मिनट के बाद दोगुनी हो जाती है। यदि पात्र को पूरा भरने के लिए यह 30 मिनट लेता है, तो उसे चौथाई मात्रा तक पूरा भरने में कितना समय लगेगा?

(a) 7 मिनट और 30 सेकेण्ड
(b) 10 मिनट
(c) 20 मिनट
(d) 25 मिनट

7. किसी नगर की 3,00,000 की जनसंख्या में 1,80,000 पुरुष हैं। 50% जनसंख्या साक्षर है। यदि 70% पुरुष साक्षर हों तो साक्षर महिलाओं की संख्या है–

(a) 24,000 (b) 30,000
(c) 54,000 (d) 60,000

8. किसी सर्वेक्षण में पाया गया कि सर्वेक्षित लोगों में से 80% के पास मोटर गाड़ी हैं जबकि 60% सर्वेक्षित लोगों के पास मोबाइल फोन हैं। अगर 55% के पास मोटर गाड़ी और मोबाइल फोन, दोनों ही हैं, तो कितने प्रतिशत सर्वेक्षित लोगों के पास मोटर गाड़ी अथवा मोबाइल फोन अथवा दोनों हैं?

(a) 65% (b) 80%
(c) 85% (d) 97-5%

9. वर्ष 1930 में किसी व्यक्ति की आयु उसके पुत्र की आयु की 8 गुनी थी। वर्ष 1938 में पिता की आयु उसके पुत्र की वर्ष 1930 की आयु की 10 गुनी हो गयी। पुत्र और पिता की आयु वर्ष 1940 में थी, क्रमशः–

(a) 16 वर्ष, 58 वर्ष
(b) 15 वर्ष, 50 वर्ष
(c) 14 वर्ष, 42 वर्ष
(d) 13 वर्ष, 34 वर्ष

10.

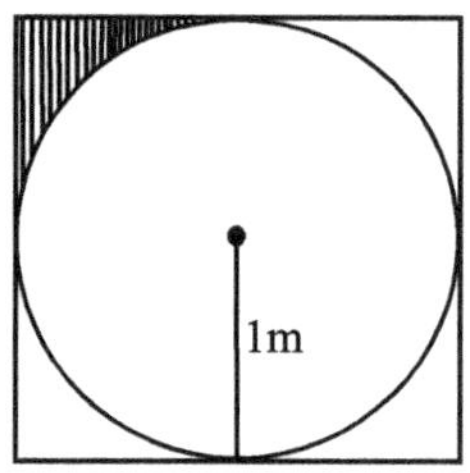

एक वर्ग के अन्दर 1m अर्द्धव्यास का एक वृत्त खींचा गया है जैसा कि ऊपर दिये गये चित्र में दिखाया गया है। छायित अंश का m^2 में क्षेत्रफल कितना है?

(a) $(4-\pi)$ (b) $\left(1-\frac{\pi}{2}\right)$
(c) $\left(\frac{1}{4}-\frac{\pi}{4}\right)$ (d) $\left(1-\frac{\pi}{4}\right)$

उत्तरमाला

तर्कशक्ति

1. (a) 2. (b)

गणित

1. (d) 2. (c) 3. (b) 4. (b) 5. (b) 6. (c) 7. (a) 8. (c) 9. (c) 10. (d)

व्याख्यात्मक हल

तर्कशक्ति

1. (a)

2. (b) दिया है कि 1986 में शहर T की खपत 500,000 यूनिट थी।

$\therefore$ 1987 में शहर T की खपत

$= \frac{113}{100} \times 500000$

$= 565000$ यूनिट

1988 में शहर T की खपत

$= \frac{565000 \times 94}{100}$

$= 531100$ यूनिट

गणित

1. (d) दिया है कि $AB = BC$ और $\angle BAC = 70°$

$\therefore$ ΔABC एक समद्विबाहु त्रिभुज है

$\angle BAC = \angle BCA = 70°$

$\angle ABC = 180° - \angle BAC - \angle BCA$

$= 180° - 70° - 70°$

$= 40°$

ABCD एक चक्रीय चतुर्भुज है

इसलिए, $\angle ABC + \angle ADC = 180°$

$\angle ADC = 18° - \angle ABC$

$= 180° - 40°$

$= 140°$

2. (c) X से Y तक चाल = 40 किमी./घंटा

Y से X तक चाल = $\frac{40 \times 150}{100}$ = 60 किमी./घंटा

$\therefore$ औसत चाल = $\frac{2\ 40\ 60}{40\ 60}$ = 40 किमी./घंटा

3. (b) $x^2 + y^2 = 34$ ....(i)

और $x^4 - y^4 = 544 \Rightarrow (x^2 - y^2)(x^2 + y^2)$

$\Rightarrow (x^2 - y^2)(34) = 544$

$(x^2 - y^2) = 16$ ....(ii)

समीकरण (i) और (ii) को हल करने पर हम पाते हैं $x^2 = 25 = \pm 5$

और $y^2 = 9 = \pm 3$

4. (b) दोनों स्थितियों में तय की गई दूरी समान है,

निम्न सूत्र का प्रयोग करने पर :

दूरी = वेग × समय

इसलिए, $\frac{1}{12}(t+3) = \frac{1}{10}(t-7)$

$10t + 30 = 12t - 84$

$2t = 114$

$t = 57$

$\therefore$ फैक्टरी और घर के बीच की दूरी

$= \frac{1}{12}(57+3) = 5$ किमी.

5. (b) एक मिनट में पहली बेल्ट द्वारा आपूर्तित सामान का भार = $\frac{3}{5}$ टन

एक मिनट में दूसरी बेल्ट द्वारा आपूर्तित सामान का भार = $\frac{1}{2}$ टन

$\therefore$ एक मिनट में दोनों बेल्टों द्वारा आपूर्तित सामान का भार

$= \frac{3}{5} + \frac{1}{2}$

$= \frac{11}{10}$ टन

इसलिए, दोनों बेल्टों द्वारा $\frac{10}{11}$ मिनट में एक टन की आपूर्ति की जाती है।

33 टन की आपूर्ति के लिए आवश्यक समय = $\frac{10}{11} \times 33 =$ 30 मिनट

6. (c) दिया है कि, कण्टेनर का आयतन प्रत्येक 5 मिनट के बाद दो गुना हो जाता है।

30 मिनट में कण्टेनर भर जाता है। 25 मिनट में कण्टेनर आधा होता है और 20 मिनट में कण्टेनर एक-चौथाई भरा होता है।

7. (a) दी गई जनसंख्या का 50% साक्षर है।

= 300000 का 50%

$= \frac{50}{100} \times 300000 = 1,50,000$

70% पुरुष साक्षर है

$= 180000$ का 70%

$= \frac{70}{100} \times 180000 = 1,26,000$

साक्षर महिलाओं की संख्या

$= 1,50,000 - 1,26,000$

$= 24,000$

8. (c) 80% कार मालिक हैं

60% मोबाइल धारक हैं

55% कार और मोबाइल धारक दोनों हैं

केवल कार मालिकों का प्रतिशत

$= 80 - 55 = 25\%$

केवल मोबाइल धारकों का प्रतिशत

$= 60 - 55 = 5\%$

एक कार अथवा एक मोबाइल अथवा दोनों रखने वालों का प्रतिशत

$= 55 + 25 + 5 = 85\%$

9. (c) माना कि पुत्र की आयु 1930 में x वर्ष है,

तो पिता की आयु $8x$ वर्ष है

1938 में पिता की आयु $8x + 8$ वर्ष है

दी गई स्थितियों के अनुसार

$10x = 8x + 8$

$2x = 8$

$x = 4$ वर्ष

इसलिए, 1930 में पुत्र की आयु 4 वर्ष है

अतः, 1940 में पुत्र की आयु होगी $4 + 10 = 14$ वर्ष और पिता की आयु होगी $8 \times 4 + 10$ वर्ष $= 42$ वर्ष

10. (d) दिया है कि वृत्त की त्रिज्या $= 1$ मीटर

$\therefore$ वर्ग की भुजा $= 2$मीटर

वृत्त का क्षेत्रफल $= \pi r^2 = \pi (1)^2 = \pi m^2$

वर्ग का क्षेत्रफल $=$ (भुजा)$^2 = (2)^2 = 4m^2$

छायांकित क्षेत्र का क्षेत्रफल $=$

$\frac{1}{4}$(वर्ग का क्षेत्रफल − वृत्त का क्षेत्रफल)

$= \frac{1}{4}(4 - \pi) = \left(1 - \frac{\pi}{4}\right) m^2$

सामान्य अध्ययन 2000

तर्कशक्ति

1. एक थैले में 20 गेंदे है। 8 गेंद हरी है, 7 सफेद हैं और 5 लाल हैं। गेदों की न्यूनतम संख्या क्या है जिन्हें थैले से आँख बन्द किए हुए, निकाला जाय (उनमें से किसी को भी न बदलते हुए) कि प्रत्येक रंग की कम से कम एक गेंद का निकल आना सुनिश्चित हो?
   (a) 4 (b) 7
   (c) 11 (d) 16

2. निम्नलिखित चित्र गणित के एक पाठ अधिगम (Learning a mathematics lesson) के लिए दो छात्रों, Q एवं R के समय बनाम अधिगम वक्रों (Learning curves) को दर्शाता है–

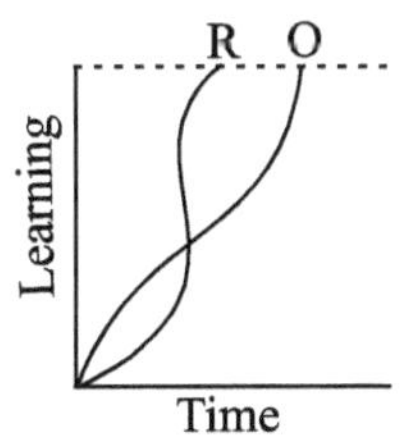

निम्नलिखित में से कौन-सी एक अनुमति इस आलेख से प्राप्त की जा सकती है?
   (a) *R ने प्रारम्भ में धीमी* गति से शुरू किया,किन्तु पास का अधिगम पूरा करने में Q से आगे निकल गया
   (b) Q ने धीमी गति से शुरू किया तथा पाठ के अधिगम को R से पहले समाप्त कर लिया
   (c) गणित के अधिगम में R हमेशा Q से अपेक्षाकृत तेज रहा
   (d) गणित के अधिगम में Q हमेशा R से अपेक्षाकृत तेज रहा

3. एक बकरी दो खम्भों P एवं Q से 15 मीटर लम्बी रस्सियों से बँधी हुई हैं। P एवं Q एक-दूसरे से 20 मीटर की दूरी पर स्थित है जैसा कि दिए आरेख में दर्शाया गया है–

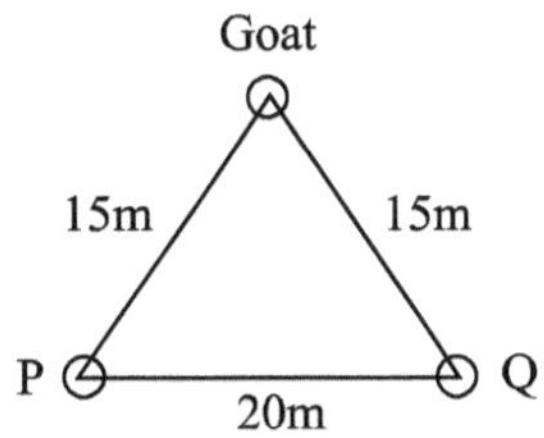

निम्नलिखित छायित भागों में से कौन-सा एक उस पूर्ण क्षेत्र को दर्शाता है, जहाँ बकरी चर सकती है?

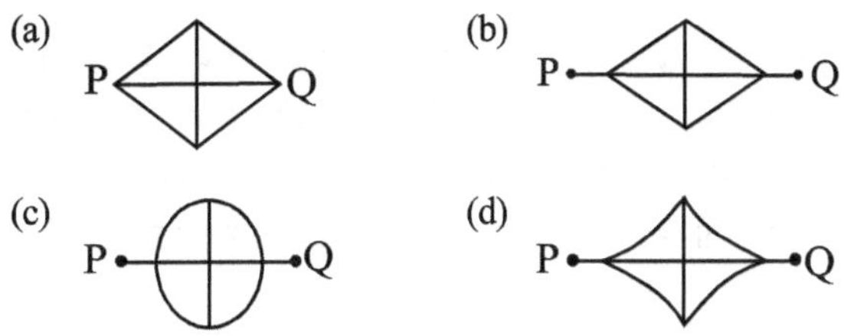

4. दिये गये चित्र में एक वर्ष विशेष में भारत आने वाले 1,00,000 पर्यटकों का वितरण प्रदर्शित किया गया है। इसके आधार पर सम्बन्धित वर्ष में 39 वर्ष से कम आयु वाले भारत आने वाले जापानी पर्यटकों की संख्या थी–

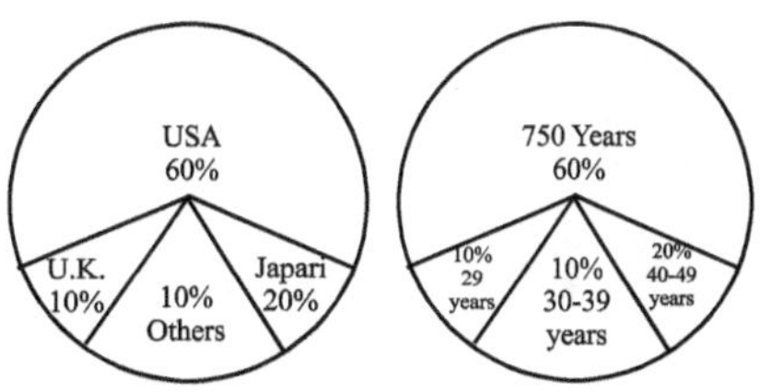

   (a) 10,000 (b) 8,000
   (c) 6,000 (d) 4,000

5. एक पाँसे के निम्नलिखित चित्रों पर विचार कीजिए–

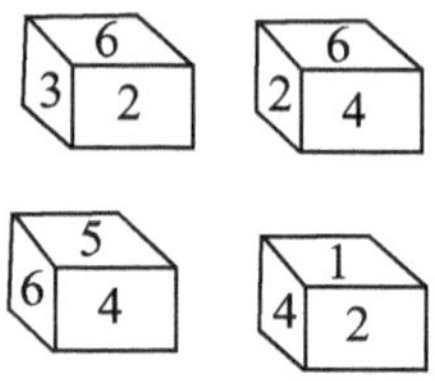

3 के सम्मुख कौन-सी संख्या है?

(a) 1 (b) 4

(c) 5 (d) आँकड़े अपर्याप्त हैं

6. छः व्यक्तियों A, B, C, D, E और F के एक परिवार में निम्नलिखित सम्बन्धों का परीक्षण कीजिए–

1. पुरुषों की संख्या स्त्रियों की संख्या के बराबर है।
2. A और E, F के पुत्र हैं।
3. D दो व्यक्तियों, एक पुत्र और एक पुत्री की माता है।
4. B, A का पुत्र है।
5. वर्तमान में परिवार में केवल एक ही विवाहित जोड़ा है।

उपरोक्त में से कौन-सा एक निम्नलिखित निष्कर्ष निकाला जा सकता है?

(a) A, B और C सभी स्त्रियाँ हैं

(b) A, D का पति है

(c) E, और F, D की सन्तानें हैं

(d) D, F की पौत्री हैं

7. दिये गये रेखाचित्र में विद्यार्थियों की संख्या दी हुई है जो एक परीक्षा में अनुतीर्ण हुए, जिसमें अंग्रेजी, हिन्दी और गणित के प्रश्न-पत्र थे। परीक्षा में बैठने वाले विद्यार्थियों की कुल संख्या 500 है। कम-से-कम दो विषयों में अनुतीर्ण होने वाले विद्यार्थियों का प्रतिशत क्या है?

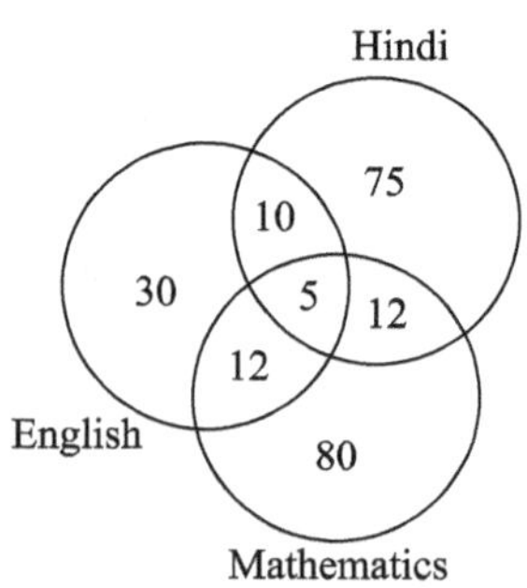

(a) 6.8 (b) 7.8

(c) 34 (d) 39

8. एक कूट में MARCH को OCTEJ के रूप में लिखा जाता है उस कूट RETURN में को किस प्रकार लिखा जायेगा?

(a) TFUVSM (b) QGSTQM

(c) TGVWTP (d) TGRVSO

9. A, B, C, D, E और F एक गोलमेज के इर्द-गिर्द स्थायी रूप से रखी कुर्सियों पर बैठे हैं, किन्तु आवश्यक नहीं है कि उनके बैठने का क्रम यही है। यह देखा गया है कि–

A, D और F के बीच है
C, D के सम्मुख है
D और E अगल-बगल कुर्सियों पर नहीं हैं

निम्नलिखित में से कौन -सा एक सत्य होगा?

(a) A, B के सम्मुख है

(b) D, E के सम्मुख है

(c) C और B अलग-बगल हैं

(d) B और E अलग-बगल हैं

गणित

1. एक परीक्षा में प्रत्येक अभ्यर्थी ने भौतिकी या गणित लिया या दोनों लिये। 65.8% ने भौतिकी लिया और 59.2% ने गणित लिया। कुल अभ्यर्थियों की संख्या 2000 थी। कितने अभ्यर्थियों ने भौतिकी और गणित दोनों लिये?

(a) 750 (b) 500

(c) 250 (d) 125

2. निम्नलिखित में से किस एक का परिमाप (Perimeter) शेष सभी से अधिक है?

(a) 36 वर्ग सेमी॰ क्षेत्रफल वाला वर्ग

(b) 9 सेमी॰ भुजा वाला समबाहु त्रिभुज

(c) 10 सेमी॰ लम्बाई और 40 वर्ग सेमी॰ क्षेत्रफल वाला आयत

(d) 4 सेमी॰ त्रिज्या वाला वृत्त

3.

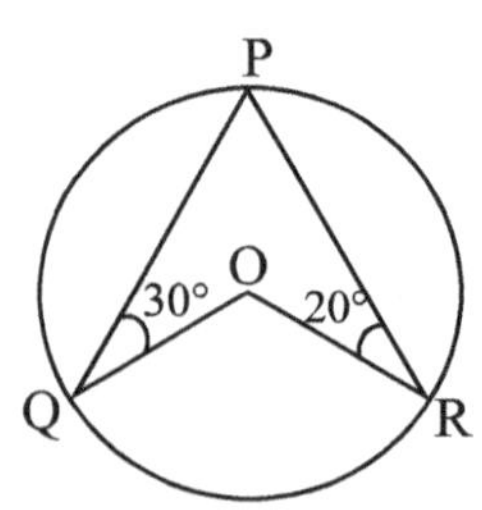

दिये गये चित्र में <OQP = 30° और <ORP = 20°, एवं <QOR बराबर हैं–

(a) 100° (b) 120°

(c) 130° (d) 140°

4. एक क्लब में 108 सदस्य हैं। उनमें से दो तिहाई पुरुष हैं तथा शेष महिलाएँ हैं। 9 महिला सदस्यों को छोड़कर शेष सभी सदस्य विवाहित हैं। क्लब में विवाहित महिलाएँ कितनी हैं?

(a) 20 (b) 24
(c) 27 (d) 30

5. एक व्यक्ति A बिन्दु से प्रारम्भ करके 3 किमी॰ पूर्व की ओर चलकर B बिन्दु तक पहुँचता है एवं उसके बाद बाएँ मुड़कर C बिन्दु तक पहुँचने में उसकी तिगुनी दूरी तय करता है। वह पुनः बाएँ मुड़कर, A एवं B के बीच तय की गई दूरी की पाँच गुनी दूरी चलकर, अपने लक्ष्य D पर पहुँचता है। यात्रा प्रारम्भ के बिन्दु तथा लक्ष्य बिन्दु के बीच की न्यूनतम दूरी है–

(a) 18 किमी॰ (b) 16 किमी॰
(c) 15 किमी॰ (d) 12 किमी॰

6. एक 5 सेमी॰ $\times$ 30 $\times$ 30सेमी॰ आकार के एक बड़े केक को 5 सेमी॰ $\times$ 5 सेमी॰ $\times$ 10 सेमी॰ आकार के सर्वाधिक कितने टुकड़ो में काटा जा सकता है

(a) 10 (b) 15
(c) 18 (d) 30

7. एक आयताकार पानी की टंकी शीर्ष पर 15 मीटर $\times$ 6 मीटर तथा 10 मीटर गहरी है। इसमें पूरा पानी भरा हुआ है; यदि इसमें से इतना पानी निकाला जाए कि जलस्तर एक मीटर नीचे हो जाए तो इससे कितना पानी निकाला गया?

(a) 90000 लीटर (b) 45000 लीटर
(c) 4500 लीटर (d) 900 लीटर

8. एक घड़ी प्रातः के 8 बजे का समय दर्शा रही है। घड़ी में अपराह्न के 2 बजे तक घण्टे की सुई कितने अंश घूमेगी?

(a) 150° (b) 144°
(c) 168° (d) 180°

9. कोमल और आशा की मासिक आय 4:3 के अनुपात में है, उनके मासिक व्यय 3:2 के अनुपात में हैं। यद्यपि दानों ही 600 रुपये प्रतिमाह की बचत करती हैं। उनकी कुल मासिक आय क्या है?

(a) 8,400 रुपये (b) 5,600 रुपये
(c) 4,200 रुपये (d) 2,800 रुपये

10. अगर $x = -2$ तो $x^2 - x^2 - x - 1$ बराबर होगा–

(a) 1 (b) –3
(c) –11 (d) –15

11. दिए गए चित्र में, छायंकित भाग के सभी रेखा खण्ड समान लम्बाई वाले हैं और एक-दूसरे से समकोण बनाते हैं इसे 10 सेमी॰ की भुजा वाले बोर्ड में से काटा जा सकता है। छायांकित भाग का क्षेत्रफल क्या है?

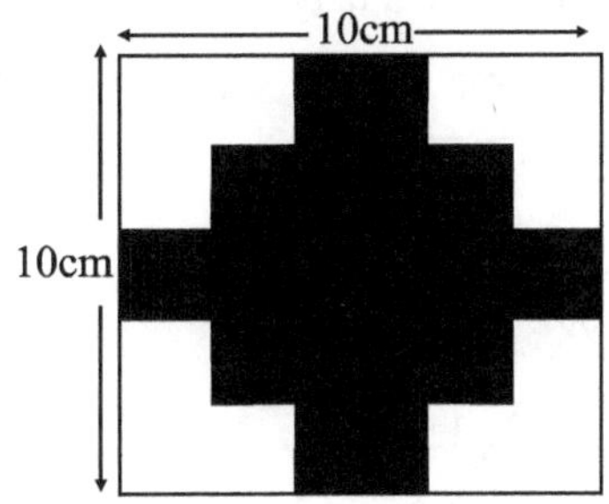

(a) 36 सेमी² (b) 48 सेमी²
(c) 52 सेमी² (d) 64 सेमी²

12. एक कक्षा में 18 लड़के हैं जो 160 सेमी॰ से अधिक लम्बे हैं। यदि ये लड़के कुल लड़कों के तीन चौथाई हों और कक्षा के विद्यार्थियों में कुल लड़कों की संख्या दो तिहाई हो तो इस कक्षा में लड़कियों की संख्या क्या है?

(a) 6 (b) 12
(c) 18 (d) 24

13. लोहे की चादर 50 सेमी॰ $\times$ 100 सेमी॰ माप के एक आयातकार टुकड़े को रोलकर 50 सेमी॰, ऊँचे बेलन का रूप दिया गया। यदि बेलन की रंगाई का खर्च 50 रुपये प्रति वर्ग मीटर हो तो बेलन की बाहरी सतह की रंगाई का खर्च क्या होगा?

(a) 25.00 रुपये (b) 37.50 रुपये
(c) 75.00 रुपये (d) 87.50 रुपये

उत्तरमाला

तर्कशक्ति

1. (d) 2. (a) 3. (b) 4. (d) 5. (b) 6. (b) 7. (b) 8. (c) 9. (d)

गणित

1. (b) 2. (c) 3. (a) 4. (c) 5. (c) 6. (c) 7. (a) 8. (d) 9. (c) 10. (c)
11. (c) 12. (b) 13. (a)

व्याख्यात्मक हल

तर्कशक्ति

1. (d) $20 = 8(g) + 7(w)\ 5(r)$

इसलिए, $8(g) + 7(w) = 15$ गेंदें

और $8(g) + 5(r) = 13$ गेंदें

साथ ही $7(w)\ 5(r) = 12$ गेंदें

यदि हम 16 गेंदें चुनते हैं तो यह निश्चित हो जाता है कि हम प्रत्येक रंग में कम से कम एक गेंद को चुनते हैं।

2. (a) R ने आरम्भ धीमा किया था किन्तु पाठ को पूरा सीखने में वह Q से आगे निकल गया था।

3. (b)

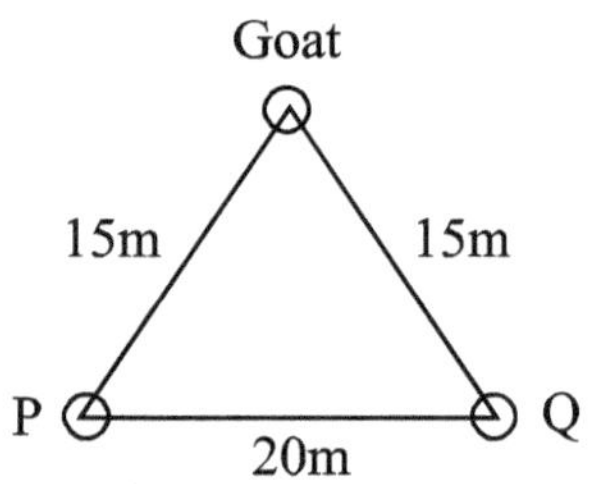

4. (d) पहला पाई चार्ट

भारत भ्रमण करने वाले जापानी= 20% of 100000

=20000

दूसरा पाई चार्ट

39 वर्ष से कम आयु के जापानी पर्यटकों की संख्या

$= 100 - (60 + 20)\%$ of 20000/

= 26 % of 20000

=4000

5. (b) 4 के विपरीत 3 है

5 के विपरीत 2 है

1 के विपरीत 6 है

6. (b) पुरुषों की संख्या = महिलाओं की संख्या

A (M) } F का पुत्र

E (M)

B (M)} A का पुत्र

D (F) एक लड़का और एक लड़की की माता

दी गई सूचना के अनुसार A और D विवाहित जोड़ा है।

इसलिए, B उनका पुत्र है और C उनकी पुत्री है।

परिवार का चार्ट निम्न प्रकार से है-

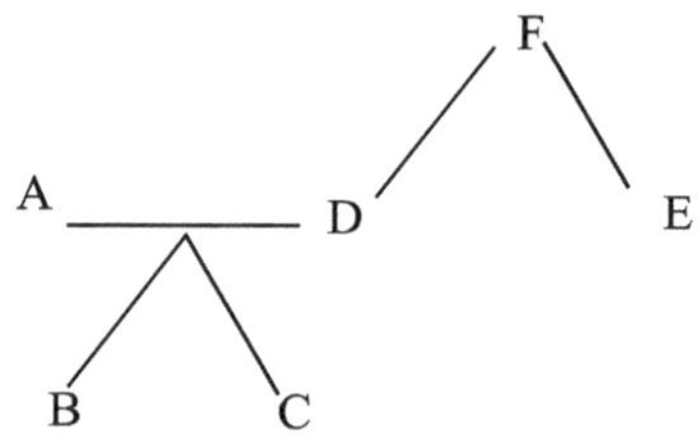

7. (b) उन छात्रों का प्रतिशत जो कम से कम दो विषयों में फेल हुए

हैं $= \frac{12+5+10+12}{500} \times 100$

$= \frac{39}{5} = 7.8$

8. (c)

M	A	R	C	H	
+2↓	+2↓	+2↓	+2↓	+2↓	
O	C	T	E	J	

इसी प्रकार से,

R	E	T	U	R	N
+2↓	+2↓	+2↓	+2↓	+2↓	+2↓
T	G	V	W	T	P

9. (d)

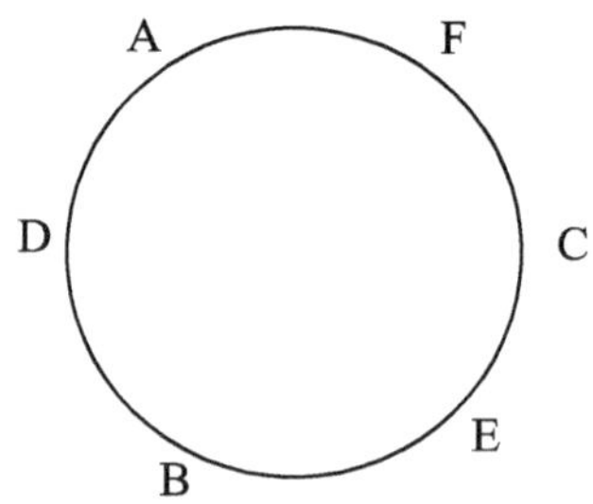

गणित

1. (b) भौतिकी चुनने वाले अभ्यर्थी= 65.8:

गणित चुनने वाले अभ्यर्थी = 59.2%

माना कि भौतिकी और गणित चुनने वाले अभ्यर्थी $= x\%$

तो

$x = \{(65.8 + 59.2) - 100\}\%$

$x = 25\%$

दिया है कि अभ्यर्थियों की कुल संख्या = 2000

∴ भौतिकी और गणित दोनों लेने वाले अभ्यर्थी = 2000 का 25%

$= \frac{25}{100} \times 2000$

500

2. (c) a: वर्ग का क्षेत्रफल = 36 सेमी.^{2} = (भुजा)^2

∴ वर्ग की भुजा = $\sqrt{36}$ = 6 सेमी.

वर्ग की परिमाप = 4 × 6 = 24 सेमी.

b : समबाहु त्रिभुज की भुजा = 9 सेमी.

समबाहु त्रिभुज की परिमाप = 3 × 9 = 27 सेमी.

c : आयत की लम्बाई = 10 सेमी.

आयत का क्षेत्रफल = 40 सेमी.^{2}

आयत की चौड़ाई = $\frac{40}{10}$ = 4 सेमी.

आयत की परिमाप = 2 (10 + 4) = 28 सेमी.

d : वृत्त की त्रिज्या = 4 सेमी.

वृत्त की परिधि = $2\pi r$

$= 2 \times 3.14 \times 4$

= 25.12 सेमी.

अतः, आयत की परिमाप अन्य की तुलना में अधिक है। '

3. (a) वृत्त की त्रिज्या = OQ = OR = OP

दिया है कि < OQP = 30° और <ORP = 20°

Δ OQR में ⇒ < OQP = < OPQ = 30° इसी प्रकार OP = OQ

Δ OPR में ⇒ < ORP = < OPR = 20° इसी प्रकार OP = OR

∴ < QPR = < OPQ + < OPR

∴ < QOP = 2 < QPR = 2 (50°) = 100°

4. (c) सदस्यों की संख्या = 108

पुरुषों की संख्या = $\frac{2}{3} \times 108 = 72$

महिलाओं की संख्या = 36

विवाहित महिलाओं की संख्या =

36 – अविवाहित महिलाओं की संख्या

= 36 – 9 = 2.7

5. (c)

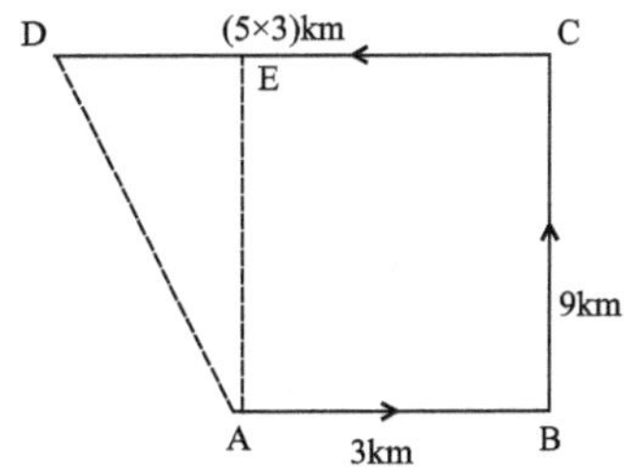

Δ AED में ⇒ $AD^2 = DE^2 + AE^2$

$= (15-3)^2 + (9)^2$

$= (12)^2 + (9)^2$

$= 144 + 81$

$= 225$

∴ AD = $\sqrt{225}$ = 15 किमी.

6. (c) टुकड़ों की अधिकतम संख्या = $\frac{5 \times 30 \times 30}{5 \times 5 \times 10}$

= 18

7. (a) निकाले गये पानी का आयतन

= टैंक का आयतन – 9 मीटर ऊँचाई के जल का आयतन

$= 10 \times 15 \times 6 - 15 \times 6 \times 9$

= 900 – 810

= 90 मी.^{3} = 90 × 1000 लीटर

= 90000 लीटर

8. (d) एक घड़ी की घंटे के सुई 12 घंटे में 360° बढ़ती है।

सुबह 8 बजे और दोपहर 2 बजे के बीच में 6 घंटों का अन्तर होता है।

इसलिए, 6 घंटों में घंटे की सुई 180° का एक कोण पूरा करेगी।

9. (c) माना कि, कोमल की आय $4x$ है

तो, आशा की आय $3x$ है

माना कि, कोमल का खर्च $3y$ है

तो, आशा का खर्च $2y$ है

कोमल की बचत = $4x - 3y = 600$

आशा की बचत = $3x - 2y = 600$

इन समीकरणों को हल करने पर हम पाते हैं

$x = 600$ और $y = 600$

∴ कोमल और आशा की कुल मासिक आय है

4 (600) + 3 (600)

= ₹ 4200

10. (c) $x^3 - x^2 - x - 1 = (-2)^3 - (-2)^2 - (-2) - 1$

$= -8 - 4 + 2 - 1$

$= -11$

11. (c)

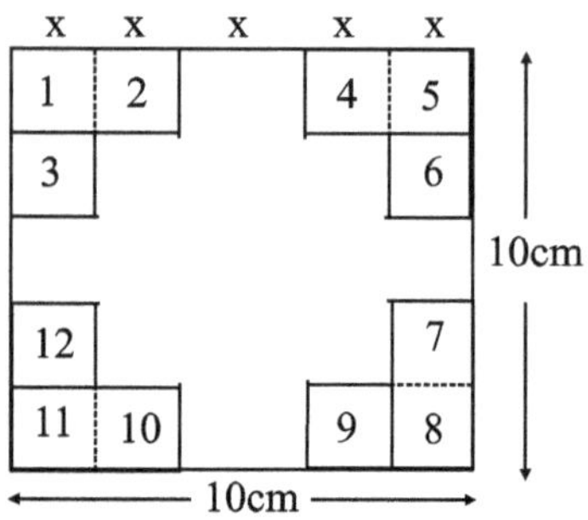

माना कि छोटे वर्गों की लम्बाई x सेमी. है

तो $5x = 10$

$x = 2$

यहाँ 12 छोटे वर्ग हैं

छायांकित भाग का क्षेत्रफल $= (10)^2 - 12\,(2)^2$

$= 100 - 48$

$= 52$ सेमी.^{2}

12. (b) ऐसे लड़कों की कुल संख्या 18 है जो 160 सेमी. से लम्बे हैं

लड़कों का तीन-चौथाई $= 18 \times \frac{4}{3} = 24$

इसलिए, लड़कों की कुल संख्या 24 है

साथ ही, लड़कों की कुल संख्या कक्षा में छात्रों की संख्या का दो-तिहाई है $= 24 \times \frac{3}{2} = 36$

लड़कियों की संख्या = छात्रों की कुल संख्या – लड़कों की कुल संख्या

$= 36 - 24$

$= 12$

13. (a) ऊँचाई $= \frac{100}{2}$ सेमी. $= 50$ सेमी. $= \frac{1}{2}$ मीटर

बेलन की परिधि $= 2\pi r \Rightarrow 100\text{ cm} = 2\pi r$

$\therefore r = \frac{1}{2\pi}$ मीटर

वक्रित पृष्ठ क्षेत्रफल $= 2\pi rh$

$= 2\pi \times \frac{1}{2\pi} \times \frac{1}{2}$

$= \frac{1}{2}$ मी.^{2}

रंगाई की लागत ₹50/मी.^{2} दी गई है।

$\therefore$ रंगाई की कुल लागत $= \frac{1}{2} \times 50$

$=$ ₹25

सामान्य अध्ययन 1999

तर्कशक्ति

1. पाँच लोगों के एक समूह में K, L और M महत्त्वाकांक्षी हैं। M, N और R ईमानदार हैं, L, M और N बुद्धिमान हैं और K, N और R अध्यवसायी हैं। इनमें से वह व्यक्ति, जो न तो अध्यवसायी है/हैं न ही महत्त्वकांक्षी होगा/होगें–

(a) केवल K (b) L और R
(c) M और N (d) इस समूह से कोई नहीं

2. 5, 8, 13, x, 34, 55, 89 .... संख्याओं के अनुक्रम में (x) का मान है–

(a) 20 (b) 21
(c) 23 (d) 29

3. किसी दूसरे ग्रह पर मृदा, जल, प्रकाश, वायु और आकाश के लिए स्थानीय शब्दावली क्रमश: आकाश, प्रकाश, वायु, जल और मृदा हैं। यदि वहाँ किसी को प्यास लगे तो क्या पियेगें?

(a) आकाश (b) जल
(c) वायु (d) प्रकाश

4. किसी कूट भाषा में 'SOLID' को WPLPIMFHA के रूप में लिखा जाता है। कूट भाषा 'ATEXXQIBNO' किसे निर्दिष्ट करता है?

(a) EAGER (b) WAFER
(c) WAGER (d) WATER

गणित

1. एक व्यक्ति 6 मीटर लम्बे खम्बे की 8 मीटर लम्बी छाया पर खड़ा हुआ है। यदि व्यक्ति की छाया की लम्बाई 2.4 मीटर हो तो उस व्यक्ति की ऊँचाई क्या है?

(a) 1.4 मीटर (b) 1.6 मीटर
(c) 1.8 मीटर (d) 2.0 मीटर

2. यदि किसी त्रिभुज के कोण 4:3:2 के अनुपात से है, तो त्रिभुज–

(a) अधिकोणीय हैं
(b) का एक कोण 80°
(c) समकोण त्रिभुज हैं
(d) न्यनकोणीय हैं

3. चित्र में दिखाये गये एक बेलनाकार पानी की टंकी के गोलीय गुम्बदाकार छत का पूरा क्षेत्र है–

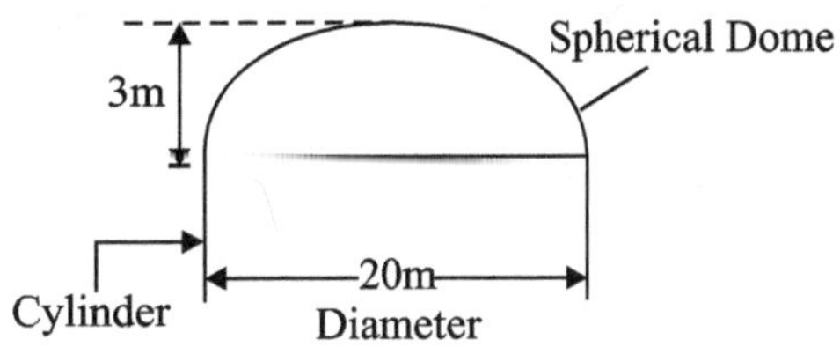

(a) 60 π मीटर^2 (b) 109 π मीटर^2
(c) 120 π मीटर^2 (d) 300 π मीटर^2

4. यदि $x + 2y = 2x + y$ तो $\dfrac{x^2}{y^2}$ बराबर है–

(a) 0 (b) 1
(c) 2 (d) 4

5. एक अर्धगोलीय कटोरा किसी पेय से लवालव भरा कटोरे का पेय एक बेलनाकार पात्र में, जिसकी त्रिज्या उसकी ऊँचाई से 50% अधिक है, उडेला जाता है। यदि कटोरे और बेलन दोनों का व्यास समान है तो बेलनाकार पात्र में पेय का आयतन होगा–

(a) $66\frac{2}{3}\%$

(b) 78.5%

(c) 100%

(d) 100% से अधिक (अर्थात कुछ द्रव कटोरे में अभी भी बचा रहेगा)

6. किसी कार्यालय में कार्य के घण्टों का वितरण निम्नलिखित सारणी मे दिखाया गया है–

कर्मचारियों की संख्या	किए गए कार्य के घण्टे की संख्या
5	0-19
1	20-24
25	25-29
40	30-34
15	35-39
8	40-45

40-50 इस सारणी से निकाले गए निम्नलिखित निष्कर्षो पर विचार कीजिए–

1. एक कर्मचारी द्वारा किए गए काम के घण्टों की औसत संख्या लगभग 30 है
2. उनका प्रतिशत जिन्होंने 35 या अधिक घण्टों तक काम किया है, 25 से कम
3. कम से कम 5 कर्मचारियों ने 44 घण्टों से अधिक काम किया है।

इन निष्कर्ष में से कौन-सा/से वैध है/हैं?

(a) केवल 1 (b) केवल 2

(c) 1 और 2 (d) 1, 2 और 3

7. किसी फैक्टरी में उत्पाद के विशिष्ट अभिलाक्षणिक मूल्य के लिए विभिन्न नमूनों का गुणवत्ता आश्वासन परीक्षण किया गया है। मूल्य और नमूनों की संख्या नीचे सारणी में दी गई है–

अभिलाक्षणिक मूल्य X	नमूनों की संख्या
10	3
11	7
12	10
13	15
14	28
15	33
16	24
17	11
18	10
19	6
20	3

इस सारणी पर आधारित निम्नलिखित कथनों पर विचार कीजिए–

1. $x \leq 15$ होने की प्रायिकता 0.64 है
2. $13 < x \leq 17$ होने की प्रायिकता 0.64 से अधिक है
3. $x = 15$ होने की प्रायिकता 0.22 से कम है

उपरोक्त कथनों में से कौन-सा/से सत्य नहीं है/हैं?

(a) केवल 1 (b) 1 और 2

(c) 2 और 3 (d) 1, 2 और 3

8. किसी निश्चित समय में दो खिलाड़ी खेल के मैदान में खड़े हैं। उनके अवस्थानों के कार्तीय निर्देशांक (20, 60) और (-40, -20) इकाइयाँ हैं। खिलाड़ियों के बीच की दूरी क्या है?

(a) 60 इकाइयाँ

(b) 30 इकाइयाँ

(c) 100 इकाइयाँ

(d) 140 इकाइयाँ

9. एक दीर्घवृत्त का क्षेत्रफल एक वृत्त के क्षेत्रफल का दुगुना है। दीर्घवृत्त का मुख्य व्यास दीर्घवृत्त के लघु व्यास का दुगुना है। वृत्त का त्रिज्या है–

(a) दीर्घवृत्त के लघु व्यास का 50%

(b) दीर्घवृत्त के मुख्य व्यास का 50%

(c) दीर्घवृत्त के लघु व्यास

(d) दीर्घवृत्त के मुख्य व्यास

10. अमर, अकबर और एन्टोनी मित्र हैं, जिसकी देख रेख उनकी मेट्रन फराह करती है। अमर का वजन अकबर के वजन से 50% अधिक है और एन्टोनी का वजन अमर के वजन से 25% कम है। फराह इन तीनों लड़कों के कुल वजन के एक-तिहाई वजन की है। इन चारों का कुल वजन 232 किलाग्राम है। इन व्यक्तियों का उनके वजन के आरोही क्रम से सही क्रम हैं–

(a) एन्टोनी, अकबर, फराह, अमर

(b) एन्टोनी, अकबर, अमर, फराह

(c) अकबर, एन्टोनी, अमर, फराह

(d) अकबर, एन्टोनी, फराह, अमर

11. किसी ट्रेन की प्रस्थान यात्रा की औसत गति उसकी वापसी यात्रा की औसत गति से 25% अधिक है। गन्तव्य स्थल पर पहुँच कर ट्रेन एक घण्टे के लिए रुकती है। प्रस्थान और वापसी की पूर्ण यात्रा में लिया गया कुल समय 17 घण्टे है जिसके 800 किमी॰ की दूरी तय की गई है। ट्रेन की प्रस्थान यात्रा की गति है–
   (a) 45 किमी॰ प्रति घण्टा
   (b) 47.06 किमी॰ प्रति घण्टा
   (c) 50.00 किमी॰ प्रति घण्टा
   (d) 56.25 किमी॰ प्रति घण्टा

12. एक नगर में 25% परिवारों के पास फोन हैं और 15% के पास कार हैं। 65% परिवारों के पास न फोन है और न कार हैं। 2000 परिवारों के पास कार और फोन दोनों हैं। इस सम्बन्ध पर निम्नलिखित कथनों पर विचार कीजिए–
   1. 10% परिवारों के पास कार और फोन दोनों हैं।
   2. 35% के पास या तो कार हैं या फोन
   3. नगर में 40,000 परिवार रहते हैं।

   उपरोक्त कथनों में से कौन-से सही हैं?
   (a) 1 और 2 (b) 1 और 3
   (c) 2 और 3 (d) 1, 2 और 3

13. नीचे yield vs. terrilizer का ग्राफ दिया गया है।

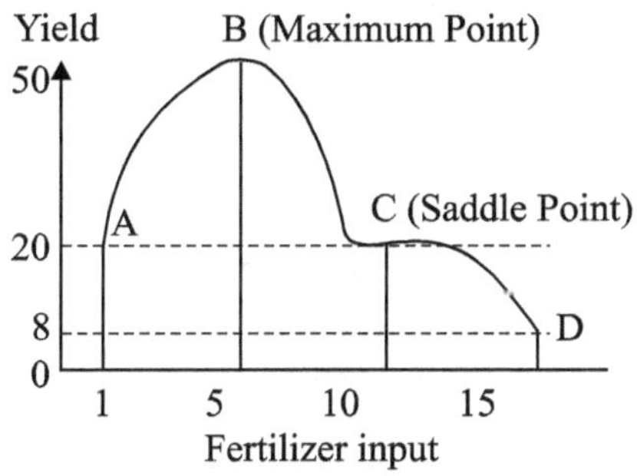

इस ग्राफ पर आधारित निम्नलिखित निष्कर्षों पर विचार कीजिए।
   1. B तथा C पर yield rate शून्य है।
   2. Fertilizer के उपयोग के बिना yeild नहीं है।
   3. D पर yeild सबसे कम है।
   4. C पर yeild ना तो सबसे अधिक है (maximum) और ना ही सबसे कम (minimum) है।

   इन निष्कर्षों में से कौन-सा/से वैध है/हैं?
   (a) 1, 2 और 4 (b) 3 और 4
   (c) 2 और 3 (d) 1, 3 और 4

14. कम्पनी का target तथा realised value इस graph में दिखाई गई हैं–

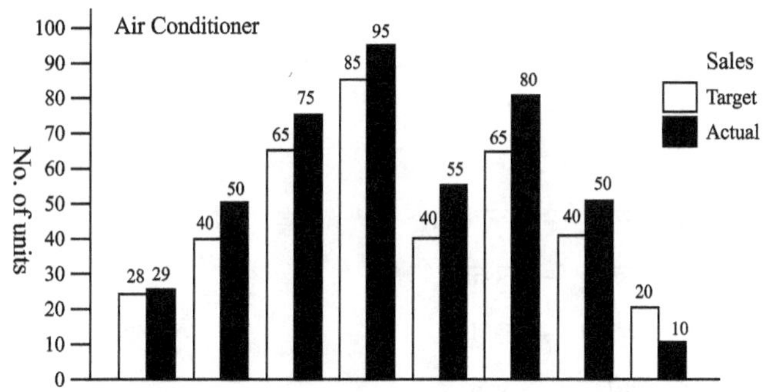

इस ग्राफ से निकाले गए निम्नलिखित निष्कर्षों पर विचार कीजिए–
   1. हर माह target sale प्राप्त कर ली गई है।
   2. Overall target value 7.5% से आगे है।
   3. Sale विभाग सराहना का पात्र है।

   इन निष्कर्षों में से कौन सा/से वैध है/हैं?
   (a) सिर्फ 1 (b) सिर्फ 2
   (c) 1 और 2 (d) 2 और 3

उत्तरमाला

तर्कशक्ति

1. (d) 2. (b) 3. (d) 4. (d)

गणित

1. (c) 2. (d) 3. (b) 4. (b) 5. (c) 6. (c) 7. (c) 8. (c) 9. (b) 10. (d)
11. (d) 12. (c) 13. (b) 14. (b)

व्याख्यात्मक हल

तर्कशक्ति

1. (d) K — महत्वाकांक्षी, अध्यनसायी

L — महत्वाकांक्षी

M — महत्वाकांक्षी, ईमानदार, बुद्धिमान

N — ईमानदार, बुद्धिमान, अध्यनसायी

R — ईमानदार, अध्यनसायी

2. (b) दी गई श्रेणी है 5, 8, 13, X, 34, 55, 89, ...

$5+8=13\,;\,8+13=21$

$13+21=34;\ 21+34=55$

$34+55=89$

$\therefore\ X=21$

3. (d) पृथ्वी – आकाश

जल – प्रकाश

प्रकाश – वायु

वायु – जल

आकाश – पृथ्वी

यदि कोई प्यासा है तो वह जल पीयेगा और यहाँ जल को प्रकाश कहा गया है।

इसलिए, वह प्रकाश पीयेगा

4. (d)

S	O	L	I	D
↓	↓	↓	↓	↓
WP	SL	PI	MF	HA

इसी प्रकार से,

AT	EX	XQ	IB	VO
↓	↓	↓	↓	↓
W	A	T	E	R

गणित

1. (c)

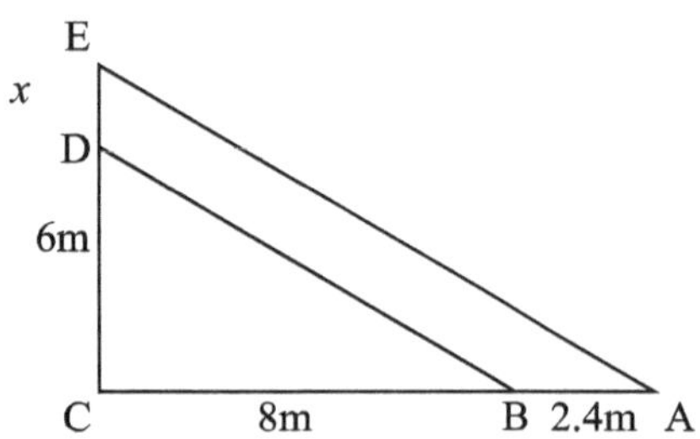

$$\frac{CE}{CA}=\frac{CD}{BC}$$

$$\frac{6+x}{8+2.4}=\frac{6}{8}$$

$$\Rightarrow\ 6+x=\frac{6}{8}\times 10.4$$

$x=7.8-6=1.8$ मीटर

2. (d) एक त्रिभुज के सभी कोणों का योगफल = 180

$\therefore\ 4x+3x+2x=180°$

$9x=180°$

$x=20°$

त्रिभुज के कोण $=4\times 20=80°$,

$3\times 20=60°, 2\times 20=40°$

यह एक न्यूनकोण है

3. (b)

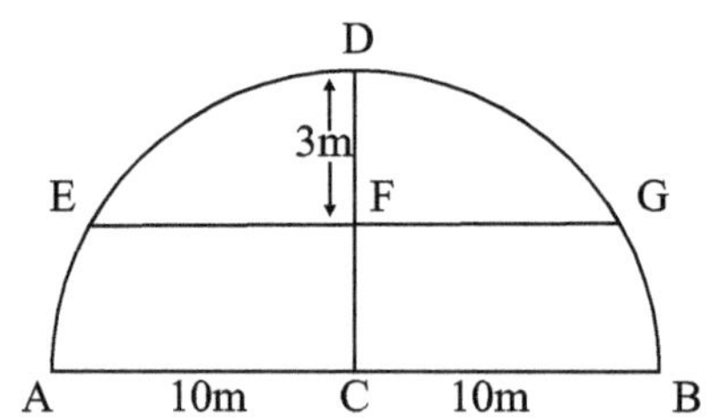

माना कि गोले की त्रिज्या $=x$ मीटर

$EF\times FG=FC\times DF$

$10\times 10=3\times(2x-3)$

$100=6x-9$

$x=\frac{109}{6}$ मीटर

गोलाकार गुम्बद का पृष्ठ क्षेत्रफल

$$=\frac{4\pi\left(\frac{109}{6}\right)^2\times 3}{2\times\frac{109}{6}}$$

$109\,\pi$ मी.^{2}

4. (b) $x+2y=2x+y$

$y=x$

$\Rightarrow \frac{x}{y} = 1$

$\Rightarrow \frac{x^2}{y^2} = 1$

5. (c) माना अर्द्धगोलाकार कटोरे की त्रिज्या $= r$

$\therefore$ अर्द्धगोलाकार कटोरे का आयतन $= \frac{2}{3}\pi r^3$

बेलनाकार कटोरे की ऊँचाई $= \frac{100r}{150} = \frac{2}{3}r$

बेलनाकार कटोरे का आयतन $= \pi r^2\left(\frac{2r}{3}\right)$

$= \frac{2}{3}\pi r^3$

अर्द्धगोलाकार कटोरे का आयतन = बेलनाकार कटोरे का आयतन

इस प्रकार, बेलनाकार कटोरे में पेय की मात्रा 100% है।

6. (c) 1 और 2

7. (c) कथन P $(X \leq 15)$

$= \frac{3+7+10+15++28+33}{150}$

$= \frac{96}{150} = 0.64$

कथन P $(13 < X \leq 17)$

$= \frac{28+33+24+11}{150}$

$= \frac{96}{150} = 0.64$

कथन 3. P $(X = 15)$

$= \frac{33}{150} = 0.22$

8. (c) दो खिलाड़ियों के बीच दूरी =

$\sqrt{[20-(-40)]^2 + [60-(-20)]^2}$

$= \sqrt{20 \quad 40^{\ 2} \quad 60 \quad 20}^{\,2}$

$= \sqrt{3600 + 6400}$

$= \sqrt{10000}$

$= 100$ यूनिट

9. (b) माना कि लघु व्यास $2a$ है

दीर्घ व्यास $= 2 \times 2a = 2b$

$4a = 2b$

$b = 2a$

माना कि वृत्त की त्रिज्या $= x$

तो, $\pi ab = 2\pi x^2$

$\pi(2a)a = 2\pi x^2$

$x = a$

वृत्त की त्रिज्या $= \frac{1}{2} \times$ लघु व्यास

= लघु व्यास का 50%

10. (d) माना कि अकबर का भार x किग्रा. है तो अमर का भार $= \frac{3x}{2}$ किग्रा.

और एन्थोनी का भार $= \frac{3x}{2} - \frac{3x}{4 \times 2}$

$= \frac{9x}{8}$ किग्रा.

फराह का भार $= \frac{1}{3}\left(x + \frac{3x}{2} + \frac{9x}{2}\right)$

$= \frac{29x}{24}$ किग्रा.

जैसा कि प्रश्न में दिया गया है

$x + \frac{3x}{2} + \frac{9x}{8} + \frac{29x}{24} = 232$

$\Rightarrow 116x = 5568$

$\Rightarrow x = 48$

अमर का भार = 72 किग्रा.

एन्थोनी का भार = 54 किग्रा.

अकबर का भार = 48 किग्रा.

फराह का भार = 58 किग्रा.

11. (d) माना कि वापसी के दौरान ट्रेन की चाल $= x$ किमी./घंटा

गमन यात्रा के दौरान चाल $= x + \frac{25x}{100}$

$= \frac{5x}{4}$ किमी./घंटा

गमन यात्रा के दौरान तय की गई दूरी

$= \frac{800}{2} = 400$ किमी.

गमन यात्रा के दौरान ट्रेन द्वारा लिया गया समय

$= \frac{\text{तय की गई दूरी}}{\text{चाल}} = \frac{400}{\frac{5x}{4}}$

वापसी यात्रा में लिया गया समय $= \frac{400}{x}$

इस प्रकार, $\frac{400}{\frac{5x}{4}} + \frac{400}{x} = 16$

$\frac{320}{x} + \frac{400}{x} = 16$

$16x = 720$

$x = 45$ किमी./घंटा

गमन यात्रा के दौरान ट्रेन की चाल

$\frac{5 \times 45}{4} = 56.25$ किमी./घंटा

12. (c) माना कि कार और फोन रखने वाले परिवार x हैं

केवल फोन रखने वाले परिवारों का प्रतिशत

$= 25 - x$

केवल कार रखने वाले परिवारों का प्रतिशत

$= 15 - x$

इस प्रकार, $(25 - x) + (15 - x) + x + 65 = 100$

$x = 5$

या तो कार या फोन रखने वाले परिवारों का प्रतिशत

$= (25 - 5) + (15 - 5) + 5$

$= 35$ (कथन 2 सही है)

माना कि शहर में परिवारों की संख्या y है

तो, $\frac{5 \times y}{100} = 2000$

$y = 40000$ (कथन 3 सही है)

13. (b) 3 और 4

14. (b) 2 अकेला

सामान्य अध्ययन 1998

तर्कशक्ति

1. एक नर्सरी कक्षा में 50 विद्यार्थियों को प्रवेश दिया गया। कुछ विद्यार्थी केवल अंग्रजी बोल सकते हैं और कुछ केवल हिन्दी। 10 विद्यार्थी अंग्रजी और हिन्दी दोनों बोल सकते हैं, यदि उन विद्यार्थियों की संख्या, जो अंग्रजी बोल सकते हैं 21 है तो कितने विद्यार्थी हिन्दी बोल सकते हैं, कितने केवल हिन्दी बोल सकते हैं और कितने केवल अंग्रेजी बोल सकते हैं?
   (a) क्रमशः 21, 11 और 29
   (b) क्रमशः 28, 18 और 22
   (c) क्रमशः 37, 27 और 13
   (d) क्रमशः 39, 29 और 11

2. 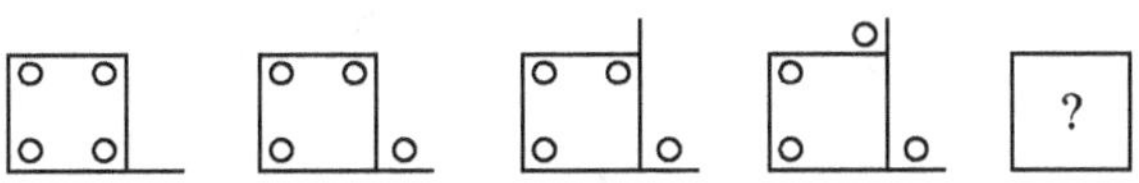

(I) (II) (III) (IV) (V)

आकृति (I) से (IV) के उपरोक्त समुच्चय में कुछ भाग एक नियमित दिशा में अपना स्थान परिवर्तित करते हुए दिखाए गये हैं, उसी अनुक्रम का अनुसरण करते हुए पाँचवें स्थान पर निम्नलिखित में से कौन-सी आकृति आयेगी?

(a) 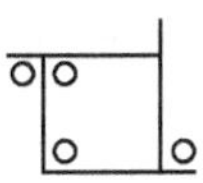
(b) 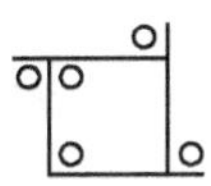
(c) 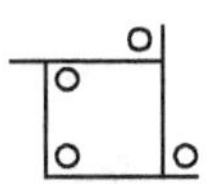
(d) 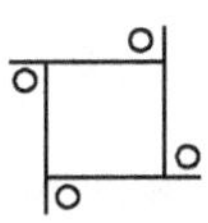

3. निम्नलिखित कथनों पर परीक्षण कीजिए–
   1. मोहन के परिवार के सभी सदस्य ईमानदार हैं।
   2. मोहन के परिवार के कुछ सदस्य रोजगार में नहीं हैं।
   3. कुछ रोजगार में लगे व्यक्ति ईमानदार नहीं हैं।
   4. कुछ ईमानदार व्यक्ति रोजगार में नहीं हैं।

   उपरोक्त कथनों से निम्नलिखित में से कौन-सा एक निष्कर्ष प्राप्त होता हैं?
   (a) मोहन के परिवार के सभी सदस्य रोजगार में हैं
   (b) मोहन के परिवार के रोजगार में लगे सदस्य ईमानदार हैं
   (c) मोहन के परिवार के ईमानदार सदस्य रोजगार में नहीं हैं
   (d) मोहन के परिवार के रोजगार में लगे सदस्य ईमानदार नहीं हैं

4. एक रात्रि भोज में मछली और माँस दोनों परोसे गए, कुछ ने केवल मछली ली और कुछ ने केवल माँस। कुछ शाकाहारी थे जिन्होंने दोनों में से कुछ भी नहीं लिया बाकी लोगों ने मछली और माँस दोनों लियां निम्नलिखित तर्क रेखा (Logic diagram) में से कौन-सा एक उपरोक्त स्थिति को सही प्रदर्शित करता है?

(a) 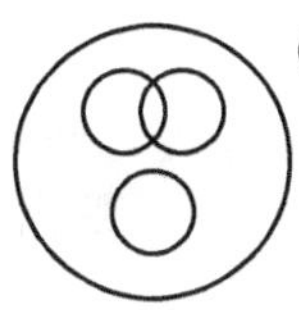
(b) 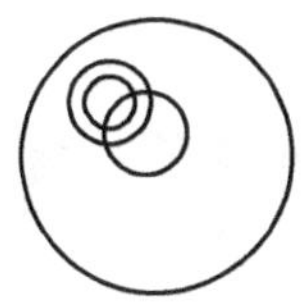
(c) 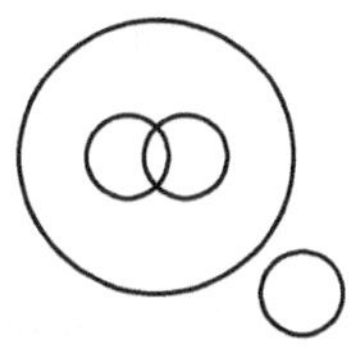
(d) 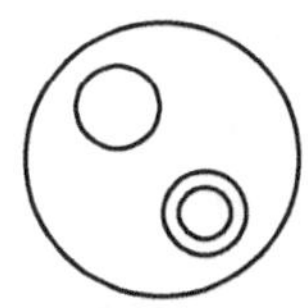

5. A, B, C, D, E, F और G एक परिवार के सदस्य हैं जिसमें 4 व्यस्क और 3 बच्चे हैं, इनमें से दो F और G लड़कियाँ हैं। A और D भाई हैं एवं A एक डॉक्टर है। एक इन्जीनियर है, जो भाइयों में से एक

से विवाहित है और जिसके दो बच्चे हैं। B, D से विवाहित हैं और G उनकी सन्तान हैं C कौन है?

(a) G का भाई (b) F का पिता
(c) E की पुत्री (d) A का पुत्र

6. निम्नलिखित में से कौन-सा एक इस सम्बन्ध की पुष्टि करता है?

D d a : a D D : : R r b : ?

(a) DDA (b) RRR
(c) bRR (d) BBr

7. A, B, C, D, E और F इसी क्रम में आवश्यक नहीं, एक गोल मेज के चारों और व्यवस्थित रूप से रखी हुई 6 कुर्सियों पर बैठे हैं। यह देखा गया कि–

A, D और F के बीच में हैं, C, D के सामने है और D तथा F समीपवर्ती कुर्सियों घर नहीं हैं।

(a) A और B (b) C और E
(c) B और F (d) A और C

8. यदि किसी निश्चित कूट (Code) में SAND VDOG है और BIRD ELUG है तो LOVE का कूट होगा–

(a) PRYG (b) ORTG
(c) NPUH (d) ORYH

9. नीचे दी गयी श्रेणी में लुप्त भिन्न है–

$\frac{4}{9}, \frac{9}{10}, \text{--------}, \frac{39}{86}$

(a) $\frac{17}{40}$ (b) $\frac{19}{42}$
(c) $\frac{20}{45}$ (d) $\frac{29}{53}$

गणित

1. एक परिशुद्ध (Accurate) घड़ी 3.00 बजे का समय दर्शा रही है, घण्टे की सुई के 135° घूमने के बाद समय होगा–

(a) 7.30 (b) 6.30
(c) 8.00 (d) 9.30

2. किसी भी देश का misery index उसके inflation तथा unemployment rate के जोड़ के बराबर होता है। जिस देश का inflation जितना ज्यादा होगा वहाँ रहना उतना ही मुश्किल होता है। निम्नलिखित ग्राफ को ध्यान से देखिए–

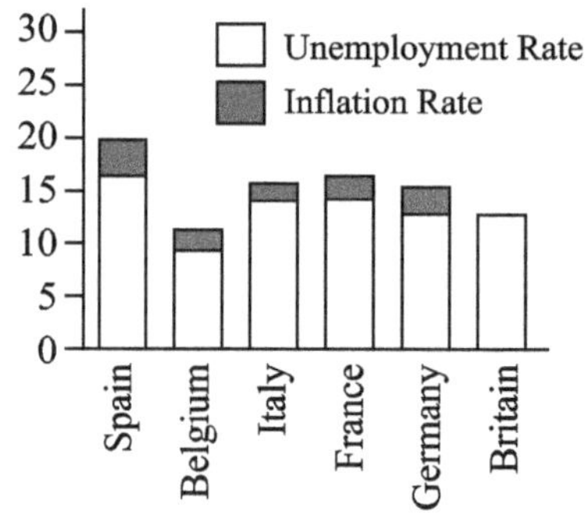

Misery Index

उपरोक्त ग्राफ ने निकाले गए निष्कर्ष
1. Britain में रहना सबसे मुश्किल है।
2. Spain की inflation rate Belgiumऔर Britain से कम है।
3. Italy और France में बराबर unemployment है।
4. अधिक misery index, अधिक inflation rate को दर्शाता है।

इनमें से सही निष्कर्ष है–

(a) सिर्फ 1 (b) 2 और 3
(c) 1, 2, 3 और 4 (d) कोई भी नहीं

3. LMNOP एक अर्धवृत्त है जिसका केन्द्र R पर है और व्यास LP है, LSR और RQP भी अर्धवृत्त है जिनके केन्द्र T और U पर है तथा व्यास LR = RP = 1/2LP है, LMNOP और LSRQP के परिमापों का अनुपात है–

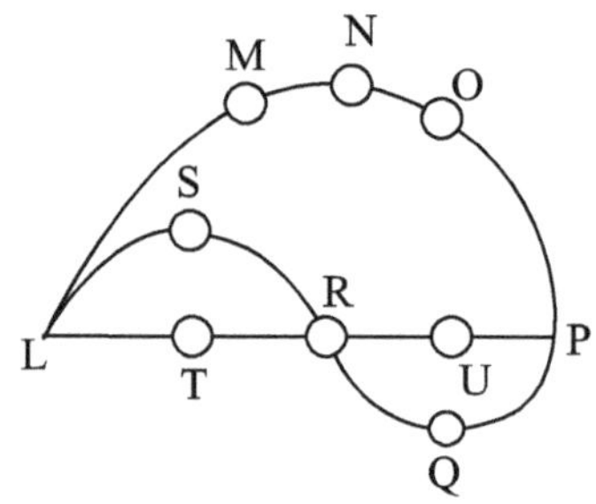

(a) 0.75 : 1 (b) 1 : 1
(c) 1 : 0.75 (d) 1.25 : 1

4. एक व्यक्ति ने दो घड़ियाँ A और B, 650 रुपये की कुल कीमत पर खरीदीं। यह A को 20% लाभ पर और B को 25% हानि पर बेच कर दोनों घड़ियों का सही विक्रय मूल्य प्राप्त करता है। A और B के क्रय मूल्य क्रमशः क्या हैं?

(a) 225 रु॰ 425 रु॰ (b) 250 रु॰ 400 रु॰
(c) 275 रु॰ 375 रु॰ (d) 300 रु॰ 300 रु॰

5. यदि समान क्षमता के 15 पम्प एक टंकी को 7 दिनों में भर सकते हैं, तो उस टंकी को 5 दिनों में भरने के लिए कितने अतिरिक्त पम्पों की आवश्यकता होगी?

(a) 6 (b) 7

(c) 14 (d) 21

6. तीन वार्षिक परीक्षाओं में से जिनमें प्रत्येक का कुल योगांक 500 है, एक विद्यार्थी को प्रथम एवं द्वितीय वार्षिक परीक्षाओं में औसत अंक क्रमशः 45% और 55% प्राप्त हुए। 60% का समय औसत प्राप्त करने के लिए तीसरी वार्षिक परीक्षा में उसे कितने अंक प्राप्त करने आवश्यक हैं?

(a) 450 (b) 400

(c) 350 (d) 300

7. एक वर्गाकार तालाब की प्रत्येक भुजा 2 मीटर की तथा उसकी गहराई 1 मीटर है। अगर उस तालाब को बिना उसकी गहराई को बदले एक ऐसे गोल तालाब के रूप में बड़ा किया जाए, जिसका व्यास वर्ग के विकर्ण के बराबर हो, जैसा चित्र में अंकित किया गया है, तो उसमें से निकलने वाली मिट्टी का आयतन क्या होगा?

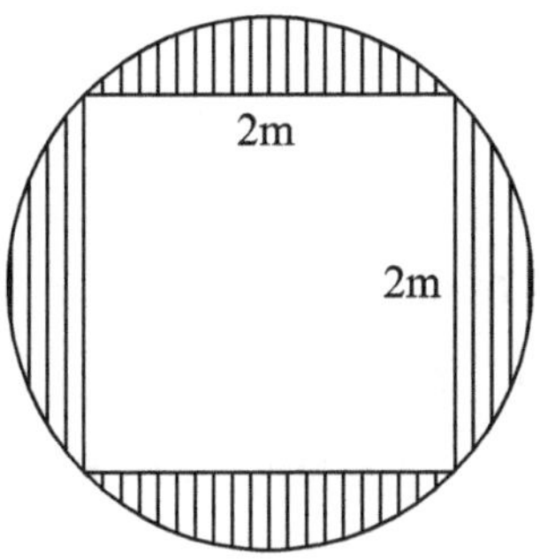

(a) $(2\pi - 4)m^3$ (b) $(4\pi - 4)m^3$

(c) $(4\pi - 2)m^3$ (d) $(2\pi - 2)m^3$

8. एक स्थानीय रेलगाड़ी और एक अन्य एक्सप्रेस रेलगाड़ी समानान्तर पटरियों पर एक ही दिशा में क्रमशः 29 किमी॰ प्रति घण्टा और 65 किमी॰ प्रति घण्टा की गति से जा रही थीं। स्थानीय गाड़ी चालक ने देखा कि तेज गति वाली गाड़ी को उसके पास से गुजरने में ठीक 16 सेकण्ड लगे। तेज गति वाली गाड़ी की लम्बाई क्या है?

(a) 60 मीटर (b) 120 मीटर

(c) 160 मीटर (d) 240 मीटर

9. एक परिवार में एक दम्पति को एक पुत्र और एक पुत्री है। अपनी बेटी की आयु से पिता की आयु तीन गुनी है और माँ की आयु से बेटे की आयु आधी है। पत्नी पति से नौ वर्ष छोटी है और भाई अपनी बहन से सात वर्ष बड़ा है। माँ की आयु क्या है?

(a) 40 वर्ष (b) 45 वर्ष

(c) 50 वर्ष (d) 60 वर्ष

उत्तरमाला

तर्कशक्ति

1. (d) 2. (c) 3. (b) 4. (a) 5. (d) 6. (c) 7. (b) 8. (d) 9. (b)

गणित

1. (a) 2. (b) 3. (b) 4. (b) 5. (a) 6. (b) 7. (a) 8. (c) 9. (d)

व्याख्यात्मक हल

तर्कशक्ति

1. (d) हिन्दी बोलने वाले छात्र $= 50 - 21 + 10 = 39$

केवल हिन्दी बोलने वाले छात्र $= 50 - 21 = 29$

केवल अंग्रेजी बोलने वाले छात्र $= 21 - 10 = 11$

4. (a)

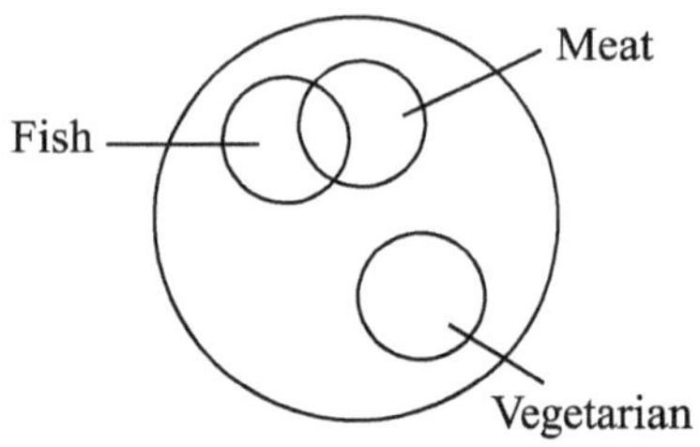

5. (d)

वयस्क	बच्चे
A → डॉक्टर, पुरुष	F → A, E की पुत्री
E → A की पत्नी	C → A, E का पुत्र
D → पुरुष	G → D, B की पुत्री
B → D की पत्नी	

6. (c) Dda: aDD : : Rrb : bRR

7. (b)

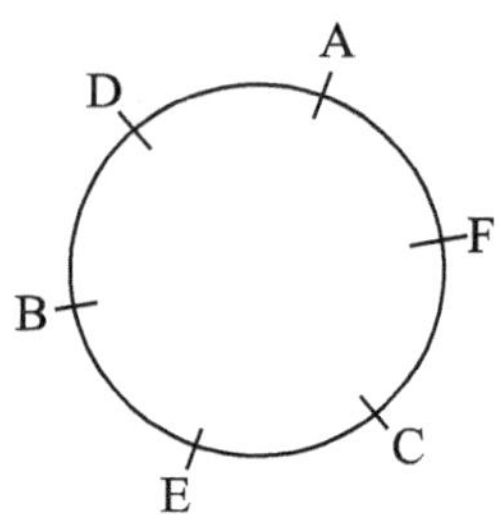

8. (d) SAND → VDQG

BIRD → ELUG

LOVE → ?

S A N D → (+3 each) → V D Q G

B I R D → (+3 each) → E L U G

इसी प्रकार से,

L O V E → (+3 each) → O R Y H

9. (b) $\frac{4}{9}, \frac{9}{20}, \text{---------}, \frac{39}{86}$

$$\frac{4}{9} \Rightarrow \frac{4\times2+1}{9\times2+2} = \frac{9}{20}$$

$$\frac{9}{20} \Rightarrow \frac{9\times2+1}{20\times2+2} = \frac{19}{42}$$

$$\frac{19}{42} \Rightarrow \frac{19\times2+1}{42\times2+2} = \frac{39}{86}$$

गणित

1. (a) घंटे की सुई द्वारा 360° का कोण 12 घंटों में पूरा होता है। इसलिए, 135° का कोण घंटे की सुई के द्वारा पूरा होगा

$$\frac{12}{360^\circ} \times 135^\circ$$

=4.5 घंटे में

अपेक्षित समय $= 3 + 4.5 = 7.5 = 7.30$

2. (b) 2 और 3

3. (b) LMNOP की परिमाप $= \pi \times \frac{a}{2} + a$

$$= \frac{a(\pi+2)}{2} \text{ यूनिट}$$

LSRQP की परिमाप $= 2\pi \times \frac{a}{4} + 2 \times \frac{a}{2}$

$$= \frac{a(\pi+2)}{2} \text{ यूनिट}$$

अपेक्षित अनुपात = 1 : 1

4. (b) माना कि घड़ी A का मूल्य ₹ x है

घड़ी B का क्रय मूल्य ₹$(650 - x)$ है

$$\text{A का SP} = \frac{x\times120}{100}$$

$$\text{और B का SP} = \frac{(650-x)\times75}{100}$$

प्रश्न के अनुसार

A का SP = B का SP

$$\frac{x\times120}{100}=\frac{(650-x)\times75}{100}$$

$\Rightarrow 8x=3250-5x$

$\Rightarrow x=\frac{3250}{13}=$ ₹ 250

B का लाभ = ₹ (650 – 250) = ₹ 400

5. (b) टैंक को 7 दिनों में भरने के लिए आवश्यक पम्पों की कुल संख्या =15

टैंक को 1 दिन में भरने के लिए जरूरी पम्पों की संख्या

$=\frac{15\times7}{5}=21$

आवश्यक अतिरिक्त पम्प = 21 – 15 = 6

6. (b) पहली परीक्षा में अर्जित अंक $=\frac{45}{100}\times500$

=225

दूसरी परीक्षा में अर्जित अंक $=\frac{55}{100}\times500$

=275

तीन परीक्षाओं में अपेक्षित कुल अंक

$=3\times500\times\frac{60}{100}=900$

तीसरी परीक्षा में अपेक्षित अंक = 900 – (225 + 275)

=400

7. (a) वर्गाकार तालाब की भुजा = 2 मीटर

वर्गाकार तालाब का विकर्ण = $2\sqrt{2}$ मीटर

इस प्रकार, वृत्ताकार तालाब का व्यास = $2\sqrt{2}$ मीटर

निकाली जाने वाली मिट्टी का आयतन =

वृत्ताकार तालाब का आयतन – वर्गाकार तालाब का आयतन

$=\pi\left(\frac{2\sqrt{2}}{2}\right)^2\times1-2\times2\times1$

$=(2\pi-4)\ m^3$

8. (c) लोकल ट्रेन के सापेक्ष, एक्सप्रेस ट्रेन की चाल = 65 – 29 = 36 किमी./घंटा

इसलिए, 36 किमी./घंटा = $36\times\frac{5}{18}$ मी./से.

=10 मी./से.

तीव्र गति वाली ट्रेन की लम्बाई = 10 × 16 = 160 मीटर

9. (d) माना कि माता की आयु x वर्ष है

इसलिए, पिता की आयु $(x+9)$ वर्ष है

पुत्र की आयु = $\frac{x}{2}$ वर्ष

पुत्री की आयु = $\frac{x}{2}-7$ वर्ष

जैसा कि प्रश्न में दिया गया है

$$(x+9)=3\left(\frac{x}{2}-7\right)$$

$$x+9=\frac{3x-42}{2}$$

$\Rightarrow x=60$ वर्ष

सामान्य अध्ययन 1997

तर्कशक्ति

1. श्रेणी POQ, SRT, VUW, ... में रिक्त स्थान निदिष्ट करता है–
   (a) XYZ को (b) XZY को
   (c) YXZ को (d) YZY को

2. निम्नलिखित आकृति में–

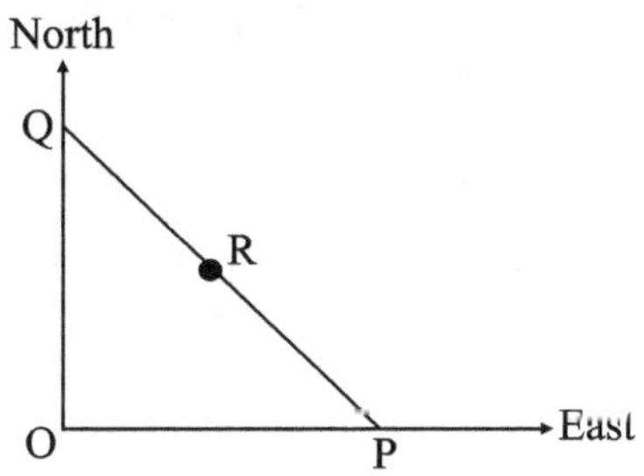

P, O से 300 किमी पूर्व की ओर स्थित है और O, Q से 400 किमी उत्तर की ओर स्थित है। R, Q और P के ठीक मध्य से स्थित है। Q और R के मध्य दूरी है–
   (a) 250 किमी (b) 300 किमी
   (c) 350 किमी (d) $250\sqrt{2}$ किमी

3. जब तीन सिक्के ऊपर एक साथ उछाले जाते हैं तो उस बात की प्रायिकता कि उन तीनों का समान मुख ऊपर की ओर रहे, होगी–
   (a) $\frac{1}{3}$ (b) $\frac{1}{6}$
   (c) $\frac{1}{8}$ (d) $\frac{1}{12}$

4. बस में यात्रा करने वाले व्यक्तियों के समूह मे 6 व्यक्ति तमिल, 15 व्यक्ति हिन्दी और 6 व्यक्ति गुजराती बोल सकते हैं। इस समूह का कोई भी व्यक्ति अन्य भाषा नहीं बोल सकता। यदि इस समूह के 2 व्यक्ति दो भाषाएँ तथा 1 व्यक्ति तीनों भाषाएँ बोल सकता है तो इस समूह में कुल कितने व्यक्ति हैं?
   (a) 21 (b) 22
   (c) 23 (d) 24

5. गेंदों के एक समुच्चय के बारे में निम्नलिखित कथनों पर विचार कीजिए–
   1. सभी गेंदें काली हैं 2. सभी गेंदें सफेद हैं
   3. केवल कुछ गेंदें काली हैं 4. कोई भी गेंद काली नहीं हैं

   वह मानते हुए कि गेंद केवल या तो काली हो सकती है या सफेद, उपरोक्त में से, कौन- से दो कथन ऐसे हैं जो दोनों सही हो सकते हैं परन्तु दोनों गलत नहीं हो सकते।

   नीचे दिए गए कूट में से सही उत्तर चुनिए–
   (a) 1 और 4 (b) 1 और 3
   (c) 2 और 3 (d) 2 और 4

6. 1000 व्यक्तियों के प्रतिदर्श में उनके अंग्रेजी, फ्रांसीसी और जर्मन भाषाओं के ज्ञान के बारे में सर्वेक्षण के परिणाम दिये गये वेन आरेख में प्रस्तुत किए गये हैं। उन व्यक्तियों की संख्या का जो इन तीन भाषाओं में से किसी को भी नहीं जानते, उन व्यक्नियों के साथ जो इन तीनों भाषाओं को जानते हैं, अनुपात है–

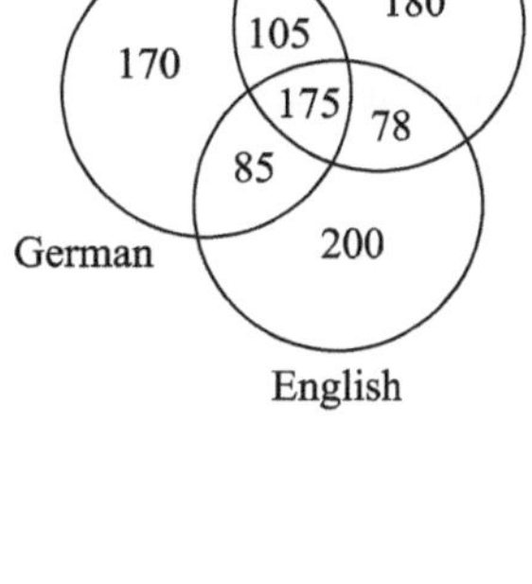

(a) 1/27 (b) 1/25

(c) 7/250 (d) 175/1000

7. नीचे दी गई आकृतियों पर विचार कीजिए–

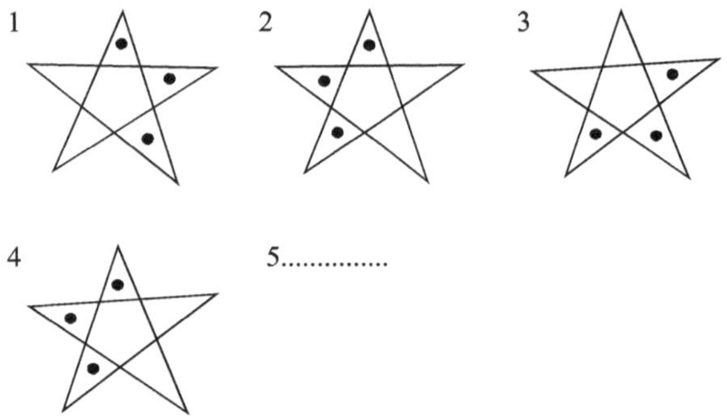

आकृतियों के दिए अनुक्रम में तर्क के आधार पर क्रमांक 5 पर आने वाली आकृति होगी–

(a)

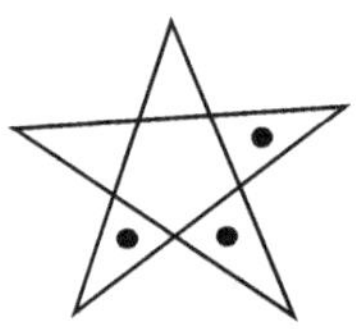

(b)

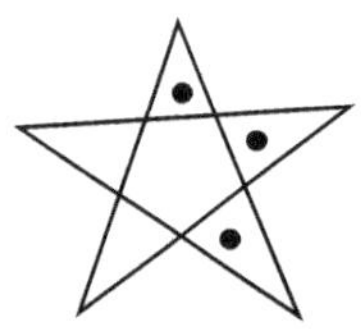

(c)

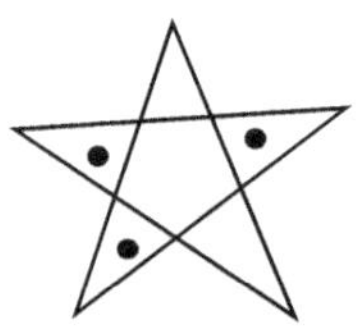

(d)

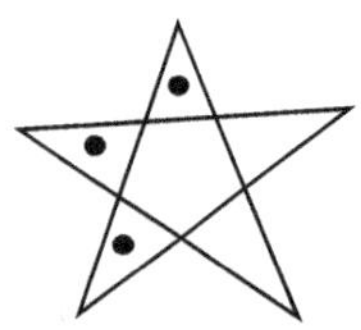

गणित

1. आकृति में दर्शाए गए आयताकार लॉन के भूखण्ड की लम्बाई व चौड़ाई x तथा y है और यह चारों 2 मी॰ चौड़े बजरी पथ से घिरा है। इस पथ का कुल क्षेत्रफल क्या होगा?

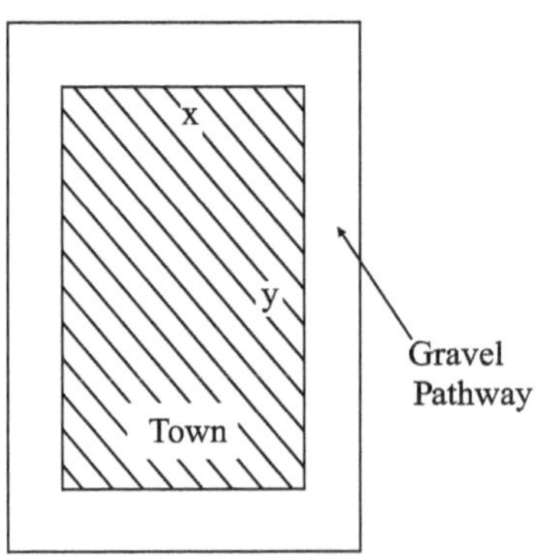

(a) $2x + 2y + 4$ (b) $2x + 2y + 8$

(c) $4x + 4y + 8$ (d) $4x + 4y + 16$

2. 5 व्यक्तियों के एक परिवार में प्रति व्यक्ति औसत आय 1000 प्रति मास है उसी परिवार के प्रति व्यक्ति की औसत आय क्या होगी यदि किसी एक व्यक्ति की आय में 12,000/प्रति वर्ष की वृद्धि हो जाती है?

(a) Rs 1200/- (b) Rs 16000/-

(c) Rs 2000/- (d) Rs 3400/-

3. दी गई आकृति में यदि QRS समद्विबाहु त्रिभुज और QTS समद्विबाहु त्रिभुज हो और $x = 47°$ हो, तो y का मान डिग्री से होगा–

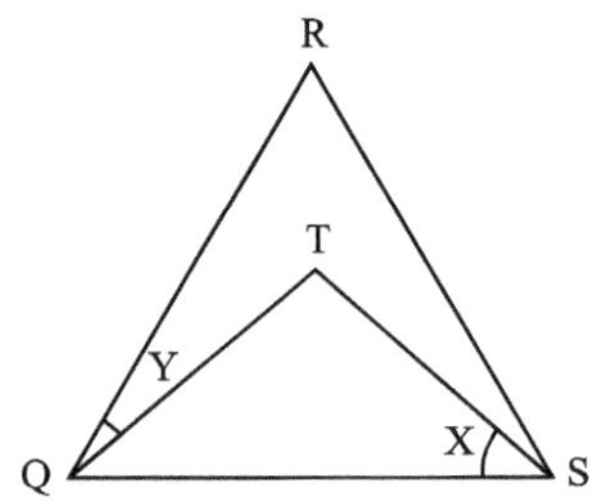

(a) 13° (b) 23°

(c) 33° (d) 43°

4. दो सेक्शनों A तथा B से इन विद्यार्थियों की संख्या निम्नलिखित सारणी में दी गई हे जिनकी ऊँचाई अलग-अलग है–

ऊँचाई (मीटरों में)	इन ऊँचाई वाले विद्यार्थियों की संख्या	
	सेक्शन A में	सेक्शन B में
1.55	3	2
1.60	7	6
1.62	12	14
1.65	15	14
1.68	8	9
1.71	6	5
1.75	3	4

सेक्शन A में एक ऊँचाई-विशेष वाले विद्यार्थियों की संख्या और सेक्शन B में उसी ऊँचाई वाले विद्यार्थियों की संख्या का अनुपात किस ऊँचाई के लिए अधिकतम होगा?

(a) 1.55 मी॰ (b) 1.60 मी॰

(c) 1.65 मी॰ (d) 1.71 मी॰

5. वर्ष1993 से वर्ष 1995 तक की अवधि में किसी समीप के बाजार में विभिन्न खुदरा स्टोरों में हुई बिक्री की राशि (रुपयों में) प्रतिशत परिवर्तन निमनलिखित सारणी में दर्शाया गया है–

खुदरा स्टोर	प्रतिशत परिवर्तन	
	1993 से 1994 में	1994 से 1995 में
अंशू	+10	−10
बोर्ना	−20	+9
काल्पो	+5	+12
दिलीप	−7	−15
सलिगैट	+17	−8

यदि अंशु स्टोर की सन् 1993 में बिक्री 8 लाख रुपये थी तो उसी स्टोर की सन् 1995 में बिक्री राशि (लाख रुपये) में क्या थी?

(a) 7.92 (b) 8.00
(c) 8.80 (d) 9.68

6. यदि किसी घन के आयतन ओर पृष्ठ क्षेत्रफल को निरूपित करने वाली संख्याएँ समान हों तो उस घन के एक किनारे की लम्बाई माप की इकाई में होगी–

(a) 3 (b) 4
(c) 5 (d) 6

7. किसी कमरे की लम्बाई, चौड़ाई तथा ऊँचाई क्रमशः 'l', 'b', 'h' है। उसकी छत का परिमाप चारों दावारों के समस्त क्षेत्रफल के प्रतिशत के रूप में व्यक्त करने पर होगा–

(a) $100h\%$ (b) $100/h\%$
(c) $h\%$ (d) $h/100\%$

8. किसी नाव की शान्त जल में चाल 5 किमी॰ प्रति घण्टा है और यह 1 किमी॰ चौड़ी नदी को यथासम्भव सबसे छोटे मार्ग में 15 मिनट में पार करती है। नदी जल का किमी/घण्टा में वेग है–

(a) 1 (b) 3
(c) 4 (d) $\sqrt{41}$

9. किसी घड़ी की घण्टे की सुई और मिनट की सुई एक दिन में कितनी बार परस्पर समकोण पर होती है?

(a) 44 (b) 48
(c) 24 (d) 12

उत्तरमाला

तर्कशक्ति

1. (c) 2. (a) 3. (c) 4. (d) 5. (a) 6. (b) 7. (a)

गणित

1. (d) 2. (a) 3. (a) 4. (a) 5. (a) 6. (d) 7. (b) 8. (a) 9. (b)

व्याख्यात्मक हल

तर्कशक्ति

1. (c) दी गई श्रेणी है POQ, SRT, VUW, ...

OPQ → POQ

RST → SRT

UVW → VUW

इसलिए, XYZ → YXZ

2. (a) $QP^2 = OP^2 + OQ^2$

$QP^2 = (300)^2 \,.\, (400)^2$

$QP^2 = 250000$

$QP = \sqrt{250000}$

$QP = 500$

दिया है कि QR = RP

इसलिए, $QR = \frac{QP}{2} = \frac{500}{2} = 250$ किमी.

3. (c) हैड या टेल आने की प्रायिकता $= \frac{1}{2}$

तीनों सिक्कों के लिए सभी हैड या सभी टेल आने की प्रायिकता

$= \frac{1}{2} \times \frac{1}{2} \times \frac{1}{2} = \frac{1}{8}$

4. (d) हिन्दी, तमिल, गुजराती भाषी लोग

$= 15 + 6 + 6 = 27$

2 व्यक्ति दो भाषाएं बोल सकते हैं

1 व्यक्ति सभी तीन भाषाएं बोल सकता है

समूह में व्यक्तियों की कुल संख्या

$= 27 - (2 + 1) = 24$

5. (a) कथन 1 ओर 4 सत्य हो सकते हैं

6. (b) व्यक्तियों की कुल संख्या $= 1000$

अंग्रेजी जानकार व्यक्ति $= 200$

फ्रेंच जानकार व्यक्ति $= 180$

जर्मन जानकार व्यक्ति $= 170$

किन्हीं दो भाषाओं के जानकार व्यक्ति

$= 78 + 85 + 105$

$= 268$

तीन भाषाओं के जानकार व्यक्ति $= 175$

ऐसे व्यक्तियों की संख्या जो कोई भाषा नहीं जानते हैं

$= 1000 - (200 + 180 + 170 + 268 + 175) = 7$

∴ अपेक्षित अनुपात $= \frac{7}{175}$

$= \frac{1}{25}$

7. (a)

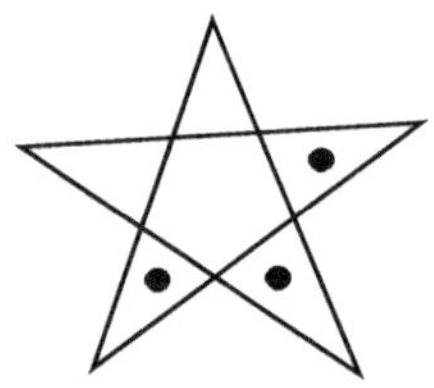

गणित

1. (d) (लॉन+ मार्ग) की लम्बाई $= x + 2 + 2$

$= (x + 4)$

(लॉन + मार्ग) की चौड़ाई $= y + 2 + 2$

$= (y + 4)$

मार्ग का क्षेत्रफल = मार्ग सहित लॉन का क्षेत्रफल

— लॉन का क्षेत्रफल

$= (x + y)(y + 4) - xy$

$= xy + 4x + 4y + 16 - xy$

$= 4x + 4y + 16$

2. (a) प्रतिमाह कुल आय $= 5 \times 1000 =$ ₹ 5000

बढ़ी हुई राशि $= \frac{12000}{12} =$ ₹1000

प्रतिमाह कुल नई राशि =

₹ (5000 + 1000) = ₹ 6000

परिवार की मासिक औसत आय

$= \frac{6000}{5} =$ ₹ 1200

3. (a)

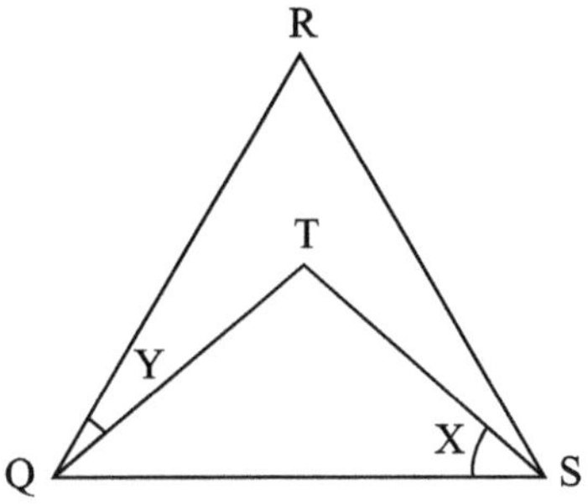

समद्विबाहु त्रिभुज में, Δ TRS, $\angle$ TQS = $\angle$ TSQ = 47°

समबाहु त्रिभुज में, Δ QRS, $\angle$ RQS= 60°

साथ ही $\angle$ RQT + $\angle$ IQS = 60°

$y + 47° = 60°$

$y = 60° - 47° = 13°$

4. (a) 1.55 ऊँचाई के लिए अनुपात, $\frac{A}{B}$ का मान $= \frac{3}{2} = 1.55$

जोकि अधिकतम है

5. (a) 1993 में, अंशू स्टोर की बिक्री ₹ 8 लाख है

1994 में बिक्री $= \frac{800000 \times 110}{100}$

= ₹8.8 लाख

1995 में बिक्री $= \frac{880000 \times 90}{100}$

= 7.92 लाख

6. (d) माना कि घन की भुजा x यूनिट है

दिया है कि, घन का आयतन = घन का पृष्ठ क्षेत्रफल

$\Rightarrow x^3 = 6x^2$

$\Rightarrow x = 6$ यूनिट

7. (b) चार दीवारों का कुल क्षेत्रफल $= 2h(l + b)$

छत की परिमाप $= 2l + 2b$

$= 2(l + b)$

छत की परिमाप(% में)

$= \frac{2(l+b) \times 100}{2h(l+b)}$

$= \frac{100}{h}\%$

8. (a) चाल $= \frac{\text{दूरी}}{\text{समय}}$

$= \frac{1}{\frac{15}{60}} = \frac{60}{15} = 4$ किमी./घंटा

किन्तु स्थिर जल में नाव की चाल = 5 किमी./घंटा (दिया है)

जल का वेग = 5 – 4

=1 किमी./घंटा

9. (b) एक घंटे में घंटे की सुई और मिनट की सुई दो बार समकोण बनाती है।

24 घंटो में घंटे की सुई और मिनट की सुई 48 बार समकोण बनाती हैं।

सामान्य अध्ययन 1996

तर्कशक्ति

1. निम्नलिखित में से कौन-सा वेन रेखाचित्र गाजर, खाद्य,सब्जी वर्गों के परस्पर सम्बन्ध को सही चित्रित करता है?

(a)
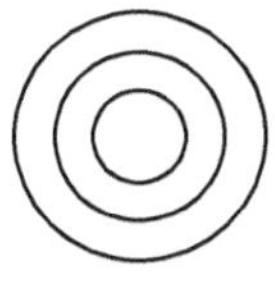

(b)
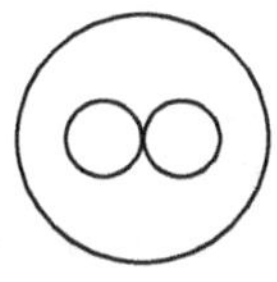

(c)
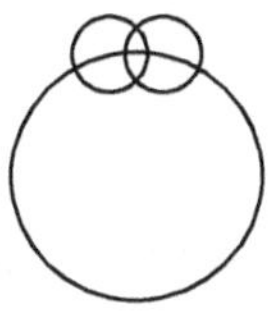

(d)
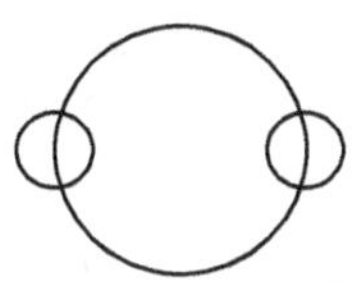

2. दिये गये आरेख में त्रिभुज व्यक्त करता है लड़कियों को वर्ग व्यक्त करता है खिलाड़ियों को और वृत्त व्यक्त करता है खेल शिक्षकों कों लड़कियों को व्यक्त करने वाले आरेख के अंश में जो लड़कियाँ खिलाड़ी तो हैं, पर खेल शिक्षक नहीं हैं, वे व्यक्त की गई हैं–

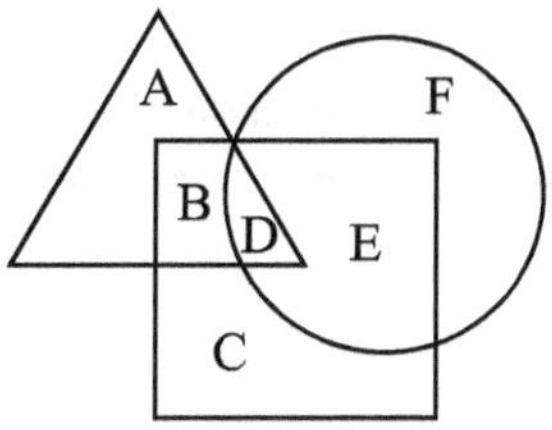

(a) A (b) B
(c) D (d) E

3. AZ, CX, FU .... की माला में अगला युग्म(PAIR) होगा–

(a) JQ (b) KP
(c) IR (d) IV

4. चूहे के लिए बिल्ली वह है जो मक्खी के लिए–

(a) चूहा (b) प्राणी
(c) मकड़ी (d) घोड़ा

5. ताश की दो गड्डियाँ पूरी तरह मिलाकर फेंटी हुई हैं और उनमें से दो पत्ते कहीं से भी एक के बाद एक निकाले गए हैं। ये दोनों 'गुलाम' निकले इसकी सम्भाव्यता क्या है?

(a) 1/13 (b) 2/13
(c) 7/1339 (d) 1/169

6. एक मनुष्य किसी बिन्दु विशेष से उत्तर-पूर्व दिशा में चलना आरम्भ करता है, वहाँ से 500 मीटर चलने के बाद वह दक्षिण को मुड़ जाता है और 400 मीटर की दूरी तय करता है। इस प्रकार चलने के अन्त में वह पहुँचा है–

(a) आरम्भ बिन्दु से 300 मीटर उत्तर में
(b) आरम्भ बिन्दु से 100 मीटर उत्तर-पूर्व में
(c) आरम्भ बिन्दु से 300 मीटर पूर्व में
(d) आरम्भ बिन्दु से 100 मीटर उत्तर में

7. किसी परिकल्पना के दो महत्त्वपूर्ण लक्षण ये हैं कि उसका परीक्षण सम्भव हो और वह इस रीति से व्यक्त हो कि उसका खण्डन किया जा सके। निम्नलिखित में से कौन-सी परिकल्पना इन लक्षणों के अनुरूप है?

(a) बुद्धिमान व्यक्तियों की स्मृति अच्छी होती है
(b) कुछ पक्षी जन्तु होते हैं
(c) कुछ व्यवसायी बेईमान होते हैं
(d सभी मनुष्य नश्वर हैं

गणित

1. किसी देश को छः सड़कें जाती हैं, उन्हें X, Y, Z अक्षरों तथा 1, 2, 3 अंको से निर्दिष्ट कर सकते हैं। जब आँधी-तुफान आते हैं तो अवरुद्ध हो जाती है। जब बाढ़ आती है तो X, 1और 2 प्रभावित हो जाती हैं। जब सड़क 1 अवरुद्ध हो जाती है तो Z भी अवरुद्ध हो जाती है। यदि किसी समय बाढ़ आई हो और आँधी-तूफान भी आया हो तो कौन-सी सड़क (सड़कें) काम में आ सकेंगी?

(a) Z और 2 (b) केवल Z
(c) केवल 3 (d) केवल Y

2. नीचे के आरेख में तीन वर्ग हैं जिनके क्षेत्रफल क्रमशः 100, 16 और 49 हैं और वे एक-दूसरे के पार्श्व (side) में प्रदर्शित रीति से स्थित है। बीच वाले वर्ग के क्षेत्रफल को कितना कम करें कि इस प्रकार बने तीनों वर्गों की कुल PQ लम्बाई 19 रह जाए?

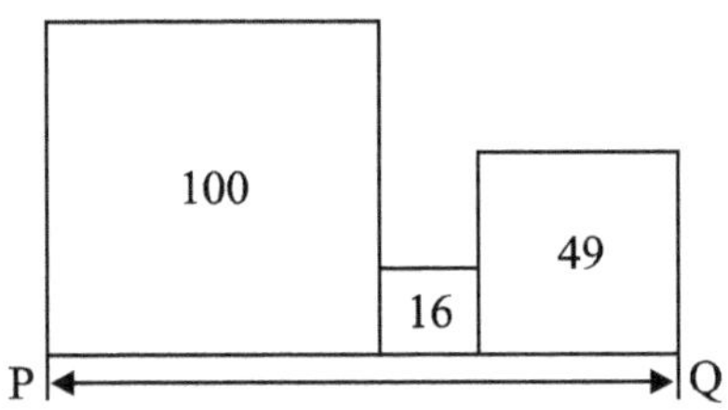

(a) 12 (b) 4
(c) 2 (d) $\sqrt{2}$

3. X_1, X_2 और X_3 का औसत 14 है। X_2 और X_3 के योग का दोगुना 30 है, तो X_1 का मान क्या है?

(a) 20 (b) 27
(c) 16 (d) 12

4. किसी आयत का परिमाप 50 मीटर है। यदि उसकी लम्बाई चोड़ाई से 13 मीटर अधिक हो तो उसका क्षेत्रफल होगा–

(a) 124 मी०^2 (b) 144 मी०^2
(c) 114 मी०^2 (d) 104 मी०^2

5. निम्नलिखित कथनों की जाँच कीजिए–

1. जॉर्ज सोमवार को संगीत की कक्षा में उपस्थित होता है।
2. वह बुधवार को गणित की कक्षा में उपस्थित होता है।
3. उसकी साहित्य की कक्षा शुक्रवार को नहीं होती।
4. वह गणित की कक्षाओं के दूसरे दिन इतिहास की कक्षाओं में उपस्थित होता है।
5. मंगलवार को वह खेलकूद की कक्षाओं में उपस्थित होता है।

यदि वह एक दिन में एक कक्षा में जाता है और रविवार को उसकी छुट्टी रहती हो तो अन्य किस दिन को भी उसकी छुट्टी रहेगी?

(a) सोमवार (b) गुरुवार
(c) शनिवार (d) शुक्रवार

6. निम्नलिखित आरेखों पर ध्यान दीजिए–

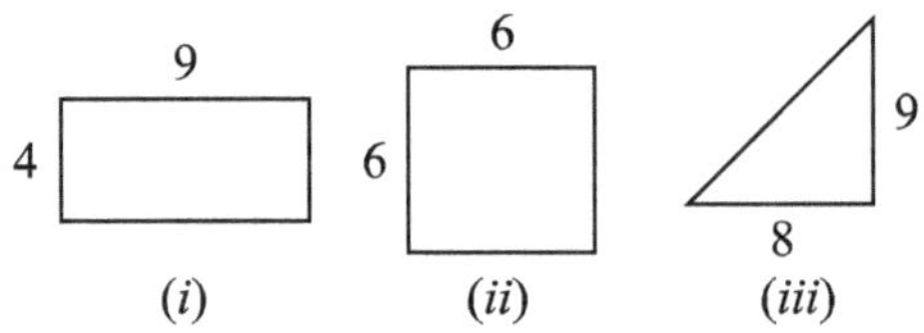

उपरोक्त आरेखों से कौन-सा निष्कर्ष निकाला जा सकता है?

(a) तीनों ही आरेखों के क्षेत्रफल भिन्न हैं
(b) तीनो ही आरेखों के क्षेत्रफल समान हैं
(c) तीनों ही आरेखों के परिमाप समान हैं
(d) आलेख I तथा II के परिमाप समान हैं

7. निम्नलिखित रेखाचित्र सन् 1978 से सन् 1983 की अवधि के विक्रयों को (हजारों) में व्यक्त करता है–

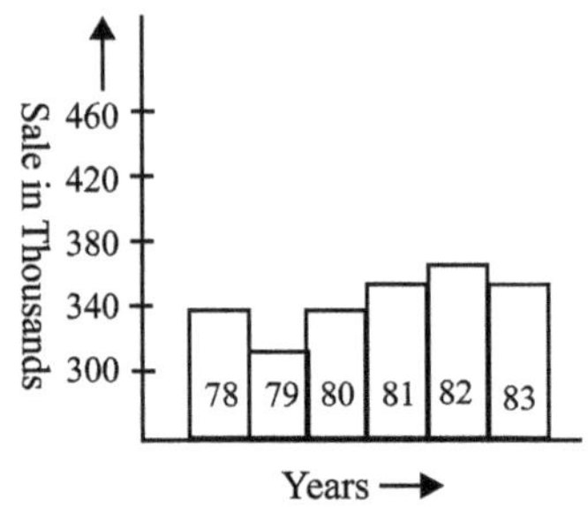

सन् 1979 की तुलना में सन् 1981 में विक्रय कितना अधिक था?

(a) एक सौ रुपये (b) दस हजार रुपये
(c) एक लाख रुपये (d) दस लाख रुपये

8. किसी परिशुद्ध घड़ी में 2 घण्टे 20 मिनट की अवधि में मिनट की सुई चलेगी–

(a) 520° (b) 320°
(c) 840° (d) 140°

9. प्रदत्त आरेख में चार व्यक्तियों के बीच दौड़ स्पर्धा का दूरी-समय ग्राफ प्रदर्शित है। इस विषय में निम्नलिखित कथनों पर ध्यान दीजिए–

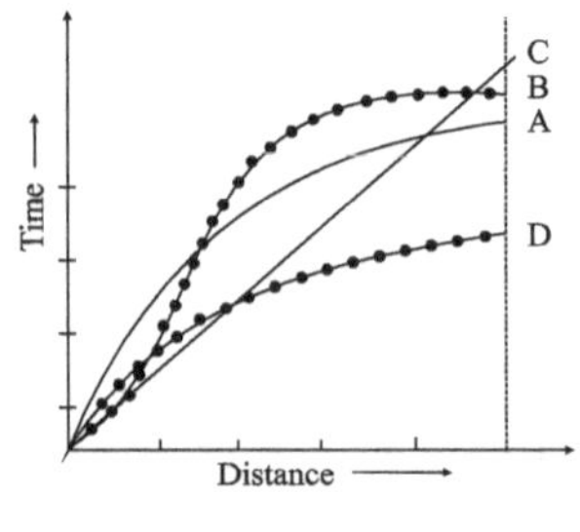

1. 'A' दौड़ में प्रथम रहा।
2. 'C' सारे रास्ते आगे रहा।
3. 'D' दौड़ के अंतिम भाग में औरों से तेज दौड़ा।

इन कथनों में–

(a) 1 और 3 गलत हैं तथा 2 सही हैं
(b) 1 और 2 गलत हैं तथा 3 सही है
(c) 1 और 3 सही हैं तथा 2 गलत है
(d) 1 सही है तथा 2 और 3 गलत हैं

10. यदि एक टेलीविजन सैट का मूल्य 25% बढ़ा दिया जाए तो नया मूल्य कितने प्रतिशत घटाया जाए कि मूल्य मूल स्तर पर वापस आ जाए?

(a) 15% (b) 25%
(c) 20% (d) 30%

11. दिये हुए पाई चार्ट में सन् 1970 और सन् 1990 में किसी देश के साक्षरों और असाक्षरों का अनुपात दिखाया गया है और साथ ही साक्षरों में पुरुषों और स्त्रियों का अनुपात दिखाया गया है। निम्नलिखित में से कौन-सा कथन पूर्णतः असंदिग्ध कहा जा सकता है?

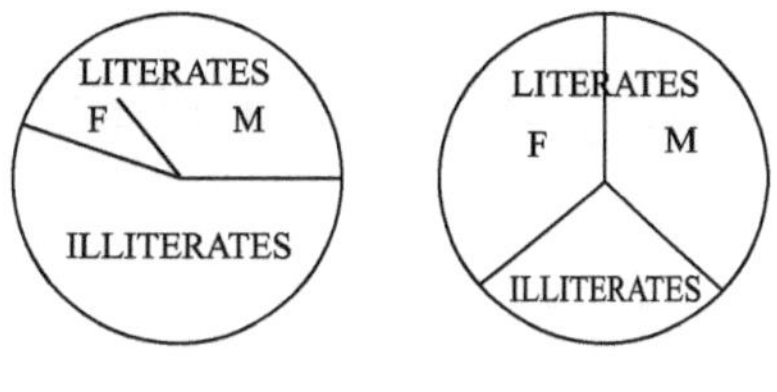

(a) सन् 1970 में असाक्षरों में आधी स्त्रियाँ थीं
(b) इन वर्षों में साक्षर पुरुषों का कुल पुरुष जनसंख्या से अनुपात वही बना रहा
(c) इस अवधि में पुरुषों की साक्षरता में सुधार नहीं हुआ
(d) इस अवधि में साक्षर पुरुषों से साक्षर स्त्रियों के अनुपात में उल्लेखनीय सुधार हुआ

12. यदि $A = x^2 - y^2$
$B = 20$ और $x + y = 10$ तो

(a) A बड़ा है B से (b) B बडा़ है Aसे
(c) A बराबर है B के
(d) A और B की तुलना सम्भव नहीं है, क्योंकि प्रदत्त आधार सामग्री पर्याप्त नहीं है

उत्तरमाला

तर्कशक्ति

1. (a) 2. (b) 3. (a) 4. (c) 5. (c) 6. (c) 7. (a)

गणित

1. (c) 2. (a) 3. (b) 4. (c) 5. (d) 6. (b) 7. (c) 8. (c) 9. (b) 10. (c)
11. (d) 12. (d)

व्याख्यात्मक हल

तर्कशक्ति

1. (a)

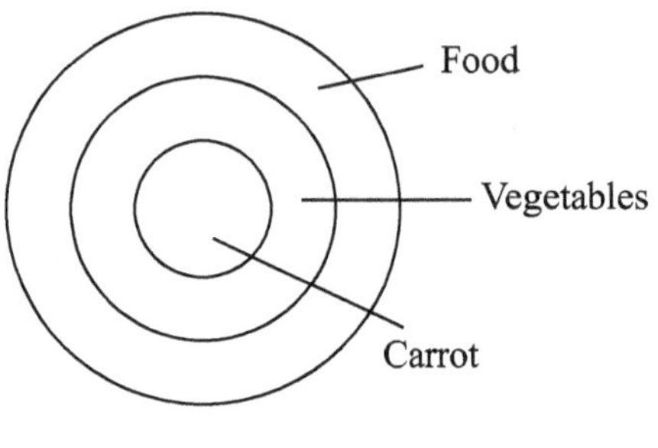

2. (b) भाग B उन लड़कियों को दर्शाता है जो खिलाड़ी तो हैं लेकिन कोच नहीं हैं।

3. (a) दी गई श्रेणी है AZ, CX, FU.........

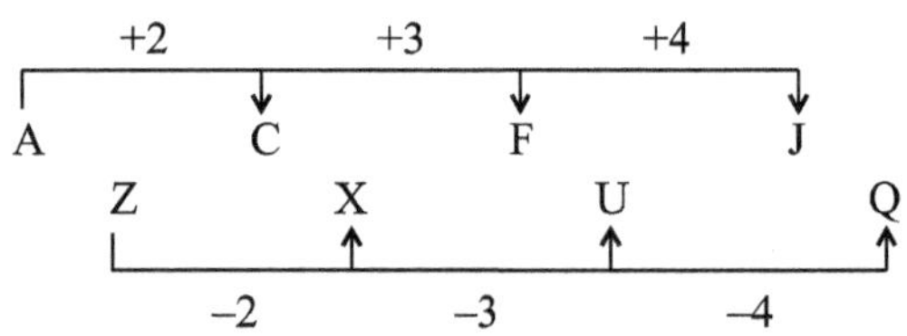

4. (c) बिल्ली चूहे को खाती है इसी प्रकार मकड़ी मक्खी को खाती है।

5. (c) एक ताश की गड्डी में 52 पत्ते होते हैं।

इसलिए, दो गड्डियों में 104 पत्ते हैं

इन दो ताश की गड्डियों में गुलामों की संख्या $= 8$

$\therefore$ पहले निकास में गुलाम आने की प्रायिकता $= \frac{8}{104}$

$\therefore$ दूसरे निकास में गुलाम आने की प्रायिकता $= \frac{7}{103}$

कुल प्रायिकता $= \frac{8}{104} + \frac{7}{103} = \frac{7}{1339}$

6. (c)

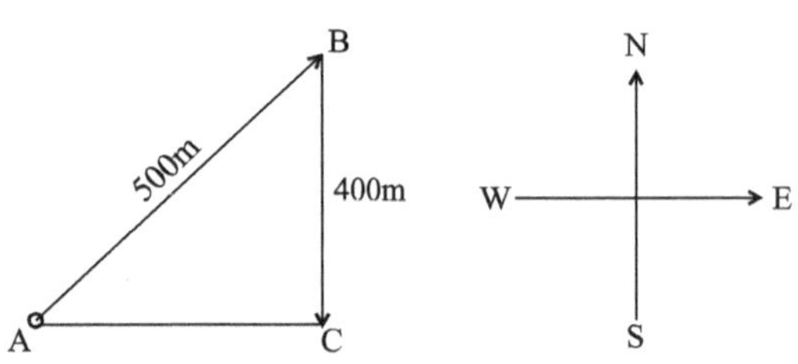

$AB^2 = AC^2 + BC^2$

$AC^2 = AB^2 - BC^2$

$AC^2 = (500)^2 - (400)^2$

$AC^2 = 90000$

$AC^2 = \sqrt{90000}$

$AC^2 = 300$मी.

व्यक्ति आरम्भिक बिन्दु से 300 मी. पूर्व में है

7. (a) केवल कथन (a) सभी शर्तों को पूरा करता है।

गणित

1. (c) X $\rightarrow$ बाढ़

Y $\rightarrow$ तूफान

Z $\rightarrow$ बाधित, जब एक बाधित हो

1 $\rightarrow$ बाढ़

2 $\rightarrow$ बाढ़

3 $\rightarrow$ खुला

इसलिए, जब आँधी और तूफान होता है तो केवल रोड 3 खुला होता है।

2. (a) $PQ = \sqrt{100} + \sqrt{16} + \sqrt{49} = 10 + 4 + 7$

$= 21$

PQ में कटौती $= 21 - 19 = 2$

वर्ग की भुजा की लम्बाई $= 4$

वर्ग की नई भुजा की लम्बाई $= 4 - 2 = 2$

अब, वर्ग का नया क्षेत्रफल $= 2 \times 2$

$= 4$ वर्ग इकाई

वर्गों के क्षेत्रफलों में अन्तर $= (4 \times 4) - (2 \times 2)$

$= 16 - 4$

$= 12$ वर्ग इकाई

3. (b) x_1, x_2, x_3 का औसत $= 14$

$\Rightarrow x_1 + x_2 + x_3 = 14 \times 3 = 42$

साथ ही, दिया है कि $2(x_2 + x_3) = 30$

$\Rightarrow x_2 + x_3 = 15$

$x_2 + x_3$ का मान $x_1 + x_2 + x_3$ में रखने पर

हम पाते हैं,

$x_1 + x_2 + x_3 = x_1 + 15 = 42$

$\Rightarrow x_1 = 27$

4. (c) माना कि आयत कर चौड़ाई = x मी.,

तो आयत की लम्बाई $= (x + 13)$मी.

आयत की परिमाप $= 2\ (x + x + 13)$

$= 2(2x + 13)$

दिया है कि , $2(2x + 13) = 50$

$2x + 13 = 25$

$2x = 12 \Rightarrow x = 6$

$\therefore$ चौड़ाई = 6 मी., लम्बाई = 6 + 13 = 19मी.

आयत का क्षेत्रफल $= 6 \times 19$

$= 114$मी.^{2}

5. (d) संगीत कक्षाएं $\rightarrow$ सोमवार

खेल कक्षाएं $\rightarrow$ मंगलवार

गणित कक्षाएं $\rightarrow$ बुधवार

इतिहास कक्षाएं $\rightarrow$ गुरूवार

साहित्य कक्षाएं $\rightarrow$ शनिवार

वह शुक्रवार और रविवार को खाली है

6. (b) आयत का क्षेत्रफल $= 4 \times 9 = 36$ वर्ग इकाई

वर्ग का क्षेत्रफल $= 6 \times 6 = 36$ वर्ग इकाई

त्रिभुज का क्षेत्रफल $= \frac{1}{2} \times 8 \times 9 = 36$ वर्ग इकाई

$\therefore$ सभी चित्रों के क्षेत्रफल समान हैं।

7. (c) वर्ष 1979 और 1981 की बिक्री में अन्तर

$= 420000 - 320000$

$=$ ₹ 100000

8. (c) एक चक्कर में मिनट की सुई 360°बढ़ती है

एक मिनट में मिनट की सुई द्वारा बनाया गया कोण

$= \frac{360°}{60} = 6°$

2 घंटे 20 मिनट की अवधि में मिनट की सुई बढ़ेगी

$= (360° \times 2)\ (6° \times 20)$

$= 720° + 120°$

$= 840°$

9. (b) कथन 1 और 2 गलत हैं किन्तु 3 सही है।

10. (c) माना कि टीवी का मूल्य ₹100 है

इसके मूल्य में 25% की वृद्धि के बाद = ₹125

इसके मूल्य को मूल स्तर तक वापस लाने के लिए मूल्य में होने वाली कटौती = 125 – 100 = ₹ 25

नये मूल्य में कटौती का प्रतिशत

$= \frac{25}{125} \times 100 = 20\%$

12. (d) $A = x^2 - y^2$

यहाँ $B = 20$ और $x + y = 10$

सूत्र $a^2 - b^2 = (a + b)\ (a - b)$ का प्रयोग करने पर

$A = x^2 - y^2 = (x + y)\ (x - y)$

$= 10\ (x - y)$

दिये गये आंकड़े A और B की तुलना के लिए अपर्याप्त हैं।

सामान्य अध्ययन 1995

तर्कशक्ति

1. निम्नलिखित श्रृंखला पर ध्यान दीजिए–
4/12/95, 1/1/96, 29/1/96, 26/2/96, -----
इस श्रृंखला की अगली कड़ी कौन-सी होगी?
(a) 24/3/96 (b) 25/3/96
(c) 26/3/96 (d) 27/3/96

2. दौड़ मुकाबलों में 100 गज की दौड़ें भी होती हैं और 100 मीटर की भी। 100 मीटर 100 गज की अपेक्षा कितने मीटर अधिक है?
(a) 0.856 मीटर (b) 8.56 मीटर
(c) 0.0856 मीटर (d) 1.06 मीटर

3.
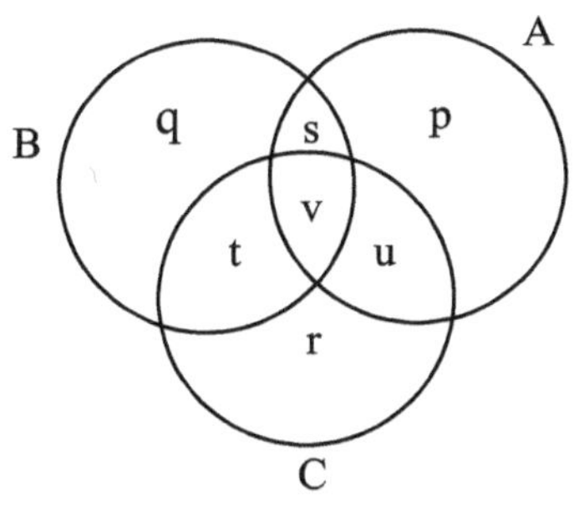

दिए हुए आरेख में वृत्त A उन अध्यापकों का प्रतिनिधित्व करता है जो भौतिकी पढ़ा सकते हैं, वृत्त B उनका जो रसायन पढ़ा सकते हैं और वृत्त C उनको जो गणित पढ़ा सकते हैं। p, q, r ......आदि अंकित क्षेत्रों में जो अध्यापक भौतिकी और गणित तो पढ़ा सकते हैं पर रसायन नहीं, उनका प्रतिनिधित्व करता है–
(a) v (b) u
(c) s (d) f

4. A, B, C, D, E, F और G सात व्यक्ति हे जो किसी क्रम में पंक्ति में खड़े हैं, प्रत्येक भिन्न रंग की टोपी पहने हैं, जैसे बैंगनी, जामुनी, नीली, हरी, पीली, नारंगी और लाल। D अपने सामने हरी और नीली तो देख पाता है पर लाल को नहीं। G नारंगी को छोड़कर सभी रंगो की टोपियाँ देख सकता है। यदि E जामुनी रंग की टोपी पहने है तो P की टोपी का रंग क्या है?
(a) नीला (b) बैंगनी
(c) लाल (d) नारंगी

5. एक छात्र के अंग्रेजी में उत्तीर्ण होने की 60% सम्भाव्यता है तथा अंग्रेजी और गणित में उत्तीर्ण होने की 54% सम्भाव्या है। उसके गणित में अनुत्तीर्ण होने की कितने प्रतिशत सम्भाव्यता है?
(a) 12 (b) 36
(c) 4 (d) 10

6. एक मेज के तीन दराज हैं, यह ज्ञात है कि एक दराज में चाँदी के दो सिक्के हैं, दूसरी में दो सोने के सिक्के हैं और तीसरी में एक सोने का और एक चाँदी का सिक्का है। एक दराज को यादृच्छिक रूप से खोला जाता है और एक सिक्का निकाल लिया जाता है। वह चाँदी का सिक्का निकलता है। उस दराज में दूसरे सिक्के के सोने का होने की सम्भाव्यता क्या है?
(a) 0.25 (b) 1.00
(c) 0.50 (d) 0. 60

7. नीचे दिए हुए आरेख पर ध्यान दीजिए–

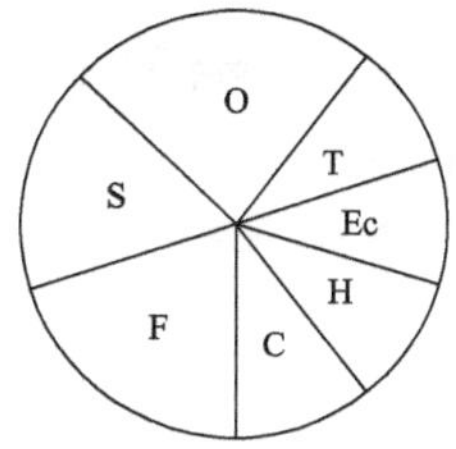

T : परिवहन Ec : बच्चों की शिक्षा

H : आवासन C : वस्त्र

F : भोजन S : बचत

O : अन्य

आरेख से क्या निष्कर्ष निकालना ठीक होगा कि–

(a) परिवार ने आय का आगे से अधिक भोजन तथा वस्त्र पर व्यय किया

(b) परिवार की बचत की राशि बहुत कम थी

(c) परिवार में स्वास्थ्य विषयक समस्या नहीं थी

(d) परिवार अर्जित आय से सभी आवश्यक खर्चे जुटा पाया

8. निम्नलिखित कथनों की जाँच कीएि–

1. सभी बच्चे जिज्ञासु होते हैं।
2. कुछ बच्चे जिज्ञासु होते हैं।
3. कोई भी बच्चे जिज्ञासु नहीं होते।
4. कुछ बच्चे जिज्ञासु नहीं होते।

(a) 1 और 3 (b) 1 और 4

(c) 2 और 3 (d) 3 और 4

9. '' जॉन या तो मूर्ख है या आलसी'' इस कथन से निम्नलिखित में से कौन-कौन से निष्कर्ष निकाले जा सकते हैं?

1. जॉन आलसी है इसलिए जॉन मूर्ख है।
2. जॉन आलसी नहीं है इसलिए जॉन मूर्ख है।
3. जॉन मूर्ख नहीं है इसलिए जॉन आलसी है।
4. जॉन मूर्ख है इसलिए जॉन आलसी नहीं है।

(a) 1 और 2 (b) 2 ओर 3

(c) 3 और 4 (d) 1 और 4

गणित

1. एक व्यक्ति एक स्थान से दूसरे स्थान तक 40 किमी॰/घण्टे की औसत चाल से चला और वापस मूल स्थान तक 50 किमी॰/घण्टे की औसत चाल से आया। उसकी सम्पूर्ण यात्रा की किमी॰/घण्टे की औसत चाल क्या है?

(a) 45

(b) $20\sqrt{5}$

(c) 400/9

(d) जब तक दोनों की दूरी ज्ञात न हो, मालूम करना सम्भव नहीं

2. (a–m)(b–m).......(y–m) (z–m) का मान है?

(a) $m^{26} + am^{25} + abm^{24} + --- + a\text{-}b\text{-}c\text{---}z$

(b) $m^{26} - am^{25} + abm^{24} + --- + a\text{-}b\text{-}c\text{----}z$

(c) 0

(d) अपरिमित (इन्डिटर्मिनेट)

3. 6 मी॰ × 5 मी॰ ×4 मी॰ विमा का एक आयाताकार कुण्ड ईंटों से इस प्रकार बनाना है कि उसकी बाहरी विमा 6.2 मी॰ × 5.2 मी॰ × 4.2 मी॰ हो जाएं जल संग्रह का ऐसा कुण्ड बनाने के लिए 20 सेमी॰ × 10 सेमी॰ × 5 सेमी॰ आकार की लगभग कितनी ईंटें अपेक्षित होगीं?

(a) 15,408 (b) 3,000

(c) 15,000 (d) 30,000

4. नीचे दिये हुए आरेख पर ध्यान दीजिए–

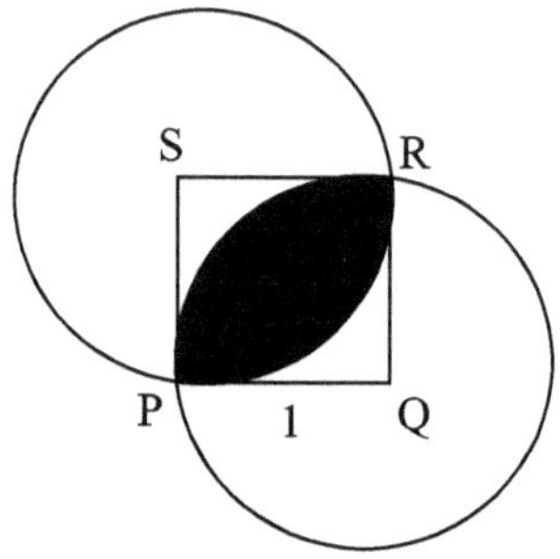

वर्ग में 1 एकक की भुजाएँ हैं तथा Q और S क्रमशः दोनों वृत्तों के केन्द्र है। छायांकित भाग का क्षेत्रफल है–

(a) $\frac{\pi}{2}$ (b) $\frac{1}{2}$

(c) $\frac{\pi}{4} - \frac{1}{2}$ (d) $\frac{\pi}{2} - 1$

5. कार्तीय समतल में चार बिन्दुओं P, Q, R, S के निर्देशांक हैं (1, 1) (4, 2)(4, 4) और (1, 4) चतुर्भुज PQRS का क्षेत्रफल है–

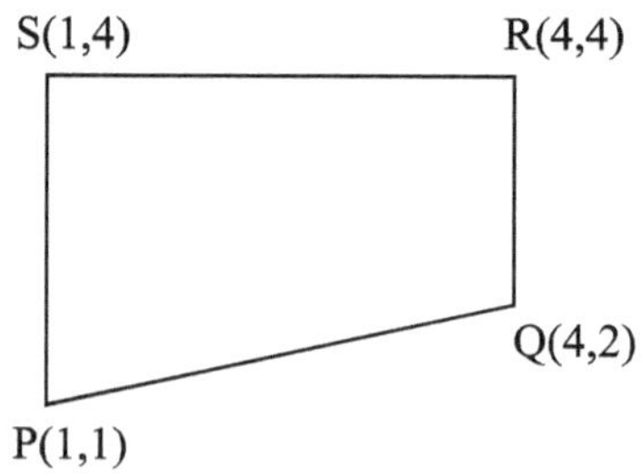

(a) 9

(b) 7.5

(c) 4.5

(d) जब तक विकर्णो की लम्बाई ज्ञात न हो, मालूम करना असम्भव है

6. X और Y दो चर हैं जिनका मान सदा एक-दसरे से सम्बद्ध है जैसा कि आकृति (i) में दिखाया गया है।

X के विषय में ज्ञात है कि वह समय के सन्दर्भ में आवधिक रूप से चर होता है जैसा कि आकृति (ii) में दिखाया गया है–

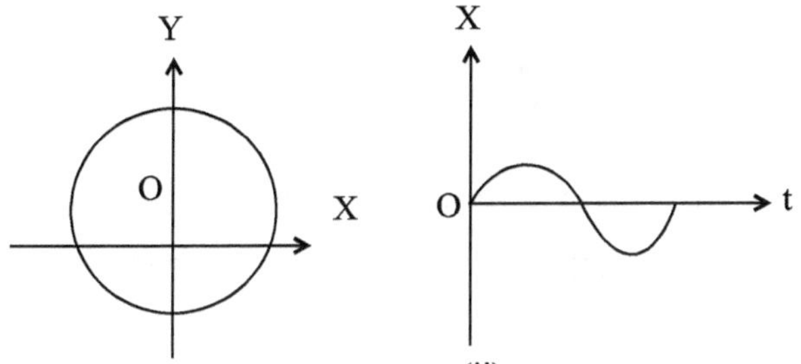

(i) (ii)

निम्नलिखित में से कौन-सा वक्र समय पर Y की निर्भरता को सही-सही व्यक्त करता है?

(a) figure (b) figure

(c) f (d)f

7. एक क्लब के कुल 120 संगीतज्ञों में से 5% गिटार, वायलिन और बाँसुरी, तीनों बजा सकते हैं। इनमें से दो और केवल दो वाद्य बजा सकने वाले संगीतज्ञों की संख्या 30 है। जो वादक गिटार बजा सकते हैं वे 40 हैं। ऐसे वादकों की कुल संख्या बताइए जो केवल वायलिन बजा सकते हैं या केवल बाँसुरी बजा सकते हैं–

(a) 45 (b) 44

(c) 38 (d) 30

8. शून्य का अविष्कार किसने किया था?

(a) आर्यभट्ट (b) व्रहममीरा

(c) भास्कर-1 (d) कोई भारतीय नहीं।

9. एक व्यक्ति अपने वेतन के अतिरिक्त 2000 रुपये प्रति मास अतिरिक्त प्रभार भत्ते के रूप में पाता है। किन्तु इस अतिरिक्त आय में से 30% आय स्रोत पर ही अतिरिक्त आय कर के रूप में कट जाती है। यदि वह 100 रुपये प्रति मास दीघवधि बचत में जमा कराए जिसमें 2% ब्याज मिलता है तो अतिरिक्त भत्ते पर उसको कर देयता 10%कम हो जाएगी। दीर्घावधि बचत योजना में निवेशित इस व्यक्ति के धन पर प्रभावी ब्याज क्या है?

(a) 12% (b) 18%

(c) 19% (d) 20%

उत्तरमाला

तर्कशक्ति

1. (b) 2. (b) 3. (b) 4. (c) 5. (d) 6. (c) 7. (d) 8. (a) 9. (b)

गणित

1. (c) 2. (c) 3. (a) 4. (d) 5. (b) 6. (c) 7. (b) 8. (d) 9. (b)

व्याख्यात्मक हल

तर्कशक्ति

1. (b) दी गई श्रेणी है : 4/12/95, 1/1/96, 29/1/96, 26/2/96, ...

$\Rightarrow$ 4/12/95 + 28 दिन = 1/1/96

1/1/96 + 28 दिन = 29/1/96

29/1/96 + 28 दिन = 26/2/96

26/2/96 + 28 दिन = 25/3/96

2. (b) हम जानते हैं कि 1 यार्ड = 36 इंच

100 यार्ड = 3600 इंच

साथ ही, 1 इंच = 2.54 सेमी.

इसलिए, 3600 इंच = 3600 × 2.54 सेमी.

= 9144 सेमी.

पुनः 1 सेमी. = $\frac{1}{100}$ मीटर

$\therefore$ 9144 सेमी. = $\frac{9144}{100}$ = 91.44 मी.

अन्तर = 100 − 91.44 = 8.56 सेमी.

3. (b)

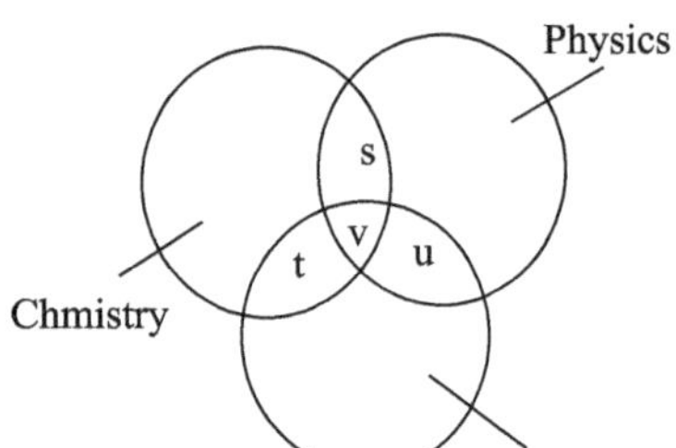

ऐसे शिक्षक जो भौतिकी और गणित पढ़ा सकते हैं लेकिन रसायन विज्ञान नहीं, वे क्षेत्र 'u' द्वारा प्रदर्शित किये गये हैं।

4. (c) A → पीली कैप

B → नीली कैप

C → हरी कैप

D → बैंगनी कैप

E → आसमानी कैप

F → लाल कैप

G → नारंगी कैप

$\therefore$ लाल रंग की कैप F ने पहनी है।

5. (d) अंग्रेजी में पास होने की सम्भावना = 60% = 0.6

अंग्रेजी और गणित में पास होने की सम्भावना = 54% = 0.54

गणित में पास होने की सम्भावना = $\frac{0.54}{0.6}$ = 0.9

गणित में फेल होने की सम्भावना = 1 − 0.9 = 0.1

गणित में फेल होने की सम्भावना का प्रतिशत = 0.1 × 100 = 10%

6. (c) इस बात की सम्भावना, कि दराज में दूसरा सिक्का सोने का सिक्का है

$\frac{1}{2}$ = 0.5, है

7. (d) केवल कथन (d) सही है।

8. (a) कथन I और III एक साथ सत्य नहीं हो सकते, लेकिन दोनों गलत हो सकते हैं।

9. (b) दिया है कि, ''या तो जॉन मूर्ख है अथवा जॉन आलसी है'' का अर्थ है कि जॉन एक ही समय पर मूर्ख या आलसी नहीं हो सकता है।

इसलिए, कथन 2 और 3 सही हो सकते हैं।

गणित

1. (c) औसत चाल = पहले चक्कर में 40 किमी./घंटा

औसत चाल = दूसरे चक्कर में 50 किमी./घंटा

माना कि पहले चक्कर में x किमी. की दूरी तय की गई थी, इसलिए कुल तय की गई दूरी 2x किमी. है।

लिया गया कुल समय = $\frac{x}{40} + \frac{x}{50}$

$= \frac{5x+4x}{200} = \frac{9x}{200}$ घंटा

औसत चाल = $\frac{\text{दूरी}}{\text{समय}}$

$= \frac{2x}{\frac{9x}{200}} = \frac{2x}{9x} \times 200$

$= \frac{400}{9}$ किमी./घंटा

2. (c) $(a-m)(b-m)................(y-m)(z-m)$

यह श्रेणी इस प्रकार आगे बढ़ती है

$(a-m)(b-m)(c-m)(d-m)—(m-m)......(y-m)(z-m)$

उपरोक्त श्रेणी में $m-m=0$, शून्य से गुणा की गई कोई भी संख्या शून्य प्रदान करती है।

इसलिए, हमारा उत्तर शून्य है।

3. (a) हौदी का आयतन = हौदी का बाहरी आयतन – हौदी का आन्तरिक आयतन

$=(6.2\times5.2\times4.2)-6\times5\times4$

$=15.408$ मी.^{3}

एक ईट का आयतन $=20\times10\times5$

$=1000$ सेमी.^{3}

$=0.001$मी.^{3}

हौदी निर्माण के लिए आवश्यक ईटों की संख्या $= \frac{15.408}{0.001}$

$=15408$

4. (d)

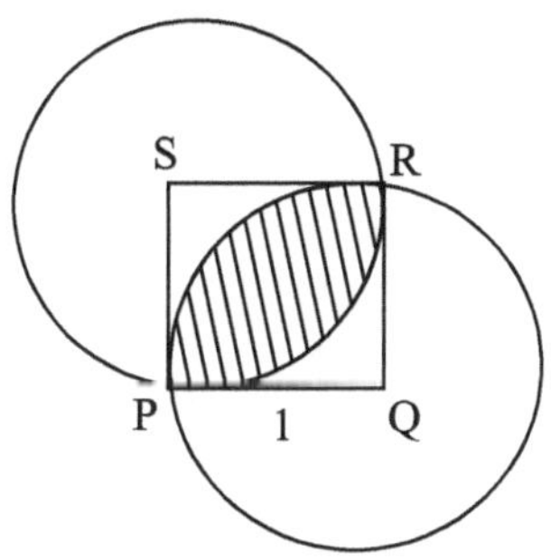

वृत्त का क्षेत्रफल $= \pi r^2$

चौथाई वृत्त का क्षेत्रफल $= \frac{\pi r^2}{4} = \frac{\pi(1)^2}{4}$

$= \frac{\pi}{4}$

Δ PSR का क्षेत्रफल $= \frac{1}{2}$ bh $= \frac{1}{2}\times1\times1 = \frac{1}{2}$

छायांकित भाग का क्षेत्रफल $= \frac{\pi}{4} - \frac{1}{2} = \frac{\pi-2}{4}$

कुल छायांकित क्षेत्र $= \frac{2 \quad -2}{4} = \frac{\pi}{2} - 1$

5. (b)

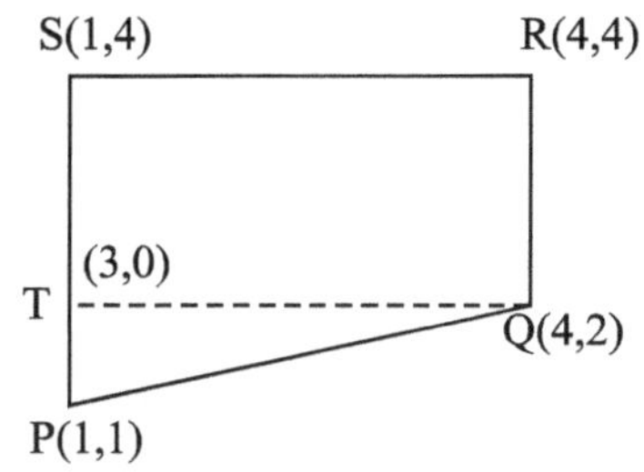

चतुर्भुज का क्षेत्रफल =QRST का क्षेत्रफल + Δ PQT का क्षेत्रफल

$=3\times2+\frac{1}{2}\times3\times1$

$=7.5$

6. (a) कुल ध्वनि प्रदूषण स्तर भारी वाहनों के प्रतिशत द्वारा प्रभावित होता है।

7. (d) Q ने 100°C का तापमान P क तुलना में तेजी से हासिल कर लिया था।

8. (b) निवेशक 1 ने सर्वोत्तम निवेश किया है।

10. (b) संगीतज्ञों की संख्या = 120 (दी गई है)

उन संगीतज्ञों की संख्या जो सभी तीनों वाद्ययन्त्र बजा सकते हैं

$= \frac{5}{100}\times120$

$=6$

उन संगीतज्ञों की संख्या जो कोई भी दो या केवल 2 वाद्ययन्त्र बजा सकते हैं $=30$

उन संगीतज्ञों की संख्या जो केवल गिटार बजा सकते हैं $=40$

उन संगीतज्ञों की संख्या जो वायलिन या बांसुरी बजा सकते हैं

$=120-(6+30+40)$

$=120-76$

$=44$

www.ingramcontent.com/pod-product-compliance
Lightning Source LLC
LaVergne TN
LVHW082056051026
849532LV00011B/3608
* 9 7 8 9 3 9 4 1 6 8 8 2 4 *